Prinzip Mensch

Paul Nemitz / Matthias Pfeffer

PRINZIP MENSCH

Macht, Freiheit und Demokratie
im Zeitalter der Künstlichen Intelligenz

Alle Fußnoten dieses Buches zum Anklicken und Weiterlesen auf
www.prinzipmensch.eu

Bibliografische Information der Deutschen Nationalbibliothek

Die Deutsche Nationalbibliothek verzeichnet
diese Publikation in der Deutschen Nationalbibliografie;
detaillierte bibliografische Daten sind im Internet
über *http://dnb.dnb.de* abrufbar.

ISBN 978-3-8012-0565-2

2. Auflage 2020

Copyright © 2020 by
Verlag J.H.W. Dietz Nachf. GmbH
Dreizehnmorgenweg 24, 53175 Bonn

Umschlag: Petra Bähner, Köln
Satz: Jens Marquardt, Bonn
Druck und Verarbeitung: CPI books, Leck

Alle Rechte vorbehalten
Printed in Germany 2020

Besuchen Sie uns im Internet unter: *www.dietz-verlag.de*

Inhalt

Vorbemerkung

Liebe Leserin, lieber Leser,

dieses Buch wurde in der Vor-Coronazeit geschrieben. Nur kurz können wir unmittelbar vor Drucklegung auf den Einschnitt eingehen, den die Corona-Pandemie für unsere Zeit markiert. Sie hat die Sprache um den Begriff der »Infodemie« bereichert. So bezeichnete die Weltgesundheitsorganisation WHO die Verbreitung von Fake News rund um das Virus, die virale Falschmeldungen im doppelten Sinne sind.

Für *Prinzip Mensch* haben wir die Grundlagen von Infodemien im digitalen Zeitalter sowie ihr Gefährdungspotential für Demokratie und Freiheit schon analysiert, bevor der Begriff aufkam.

Unser Buch beschäftigt sich mit einem Weltbild, das der Digitalisierung zugrunde liegt und das mit »Künstlicher Intelligenz« Technik an die Stelle des Menschen setzen will, um Natur und Gesellschaft zu »optimieren«. In Wahrheit aber dient diese Ideologie, wie sich zeigen wird, vorrangig einem digital-ökonomischen Komplex bei seinem Versuch, die Gesellschaft zu steuern und zu beherrschen.

Dass es jedoch nicht möglich ist, die Zukunft vollständig zu berechnen, weil, wie der Philosoph Hans Jonas sagte, jede solche Berechnung am unberechenbaren »Faktor X« scheitere[1], beweist einmal mehr die weltweite Covid-19-Pandemie. Sie zeigt, dass die Menschen heute wie seit jeher mit Unbekanntem rechnen und auch bei unvollständigem Wissensstand bestmöglich verantwortungsvoll handeln müssen. Das Nicht-Wissen des Wissens des Sokrates ist deshalb dem vorgeblichen Allwissen einer »Künstlichen Intelligenz« noch heute überlegen.

Gerade die Corona-Krise lehrt, dass wir unsere Entscheidungen angesichts des Nicht-Wissens der Zukunft nicht Maschinen überlassen können. Vielmehr sind gerade in der technisierten und globalisierten Welt menschliche Vernunft und Verantwortung gefordert. Die Corona-Krise belegt auch, dass wir in einer globalen »Risiko-Gesellschaft« leben, wie der Soziologe Ulrich Beck sagte, und dass wir gerade heute mehr in die Abschätzung und Erforschung von Zukunftsrisiken investieren müssen.

Dabei geht es auch um die Zukunft der Demokratie. Sehr schnell wurde die Bekämpfung der Pandemie zu einem Wettkampf der Systeme umgedeutet. PR und Propaganda versuchten den Menschen einzureden, nur ein autokratisches zentral gesteuertes System sei zu den einschneidenden Maßnahmen fähig, die die Verbreitung des Virus eindämmen könnten. Eine vollständige Überwachung des Verhaltens der Bevölkerung mittels der Bewegungsprofile, die unsere Mobiltelefone ermöglichen, sei nötig, um das Virus erfolgreich zu bekämpfen.

Doch Viren lassen sich auf Dauer, ebenso wenig wie der Klimawandel, nicht durch Methoden autoritärer Systeme wie Fake News und Totalüberwachung stoppen. Rationales und verantwortungsvolles Handeln ist vielmehr gefragt. Die demokratische Öffentlichkeit ist in dieser Krise als Ort der Meinungsbildung und der Kritik des Regierungshandelns gefordert wie nie. Nur in ihr können sich die Bürger der Fakten vergewissern, um demokratische Entscheidungen zu ermöglichen und zu kritisieren, und dadurch jederzeit lernfähig bleiben. Dabei erscheint sie durch die jahrelange digitale Disruption derzeit eher geschwächt. Die Krise zeigt damit, wie essenziell eine funktionierende Öffentlichkeit für Freiheit und Demokratie ist. Die Akzeptanz der einschneidenden Maßnahmen zum Seuchenschutz, gerade wenn sie Grundrechte vorübergehend einschränken, zeugt von einer Rückkehr der Vernunft, die sich in einer freien Öffentlichkeit artikuliert. Nur in ihr wird sich auch die ebenfalls für Demokratie essenzielle Kritik formulieren, sollten die Einschränkungen nicht verhältnismäßig und angemessen sein oder nach Abklingen des Virus nicht zurückgenommen werden. Eine durch intransparente Marktlogik gesteuerte digitale Öffentlichkeit ist zu all diesen Aufgaben nicht ohne Weiteres in der Lage. Demokratische Gesellschaften, so wird immer deutlicher, müssen sich eine wirksame Herdenimmunität gegen die viralen Gefährdungen ihres elektronischen Nervensystems zulegen. Sie müssen insbesondere in einer austarierten Balance die Sphäre der Öffentlichkeit gegen die Feinde der Demokratie immunisieren, ohne die Freiheit der Meinung preiszugeben.

In der Medizin bezeichnet die Krise die Phase im Krankheitsverlauf, in der sich entscheidet, ob der Patient überlebt. Durch die Corona-Krise wird deutlich, dass die Selbsterhaltung der Menschen auf Vernunft und Freiheit auf Solidarität angewiesen sind. Die Zukunft ist offen. Um sie zu bewältigen, brauchen wir menschliche Intelligenz und menschliche Werte. Künstliche Intelligenz schafft lediglich künstliche Werte. Sie ist eine Chance, birgt aber auch Risiken, die Bill Gates mit denen der Atomkraft verglichen hat[2], und die in ihrem Gefährdungspotential für die freie Gesellschaft dem Virus in nichts nachstehen. Die Risiken der KI müssen wir deshalb erforschen, ihre möglichen Folgen bewerten und dann mit auf Vernunft beruhenden, demokratisch legitimierten Regeln einhegen.

Manchmal in der Geschichte ist mit einer Gefahr tatsächlich auch das Rettende gewachsen. Das setzt menschliches Lernen voraus. So könnte im besten Fall die Welt nach Corona nicht nur eine andere, sondern auch eine bessere sein.

Brüssel und München im März 2020

Einleitung: A
Warum dieses Buch?

Das Buch handelt von der Macht in Zeiten der Künstlichen Intelligenz (im Folgenden: KI). In unübersichtlichen Zeiten also. Es zeigt auf, was die neue technische Macht bedeutet für die Freiheit der Menschen und für unsere Demokratie. Unsere Ausgangsüberlegung ist dabei, dass KI nicht isoliert, sondern vielmehr in einem ganz bestimmten Kontext betrachtet werden muss: der Konzentration von wirtschaftlicher Macht und digital-technologischer Macht. Die Analyse von KI erfordert einen ganzheitlichen Blick auf Geschäftsmodelle dieser digitalen Technologien und auf die Macht, die heute durch sie ausgeübt wird. Der Aufstieg der Technik und der mit ihr verbundenen Kontroll- und Manipulationsmacht führt nach unserer festen Überzeugung zur Notwendigkeit, sich neu auf das *Prinzip Mensch* zu besinnen, darauf, dass der Mensch den Nutzen dieser Technik hat, dass er sie kontrolliert, und dass eine humane, vom Menschen bestimmte Zukunft, möglich bleibt. Dieses Buch wählt deshalb einen zweifachen Zugang zu der komplexen Thematik:

1. Wir stellen zunächst die Analyse der Macht in den Mittelpunkt: Die Verknüpfung der unterschiedlichen digitalen Technologien in der Hand der Konzerne, die das Internet beherrschen, und des Staates. Durch das rasante Tempo der technischen Entwicklung entfaltet sie eine eigene Dynamik, die demokratische Prozesse herausfordert.
2. Sodann schlagen wir eine Selbstvergewisserung des Denkens über Freiheit und Demokratie vor. Die Philosophie kann einen Beitrag leisten, wenn sie erkennt, dass das Zeitalter festgefügter Weltbilder zwar unwiderruflich vorbei ist, dass aber ihr Rückzug auf Spezialistentum und strenge Wissenschaftlichkeit genau das preisgäbe, was Jürgen Habermas als ihren wesentlichen Kern bezeichnet: Ihr *Proprium*, nämlich ihren Beitrag zur »rationalen Klärung unseres Selbst- und Weltverständnisses«. Sie sollte also am »holistischen Bezug auf unser Orientierungsbedürfnis«[1] festhalten. Orientierung tut heute not.

Denn Technik, wirtschaftliche und politische Macht gehen eine immer engere Symbiose ein. Die digitale Technik weiß mehr über den Menschen und die Welt als dieser über sich selbst. Sie erhält immer mehr Entscheidungskompetenzen. Beides führt zu einer massiven Asymmetrie von Wissen und Macht im Verhältnis von Mensch und Maschine.

Die klassischen Handlungs- und Entscheidungsmodelle von demokratischen Gesellschaften werden durch solche Entwicklungen peu à peu ausgehebelt. Es stellt sich auf neue Weise die Frage nach der Kontrolle der technischen Macht. Wer entscheidet künftig? Und, wie Shoshana Zuboff weiter fragt: »Wer entscheidet, wer entscheidet?«[2]

Die Gestaltungsmacht durch Technologie ändert sich gerade grundlegend. Für die fundamentalen geistigen und kulturellen Konzeptionen, auf denen moderne Gesellschaften beruhen, ist das ein echter Stresstest. Und er ist unumgänglich. Da wir mit den derzeitigen Umbrüchen durch KI und Quantencomputer bereits die zweite Stufe der *digitalen Revolution* erleben, lohnt es, einen Blick zurück auf den Beginn des digitalen Zeitalters zu werfen – um zu verstehen und zu lernen, warum sich die großen Hoffnungen, die damit verbunden waren, überwiegend nicht erfüllt haben.

In dieser zweiten Revolutions-Phase, in der wir aktuell stecken, können wir uns Fehler, wie sie in den Anfangstagen der digitalen Technologie und des weltweiten Internets begangen wurden, nicht mehr erlauben. Technologie und Wissen scheinen förmlich zu explodieren. Manche sprechen von einer exponentiellen Entwicklung. In naher Zukunft könnte das in eine ganz neue – unbeherrschbare – Qualität umschlagen.

Dem stehen die bewusst verlangsamten Abläufe deliberativer Demokratien gegenüber. Verlangsamt deshalb, weil die Erfahrung gezeigt hat, wie wichtig es ist, bei Fragen menschlicher Herrschaftsausübung in Demokratien Reflexion und Diskussion verbindlich einzubeziehen, bevor sich Meinungsbildung und Entscheidungen verfestigen. Eine Folge dieser Einsicht besteht auch in der Gewaltenteilung.

Wenn Technik Fakten schafft und wenn sie sich schneller entwickelt, als Demokratien entscheiden, heißt das dann, dass in diesem Hase-und-Igel-Spiel mit Sicherheit die Technik gewinnt? Gibt es sogar eine eigene Entwicklungslogik der Technik, die irgendwann vielleicht immun ist gegen demokratische Steuerung? Heute schafft die Technik Fakten in einem Tempo, dass sich die Machtfrage allein schon dieses Tempos wegen zu ihren Gunsten entscheiden könnte.

Wir glauben, dass die Frage danach, wer in Zukunft herrscht und wer die Entscheidungen trifft, heute gestellt werden muss. Wer sie im Sinne der Demokratie beantworten will, muss die Vertreter von Technik und Demokratie neu ins Gespräch bringen.

Wir wissen, dass wir dabei auf den Schultern von Giganten stehen: Immanuel Kant, Jürgen Habermas und, ja, auch Edward Snowden, ohne dessen Mut die Welt vielleicht nie erfahren hätte, wie intensiv die mächtigsten Überwachungsmaschinen, die Menschen je erdacht haben, uns alle schon heute beobachten und manipulieren. Der Titel des Buches verrät außerdem: Ganz ausdrücklich haben wir auch an Hans Jonas und Ernst Bloch gedacht. Zwei Exilanten im Leben und im Denken, die mit ihren Werken *Prinzip Verantwortung* und *Prinzip Hoffnung* die Autoren in ihrer Jugend geprägt haben. Dieses Buch will analysieren, orientieren und ein Appell sein. Deshalb mündet es in eine Reihe konkreter Handlungsempfehlungen für die Politik in Deutschland und Europa.

Zum Schluss dieser Vorrede noch eine Bitte an Sie, liebe Leserinnen und Leser. In einer Hinsicht wird dieses Buch seinem Titel *Prinzip Mensch* zweifellos gerecht: Es ist nicht vollkommen und sicher nicht ohne Fehler. Es versteht sich als Anstoß und Anregung zu einer Diskussion über den Umgang mit den digitalen Technologien, nicht als Abschlussbericht.

Deshalb haben wir die Internetseite PrinzipMensch.eu eingerichtet, zu deren Besuch wir Sie herzlich einladen. Dort finden Sie auch alle Anmerkungen in den Fußnoten dieses Buches mit einem Klick zum Weiterlesen.

Schreiben Sie uns, wenn Sie Fehler entdecken, unseren Argumenten zustimmen oder wenn Sie ganz anderer Meinung sind. Freuen Sie sich oder ärgern Sie sich. Aber bleiben Sie menschlich, denn wir brauchen das Menschliche, gerade im Zeitalter sogenannter Künstlicher Intelligenz.

B Kritik der technologischen Macht

»Der Ordnungen sind viel. Doch: wer ordnet?«
Antigone, Sophokles

Wie technologische Macht heute erworben und genutzt wird, ist wichtig zu verstehen. Ob und wie wir – sowohl die Individuen als auch die Entscheidungssysteme Markt und Demokratie – durch diese Macht beherrscht werden, entscheidet über den Grad unserer Freiheit und langfristig auch über den Wohlstand, in dem wir leben.

Vereinfacht wird man sagen können: Die Kontrolle technologischer Macht ist eine zentrale Funktion der Demokratie (B 1). Aber mit der Herrschaft der wirtschaftlichen Macht durch »ihre« Technik, die wir heute schon erleben, stehen wir vor jener Phase, in der die Technik selbst die Herrschaft übernimmt: nämlich die Herrschaft durch eine denkbare starke Künstliche Intelligenz, die sich selbst Ziele setzen kann. Mit beiden Formen der Herrschaft müssen wir uns heute dringend befassen. Es ist noch unklar, wann genau Systeme der Künstlichen Intelligenz, also die Technik allein, in der Lage sein werden, unmittelbar und bei einem denkbaren Kontrollverlust durch die Menschen Macht gezielt für ihre eigenen Zwecke auszuüben. Aber das Problem der Zentralisierung der technischen Macht, die sich der demokratischen Kontrolle zu entziehen strebt, ist schon heute dramatisch (B 2).

Wir brauchen eine Systemsicht auf die technisch beherrschte Zukunft (B 3). Die muss beginnen mit einer Analyse der zentralen 10 Technologien der digitalen Macht, die an das Internet anschließen (B 4). Ihre Gesamtschau zeigt uns ihr Machtpotential (B 5).

Sodann wenden wir uns dem Problem der Machtkonzentration in der Hand des digital–technologisch–wirtschaftlichen Komplexes zu (B 6).

Die Technologieunternehmen *Google, Amazon, Facebook, Apple* und *Microsoft*, die sogenannten Schrecklichen Fünf[1], oder *GAFAM*, sind heute die teuersten und mächtigsten Unternehmen der Welt. Ihre Geschäftsmodelle (B 7) beeinflussen auf die eine oder andere Weise das Leben von uns allen. Wie sie ihre Macht gewinnen und wie sie sie nutzen, zeigt ein Überblick der acht Quellen ihrer Macht (B 8), zu denen auch die Ideologie der totalen technischen Machbarkeit, die *Kalifornische Ideologie*, gehört.

B 1 - Die Kontrolle technischer Macht als zentrale Funktion der Demokratie

Unser Interesse an der Kritik der technologischen Macht geht aus von der Sorge um die Funktionsfähigkeit der Demokratie im technologischen Zeitalter. Wir müssen zunächst verstehen, was Technologie eigentlich mit Demokratie zu tun hat, und deutlich machen, worauf unsere Sorge gründet, technologische Entwicklungen könnten ein Problem werden für die Funktionsfähigkeit der Demokratie.

Das Nachdenken über die Macht der Technologiekonzerne und die Nutzung der Technik durch Regierungen, allen voran die chinesische Regierung, gibt uns Anlass, das, was über Macht und Herrschaft geschrieben wurde, noch einmal zu lesen.

1.1. Macht und Herrschaft – was ist das eigentlich?

Max Weber, Hannah Arendt, Talcott Parsons, Heinrich Popitz[2] und Jürgen Habermas[3] haben zu Macht und Herrschaft geschrieben.[4]
Max Weber sagte:

>*Macht bedeutet jede Chance, innerhalb einer sozialen Beziehung, den eigenen Willen auch gegen Widerstreben durchzusetzen.*«[5]

Herrschaft ist für Max Weber eine Steigerung von Macht, und zwar in dem Sinne, dass die Befolgung des eigenen Willens durch andere deshalb sicher ist, weil sie durch Institutionen und Recht sichergestellt wird.[6]
Hannah Arendts Definition der Macht ist dagegen kommunikativ:

>*Macht entspringt der menschlichen Fähigkeit, nicht nur zu handeln oder etwas zu tun, sondern sich mit anderen zusammenzuschließen und im Einvernehmen mit ihnen zu handeln.*«[7]

Ihr Modell der kommunikativen Verständigung zielt nicht auf eine Macht, die Selbstzweck ist und instrumentalisiert werden kann. Nach Arendts Verständnis ist das Ziel der Macht nicht irgendein Erfolg, sondern die vernünftige Geltung universalisierbarer Ansprüche. Die Anerkennung dieser Geltungsansprüche ist durch vernünftige Gründe motiviert, nicht durch Gewalt und Zwang:

>*Überzeugungen sind manipulierbar, nicht aber der Vernunftanspruch, aus dem sie subjektiv ihre Kraft ziehen.*«[8]

Dieses unterschiedliche Verständnis von Macht als Chance und Macht als Herrschaft, um die Befolgung des eigenen Willens durch andere zu sichern, behalten wir im Hinterkopf, wenn wir uns nun dem Verhältnis von Technik, Macht, Herrschaft und Demokratie zuwenden.

Hans Jonas sprach in seinem Werk *Das Prinzip Verantwortung: Versuch einer Ethik für die technologische Zivilisation*[9] von der kombinierten Macht technischer Innovation und ökonomischer Interessen, die vereint alle anderen Anliegen in einer Gesellschaft vom Tisch wischen können.

Er erinnerte an das Besondere der menschlichen Macht und die mit ihr verbundene Verantwortung:

>*Groß ist die Macht von Tigern und Elefanten (...), größer noch die von Bakterien und Viren. Aber sie ist blind und unfrei (...). Nur beim Menschen ist die Macht durch Wissen und Willkür vom Ganzen emanzipiert und kann ihm und sich selbst verhängnisvoll werden. Sein Können ist sein Schicksal und wird immer mehr zum allgemeinen Schicksal. Also erhebt sich bei ihm, und ihm allein, aus dem Wollen selber das Sollen als Selbstkontrolle seiner bewusst wirkenden Macht (...)«.*

Der Mensch, so Jonas, wird im technologischen Zeitalter *»zum Treuhänder aller anderen Selbstzwecke, die irgend unter das Gesetz seiner Macht kommen«.*[10]

1.2. Hans Jonas und das Vorsorgeprinzip als Element der Politikgestaltung

Jonas' *Prinzip Verantwortung* legt die Grundlage des inzwischen zu einem Verfassungsprinzip europäischen Rechts aufgestiegenen Vorsorgeprinzips.[11] Dieses besagt, dass wir dann, wenn eine Technologie möglicherweise langfristige, schwerwiegende Folgen für Mensch oder Umwelt haben könnte, harte Entscheidungen treffen müssen, um diese schwerwiegenden negativen Folgen morgen mit an Sicherheit grenzender Wahrscheinlichkeit zu vermeiden. Und zwar heute. Dafür müssen wir in die Wissenschaft der Technikfolgenabschätzung investieren. Und wir müssen uns emotional und politisch in die Lage versetzen, die notwendigen Entscheidungen auch wirklich heute treffen zu können.

Die Rezeptionsgeschichte dieses Buches zeigt, wie lernfähig Demokratie und Recht sind, und dass genau deshalb Jonas' These von der alles dominierenden Herrschaft technischer Innovation und wirtschaftlicher Interessen nicht immer zutrifft. Ihm ist es wahrscheinlich tatsächlich gelungen, nicht nur das Denken, sondern die politische Realität zu ändern.

In der Demokratie wird eine ständige Auseinandersetzung darüber ausgetragen, was im Interesse des Gemeinwohls zu tun ist. Es ist heute denkbar, aber nicht unabwendbar, dass wirtschaftliche und technologische Innovationsinteressen in dieser Auseinandersetzung die Oberhand gewinnen. Dies ist insbesondere dann wahrscheinlich, wenn es den interessierten Unternehmen gelingt, zu zeigen, dass die von ihnen finanzierten und hervorgebrachten Innovationen dem Gemeinwohl dienen und andere Gemeinwohlanliegen, wie etwa Umweltschutz, Datenschutz, Grundrechte und Demokratie nicht geschädigt werden.

Solange die Auseinandersetzung über das Gemeinwohl mit Sachargumenten und an der Wahrheit orientiert ausgetragen wird, kann ein derartiges Ergebnis legitim sein, wenn die hoheitlichen Sphären von Recht, Demokratie und Menschenwürde gewahrt werden. Die wissenschaftliche Technikfolgenabschätzung ist das traditionelle Mittel, mit dem das Vorsorgeprinzip nach Hans Jonas angewendet wird.[12]

Nicht legitim ist es, wenn wirtschaftliche Macht und Technologie als Manipulations- und Druckmittel eingesetzt werden.

Mit der Komplexität einer Technologie, die immer schwerer zu verstehen ist, mit einer zweifelhaften Haltung zum Recht, ja einer Lügenkultur in einigen GAFAM-Unternehmen - so die amerikanische Wirtschaftsprofessorin Shoshana Zuboff[13] - und natürlich mit dem gewaltigen Geld in den Taschen dieser Unternehmen, wird die Versuchung jedenfalls in dieser Branche immer grösser, genau dies zu tun.

Demokratie und Freiheit benötigen Innovation und wirtschaftlichen Erfolg, nicht nur, um im Wettbewerb mit Diktaturen wie China zu bestehen, sondern auch, um politische Radikalisierung und Populismus abzuwenden. Arbeitslosigkeit, Armut und Prekarität der Arbeitsverhältnisse sind Grundlagen für ein Abgleiten in Populismus und Faschismus, das lehrt uns die Geschichte der Weimarer Republik.

Auch lehrt uns die jüngere Geschichte, insbesondere der Wahlsieg von Donald Trump in den Vereinigten Staaten und der Brexit in Großbritannien: Das Gefühl des Kontrollverlustes und des Beherrschtseins durch ein System technologischer und wirtschaftlicher Macht sowie ein mit diesem System verbundenes politisches Establishment leisten ebenfalls dem Populismus und antidemokratischen Tendenzen Vorschub.

Eine lebendige Demokratie, eine bleiben möchte, ist deshalb gut beraten, Innovation und wirtschaftliches Wachstum zu ermöglichen und so Wohlstand zu sichern und Armut und Arbeitslosigkeit zu vermeiden, ohne allerdings die politische Gestaltung der Gesellschaft in die Hand mächtiger wirtschaftlicher Interessen oder gar technischer Systembeherrscher zu legen. Die Menschen spüren, wenn nicht mehr die Demokratie herrscht, sondern ein System, worin sie und ihre Interessen keine angemessene Rolle mehr spielen und Manipulation, Halbwahrheiten und Lügen die Debatte dominieren.

Es steht außer Frage, dass technische Innovationen wie das Internet und die Künstliche Intelligenz große Gemeinwohlpotentiale mit sich bringen. Wir alle nutzen diese Technologien, ja lieben sie zum Teil, und sind von ihnen abhängig. Man stelle sich die Informationssuche heute vor ohne Internetsuchdienste. Das Internet und die Künstliche Intelligenz sind Technologien, die in vielen Bereichen das Potential haben, die Produktivität zu steigern, und damit dem Gemeinwohl dienen können. Gesamtwirtschaftlich ist allerdings die Steigerung der Produktivität durch das Internet und die Digitalisierung bisher nicht nachweisbar. Das wird damit erklärt, dass die Produktivitätsgewinne bei einigen großen Unternehmen stark konzentriert sind und bei anderen, vor allem kleinen und mittleren, gar nicht oder erst viel später auftreten.[14]

Dass durch Technologie Macht ausgeübt wird, steht außer Frage und ist an sich nichts Neues. Die Entwicklung der Waffentechnik ist das beste Beispiel. Auch Kommunikationsmittel und Netzwerke sind Machtinstrumente.

Der Rechtshistoriker und Jurist der Free Software Bewegung, Eben Moglen, beginnt seine *Snowden Lectures*[15] mit dem Hinweis auf das erste technische Netzwerk der Macht: das römische Straßennetz. Denn über diese Straßen marschierten nicht nur die römischen Legionen. Parallel wurden auch Informationen schneller und verlässlicher durch Signalposten übermittelt als je zuvor. Macht war schon im römischen Reich auch Informationsmacht.

Die Frage, die wir uns mit Blick auf die Demokratie heute stellen müssen, ist, ob die Konzerne des Internets bereits auf eine Art und Weise herrschen, die mit Demokratie nicht mehr vereinbar ist, oder ob uns eine derartige Herrschaft bald bevorsteht, weil die Weiterentwicklung der Technologien und Geschäftsmodelle, die an das Internet anschließen, eine derartige Herrschaft in den Händen mächtiger Konzerne ermöglicht.

1.3. Der Soziologe Heinrich Popitz und die Phänomene der Macht

Dass die Entwicklung von Technologie zu einer im Prinzip unbegrenzten Steigerung von Macht führen kann und dass deshalb eine zentrale Aufgabe der Demokratie darin besteht, die Entwicklung von Technologie zu kontrollieren, hat der Soziologe und Politikwissenschaftler Heinrich Popitz dargelegt, und zwar in seinem Buch »Phänomene der Macht« von 1992:

> *Die objektiven, objektivierten Bedingungen der menschlichen Existenz verändern sich in hochtechnisierten Gesellschaften radikal mit dem Umblättern des*

Kalenders. Wer heute über die technische Gestaltung unserer Lebensumwelt entscheidet, wer datensetzende Macht hat, kann in kürzester Frist ein unermessliches Ausmaß von Macht über unermesslich viele Menschen und eventuell (wie beim Bau eines Atomkraftwerkes) über unermesslich lange Zeiträume ausüben. Wir können den technischen Progress rückblickend konstatieren. Aber wir können nicht entscheiden, wie lange und wie weitgehend sich die Effizienz technischen Handelns noch weiter steigern wird. Unsere bisherige Erfahrung verweist uns auf kein Prinzip, aus dem sich eine solche Prognose ableiten ließe. Technisches Handeln scheint eine prinzipiell offene Fähigkeit des Menschen zu sein. Entsprechend können wir auch nicht wissen, bis in welche namenlose Regionen sich das Potential sozialer Macht noch weiter auftürmen lässt. Wenn technisches Handeln prinzipiell offen ist, dann ist auch die potentielle Gefährlichkeit des Menschen für den Menschen prinzipiell offen. An dieses Nichtwissen — ein Nichtwissen wahrlich fundamentaler Art — sollte man sich wohl erinnern, wenn man zukünftige gesellschaftliche Entwicklungen vorherzusagen versucht. Immerhin können wir mit großer Wahrscheinlichkeit für eine absehbare Zeit mit einer weiteren Zunahme des Machtpotentials rechnen, und zwar in dem beschriebenen dreifachen Sinne. Damit aber werden die Probleme der Machtkontrolle immer schwerer zu lösen. Zugleich wird immer gewisser: Der Angelpunkt jeder Machtkontrolle in modernen Gesellschaften ist die Kontrolle technischen Handelns.«[16]

Beim technischen Handeln, dessen Kontrolle er zum Angelpunkt der Machtkontrolle erklärt, unterscheidet Popitz zwischen drei Formen der Technik, nämlich der bereits erwähnten Waffentechnik, den Techniken der Machtausübung und der »datensetzenden Technik«, in seinen Worten der »Schaffung technisch vollendeter Tatsachen«, die keiner der beiden obigen Kategorien angehören, aber gleichwohl unser Leben bestimmen.

Die Entwicklung der Waffentechnik, deren moderne Formen von selbststeuernden Drohnen und Kampfrobotern bis hin zu digitalen Programmen des Internetkrieges durch KI und Quantentechnik gewaltige Entwicklungssprünge machen,[17] können wir hier nicht im Einzelnen ausführen. In der zweiten Kategorie, nämlich den Techniken der Machtausübung, sah Popitz nicht nur Techniken der »Fesselung von Unterworfenen« wie elektrische Zäune und Minenfelder, sondern auch der »elektronischen Datenverarbeitung« und der »Zentrierung« der Versorgung, zum Beispiel des Stroms, die auch »einfachste Lebensvorgänge an zentrale Verteiler binden.«

Ob das Internet vor dem Hintergrund dieser Definitionen in die Gruppe der Techniken der Machtausübung oder die Gruppe der datensetzenden Techniken fällt, kann hier offenbleiben. Klar ist jedenfalls, dass die Aussagen Popitz' über die Notwendigkeit der Machtkontrolle auf das Internet und die neuen digitalen Techniken in jedem Fall zutreffen. Die hohe Geschwindigkeit der Entwicklung von immer schnelleren Computern bis hin zum Quantencomputer, die schnelle geographische, weltweite Ausbreitung des Internets, aber auch der schnelle Aufstieg der angewandten Technologien, wie zum Beispiel der Bildverarbeitung und der selbst lernenden Algorithmen, bestätigen geradezu die Erkenntnis Popitz' über die offene Innovationsfähigkeit des Menschen. Und dass mit diesen Technologien Macht über Menschen und Systeme verbunden ist, das sehen wir an vielen Beispielen, angefangen von der Nutzung des Internets durch Geheimdienste zum Zwecke der Massenüberwachung, wie Edward Snowden[18] sie offengelegt hat, bis hin zur Nutzung der Gesichtserkennung in Staaten auf der ganzen Welt wie in China zur Kontrolle der Bevölkerung.

Shoshana Zuboff beschrieb die »instrumentelle Macht« der Verhaltensmanipulation, die die GAFAM durch das massenhafte Sammeln und Analysieren persönlicher Daten erhalten. Die Abstimmung über den Brexit in Großbritannien ist nach Untersuchungen des britischen Unterhauses ganz wesentlich durch Nutzung dieser »instrumentellen Macht« beeinflusst worden, in diesem Fall durch die Firma Cambridge Analytica, die wiederum *Facebook*-Daten benutzte, um in ihrer verdeckten Kampagne für den Brexit gezielt und individuell an die Menschen und ihre Neigungen zu appellieren.[19]

B 2 - Herrschaft durch Technik kommt vor der Herrschaft der Technik

»Wir sind überzeugt, dass Portale wie Google, Facebook, Amazon und Apple weitaus mächtiger sind, als die meisten Menschen ahnen. Ihre Macht beruht auf der Fähigkeit, exponentiell zu wachsen. Mit Ausnahme von biologischen Viren gibt es nichts, was sich mit derartiger Geschwindigkeit, Effizienz und Aggressivität ausbreitet wie diese Technologieplattformen, und dies verleiht auch ihren Machern, Eigentümern und Nutzern neue Macht.«
Eric Schmidt, Ex-CEO Google[20]

Technisch ermöglichte Machtkonzentration und private Herrschaft bedrohen die Funktionsfähigkeit der wesentlichen Steuerungssysteme unserer Gesellschaft: Demokratie und Markt.

Beide beruhen auf der Annahme, freie Individuen könnten durch Kommunikation und rationale Beweggründe zu den besten Entscheidungen gelangen, wenn sie sich über die Institutionen von Markt und Demokratie organisieren.

Diese Annahme funktioniert aber nur dann, wenn der Wille, der sich durch freie Individuen sowie in den Institutionen bildet, nicht verzerrt oder dominiert wird, indem entweder Informationen manipuliert werden oder die Individuen direkt so manipuliert werden, dass wir nicht mehr von freien Individuen sprechen können. Oder beides.

Es reicht nicht, nur einen Blick auf die heute schon praktisch absehbaren Potentiale der Zukunftstechnologien zu lenken. Es reicht auch nicht, über die theoretisch denkbaren, weiter in der Zukunft liegenden Potentiale der Technologien zu spekulieren. Beides ist wichtig, und natürlich ist es richtig, in einem ersten Schritt die theoretischen Potentiale und die Risiken einer Technologie getrennt zu beurteilen, das heißt, getrennt von anderen Technologien und von der Nutzung der Technologie im Rahmen bestimmter Geschäftsmodelle oder durch Regierungen.

Aber die Technik von heute hat auch schon ohne KI einen Zwangscharakter angenommen, vor allem in ihrer Verbindung mit wirtschaftlicher und staatlicher Macht. Da wir von der Technik in allen Lebensbereichen auch ohne KI schon vollständig abhängig sind, folgt zwangsläufig die Weiterentwicklung der Technik, um die Probleme zu lösen, die sie selbst aufgeworfen hat. Da die Wirtschaft und damit die Arbeitsplätze, der Wohlstand und letztlich die Demokratie von dieser stetigen Weiterentwicklung abhängen, entsteht auch schon ohne KI der Eindruck, diese Entwicklung sei alternativlos und die Demokratie ihr gegenüber schwach. Man muss keine »autonome Induktion«[21] in der technologischen »Evolution« annehmen, wie der *Singularity*-Vordenker und *Google*-Entwicklungschef Ray Kurzweil[22] das tut. Aber die Frage, wie die Macht der Technik durch die bereits erreichte Technisierung der Welt systemimmanent anwächst, müssen wir stellen.

Die neue Frage im Zeitalter der Künstlichen Intelligenz ist in der Tat auch, ob Technologie dann, wenn sie selbst lernend und selbst steuernd ist, auch selbst Macht ausüben kann, ob es also nicht mehr Menschen sind, die die Macht durch Technologie ausüben, sondern die Technologie selbst über Menschen Macht gewinnt, ja vielleicht sogar selbst einen Willen zur Macht entwickelt.

Ist es technisch denkbar, dass Technologie über Menschen herrscht, ohne dass ein menschlicher Wille zur Macht sich dieser Technologie bedient? Und wenn ja, wollen wir so eine Herrschaft der Technologie über Menschen zulassen? Es ist wichtig, das eigene Herrschaftspotential der Technologie von der Frage zu trennen, ob durch Technologie Macht und Herrschaft ausgeübt wird.

Die zeitliche Relevanz dieser beiden Fragen ist nämlich unterschiedlich: Die Frage nach der Macht und Herrschaft durch Technologie stellt sich heute ganz aktuell, vor dem Hintergrund der internetbasierten Machtkonzentration und der technologischen Innovation in den Händen von GAFAM, sowie angesichts politscher Macht, die sich schon heute der neuen Technologien zu Herrschaftszwecken bedient, am dramatischsten zu beobachten in China.

Die Frage der Herrschaft der Technologie über die Menschen wird in dem Maße relevant, in dem Technologien entwickelt und verbreitet werden, die selbst lernen und sich derart weiterentwickeln können, dass sie möglicherweise selbst irgendwann die Zwecke ihrer Tätigkeit bestimmen und dadurch nicht mehr den Zwecken ihrer menschlichen Hersteller und Herren dienen, sondern möglicherweise selbstdefinierten Zwecken. An die Stelle der Herrschaft *durch* Technik würde dann die Herrschaft *der* Technik treten und mit ihr das Kontrollproblem, das der Informatiker Stuart Russell von der Berkeley-Universität beschreibt. Sein Rezept: Die KI muss letztlich auch dann, wenn sie sich vielleicht selbst Zwecke setzen könnte, überall da, wo Wertentscheidungen getroffen oder die Anwendung von Prinzipien gegeneinander abgewogen werden müssen, immer zum Menschen zurückkehren und fragen: Wie nun weiter? Denn KI kann allein keine Prinzipien abwägen und anwenden und darf dies auch nicht.[23]

Heute darf nicht mehr ignoriert werden, dass aufgrund der Machtstrukturen im Internet und hinsichtlich der Entwicklung und des Betriebs moderner Technologien ein erhebliches Risiko besteht, Markt und Demokratie in ihrer Funktionsfähigkeit zu untergraben. Folgenabschätzung von Technologie heute muss deshalb immer auch die realen Machtstrukturen mit in Betracht ziehen, die die Zwecke der Entwicklung, des In-Verkehr-Bringens und der Nutzung der Technologien bestimmen.

Wir trennen deshalb die Analyse der *Macht durch Technik*, die nach der Macht und dem Herrschaftspotential der mächtigen Tech-Konzerne fragt, ihrer Technologien und Geschäftsmodelle, und die Analyse der *Macht der Technik*, die danach fragt, ob diese Technologien eines Tages über die Menschen herrschen werden, ohne anderen Interessen zu dienen, ob sie sich also verselbstständigt haben werden.

2.1. Wann übernimmt die allgemeine KI oder eine Superintelligenz die Macht?

Immer öfter behaupten prominente Autoren, wir Menschen seien auf dem Wege, die Kontrolle über unser eigenes Leben an ein technisches System der Künstlichen Intelligenz zu verlieren.[24] Während die spezielle Künstliche Intelligenz jedenfalls theoretisch immer, also auch bei selbstständigem Lernen, auf einen speziellen Sachbereich beschränkt bleibt, soll die generelle KI die Fähigkeit des Menschen haben, das in einem Bereich Gelernte auf einen anderen Bereich zu übertragen.

Ob und wann die Technologie der Künstlichen Intelligenz derart leistungsfähig wird, bleibt aber trotz vieler Vorhersagen unklar. Es gibt einige Kenner der Materie, die sagen, bereits in 5 bis 10 Jahren gewinne die Künstliche Intelligenz »jedes Spiel«. Zu den Spielen, die die Künstliche Intelligenz dann gegen den Menschen gewinnen, können Spekulation an der Börse und selbst Wahlen gehören, so die Auskunft eines prominenten KI-Forschers auf Nachfrage, der allerdings nicht namentlich zitiert werden will.

Andere behaupten, die gegenwärtigen Formen der Künstlichen Intelligenz, also die neuronalen Netze und das *Deep and Reinforcement Learning*, seien bereits ausgereizt. Wissenschaftlich seien in Bezug auf diese Methoden keine Durchbrüche in Form wesentlicher Weiterentwicklungen mehr zu erwarten, die praktischen Anwendungen seien weitestgehend bekannt. Allerdings bestünden im Bereich des *Cognitive Computing* und *Probabilistic Progamming*[25] ernste Möglichkeiten für gewaltige Weiterentwicklungen. Mit diesen Methoden könnte menschliche Intelligenz erreicht und in vielen Bereichen übertroffen werden.

Ray Kurzweil, der Chefentwickler von *Google*, sagt, es gäbe eine 50-Prozent-Wahrscheinlichkeit, dass wir die Generelle Künstliche Intelligenz im Jahr 2029 erreichen.[26] Im Jahr 2045 werde unser Gehirn mit der Cloud verbunden werden[27] – wenn es sie dann noch gibt, angesichts des Technologietrends zur Dezentralisierung der Verarbeitung von Daten.

Der australische IT-Forscher Toby Walsh hat nach einer Umfrage unter Wissenschaftlern das Jahr »2062« als das Jahr identifiziert, in dem die »Künstliche Intelligenz uns ebenbürtig sein wird«.[28] Sein gleichnamiges Buch enthält eine Liste all dessen, was im Internet und der digitalen Wirtschaft schief läuft. Er endet mit der Aufforderung zu handeln, durch Gesetzgebung und den Umbau der Gesellschaft, um die dystopische Vision der Technikbeherrschung nicht eintreten zu lassen. Wir schließen uns seinen Vorschlägen weitestgehend an. Laut dem an der Berkeley University in den USA Informatik lehrenden britischen Forscher Stuart J. Russell braucht die allgemeine, dem Menschen ähnliche Künstliche Intelligenz noch mindestens 80 Jahre. Aber er warnt auch: Wie bei der Kernspaltung, die lange für unmöglich gehalten wurde, kann es auch schon Morgen soweit sein.[29]

Eines ist jedenfalls sicher: Schon bevor eine derartige, sich möglicherweise selbst Ziele setzende Software in Betrieb genommen wird, muss durch Tests und entsprechende Vorkehrungen sichergestellt werden, dass KI nie das Kommando über sich selbst und die Kontrolle über den Menschen übernehmen kann. Andernfalls wäre dies nach dem britischen Mathematiker Irving John

Good[30] und dem schwedischen Philosophen Nick Bostrom die letzte Erfindung der Menschheit.[31] Schon 2015 veröffentlichten Wissenschaftler um Steven Hawkings und Stuart J. Russell einen Warnruf mit dem Entwurf einer dringenden Forschungsagenda, um die Menschenzentriertheit der KI sicherzustellen.[32] Dagegen finden sich zahllose Heilsversprechen in der Tech-Literatur. Das weltumspannende technische System wird, so die Behauptung, alle Probleme dieser Welt besser lösen, als wir Menschen es können, weil es mehr Informationen schneller verarbeitet und deshalb *intelligenter* ist. Es wird, so die Vision, die Kontrolle über die Erde und die Menschheit ausüben. Wir werden uns daran gewöhnen müssen, von diesem technischen System dominiert zu werden. Entscheidungen, die bisher Menschen trafen, werden durch die Generelle Künstliche Intelligenz getroffen, die sich selbst programmiert.[33]

Microsoft hat eine Milliarden Euro schwere Allianz mit dem von Elon Musk gegründeten Forschungs- und Entwicklungslabor *Open AI*[34] geschlossen, um eine am Gemeinwohl ausgerichtete starke, Generelle Künstliche Intelligenz zu entwickeln, und vor allem: die sinnhafte Schöpfung und das Verstehen von Sprache voranzubringen.[35] Bill Gates hat einmal gesagt, wir neigen dazu, die Entwicklung der nächsten zwei Jahre zu überschätzen, und die Entwicklungen in den nächsten 10 Jahren zu unterschätzen. Wenn *Microsoft* Milliarden in die Entwicklung der Generellen Künstlichen Intelligenz steckt, dann könnte dies vor dem Hintergrund der Philosophie von Bill Gates und angesichts des Entwicklungstandes der KI heute ein Zeichen dafür sein, dass innerhalb der nächsten zehn Jahre einiges in diesem Bereich zu erwarten ist. Insbesondere die Forschung von *Open AI* zu einer künstlichen, argumentierenden, überzeugenden Sprachschöpfung, die von Lesern nicht als maschinell erkannt werden kann, sollten genau beobachtet werden, da sie den Kern menschlicher Autonomie und des demokratischen Systems berühren.[36]

B 3 – Systemsicht der technisch beherrschten Zukunft

Wir sprechen nun in Anwendung von Max Weber und Hannah Arendt von technologischer Macht, wenn Technologien es erlauben, den Willen und die Kommunikation und damit das Tun von Menschen, technische Systeme oder die Natur zu beherrschen.

Die Vernetzungsmacht schafft dem, der sie zu nutzen weiß, Zugang in alle Weltregionen. In der Zukunft schafft sie Zugang durch biophysische Systeme und Nanotechnologien auch in das Innerste des Menschen. Sie dringt mittels Sensoren und durch Beobachtung von Kommunikation und Verhalten von Menschen ein in privateste Räume und privateste Verhältnisse, in das Denken, Fühlen, Hoffen und die Seele des Menschen. Sie reicht von hochauflösenden Satelliten der Erdbeobachtung über die Verlegung von Kabeln, von Telekommunikationsdiensten bis zu den Diensten der Sozialen Netze und der Suchmaschinen, den Cookies und anderen Technologien, die das Verhalten der Menschen, der Maschinen und der Natur beobachten und über das Internet zusammenführen. Die Verarbeitungsmacht ist die Macht der Analyse gesammelter Informationen und Daten. Es ist die Macht der selbstlernenden Algorithmen, in Zukunft ausgeführt durch Quantencomputer. Es ist die Macht, Schlüsse zu ziehen, Affinitäten und Wahrscheinlichkeiten zu erkennen und diese über das Internet dann wieder als Handlungsbefehle – oder Einladungen zum Handeln – mehr oder weniger manipulativ, an Menschen wie auch verbundene Maschinen zurückzuspielen. Diese Macht nennt Shoshana Zuboff »instrumentelle Macht«, da sie es erlaubt, den Menschen durch Fernsteuerung faktisch zu einem Instrument des Profits der Konzerne zu machen oder zu willfährigen Parteisoldaten des Kommunismus, wie es in China die Kommunistische Partei anstrebt. Es ist aber auch die Macht, die Funktion und Änderungen des Erdsystems, von erdumspannenden technischen und sozialen Systemen bis hin zu einzelnen Gesellschaften zu verstehen und zu beeinflussen.

Je mehr Elemente dieser Formen der technischen Macht in wenigen Händen zusammenkommen, je weniger Kontrolle über diese neuen Formen der Macht ausgeübt wird, umso grösser werden die Gefahren aus dieser Machtkonzentration für die Freiheit der Individuen und das Funktionieren von Markt und Demokratie.

Stuart J. Russell weist zurecht darauf hin, dass Daten und schnellere Verarbeitung allein, etwa durch Quantencomputer, nur falsche Ergebnisse schneller auswerfen, wenn wir nicht die Qualität von Daten und Algorithmen dramatisch verbessern und wenn wir nicht dort, wo es um die Anwendung von Prinzipien geht, sicherstellen, dass die Maschinen den Menschen nach einer Abwägung, nach Werten und neuen Wegen fragen müssen.[37]

3.1. Das Internet als zentrales Vernetzungsmedium

Das potenteste Machtmedium unserer Zeit ist das Internet. Es schafft die technische Voraussetzung dafür, eine zentralisierte Form der Herrschaft auszuüben, durch die Kontrolle und Manipulation von Menschen und dezentralen technischen und wirtschaftlichen Prozessen.

Hinter dem harmlosen Begriff der Vernetzung, wie ihn Mark Zuckerberg benutzt, und dem Freiheitsversprechen des Internets, das uns scheinbar unbegrenzten Zugang zu Information gibt und die vermeintliche Möglichkeit, zu allen Menschen zu sprechen und von allen gehört zu werden, verbirgt sich ein gewaltiges zentralisierendes Steuerungspotential.

Das Internet ist ein Mehrwegemedium, das eben auch durch Staat und Konzerne genutzt werden kann, um alle Kommunikation und Tätigkeit von jedem einzelnen Bürger zu beobachten, zu speichern und auszuwerten. Das Internet erlaubt jenen Staaten und Konzernen, die Massen zu kontrollieren und zu manipulieren, genauso wie es erlaubt, Daten aus dem *Internet of Things (IoT)* – dem Internet der Dinge – zusammenzuführen und technische und wirtschaftliche Systeme zu kontrollieren und zu manipulieren.

Das Kontroll- und Steuerungspotential des Internets verbunden mit KI steigt: mit seiner geographischen Verbreitung, seiner wachsenden Übertragungskapazität und der fortschreitenden Vernetzung von Geräten im Internet der Dinge sowie der Bereitschaft von Menschen, oder dem Zwang, ständig in Kontakt – *always on* zu sein, bis hin zur momentanen oder permanenten biophysischen Verbindung.

Das heute bereits in der Technologiepolitik ins Auge gefasste Ziel eines Quanteninternets wird das gewaltige Verarbeitungspotential der Quantentechnologie mit einer entsprechend gewaltigen Übertragungskapazität verbinden.[38] An diesem Projekt zeigt sich exemplarisch, wie nötig es ist, im Rahmen einer Gesamtbewertung nicht nur die Folgen von Einzeltechnologien, sondern aller Technologien, die auf dem Internet aufbauen, in den Blick zu nehmen. Denn das Internet wird in der Vorstellung der *Kalifornischen Ideologie* zu einem weltumspannenden neuronalen System, das vom Weltall bis in die Biologie der Erde, ja bis in die Psyche jedes einzelnen Menschen reicht und zentrale Kontrolle und Steuerung ermöglicht – durch die Vernetzung von allen mit allen und allem.

B 4 - Die an das Internet anschließenden zehn Machttechnologien

Auf das Internet, wie wir es kennen, und das World Wide Web, wie Tim Berners-Lee es entwickelt hat, setzen zehn weitere neue Technologien auf, die für unser Thema gemeinsam betrachtet werden müssen: zum genauen Verständnis der Machtballung bei wenigen privaten und staatlichen Akteuren.

Es handelt sich dabei um Technologien, die teils der besseren und weitergehenden Vernetzung dienen, teils der schnelleren und besseren Verarbeitung der Informationen. Auch Entwicklungen wie die Genmanipulation und die Nanotechnologie werden mit dem hier beschriebenen System technologischer Macht verbunden.

Jede der hier beschriebenen Technologien füllt für sich schon Regalmeter an Literatur. Worum es uns hier geht ist, eine kurze Einführung zu geben in die Technologien der Macht und ein Verständnis für die notwendige Zusammenschau dieser Technologien und ihrer potenziellen Nutzungen und Folgen zu entwickeln.

In einem Schnelldurchgang nun einige Worte zu den auf das Internet aufsetzenden Technologien und Verfahren:

4.1. Big Data

Dieser Begriff beschreibt zunächst einmal eine Situation, in der sehr viele Daten vorhanden sind, die möglicherweise durch klassische Computer und klassische Programme nicht sinnvoll verarbeitet werden können. *Big Data* beschreibt also zunächst eine technologische Herausforderung.

Dann aber ist *Big Data* in der Theorie auch eine Behauptung: Wenn man nur alle Daten sammelt, derer man habhaft werden kann, dann wird man später schon etwas mit ihnen machen können, etwa Muster erkennen, die von kommerziellem Interesse sind, oder gar wissenschaftliche Erkenntnisse produzieren, die im öffentlichen Interesse sind. Je mehr Daten man sammelt, umso grösser sei die Wahrscheinlichkeit, aus ihnen etwas zu lernen.

Diese Big Data-Theorie liegt dem Geschäftsmodell von GAFAM zugrunde und ist zu einer Ideologie geworden, mit der versucht wird, jede Begrenzung des Sammelns der Daten aus dem Weg zu räumen und die Profitabsicht, die dahintersteckt, als im öffentlichen Interesse liegend zu kaschieren. Die EU-Datenschutzgrundverordnung, kurz DSGVO,[39] begrenzt das Sammeln von persönlichen Daten auf das, was für den jeweiligen, legalen Zweck des Sammelns absolut nötig ist. Mehr darf nach den Grundsätzen der Zweckbindung und der Datenminimierung nicht gesammelt werden.[40] Im Umkehrschluss heißt das aber auch: Daten, die keine persönlichen Daten sind, können unbegrenzt gesammelt werden.

Big Data ist oft die Grundlage für das Training lernender Programme, das sogenannte *Machine Learning*, auch Künstliche Intelligenz genannt. Auch in diesem Kontext ist die DSGVO zu beachten, wenn persönliche Daten verarbeitet werden.

Wo Big Data nicht auf Persönliches zugreift, etwa bei Maschinenbetriebsdaten, Großsystemdaten und Umweltdaten ohne Personenbezug, können die wirtschaftlichen Erträge der Verarbeitung sehr hoch sein, und da spielt die DSGVO keine Rolle.

4.2. *Cloud* (Wolke) – der Ort der Verarbeitung und die Macht

Technisch ist die Zusammenführung von Daten in der *Cloud* eine Dezentralisierung, da die Daten unter Umständen auf sehr viele verschiedene Datencenter verteilt werden und eben nicht mehr nur an einer Stelle gespeichert sind. Damit ist einerseits die Datensicherheit erhöht wie auch der Zugang ohne Verzögerung sichergestellt. Gleichzeitig ist der Markt der Cloud-Dienste aber bei einigen amerikanischen Unternehmen extrem konzentriert, insbesondere bei *Amazon, Google* und *Microsoft*.[41] Und: Die Ansammlung von Daten in der Cloud von wenigen Firmen gibt ihnen potentiell eine gewaltige Macht, vor allem, wenn sie sich das Recht nehmen, die Daten einzusehen und die Inhalte auszuwerten und zu verwerten. Das tun *Google* und andere nach ihren eigenen Geschäftsbedingungen ausdrücklich jedenfalls dann, wenn man die kostenlosen Cloud-Optionen benutzt:

»Wenn Sie Inhalte in oder über unsere Dienste hochladen oder einstellen oder in unseren Diensten oder über unsere Dienste speichern, senden oder empfangen, räumen Sie Google (und denen, mit denen wir zusammenarbeiten) das Recht ein, diese Inhalte weltweit zu verwenden, zu hosten, zu speichern, zu vervielfältigen, zu verändern, abgeleitete Werke daraus zu erstellen (einschließlich solcher, die aus Übersetzungen, Anpassungen oder anderen Änderungen resultieren, die wir vornehmen, damit Ihre Inhalte besser in unseren Diensten funktionieren), zu kommunizieren, zu veröffentlichen, öffentlich aufzuführen, öffentlich anzuzeigen und zu verteilen. Diese von Ihnen im Rahmen dieser Lizenz gewährten Rechte dienen ausschließlich zur Durchführung, Förderung und Verbesserung unserer Dienste sowie zur Entwicklung neuer Dienste. Diese Rechtseinräumung bleibt auch dann bestehen, wenn Sie unsere Dienste nicht mehr verwenden, z. B. bei einem Brancheneintrag, den Sie in Google Maps eingefügt haben. Bei einigen Diensten können Sie auf von Ihnen bereitgestellte Inhalte zugreifen und diese aus dem entsprechenden Dienst entfernen. In einigen unserer Dienste wird unsere Nutzung der von Ihnen bereitgestellten Inhalte durch die Nutzungsbedingungen oder Einstellungen eingeschränkt. Achten Sie darauf, dass Sie über die notwendigen Rechte verfügen, um uns eine entsprechende Lizenz für alle Inhalte zu erteilen, die Sie in unsere Dienste hochladen.

Unsere automatisierten Systeme analysieren Ihre Inhalte (einschließlich E-Mails), um Ihnen für Sie relevante Produktfunktionen wie personalisierte Suchergebnisse, personalisierte Werbung und Spam- und Malwareerkennung bereitzustellen. Diese Analyse findet beim Senden, Empfangen und Speichern der Inhalte statt.«[42]

Seit Snowden wissen wir, dass bei Datenübertragungen über das Internet und in die Cloud auch die Wirtschaftsspionage der USA ansetzt.[43] Zwar hat die USA nach Snowden erklärt, die NSA betreibe keine Wirtschaftsspionage in dem Sinne, dass sie Informationen, die sie vorher im Rahmen der Aufklärung für die Nationale Sicherheit der USA erfasse, an die US Wirtschaft weitergebe.[44] Aber das glauben nicht viele.[45]

Ganz grundsätzlich wird man sagen können: Datenflüsse in und durch die USA und andere Länder stellen ein Sicherheitsrisiko dar. Die Zentralisierung von Daten in den Cloud-Systemen der US-Unternehmen erleichtern den USA den Zugriff auf Daten in diesen Systemen, egal zu welchem Zweck, auch außerhalb der USA. Das aktuellste Beispiel dafür, wie diese Macht genutzt werden kann, ist der *US Cloud Act* von 2018[46], der der US-Regierung künftig unmittelbaren Zugriff auf Server amerikanischer Unternehmen im Ausland erlauben soll. Die EU verhandelt derzeit mit den USA, um sicherzustellen, dass ein derartiger Zugriff auf Server in Europa nur im Einklang mit europäischem Recht erfolgen kann.

Es gibt aber auch andere Antworten auf die Probleme der derzeitigen Datenkonzentration in US-Clouds. Denn alternativ zu einer rechtlichen Lösung kann man auch versuchen, in Europa eine ausreichende Cloud-Kapazität aufzubauen, wie es mit dem Projekt Gaia X[47] geschieht.

Die komplexen Abkommen mit den USA, wie das durch den EuGH aufgehobene *EU–US Safe Harbour*[48] und das spätere *EU-US Privacy Shield*[49], wären gar nicht erforderlich, wenn in Europa für Industrie und private Daten genügend Cloud-Kapazität zur Verfügung stehen würde, die selbstverständlich dann auch dem europäischen Recht unterliegen würde. Die derzeit in den USA stattfindende Verarbeitung von europäischen Daten könnte leicht nach Europa verlegt werden, da Daten und Verarbeitungsprogramme sehr mobil sind.

Dieses Beispiel zeigt, dass mancher rechtliche Aufwand in digitalen Fragen durch technische Lösungen vermieden werden kann.

4.3. Internet of Things – das Internet der Dinge erweitert die Kontroll- und Steuerungsfähigkeit

Der Begriff *Internet of Things (IoT)* beschreibt die Verbindung von beweglichen und nicht beweglichen Geräten mit und ohne Sensoren, die ihren Betrieb, das Verhalten von Menschen und die Umwelt erfassen, mit dem Internet. Zusätzlich umfasst *IoT* das System, das aus dem Zusammenwirken der vernetzten Gegenstände und dem Zusammenwirken von Menschen mit ihm entsteht.[50] Ein Beispiel im Kleinen ist das Thermostat im Schlafzimmer, das aufgrund eines Bewegungsmelders oder Temperatursensors wahrnimmt, wann man morgens aufsteht. Danach kann der selbstlernende Algorithmus das Auto vor der Tür vorheizen oder für die erlernte Durchschnittszeit zwischen dem Aufstehen und dem Verlassen des Hauses das selbstfahrende Auto bestellen. Oder: Parkverbotsstrafzettel werden direkt vom Gerät des feststellenden Polizisten auf das Mobiltelefon des Autofahrers gesandt. Auch für die Wartung von technischen Geräten sind der Fantasie keine Grenzen gesetzt. Die durch das Internet ermöglichte vorausschauende Wartung (*predictive maintenance*), die Sensoren in jedem Fahrstuhl, Fahrzeug und anderem technischen Gerät mit einer Zentrale verbindet, die schon mal vorausschauend die Ersatzteile versendet, soll das größte Geschäftsfeld nach dem *E-Commerce* werden.[51]

Probleme für die Grundrechte der Bürger entstehen dann, wenn solche Geräte Daten über Menschen aufnehmen, aus den *Internet of Things* also ein *Internet of Humans* wird. Mit angeblich bis zu 67 Milliarden an das Internet der Dinge angeschlossenen Geräten im Jahr 2025[52] darf man die Frage stellen, ob es dann überhaupt noch Orte und Tätigkeiten von Menschen gibt, die nicht irgendwie registriert werden. Eine grundrechtsfreundliche Entwicklung der Geräte des *IoT* wird darauf achten, dass die Erhebung von persönlichen Daten von Menschen im Umfeld des Gerätes soweit wie möglich ausgeschlossen wird.

Auch die ständige Überwachung der Leistung von Mitarbeitern wird in Amerika mittels *IoT* vorangetrieben. Tragbare Geräte am Gürtel und Sensoren am Arbeitsplatz, etwa unter dem Arbeitstisch, am Arbeitsstuhl oder in der zu bedienenden Maschine, sammeln Daten über die Präsenz, die Leistung und das Empfinden der Mitarbeiter.[53] Diese Technologien und ihre Anwendung am Arbeitsplatz unterliegen in Deutschland strengen Regeln des Arbeitsrechts und der Mitbestimmung. Eine ständige Überwachung etwa durch Sensoren oder Kameras ist in der Regel nicht erlaubt und wird auch von Managern ambivalent gesehen,[54] ebenso wie das Mitlesen oder Mithören von Internetkommunikation, es sei denn in Sonderfällen.

4.3.1. Sonderfall des IoT:
Die Videoüberwachung des öffentlichen Raumes

Ein dramatisches Problem für die Freiheit ist die zunehmende Überwachung des öffentlichen Raums mit Kameras. Berlin ist mit fast 40.000 von ihnen auf Platz 93 der Weltrangliste der Totalüberwachung des öffentlichen Raums, gemessen an der Anzahl der Kameras pro 1.000 Bürger.[55] London ist Champion in Europa, weltweit auf Platz 6. Chinesische Städte liegen auf Platz 1 bis 5 und 7 bis 9. Das Bundesverwaltungsgericht in Deutschland hat der Überwachung des öffentlichen Raumes durch private Kameras einen Riegel vorgeschoben, auf der

Grundlage der neuen EU DSGVO. Das deutsche Videoüberwachungsgesetzt hatte private Betreiber ermächtigt, allein zu entscheiden, ob es im öffentlichen Interesse ist, dass sie den öffentlichen Raum mit der Kamera überwachen. Das geht nun nicht mehr. Denkbar bleibt eine Überwachung durch private Betreiber, wenn sie zur Abwendung von Straftaten unbedingt erforderlich ist, und durch den Staat zum Zwecke der Gefahrenabwehr.[56]

4.4. Mobilfunk 5G erweitert die Anschlussfähigkeit des mobilen Internets

Ein flächendeckendes 5G-Mobilfunknetz wird den breiten Einsatz von *IoT*-Geräten erst ermöglichen. Dies soll zu einer industriellen Transformation führen, ist aber zugleich die Infrastruktur für perfekte Bilder und die sensorbasierte Überwachung von Menschen. 5G-Datenverbindungen werden mit deutlich über 10 Gigabit pro Sekunde und Latenzzeiten unter 5 Millisekunden Millionen von angeschlossenen Geräten gleichzeitig bedienen können. Erst dieses Netz ermöglicht in Wirtschaft und Gesellschaft mobile virtuelle Dienste, die von der Virtual Reality über die Remote-Zusammenarbeit etwa bei Fern-OPs, die Online-Gesundheitsüberwachung oder vernetzte Autos bis hin zur Drohnenauslieferung oder automatisierte Fahrt reichen.

China ist führend in den Plänen für die flächendeckende Versorgung mit 5G, und das Unternehmens HUAWEI ist technologisch führend auf diesem Gebiet.[57]

Die 5G-Technologie ist ebenso gut für die wirtschaftliche Entwicklung, wie sie es für die Überwachung der Menschen sein kann. Das erklärt die anhaltende Diskussion über die mögliche Abhängigkeit Europas von HUAWEI.[58]

4.5. Satelliten, Drohnen und autonome Tötungsroboter

Als Systeme der Informationssammlung und für den Transport von Informationen sowie auch für physische Interventionen sei hier nur einmal *alles was fliegt* genannt. Satelliten und Drohnenbilder verbunden mit detaillierter Information vom Boden haben einen ganz neuen Informationswert. Auch steigt die Fähigkeit zu unmittelbarer Intervention mit autonomen oder semi-autonomen Fluggeräten für noch relativ harmlose Vorhaben wie die Auslieferung von Bestellungen, die Kontrolle und Reparatur von Großanlagen oder die Überwachung der Umwelt. Der Fantasie der Erdbeobachtung sind keine Grenze gesetzt. Schon heute wird die Erde täglich mehrfach komplett hochauflösend fotografiert. Die Analyse dieses Bilderschatzes durch KI kann für die Erreichung der Entwicklungsziele der UN genutzt werden.[59] Aber eben auch für andere Zwecke[60] wie zum Beispiel die Profitmaximierung im Getreidehandel, aber auch die strategische Analyse einer heraufziehenden Nahrungsmittelknappheit. So beteiligte sich der Getreidehandelskonzern Cargill, 2018 zum schlimmsten Unternehmen der Welt gekürt,[61] mit einem Beitrag zu einer 30-Millionen-Dollar-Kapitalisierungsrunde an dem aufstrebenden KI-basierten Auswerter von Satellitenbildern »Descartes Labs« in Kalifornien.[62]

Die Nutzung von KI zur Auswertung des gewaltigen Datenschatzes der Erdbeobachtung wirft neue Fragen von Recht und Ethik auf.[63] Denn von KI gesteuerte Satelliten und Drohnen können auch der Tötung von Menschen dienen. Künstliche Intelligenz und Quantencomputer in autonomen Kampfrobotern wecken die schlimmsten Voraussagen der Friedensforscher und die strategischen Ambitionen von Militärs. Es gibt viele Menschen, die durch ein Datennetz aus Mobilfunksignalen, Satellitenbildern und Internetbenutzung aufgespürt und von einer Drohne getötet wurden oder werden sollten.[64] Massenüberwachung, verbunden mit Analysesystemen in sogenannten *Fusion Centers*, die Daten aus allen möglichen Quellen zusammenbringen, bereitet heute derartige Tötungseinsätze vor.[65] Dabei werden »Kollateralschäden«, also die Tötungen von Unbeteiligten, in Kauf genommen.[66]

Waffen, die nach ihrer Aussetzung der Kontrolle des Menschen entzogen sind, wie etwa Biowaffen, also Bakterien zum Zwecke der Kriegführung, oder Landminen, werden durch internationales Recht geächtet. Für autonome, durch KI gesteuerte Kampfroboter ist dringend ein ähnlicher Vertrag nötig.[67]

Die Europäische Union und Deutschland setzen sich in den UN für ein Verbot autonomer Kampfroboter ein. In den UN-Verhandlungen in Genf sollen bis 2021 verbindliche Regeln vorliegen.[68]

4.6. Blockchain

Der Begriff *Blockchain* beschreibt ein dezentrales Computersystem, das durch den Austausch fragmentierter, verschlüsselter Datenstränge eine sichere Dokumentation von Transaktionen erlaubt. Technisch ist das System dezentral. Aber wirtschaftlich und in der Steuerung kann es beides sein: dezentral oder zentralisiert.[69] An der Wiege der *Blockchains* stand eine libertäre Ideologie, ohne staatliche Systeme und Regulierung, um finanzielle Transaktionen in einem weltweiten System sicher durchführen zu können.[70] Wenn *Facebook* seine Pläne zum weltweiten *Blockchain*-Zahlungssystem Libra verwirklicht hätte, hätte dieses Zahlungssystem einfach wegen der großen Anzahl der Teilnehmer in der Hand eines GAFAM-Unternehmens zu einem neuen globalen Machtfaktor werden können. Doch die Finanzminister und Notenbankchefs der führenden Industriestaaten haben dem Vorhaben im Oktober 2019 vorläufig eine Absage erteilt. Man müsse dafür sorgen, »dass die Herausgabe einer Währung eine Angelegenheit von Staaten bleibt und nicht großer privater Firmen«, sagte Bundesfinanzminister Olaf Scholz.[71]

Facebook hätte damit ein System errichtet, das in der Lage gewesen wäre, die Währungspolitik zu untergraben, die auf dem Wissen über Finanzflüsse fußt. Zahlungsdaten könnten technisch sehr leicht mit anderen persönlichen Daten verknüpft werden. Zusagen von *Facebook*, derartige Verknüpfungen zu unterlassen, sind nichts wert, wie wir aus der *WhatsApp-Facebook*-Affäre wissen. Damals hatte *Facebook* gegenüber der EU-Kommission ausgesagt, eine Verknüpfung von Daten aus *Facebook* und *WhatsApp* werde es nicht geben. Später fand eine derartige Verknüpfung doch statt. Die Kommission strafte *Facebook* für die Falschaussage mit einem Bußgeld in Höhe von 110 Millionen Euro.[72]

Es ist unklar, wie der Datenschutz beim Thema *Blockchain* verwirklicht werden kann. Denn einerseits sind die Systeme transparent, was oft einen Vorteil darstellt. Andererseits soll eigentlich eine Löschung von Daten nicht möglich sein. Aber genau dieses Recht gibt die DSGVO, Art. 17. Rechtmäßig wird man Blockchain also nur dort einsetzen können, wo es keinen Anspruch auf Löschung der eigenen Daten gibt, etwa wegen einer gesetzlichen Pflicht zur Datenspeicherung, und wo der Schutz der persönlichen Daten auch im transparenten System gesichert werden kann.[73]

4.7. Künstliche Intelligenz

Der Begriff Künstliche Intelligenz wird inflationär verwendet und ist ein Marketinginstrument erster Ordnung geworden. Heute wird oft behauptet, ein Start-up arbeite mit KI oder ein Programm enthalte Künstliche Intelligenz. Das treibt den Preis nach oben. Dabei geht das Programm oft nicht über normale Automatisierung hinaus. Im Übrigen suggeriert der Begriff menschliche Fähigkeiten der Problemlösung, die die Technologie derzeit jedenfalls nicht bieten kann und aller Voraussicht nach auch so schnell nicht erreichen wird. Intelligente Fragen stellen, Kritik üben, komplexe gesellschaftliche, politische oder wissenschaftliche Fragen denkend zu durchdringen, all dies kann KI bisher nicht. Mit dem Stand von heute beherrscht KI oft nicht einmal die Regeln der Physik. Deshalb hat *Facebook* ein Testprogramm auf den Markt gebracht, mit dem geprüft werden kann, ob eine KI mechanische Physik richtig simuliert.[74] Von Kausalität, Zeit- und Raumzusammenhängen gar nicht zu reden, die noch in weiter Ferne der Erfassung durch KI liegen.[75]

Stuart J. Russell, einer der wichtigsten Forscher in Sachen KI, verbindet technische Kenntnis mit gesellschaftlicher Verantwortung und der Ambition, das komplexe Thema einer breiten Öffentlichkeit zu vermitteln.[76] Er erinnert daran, dass der Mensch über verschiedene Formen der Intelligenz verfügt und diese gleichzeitig einsetzen kann. Er kann lesen, schreiben, rechnen, sprechen, musizieren, malen, er hat körperliche Bewegungsintelligenz, soziale und emotionale Intelligenz und auch Witz – alles zugleich und in Relation miteinander. Ein Programm heutiger KI wie Alpha Go von *DeepMind* kann im Spiel *GO* gegen den Menschen gewinnen. Aber sonst kann KI derzeit noch keine Korrelation zwischen den verschiedenen Formen der Intelligenz herstellen.[77]

Was KI derzeit kann, ist kalkulieren und optimieren, ausgehend von einem Datensatz, auf den ein lernendes Programm angewandt wird. Das nennt man *Maschinelles Lernen (Machine Learning, ML)*.

In grob gesagt drei Bereichen wird *ML* heute entwickelt und schon angewandt: Bilderkennung und Analyse, Analyse unstrukturierter Daten und Sprachverarbeitung.

ML muss sich heute auf einen ganz spezifischen Bereich beziehen und ist eng begrenzt, also etwa nur auf die Bilderkennung bei der Krebsdiagnose in der weiblichen Brust.[78] In diesem Bereich sowie bei unstrukturierten Daten ist das *ML* am weitesten fortgeschritten. In der verstehenden Schöpfung von Sprache ist es noch am schwächsten. Dass Sprache inzwischen ordentlich übersetzt wird[79] und ordentlich transkribiert wird, dass kurze Texte für journalistische Zwecke, ausgehend von Zahlen im Bereich der Börsenberichte und des Sports, durch KI verfasst werden, sollte uns nicht der Illusion aussetzen, KI sei zur freien, verstehenden Sprachschöpfung fähig. Große konzeptionelle Durchbrüche wären erforderlich, um eine KI mit menschlichen Fähigkeiten wie Sprachverständnis, Integration von Lernen und Wissen und die kumulative Sammlung von Konzepten und Wissen zu schaffen. Mit anderen Worten: Weisheit wird KI in langer Zukunft nicht erreichen.[80] Was KI schon kann, wie sie sich weiterentwickelt, wie viel wo investiert wird und wie viel KI-Ingenieure verdienen können, ist Gegenstand umfänglicher jährlicher Berichte, die selbst zum Hype um KI dazu gehören.[81]

ML bezieht sich immer auf existierende Daten, also Empirik. Was Kant und Hume uns lehrten, dass man vom Sein nicht aufs Sollen schließen kann, ist eine große Hürde für *ML*, das immer nur auf dem Sein basiert. Es reicht über mathematische Optimierungsprozesse nur bedingt hinaus. Träumen und kreativ sein kann es nicht, und schon gar kein »Sollen« ermitteln. Natürlich kann KI Bilder auf neue Weise malen oder etwas komponieren, was ganz angenehm und neu klingt. Aber in diesen Beispielen werden Regeln angewandt, dann vielleicht mit kleinen Elementen verfremdet und etwas variiert. Mit Kreativität und der feingestimmten Intuition des menschlichen Künstlers hat das nichts zu tun. Auch wenn Maschinen mit den ungeheuren Daten über menschenge-machte Kunstwerke gefüttert würden, könnten sie dennoch aufgrund der fehlenden Leiblichkeit, der fehlenden Gefühle wie Freude und Schmerz und des fehlenden Bewusstseins der eigenen Endlichkeit keine *echte* Kunst schaffen.[82]

Bitte melden Sie sich bei uns, wenn Sie eine KI entdecken, die Ihnen gute Songs mit interessanten Texten komponiert, einen neuen Sprung in der Musik schafft, wie etwa die Entwicklung der Zwölftonmusik durch Arnold Schönberg oder der Punkrock, in der Malerei die Abstraktion, der Kubismus oder der neue Realismus. Und: In der modernen Malerei mag ein KI-Bild selbst Kenner täuschen. In der Literatur funktioniert das nicht, weil wirkliche Sprachschöpfung zu komplex ist. Testen Sie den neuen *Sprachgenerator GPT-2* und sehen Sie selbst, wie rudimentär er ist.[83] Es braucht noch sehr lange, bis Literatur für KI gut zu simulieren ist.

Genauso wie die *Kreativität* von KI oft überschätzt wird, wird die Bedeutung des Wissens um den Fachbereich, in dem maschinell gelernt werden soll, oft unterschätzt. Dies ist das sogenannte *Domain Knowledge*, die Fachbereichs-kenntnis, neben Programm und Datensätzen eine wichtige dritte Komponente bei der Entwicklung von *ML*. Die Vorstellung, man müsse einer lernenden *ML*-Software nur genug Mathematiklehrbücher vorlegen, dann entdecke sie schon von selbst Einsteins Relativitätstheorie, ist ein Wunschtraum, den *ML* nicht er-füllen kann.[84] Das gilt auch, wenn man anerkennt, dass KI-Programme bereits eigene Beweise anstellen und eigenständig Schlüsse ziehen, die selbst Mathe-matiker überraschen können.

Durch das Lernen verändert sich das Programm gleichwohl, und es ist denk-bar, dass das Lernen im Betrieb zu unvorhergesehenen Ergebnissen führt. Um dies zu vermeiden, wird in kritischen Bereichen nur überwachtes Lernen der KI erlaubt. Freies, unüberwachtes Lernen der KI ist riskant und in der Praxis nicht sehr verbreitet.

Die theoretische Möglichkeit, dass neue Kausalitäten quasi autonom ge-setzt werden, dass Programme autonom weiterentwickelt werden, was so für die Schöpfer der jeweiligen *ML*-Software nicht vorhersehbar war, ist der Grund, warum über *ML* heute von Ethikern und Juristen intensiv geforscht wird. Denn dieses Element unterscheidet *ML* von klassischer Automatisierung, die im Grunde eine Wenn-dann-Beziehung darstellt, die im Ablauf vollständig vorher-sehbar ist. Die autonome Weiterentwicklung des Programms durch Lernen und der Entscheidungscharakter dessen, was bei diesen Systemen herauskommt – beides zusammengenommen macht es notwendig, sie verstärkt an Recht und Ethik zu binden.[85] Und zwar schon jetzt, nicht erst dann, wenn wir möglicher-weise eine starke oder Generelle KI entwickelt haben, die das Lernen von einem

Bereich auf einen anderen übertragen kann, die sich selbst Zwecke und Regeln gibt, die sich selbst umprogrammiert und damit der Kontrolle des Menschen entzieht. Ob sie dann dem Menschen auch in allen Bereichen überlegen sein wird, wie die Enthusiasten der KI behaupten, kann offenbleiben. Wie gesagt, eine solche generelle KI ist derzeit nicht in Sicht, aber sie ist vorstellbar. Und daher muss über ihrer Kontrolle heute geforscht und gesprochen werden. Hinzu kommt schon jetzt, dass KI – und auch Algorithmen ohne KI – täglich milliardenfach eingesetzt werden. Und allein dieser Breitenwirkung wegen müssen sie strengeren Kriterien unterliegen als etwa der Mensch selbst. Denn der kann eben nicht pro Tag bestimmte Aufgaben milliardenfach lösen. Und damit kann der Mensch als Individuum im Zweifel auch weniger Schaden anrichten als ein automatisiertes KI-System. Und auch im Fehlermachen und einseitigen Entscheiden ist der Mensch weniger konsequent als die Maschine.

Das wird auch in Amerika so gesehen, zumal in der Wissenschaft:

»Auch ohne die Intelligenz auf menschlicher Ebene zu erreichen, sind die Folgen der KI für Einzelpersonen, Gemeinschaften und Gesellschaften potenziell tiefgreifend. KI Systeme erzeugen heute überzeugende gefälschte Bilder, Texte und Videos online, die das Verhältnis der Menschen zu den Informationen, die sie sehen, beeinflussen; sie automatisieren Aufgaben in einer Weise, die die Art der Arbeit prägt; sie ermöglichen die Entwicklung automatisierter Waffensysteme; und sie fördern neue Formen der Abhängigkeit von Technologie.

Forschung und Politik spielen in diesem Stadium sowohl eine wichtige Rolle bei der Gestaltung der Richtung der Technologieentwicklung als auch bei der gemeinsamen Nutzung der Vorteile von KI-Technologien in der Gesellschaft.«[86]

4.7.1. Künstliche Intelligenz und menschliche Dummheit

Kommen wir zum Problem des Begriffes *Künstliche Intelligenz*. Als er bei der Dartmouth Conference 1956 geprägt wurde, ging es den Teilnehmern darum, Fördergelder einzuwerben. Der Ursprung der Bezeichnung liegt also im Marketing.

Die Teilnehmer der Konferenz, allesamt führende Mathematiker, Informatiker und Computerpioniere, darunter die Informatiker Marvin Minsky und John McCarthy beantragten 13.500 Dollar Förderung bei der Rockefeller Foundation. Neben 1.200 Dollar für die Graduierten und 700 Dollar für die Studenten, war auch Geld für die Reisekosten beantragt. In ihrem Förderantrag heißt es:

»Die Studie soll von der Annahme ausgehen, dass grundsätzlich alle Aspekte des Lernens und anderer Merkmale der Intelligenz so genau beschrieben werden

können, dass eine Maschine zur Simulation dieser Vorgänge gebaut werden kann. Es soll versucht werden, herauszufinden, wie Maschinen dazu gebracht werden können, Sprache zu benutzen, Abstraktionen vorzunehmen und Konzepte zu entwickeln, Probleme von der Art, die zurzeit dem Menschen vorbehalten sind, zu lösen, und sich selbst weiter zu verbessern.«[87]

McCarthy ist es, der dafür den Begriff »Künstliche Intelligenz« vorschlägt. Doch wie genau definieren die Dartmouth-Teilnehmer menschliche Intelligenz, die in ihrem Vorhaben durch Maschinen simuliert werden soll? Ein weiteres Zitat aus dem Förderantrag gibt Aufschluss:

»Es kann spekuliert werden, dass ein großer Teil des menschlichen Denkens darin besteht, Wörter nach Begründungs- und Vermutungsregeln zu manipulieren. Unter diesem Gesichtspunkt besteht das Bilden einer Verallgemeinerung darin, ein neues Wort und einige Regeln zuzulassen, wodurch Sätze, die sie enthalten, die Regeln implizieren und von anderen impliziert werden.«

Intelligenz wird hier also im Wesentlichen auf die Fähigkeit reduziert, Wörter zu manipulieren. Doch wird man dadurch den vielfältigen Aspekten des menschlichen Denkvermögens gerecht?

Schon die Wortbedeutung von Intelligenz gibt Hinweise, dass dem nicht so ist. Intelligenz von lateinisch *intellegere* bedeutet *erkennen, einsehen; verstehen* wörtlich *wählen zwischen* ... von lat. *inter* (zwischen) sowie *legere* (lesen).[88]

Legere bedeutet, wie das griechische *legein*, aus dem sich *logos* ableitet, zusammenlesen, sammeln und daneben berechnen sowie darlegen und Rechenschaft ablegen.

Kann eine Maschine das können?

Erkennen? Sicher: Bilder, Sprache, Daten und Muster. Aber nicht die Wahrheit oder das Besondere.

Können Maschinen »wählen zwischen«? Ja, aber eben ohne zu verstehen und ohne einzusehen. Muster »verstehen« wohl, auch mathematische und logische. Aber kaum, wenn wir mit *verstehen* das Verstehen des anderen Menschen oder von literarischen Texten meinen.

Wie man Texte verstehen kann, damit beschäftigt sich die philosophische Disziplin der Hermeneutik. Sie definiert das Verstehen von Texten auch immer als Textkritik. Es geht darum, die verschiedenen Fassungen zu unterscheiden, Übersetzungen zu prüfen und Sinnzusammenhänge zu erschließen. Ein solches Verstehen ist nicht möglich ohne ein vorausliegendes umfassendes Weltverstehen, dass nur Teilnehmer einer lebensweltlichen Praxis erwerben können.

41

Ein solches umfassendes Weltverständnis liegt für KI-Systeme in weiter Ferne, weil sie immer nur Daten verarbeiten, nicht aber die Welt wahrnehmen, fühlen oder mit Bewusstsein reflektieren können. Sie können nicht wie Menschen gute Gründe angeben, schon weil ihnen ein Begriff vom Guten aus diesen fundamentalen Gründen heraus unmöglich ist, erst recht ein Verständnis dafür, dass dieses Gute für Menschen immer etwas sehr Unterschiedliches sein kann. Und statt zur Teilnehmerperspektive sind sie allenfalls zur Simulation einer Beobachterperspektive fähig.

Einer Maschine konnten auch die jungen KI-Himmelsstürmer in Dartmouth unmöglich alle menschlichen Fähigkeiten zutrauen. Einsicht haben, etwas verstehen, Rechenschaft ablegen und gute Gründe anführen – ein Forschungsantrag mit dem Ziel, einer Maschine dies alles beizubringen, wäre wahrscheinlich auch von der vermögenden Rockefeller-Stiftung abgelehnt worden.

Minsky und seine Mitstreiter waren so schlau, in ihrem Forschungsprojekt der Maschine nur Fähigkeiten zuzutrauen, die eine Maschine auch ausführen kann – und das trotzdem Intelligenz zu nennen. Dabei gingen sie über das reine Rechnen hinaus und schlugen vor, Computer zusätzlich auf dem Gebiet der symbolischen Logik einzusetzen. Gerade nach den ersten Erfolgen von Computern im Zweiten Weltkrieg erhofften sie sich davon Fortschritte. Jerry Kaplan schreibt dazu: »*In diesem historischen Kontext lässt sich die Dartmouth Conference als ein Versuch werten, die Verwendung von Computern über das reine Rechnen und Verarbeiten von Daten hinaus zu etablieren, nämlich zum Manipulieren von Symbolen.*«[89]

Bei all den wundersamen Leistungen, die auch heute Künstlicher Intelligenz zugetraut werden, sollte man sich also vor Augen halten, dass dabei schon am Anfang behauptet wurde, dass ein kleiner Ausschnitt aus den Möglichkeiten menschlichen Denkvermögens das Ganze nachahmen und sogar übertreffen würde. Daran hat sich bis heute nicht sehr viel geändert.

Das Problem des Begriffs lässt sich beschreiben, wenn man an das klassische Definitionsverfahren der Philosophie erinnert: Einen Begriff definiert man demnach durch die Angabe der nächsthöheren Gattung und danach durch die Bezeichnung der spezifischen Differenz. *Genus proximum et differentia specifica* lautet dafür seit der Scholastik die Formel.

Beim Begriff der Künstlichen Intelligenz besteht das Problem darin, dass schon die Angabe der Gattung *Intelligenz* fehlerhaft ist, weil unvollständig. Die Differenz zum menschlichen Denken, die im Wort *künstlich* liegt, bringt zwar den Unterschied auf den Punkt, kann aber die Verwirrung, dass beide Intelligenzbegriffe jeweils etwas anderes umfassen, nicht wettmachen. Künstliche

Intelligenz ist deshalb von Hause aus ein unscharf definierter und damit verwirrender Begriff, den man eigentlich durch *Künstliche Teilintelligenz* ersetzen müsste. Stattdessen verwenden viele den Begriff *Maschinelles Lernen*. Doch auch der Begriff *ML* ist letztlich eine irreführende Metapher: Denn die Vorgänge des Lernens bei einem Menschen sind bis heute nicht vollständig erforscht. Sie sind jedoch nach allgemeinem Verständnis ein wesentlicher Teil der Bildung des Menschen zu einem selbstbewussten und selbstbestimmten Subjekt. Die statistischen und proballistischen Berechnungen von neuronalen Netzwerken hingegen sind nicht mehr als optimierte Wahrscheinlichkeitsberechnung, ihr »Lernen« also nur Rückkopplung von Berechnungsprozessen. Schon wird vorgeschlagen, Roboter, die mit *ML* betrieben werden, wie Kinder zu betrachten. Wie diese würden sie sich immer weiterentwickeln und ganz sicher eines Tages selbstständig werden, was die Eltern in aller Regel nur wünschen können. Träte dieser Fall ein, so der Vorschlag etwa der Philosophin Janina Loh, müssten wir solchen Robotern dann auch menschenähnliche Rechte zugestehen.[90] Ein anderer Philosoph, Thomas Metzinger, hat darauf hingewiesen, dass eine solche Zuschreibung von Rechten an Maschinen ein gewaltiges Innovationshemmnis sein könnte, weil wir Maschinen dann nicht mehr als Objekte behandeln und Rücksicht auf sie nehmen müssten.[91] Dass wir die Menschenrechte grundsätzlich entwerten, wenn wir sie nicht-humanen Akteuren zugestehen, steht auf einem anderen Blatt.

Wir werden sowohl den Begriff Künstliche Intelligenz als auch Maschinelles Lernen trotz ihrer Unschärfen in diesem Buch weiter verwenden, versuchen dabei aber, auf diese Unschärfen hinzuweisen und damit einen kritischen Gebrauch der Begriffe zu fördern.

Wenn man wie der Philosoph Ludwig Wittgenstein die Aufgabe der Philosophie darin sieht, »der Fliege den Ausweg aus dem Fliegenglas zu zeigen«[92], also Orientierung zu geben, muss man dazu nicht unbedingt eine Reihe neuer Begriffe erfinden. So könnte man Künstliche Intelligenz mit *begrenzter Regelkompetenz mit Rückkopplungsfunktion* umschreiben. Aber ändert ein Laptop sein Wesen, wenn man ihn Schoßrechner nennt?

Anstatt neue Begriffe einzuführen wollen wir dafür sensibilisieren, Begriffe nicht unkritisch zu übernehmen und zu verwenden, sondern nach genauen Bestimmungen zu suchen und nach den Absichten der Wortschöpfer zu fragen.

4.7.2. Künstliche Intelligenz oder Berechenbarkeit durch Maschinen?

Man kann maschinelles Lernen oder Künstliche Intelligenz definieren als Fähigkeit, schwierige Probleme möglichst selbstständig, also ohne eindeutige

Vorgabe zu lösen. Der Unterschied zwischen konventionellen Algorithmen und Maschinellem Lernen besteht darin, das einmal das Modell zur Problemlösung vorgegeben wird, wie es beim algorithmischen Verfahren üblich ist, hingegen bei KI das Modell aus den Daten selbsttätig entwickelt wird.

Ist Letzteres der Fall, handelt es sich um Maschinelles Lernen, das durch hintereinander geschaltete neuronale Netzwerke ermöglicht wird.

Maschinelles Lernen ist in Teilen auch *probabilistisches Lernen*, weil die Programme Wahrscheinlichkeitsrechnungen mit heuristischen Verfahren koppeln, um schneller zu einem Ergebnis zu kommen.

Der Abstand zum menschlichen Lernen ist dabei immer noch beträchtlich. Und das gilt nicht nur für die Zahl der Verbindungen, die menschliches Gehirn und neuronale Netzwerke derzeit (noch) unterscheiden. Der Technikchef von *Hewlett-Packard Enterprise*, Eng Lim Goh, der bei HP auch für *Artificial Intelligence* zuständig ist, bringt den aktuellen Abstand auf den Punkt:

»Das menschliche Gehirn verfügt über 100 Trillionen Verbindungen, die sehr komplex sind und deshalb den Kontext von Situationen viel schneller erkennen können. Das derzeit komplexeste künstliche neuronale Netzwerk hat nur 100 Milliarden Verbindungen, es braucht daher mehr Informationen, um lernen zu können.«[93]

Doch hüten wir uns davor, von rein quantitativen Abständen auf qualitative Unterschiede zu schließen. Auch wenn es richtig ist, dass Quantität in Qualität umschlagen kann, so lässt doch eine zahlenmäßige *Überlegenheit* der Verbindungen von neuronalen Netzwerken noch keinen Schluss auf die *Überlegenheit* der KI zu. Noch immer wissen wir über das menschliche Gehirn viel zu wenig, um derartige Prognosen zu erstellen.

4.7.3. Künstliche Intelligenz und Automatisierung:
Nah beieinander, aber nicht das Gleiche

Natürlich ergeben sich rechtliche und ethische Fragen schon bei der Automatisierung unterhalb der Ebene des lernenden Programms. So sieht die Datenschutzgrundverordnung der EU (DSGVO) vor, dass jeder einen Anspruch auf menschliche Entscheidung hat, also grundsätzlich nicht Gegenstand maschineller Entscheidung sein darf. Auch gibt die DSGVO jedem Individuum weitreichende Informationsrechte bei der automatischen Verarbeitung, die die für die Verarbeitung von persönlichen Daten Verantwortlichen verpflichtet, den Betroffenen einen tiefen Einblick in ihre Algorithmen und KI-Programme zu gewähren.[94] Dies kann notfalls unter Geheimhaltungsauflagen und mit entsprechenden Vorkehrungen geschehen. Ein Beispiel ist das In-Camera-Verfahren, wie die Juristen sagen, in dem die Geheimhaltung dadurch gewahrt wird, dass Akten oder Programme nur in einem gesicherten Raum und ohne Mitführung eines Telefons, einer Kamera oder eines eigenen Computers eingesehen werden dürfen. Es gibt nur den vorinstallierten Computer, Papier und Bleistift. Auch besteht eine Pflicht, »aussagekräftige« Informationen zu gewähren, wenn das Programm zu kompliziert ist und der Einsichtsuchende es nicht selbst verstehen kann.

Solche Rechte aber muss man einfordern und ausüben! Von selbst werden sie nicht gewährt! Mit anderen Worten: Wer einer automatischen Verarbeitung nicht widerspricht, kann automatische Entscheidungen erhalten. Und wer nie nach Einsicht und Erklärung zu Algorithmen fragt, darf sich nicht wundern, wenn er oder sie eines Tages die Welt nicht mehr versteht.

Für den Staat gelten etwas strengere Regeln. Das deutsche Verwaltungsrecht sieht vor, dass nur dort, wo es eine spezielle Rechtsgrundlage gibt, automatische Entscheidungen des Staates erlaubt und möglich sind, und auch nur dann, wenn die Entscheidung kein Ermessen nötig macht:

»§ 35a VwVfG – Vollständig automatisierter Erlass eines Verwaltungsaktes
Ein Verwaltungsakt kann vollständig durch automatische Einrichtungen erlassen werden, sofern dies durch Rechtsvorschrift zugelassen ist und weder ein Ermessen noch ein Beurteilungsspielraum besteht.«

Mit anderen Worten, es muss erst der Gesetzgeber entscheiden, bevor der Staat irgendwas automatisch entscheiden darf. Das ist eine wichtige Grundentscheidung, die in unserer Demokratie getroffen wurde. So ist sichergestellt, dass die Verwaltung nicht eigenmächtig ganze Bereiche automatisieren und die Bürger zu Objekten von Maschinenentscheidungen machen darf. Zuvor müsste ein Parlament dies in einem Gesetz erlauben, also eine demokratische Entscheidung über Automatisierung, ihre Begrenzungen und entsprechende Schutzmechanismen ergehen.

Und hat der Staat nach der Erfüllung einer Normbedingung die Möglichkeit, zwischen mehreren Handlungsoptionen zu wählen, dann kann diese Auswahlentscheidung nicht durch die Maschine getroffen werden. Sobald also eine gewisse abwägende Vernunft nötig ist bei der Entscheidung, dann ist der Mensch gefragt. Und das ist gut so.

Die Abgabenordnung, nach deren Regeln wir unsere Steuern zahlen, ist übrigens so eine spezielle Rechtgrundlage, die im Bundestag bereits angenommen wurde. Sie bestimmt für die Steuerfestsetzungen nach § 155 Absatz 4 seit dem 1.1.2017:

»Die Finanzbehörden können Steuerfestsetzungen sowie Anrechnungen von Steuerabzugsbeträgen und Vorauszahlungen auf der Grundlage der ihnen vorliegenden Informationen und der Angaben des Steuerpflichtigen ausschließlich automationsgestützt vornehmen, berichtigen, zurücknehmen, widerrufen, aufheben oder ändern, soweit kein Anlass dazu besteht, den Einzelfall durch Amtsträger zu bearbeiten.«

Eine interessante Frage ist, ob diese Vorschriften auch den Einsatz von spezieller oder gar Genereller Künstlicher Intelligenz erlauben oder nur eine mechanistische Automatisierung. Die Herausnahme des Ermessens, also der Bereiche, in denen Lernen, Erfahrung und Abwägung eine Rolle spielen, spricht dafür, dass KI, die selbst lernt und abwägt und deren Ergebnisse nicht vorhersehbar sind, weil sie eben nicht nur mechanistisch automatisiert entscheidet, auf diesen Rechtsgrundlagen noch keinen Einsatz finden darf. Dafür bedürfte es einer neuen gesetzlichen Grundlage, die sicherstellen muss, dass die Einhaltung des Rechts und die Kontrolle über die Prozesse durch Menschen sowie deren Nachprüfbarkeit und Erklärbarkeit gewährleistet sind. Mit anderen Worten: Den Übergang von der mechanistischen Automatisierung mit vorhersehbaren Wenn–dann-Beziehungen zum Einsatz lernender Systeme im Entscheidungsprozess, deren Ergebnisse nicht mehr vorhersehbar sind, muss in der Demokratie der Gesetzgeber bewusst gestalten. Denn beim Einsatz von Künstlicher Intelligenz wird an die Maschinen mehr Macht übertragen als bei einfacher Automatisierung. Je nach Einsatzgebiet der Künstlichen Intelligenz wird die Ermächtigungsgrundlage dann auch besondere Schutzvorschriften enthalten müssen, um Rechtsstaatlichkeit, Demokratie, Grundrechte und Sicherheit zu wahren.

4.8. Hirn-Internet-Verbindung und biophysische Systeme

Der Traum der KI-Szene um die GAFAM herum, ganz in der Philosophie der totalen technischen Machbarkeit, ist es, den Menschen mit dem Internet unmittelbar physisch zu verbinden, seine Gesundheit voranzubringen, seine Gene zu optimieren. Kurz: Der Allmachtswahn der in der digitalen Industrie Erfolgreichen wendet sich der Biologie und dem Gehirn des Menschen zu. Mit viel Geld aus Silicon Valley werden Projekte zur Heilung durch Genmanipulation, zur Verbindung von Internet und Hirn[95] und, ganz allgemein, zur Gesundheit durch KI gefördert. Elon Musk, der Chef des Autobauers *Tesla*, treibt sein Projekt *Neuralink*[96] mit 168 Millionen Dollar voran.[97]

Dabei setzen Projekte wie dieses vielfach auf die zwei weltweiten Großvorhaben zum Verständnis des Gehirns, die *Obama White House Brain Initiative*[98] und die von 2007 bis 2020 mit über 6 Milliarden Euro ausgestatteten Projekte der Hirnforschung der EU.[99] Das noch Unerklärbare der Biologie und des Gehirns, unseres Denkens und unserer Seele soll erobert und mit dem weltumspannenden technisch-digitalen Analyse- und Steuerungssystem verbunden werden.

Vieles, was sich dabei großartig anhört in der Vision, funktioniert nicht oder nur begrenzt. Forschungsergebnisse werden übertrieben in ihrer Bedeutung, um noch mehr Finanzierung zu erlangen.[100] Aber einige Perspektiven der technischen Machbarkeit scheinen nicht mehr völlig unrealistisch. Damit stellen sich auch neue ethische Fragen nach den Grenzen des technischen Eindringens in das Denken und die Seele des Menschen, soweit dies nicht der Heilung von Krankheit dient.[101]

4.9. Virtual Reality (VR) und Augmented Reality (AR)

Die Technologien der virtuellen Realität versenken uns in eine künstlich geschaffene Weltwahrnehmung. Dies geschieht heute oft durch das Aufsetzen einer Videobrille, verbunden mit der Steuerung dessen, was man sieht, oder gar einem interaktiven Dialog mit Personen oder Realitäten, die in der Brille dargestellt werden, durch Sprache und eigene Bewegung.

Piloten trainieren in Cockpitsimulatoren der *Virtual Reality*: Sie sehen aus einem Fenster, also auf einem Bildschirm vor sich, das, was ein Pilot sieht, die Geräte des Cockpits laufen, und das Cockpit ist in Bewegung, wie ein Flugzeug sich bewegen würde, man hört die Geräusche der Maschinen, etc.

Vor Beförderungen beim größten Arbeitgeber Amerikas, *Walmart*, wird erst ein Test von Fähigkeiten in der virtuellen Realität, also mittels einer Videobrille, durchgeführt. Und *Amazon* nutzt *Virtual Reality* zum schnellen Training von Mitarbeitern.[102]

Die *augmented* oder verbesserte/ergänzte Realität addiert neue Elemente zur Wahrnehmung der Realität. Das Spiel *Pokémon Go* ist ein Beispiel dafür. Auch der Arbeiter, der in einer Fabrik Teile einer Maschine zusammenbaut und dabei durch einen Bildschirm seine Hände sieht, die grün erscheinen, solange er richtig zusammenbaut, und rot, wenn er Fehler macht.

Virtual Reality (VR) und *Augmented Reality (AR)* laden zur Manipulation ein: Dass das in der virtuellen Realität beworbene Produkt in echt nicht so gut wie beworben ist, ist noch die harmloseste Variante. Nicht mehr so harmlos ist es, wenn mittels VR eine Umprogrammierung des Denkens und Fühlens angestrebt wird, vor allem bei Kindern. Die Wirkung von VR auf Menschen geht über die von Fernsehen und Internet hinaus, da sie die Illusion echter Teilnahme in uns auslöst und damit echte Erfahrung simuliert. Ein Verhaltenskodex von Wissenschaftlern warnt, gegenüber diesem Potential, das für viele Zwecke genutzt werden kann, auf der Hut zu sein.[103]

4.10. Quantencomputer und Quanteninternet

Hochleistungscomputer bis hin zum Quantencomputer[104] werden die über das Internet zusammengetragenen Daten zu nutzbaren Informationen verarbeiten und eine wichtige Steuerungsfunktion ausüben. Zum Quantencomputer[105] kommt dann noch das Quanteninternet,[106] mit entsprechenden Übertragungskapazitäten.

Allgemein wird davon ausgegangen, dass betriebsfähige Quantencomputer die Rechenleistung konventioneller Computer um ein Vielfaches übertreffen werden.

Wer die stärksten Computer hat, wird aus für ihn kostenlos eingesammelten Daten am meisten Geld machen können, sagte Jaron Lanier schon vor Shoshana Zuboff und beklagte die betrügerische Art der Buchhaltung der großen Internetfirmen, die niemandem, der durch Daten oder intellektuelle Leistung (Beispiel: Eine Übersetzung, die genutzt wird, um ein Übersetzungsprogramm zu trainieren) zur Leistungsfähigkeit von GAFAM beiträgt, etwas zahlen. Jaron Lanier erhielt für sein Buch »Wem gehört die Zukunft« den Friedenspreis des Deutschen Buchhandels.[107] Er warnt darin vor Sirenen-Computern, die alle Daten und Verarbeitungen anziehen und ihren Betreibern einen uneinholbaren Vorsprung in der neuen Datenwelt sichern.[108]

Google, eines der reichsten Unternehmen der Welt, und das Deutsche Forschungszentrum für Quantencomputer in Jülich haben eine »Partnerschaft« beschlossen.[109] Gleiche »Partnerschaften« hat *Google* auch mit anderen an der Quantentechnologie arbeitenden Forschungszentren.[110] Das ist die Taktik von *Google* - prominent zu beobachten auch im Mobilitäts- und Gesundheitssektor:[111] Über diese Kooperationen mit kleineren Partnern verschafft sich *Google* neue Daten und Wissen und theoretisch sogar Zugang zu öffentlichen Mitteln.

Die Entwicklung der Quantentechnologie und der Quantencomputer, verbunden mit einem neuen Quanteninternet, wird, soweit man den privaten Sektor betrachtet, im Wesentlichen durch GAFAM, Intel und IBM vorangetrieben. *Google* verkündete kürzlich, ein erstes bisher unlösbares Problem mittels eines Quantencomputers gelöst zu haben.[112] IBM bestritt einige von *Googles* Angaben.[113] Allgemein wurde die Berechnung jedoch als Durchbruch gewertet.[114] *Google* selbst sprach davon, damit Quantenüberlegenheit, also die Überlegenheit des Quantenrechners über alle verfügbaren Superrechner bewiesen zu haben.[115]

B 5 Gesamtschau der an das Internet anschließenden Technologien und die Analyse der Macht der GAFAM-Konzerne

Das technische System der digitalen Kontrolle beruht auf dem Internet als Mehrwegemedium, das alle Menschen mit allen Menschen, alle Menschen mit allen Geräten und alle Geräte mit allen Geräten vernetzt. Man muss aber auch den dritten Weg, den die Information im Internet nimmt, betrachten: Dass alles was zwischen Menschen oder mit Maschinen ausgetauscht wird, gleichzeitig in zentralen Verarbeitungssystemen protokolliert und ausgewertet werden kann und wird. Wer die Hand auf diesen Speicher- und Auswertungssystemen hat, hat im gegenwärtigen System des Internets die Macht. Derzeit sind es vor allem GAFAM. Und ihre Schwestern in China. Staaten haben ähnliche Ambitionen, nicht nur China. Je größer die Übertragungs- und Verarbeitungskapazität, je schneller, desto attraktiver und mächtiger werden diese Systeme.[116]

Für den Philosophen Immanuel Kant existierte »*der bestirnte Himmel über mir und das moralische Gesetz in mir.*«[117]

Er stellte damit den sehenden und denkenden Menschen in das Zentrum der Welterkenntnis, der Erkenntnis von Erde und Weltall durch die Wissenschaft und der Erkenntnis des richtigen Tuns (das moralische Gesetz in mir) durch das Denken.

Die Ambition derjenigen, die das weltumspannende technische System vorantreiben, ist es zu demonstrieren, dass nicht der Mensch, sondern das technische System das Zentrum sowohl der Welterkenntnis als auch der Weltsteuerung ist. Der Hegelsche Weltgeist[118] wird so nach der Vorstellung der *Kalifornischen Ideologie* in dem weltumspannenden, alles Wissenden und alles steuernden technischen System beherrschbar. Er wird in den Schaltzentralen des Internets und der KI angesiedelt. Das moralische Gesetz, das wir Menschen ermitteln müssen, und das nur Sinn macht, wenn wir frei sind in unseren Entscheidungen, würde dann seine Bedeutung verlieren. Denn in diesem Weltbild werden die Entscheidungen weitestgehend vom System für uns getroffen.

Hinter dem Begriff der *Vernetzung* verbirgt sich, kaschiert von dem Versprechen »Du kannst jetzt mit jedem Reden, alle werden dich hören, Du kannst alle Information einsehen, alle Möglichkeiten stehen Dir offen«, die Vision eines totalen Erfassungssystems. Dieses soll zunächst Verständnis und Kontrolle des ganzen Kosmos bis hin zu jedem einzelnen Menschen und seinem Innersten sowie die Interaktion zwischen ihnen erfassen. Auf der Grundlage der Erfassung des Seins-Zustandes und seiner dynamischen Veränderungen – beides in Echtzeit – soll dieses System eine totale, automatisierte Kontrolle und Manipulation auch unbemerkt gegen den Willen des Einzelnen oder einer Kollektivität möglich machen. Damit ist es ist ihm also möglich, seinen Willen, der der Wille seiner Herren ist, allen anderen aufzuzwingen, seien es Einzelne, seien es Kollektive wie Unternehmen oder Staaten.

Tatsächlich ist die reale Abhängigkeit zentraler Steuerungs- und Funktionssysteme in allen Bereichen von Staat, Wirtschaft und Gesellschaft von den durch die digitalen Giganten betriebenen Systemen bereits weit fortgeschritten. Ebenso verhält es sich mit der Einbettung und Erfassung unseres eigenen, individuellen Lebens in diese Systeme, mit dem Gefühl, immer an den Geräten sein zu müssen, mit der Sucht nach ständiger Präsens im Netz und mit der Hilflosigkeit, den Systemen ausgeliefert zu sein, die uns scheinbar liebend und fürsorglich umarmen.

Das Neue an den digitalen Technologien, der KI und dem Internet mit seinen Anschlussmöglichkeiten ist, dass es sich hier um Allzwecktechnologien handelt, sogenannten *GPTs* (*General Purpose Technologies*), die im Gegensatz zu Vorläufern wie Dampfmaschine und Elektrizität ideal als Herrschaftstechnologien eingesetzt werden können. Genau das sehen wir jetzt in China, wo die Kommunistische Partei versucht, den alten Traum der Erreichung des Kommunismus durch Technologie zu aktualisieren. Jetzt nutzt die KP Chinas diese neuen Technologien dafür, indem sie mit ihrer Hilfe die Massen gefügig macht, ihnen Bequemlichkeit bietet, sie aber auch einer fühlbaren Dauerkontrolle durch *Social Scoring* unterwirft. Frühere *GPTs*, wie etwa die Dampfmaschine, Strom oder der Elektromotor, waren nie Technologien, die mit dem Anspruch entwickelt wurden, unmittelbar auf das Denken und Fühlen der Menschen einzuwirken. Zwar haben auch diese früheren Technologien die Menschen und ihr Leben verändert und verbessert. Aber die neuen Technologien des Internets und die KI greifen viel tiefer und unmittelbarer in die Lebensführung des Individuums, seine Kommunikation, seine Gedanken und Gefühle ein. Und damit erfassen und beherrschen sie zugleich auch die Öffentlichkeit und die Demokratie.

Das ist genau der Anspruch, den GAFAM jetzt an alle ihre Entwicklung stellen: Ob bei den werbegetrieben Geschäftsmodellen von *Google* und *Facebook*, beim IPhone von *Apple* oder bei den Programmen von *Microsoft*: Es geht überall darum, menschliche Gewöhnung und Abhängigkeit zu schaffen, ein Gefühl der angenehmen Zufriedenheit und Bequemlichkeit, wenn die Geräte oder Dienste genutzt werden, ein Gefühl der Unzufriedenheit und Hilflosigkeit, wenn sie nicht genutzt werden oder nicht genutzt werden können.

Es geht bei all diesen Ambitionen von Unternehmen und Staat, ob in den USA oder in China, um diese unmittelbare Beherrschung des Menschen und des Gesamtsystems aus Mensch, Gesellschaft und Technologie. An der Universität

Stanford wurde schon vor der Jahrtausendwende ein Institut gegründet mit dem Ziel, Ingenieure darin auszubilden, durch Technologie die Überzeugungen von Menschen zu ändern, das *Stanford Persuasive Tech Lab*.[119] Zur gleichen Zeit begannen auch Forschungen zu *Affective Computing*, also der Möglichkeit, mittels Computern auf Gefühle von Menschen einzuwirken, sie zu verstehen, oder, umgekehrt, Computer mit Gefühlssimulation auszustatten.[120] Die Ausbildung der Ingenieure in diesen Bereichen, wo versucht wird, eine emotionale Funktion in die Maschine einzubauen, die dem Menschen Mitgefühl und Empathie vorspiegelt, zeigt, wie weit die Ambitionen in der Kontrolle und Beherrschung des Menschen durch Maschinen gehen – bis hin zu den Berichten über die Versuche von GAFAM, Programmierungen zu finden, die Menschen durch die Anregung des Belohnungssystems und durch Dopaminausstoß in eine emotionale oder biologische Abhängigkeit bringen.[121] Schon heute können mittels einer Elektrodenkappe auf dem Kopf Kontrollsignale so übertragen werden, dass ein Mensch auch gegen seinen Willen die Zunge herausstreckt, wenn dies von einem anderen Menschen, der als Kontrolleur über eine weitere Kappe angeschlossen ist, gedacht wird. Und noch viel mehr scheint möglich, etwa die Kontrolle von Sprache oder das »Abspielen« von Videos direkt vom Gehirn aus.[122] *Facebook* finanziert Forschungen, um das Internet unmittelbar an das Gehirn des Menschen anzuschließen und dieses zu lesen.[123] Was nach Bequemlichkeit aussieht oder gar einer echten Hilfe, etwa wenn Menschen keine Hände haben und nicht sprechen können, öffnet auch den Blick unmittelbar in das Gehirn des Menschen, mit dem Ziel, dem System die Kenntnis der Inhalte des Gehirns zu verschaffen - unmittelbar, und nicht nur durch Beobachtung von Verhalten.

Die Bequemlichkeit schaffenden Dienstleistungen, etwa in den Bereichen Unterhaltung, Kommunikation, Information, Bildung, Mobilität, Bezahlung, Gesundheit, Handel, Energie und Sicherheit bieten einen Zugriff auf den Menschen und das politische Entscheidungssystem. Und das wiederum ermöglicht GAFAM, kombiniert mit den üblichen Mitteln politischer Einflussnahme durch große Konzerne, die politisch gesetzten Bedingungen ihrer Profitabilität zu kontrollieren. So jedenfalls die Hoffnung der Magier der technischen und wirtschaftlichen Totalerneuerung. Ob diese Rechnung aufgeht, hängt von uns allen ab, nicht nur von unserem Verhalten als Konsumenten dieser Dienste der Bequemlichkeit, sondern vor allem von unserem Engagement als Bürger einer Demokratie und als Unternehmer in der Entwicklung alternativer Technologien, Technologienutzung und Geschäftsmodelle.

B 6 Machtkonzentration in der Hand des digital-technologisch-wirtschaftlichen Komplexes

Die zentralen Akteure digitaler Macht sind die digitalen Konzerne wie *Google, Amazon, Facebook, Apple* und *Microsoft* aus den USA und *Tencent, Alibaba* und *Baidu* aus China. Diese Konzerne sind von Ökosystemen in Forschung und Wirtschaft umgeben, die von ihnen abhängen und ihre Dominanz stärken, indem sie Technologie und Geschäftsmodelle weiterentwickeln und ausdifferenzieren.

Alle neuen Technologien, wie die Künstliche Intelligenz, der neue Mobilfunkstandard 5G, Quantencomputer und auch die Verbindung von Technik und Mensch mittels biophysischer Systeme[124] werden die Macht der Akteure, die bereits heute das Internet dominieren, exponentiell vergrößern, wenn nicht gezielte Maßnahmen gegen diese Machtkonzentration ergriffen werden.

Zweifellos muss man zwischen dem Internet als solchem und dem, was im Internet geschieht, unterscheiden, genauso wie man zwischen dem theoretischen Potenzial der KI im Allgemeinen und dem Kontext und den Zielen unterscheiden muss, für die sie tatsächlich entwickelt und eingesetzt wird. Es wäre aber naiv zu ignorieren, dass für die meisten Menschen heute die Realität, wie sie das Internet nutzen und was das Internet ihnen bietet, von einigen wenigen Großunternehmen geprägt ist.

Dazu tritt ihre wirtschaftliche Macht, die ihnen erlaubt, Politik und Demokratie mit Geld zu beeinflussen und ihre dominante Stellung im Markt auszubauen. Wir müssen die Technik des Internets und alle an sie anschließenden Technologien im Zusammenhang sehen mit dieser gewaltigen Machtkonzentration.

Zwar ist es richtig, dass wir bei der Analyse der Möglichkeiten der Technologie eine Trennung vornehmen müssen, denn theoretisch kann sie für ganz andere, nämlich gute Zwecke eingesetzt werden, und nicht nur für die, die ihr heute hauptsächlich durch die mächtigen Konzerne und Regierungen auferlegt werden. Und es sind genau diese Möglichkeiten, auf die wir bei der Frage nach dem »Was tun?« zurückkommen müssen, denn sie liegen der genuin menschlichen Fähigkeit der Kritik und des Träumens vom Besseren zugrunde, auf das wir hinstreben wollen, und das wir gegen heutige Mächte umsetzen wollen.

Aber in der Problemanalyse müssen wir die Kumulation von technologischer und wirtschaftlicher Macht in wenigen Händen erfassen, aussprechen und an den Anfang der Kritik stellen.

Auch die Nutzung des Internets als Überwachungsmedium, vor allem – aber nicht nur – in China,[125] und die Entwicklung von KI zum Zwecke der massenhaften Verhaltenskontrolle und Manipulation von Menschen muss Teil unserer Analyse sein.

Wir dürfen nicht stehen bleiben bei einfachen Aussagen über die Freiheit und den großen Nutzen, den ein freies Internet bieten kann, oder bei vereinfachten Aussagen über den Nutzen von KI. Die Analyse muss die tatsächlichen und denkbaren Auswirkungen der neuen digitalen Technologien und Geschäftsaktivitäten umfassen. Sie sind schon heute jedenfalls zum Teil sichtbar.

Die Kritik der Technologie der KI, wie sie bereits durch Max Tegmark,[126] Sarah Spiekermann[127] und andere erfolgt, muss ergänzt werden um eine Kritik der technologisch-wirtschaftlichen Macht, die durch die Konzerne des Internets ausgeübt wird, die selbst die wahrscheinlich wichtigsten Entwickler und Anwender von KI sind.

B 7 Geschäftsmodelle der Tech-Giganten

7.1. Die starke Kritik an GAFAM in den USA

Die kritische Analyse der Geschäftsmodelle der Internetgiganten ist in den USA selbst sehr stark. Das hat vier Gründe. Erstens kommen die GAFAM-Unternehmen aus den USA. Dort entwickeln sie ihre Geschäftsmodelle und Technologien.

Zweitens gibt es in den USA weniger gesetzlichen Schutz vor dem Missbrauch wirtschaftlicher und technischer Macht. Vieles, was in den USA passiert, ist bei uns aufgrund von Arbeitsrecht, Konsumentenschutz, Datenschutz, Gleichstellungsrecht und anderen Schutzregelungen undenkbar. Der tatsächliche und potentielle Missbrauch der neuen Technologien und Geschäftsmodelle gegenüber einfachen Menschen sowie kleinen und mittleren Unternehmen werden in den USA schneller entdeckt und kritisiert, einfach deshalb, weil es viel mehr Missbrauch wirtschaftlicher und technologischer Macht gibt.

Der dritte Grund, warum sich der Blick nach Amerika lohnt, ist die ständige Beobachtung von GAFAM durch amerikanische Journalisten, Wissenschaft und Zivilgesellschaft aber auch die Finanzmärkte. Der harte Wettkampf um Aufmerksamkeit im Journalismus, im amerikanischen Wissenschaftsmarkt und in der Zivilgesellschaft, der sich durch Spenden finanziert, bringt rigorose investigative Geschichten hervor. Sie sind oft besser recherchiert und schneller produziert als anderswo. Die *New York Times* etwa betreibt mit großem Aufwand *Tech Accountability*-Journalismus, der die digitalen Konzerne scharf beobachtet und Fehlverhalten ans Tageslicht zieht.

Mit einer 20-Millionen-Dollar-Spende von Craig Newmark, dem Gründer von *Craig's List*, konnte die bekannte Technologiejournalistin Julia Angwin[128] kürzlich ihre eigene, unabhängige Redaktion für »*Tech Accountability*«-Journalismus, also eines Journalismus, der die GAFAM und andere Technologieunternehmen zur Verantwortung ziehen will, errichten. *The Markup*[129] heißt diese Redaktion, die zur Hälfte aus IT-Ingenieuren und Technikern besteht, zur anderen Hälfte aus Journalisten. Daneben gibt es eine Unzahl von spezialisierten Magazinen und Newslettern. In den Fußnoten unseres Buches findet sich ein Querschnitt dieser Quellen.

Schließlich sind die GAFAM-Konzerne an US-Börsen notiert und nehmen dort die Spitzenplätze ein. Eine Heerschar von Analysten beobachtet die Unternehmen und macht Aussagen über ihre Zukunftsaussichten und ihr Geschäftsmodell. Diese Analysten gehören zur Öffentlichkeit, auch wenn es ihnen in erster Linie um Profitaussichten geht. Aber man kann eben auch der Meinung sein, und das sind nicht wenige dieser Analysten, dass die Missachtung von Grundrechten – wie dem des Datenschutzes und der Privatsphäre – langfristig die Profitabilität von GAFAM beeinträchtigen wird. Wenn sich eine derartige Meinung am Finanzmarkt bildet, fließt mehr Geld in grundrechtsfreundliche Geschäftsmodelle. Das auf Nachhaltigkeit spezialisierte Analystenhaus *Sustainalytics*[130] zählt jeden Vorfall im Bereich Datensicherheit und Datenschutz in den Unternehmen auf und bewertet das Risiko jedes Unternehmens in diesem Bereich aufgrund dieser Vorfälle. *Facebook* bekommt bei *Sustainalytics* eine deutlich schlechtere Note, weil man in seinem Geschäftsmodell ein höheres Risiko in Sachen Datenschutz und Datensicherheit sieht. *Sustainalytics* nannte es in seinem Investorenrundbrief ein Eigentor von *Facebook*, einen Post der demokratischen Präsidentschaftskandidatin Warren gelöscht zu haben, worin sie die Zerschlagung von *Facebook* forderte.[131]

Es lohnt sich also, für das Verständnis der Geschäftsmodelle und der Technologieentwicklung sowie auch die Kritik an amerikanischen Tech-Giganten, Richtung USA zu schauen.

Es gibt in den USA allerdings auch deutliche Kritik an der mangelhaften Beobachtung des Silicon Valley durch Presse und Journalismus. Es sind noch immer zu wenige Journalisten unmittelbar vor Ort im Silicon Valley, und es wird zu wenig investigativ und langfristig recherchiert, verglichen mit dem Aufwand der bei der politischen Berichterstattung aus Washington betrieben wird. Das sagt zum Beispiel der Autor des Bestsellers *Bad Blood*, John Carreyrou,[132] ein früherer Autor des *Wall Street Journal*.[133] Er zeigte in seinen Berichten und seinem Buch anhand des Startups *Theranos*, wie aufgrund mangelnder Kontrolle durch den Journalismus und naiver Begeisterung des Marktes riesige Betrugsmodelle entstehen konnten.[134] Das von ihm porträtierte Unternehmen war auf 9 Milliarden Dollar bewertet, es verschlang unter anderem Investitionen von Rupert Murdoch in Höhe von 120 Million Dollar – Murdoch ist der Eigentümer des *Wall Street Journals*, für das Carreyrous arbeitete – bevor *Theranos* aufgrund des Berichts fast in den Konkurs ging und schließlich 2018, mit einem verbleibenden Wert von 5 Millionen, die Geschäftstätigkeit einstellte.[135] Die Veröffentlichung seiner Geschichte im *Wall Street Journal* sei in keiner Weise behindert worden, sagte Carreyrou. Ganz grundsätzlich hält er Startups aus dem Silicon Valley wegen der mangelhaften Durchleuchtung für zu hoch bewertet und zwar um mindestens 30 Prozent. Es ist gut möglich, dass die GAFAM ebenso überwertet sind, wegen des nützlichen Glaubens daran, dass die Technologie schon alle Probleme dieser Welt lösen werde und vielleicht sogar die vieler Einzelner von uns, bis hin zur Liebe, wenn wir etwa an *Tinder*[136] denken.

7.2. Die Geschäftsmodelle der digitalen Konzerne

Die Geschäftsmodelle von GAFAM unterscheiden sich erheblich, und wir können sie hier nicht im Einzelnen diskutieren. Allerdings ist ein Grundverständnis dieser Geschäftsmodelle wichtig, um zu verstehen, ob und wie sie mit öffentlichen Interessen, der Demokratie und individuellen Rechten kollidieren können.

Was die Geschäftsmodelle eint ist, dass GAFAM wie keine andere Branche von der Ausweitung des Internets als Trägersystem profitieren. Je mehr Menschen und Maschinen an das Internet angeschlossen sind, desto mehr Menschen kann *Facebook* vernetzen, desto mehr Informationen können auf den Cloud-Systemen, die GAFAM dominieren, gespeichert werden, desto mehr Menschen können die Suche von *Google* benutzen, desto mehr kann *Amazon* verkaufen, desto mehr kann *Microsoft* seine *Software as a Service (SaaS)*-Strategie durchsetzen. Es geht aber nicht nur um die Anzahl der vernetzten Menschen und Maschinen, es geht auch darum, immer mehr Daten und Datenflüsse in das Internet zu verlegen. Denn die GAFAM-Unternehmen sind die Herren über die Steuerungsmacht dieser Daten und Datenflüsse, weil sie die Technologien beherrschen, um für ihre Zwecke im Chaos dieser Daten Ordnung herzustellen, aus den Daten Informationen zu gewinnen und diese zu Steuerungszwecken auf alle erdenkliche Weise zu nutzen: vom Marketing, der Verkaufssteuerung über die IoT-Steuerung bis hin zur Steuerung politischer Systeme, der Öffentlichkeit und von Systemen zur Verbrechensbekämpfung und Verbrechensvorbeugung. Sodann empfiehlt es sich, von einer einfachen Zweiteilung auszugehen: Unter GAFAM und ihren Schwestern in China gibt es eine Gruppe von Unternehmen, die ihr Geld ganz wesentlich mit dem Sammeln persönlicher Daten von Menschen verdienen. Diese verwerten sie zum Zwecke der Werbung für eigene Dienste oder Angebote Dritter. Sie können aber auch zur Überwachung von Menschen eingesetzt werden und sind deshalb für Regierungen von höchstem Interesse. Zu diesen Unternehmen der *Stalker Economy* (»Spanner Wirtschaft«, wie Al Gore, der frühere US-Vizepräsident, sie schon 2013 nannte) zählen im wesentlichen *Google* und *Facebook* in den USA und *Tencent* und *Alibaba* in China. Das Geschäftsmodell dieser Firmen hat Shoshana Zuboff in ihrem Grundlagenwerk »Das Zeitalter des Überwachungskapitalismus«, das von einigen »›Das Kapital‹ des 21. Jahrhunderts« genannt wurde,[137] detailliert beschrieben.

Apple dagegen verdient sein Geld bisher im Wesentlichen mit Hardware für das Internet und angeschlossenen Diensten, *Amazon* mit Handelsverkäufen über das Internet und *Microsoft* mit Programmen für die Nutzung. Aber jede Firma hat auch einige andere Aktivitäten im Geschäftsfeld der Konkurrenten, die allerdings erheblich weniger einbringen als ihre jeweilige Haupttätigkeit.[138] Mit dem slowenischen Philosophen Slavoj Žižek[139] wird man sagen können: GAFAM, soweit sie nicht in erster Linie Geld mit gezielter Werbung auf der Grundlage von Persönlichkeitsprofilen verdienen, erheben auf jede geistige Regung eines Menschen eine kleine Rente und verdienen so immer mit. Ob man sich etwas aufschreibt, entwirft, organisiert, kommuniziert, kauft oder verkauft, oder genießt, fast immer ist ein GAFAM-Produkt mit dabei. GAFAM beuten - von Ausnahmen wie bei *Amazon* einmal abgesehen - nicht mehr ihre Arbeiter aus, wie im klassischen Kapitalismus, sondern ihre Nutzer.

7.3. Google

Google, heute Teil des *Alphabet-Konzerns*, ist, wie alle GAFAM, ein faszinierender Technologiekonzern mit hoher Innovationskraft. Die Suche im Internet, das Mobiltelefonbetriebssystem Android, das Navigationssystem *Google Maps*, das Kollaborationssystem *Google Docs* und viele andere Dienste, die gut funktionieren und bequem zu handhaben und ohne Bezahlung zu haben sind, sind die Grundlage der Erwerbskraft von *Google*.[140]

Im Kern verdient *Google* sein Geld nämlich mit Werbung, basierend auf der Ausbeutung von Menschen und ihren persönlichen Daten. *Googles* Erwerbsquelle ist es, uns zum Kauf zu manipulieren, egal was wir kaufen oder wofür. Konsummaximierung der Einzelnen ist das Ziel des Unternehmens. Mit dem angeblichen Ziel, nämlich Informationen im Internet für uns zu organisieren,[141] werden wir nur angelockt. 84 Prozent der Einnahmen von *Google* sind Werbeeinnahmen.

Google sammelt so viele Daten, dass es nach Zuboff *Instrumentarian Power* über Menschen erhält, also echte Beeinflussungs- und Kontrollmacht. *Google* sammelt Daten über Menschen auf immer mehr Kanälen und führt sie zu umfassenden Persönlichkeitsprofilen zusammen: Wer auf *Google* nach Informationen sucht, ein Android Telefon benutzt, wer *YouTube* sieht, wer eine E-Mail auf *Gmail* schreibt oder einen Text auf *Google Docs*, all diese Tätigkeiten analysiert *Google* und fügt die Nutzungsdaten – aber auch die Inhalte der Suche und der Kommunikation – zu einem umfassenden Persönlichkeitsprofil zusammen. Shoshana Zuboff hat aufgezeigt, dass die Masse der Daten über Menschen, die so gesammelt wird, viel mehr wirtschaftliche Erträge erlaubt als zur Deckung der ja nominal *kostenlosen* Dienste nötig sind. Das ist die große Lüge des »freien« Internets. Und sie ist die Grundlage einer Kultur der Geheimniskrämerei bei *Google* und allen GAFAM insgesamt: Es werden viel mehr Daten über Menschen gesammelt, als notwendig sind, um die Dienste im Internet zu betreiben.

Google sammelt auch von Menschen persönliche Daten, die den Suchdienst gar nicht benutzen, nämlich mittels seines Browsers Chrome.[142] Von dem wird inzwischen nicht nur in Amerika stark abgeraten, zugunsten der Browser *Firefox*, *Brave* und *Safari*.[143] Und *Google* sammelt auch mittels Cookies persönliche Daten, die auf Webseiten platziert werden und das Verhalten der dort ankommenden Nutzer beobachten und katalogisieren, auch wenn sie weder den Chrome-Browser noch die *Google*-Suche benutzen.[144] Es gibt in Amerika inzwischen eine Bewegung, die versucht, völlig ohne *Google* zu leben. Das scheint zunehmend unmöglich.[145]

Google sammelt und indexiert aber auch die Inhalte, die im Internet zu finden sind. Wie die persönlichen Daten eignet sich *Google* auch die Inhalte des Internets kostenlos an.

Diese dreifache Aneignung von persönlichen Daten und Inhalten in Internet und Cloud, jeweils ohne finanzielle Gegenleistung, ist zentral für die Profitabilität von *Google*.

Zu diesen Inhalten gehören auch Nachrichten und Berichte, die von Journalisten verfasst werden. Auf *YouTube* sieht man neben den Inhalten von Laien auch professionell gemachte Beiträge, auch die dort eingestellten Beiträge der Fernsehanstalten, in Deutschland auch der ARD und des ZDF sowie der Privatsender. All diese Inhalte erhält *Google* ebenso kostenlos wie die persönlichen Daten der Bürger, die mit Hilfe der Rundfunkgebühren auch dort eingesammelt werden. Und mit Werbung neben und zwischen diesen Beiträgen verdient *YouTube* Geld. Erstaunlich, dass die öffentlich-rechtlichen Sender *Google* nicht auffordern, ihnen einen Teil der so erwirtschafteten Erträge zukommen zu lassen.

Die Idee der neuen Copyright-Richtlinie der EU[146] war, dass *Google* für Berichte von Journalisten, die es auf seinen Diensten verwertet, etwa in *Google News*, an die Verlage etwas zahlt. *Google* weigert sich bisher, dies in Europa zu tun.[147] Und dies zu einem Zeitpunkt, wo *Facebook* in den USA bereits einen Vertrag mit großen Verlagshäusern abgeschlossen hat, der Millionenzahlungen für die Nutzung ihrer Inhalte vorsieht.[148]

In Deutschland allein fordert die gemeinsame Verwertungsgesellschaft für digitale Presseerzeugnisse von *Google* Lizenzen von 3,44 Milliarden im Jahr 2019 bis zu voraussichtlich 8,5 Milliarden Euro im Jahr 2024.[149] In Amerika beläuft sich die Kalkulation des Gewinnausfalls bei den Verlagen durch *Google* auf 4,7 Milliarden Dollar für 2018.[150] Vor diesem Hintergrund ist die *Google* News-Initiative von 300 Millionen Euro, mit der technisch ausgelegte Journalismusprojekte unterstützt, neue Abhängigkeit geschaffen und *Google* neue Einblicke in die Geschäftsmodelle und Innovationen der Presse gewährt werden, weltweit nur ein Tropfen auf den heißen Stein.[151]

Google hat allerdings in der Vergangenheit für den Zugang zu Twitter-Inhalten gezahlt und tut es vermutlich immer noch. Es sollen rund 40 Millionen Dollar geflossen sein.[152]

Google sammelt Inhalte nicht nur im Internet. Es scannt auch alle Bibliotheken dieser Welt mit all ihren Büchern ein, wo es ihm erlaubt wird. Amerikanische Gerichte haben diese Praxis nach Klagen der Buchverlage und jahrelangen Verfahren dennoch als rechtmäßig angesehen.[153] Es handle sich bei der Methode von *Google*, die Inhalte der Bücher für die Suche zugänglich zu machen, nicht aber insgesamt zum Lesen, um eine faire Nutzung (*fair use*), die kostenlos möglich sei und nicht gegen das Copyright verstoße. Diese Doktrin will *Google* weltweit für alle Inhalte, ob Text, Film oder Musik, durchsetzen, um so einen kostenlosen Such- und Aneignungsraum für sich zu erhalten. Die amerikanische *Fair-use*-Doktrin verbreitet *Google* weltweit als Grundlage der eigenen gewaltigen Profitabilität und auf Kosten derjenigen, die die Inhalte produziert haben.

Das Geschäftsmodell von *Google* besteht also, einfach gesagt darin, die kostenlos eingesammelten persönlichen Daten und die kostenlos eingesammelten Inhalte aus unterschiedlichsten Quellen zu Geld zu machen. Das tut *Google*, indem es neben den so gesammelten Inhalten Werbung verkauft, und zwar aufgrund persönlicher Profile so gezielt, dass möglichst viele Menschen sofort zum Kauf schreiten. Und neuerdings auch zu Abos von *YouTube*.

Das Modell des *Targeted Advertising*, also nach Persönlichkeitsprofilen zugeschnittene, gezielte Werbung, hat sich als der klassischen Werbung überlegen erwiesen, weil es die Umwandlungsrate vom Betrachter einer Werbung zum Käufer des Produktes erhöht hat. Basis für diese höhere Umwandlung ist die intime Kenntnis des Nutzers, dem die Werbung dann passgenau zugespielt werden kann. Das Vergütungsmodell von *Google* ist wiederum so strukturiert, dass *Google* an jedem einer Webseite zugeführtem Besucher, also pro Klick, einen geringen Betrag verdient, aber einen deutlich höheren, wenn der Besucher dann auch zum Kauf schreitet.

In den USA nimmt *Google* so pro Nutzer 256 Dollar pro Jahr ein, weltweit im Schnitt 137 Dollar.[154] Damit kassiert *Google* knapp unter 40 Prozent der gesamten Ausgaben für Onlinewerbung in den USA.[155] Weltweit ist *Google* mit Abstand das größte Unternehmen der Onlinewerbung, eines Marktes, der in vielen westlichen Staaten bald auf 50 Prozent des gesamten Werbemarktes zugeht.[156] *Google* verdient inzwischen auf diese Weise mehr als 100 Milliarden Dollar jährlich und dominiert, gemeinsam mit *Facebook*, den Werbemarkt.[157] In Deutschland soll laut eines Tochterunternehmens des Springer-Konzerns, eines Google-Konkurrenten, das Werbe-Duopol von *Google* und *Facebook* 74,5 Prozent des digitalen Anzeigenmarktes auf sich vereinigen – in Höhe von 7,79 Milliarden Euro.[158]

Dieses einträgliche Geschäft reicht *Google* offenbar noch nicht. Und es ist mit den Risiken des Datenschutzes belastet. Das Unternehmen drängt in Märkte mit erheblich höheren Erträgen pro Kunde, etwa in die Bereiche Gesundheit, autonomes Fahren und Haushaltselektronik. Und wie *Microsoft* ist für *Google* besseres Sprachverständnis ein ständiges Ziel. Denn die Welterfassung läuft über Sprache, das wissen wir schon seit Wilhelm von Humboldt, und eben nicht nur über Mathematik. Genau wie *Microsoft* investiert *Google* in diesen Bereich gewaltige Summen und feiert jeden Fortschritt. So jüngst seine Weiterentwicklung eines Modells für das Verständnis komplexer Suchanfragen.[159] Es ist auch denkbar, dass mit dem Fortschritt der KI auf diesem Feld, semantisches *Targeting* – also gezielte Werbung, die sich danach richtet, was wir gerade im Internet lesen - noch deutlich effektiver wird als bisher.

Google missbrauchte bisher systematisch seine Stellung der Marktbeherrschung in der Suche auf dem Internet. Hier hat es in Europa über 90 Prozent Marktanteil. Außerdem entwickelt *Google* eigene Vergleichsdienste und Produkte, welche in den Suchantworten regelmäßig vor denen der Konkurrenten angezeigt werden. Insgesamt erhielt *Google* für den Missbrauch seiner marktbeherrschenden Stellung in drei Entscheidungen der EU-Kommission Strafen von 8,3 Milliarden Euro.[160] Hinzu kamen eine große Anzahl von Strafen für Verstöße im Bereich Datenschutz und Privatsphäre.[161]

Man fragt sich, wieso *Google* es zu diesen Strafen kommen lässt und nicht auf eigene Initiative, oder jedenfalls nach ersten Beschwerden oder Hinweisen auf die mögliche Rechtswidrigkeit, diese Praktiken einstellt. Von einem Unternehmen mit dem früheren Motto »*Don't be evil*« das jetzt »*Do the right thing*«[162] lautet, könnte man das doch eigentlich erwarten. Entweder haben sich diese Losungen schon immer an den Nutzer gerichtet, anstatt an *Google* selbst, oder von dem Idealismus der frühen Tage ist in diesem Unternehmen nicht viel übriggeblieben. Es verhält sich, wo es kann, wie jedes andere an der Börse notierte Unternehmen und betreibt Profitmaximierung, notfalls auch rechtswidrig auf Kosten seiner Wettbewerber oder Nutzer oder auch gänzlich Unbeteiligter. Die Regelmäßigkeit, mit der Rechtsverstöße durch das Unternehmen zumindest billigend in Kauf genommen werden, findet in Deutschland neuerdings nur in der Autoindustrie ihresgleichen.

7.4. Apple

Apple ist immer noch in erster Linie Hersteller von Hardware, also Telefonen, Computern und Tabletts. Aber auch *Apple* versucht, sein Geschäftsmodell weiter zu entwickeln in Richtung Dienstleistungen und Streaming. *Apples* Börsenwert liegt bei über 1.200 Milliarden, also 1,2 Billionen Euro. Das ist je nach Börsenlage und Firma zwischen 8 und 14-mal so viel wie der Wert der wertvollsten Deutschen Aktiengesellschaften, angeführt durch SAP. Bei rund 260 Milliarden Dollar Umsatz machte *Apple* 60 Milliarden Dollar Gewinn im Jahr 2018. Das ist gerade mal der Umsatz von *Facebook*.[163] Weniger als 20 Prozent des Umsatzes - aber der Anteil steigt - macht *Apple* mit Dienstleistungen.[164]

Dabei versucht *Apple*, sich vom Stalker-Image von GAFAM zu lösen und setzt aggressiv auf Datenschutz - so im Jahr 2019 mit einer 54 Millionen Dollar teuren Werbekampagne und neuen Datenschutzfunktionen.[165] Die Behauptung allerdings, dass alle Informationen, die auf dem iPhone sind, auch dort bleiben, ist nach Geoffrey Fowler, dem Tech Kolumnisten der *Washington Post*, nicht haltbar. Er hat in iPhone-Apps insgesamt 5.400 Verfolgungsprogramme, sogenannte *Tracker*, entdeckt, die insbesondere nachts persönliche Informationen vom Telefon an die Hersteller der Apps überspielen.[166] Da ist richtig was los. Auch hat *Apple* ohne Zustimmung seiner Kunden Aufnahmen von Gesprächen mit Siri gemacht, was inzwischen beendet wurde. Allerdings verschriftlicht *Apple* die Dialoge mit Siri und behält die Verschriftlichungen für 6 Monate, nach Aussage von *Apple* in anonymisierter Form.[167] Eine Anonymisierung von umfangreichen Dialogen mit Siri, etwa in Kombination mit mehreren Telefonanrufen und Bestellungen dürfte jedoch schwierig sein. In den USA wird leider oft Anonymisierung gesagt, und Pseudonymisierung gemeint. Der Unterschied ist: Im Fall der Anonymisierung darf es mittels des verschriftlichten Dialogs mit Siri auch unter Zuhilfenahme von Kombinatorik und weiteren Informationen nicht mehr möglich sein, die Person zu ermitteln, die das Gespräch mit Siri geführt hat. Ist dies aber möglich, so ist die Verschriftlichung nicht anonymisiert, sondern es handelt sich um persönliche Daten. Dann müsste *Apple* zeigen, dass einer der sieben Gründe vorliegt, von denen die Zustimmung des Nutzers nur einer ist, die die Verarbeitung von persönlichen Daten nach der DSGVO erlauben.

Und: *Apple* erhält nach Schätzungen der Bank Goldmann Sachs im Schnitt über 10 Milliarden Dollar pro Jahr von *Google*, damit *Google*-Suche die voreingestellte Suchmaschine im Apple-Browser Safari bleibt. Mit der *Google*-Suche als Grundeinstellung verdient *Apple* so mehr als mit *Apple* Music und führt seine Kunden der Datenkrake *Google* zu.[168] Wir sehen: Von den großen Worten zum Schutz der Privatsphäre und der persönlichen Daten seiner Kunden bleibt bei *Apple* schon nach wenigen Zeilen nicht mehr viel übrig. *Apple* hat sich den Schneid beim Datenschutz von *Google* abkaufen lassen. Bei der Grundeinstellung der Suche mit *Google* – wie auch bei den Produkten im Appstore – herrscht das Gegenteil von *Privacy by Default*, also Datenschutz als Voreinstellung. Wäre *Apple* hier konsequent, müsste es die von Geoffrey Fowler nachgewiesene Sammelei von persönlichen Daten über die im *Apple Appstore* vertriebenen Apps abstellen. Und es müsste zu einer Suchmaschine wie *Duck Go* oder *Brave* als Grundeinstellung wechseln und diesen finanziell wie auch technisch unter die Arme greifen, damit sie zu *Google* aufschließen können. *Apple* könnte sich das leisten. Jeden Tag macht *Apple* 160 Millionen Dollar Profit. Und um der Glaubwürdigkeit willen sollte es dies tun. Wir warten.

Nur mal nebenbei gesagt: Wer so offensichtlich kein Geld in *Privacy by default*, also Datenschutz durch datenschutzfreundliche Voreinstellungen, und *Privacy by design*, also Datenschutz durch Technikgestaltung, investiert, nur um jedes Jahr 10 Milliarden von *Google* zu kassieren und im *Appstore* Geld zu machen, der wird, wenn es mal in Sachen Datenschutz kracht, auch nicht auf den Straf-»Rabatt« nach Artikel 83 (2) (d) DSGVO hoffen können.

7.5. Facebook

Facebook ist die Nummer zwei im Onlinewerbemarkt nach *Google*. *Facebook* lockt mit anderen Menschen, den sogenannten »Freunden«. *WhatsApp* und *Instagram* gehören nach Aufkauf ebenfalls zu *Facebook* und setzen wie dieses auf die Vernetzung von Menschen.[169] Fast 100 Prozent des Umsatzes von rund 60 Milliarden Dollar im Jahr kommen bei *Facebook* aus dem Anzeigengeschäft.[170]

Das wirtschaftliche Risiko eines Geschäftsmodells, das im Wesentlichen auf die wirtschaftliche Ausbeutung von persönlichen Daten baut und dabei den

Datenschutz vernachlässigt, ist bei *Facebook* am deutlichsten sichtbar. Die Aktien von *Facebook* sind mehrmals wegen Problemen beim Datenschutz eingebrochen. Im Jahr 2018 verloren sie 40 Prozent nach mehreren Skandalen, unter anderem dem Skandal um *Cambridge Analytica*.[171] Aktionäre verklagen *Facebook* und sein Management nun auf Schadensersatz wegen Fahrlässigkeit beim Datenschutz im Zusammenhang mit dieser Affäre. Denn zur Zeit des *Cambridge Analytica*-Vorfalls stand *Facebook* aufgrund eines Vergleichs mit der US-Wettbewerbs- und Handelsbehörde, der *Federal Trade Commission (FTC)*, schon in der Pflicht, den Schutz der Daten seiner Nutzer zu verbessern.[172] Inzwischen musste *Facebook* 5 Milliarden Dollar Strafe zahlen, weil es seine Zusage, die es der *FTC* in Sachen Datenschutz gegeben hatte, nicht einhielt.[173] Kritiker betonten, dass *Facebook* diese Strafe ohne wesentlichen Einbruch des Aktienkurses oder Gewinns wegsteckte. Und sein Geschäftsmodell, das auf die Ausbeutung persönlicher Daten, des Lebens, Erlebens und Fühlens, der Träume und der Ängste, der Ambitionen und Geheimnisse seiner Nutzer zielt, musste es auch nicht ändern. Interessant dabei: Jene Mitglieder der *FTC*, die der demokratischen Partei angehören, hatten eine deutlich höhere Strafe gefordert und veröffentlichten abweichende Beurteilungen des Falls. Doch die *FTC*-Mitglieder aus der Republikanischen Trump-Partei überstimmten sie und verhängten eine an Gewinn und Umsatz gemessen geringe Strafe. Allerdings: Laut DSGVO der EU, die eine Höchststrafe von 4 Prozent des Weltumsatzes vorsieht, wären auch nur 2,4 Milliarden Dollar Strafe herausgekommen.

Hier erkennt man schon die Peinlichkeit des Unterschieds bei Höchststrafen im EU-Recht: Im Wettbewerbsrecht der EU können Höchststrafen von bis zu 10 Prozent des Weltumsatzes auferlegt werden. Bisher hat es auf der Grundlage der DSGVO übrigens noch keine Entscheidung zur Auferlegung einer Höchststrafe gegeben. Die Datenschutzbehörden sollten die Entscheidung der FTC als Ansporn ansehen, nun endlich selbst die Rechtmäßigkeit des Geschäftsmodells von *Facebook* und anderer GAFAM-Unternehmen in Europa streng zu prüfen. Die Datenethikkommission der Bundesregierung sprach im Bereich des Datenschutzes von einem Vollzugsdefizit.[174] Insgesamt betrugen die Strafen für Verstöße gegen die DSGVO im ersten Jahr der Verordnung, also 2018, nur 56 Millionen Euro.[175] Für *Facebook* und Konsorten bedeutet dies: Es werden weiter Profite auf Kosten der Bürger und unter Missachtung der Regeln der DSGVO gemacht. Dabei sind die Methoden der Werbung und des Trackings sowie der Übertragung von Daten in die USA datenschutzrechtlich prekär und bereits Gegenstand einer ganzen Reihe von Untersuchungen und Gerichtsverfahren.[176]

Facebook drängt wie auch *Google* in andere Geschäftsbereiche. Denn auch diesem Unternehmen sind die Risiken des Geschäftsmodells, das auf der Ausbeutung persönlicher Daten beruht, vollständig bewusst. Ein aktuelles Beispiel ist der Versuch, ein weltweites *Blockchain*-basiertes Zahlungssystem unter dem Namen *LIBRA* einzurichten. Dieser Versuch kann nach dem Ausscheiden wichtiger Konsortialpartner, insbesondere der großen Banken und Kreditkartenfirmen, und dem einhelligen Votum führender Finanzminister als gescheitert angesehen werden. Der beinahe größenwahnsinnige Versuch, das Projekt, das das zentrale Währungsmonopol von Staaten in Frage stellt, ohne vorherige Abklärung der wichtigen regulatorischen Fragen mit den Währungshütern voranzutreiben, wurde von Regierungen und Zentralbanken in die Schranken gewiesen.[177] Mark Zuckerbergs Motto »*Move fast and break things*« hat hier zum Glück nicht funktioniert. Dieses Motto war und ist ein Grundproblem der Unternehmensphilosophie von *Facebook*, ja des Silicon Valley insgesamt, weil von dem »*break things*«, also zerstöre etwas, weder das Recht noch die Demokratie ausgenommen sind. Und in der Tat auch nicht die simple menschliche Rücksichtnahme und das Grundprinzip der Menschenwürde. Bedeutet das Scheitern von *LIBRA* das Ende von »*Move fast and break things*« als Geschäftsprinzip?

7.6. Amazon

Facebook vernetzt Menschen, *Google* ordnet die Inhalte des Internets, *Apple* baut die Hardware, *Amazon* ist die Plattform für den Versandhandel und *Microsoft* stellt die Programme zur Verfügung. So ungefähr sieht die Arbeitsteilung von GAFAM auf den ersten Blick aus. Und alle bieten Cloud-Dienste an. Auch *Amazon*. Es kontrolliert ein Drittel des Cloud-Marktes.

Die Cloud ist die Quelle von 50 Prozent seiner Gewinne. *Amazon* verwaltet und verarbeitet Daten von Unternehmen in 190 Ländern, darunter Netflix, AirBnB, General Electric, Vodafone, US Navy, und von 80 Prozent der Dax-Unternehmen.

Der Onlinehandel ist die andere Quelle des Gewinns.[178] *Amazon* macht Gewinn nicht nur am Markt, sondern durch den Besitz des Marktes. *Amazon* ist der Markt und kassiert Prozente für alle Transaktionen. In Deutschland hat *Amazon* einen Marktanteil von 37 Prozent im Onlinehandel, laut einer Studie einer Beratungsfirma, die den *Amazon*-Konkurrenten Otto zu ihren Kunden zählt.[179]

Amazon lernt, welche Produkte gut laufen und macht daraus dann Eigenmarken. Wie der Soziologe Philipp Staab schreibt, ist *Amazon* damit ein typischer Vertreter des digitalen Kapitalismus, der auf die Herausbildung »proprietärer Märkte« abzielt.[180]

In der Liste der wertvollsten Unternehmen steht *Amazon* nun auf Platz drei hinter *Microsoft* und *Apple*. *Amazon* ist bereits groß im Streaming und damit Teil der meinungsbildenden Kulturindustrie. Jeff Bezos hat Pläne, auch ins Werbegeschäft groß einzusteigen.[181]

Untypisch im Vergleich zu den anderen GAFAM ist die hohe Zahl der Beschäftigten bei *Amazon*. In den USA ist *Amazon* mit inzwischen weltweit mehr als 560.000 Beschäftigten der drittgrößte private Arbeitgeber und ein schwieriger dazu.[182] Der Gründer und Chef von *Amazon* hat die wichtige amerikanische Zeitung *Washington Post* erworben und sie wieder profitabel gemacht.[183]

7.7. Microsoft

Auch *Microsoft* versucht, sich als Softwareentwickler und Dienstanbieter ein in Sachen Datenschutz sauberes Image aufzubauen und auch sonst staatstragend zu erscheinen. Denn *Microsoft*, inzwischen das wertvollste Unternehmen der Welt, verkauft sehr viel an den Staat. *Microsoft* sammelt aber gleichwohl erhebliche Mengen an persönlichen Daten über Office und andere Dienste wie LinkedIn und das Spiel Minecraft mit 112 Millionen Nutzern.[184] Und: *Microsoft* ist führend in der Entwicklung von Anwendungen der Gesichtserkennung. Forscher von *Microsoft* kooperierten mit der Militäruniversität in China bei der Entwicklung von Gesichtserkennungssoftware und zwar in Projekten, die für die in China übliche Massenüberwachung genutzt werden können.[185]

Wenn *Microsoft* jetzt fordert, Gesichtserkennung solle reguliert werden, dann tut es dies auch, um aus der politischen Defensive angesichts dieses Fehltritts herauszukommen. Zwei weitere Gründe sind: 1. die in Diktaturen – aber nicht nur dort – erfolgreiche chinesische Konkurrenz[186] aus dem Markt rauszuhalten und 2. absoluten Verboten zur Gesichtserkennung, wie bei der kalifornischen Polizei,[187] ab 1.1.2020 zu entgehen. Und während es Regulierung fordert, wendet es sich in der praktischen Politik des Staates Washington, wo der Unternehmenssitz gemeldet ist, gegen eine derartige Regulierung.[188]

Richtig ist die Forderung trotzdem nicht. Sie steht in der klassischen, minimalistischen Tradition der US Konzerne, immer dann, wenn eine Regulierung nicht mehr abwendbar ist, nur spezielle sektorielle Regeln zu fordern, um so generelle Regeln abzuwenden und weite Bereiche unreguliert zu lassen.[189] Richtig wäre es, in den USA eine generelle Regulierung zum Schutz persönlicher Daten und der Privatsphäre für ganz Amerika zu fordern, und nicht nur die Regulierung der Gesichtserkennung.

In Europa wird eine ordentliche Durchsetzung der DSGVO und der EU-Richtlinie zum Datenschutz in Polizei und Justiz[190] auch zu einer strikten Begrenzung der Gesichtserkennung führen.[191] Sonderrecht braucht es dafür in Europa nicht, ja es ist sogar riskant, Sonderrecht in Europa für die Gesichtserkennung zu schaffen, da dies im Gegenschluss neue Fragen zu Begrenztheit des Anwendungsbereichs der ausdrücklich weit und technikneutral gefassten DSGVO und der Richtlinie zum Datenschutz in der polizeilichen Arbeit aufwirft. Eine andere Frage ist allerdings, ob die Technologie der Gesichtserkennung selbst einer Regelung, etwa Marktzugangsbeschränkungen, unterworfen werden soll.

Jedes der GAFAM-Unternehmen ist auch jeweils auf den anderen Geschäftsfeldern tätig, die in der Hauptsache durch einen Konkurrenten besetzt sind. So hat *Microsoft* die Berufsdatenbank *LinkedIn* erworben, die in Deutschland mit der Datenbank *Xing* des Burda Konzerns konkurriert. Hier werden persönliche Daten allerdings auch für Zwecke der Werbung gesammelt.

Alleine in Europa verdient *Microsoft* pro Jahr 2 Milliarden Euro nur durch regelmäßige Lizenzeinnahmen von öffentlichen Verwaltungen.[192] Wichtigster Wettbewerber für *Microsoft* waren dabei die *Open-Source-Systeme* – bis es sich selbst in diesen Markt einkaufte. Wie wichtig es für *Microsoft* war, in der öffentlichen Verwaltung Open Source zu verdrängen und als alleiniger, alternativloser Anbieter von Paketlösungen zu erscheinen, zeigte sich in München. Die Stadt erhielt ein großes neues Forschungszentrum von *Microsoft*, im zeitlichen Zusammenhang zu der Zusage, die Open-Source-Politik in der Stadt nicht mehr fortzusetzen, sondern flächendenkend für alle öffentlichen Dienste das Paket von *Microsoft* einzuführen.[193]

Auch die Europäische Kommission nutzt das Paket von *Microsoft*. Die Verträge der Kommission mit *Microsoft* sind derzeit Gegenstand einer intensiven Überprüfung durch den Europäischen Datenschutzbeauftragten.[194] Man wird die Vormachtstellung jedenfalls in der öffentlichen Verwaltung in Europa von *Microsoft* mit der Dominanz von IBM in den 1970er- und 1980er-Jahren vergleichen dürfen.

Microsoft hat früh gelernt, dass Lüge und Nichteinhaltung von Zusagen gegenüber den Behörden teuer werden kann. Gegenüber der EU-Kommission hatte das Unternehmen 2009 zugesagt, ein *Unbundling* vorzunehmen also eine Trennung[195] von voraufgespielten Windows- und *Microsoft*programmen auf Computern im Verkauf an Einzelkunden. Die Kommission musste *Microsoft* aber als erstem Unternehmen in der Geschichte des Europäischen Wettbewerbsrechts im Jahre 2013 eine Strafe von 561 Millionen Euro für die Nichteinhaltung dieser Zusage auferlegen.[196] So hat *Microsoft* früh gelernt, dass eine direkte Konfrontation mit dem Recht und den öffentlichen Interessen nicht förderlich ist. Das Unternehmen versucht deshalb, den Eindruck zu erwecken, auch wegen seiner Verkäufe an die öffentliche Hand, im öffentlichen Interesse zu handeln. Es spricht von der Angleichung der Unternehmensziele mit den von Regierungen artikulierten öffentlichen Interessen. Das ist vor dem Hintergrund der hohen Einnahmen aus öffentlichen Aufträgen nicht verwunderlich. Allerdings regiert im Kapitalismus am Ende immer die Börse und das Gewinnstreben, und *Microsoft* schreckte nicht davor zurück, den Datenschutz im Bundesstaat Washington, in dessen Stadt Redmond das Unternehmen seinen Sitz hat, mit erheblichem Lobby-Einsatz zu schwächen.[197] Dies, kombiniert mit dem Erwerb von LinkedIn und dem Spiel Minecraft, das auch eine ideale Quelle für detaillierte Charakter-, Intelligenz- und Emotionsdaten ist, auch von Kindern, weist darauf hin, dass *Microsoft* das ausbeuterische und verlogene Geschäft mit persönlichen Daten jedenfalls nicht vollständig abgeschrieben hat. Die Ermittlungen des Europäischen Datenschutzbeauftragten werden zeigen, wie ernst *Microsoft* und die EU-Kommission in ihren Verträgen den Datenschutz nehmen. *Microsoft* hatte jedenfalls offenbar kein Problem damit, Hunderttausende von Gesichtern von Prominenten aus dem Internet zu kopieren und damit eine Testdatenbank für Gesichtserkennung zu füttern.[198]

*Microsoft*s Strategie, sich auf die Seite des öffentlichen Interesses zu stellen und als Stimme der Vernunft in der Entwicklung des Digitalen zu fungieren, wird effizient unterstützt durch die Stiftungstätigkeit von Bill und Melinda Gates. Dieser positive Imageeffekt ist schwer zu messen, aber sicher nicht unerheblich.

7.8. Google und Microsoft: Ausdifferenzierung der KI-Investitionsschwerpunkte Gesundheit, Mobilität und mobiles Bezahlen

Möglicherweise setzt sich die Differenzierung der Geschäftsmodelle, bei denen *Google* persönliche Daten von Menschen sammelt und ausbeutet, und andererseits *Apple* und *Microsoft* sich von diesem Model zu entfernen versuchen, in der Entwicklung und Nutzung der KI fort. Die Investitionen von *Google* in *Nest*, einen Thermostat- und Hauselektronikhersteller, sowie seine Investition in *DeepMind*, kombiniert mit geschäftlich erworbenen Gesundheitsdaten des britischen *National Health Service* (NHS), weisen eine klare Orientierung auf Ausbeutung persönlicher Daten bis tief in die Privatsphäre auf. Auch der Kauf von *Waze*, einem Navigator, der in Konkurrenz zu *Google Maps* entwickelt wurde, weist in diese Richtung, da Navigationsdaten und Bewegungsdaten persönliche Daten sind, die einen hohen Wert zur Steuerung und Kontrolle von Mobilität und allen mit ihr verbundenen Angeboten besitzen. Das passt zu *Googles* Grundgeschäft. Die Frage der Legalität und die Frage, ob die Nutzer diese Praxis dauerhaft akzeptieren werden, sind allerdings noch unbeantwortet. Deshalb sind die Websuche und das damit zusammenhängende Werbegeschäft gefährdet. Die Erträge pro Nutzer sind gering. Die Profitabilität von *Google* beruht im

Wesentlichen auf der gewaltigen Zahl der Nutzer und seinem dominanten Marktanteil, der in vielerlei Hinsicht faktisch ein Monopol darstellt.

Erträge pro Nutzer, zum Beispiel im Gesundheitssektor und bei Mobilitätsdienstleistungen, können bei entsprechender Zahlungsbereitschaft erheblich höher sein als bei Suche und Werbung. Der Mutterkonzern *Alphabet* ist deshalb systematisch auf der Suche nach Geschäftsfeldern mit höherer Profitabilität pro Nutzer als der kostenlosen Suche und anderen kostenlosen Dienste, die sich direkt oder indirekt immer durch Werbung finanzieren.

Doch allen Geschäftsfeldentwicklungen und Käufen geht es immer um ein doppeltes Ziel: neue Quellen persönlicher Daten zu erschließen und gleichzeitig die Profitabilität der Daten, auch durch Unternehmensdienstleistungen und Bezahlmodelle, zu steigern. Da passen die Investitionen in das Gesundheitswesen in den USA und das Sammeln von Gesundheitsdaten von Millionen von Patienten,[199] Partnerschaften mit Krankenhäusern auf der ganzen Welt,[200] und dem nationalen Gesundheitsdienst in Großbritannien, dem *National Health Service (NHS)*, bestens ins Bild.

Es gibt Anzeichen, dass *Google* auch im Bereich KI eher einen ruchlosen Kurs in der Durchsetzung seines von Zuboff beschriebenen Geschäftsmodells fahren wird: die Auflösung des Ethikrates von *Google*[201] wie auch des Ethikrates bei *DeepMind*, dem in London von *Google* aufgekauften Herzstück der KI-Entwicklung; die Freistellung des Mitgründers von *DeepMind* Mustafa Suleyman,[202] und dessen Abordnung in das *Google* Hauptquartier, wo seine Aktivitäten besser unter Kontrolle sind.[203] Auch muss man fragen, ob *DeepMind* wirklich so großartige KI entwickelt oder nicht eher deshalb von *Google* gekauft wurde, um leichter an die *NHS*-Gesundheitsdaten zu kommen.[204] *Google* ist inzwischen der größte Sammler von Gesundheitsdaten im Internet.[205] Sie sind derzeit das große Geschäft und enthalten ein großes Versprechen, wie das viel diskutierte neue Gesetz in Deutschland zum Zugang zu Gesundheitsdaten zeigt.[206] Nun muss man genau beobachten, wie sehr *Alphabet*, die Muttergesellschaft von *Google*, und ihre vielen Töchter, die bereits in der Gesundheitsforschung tätig sind, von diesem Gesetz profitieren.[207] Was davon wird einen Nutzen für die Patienten und das Gesundheitssystem haben? Wie ernst wird der Schutz von Gesundheitsdaten in Deutschland überhaupt noch genommen, nachdem dieses neue Gesetz offenbar ohne Beachtung der zurückliegenden Skandale im deutschen Gesundheitssektor[208] und weltweit durchgeboxt wurde? Der Grund für das hohe Datenschutzrisiko bei Rezepten und Gesundheitsdaten ist einfach zu verstehen: Für die Kenntnis der Daten, z.B. von Diabetes-Rezepten, wurden schon in der Vergangenheit mehr als 80.000 Euro aufgerufen.[209] Ein Pharmaunternehmen kann nämlich an Diabetesmedikamenten noch viel mehr Geld verdienen, wenn es gelingt, mit Hilfe der Rezeptdaten das eigene Medikament anstelle des bisher verschriebenen zum Einsatz zu bringen.[210] Es ist die Gier nach Profit, die den Datenschutz unterläuft.

Auch *Microsoft* investiert erheblich in den profitablen und wachsenden Gesundheitssektor, der nach Wohlstand und Demographie eines Landes zwischen 9 und 14 Prozent des Bruttoinlandsprodukts ausmacht, Tendenz steigend. Die Menschen leben immer länger und dies, verbunden mit steigendem Wohlstand, führt zu relativ gesehen steigenden Gesundheitsausgaben. Aber die Partnerschaft von *Microsoft* mit *Novartis* zur Optimierung aller Unternehmensabläufe dieses pharmazeutischen Unternehmens in der Schweiz durch Künstliche Intelligenz[211] zeigt eher, dass man sich auf betriebliche Kunden und weniger auf Konsumenten ausrichtet, eher auf Betriebsabläufe als auf das Verhalten von Einzelnen. Allerdings sind auch hier persönliche Daten relevant.

Es ist gut möglich, dass *Microsoft* mittels dieser Partnerschaft auf dem Weg ist – ebenso wie *Google* mit Hilfe von *DeepMind* –, die datenintensivsten Anwendungsgebiete im Gesundheitsbereich zu erschließen. Es spricht viel dafür, dass die langfristig profitabelsten Anwendungsgebiete für die KI und die mit ihr verbunden Technologien wie Quantencomputer und Big-Data-Analyse in den datenintensivsten Anwendungen liegen werden, und eben nicht in der Werbung, mit der *Facebook* und *Google* bisher ihr Geld verdienen. Es handelt sich dabei um Gebiete wie Materialforschung, Diagnostik, aber eben auch Medizinforschung, insbesondere das Vordringen in Heilmittel jenseits der Pharmazeutik und Chemie, deren Wirkstoffe schon nahezu vollständig entdeckt sind. Das neue Feld der Genomik und der genetischen Medizin, das Vordringen immer tiefer in die Natur der Zellen und deren Funktionieren, wird einen gewaltigen Datenschatz erschließen – das Buch des Lebens –, der von einigen als der wertvollste Datensatz überhaupt angesehen wird. Schon gibt es erste Rufe, eine Monopolisierung dieses Datenschatzes zu verhindern und ihn offen für die Forschung zur Verfügung zu stellen.[212] Erst kürzlich hat die Pharmaindustrie eine Allianz für KI im Gesundheitsbereich gegründet, mit der sie Forschung und Anwendungen wie diesen den Weg bereiten will. Aus Deutschland ist Bayer finanziell beteiligt.[213]

Möglicherweise entdecken einige der GAFAM-Unternehmen vor anderen, was viele in der deutschen Industrie, Siemens vor allen, schon seit langem sagen: Die profitabelsten Anwendungen von Big-Data-Methodologie, KI und Quantum liegen gerade nicht im Bereich der fragmentierten und durch menschliches Verhalten begrenzten und oft unpräzisen persönlichen Daten, sondern in den Forschungsdaten und den Wirtschaftsdaten, die nicht persönliche Daten sind, also den Marktdaten, den Daten des Maschinenbetriebs, der Physik und Technik, der Biologie und den Erdwissenschaften.

Gemeinsam ist allen GAFAM-Konzernen auch die Arbeit am nächsten großen Ding, nämlich dem sinnhaften Sprachverstehen und der sinnhaften Sprachschöpfung. Wird es gelingen, die gesamte Sprachverarbeitung an die *Kante*, also in die Geräte mittels *Edge Computing*, zu verlegen? *Apple Siri, Google Bert, Amazon Alexa* und *Microsoft*s Investition in *Open AI* und seine Sprachalgorithmen, *IBM Watson Debater* - all diese Projekte weisen in eine ähnliche Richtung. Die Zentralität der Sprache für unser Weltverständnis und für die Kommunikation in den verschiedensten Governance-Systemen macht sie zur Kerntechnologie schlechthin. Wer sinnhafte Sprache kontrolliert und automatisiert erschaffen und verstehen kann, der kann Governance-Systeme, von der Demokratie über die Aktienmärkte bis hin zu den Wissenschaften vollständig beherrschen. *Fake News* werden dann das kleinste Problem sein. Es ist deshalb ausgesprochen wichtig, die Entwicklung der Sprachtechnologie nicht nur genau zu verfolgen, sondern auch ganz vorne mit dabei zu sein[214] und sie auch ordentlich zu regulieren. Kein Mensch darf je mit einer Maschine oder KI reden oder schriftlich kommunizieren, ohne dass er oder sie es weiß. Wir brauchen eine gesetzliche Transparenzpflicht beim Einsatz dieser Technologie, die das sicherstellt.

B 8   Die acht Quellen der Macht des technologisch-wirtschaftlichen Komplexes

Im Folgenden beschreiben wir zunächst die Kernelemente der heutigen wirtschaftlichen Machtkonzentration, die zusammen mit ihrem technischen Potential sowohl eine Bedrohung für die Demokratie als auch für die Funktionsfähigkeit der Märkte darstellen.

Die Machtkonzentration war möglich, weil Internet und Software weitgehend unreguliert blieben. Das *Infant Industry*-Argument, also das klassische neoliberale Argument, jegliche gesetzliche Reglung stünde Innovationen und damit der zarten Pflanze der neuen Internetwirtschaft im Wege, war und ist ein beliebtes Argument, obwohl es angesichts der heutigen Macht der Konzerne keinen Sinn mehr macht. Diese Erfahrung einer Kritik zu unterziehen, ist wichtig, weil wir mit neuen Technologiesprüngen insbesondere in der Künstlichen Intelligenz und dem Quantencomputer, neuen und diesmal unumkehrbaren Machtakkumulationen gegenüberstehen könnten, die die Konzerne, die schon heute mächtig sind, noch mächtiger machen werden. Wir müssen aus den Fehlern des *Laissez-faire* gegenüber dem Internet und der Softwareindustrie lernen.

Konkret müssen wir acht Quellen der Macht von Technologiekonzernen einzeln und zusammen anschauen und dabei insbesondere die Aktivitäten der

Schrecklichen Fünf[215] betrachten, die unsere Erfahrungen mit dem Internet und digitalen Technologien wie der KI prägen: *Google, Facebook, Microsoft, Apple* und *Amazon.* Diese Unternehmen, zusammen mit zwei Handvoll anderer, prägen nicht nur die Bereitstellung von internetbasierten Dienstleistungen für Einzelpersonen. Sie sind äußerst profitabel, haben den höchsten Wert an der Börse und verfügen daher über eine Wirtschaftskraft, die ihnen nicht nur Verdrängung von Wettbewerbern durch Innovation, Aufkauf oder Imitation erlaubt, sondern auch einen unverhältnismäßigen Zugang zu Gesetzgebern und Regierungen gewährt und ermöglicht, in allen für die demokratische Meinungsbildung relevanten Bereichen der Gesellschaft direkt oder indirekt Finanz- oder Sachleistungen zu verteilen: an Regierungen, Gesetzgeber, Zivilgesellschaft, politische Parteien, Schulen und Bildung, Journalismus und Journalisten in der Ausbildung sowie – vor allem – an Wissenschaft und Forschung.

Die Durchdringung aller Bereiche gesellschaftlicher Meinungsbildung und Entscheidung durch diese Unternehmen ist somit eine Realität – nicht nur technisch, sondern auch in Bezug auf die Ressourcen und die gesellschaftlichen Belange. Politik, Zivilgesellschaft, Wissenschaft, Journalismus, Kultur und Wirtschaft versuchen traditionell, einen gewissen Abstand voneinander zu halten, eine gewisse Unabhängigkeit voneinander zu wahren.

Aber heute sind die schrecklichen Fünf in all diesen Bereichen präsent, um Wissen anzuhäufen und für ihre eigenen Zwecke zu lernen und auch um, diplomatisch ausgedrückt, für Sympathie und Verständnis für ihre Anliegen und Interessen zu werben. Die kritische Untersuchung des Verhältnisses von Internet und KI zu Menschenrechten, Demokratie und Rechtsstaatlichkeit muss daher die Realität von Technologie und Geschäftsmodellen als Ganzes in ihrer heutigen Form in den Blick nehmen. Und wir müssen studieren, wie die schrecklichen Fünf die Grenzen der Unabhängigkeit von Regierung, Parlament, Zivilgesellschaft, Wissenschaft, Kultur und Journalismus leichtfüßig überspringen und überall »Freunde« machen, um das gesellschaftliche Diskursklima zu beeinflussen.

Wenden wir uns nun den acht Quellen der Macht der Technologiekonzerne zu, die man zunächst einzeln, dann aber auch in ihrem Zusammenwirken betrachten muss.

8.1. Die GAFAM-Unternehmen sind die wertvollsten und reichsten der Welt

Sie haben tiefe Taschen. Geld ist heute die Grundlage ihrer Innovationskraft. Es ist auch das klassische Werkzeug des Einflusses auf Politik und Märkte. *Apple, Alphabet, Facebook, Amazon, Microsoft* halten die Spitzenpositionen in den globalen Börsenbewertungen und gehören unter den größten Unternehmen der Welt auch zu den profitabelsten.[216] Sie verzeichnen den höchsten absoluten Anstieg der Börsenkapitalisierung seit 2009 weltweit. Im Jahr 2012 verdrängte *Apple* den US-Ölkonzern Exxon von der Spitze der Rangfolge nach Börsenwert. 2018 stießen die chinesischen Unternehmen *Alibaba* und *Tencent* in die Gruppe der 10 an der Börse wertvollsten Unternehmen der Welt hinzu. Aktuell ist *Microsoft* das wertvollste Unternehmen der Welt.

Der Anteil Europas und Deutschlands am Unternehmenswert unter den Top 100 ist in dieser Zeit um 12 Prozent gefallen, auf heute nur noch 11 Prozent, der Anteil der USA um den gleichen Prozentsatz auf heute 63 Prozent gestiegen.[217]

Die Geschäftsmodelle von *Apple*, *Microsoft* und *Amazon* beruhen auf einer Mischung aus dem »*The Winner takes it all*«-Netzwerkeffekt und *Lock-in* Effekten in geschlossenen Systemen: Man beteiligt sich am Netzwerk, weil alle anderen schon dort sind. Und man verlässt es nicht mehr, weil das zu viel Aufwand bedeuten würde.

Dass die GAFAM bis heute fast keine Steuern[218] zahlen, und zwar weder in den USA noch in der EU, ist sicher auch kein unerheblicher Grund für ihren hohen Wert.

8.2. Akkumulation persönlicher Datenprofile und Verhaltensvorhersagen über alle Menschen

Auch wenn nicht jedes ihrer Geschäftsmodelle auf Werbung beruht, sind die Mega-Unternehmen im Kern damit beschäftigt, personenbezogene Daten zu sammeln, wo sie nur können, und über jeden von uns auf der Grundlage unseres Verhaltens *online* und *offline* ein persönliches Profil anzulegen. *Microsoft* zum Beispiel, dessen Einnahmen aus Werbung relativ gering sind, sammelt persönliche Daten über LinkedIn und Bing sowie Nutzungsmuster über Programme wie Windows, Word und Outlook. GAFAM wissen mehr über uns als wir selbst oder unsere Freunde[219] – und sie nutzen die Informationen für eigene Geschäfte und stellen diese Informationen für die Geschäftstätigkeit anderer zur Verfügung, für Werbung, aber auch für den Staat, sowie, unter bestimmten Bedingungen, für Wahlkämpfe. Sie profitieren von der Behauptung, die Menschen in ihrer Autonomie zu stärken, obwohl sie die Macht in einem beispiellosen Ausmaß bei sich zentralisieren und damit Autonomie abschaffen.

Um zu zeigen, wie stark die Computer von *Facebook* sind, twitterte Yann LeCun, damals Chef der KI-Entwicklung bei *Facebook*, 2018 stolz, *Facebook* produziere 200 Billionen Verhaltensvoraussagen am Tag. Hallo, ja, Sie haben sich nicht verlesen. 200 Billionen![220]

Das sind ungefähr 1.000 Vorhersagen pro Nutzer am Tag, wenn man die Schattenprofile, also die Profile von Menschen, die Facebook gar nicht benutzen, außer Acht lässt. Diese Vorhersagen erfüllen die Definition der persönlichen Daten nach der neuen EU Datenschutzgrundverordnung.[221] Das heißt, wenn Sie in der EU leben, können Sie von *Facebook* und allen anderen Stellen, die Daten über Sie sammeln, verlangen, Ihnen diese Vorhersagen über Sie selbst herauszugeben, sie zu löschen oder zu korrigieren. Diese Verhaltensvorhersagen sind die zentralen persönlichen Daten von Gegenwart und Zukunft. Sie haben nicht nur den größten Wert für Unternehmen und Staat. Sie sind auch der tiefste Eingriff in die informationelle Selbstbestimmung der Menschen und genießen deshalb höchste Schutzwürdigkeit. Könnte Facebook nach der Datenschutzgrundverordnung nicht verpflichtet werden, die Vorhersagen an die Betroffenen herauszugeben, würde die Datenschutzgrundverordnung ihren Zweck im Zeitalter von KI und Supercomputern nicht erfüllen. Dann wären wir der Kontrolle und Manipulation aufgrund der Verhaltensvorhersagen schutzlos ausgeliefert.

8.2.1. Shoshana Zuboff: Das digitale Geschäftsmodell und die instrumentelle Gewalt

Et qui n'a pas le don de cacher ce qu'il pense
doit faire en ce pays fort peu de résidence.
Wer nicht die Gabe hat, seine Gedanken zu verstecken,
hat hierzulande sehr wenig zu suchen.
Molière, Der Menschenfeind

Wenn nach Whitehead die Philosophie im Wesentlichen aus Anmerkungen zu Plato besteht, so lässt sich unser Buch als Ansammlung von Anmerkungen aus Europa zum Werk der amerikanischen Wirtschaftsprofessorin Shoshana Zuboff von der *Harvard Business School* verstehen. Auch wenn ihr Buch »Zeitalter des Überwachungskapitalismus« als die Grundmechanismen des Kapitalismus amerikanischer Prägung verkennend kritisiert wurde[222] - eine Kritik, die wir nicht teilen -, so zeigt es die Potentiale für Reform in einer noch freien Gesellschaft wie den USA. Denn Veränderung beginnt mit Kritik, und Kritik ist in den USA noch möglich. Nehmen wir die Kritik ernst, denn in China ist sie nicht mehr möglich. Und KI kann keine Kritik üben, da die Programme weder über Unzufriedenheit noch Vorstellungskraft verfügen - die Grundlagen der Kritik. Und Menschen wie wir, die immer weiter in die Bequemlichkeitsfalle des digitalen Paradieses hineingezogen werden, werden zu faul sein, um fundamentale Kritik zu üben, und alle nach und nach zu noch fauleren Bildschirmglotzern werden.

Zuboff hat menschliches Verhalten als den wichtigsten Rohstoff des digitalen Überwachungskapitalismus identifiziert und analysiert. Nach dem bei *Google* entwickelten und später von *Facebook* und vielen anderen übernommen Geschäftsmodell werden persönliche Daten in Verhaltensprofile von Menschen zusammengeführt, die neue handelbare Investitionsgüter werden und, bei genügend hoher Investition, der »Veredelung« bis hin zur totalen Verhaltenssteuerung zugänglich sind.

Auf *Verhaltensterminkontraktmärkten* werden diese Profile von Menschen gehandelt und zwar voll automatisiert. Der Chefökonom von *Google*, Hal Varian, sagt:»Da die Transaktionen jetzt rechnergestützt ablaufen, lässt sich heute Verhalten beobachten, das zuvor nicht beobachtbar war, und wir können darauf Verträge abschließen. Das ermöglicht Transaktionen, die früher schlicht nicht machbar waren.«[223]

Die Abfolge der Wertschöpfung nach Zuboff ist im Überwachungskapitalismus so: Menschliches Verhalten wird durch digitale Erfassung zu Daten, deren Sammlung führt zur Anhäufung von Wissen (bei den Datenbanken) und damit zu einer Asymmetrie von Wissen und Macht im Verhältnis Mensch-Konzern. Das Wissen und die Macht werden dann genutzt, um die Menschen zu manipulieren, was schließlich bei den Konzernen zu gewaltigen Profiten führt, aber auch das Ende von Freiheit und Demokratie bedeuten kann.

Der Nutzer ist nicht, wie es oft fälschlich heißt, das *Produkt* der neuen Ökonomie, sondern die *Quelle* seines wichtigsten Rohstoffes: Er liefert Verhaltensbasierte persönliche Daten. Der Rohstoff der digitalen Geschäftsmodelle ist damit der Mensch selbst und sein intimstes Leben!

Anfangs war das Modell auch idealistisch, es ging darum, das im Internet vorhandene Weltwissen zu sortieren und zugänglich zu machen. Weil dies aber kostenlos erfolgte, ging *Google* fast das Geld aus:»*Googles toughest search is for a Business Model*«, schrieb Saul Hansell in der *New York Times* am 8. April 2002,[224] als die Geldgeber bereits ungeduldig auf das Geschäftsmodell der Suchmaschine warteten und der Börsengang bevorstand. Denn damals war Außenstehenden unklar, wie die Suchmaschine je Geld verdienen sollte.

Google »annullierte« Zuboff zufolge bereits im Jahr 2000 das Gegenseitigkeitsprinzip, wonach nur so viele persönliche Daten erhoben werden sollten, wie für die Optimierung der Suche nötig waren.[225] Ergebnis war eine »neue politische Klickökonomie.«[226] Die hielt das Unternehmen aber aus Angst vor Konkurrenten streng geheim. »Diese Vorgehensweise passte zu Larry Pages tiefverwurzeltem Geheimhaltungsdrang in allen Belangen«, schreibt der Newsweek Redakteur Steven Levy.[227] Mit der Einführung des radikalisierten, weil personalisierten Werbemodells ist die ursprünglich von den *Google*-Gründern versprochene *faire Suche* nur noch Schein. Mit diesem neuen *Digitalkapitalismus* ist, Zuboff zufolge, vielmehr ein »unauflösliches Amalgam aus Bemächtigung und Herabwürdigung«[228] entstanden, das eine »gesellschaftliche Reaktion« erfordere.

Fortan wird der »Verhaltensüberschuss« der Nutzer abgeschöpft, um dem Werbekunden ein perfektes Produkt anzubieten, *targeted advertising*, mit dem Versprechen des perfekten Matches: Die Werbung soll den Kunden genau in der Stimmung und genau in dem Augenblick und genau an dem Ort erwischen, in dem die Wahrscheinlichkeit, dass er das Produkt kauft, also zum Käufer konvertiert wird, möglichst bei 100 Prozent liegt.

Was die Daten über den Nutzer verraten und in eine Vorhersage zu seinem zukünftigen Verhalten einfließt, wird beim späteren Kaufvorgang durch den Klick des Nutzers selbst bestätigt oder widerlegt. Mit jedem dieser Klicks wird die Datenvorhersage-Maschine gefüttert und die Prognose besser. Der Nutzer wird dabei zuerst gläsern und dann als das erkannt, was er am Ende bei *Google* ist: ein willfähriges Objekt der Manipulation. Damit ist er für *Google* der »optimierte« Nutzer. *Google* ist also nicht in erster Linie Suchmaschine, mit der der Nutzer nach Information sucht. Vielmehr durchsucht *Google* seine Nutzer nach Daten und wird bei jeder Suchanfrage fündig.

AdWords und *AdSense*, die Programme, die Werbung und Nutzer zusammenführen, werden schon bald nach ihrer Einführung wichtiger als Search. Dazu muss eine Analyse der Nutzerdaten und der Inhalte von Webseiten parallel erfolgen.

Nicht die Daten, die Kunden selbst sind also das neue Öl, das verheizt wird und einen Klimawandel im Internet befeuert: Die Kommunikation leidet an Überhitzung, die jederzeit leicht in eine Krise umkippen kann. Quelle des Profits ist eine Enteignung persönlicher Daten, die darum persönlich heißen, weil sie die Person identifizieren und ihr Leben dokumentieren und entschlüsselbar machen.

Hier beginnt der Unterschied zwischen den USA und Europa: In Europa hat der Bürger mit den Instrumenten der DSGVO ein Grundrecht auf Datenschutz. Er hat Verfügungsmacht über seine Daten, also das Recht zu bestimmen, ob die Daten gesammelt werden dürfen, ob sie korrigiert oder gelöscht werden sollen.[229] In den USA gibt es dieses Grundrecht nicht.

Das Ganze ist nun nach Zuboff eingebettet in eine Politik grundsätzlicher Geheimhaltung und Lügen, die letztlich einen Rückfall ins Mittelalter bedeutet. Zuboff schreibt:»Der Verhaltensüberschuss bildete die neue Ertragsbasis, Geheimhaltung war die Basis für eine anhaltende Akkumulation von Verhaltensüberschuss.«[230] Eric Schmidt, der Vorstandsvorsitzende von *Google*, selbst sprach von einer »Versteckstrategie«[231] bei *Google* als Kennzeichen der Firmenpolitik.

Die Erfahrungen der Nutzer werden zu *Verhalten,* Informationen über die Nutzer zu *Daten,* Letzteres werden beim Unternehmen angehäuft und ausgewertet, und dadurch ein Wissensüberschuss gegenüber dem Zugriff des Einzelnen auf sein eigenes Leben erzielt. Wir Nutzer werden zu *Exilanten des eigenen Lebens.*[232] Der *Extraktionsimperativ* macht vor keinem Lebensbereich halt. *Google* geht dabei laut Zuboff in vier Phasen[233] vor:

1. Übergriff,
2. Gewöhnung,
3. Anpassung, *und schließlich*
4. Neuausrichtung.

Unter dem Strich müssen die Nutzer als Gegenleistung für soziale Teilhabe mit ihrer Privatsphäre zahlen.

Wir können von Zuboff lernen, dass hinter den Erfassungen, Extraktionen und Vorhersagen ökonomische Imperative stehen, mit denen der neuentdeckte Markt der »Verhaltensüberschüsse« oder »Datenabgase«, wie die persönlichen Daten ursprünglich von *Google* genannt wurden, bewirtschaftet werden.

Der aufkommende Konkurrenzdruck in diesem lukrativen Geschäft, in dem es – wie in keinem anderen – auf Größen- und Skalierungsverhältnisse ankommt, sorgt dafür, dass immer mehr und immer diversere Daten beschafft werden müssen. Mit der Menge an Daten wiederum steigt der Bedarf an leistungsfähigen Algorithmen, Hochleistungscomputern, Datencentern und vor allem KI, die aus dem Datenmeer in Echtzeit die besten Prognosen destillieren.

KI ist deshalb die Technologie, die benötigt wird, um diese hochprofitable Wirtschaftsform weiter voran zu treiben, weil nur durch intelligente, lernende Programme in diesem immer weiter wachsenden Meer von Daten noch Muster und Prognosen abgeleitet werden können. Und dabei sollen bald auch Quantencomputer helfen.

Gleichzeitig hat derjenige einen Startvorteil bei der Entwicklung von KI, der über den größten Schatz an Daten verfügt, mit dem er die KI trainieren kann. Das sind vor allem *Google* und *Facebook.* Dabei zählt neben Größe allein Geschwindigkeit, weswegen Staat, Gesellschaft und Politik mit ihrer abwägenden, nach Kompromissen suchenden Langsamkeit die natürlichen Feinde der Überwachungskapitalisten sind.

Es entsteht eine neue Asymmetrie zwischen Plattform und Kunden nicht nur im Wissen, sondern auch in den Feldern von Autorität und Macht. Der

Feind im Kleinen ist das aufmüpfige widerspenstige Individuum, der Feind im Großen: die Demokratie. Beide pochen auf eine Souveränität, die die Überwachungsgiganten für sich beanspruchen. In diesem Konflikt kann es auf Dauer nur einen Gewinner geben.

Wichtig ist auch, dass der Raubzug nach persönlichen Daten die Innenwelt der Nutzer schon überschreitet auf seine physische Umgebung, die im *Internet of Things* die nächste Sphäre des andauernden Goldrausches darstellt.

Wenn vom *digitalen Orakel* die Rede ist, das die Verhaltensmanipulatoren zu sein vorgeben, so gilt es, allzu große Erwartungen zu dämpfen:

Das Orakel von *Google* & Co. scheint insgeheim um die eigenen Schwächen zu wissen und versucht daher, den Zustand, den es prophezeit, durch eigene Manipulationen selbst herbeizuführen. Lenin würde sagen: Vertrauen in die Mathematik ist gut, Kontrolle durch Manipulation ist besser.

Passend dazu liefert der *Dataismus*[234] das Bild eines zwingenden Verlaufs der Geschichte und damit auch der Zukunft der Einzelnen. Er verfährt nach dem Motto: Widerstand gegen unsere Prognosen ist zwecklos. Zuboff vergleicht das Vorgehen von *Google* mit dem der spanischen Konquistadoren, die den Eingeborenen auf dem neu entdeckten Kontinent ein Requieremento[235] vor jeder Kampfhandlung vorlasen.

Das Requieremento von *Google* besteht demnach aus sechs Deklarationen:

1. das Beanspruchen der persönlichen Erfahrung als Rohstoff
2. das Recht auf deren Umwandlung in Daten
3. das Recht auf den Besitz dieser Daten
4. das Recht zu wissen, was die Daten enthüllen
5. das Recht zu entscheiden, wie dieses Wissen eingesetzt wird *und*
6. das Recht, die Bedingungen dieses Prozesses festzulegen.

Ein beispielloser Raubzug, der auf Ausbeutung des intimsten Lebens von Milliarden Menschen zielt.

Die Rechtswissenschaftler und Doyens des Datenschutzes in Deutschland, Spiros Simitis und der in Kalifornien lehrende Paul Schwartz[236], sahen schon früh die Gefahr für Autonomie und Demokratie. In Erinnerung an das Volkszählungsurteil des Bundesverfassungsgerichts[237] sagte Simitis: »Es geht um die Struktur unserer Gesellschaft. Eine demokratische Gesellschaft kann ohne einen Datenschutz nicht funktionieren.«[238] Und weiter: »Das Recht, selbst zu befinden, was mit den eigenen Daten geschieht, ist eine elementare Voraussetzung einer demokratischen Gesellschaft. Es muss deshalb so verstanden und praktiziert werden, dass der Zugriff auf die Daten nicht dazu genutzt wird, das Verhalten des Einzelnen gezielt zu steuern und Drittinteressen anzupassen.«[239] Die Demokratiefeindlichkeit dieser Praxis fußt nicht auf bösen Absichten, sondern auf der Logik der Daten-Akkumulation. Denn die Datensammlung enthüllt ja das vollständige Leben und dient der Verhaltensmanipulation. Sie höhlt so die Freiheit aus, eigene Ziele zu setzen und Entscheidungen zu treffen.

Google und Facebook sind auch bei der nächtlichen Pornosuche und der Anbahnung eines Seitensprungs dabei. Welches Missbrauchspotential derartige Informationen beinhalten, zeigt eine Überschrift im Internetmagazin Readwrite im Präsidentschaftswahlkampf 2012 über den konservativen Kandidaten: »Mitt Romney wants your vote and knows your favorite porn site«.[240]

Das Erpressungspotential und die Tragik eines derart tiefen Eindringens in die Privatsphäre wurde spätestens nach dem Selbstmord eines Priesters deutlich, der auf der Webseite Ashley Madison zum Fremdgehen mit 33 Millionen anderen Seitensprungsuchern entdeckt wurde, nachdem die Kundendaten, wahrscheinlich durch Hacker, 2015 an die Öffentlichkeit kamen.[241]

Das Google- und Facebook-Modell geht weg vom passiven Platzieren passender Werbung immer stärker zur Formung und Manipulation von Wünschen, die dann durch Werbung plus leicht anzuklickende Kaufoption passend erfüllt werden können.

Um die Treffergenauigkeit der Werbung zu erhöhen, wird nicht nur das Verhalten der Nutzer protokolliert und künftiges Verhalten hochgerechnet, sondern aktiv nachgeholfen, um gezielt Wünsche zu wecken und dann sogleich zu erfüllen.

Das digitale Orakel ist also mit einer gewissen Verschlagenheit ausgestattet. Analog zu dem Spruch »glaube nur Statistiken, die du selbst gefälscht hast«, sind diejenigen Vorhersagen am treffendsten, deren Wahrscheinlichkeit das Orakel selbst erhöht hat, indem es zuvor das Subjekt der Vorhersage manipulierte. Wie Zuboff schreibt, werden die Überwachungskapitalisten aufgrund der enormen Gewinne, die locken, verleitet, »die Zukunft zu gestalten, um sie vorhersagen zu können.«[242]

Wenn man also aufgrund der Hochrechnung persönlicher Daten schon vorhersehen kann, wie sich ein Individuum wahrscheinlich entscheidet, warum dann dieser Entscheidung nicht gleich durch ein wenig nudging, also Stupsen, auf die Sprünge helfen? Zumal das betreffende Individuum diese Manipulation als Wohltat erleben könnte: Irgendwie habe ich mich die ganze Zeit latent für dieses Produkt interessiert, danke, lieber Algorithmus, dass du mir gerade jetzt, wo es mir so guttut, diesen Wunsch erfüllst, indem Du mich zum Kaufen überlistest.

War also die erste Phase des Angriffs (Übergriff auf die Daten), für die Betroffenen mit dem Gedanken verbunden »die können die Daten gerne haben, ich habe ja nichts zu verbergen, und daher nichts zu befürchten«, so wird nach der erfolgten Phase 2 und 3, der Gewöhnung und Anpassung an diesen Zustand, nunmehr Phase 4 eingeläutet: die Neuausrichtung des Verhaltens gemäß den Interessen von *Google* und seinen Geschäftskunden.

In dieser Phase zeigt sich, dass der Gedanke, man habe nichts zu befürchten, weil man nichts zu verbergen hatte, doch ein sehr frommer Wunsch war. Denn jetzt geht es daran, die Reste von Selbstbestimmung im Individuum zu beseitigen.

Menschen aber, die über keine Selbstbestimmung und kein *autonomes*, eigenständiges Denken und Urteilsvermögen mehr verfügen, können eine Demokratie nicht mehr am Leben halten. Denn an die Stelle einer Orientierung im eigenen Denken wäre dann eine vollständige technische Hörigkeit getreten.

Zuboff zeigt im Detail, wie Erkenntnisse der Psychologie und der Geheimdienste zum *Life-Pattern-Marketing* weiterentwickelt werden, um diesen Eroberungsfeldzug zu führen, der ein Vernichtungsfeldzug gegen die Freiheit des Individuums ist.

Gemäß der Unvermeidbarkeitsdoktrin der Kalifornischen Ideologie ergibt sich hier eine *self-fulfilling prophecy*: Mit der Eroberung der menschlichen Innenwelt durch Techniken der Psychometrie und der Eroberung der realen Außenwelt durch das *IoT* bestätigt man die Grundüberzeugung der Kybernetik, dass Menschen sich exakt wie Maschinen steuern lassen, da sie ja ebenfalls nichts weiter als informationsverarbeitende Maschinen sind.

Quod erat demonstrandum: Der zugerichtete Mensch als Beweis für die Richtigkeit und Zwangsläufigkeit des Prozesses, der zu seiner Zurichtung führte.

Zuboff zeigt, dass dazu zwei entgegengesetzte Operationen vorgenommen werden: die Erfassung der Emotionen der Menschen durch *Affective Computing* und die Erfassung der Außenwelt durch Sensoren im Internet of Things. Erst durch diese beiden Operationen kann der soziale Raum vollständig virtuell nachgebaut werden, um vom virtuellen aus dann den realen zu steuern.

Interessant ist, wie sich hinter dem digitalen Schleier ein wiederkehrendes Muster immer deutlicher abzeichnet: Schon bei *Google* Search *sucht* der Nutzer nicht eigentlich, sondern durch seine Datenspuren ermöglicht er, dass nach ihm *gesucht* wird. Während der Leser liest, wird er ausgelesen, während der Konsument konsumiert, wird er konsumiert.

Die Verlockungen der *Personalisierung* erweisen sich als Vorbereitung einer perfiden Überwältigung, bei der Stück für Stück eigene Fähigkeiten und Entscheidungen an die Plattform abgegeben werden. Die Abhängigkeit von ihr wird immer größer. Durchschnittlich 150 tägliche Kontakte mit dem Smartphone, bei den richtigen *Digital Natives* gerne auch mal tausend, tun ein Übriges, um den Gewöhnungseffet zu befördern.

Was wir erleben, ist das größte Sozialexperiment aller Zeiten, durchgeführt an uns allen, mit Mitteln, die mächtiger sind als die eines jeden Forschungslabors, weil sie ganz tief in unser Leben eingreifen. Und die im Gegensatz zu einem wissenschaftlichen Experiment ganz ohne Regeln ablaufen. Missbrauch ausgeschlossen? Nein, er ist das Ziel des gesamten Experimentes.

Facebook und *Google* sind schon mehrfach dabei erwischt worden, wie sie ohne Wissen der Nutzer Manipulationen vornehmen, um die Wirkungsweise ihrer Instrumente zu erproben und zu verfeinern.[243] Dabei hat Marc Zuckerberg sich mit dem Satz gerechtfertigt:»Wir haben entschieden, dass das jetzt die sozialen Normen sind, also haben wir es einfach getan.«[244] Ein Satz, der offenbart, wie immens das Selbstbewusstsein der Plattformen geworden ist, selbst die Regeln setzen zu können, nach denen sie ihre Praxis ausrichten.

Was also wird *Facebook* in der Zukunft tun? Move fast and destroy things? Es sieht danach aus, dass diese infantile Maxime auch in der Auseinandersetzung mit Widerständen von Seiten demokratischer Institutionen zum Einsatz kommen wird. Geht es doch darum, das derzeit erfolgreichste Businessmodell der Welt zu verteidigen und die Profitpotentiale, die es birgt, ausbeuten zu können. Zuboff schreibt, dass in der digitalen Wirtschaftsform schon heute weitgehend heteronome Individuen autonomem Kapital gegenüberstehen.[245] Das ist eine gewaltige Bedrohung für Freiheit und Demokratie.

8.2.2. Ein europäischer Blick auf Shoshana Zuboffs »Überwachungskapitalismus«

Zuboff bezeichnet die globale digitale Marktarchitektur als »frei von verfassungsrechtlichen Zwängen.«[246] Die Akteure in den USA sind nicht staatliche, sondern rein private Konzerne, während dieselbe antidemokratische Beherrschungslogik in China konsequenterweise von einem autokratischen Staat instrumentalisiert wird.

Das schreibt die Amerikanerin aus US-Sicht. In Europa hingegen gibt es einen verfassungsrechtlichen Zwang, die Privatsphäre und die persönlichen Daten zu schützen aufgrund der EU Datenschutzgrundverordnung[247] und des *EU–US Privacy Shield*, das unser datenschutzrechtliches Verhältnis zu den USA regeln soll.[248]

In der Grundrechtecharta der Europäischen Union steht geschrieben:

Artikel 7
Achtung des Privat- und Familienlebens
Jede Person hat das Recht auf Achtung ihres Privat- und Familienlebens, ihrer Wohnung sowie ihrer Kommunikation.

Artikel 8
Schutz personenbezogener Daten
1. Jede Person hat das Recht auf Schutz der sie betreffenden personenbezogenen Daten.
2. Diese Daten dürfen nur nach Treu und Glauben für festgelegte Zwecke und mit Einwilligung der betroffenen Person oder auf einer sonstigen gesetzlich geregelten legitimen Grundlage verarbeitet werden. Jede Person hat das Recht, Auskunft über die sie betreffenden erhobenen Daten zu erhalten und die Berichtigung der Daten zu erwirken.
3. Die Einhaltung dieser Vorschriften wird von einer unabhängigen Stelle überwacht.

Wer Zuboff liest, versteht besser, warum es sich lohnt, für die strikte Einhaltung dieser Rechte zu kämpfen, anstatt über sie zu nörgeln.

Und machen wir uns keine Illusionen:

Nicht nur die GAFAM, auch andere Firmen in den USA, Europa und dem Rest der Welt, die Staatsführungen in China, USA und anderen Ländern, auch in der EU, sammeln immer mehr Daten zum Zwecke der Instrumentalisierung. Wir erinnern an Edward Snowden und den BND-Untersuchungsausschuss.[249]

Sammeln wollen viele. Viele tun es. Aber niemand hat ein Ausmaß erreicht wie die amerikanische *National Security Agency (NSA)* in Kombination mit den GAFAM. Kein anderes Land der Erde, weder China noch Russland, hat Firmen, die so wie die GAFAM weltweit Technologie und Dienstleistungen verkaufen, ständig mit persönlichen Daten und vertraulichen Informationen auf der ganzen Welt arbeiten und diese zwecks Verarbeitung in den USA zentralisieren. Der Druck auf diese Firmen, mit der US-Regierung zu kollaborieren, war nach den Anschlägen des 9. November 2001 immens. Glauben wir wirklich, dass dieser Druck nach Snowdens Enthüllungen abgenommen hat? Und können die Firmen in den USA ohne verfassungsrechtliche Vorgabe wie in der EU den Datenschutz autonom erfolgreich betreiben, auch gegen ihre eigene Regierung? Das behauptet zumindest Brad Smith, der Präsident von *Microsoft*, in seinem Buch »Tools and Weapons.«[250] Zweifel sind erlaubt.

In China sammeln die privaten Giganten *Tencent*, *Alibaba* und *Baidu* auch gewaltige Massen an Daten. Aber die Reichweite dieser Firmen außerhalb Chinas ist mit der der GAFAM außerhalb der USA nicht zu vergleichen. Weil ihr Geschäftsmodell Datenschutz nicht kennt und sie direkt von der chinesischen Regierung abhängen und ihr im Zweifel alle Daten abliefern müssen, werden sie ihre Dienste niemals in Rechtsstaaten mit Grundrechtsschutz ausweiten können. Sie sind Kreaturen der Diktatur. Das Vergessen zum Glück auch die Anleger nicht, die 2018 30 Prozent weniger in die KI in China investierten als 2017. Regierung, Politik und wir sollten uns das immer bewusst machen, vor allem, wenn an den Kassen von Karstadt Schilder auftauchen, hier könne jetzt *Tencent WeChat Pay*[251] benutzt werden. Vorsicht!

8.3. Die Netzwerk- und Lock-in Effekte der Plattformökonomie

Plattformen sind mehrseitige Märkte. Sie bringen im Falle von *Facebook* diejenigen, die sich mit ihren Freunden vernetzten wollen, mit ihren Freunden zusammen. Das ist die eine Seite. Auf der anderen Seite bringen sie all diese Menschen zusammen mit Werbetreibenden und Verkaufenden. An diesen verdient *Facebook*. Denn sie zahlen dafür, dass *Facebook* ihnen die kaufwilligsten beziehungsweise an ihrer Werbung meistinteressierten Kunden zuführt, und zwar möglichst so, dass ein Kauf auch zustande kommt.[252]

Der Netzwerkeffekt besteht darin, dass eine Plattform, die ein Netzwerk organisiert, immer attraktiver wird, je mehr Nutzer sie hat. So wie ein Markt eben immer attraktiver wird, je mehr Menschen dorthin gehen. Denn so trifft man mehr Freunde, und es kommen auch mehr und bessere Händler. Aber der Netzwerkeffekt geht noch etwas weiter: Indem die Vernetzung der Nutzer für andere Nutzer sichtbar wird, entsteht eine neue soziale Orientierung, die selbst die Vernetzung vereinfacht und einen Anreiz zur Vernetzung bietet. Mit anderen Worten: Schau ich mir die Freunde eines Freundes an, treffe ich alte Freunde wieder. Sehe ich, dass Freunde immer neue Freunde machen, frage ich mich, warum ich das nicht auch mache. Menschen freuen sich doch normalerweise über Freunde. Und es geht noch weiter: Vernetze ich mich mit anderen, sehe ich mehr über ihr Leben. Das interessiert. Man kann danach süchtig werden, man kann glauben, die eigene Identität hänge daran, so stark wie möglich vernetzt zu sein. All das ist der Netzwerkeffekt und zunächst nur auf einer Seite, nämlich der Seite der Nutzer. Weil aber *Facebook* alle Vernetzungen und alle Kommunikation darin und darüber hinaus beobachtet und für seine Zwecke, nämlich Werbung, auswertet, wird das Netzwerk auch für Werbetreibende und Verkäufer immer attraktiver.

Der Netzwerkeffekt existiert also auf allen Seiten des Marktes, und die Effekte auf beiden Seiten verstärken sich gegenseitig.

So wird die Leistung der Plattform mit zunehmender Nutzung von Akteuren auf beiden Seiten des Marktes immer besser. Der Abstand zur Leistungsfähigkeit von neuen Konkurrenten im Markt steigt einfach deshalb, weil *Facebook* viel mehr Daten hat. Damit führt der Netzwerkeffekt zum Ende des Wettbewerbs und zum Monopol: *The Winner takes it all*. Und ist eine so starke Stellung im Markt erst einmal erreicht, hat das auch einen gewaltigen *Lock-in*-Effekt: Niemand kann das Netzwerk verlassen, ohne alle sozialen Kontakte zu verlieren – es sei denn, es gibt alternative Netzwerke und die Daten der Vernetzung mit Freunden können dorthin übertragen werden.[253]

In Deutschland hat *Facebook* schon sehr früh das Studentennetzwerk StudiVZ weggefegt. Andere Versuche konkurrierender Netzwerke sind bisher nicht erfolgreich. Potenzielle Konkurrenten wie *WhatsApp* oder *Instagram* wurden schlicht aufgekauft.

Bei der Suche ist es ähnlich. *Google* hat im Bereich Suche im Internet in allen Mitgliedstaaten der EU einen Marktanteil von über 90 Prozent.[254] Das stellte die EU-Kommission zuletzt in einer Entscheidung gegen *Google* wegen Missbrauchs einer beherrschenden Stellung auf dem Markt für Onlinewerbung fest. Gegen *Google* verhängte sie deswegen eine Geldbuße in Höhe von 1,49 Milliarden Euro.

Und auch *Google* profitiert von dem Netzwerkeffekt, allerdings auf andere Weise: Weil immer mehr Leute den Suchdienst von *Google* nutzen, wird er immer besser. Gleichzeitig bekommt *Google* immer mehr Daten von den Suchenden und kann so Werbung besser vermitteln. *Google* verfolgt seine Nutzer auch auf anderen Webseiten und versucht, durch Partnerschaften mit Kreditkartenfirmen wie *Mastercard* und Geschäftssoftwarefirmen wie *SAP* immer neue Daten zu bekommen. SAP-Daten sind dabei besonders interessant, da im Kassensystem aufgezeigt wird, was genau gekauft wurde. Das sieht man bei Kreditkartendaten nicht so genau, wenn mehrere Artikel in einem Vorgang gekauft werden. Die Datengiganten sind versucht, ihre Daten gegenseitig zu ergänzen. Die neue Partnerschaft von *Google Maps* mit *Spotify* ist ein Beispiel dafür: *Spotify* erfährt, wann sich seine Nutzer wo aufhalten und welche Musik sie gerne im Auto hören. *Google* erfährt über den Musikgeschmack mehr über die Laune und den Charakter seiner Nutzer.

Der Netzwerkeffekt funktioniert übrigens auch bei Wirtschaftsverbänden, Marketing und politischem Lobbying: Dusan Jakovljevic, Mitbegründer der Plattform für Energieeffizienz in industriellen Prozessen in Europa,[255] hat ein Geschäftsmodell mit kostenloser Beteiligung für Ingenieure und Techniker entwickelt, die an der Energieeffizienz in der Industrie arbeiten. Die Teilnahme erfolgt über einen der klassischen Social-Media-Kanäle, von LinkedIn bis *Facebook* und Twitter. Zahlende Mitglieder des Vereins sind Unternehmen, die durch die Konzentration des relevanten Publikums angezogen werden. Wenn sie jetzt etwa die Energieeffizienz-Szene informieren wollen, sei es für die politische Mobilisierung, sei es um ihnen etwas zu verkaufen, können sie dies über die sehr detaillierten Listen der Plattform auf den verschiedenen Social-Media-Kanäle tun. Dennoch können diese Unternehmen nur Fallstudien oder *best practices* zur Verfügung stellen, nicht hartes Verkaufsmaterial für Produkte oder Dienstleistungen. Selbst zahlende Mitglieder müssen die Werte und die Neutralität des Netzwerks respektieren. Das Modell funktioniert. Dusan Jakovljevic sagt, dass er insgesamt 137.179 nicht zahlende Mitglieder und über 50 zahlende Mitglieder hat. Die Plattform ist einflussreich und wirtschaftlich erfolgreich. Sie arbeitet mit insgesamt 6 Mitarbeitern.

8.4. Dominanz bei der systemintegrierenden Innovation im Bereich der KI

Ferner dominieren diese Unternehmen die Entwicklung und Systemintegration von neuen Technologien und Diensten mit dem Internet. Während ihre KI-Grundlagenforschung zum Teil öffentlich zugänglich ist, findet die Arbeit an der Systemintegration und an KI-Anwendungen für den kommerziellen Gebrauch, die viel größere Ressourcen und Investitionen verzehrt (deutlich größere als die öffentlichen Investitionen in vielen Ländern) in einer Black Box statt. Ihre bisherige Dominanz bei der Sammlung, Analyse und Verbreitung von Informationen über das Internet, kombiniert mit den neuen Optimierungsmöglichkeiten der KI wird ihre Stellung in den Bereichen, in denen sie bereits tätig sind, noch weiter verstärken und auf andere Gebieten verbessern.

Mit seinen rund 100.000 Beschäftigten und dem Erwerb von *DeepMind* in London ist *Google* ein Powerhaus der Künstlichen Intelligenz. Im Jahr 2014 nutzten nur 5 Prozent der Angestellten von *Google Machine Learning*, also KI. Seither hat *Google* ungefähr 35.000 Angestellte in *ML* trainiert. *Google* setzt klar auf *ML*. Täglich sind 15 Prozent der Suchanfragen neu. Sie sind in allen Sprachen verfasst und werden immer komplizierter. Den Code dafür kann keiner von Hand schreiben. Deshalb wird schon für die Programmierung *ML* eingesetzt.

Eine gemeinsame Initiative der EU und ihrer Mitgliedstaaten soll pro Jahr 20 Milliarden Euro für die nächsten zehn Jahre für KI-bezogene Forschung und Entwicklung mobilisieren.[256] Das Volumen liegt weit hinter dem Einsatz privater Mittel in den USA.[257] In China sind es öffentlichen Mittel, die die neuerdings sinkenden privaten Investitionen in KI kompensieren.[258]

8.5. Aufkaufen, Imitieren oder Verdrängen konkurrierender oder anschließender Innovation

Dort, wo die eigene Innovation an Grenzen stößt oder Konkurrenten des eigenen Geschäftsmodells am Horizont auftauchen, ist das Aufkaufen, Imitieren oder Verdrängen die Methode der GAFAM. Sie können es sich leisten, neue Ideen und Startups in einem für ihr Geschäftsmodell interessanten Bereich aufzukaufen – und tun dies auch.[259] Allein im Bereich KI gab es zwischen 2010 und Mitte 2019 635 Aufkäufe. Führend in der Übernahmen von KI-Unternehmen war *Apple* mit 20 Aufkäufen, gefolgt von *Google* mit 14, *Microsoft* mit 10, *Facebook* mit 8 und *Amazon* mit 7.[260]

Gemessen an der Aufregung über Aufkäufe oder Beteiligungen aus China an High-Tech Unternehmen in Europa und den USA, ist es erstaunlich, wie wenig Kritik die Aufkaufaktivitäten der GAFAM, gerade im Bereich der KI, hervorrufen.

Aber auch in den Kernbereichen der internetbasierten Geschäftsmodelle wird die Konkurrenz aufgekauft. Die prominentesten: *WhatsApp* und *Instagram* durch *Facebook*. Die ehemalige demokratische Präsidentschaftskandidatin, Juraprofessorin und langjährige US-Senatorin Elizabeth Warren plant, die Voraussetzungen dafür zu schaffen, diese Zusammenschlüsse rückgängig zu machen. *Facebook*s Gründer und Chef Mark Zuckerberg hat deshalb Gegner von Elizabeth Warren im Wahlkampf unterstützt.[261] Er hat angekündigt, gegen jeden Versuch der Aufspaltung von *Facebook* zu kämpfen, und zwar mit Hilfe von Recht und Gesetz, gerade den Mitteln, die *Facebook* bisher untergraben hat, unter Motto »Move fast and break things.«[262]

Weder die Wettbewerbsbehörden in den USA noch in Europa sind gegen diese Zusammenschlüsse vorgegangen. Allerdings erlegte die EU-Kommission im Nachhinein *Facebook* eine Strafe wegen Falschaussagen im Verfahren zum Zusammenschluss von *Facebook* mit *WhatsApp* auf.

Warren kündigte auch an, andere Zusammenschlüsse rückgängig machen zu wollen, wie die von *Google* mit *Waze*, *Nest* und *Double Click* und die von *Amazon* mit *Whole Foods* und *Zappos*.[263]

8.6. Politische Einflussnahme

Die digitalen Mega-Player können es sich leisten, massiv in politischen und gesellschaftlichen Einfluss zu investieren. GAFAM haben ihre Lobbyausgaben zwischen 2017 und 2018 auf 55 Million Dollar allein in Washington bereits verdoppelt. 238 Lobbyisten arbeiten dort für sie.[264] In Brüssel beliefen sich die Lobbykosten von *Google* 2017 auf über 6 Millionen Euro mit insgesamt 85 Lobbyisten,[265] von *Microsoft* auf 5,3 Millionen mit 15 Lobbyisten,[266] *Facebook*: 3,7 Millionen in 2018 mit 20 Lobbyisten,[267] *Apple*: 2,25 Millionen mit 7 Lobbyisten,[268] und *Amazon*: 2 Millionen mit 10 Lobbyisten.[269] Und kein Kandidat im demokratischen Prozess kann es sich heute noch leisten, ihre Dienste nicht zu nutzen.

Es ist wichtig zu verstehen, dass einzelne Elemente der Macht andere verstärken. So erlaubt Geld eine Einflussnahme auf die öffentliche Meinungsbildung, sei es durch Anzeigen und PR-Kampagnen, direktes Lobbying der Politik, Beeinflussung von Journalisten, durch Subvention ihrer Ausbildung, Projektförderung und »Pressepartnerschaften« oder Beeinflussung von Wissenschaftlern durch Projektförderung oder Dauersubvention.[270]

In allen Bereichen der Bildung öffentlicher Meinung sind GAFAM mit ihrem Geld präsent und machen Freunde, werben um Verständnis, stellen sich als freundliche Partner dar, mit denen Ziele im öffentlichen Interesse verwirklicht werden können. Sie unterstützen Wahlkampagnen durch Training und Personal sowie Wahlaufrufe. Sie unterstützen die Zivilgesellschaft, Journalistenschulen und Journalismusprojekte,[271] Forschungsprojekte an Universitäten, Inkubatoren, die Zivilgesellschaft.[272]

Für eine realistische Einschätzung der Meinungs- und Lobbymacht dieser Unternehmen muss man die Lobbyarbeit in den Hauptstädten der EU-Mitgliedstaaten einbeziehen, da es die Regierungen der EU-Länder sind, die zu einem großen Teil den Inhalt der EU-Gesetzgebung bestimmen.

Und in den USA, wo inzwischen Gesetze zum Schutz der Privatsphäre und persönlicher Daten, aber auch zur Aufrechterhaltung der Netzneutralität auf der Ebene der Bundesstaaten erlassen werden, wären auch die Lobbyausgaben in den Bundesstaaten zu berücksichtigen. Allein die Kosten, die GAFAM für eine Kampagne ins Auge gefasst haben, um das kalifornische Gesetz zum Schutz der Privatsphäre zu verwässern, sollen laut Brad Smith, Präsident von *Microsoft*, auf 50 Millionen Dollar geschätzt worden sein. Smith betont, *Microsoft* habe nur 150.000 Dollar dazu gegeben, genug, um mit der Industrie in Kontakt zu bleiben, aber nicht ausreichend, um der Gegenkampagne wirklich Vorschub zu leisten.[273] Was er nicht erwähnt: Am Sitz von *Microsoft* und *Amazon*, dem Staat Washington, erhöhte *Microsoft* sein Lobbybudget, und Smith persönlich soll, laut dem Nachrichtendienst *Politico*, auf Abgeordnete des Regionalparlamentes eingewirkt haben, um die Datenschutzgesetzgebung, an die *Microsoft* gebunden ist, aufzuweichen.[274]

Auch nach der Annahme des Gesetzes in Kalifornien geht die Lobbyarbeit weiter, weil Änderungen auch noch 2020 möglich sind. Und auch dafür legt allein die Internet Foundation[275] wieder gleich 160.000 Dollar auf den Tisch.[276]

Das war aber nur der Anfang. Laut der Initiative für das Datenschutzgesetz in Kalifornien, finanziert durch den Immobilien-Tycoon Alastair Mactaggart, soll eine neue 100 Millionen Dollar Kampagne gegen das Gesetz geplant sein. *Google* allein soll bereit sein, dafür 40 Millionen Dollar auszugeben, so Mactaggart in einem Brief auf der Webseite der Initiative.[277]

Die hier genannten Zahlen beinhalten weder die erheblichen Kosten für Kultur- und Informationsveranstaltungen der GAFAM-Unternehmen, die dazu dienen, Verbündete zu gewinnen und bei politischen Entscheidungsträgern Gehör zu finden, noch die Ausgaben für die geförderte Journalismus-Ausbildung, Journalismus-Projekte, für zivilgesellschaftliche Organisationen, Interessengruppenforen, Think Tanks und akademische Forschung. Um den Einfluss der Tech-Giganten auf die öffentliche Debatte über KI und Internetpolitik wirklich zu verstehen, müssten all diese Ausgaben in der Summe gesehen werden.

Hinzu zählen auch alle Ausgaben für die Mitgliedschaft in Verbänden, wie zum Beispiel *Digital Europe*, das dem Namen nach die Interessen der *europäischen* Digitalwirtschaft zu vertreten scheint. Tatsächlich aber sind dort *alle* GAFAM Mitglieder, *Microsoft* sogar im Vorstand. Neben verschiedenen Verbänden aus EU-Mitgliedstaaten sind weitere 64 multinationale Konzerne Mitglieder bei *Digital Europe*. 52 davon haben ihren Hauptsitz außerhalb der EU.

Auch die amerikanischen Handelskammer *AmCham*[278] und die amerikanische Regierung nehmen GAFAM-Interessen wahr. Dies tun sie nicht nur in Brüssel, sondern in allen Hauptstädten der EU, wo sie gut vertreten sind. Sie bearbeiten Minister und Beamte in den einzelnen Regierungen der Mitgliedstaaten sowie die Mitglieder des Europäischen Parlamentes, bevor diese dann ihre eigene Position in den Rat und das Europäische Parlament einbringen. Auch der eine oder andere Botschafter eines EU-Mitgliedsstaates in Brüssel lädt schon einmal zum Essen ein, wenn ein hoher GAFAM-Vertreter, dessen europäischer Unternehmenssitz in des Botschafters Land angesiedelt ist, Brüssel beehrt und seine Interessen den Vertretern aus Parlament, Rat und Kommission präsentieren will.

Natürlich sprechen die Unternehmen Abgeordnete auch direkt an, wenn dies ihr Interesse erfordert. Sie betreiben unabhängig davon eine Form der »Landschaftspflege«, die die Gemeinschaft der Interessierten zusammenführt und soziale Kontakte bietet, wie Informations- und Kulturveranstaltungen, zu denen man gern geht.

Allein der »Pflege« des Europäischen Parlaments und seiner Mitglieder dienen eine ganze Reihe von Organisationen. Man soll sich zwanglos kennenlernen und Kontakte knüpfen, die einmal nützlich werden könnten, wenn man spezielle Anliegen hat. Dazu zählt das *European Internet Forum (EIF)*. Über amtierende Mitglieder des Europäischen Parlamentes wird sichergesellt, dass die Veranstaltungen des Verbandes in den Restauranträumen des Europäischen Parlamentes stattfinden können. Alle Kosten tragen die Mitgliedsunternehmen.[279] Hinzu kommen Organisationen wie das *Transatlantic Policy Network (TPN)*[280] und die *American European Community Association*.[281] Eine besondere Stellung in der Meinungsmaschine der digitalen Wirtschaft nimmt die *Information Technology and Innovation Foundation* (ITIF) ein. Der Vorstand dieses »Think Tank« ist voll mit Unternehmensvertretern, auch *Microsoft* ist wieder dabei. Die Studien und Stellungnahmen der ITIF sind oft nah an Industriepositionen. Und das Gute ist: Die Beiträge an die ITIF sind in den USA abzugsfähig. So wird Meinungsmache für Industriepositionen in den USA auch noch steuerlich begünstigt.[282] In Brüssel ist die ITIF mit einem Büro vertreten, und sie unterhält eine spezielle Webseite mit all ihren Positionen zur Digitalpolitik in Europa. Stramm auf Linie der US-Industrie.[283]

Die digitale Zivilgesellschaft wird in Brüssel durch *die European Digital Rights Initiative (EDRI)*[284] vertreten. Auch amerikanische Organisationen wie *Access Now* und das *Center for Democracy and Technology (CDT)* sind hier präsent. Alle erhalten Geld von GAFAM, wenn auch nicht von allen gleichzeitig und gleich viel.[285] Das in Washington beheimatete *Center for Democracy and Technology*, in Brüssel mit einem Gesandten vertreten und mit einem jährlichen Gesamtbudget von über 6 Millionen Dollar ausgestattet, erhält 43 Prozent seines Budgets von Konzernen. GAFAM zahlen regelmäßig jeweils über 200.000 Dollar.[286] Auch *Access Now* erhielt von GAFAM oft Gelder in Höhe von 50.000, 100.000 oder mehr Dollar pro Jahr, bei einem jährlichen Gesamtbudget von rund 5 Millionen Dollar.[287] Neben diesen beiden amerikanischen Organisationen nimmt sich das Gesamtbudget von *EDRI* mit unter 1 Millionen Euro und GAFAM-Beiträgen von 10.000 bis 23.000 Euro eher mickrig aus.

Die europäische digitale Zivilgesellschaft ist in Brüssel im Vergleich zu GAFAM – und erst recht im Vergleich zur Digitalwirtschaft insgesamt – nur sehr schwach vertreten.

Es gibt unter den in Brüssel tätigen Unternehmensverbänden der digitalen Wirtschaft sowie auch unter den zivilgesellschaftlichen Mitgliedsorganisationen aus der Digitalszene mit Sitz in Brüssel keinen und keine, die in den letzten 5 Jahren kein GAFAM-Geld erhalten hätte.

8.7. Kontrolle der elektronischen Öffentlichkeit und des Journalismus

Die GAFAM-Unternehmen kontrollieren neben der informellen Einflussnahme mittels Geld zunehmend auch die Infrastrukturen des öffentlichen Diskurses sowie das für Wahlen entscheidende digitale Umfeld. Die Internetdienste von GAFAM werden zunehmend zur einzigen oder wichtigsten Quelle politischer Informationen für die Bürger, insbesondere für die jüngere Generation, zum Nachteil der für die Demokratie so wichtigen klassischen journalistischen Publikationen der vierten Gewalt, die das Ziel verfolgt, die Mächtigen zu kontrollieren.[288] Ihr zielgerichtetes Onlinewerbegeschäftsmodell beraubt den Journalismus seiner Einnahmequellen und konzentriert heute mehr als 80 Prozent der neuen Onlinewerbeeinnahmen, die bisher die Grundlage für die Pluralität der privat finanzierten Presse waren, in den Händen von nur zwei Unternehmen: *Google* und *Facebook*.[289] Das ist nicht die einzige Ursache für das Sterben von Zeitungen und der Berufsjournalisten, aber die Hauptursache schon - sowohl in Europa als auch in den USA.

8.8. Ideologie der totalen technischen Machbarkeit

Schließlich sehen wir die im Silicon Valley vorherrschende Ideologie der totalen technischen Machbarkeit und Überlegenheit von Maschinen über Menschen als Quelle der Macht von GAFAM an. Wir müssen uns mit der Ideologie des Internets und der Computer als angebliche Freiheitsbringer auseinandersetzen. Die Behauptung, individuelle Freiheit könne durch Technologie garantiert und gesellschaftliche Probleme könnten durch Technologie allein gelöst werden – diese Behauptung totaler technischer Machbarkeit gilt es zu entlarven. Diese *California Ideology*, kombiniert mit der des Neoliberalismus, ist unvereinbar mit den Grundwerten von Freiheit und Demokratie. Sie ist vielleicht das wichtigste Machtinstrument des technisch-ökonomischen Komplexes. Denn sie begeistert und mobilisiert ihm nützliche Massen.

Diese Ideologie beinhaltet zudem die Versprechen von Komfort und Bequemlichkeit von ständiger Vernetzung, Bestätigung und Wunscherfüllung. Verbunden mit Elementen der Pop-Kultur, trägt dieses Amalgam aus technischem und hedonistischem Fortschrittsversprechen maßgeblich zur Akzeptanz von GAFAM bei. Man kann diesen Aspekt der Macht auch mit dem derzeit überbeanspruchten Begriff des Narrativs versehen, mit der Großerzählung, die Sinn und Akzeptanz stiften soll. Der Begriff hat von Jean-François Lyotards Schrift »Das Postmoderne Wissen« (1979) über die literaturwissenschaftlichen Seminare seinen Weg in die Öffentlichkeit gefunden, und man kann auf den Gedanken kommen, dass er den Vorzug besitzt, so ehrlich daherzukommen, dass er den eigenen Adressaten gleich im Titel führt. Wenn von Narrativen die Rede ist, geht es um Geschichten, die nicht in erster Linie wahr oder falsch sein müssen, sondern vor allem das Ziel verfolgen, Aufmerksamkeit zu erregen. Wie wir zeigen wollen, hat das Narrativ von GAFAM den vollständigen Charakter einer Ideologie, weil es nicht nur Legitimierung der eigenen Macht verfolgt, sondern bewusst erzeugtes falsches Bewusstsein ist. Bedeutende Mittel wenden die GAFAM auf, um das eigen Tun in der Öffentlichkeit mit einem *Framing* zu versehen, das nicht allein die Überlegenheit der eigenen Produkte, sondern auch des zugrundeliegenden technologischen Weltbildes vermitteln soll. Dieses Weltbild aber steht im Gegensatz zu Fortschrittsversprechen, die in der Moderne universelle Werte wie Menschenrechte und demokratische Herrschaftsstrukturen bargen.

Es geht darum, sich vom Narrativ der Kalifornischen Ideologie nicht länger zum Narren halten zu lassen, sondern stattdessen die Geschichte der Moderne weiterzuerzählen, die die Geschichte der Freiheit ist, einer vernünftigen Freiheit, die im dritten Jahrtausend ihre Verantwortung erkennen muss, um eine Zukunft zu haben.

Deshalb wollen wir uns jetzt dem Welt- und Menschenbild des ökonomisch-technologischen Komplexes ausführlich widmen. Denn von einem überzeugenden *humanen* Gegenbild wird maßgeblich abhängen, ob die Gestaltung einer menschlichen Zukunft gelingen kann, oder ob die Herrschaft der Systemimperative und der Maschinen anbricht.

C Das Welt- und Menschenbild des Digitalen Komplexes

Das Internet enthielt in seinen Anfängen mindestens zwei emanzipatorische Versprechen:

1. Dialog statt Monolog in der öffentlichen Kommunikation: *They talk back*, das Publikum spricht mit – das sollte das Neue sein, im Unterschied zum Zeitalter der Massenkommunikation.
2. Die Personalisierung, also der Zuschnitt von Kommunikation und Kommerz auf persönliche Bedürfnisse der Nutzer.

Und tatsächlich: Den Freiheitsgewinn, den der Prozess der Individualisierung gebracht hat, kann ein gemeinwohlorientiertes Internet mit den neuen Möglichkeiten der Konnektivität und der Partizipation verbinden und damit ein wesentliches emanzipatorisches Versprechen der Moderne einlösen.

Der große Verrat von GAFAM besteht darin, dass die Unternehmen in dem historischen Moment, da erstmals eine Technologie entstand, die eine direkte Vernetzung der Menschen mit umfassenden neuen Kommunikationsmöglichkeiten eröffnete, dieses Werkzeug vorrangig zur Profitmaximierung und für ihre ökonomischen Eroberungspläne genutzt haben. Sie haben sich nicht nur die Technologie angeeignet, sondern sie haben die Ideen und Träume der idealistischen Jugendbewegung der 1960er-Jahre in die *Kalifornische Ideologie* umgewandelt. Diese Ideologie ist ein Standbein ihrer Macht geworden. Und deshalb unterziehen wir sie hier einer Kritik. Sie erklärt neben der Bequemlichkeit, die die digitale Technik verspricht, warum die neue Unterwerfung scheinbar ganz ohne Zwang erfolgt. Um den ungeheuren Erfolg des Kapitalismus zu erklären, beschrieb Max Weber einst den »Geist des Kapitalismus«, den er bekanntlich in der protestantischen Ethik und insbesondere in der calvinistischen Gnadenlehre wurzeln sah. Sie bildete laut Weber die ideale Voraussetzung für Kapitalismus und die Rationalisierungsprozesse der Moderne, weil in ihr nicht mehr die Ausrichtung auf das ewige Leben bestimmend war, sondern der tägliche Dienst zu Ehren Gottes im Hier und Jetzt. Die »innerweltliche Askese« bedeutete laut Weber, dass eine sparsame Lebensweise und eine Reinvestition der Gewinne so die Grundlage des kapitalistischen Wachstums bildeten. Gleichzeitig prägte sie Arbeitsmoral und eine rationale Lebensführung.

Auch der Erfolg der Digitalisierung lässt sich nur verstehen, wenn ihre geistigen Grundlagen in den Blick genommen werden. Dazu zählen die Versprechungen des Komforts und der Bequemlichkeit ebenso wie die Erzählung eines rasant sich beschleunigenden technischen Fortschritts, der in einem Erlösungsszenario gipfelt. An die Stelle der innerweltlichen Askese tritt das Versprechen eines dauerhaften innerweltlichen Hedonismus, gekrönt durch die Aussicht auf virtuelle Unsterblichkeit. Enthemmung ersetzt Befreiung, Selbstoptimierung die Selbstbestimmung.

Die Analyse der Kalifornischen Ideologie wird zeigen, dass die ihr zugrunde liegende Philosophie eine Welt ohne Menschenwürde, Freiheit und Demokratie für fortschrittlich und effizient hält. Das Amalgam der Ideen, aus denen sie zusammengesetzt ist, bildet die geistigen Grundlagen der großen Plattformen.

Die Vertreter dieser Ideologie – und der mit ihr verbundenen Geschäftsmodelle – wollen die Grenzen der Macht zwischen Mensch und Maschine verschieben. Allerdings wollen sie selbst weiter die Maschine kontrollieren. Am Ende kann die Menschheit den Preis dafür in Form des Verlustes von Menschlichkeit bezahlen.

C 1 Die Kalifornische Ideologie

»Die Unfähigkeit die Folgen unserer Erfindungen zu verstehen, während wir noch in der Entrückung von Entdeckung und Innovation schwelgen, scheint ein häufiger Fehler von Wissenschaftlern und Technologen zu sein [...] Wir werden in dieses neue Jahrhundert geschleudert ohne Plan, ohne Kontrolle und ohne Bremsen. Sind wir schon zu weit gegangen, um den Kurs noch zu ändern? Ich glaube nicht, aber wir versuchen es ja auch gar nicht – noch nicht – und die letzte Chance, um die Kontrolle wieder zu erlangen, nähert sich sehr schnell.«
William Joy, Mitbegründer von Sun Microsystems[1]

Einer der Machtfaktoren der Digitalunternehmen ist eine umfassende Ideologie, die ihre Technologie und ihre Geschäftspraxis mit einem Narrativ versieht, das bei Kunden und in der Öffentlichkeit ihre Akzeptanz erhöhen soll. Diese Ideologie trägt zur weitgehenden Akzeptanz mindestens so viel bei, wie der zweifellose Nutzen, den die digitalen Angebote im Alltag stiften. Wenn die Akzeptanz steigt, verschwindet die Kritik, so das Kalkül.

Gerade die enthusiastisch vorgetragene Behauptung, GAFAM würden versuchen, die Welt zu einem »besseren Ort« zu machen, hat ihnen geholfen, zu einem unverzichtbaren und beliebten Bestandteil unseres Lebens zu werden. Der individuelle und gesellschaftliche Nutzen, verbunden mit der Gewährung umfassender Annehmlichkeiten, den die digitalen Dienste bieten, steht derart im Vordergrund, dass die Einschnitte in Persönlichkeitsrecht und informationelle Selbstbestimmung ebenso wie die Beschädigungen von Öffentlichkeit, Demokratie und Recht lange Zeit kaum bemerkt wurden.

Von Ideologien früherer Epochen unterscheidet sich die Kalifornische Ideologie durch ihre technischen Mittel, die ihr zur Verfügung stehen, die eigene Verbreitung zu sichern und dabei die Faszination der technischen Möglichkeiten zur eigenen Beglaubigung zu nutzen.

1.1. Zum Ideologiebegriff

»Kritik wird zur Ideologiekritik, wenn sie zeigen will, dass sich die Geltung der Theorie vom Entstehungszusammenhang nicht hinreichend gelöst hat, dass sich hinter dem Rücken der Theorie eine unzulässige Vermischung von Macht und Geltung verbirgt und dass sie dieser auch noch ihre Reputation verdankt.«
Jürgen Habermas[2]

Unter Ideologie verstehen wir 1. eine bestimmte Weltanschauung, ein System von Grundeinstellungen und Wertungen sowie ein System politischer Ideen, die dazu dienen sollen, politische Ziele zu erreichen. 2. verstehen wir im Anschluss an Marx unter Ideologie »falsches Bewusstsein«, was bedeutet, dass das in der Ideologie verbreitete Selbstbild vom objektiv richtigen Bild abweicht. In aller Regel wird diese Abweichung bewusst erzeugt, um von Herrschaftsverhältnissen oder -interessen abzulenken.

Ideologie ist in diesem zweiten Sinne ein Selbstverständnis, das auf fehlerhaften beziehungsweise unvollständigen Grundannahmen beruht und bewusst erzeugt wird, um Machtverhältnisse zu kaschieren.

Ob es, wie Marx glaubte, »gesellschaftlich notwendig« falsches Bewusstsein ist, ist damit nicht gesagt. Das Postulieren von angeblichen Notwendigkeiten ist selbst eine Schwäche des Marx'schen Denkens, die es am Ende mit der Kalifornischen Ideologie teilt, die ebenfalls eine Unvermeidlichkeitsdoktrin enthält. Diesem Inevitabilismus zufolge soll entsprechend den »wissenschaftlich erkannten« Gesetzmäßigkeiten des Historischen Materialismus bzw. des »exponentiellen Wachstums« der technischen Potentiale die Geschichte mit Notwendigkeit einer bestimmten Entwicklungslogik folgen.[3]

Diese Behauptung dient dazu, die Handlungsmacht des Einzelnen und der Gesellschaft zu eliminieren. Sie ist ein wesentlicher Bestandteil antidemokratischer Ideologien. Historisch hat Ideologiekritik in der Aufklärung ihren Ursprung. Sie richtet sich gegen herrschende Weltbilder, die Aberglaube, Vorurteile und Irrtümer verbreiten, an denen die Menschen festhalten sollen, obwohl sie ihrer eigenen Bestimmung als Vernunftwesen widersprechen. Für eine solche Kritik benötigt man eine Position außerhalb der Ideologie, die ihrerseits vernünftig begründbar sein und zeigen muss, dass die kritisierte Ideologie vernünftigen Ansprüchen widerspricht. Alternativ kann Ideologiekritik auch immanent geübt werden. In diesem Verfahren wird das in der Ideologie postulierte Ideal an der Wirklichkeit gemessen.

Ideologien instrumentalisieren in der Regel Begriffe, um damit Herrschaft zu legitimieren. In der Ideologiekritik geht es darum, diesen Zusammenhang zu fassen und die falsche Basis der Legitimation aufzuzeigen. Dadurch ist sie zugleich eine Kritik der Macht, die sich auf die Ideologie stützt. Und sie ist als Kritik der Begriffe ihrem Wesen nach immer Sprachkritik.

Die Aufklärung hat die Weltbilder christlicher Provenienz einem radikalen Prozess der Kritik unterworfen. Er mündete in eine weitgehende Säkularisierung der Gesellschaft und eine »Entzauberung der Welt« (Max Weber) durch die voranschreitenden Naturwissenschaften. Aus dieser Entzauberung der Welt durch Wissenschaft und Technik folgt laut Georg Lukács eine »transzendentale Obdachlosigkeit«[4] des modernen Menschen. Die Kalifornische Ideologie verspricht nun, den Menschen aus dieser Obdachlosigkeit durch die Magie der Digitalisierung in eine Wohfühlzone zu führen, in der er die Mühen der Selbstbestimmung gegen die Versprechen von Bequemlichkeit und Selbstähnlichkeit eintauscht.

Im Gegensatz zu den Algorithmen und Quellcodes, auf denen die Macht der Plattformen basiert, ist die Ideologie keineswegs geheim. Sie wird ganz offen in Büchern und auf Kongressen ausgebreitet und gewinnt immer mehr Anhänger. Sie verströmt in gewisser Weise den Charme des Erfolges, der sich in den Marktanteilen ihrer Technologien auf den Weltmärkten und den oberen Plätzen an der Börse messen lässt, die GAFAM einnehmen.

Die Begründung der Kalifornischen Ideologie erfolgte in den 1960er-Jahren durch Aktivisten wie Stewart Brand im Umfeld der Gegenkultur der Hippies. Mit dem Aufkommen des Internets in den 1990er-Jahren wird diese Ideologie dann in einem zweiten Schritt zu einem Abwehrreflex gegen jegliche politische und rechtliche Einmischung in den Cyberspace weiterentwickelt und gipfelt in der Erklärung zur Unabhängigkeit des Cyberspace von John Perry Barlow.[5]

Nach dem Siegeszug der großen Plattformen wie Google und Facebook im neuen Jahrtausend schließlich bildete sich jene Metatheorie, für die Yuval Noah Harari den Begriff »Dataismus« geprägt hat.[6] Zu dieser Zeit ist erstmals von *Big Data* die Rede und es stehen leistungsfähige Programme zur Verfügung, um aus der Analyse von Daten Vorhersagen für die Zukunft zu generieren. Dataismus geht jedoch über die Beschreibung dieser Möglichkeiten weit hinaus und wird laut Harari zu einer neuen Religion, die eine eigenständige Ontologie (»Alles Sein ist Information«) und eine eigene Ethik (»Gut ist, was möglichst viele Daten verarbeitet«) enthält. Durch Autoren wie Ray Kurzweil wird außerdem eine kosmologische Metaerzählung konstruiert, die auf diesen Elementen beruht und Voraussagen über die künftige technische Entwicklung und die Rolle des Menschen in der Zukunft trifft.

Dieser Aufteilung zufolge bildet die Analyse des Dataismus den Abschluss unserer Analyse der Kalifornischen Ideologie.

So wie Shoshana Zuboff den Chefökonomen von Google, Hal Varian, als »Adam Smith der Googlenomics«[7] für ihre Analyse nutzbar macht, so werden wir den Schöpfer der Singularity-Religion Ray Kurzweil ausführlich analysieren und kritisieren, der gleichzeitig Googles einflussreicher Entwicklungschef ist. Wie Varian übt auch Kurzweil bei Google weitreichende Gestaltungsmacht aus. Dabei wird sich herausstellen, dass sich durch den Überwachungskapitalismus nicht nur der »digitale Traum verfinstert« (Zuboff), sondern dass sich durch den Totalitätsanspruch des dazugehörigen Denkens in Verbindung mit der instrumentalen Macht auch die Vernunft selbst »abschattet« (Horkheimer).

1.2. Stewart Brand und der Whole Earth Catalog – Technik statt Politik

In den ersten Jahren und Jahrzehnten ihrer Existenz konnten sich die Computertechnik und das Internet ohne jeglichen rechtlichen Rahmen entwickeln. Um zu verstehen, warum das so war und warum es am Ende schiefging, wollen wir uns mit den Anfängen der digitalen Kultur in Kalifornien und jenem stupenden Amalgam aus Ideen beschäftigen, die zur gleichnamigen Ideologie wurden.[8]

Von Beginn an ist das Verhältnis der Giganten des Internets zum Recht ambivalent, und diese Ambivalenz ist bis heute geblieben. Bis vor wenigen Jahren haben die Techkonzerne versucht, sich jeglicher rechtlichen Regulierung zu entziehen. Erst in jüngster Zeit hat sich, aus der Erfahrung mit der Rechtsetzung zum Datenschutz, zur Netzneutralität, zum Copyright und der Durchsetzung des Wettbewerbsrechts in der Europäischen Union, das taktische Verhältnis der Konzerne zum Recht nuanciert.

Heute wird nicht mehr prinzipiell jede rechtliche Regelung offen bekämpft, sondern ein Instrumentenkasten von Argumenten und Verfahren eingesetzt, um entweder Regelungen ganz zu verhindern oder, wenn dies nicht gelingt, sie jedenfalls nach den eigenen Interessen so lange wie möglich hinauszuzögern und inhaltlich zu optimieren. Parallel versuchen die Konzerne, selbst Recht zu setzen und so die Grundlage zu schaffen für eine Argumentation, nach der demokratisch gesetztes Recht nicht notwendig ist, weil die von ihnen selbst gesetzten Regeln angeblich dem öffentlichen Interesse ausreichend dienen. Wie diese Rechtsallergie entstanden ist, zeigt ein Blick in der Geschichte.

Die Ablehnung des Rechts in der ursprünglichen Kultur des Silicon Valley hat ihre Wurzeln in der Jugendbewegung der 1960er-Jahre. Diese Bewegung, die unter anderem durch Vietnamkrieg und Martin Luther King politisiert wurde, teilte sich in zwei Lager, nachdem der *Summer of Love* 1967 in einer Orgie von Gewalt und Kriminalität geendet hatte. Die Hippies spalteten sich auf: Auf der einen Seite diejenigen, die als neue Linke den Kampf gegen den Krieg in Vietnam weiterführten und auf der anderen Seite die Aussteiger, die sich in Landkommunen und die Wüsten Kaliforniens zurückzogen, um so der Einberufung nach Vietnam, der von Washington dominierten Politik und der von ihnen kritisierten technischen Dominanz der IBM-Großrechneranlagen (*Mainframes*) zu entfliehen.[9] Dieser zweite Teil der Jugendbewegung folgte einem starken Impuls der persönlichen Freiheit und der individuellen Befähigung durch Dezentralisierung von Entscheidungen und Technologie. »Freiheit muss nun durch die Befreiung von Konventionen erstritten werden. (...) Viele Ikonen der Gegenkultur entwickeln eine Verachtung gegenüber der Politik im Allgemeinen.«[10] Zwischen 1965 und 1973 verließen auf diese Weise 750.000 junge Amerikaner ihr Zuhause, um sich den neuen Lebensgemeinschaften anzuschließen.[11] Diese Bewegung grenzte sich immer mehr von der Neuen Linken in den USA ab. Im Gegensatz zu den Politaktivisten, die weiterhin versuchten, die Gesellschaft mit Manifesten und politischen Aktionen zu verändern, verfolgten diese »neuen Kommunalisten«, wie Fred Turner sie nennt, das Ziel, »die Politik gänzlich loszuwerden.«[12]

2013 präsentierte das Haus der Kulturen der Welt in Berlin eine Ausstellung unter dem Titel: *The Whole Earth. Kalifornien und das Verschwinden des Außen*.[13] Darin ging es um den Einfluss der 68er-Bewegung und der amerikanischen Gegenkultur auf die Herausbildung der Techszene im Silicon Valley. Die Autoren beleuchteten die geographische und kulturelle Verankerung der Szene im amerikanischen Traum der Siedler, die einst auf ihrem Weg nach Westen am Pazifik stoppen mussten, wo die amerikanische Expansion unter der Losung *Go west!* Mitte des 19. Jahrhunderts endete.[14] Nachdem die Landnahme auf dem neuen Kontinent abgeschlossen war, konnte der Eroberungszug, so schien es, nur noch im Cyberspace fortgesetzt werden.

Bei der Entdeckung und Urbarmachung des Cyberspace sticht ein Mann hervor, der der Gegenkultur entstammt und dessen Einfluss auf die junge Szene enorm werden sollte: Stewart Brand. Der Aktivist zählte zu den Begründern der

Hippie-Szene in Haight-Asbury, experimentierte mit LSD und organisierte Festivals, bei denen Bands wie *Grateful Dead* auftraten. 1966 startete Brand eine Kampagne, in der er die Veröffentlichung von Fotos der Erde durch die NASA forderte. Er verkaufte Buttons mit der Aufschrift *Why haven't we seen a photograph of the whole Earth yet?* Nachdem das erste Foto endlich veröffentlicht wurde, erschien 1968, mitten im weltweiten Jahr der popkulturellen Revolution, erstmals seine Zeitschrift *Whole Earth Catalog*, Untertitel: *Access to Tools*, mit der ersehnten Aufnahme der Erde als Titelbild. Neben dem Bild der Erde stand geschrieben:»Der Fluss der Energie durch ein System organisiert dieses System.« (*The flow of energy through a system acts to organize that system.*)

Bei dem Motiv handelt sich in gewisser Weise um das erste *Selfie* der Erde. Von einem Selfie der Erde kann man sprechen, weil sich das Foto der Intelligenz verdankte, die die Erde selbst hervorgebracht hat, dem Menschen. Das erste Bild der»ganzen« Erde vereint damit in eigentümlicher Weise eine Doppelperspektive: Der Blick von außen auf die Erde macht uns alle gleichzeitig zu Betrachtern und Betrachteten.

Beginnt mit diesem Foto eine neue friedliche Epoche der Menschheit, ein neues Kapitel der Aufklärung, wie Brand glaubte? Oder führt ein direkter Weg in die Selfish-Selfie-Society, wie wir sie heute kennen?

Für Brand war die ikonische Aufnahme des 20. Jahrhunderts bis dahin das Foto eines Atompilzes gewesen, das die Zerstörungskraft der modernen Großtechnologien symbolisierte. Das Bild der *Blue Marble* hingegen zeigte den Menschen erstmals die Schönheit und die Ganzheit ihres Planeten, gleichzeitig aber auch seine Verletzlichkeit. Sie markierte deshalb in Brands Augen den Beginn einer neuen Epoche, bei dem durch die Erweiterung des Bewusstseins eine neue holistische Sicht auf die Welt und damit ein neues harmonisches Zeitalter anbrechen sollte.

Brand zumindest war davon überzeugt, denn der *Whole Earth Catalog* propagiert euphorisch die Idee, dass durch Technik alle Menschen als freie Wesen miteinander verbunden werden und sich gleichzeitig als Teil eines großen Ganzen empfinden. Mit dem ersten Bild der *ganzen Erde* war die Hoffnung verbunden, dass an die Stelle der Bedrohungen, die von militärischen Großtechnologien ausging und mit den zentralen *Mainframes* von IBM verbunden war, eine friedliche Alternative durch die Vernetzung der individuellen *Personal Computer* tritt, ein Begriff, den Brand gleich miterfand. Durch freien Zugang zum Wissen der Welt für alle und durch eine dezentrale Vernetzung sollte sich eine neue libertäre Utopie verwirklichen, so die Vision. Mit dem Blick von außen auf das Ganze der Erde war auch endlich der alte Traum der Menschen näher gerückt, den Blick Gottes auf die Welt einnehmen zu können.

Brands Utopie von einer neuen, ganzheitlichen, human-technologischen Harmonie führte ihn 1984 zur Gründung des ersten lokalen Networks *The WELL, The Whole Earth 'Lectronic Link* (etwa: die elektrische Verknüpfung mit der ganzen Welt), das die Nutzer der neuen PCs miteinander verband. Durch das Netzwerk, einem lokalen Vorläufer des *World Wide Web*, auf dem sich damals vor allem die *Dead Heads*, die Fans von Grateful Dead austauschten, sollte sich das befreite Individuum ganz harmonisch mit dem großen Ganzen verbinden – ohne jegliche Mittelsmänner oder Institutionen. *Headbanging* per Mausklick sozusagen. Eine Vision, die in dieser Zeit von vielen Mitstreitern mit geradezu heilsgeschichtlichen Attributen versehen wurde. Der gläubige Katholik und Medientheoretiker Marshall McLuhan etwa hatte zuvor begeistert die Möglichkeit gefeiert, »augenblicklich jeden Code in jeden anderen Code und jede Sprache in jede andere Sprache zu übersetzen. Mit anderen Worten bietet der Computer ein Pfingstfest der universellen Verständigung und Einheit.«[15]

Angesichts der damals drohenden atomaren Apokalypse war für Brand und seine Mitstreiter der »kybernetische Begriff des Planeten als eines einzigen, in sich vielfach verknüpften Musters von Informationen ein großer Trost: Viele glaubten, im unsichtbaren Wechselspiel der Informationen ein Versprechen globaler Harmonie erkennen zu können.«[16]

Der *Whole Earth Catalog*, eine Zeitschrift als Mix aus Aufsätzen, Buchempfehlungen und Auflistungen von Computerzubehör entwickelt sich bald zur Bibel der kalifornischen Hippie- und Alternativszene. Steve Jobs sagte später, der Katalog sei der analoge Vorläufer der Suchmaschinen gewesen: »Er war so etwas wie Google in Taschenbuchform, 35 Jahre bevor Google auftauchte.«[17]

Einen großen Anteil an dieser Wirkung hatte das Pathos von Stewart Brand, das allerdings auch geschicktes Marketing für die Zeitschrift war. Sie enthielt Artikel über neue Bücher, darunter Norbert Wieners *Cybernetics,* aber auch Beschreibungen von Bauteilen, die Brand dann direkt an die Leser verkaufte. Mit einem Bus fuhr er zu den Aussteigern, die sich in den Tälern Kaliforniens dem Projekt der Selbstfindung verschrieben hatten, nachdem die politischen Hoffnungen der Gegenkultur fürs erste gescheitert waren.

Die amerikanische Gegenkultur fußte auf dem Mythos und libertären Ethos der *Frontier*, der Grenze nach Westen: ein Schlüsselbegriff im Selbstverständnis der Amerikaner.[18] Der Historiker Frederick J. Turner hatte mit dem Begriff der *Frontier* neben dem »Grenzland« auch das Gefühl der amerikanischen Siedler am Ende des 19. Jahrhunderts beschrieben. Immer an der Grenze von Zivilisation und Wildnis waren sie auf sich alleine gestellt und konnten nicht durch Anleitung einer Obrigkeit, sondern nur durch die eigenen Fähigkeiten überleben und erfolgreich werden.[19] Der Begriff ist seither eine Metapher für Freiheit,

Individualismus und Unabhängigkeit von staatlichen Autoritäten. Die Ideologie der *Frontier* bringt die anarcho-libertaristische Note in die Kalifornische Ideologie, die bis heute tonangebend ist.

Auch im Weltall spielen Grenzen keine Rolle. Der Kreis des Erdganzen löst mit dem ikonographischen ersten Bild der Erde den Horizont ab, den die Siedler bis dahin vor Augen gehabt hatten und der ihnen die Richtung bei ihrer Expansion gewiesen hatte. Die Anfänge der Kalifornischen Ideologie liegen zwischen Technikbegeisterung und Hippierevolte. Sie fallen noch in die Zeit, als der ganz reale Weltraum erobert wird. Damit beginnt die Kolonialisierung eines Raumes, der keine Grenze mehr kennt. Dieser wird zur Projektionsfläche eines kosmischen Einheitsgefühls, in dem das Individuum scheinbar mühelos den Niederungen der Individuation entfliehen kann und ohne jegliche Regeln und Gesetze zur Harmonie mit anderen und mit der Schöpfung findet.

1.2.1. Exkurs: Das grenzenlose Gefühl der Allmacht

Freud hatte 1927 in seiner Schrift »*Das Unbehagen in der Kultur*«[20] das »ozeanische Gefühl« als primären Narzissmus beschrieben, noch ohne Grenze zwischen Ich und Außenwelt. Das Ich-Gefühl des Erwachsenen entwickelt Freud aus dem Lust-Ich des Säuglings, das allumfassend und grenzenlos ist. In gewisser Weise entsprechen sowohl die unmittelbaren Einheitsfantasien als auch die gottgleichen Allmachtsgefühle der Entdecker des Cyberspace diesem von Freud beschrieben Narzissmus. Schon der Begründer der Psychoanalyse hatte das »ozeanischen Gefühl« durch das Gefühl der »Unbegrenztheit und Verbundenheit mit dem All« beschrieben.[21]

Das Bild der *Blue Marble* (Blauen Murmel) wurde nicht nur zur Ikone der Umweltbewegung, es entwickelte sich zum Sinnbild einer Universalisierung durch Technologie ohne Grenzen. Das Ende der Expansion am Pazifik lenkt diese in eine neue Richtung: zu einer Entdeckung und dann Eroberung des Weltraums, der gleichzeitig eine Entdeckung des subjektiven Innenraums ist.[22] Der Mensch der Moderne kann in dieser absoluten Immanenz des »planetarischen Innenraums« scheinbar eine neue Heimat finden.

Notwendig seien dazu, so suggerierte Brand, lediglich ein Rechner und ein Modem, das zur Vernetzung dient. Daraus sollte ein neuer Holismus entstehen, der eine innige Verbindung von Selbst und Erde ermöglichte, weil Mensch und Erde gleichermaßen als Organismen konzipiert wurden. Die Analogie von menschlichem Organismus und Organismus der Natur beruht auf einer Idee, die in den 1970er-Jahren in Gestalt der »Gaia-Hypothese« des Biophysikers

James Lovelock aufgekommen war.[23] Ihr zufolge ist alles Leben Teil der Evolution des Superorganismus Erde. Politik, so konnte daraus gefolgert werden, ist ebenso wie andere Formen der Institutionalisierung für die Selbstorganisation dieses Organismus unnötig, ja hinderlich. An ihre Stelle tritt eine »spontane Harmonie« die sich unter den Subjekten im großen Ganzen einstellen wird. Weil Innenwelt und Außenwelt sich der Gaia-Hypothese zufolge durch dieselben Strukturen auszeichneten, sei eine unmittelbare Einheitserfahrung der Subjekte mit Mutter Natur möglich.

Spektakuläre Fotos der Apollo-Missionen, wie das Bild der aufgehenden Erde vom Mond aus aufgenommen, insbesondere die sogenannte »Earthrise«-Aufnahme, steigerten die Weltraumbegeisterung weiter. Brand und seine Mitstreiter proklamierten eine neue Epoche. Die Nutzung der neuen Werkzeuge und die Vernetzung der Nutzer miteinander – beides sollte der Transformation des gegenkulturellen Bewusstseins zu einem kosmischen Einheitsgefühl dienen. »Der Whole Earth Katalog [verzeichnet] als eine Art Landkarte die Werkzeuge zur Bewusstseinstransformation«[24], die eine Ordnung herbeiführen sollte, in der es keinerlei Regeln bedarf, um Harmonie zu erzeugen.

Da die Perspektive aus dem Weltall auf den Planeten bis dahin Gott vorbehalten war, regten sich mit dem Anblick des Fotos die ersten Empfindungen des Homo Deus[25], der mit der eigenen Vergöttlichung Phantasien der Allmacht und der Unsterblichkeit zu entwickeln beginnt. Stewart Brand schrieb euphorisiert beim Anblick der neuen Foto-Ikone: »Wir sind wie Götter und könnten genauso gut darin werden.«[26]

Das große Ganze lässt sich mit den Aufnahmen aus dem All erstmals in den Blick nehmen. Systemtheorie und Kybernetik[27] liefern die Begriffe, mit denen sich diese Ganzheit zunächst erfassen und schließlich beherrschen lässt. Dabei lösen sich die Gegensätze von Technologie, Natur und Kultur scheinbar auf. Denn sowohl technische als auch natürliche Systeme werden in der Vorstellung der Kybernetik gleichermaßen durch Information gesteuert. Dann müssen sie auch in gleicher Weise programmiert werden können. Nur wer schreibt den Code?

Der Cambridger Physiker C. P. Snow hatte 1959 in dem Aufsatz *Die zwei Kulturen*[28] den Gegensatz von naturwissenschaftlich-technischem und geisteswissenschaftlich-literarischem Weltbild beschrieben, und zwar so, dass eine Verständigung dieser beiden Wissenschaftsbereiche unmöglich erschien. Der Graben zwischen den »erklärenden« Naturwissenschaften und den »verstehenden« Geisteswissenschaften ist seither mit dem Begriff der zwei Kulturen belegt. Viele Forscher fühlten in der Folge den Drang, diesen Gegensatz mit einer Supertheorie der systemischen Ordnung zu überwinden. Beispielhaft sei ein Zitat angefügt von Claude Lévi-Strauss, dem bedeutenden Anthropologen und Begründer des Strukturalismus:»Bis in die Mitte unseres Jahrhunderts hat es gedauert, bis sich lang getrennte Wege kreuzten: (Technik und Kommunikation...) Der gesamte Prozess der menschlichen Erkenntnis gewinnt so den Charakter eines geschlossenen Systems.«[29] Lévi-Strauss meinte, dass der Fehler der Geistes- und Gesellschaftswissenschaften in der Vergangenheit darin bestanden habe, dass sie sich zu wenig mit den Beziehungen der Elemente der jeweiligen Systeme befasst hätten:»Der Irrtum der traditionellen Soziologie wie auch der traditionellen Sprachwissenschaft liegt darin, die Glieder und nicht die Beziehungen zwischen den Gliedern betrachtet zu haben.«[30]

Strukturalismus und Kybernetik wollten stattdessen eine große einheitliche Theorie von Natur und Gesellschaft entwickeln.

Die Kybernetik beschleunigt den Wandel der Kalifornischen Ideologie von den utopischen Anfängen zu den immer stärker politikfeindlichen Theorien, in denen Technologie zunehmend die Rolle des Heilsbringers übernimmt:»Wer die Welt verändern will, macht das nicht durch Lobbyarbeit oder Wählengehen, er entwickelt neue Technologien«,[31] schreibt Fred Turner über die Denke der neuen Techszene. Durch Technologie die Welt verändern und alle ihre Probleme lösen, auf diesen Nenner lässt sich der neue Glaube der technikbegeisterten Kommunaristen im Kalifornien der 1970er-Jahre bringen. Politik kann diese Mission durch Regulation und Gesetze nur verlangsamen. Gegen derartige Versuche der Politik wurde bereits frühzeitig gezielt Lobbyarbeit eingesetzt, die längst ein selbstverständlicher Bestandteil der Praxis der Techkonzerne ist.[32]

Die Rolle von Stewart Brand als dem ersten »Storyteller« der Computerindustrie macht ihn bis heute für eine Analyse der Kalifornischen Ideologie so bedeutsam.»Die Ingenieure aus dem Silicon Valley verehrten den Mann, weil er ihnen die Bedeutung ihrer Arbeit auf eine Art und Weise vor Augen führte, wie sie es selbst nicht konnten.«[33] Brand hatte der Techszene ein Narrativ geliefert, in dem die Computer den Status von Rettern der Menschheit erhielten, so Franklin Foer:»Wenn die Politik nicht in der Lage war, die Menschheit zu retten, dann konnten es vielleicht die Computer.«[34]

Damit setzte Brand eine gefährliche Übertreibung und Fehlannahme in die Welt, die von führenden Unternehmen im Silicon Valley bis heute verbreitet wird. Es ist ihr erstes Gebot geworden, dass sich alle Probleme durch Technik beziehungsweise Computer lösen lassen, die ihrerseits keine Fehler machen. Sie übersehen dabei, dass die Reduktion menschlichen Handelns auf technisches Handeln selbst wieder ein mythologisches und nicht-rationales Glaubenssystem hervorbringt, das sie doch eigentlich im Namen technischer Rationalität überwinden wollen.

Die Kalifornische Ideologie legt damit früh den Grundstein für die heutige Haltung der GAFAM-Konzerne: Technik löst Probleme besser als Politik. Eine Haltung, die in ihrer extremen Form folgert, dass Politik deshalb durch Technik zu ersetzen ist.[35] Am Ende schafft sie damit eine neue technokratische Form der Politik, die glaubt, ohne menschliche, demokratische Institutionen auskommen zu können. Sie glaubt sich ideologiefrei und ist doch gerade dadurch wesentlich Ideologie.

Schon der Harvard-Soziologe Daniel Bell (1919-2011) hatte postuliert, dass in der von ihm vorausgesagten Informationsgesellschaft Informationstechnologien an die Stelle bisheriger Ideologien und Wertorientierungen treten würden: »Die alten Ideologien des Westens sind erschöpft. Die geistige und politische Haltlosigkeit ist offenkundig.«[36] Daraus lässt sich ein Szenario ableiten, das auf eine durch Technik bestimmte Gesellschaft mit einer Informationsordnung zuläuft, die ohne darüberhinausgehende moralische Werte glaubt auskommen zu können. In letzter Konsequenz schließlich will die Kalifornische Ideologie Politik ganz durch Technik ersetzen.

1.3. John Perry Barlow und die ungebrochene Freiheit des Internet

John Perry Barlow, Viehzüchter, Texter der *Grateful Dead* und Mitgründer der *Electronic Frontier Foundation (EFF)*,[37] war einer der einflussreichsten Aktivisten des Cyberspace. Bis heute ist die *EFF* eine der wichtigsten Lobbymaschinen für ein unreguliertes Internet und wird finanziert durch die digitalen Giganten. Barlow fasste 1996 in seiner *Erklärung zur Unabhängigkeit des Cyberspace* das Credo der Kalifornischen Ideologie zusammen, wie es seither in der Techszene tradiert wird: Kein durch Parlamente verabschiedetes Gesetz sei für das Internet geeignet, auf Rechtsstaatlichkeit beruhende traditionelle Regierungsformen könnten »keine Souveränität haben, wo wir (die Akteure des Cyberspace) zusammenkommen.«[38] Es war eher Zufall, dass diese Erklärung 1996 auf dem Weltwirtschaftsforum in Davos vorgestellt wurde.[39] Dadurch vervielfachte sich aber ihre Wirkung, weil sie seither als quasi offizielles Dokument der Techszene gilt.

Die Ideologie der Selbstregulierung spiegelte sich auch im Diskurs in den amerikanischen Rechtswissenschaften wider: Die Rechtsprofessoren David Johnson und David Post erklärten, wenn die Nutzer eines bestimmten Raums im Internet ein Regelwerk aufstellen wollten, das nicht gegen vitale Interessen von Nicht-Nutzern verstößt, dann sollte »das Recht der Souveräne in der physischen Welt auf diese neue Form der Selbstverwaltung festgelegt werden.«[40] Mit anderen Worten: Parlamente sollten bestimmen, dass sich das Internet und der Cyberspace selbst regulieren dürfen.

Bis heute fasziniert die starke, poetische Sprache von John Perry Barlow: »Regierungen der industriellen Welt, ihr müden Giganten aus Fleisch und Stahl, ich komme aus dem Cyberspace, der neuen Heimat des Geistes. Im Namen der Zukunft bitte ich Euch, Vertreter einer vergangenen Zeit: Lasst uns in Ruhe! ... Wir glauben, dass unsere Regierungsweise sich aus Ethik, aufgeklärtem Eigeninteresse und Gemeinwohl eigenständig entwickeln wird.«[41] Mit diesem Vorzug der Ethik in Gestalt einer Selbstregulierung vor demokratisch gesetztem Recht hat Barlow einen Topos begründet, der bis heute die Debatten um Regulierung im Internet prägt. Das verbindliche Recht, hervorgegangen aus einem demokratischen Prozess und durch diesen legitimiert, lehnte Barlow ab.[42]

Die Wirkung, die von Barlows Manifest bis heute auf die Frage der Kontrolle des Internet ausgeht, lässt sich gar nicht hoch genug einschätzen. Angelegt an den sprachlichen Duktus der amerikanischen Unabhängigkeitserklärung und den Sound der Popkultur forderte er die Regierungen auf, sich nicht mit Gesetzen oder Regeln ins Internet einzumischen. Die Welt der Regierungen sei »aus Fleisch und Stahl«, das Cyberspace hingegen »die neue Heimat des Geistes.«[43] Das Internet ist eine Sphäre ohne Körper. »Lasst uns in Ruhe, ihr seid nicht willkommen.«

In diesem Sinne beschwört Barlow das Internet als Paradies natürlicher, kindlicher Unabhängigkeit: »Ihr erschreckt Euch vor Euren eigenen Kindern, weil sie Eingeborene einer Welt sind, in der Ihr stets Einwanderer bleiben werdet.« Weiter heißt es: »Ihr kennt weder unsere Kultur noch unsere Regeln.« Dieses Motiv zieht sich bis heute durch die Debatten, zuletzt als es um die Regulierung des EU-Urheberrechts ging und aufgebrachte Youtuber immer wieder betonten, die Erwachsenen könnten nichts dazu sagen, weil sie nun mal keine Youtuber seien. Nur wer Youtuber ist, kann demnach YouTube regulieren, und kein Youtuber will so etwas, also lässt man am besten einfach gleich die Finger davon. In solchen Debattenkonstellationen fällt es *Google,* zu dessen Mutterkonzern *Alphabet* YouTube gehört, leicht, bei den Nutzern vor der Urheberrechtsreform des Europäischen Parlamentes durch eine breit angelegte Kampagne mit PR-Videos Angst vor den Regulierungswünschen zu schüren, indem etwa mit der Abschaltung der beliebten Videoplattform gedroht wird.

Die zweite Annahme Barlows zeigt einen naiven Utopismus und die technolibertäre Grundhaltung des Autors: »Der Cyberspace ist ein natürliches Gebilde und wächst durch unsere kollektiven Handlungen«. Aus den konkreten Handlungen der Einzelnen ergibt sich seiner Auffassung zufolge ganz von allein Harmonie – lediglich durch eine unsichtbare Hand gesteuert. Wo Adam Smith den Markt als anonymen Akteur am Werke sah, der die Eigeninteressen der wirtschaftenden Subjekte zu einem Ganzen fügt, das alle Teilnehmer mit den optimalen Ergebnissen versorgt, macht Barlow die technische Infrastruktur selbst zum letztlich bestimmenden Ordnungsprinzip.

Barlow erklärte selbstbewusst:»Wir schreiben unseren eigenen Gesellschaftsvertrag.«Analog zu Rousseaus *Contrat Social* bezieht seine Konstruktion des Cyberspace ihre normative Legitimation aus dem Naturrecht, wobei für ihn die Technik an die Stelle der Natur als Quelle der Ideale tritt. Normen werden dabei letztlich auf technische Regeln reduziert oder von diesen abgeleitet. In Barlows Fall aber mit der Besonderheit, dass das Internet ein reines Reich des Geistes ist.»Unsere Welt ist überall und nirgends, und sie ist nicht dort, wo Körper leben.«Satt»zurück zur Natur«lautet das Motto gewissermaßen»zurück zum Geist«, zur reinen Verständigung, organisiert allein durch Technik.

Eine radikal idealistische Position, die einen radikal anarchistischen Zustand legitimieren soll:»Eure Rechtsvorstellungen von Eigentum, Redefreiheit, Persönlichkeit, Freizügigkeit und Kontext treffen auf uns nicht zu. Sie alle basieren auf der Gegenständlichkeit der materiellen Welt. Es gibt im Cyberspace keine Materie.« [44]

Radikal idealistisch ist dann auch die einzige Norm, die Barlow gelten lässt:»Das einzige Gesetz, das alle unsere entstehenden Kulturen grundsätzlich anerkennen werden, ist die goldene Regel.«[45] Die goldene Regel, eine ethische Formel etwa in der Version»Behandele die anderen so, wie du selbst behandelt werden willst«gilt als kleinster gemeinsamer Nenner, wenn es um ethische Normen geht. Sie klingt auf den ersten Blick sympathisch und überzeugend, bringt sie doch grundsätzlich eine Fairness zum Ausdruck, die darin besteht, dass jeder sich in die Perspektive des anderen versetzen soll. Die Regel ist aber in der philosophischen Tradition auch vielfach kritisiert worden, da gerade aus ihrer Einfachheit eine Einseitigkeit folgen kann, die im Extremfall dem Prinzip der Fairness widerspricht.

Kant führte deshalb den kategorischen Imperativ als oberste moralische Maxime ein. Den Unterschied der beiden moralischen Regeln erläutert er so:

»Alle Imperativen nun gebieten entweder hypothetisch, oder kategorisch. Jene stellen die praktische Notwendigkeit einer möglichen Handlung als Mittel zu etwas anderem, was man will (oder doch möglich ist, dass man es wolle), zu gelangen vor. Der kategorische Imperativ würde der sein, welcher eine Handlung als für sich selbst, ohne Beziehung auf einen anderen Zweck, als objektivnotwendig vorstellte.«[46]

In Abgrenzung zum kategorischen Imperativ bezeichnet Kant die goldene Regel als hypothetische Regel:

»Wenn nun die Handlung bloß wozu anders als Mittel gut sein würde, so ist der Imperativ hypothetisch; wird sie als an sich gut vorgestellt, mithin als notwendig in einem an sich der Vernunft gemäßen Willen, als Prinzip desselben, so ist er kategorisch.«[47]

Mit einem Beispiel von Kant lässt sich der Unterschied so erläutern: Ich kann nach der goldenen Regel einem anderen ein fehlerhaftes Versprechen geben, weil ich darauf setzen kann, dass die Notlage meine Lüge letztlich entschuldigt. Was ich dabei nicht bedenke ist, dass ich, indem ich lüge, ein gesellschaftliches Gesetz beschädige. Wenn Lügen akzeptiert werden, und sei es auch nur in Notlagen, beschädigen sie für Kant die gesellschaftliche Grundordnung. Regeln, die derartiges zulassen, taugen deshalb in seinen Augen nicht als moralisches Gesetz.

Für Kant ist die hypothetische Regel zwar vernunftgemäß, aber sie ist eine reine Klugheitsregel, an der man sich zwar im Alltag orientieren kann. Sie ist allerdings lediglich ein subjektiv-persönliches Prinzip, das problematisch wird, wenn es verallgemeinert wird. Nur eine Regel, die sich widerspruchslos verallgemeinern lässt, kann in den Augen Kants moralische Handlungen begründen.

Für sich genommen kann die goldene Regel auch deshalb Kant zufolge kein allgemeines Gesetz sein, da man mit ihr Wohltaten anderer ablehnen oder die Bestrafung durch einen Richter ablehnen könnte.[48] Ein Verbrecher könne mithilfe der Goldenen Regel »gegen seine Richter argumentieren«[49], da dieser an seiner statt ja auch nicht gerne verurteilt werden würde.

Der hypothetische Imperativ hat die Form: Wenn du A willst, tue B. Für Kant sind solche Regeln nur »bloße Vorschriften der Geschicklichkeit«[50] und können daher nicht ausreichen, moralische Prinzipien zu begründen.

Diese Regelhaftigkeit entspricht in gewisser Weise der Struktur von Algorithmen. »Wenn du B willst, tue A« kann als Algorithmus in seiner einfachsten Form verstanden werden. Diese Grundstruktur der Algorithmen macht sie unfähig, »moralische« Schlüsse zu ziehen. Denn sie können nicht entscheiden, ob sie B überhaupt wollen sollen oder nicht. Ein Umstand, der für die Versuche, Künstlicher Intelligenz eine Ethik beizubringen, von großer Bedeutung ist.

Wichtig ist Kants Erkenntnis: dass mit dem bloßen Beharren auf solche Regeln als einzigem Prinzip einer Moral die wichtigste Bestimmung der Ethik verletzt würde, nämlich andere Menschen niemals als bloßes Mittel, sondern immer als Zweck an sich selbst zu behandeln. Mit Kant lässt sich sagen, dass ein ausschließlich durch hypothetische Imperative oder Algorithmen gesteuertes moralisches Handeln die Menschenwürde verfehlt. Denn die Menschenwürde besteht auch darin, das Subjekt aufgrund seiner Fähigkeit, über sich selbst zu bestimmen, immer als Zweck an sich zu betrachten. »Mit anderen Worten: was für das moralische Gesetz gilt, gilt ebenfalls für dieses gesetzgebende Subjekt, wobei es nichts als die Menschheit in der Person ist.«[51]

Für Kant wäre Barlows Berufung auf die goldene Regel deshalb nicht hinreichend, um ein moralisches Gesetz zu bilden, weil sie wie jeder hypothetische Imperativ immer nur eine Zweck-Mittel Relation beschreibt. Sie ist eine Vorschrift, die die Mittel aufzeigt, die man anwenden soll, um ein bestimmtes Ziel zu erreichen. Sie kann nicht begründen, warum man den anderen Menschen grundsätzlich achten soll.[52] Genau darin aber, Selbstzweck zu sein, liegt für Kant letztlich die Würde jedes Einzelnen. Nur der Mensch ist zwecksetzender Selbstzweck, Technik kann das niemals sein.

Es sei noch erwähnt, dass die goldene Regel auch im 20. Jahrhundert als unzureichend kritisiert wurde, unter anderem von dem Philosophen und Psychoanalytiker Erich Fromm und dem Rechtsgelehrten Hans Kelsen. Für Erich Fromm leitet sich die Überzeugungskraft der goldenen Regel aus dem kapitalistischen Tauschgesetzes »Ich gebe dir so viel wie du mir« ab. Danach respektiere man die Rechte anderer, ohne sich für sie verantwortlich zu fühlen. Fromm bemängelt an der Regel, dass sie nur Betrug ausschließe, nicht aber zu einer echten Verbindung und Gemeinschaft mit dem Anderen führe.[53]

Für den Rechtswissenschaftler Hans Kelsen war die goldene Regel im Anschluss an Kant nichts als eine inhaltsleere Formel der Gerechtigkeit. Wenn ein Verbrecher nicht bestraft werden dürfte, weil niemand gerne bestraft würde, könne die Regel jede Rechtsordnung aufheben. Sie sei deshalb als alleiniges moralisches Prinzip ungeeignet.[54] Erst durch die Einsicht, dass der andere Mensch nicht nur Zweck meines Willens, sondern, wie jeder Mensch, ein Zweck an sich sei, kann auch für Kelsen aus der bloßen Klugheitsregel eine moralische Handlungsregel werden.[55]

Indem nun Barlow im Cyberspace die goldene Regel als einziges moralisches Gesetz anerkannte, verstärkte er die anarchistische Tendenz des World Wide Web, die sich gleichzeitig immer stärker gegen jedwede Rechtsordnung wendete. Seine Utopie mündet in der Vision einer »Zivilisation des Geistes im Cyberspace«, befeuert durch den »Virus der Freiheit«, der sich, so Barlow, allen gesetzlichen Regelungen und Einschränkungen widersetzen wird. »Moralisch« gesteuert wird dieser Raum allenfalls durch die goldene Regel, die ganz im Sinne dieser Argumentation dann auch noch den Vorteil besitzt, dass sie die Form von Algorithmen annehmen kann.

Barlow grenzt den Cyberspace sehr deutlich vom öffentlichen Raum ab, der durch klassische Massenmedien geprägt ist, für die Gesetze und Regeln notwendig sind, weil es sich um Produkte der »Informationsindustrien« handelt.

Barlow begründet diese Einteilung mit dem merkantilen Charakter der Medienindustrie, in dem ihre Zugehörigkeit zur materiellen Welt wurzele. Wegen ihres kommerziellen Charakters fallen die klassischen Medien für ihn in den Zuständigkeitsbereich des Gesetzgebers, der Cyberspace hingegen nicht. Eine interessante Begründung, die auf das heutige Internet angewendet bedeutet, dass es aufgrund seiner kommerziellen Struktur auch gesetzlich geregelt werden muss! In Barlows Vision des Cyberspace sollten hingegen die Ideen völlig losgelöst von ökonomischen und juristischen Regeln frei oszillieren: »In unserer Welt darf alles, was der menschliche Geist erschafft, kostenfrei unendlich reproduziert und distribuiert werden. Die globale Übermittlung von Gedanken ist nicht länger auf eure Fabriken angewiesen.«[56] Eigentumsrechte und Urheberrechte werden kassiert mit der Begründung, dass im Reich des absoluten Geistes irdische Gesetze keine Geltung haben.

Mit diesem wirkungsvollen Plädoyer verhinderte Barlow letztlich die Absicht des US-Gesetzgebers, die neue Kommunikationsstruktur des Internets wie eine Medienstruktur zu behandeln und zu regulieren. Seinem Einsatz ist es wesentlich zu verdanken, dass der *Communications Decency Act (CDA)*, der 1996 Teil des *Telecommunication Act* war, das sogenannte *Providerprivileg* oder Plattformprivileg enthielt, demzufolge ein Anbieter von Internetdienstleistungen nicht für die Inhalte verantwortlich ist, die über seinen Dienst von Dritten verbreitet werden. Das Providerprivileg wurde auch in Artikel 14 der EU-Richtlinie über den elektronischen Geschäftsverkehr übernommen.[57]

Was als Sieg für die Meinungsfreiheit gefeiert wurde, hat spätestens heute einen Beigeschmack, da das Internet mindestens so »merkantil« gesteuert ist, wie Barlow es den klassischen Medien 1996 vorhielt, und die Informationsversorgung für immer mehr Menschen übernommen hat.[58] Das Provider- oder Plattformprivileg verhindert, dass ein fairer Wettbewerb zwischen den Plattformen und klassischen Medienhäusern entsteht. Es behandelt die Internetplattformen wie bloße Bereitsteller eines Kommunikationsnetzes, ohne jede inhaltliche Verantwortung, weder was den Wahrheitsgehalt, noch was die Wirkung betrifft und ohne, wie die klassischen Medien, für die Folgen in der Gesellschaft geradestehen zu müssen. Damit bewirkt das Privileg, das Barlow durchsetzte, die Aufteilung der medialen Öffentlichkeit in einen professionell geregelten und einen frei manipulierbaren Bereich – und damit letztlich ihre Zerstörung.

Aber Barlow wollte nicht einfach nur Recht abwehren, ihm ging es um das Recht auf Meinungsfreiheit, das er für das Internet in absoluter Form durchsetzen wollte. Wie Richard Barbrook und Andy Cameron schon 1995 gezeigt haben, steht Barlow damit für die »linke« Ausprägung der Kalifornischen Ideologie. Diese politische Theorie orientiert sich ausschließlich an der negativen

Handlungsfreiheit und ist in den USA mit ihrer anti-staatlichen Tradition sehr populär.[59] Laut Barbrook und Cameron propagiert sie neben dem *free flow of information* im Cyberspace gleichzeitig die reine Form des freien Marktes:»Sie wollen, dass Informationstechnologien eingesetzt werden, um eine neue Jefferson-Demokratie im Cyberspace zu schaffen. Die Kalifornische Ideologie bietet nach ihrer Überzeugung eine fatalistische Vision des natürlichen und unvermeidlichen Sieges des High-Tech-freien Marktes.«[60]

Barlow schließt mit seinen Ideen an McLuhans Utopie der »elektronischen Agora« an, die dieser durch die Verschmelzung von Informationstechnologie, Medien und Telekommunikation entstehen sah. In dieser Utopie, so McLuhans Hoffnung, werde die Macht des Einzelnen das *Big Business* und das *Big Government* gleichermaßen überwinden. Eine Entwicklung, die McLuhan zufolge mehr oder weniger zwangsläufig mit fortschreitender Computerisierung der Gesellschaft einsetzen werde. Dass aus der Utopie der freiheitsstiftenden elektronischen Agora eines Tages die von GAFAM beherrschte elektronische Öffentlichkeit werden würde, konnte er nicht voraussehen, aber es liegt in der Konsequenz seines radikal idealistischen Ansatzes.

Barbrook und Cameron zeigten in ihrem Aufsatz, dass die Utopie der grenzenlosen Freiheit umzuschlagen beginnt, als die ersten Anhänger der Kalifornischen Utopie Unternehmer wurden und ihre rasant wachsenden Firmen die kommerziellen Möglichkeiten des Netzes entdeckten und davon profitierten. Die Mischung aus konservativer Ökonomie und linkem Libertarianismus führt in den Augen der Autoren zu einer systematischen Abwertung der politischen Debatte:»Die Propheten der Kalifornischen Ideologen argumentieren, dass nur die kybernetischen Ströme und chaotischen Wirbel der freien Märkte und der globalen Kommunikation die Zukunft bestimmen werden. Die politische Debatte ist daher eine Verschwendung von Atem.«

Aus dem freien Fluss der Gedanken wurde im sich entwickelnden Cyberspace immer stärker der freie Fluss der gezielten Werbung, der Waren und Dienstleistungen – aus der Agora der Meinungen wurde die Agora des Kapitals und des Handels. Im Unterschied zur Antike ist dieser Marktplatz aber nicht auf die Polis beschränkt, sondern ohne Grenzen, weltumspannend. Trotz dieser treffenden Analyse und Kritik durch Barbrook und Cameron schon im Jahr 1995 haben Techszene und Politik daraus bis 2015 kaum Konsequenzen gezogen.

Vielmehr zeigte sich die Kalifornische Ideologie anschlussfähig an die Lehren der Neoliberalen, für die das Recht des Einzelnen vor allem auf dem Recht auf Besitz und dem Recht, freien Handel zu treiben, beruht. Wenn Märkte ungeregelt sind, können die ersten Eroberer, die *first movers,* am stärksten profitieren. Die Aussicht auf Profite führt dann zum Zurückstellen der originären

Ziele und Visionen des WWW. Diese libertaristische Verkürzung auf ökonomischen *free flow* hat den ursprünglichen Impuls der »neuen Heimat des Geistes« im Cyberspace desavouiert. Ein guter Teil des Cyberspace heute besteht aus E-Commerce, das »Reich des Geistes« wurde zudem in weiten Teilen zu einem Sumpf von *Hate Speech, Fake News* und Blasenbildung. Troll-Fabriken und Chatbots treiben ihr Unwesen. Auch was freie Meinungsäußerung betrifft, ist das Internet mittlerweile weitgehend »kaputt«.

Warum das alles schiefgelaufen ist, lässt sich heute, über zwanzig Jahre später erkennen. Die Propagandisten des freien Internet nahmen eine folgenreiche Verkürzung des Freiheitsbegriffes vor, die unfreiwillig mithalf, das Netz von einem utopischen Ort zu einem Tummelplatz von dunklen Mächten zu machen, die die Regellosigkeit für ihre Zwecke auszunutzen wissen. Es ist der von vornherein verkürze Freiheitsbegriff, der auf negative Freiheit (»Freiheit von staatlichen Eingriffen«) und auf Abwehrrechte in der Tradition des Liberalismus verkürzt war, der sich gerächt hat.

Im deutschen Grundgesetz ist aus guten Gründen den naturrechtlichen Elementen der Grundrechte, die Abwehrrechte verkörpern, ein ausgestaltetes positives Recht an die Seite gestellt, das durch demokratische Verfahren und Rechtskontrolle die Umsetzung von Grundrechten in die gesellschaftliche und wirtschaftliche Praxis absichert.

Freiheit mündet nicht automatisch in die grenzenlose Freiheit des Individuums, das von jeglicher Rücksichtnahme befreit wird. Sie endet spätestens da, wo die Freiheit des Anderen beginnt und muss deshalb auch zur »Einsicht in die Notwendigkeit« (Hegel) fähig sein, die reflektiert, dass Freiheit im Gemeinwesen institutionell gesichert werden muss.[61] Der damalige CEO von Google, Eric Schmidt, wundert sich noch 2013 über die für Unternehmen paradiesische Freiheit, die das Internet bietet: »Das Internet ist das größte Anarchismusexperiment aller Zeiten. Die Onlinewelt (...) wird kaum durch Gesetze beschränkt.«[62] Google und Schmidt haben damit Milliarden verdient, die Gesellschaften rund um den Erdball zahlen zunehmend den Preis.

In der Diskussion um den ethischen und regulativen Umgang mit der entstehenden KI heute müssen die Fehler, die diesen anarchistischen Raum eröffnet haben, vermieden werden. Denn KI bringt durch das Potential, dass technische Abläufe sich verselbstständigen und intransparent werden, ein noch deutlich größeres Gefahrenpotential für die Freiheit mit sich, als das »alte« Internet 2.0. KI-Systeme können helfen, mit dem Anarchismus endgültig Schluss zu machen und ein elektronisches, gleichwohl stahlhartes Gehäuse zu errichten,[63] in dem kein Platz für Autonomie und Demokratie bleibt – ja nicht einmal für die libertäre Freiheit, die Barlow im Sinn hatte.

Schon Barlow argumentierte in seinem Manifest einseitig und radikal: Indem er jegliche Regulierung durch den Gesetzgeber ablehnt, verhindert er damit auch, dass im Cyberspace Grundrechte abgesichert werden. Die Freiheit, die er so sichern will, wird genau dadurch gefährdet, dass er jegliche Regeln ablehnt. Es liegt in der Konsequenz der anarchistischen Forderung »Keine Macht für Niemand«, dass dann scheinbar niemand die Macht hat – außer ganz wenigen. Denn auch der Cyberspace ist kein machtfreier Raum. Auch im digitalen Raum wird Macht ausgeübt. Nur: Die Macht liegt nicht allein beim Staat, außer in China und anderen Diktaturen. Sie liegt bei mächtigen Weltkonzernen.

Der Schutz von Grund- und Menschenrechten im Cyberspace muss, wie wir heute erkennen, Abwehrrechte gegen staatliche *und* unternehmerische Überwachungs- und Manipulationstechniken enthalten.

Heute, über 20 Jahre nach Barlows Deklaration, stellen sich erneut Fragen nach Freiheit und Regulierung, diesmal mit Blick auf die KI. Finden und schaffen wir diesmal jene Regeln, die es braucht, um Freiheit zu sichern? Dabei müssen wir die richtige Rangfolge von Demokratie und Digitalisierung beachten. Frank-Walter Steinmeier brachte es auf den Punkt: »Nicht um die Digitalisierung der Demokratie müssen wir uns zuallererst kümmern, sondern um die Demokratisierung des Digitalen!«[64]

20 Jahre Wilder Westen im World Wide Web: entstanden, weil die wirtschaftlichen und politischen Machtfaktoren von Konzernen, die sich den ungeregelten Cyberspace nach ihren Vorstellungen untertan machten, unterschätzt worden sind. Doch den offenen Kampf gegen die Demokratie haben Teile des Sillicon Valley gerade erst eröffnet.

1.4. Mehr Technologie wagen! Die Demokratiefeindlichkeit bei Peter Thiel

Der Konflikt zwischen Demokratie und digitaler Technologie wird deutlich bei dem einflussreichen Silicon Valley-Investor Peter Thiel, der sich längst gegen die Demokratie wendet: »Vor allem glaube ich nicht mehr, dass Freiheit und Demokratie vereinbar sind.«[65] Thiel plädiert dabei eindeutig für die Freiheit, mit der er vorwiegend die Freiheit des Unternehmers meint. Thiel war einer der Erstinvestoren bei *Facebook* und ist Mitbegründer und Anteilseigner von *Palantir Technologies*, einem Unternehmen, das Datenprodukte und Überwachungssoftware überwiegend für Polizei und Militär liefert. Mit dem Softwareanbieter und Datenhändler *Palantir* betreibt Thiel eine der dunkelsten Firmen im Silicon Valley.

Er nennt den Verzicht auf Politik eine Notwendigkeit, und er fordert die Freiheit des Unternehmers, Monopole zu errichten, die er für notwendig hält, weil sie aus der Logik des Netzwerkeffektes entstehen. Wettbewerb lehnt er ab: »Wettbewerb ist in erster Linie Ideologie, eine Ideologie, die unser Denken verzerrt.«[66] Eine überraschende Aussage, für jemanden, den man eigentlich bei den Neoliberalen einordnen würde. Aus dem Kampf um die Vormacht auf den Märkten wird bei Thiel ein Kampf über die Macht auf dem Planeten. Diese Provokation zeigt die Radikalisierung liberaler Gedanken, die Libertarier vornehmen, die die entfesselte Freiheit des Einzelnen konsequent zu Ende denken. Ziel der Monopole, so erklärt Thiel ganz offen, ist es, die Technologie zum Führer des Weltgeschehens zu krönen: »Angesichts dieser Realitäten würde man verzweifeln, wenn man seinen Horizont auf die Welt der Politik beschränken würde. Ich verzweifle nicht, weil ich nicht mehr glaube, dass Politik alle möglichen Zukunftsaussichten unserer Welt umfasst. In unserer Zeit besteht die große Aufgabe für Libertäre darin, der Politik in all ihren Formen zu entkommen – von den totalitären und fundamentalistischen Katastrophen bis zu den gedankenlosen Demos, die die sogenannte ›Sozialdemokratie‹ leiten. (...) Eine bessere Metapher ist, dass wir uns in einem tödlichen Wettlauf zwischen Politik und Technologie befinden.«[67]

Wobei sich Thiel auf Seiten der Technologie sieht. Diese Zeilen kann man als Kriegserklärung eines Mannes an die Demokratie lesen, der zum Beraterkreis von Donald Trump zählt. Sie ist radikaler Ausdruck des ihr innewohnenden Solutionismus. Sein Mantra könnte lauten: »Mehr Technologie wagen«. Aus Wirtschaftsliberalismus wird angesichts solcher Aussagen endgültig ein Kryptoanarchismus. Das »tödliche Rennen« zwischen Politik und Technologie ist aber noch nicht entschieden. Der Kampfbegriff, der aus den Unterschieden in der Systemlogik von Politik und Technologie einen unüberbrückbaren Gegensatz macht, übersieht, dass beide Sphären durchaus in einen fruchtbaren Austausch miteinander kommen könnten.

Thiel bemängelt vor allem, dass die Politik durch Regeln und Gesetze die technische Entwicklung verlangsamt. Im gegenwärtigen Kampf um die Macht spielen die zwei unterschiedlichen Geschwindigkeiten eine Rolle, die Demokratie und Technologie kennzeichnen. Während Demokratie gerade in der deliberativen Form auf das mühsame Abwägen von Gründen und Aushandeln von Kompromissen angewiesen ist, weil sich nur so ermitteln lässt, was im Interesse der Mehrheit ist, entwickelt sich Technologie rasant und mit zunehmender Geschwindigkeit. Angeblich nach zwangsläufigen Gesetzen, in Wahrheit oft bestimmt durch einzelne Unternehmer, ihren Willen und vielleicht sogar ihren Autismus. Man muss aber nicht Kurzweils *Gesetz vom exponentiellen Wachstum* als Naturgesetz der Technologie akzeptieren, um die Zunahme der Wissensproduktion und der Geschwindigkeit der technologischen Entwicklung zu erkennen. Die Beschleunigung von wissenschaftlichem und technischem Fortschritt stellt die Demokratie auch so schon vor Probleme.

Wenn Thiel versucht, die Freiheit (des Unternehmers) und die Entwicklung der Technologie gegen die Demokratie auszuspielen, zeugt das zum einen von den Irrwegen, in denen sich die Kalifornische Idee inzwischen verheddert hat. Zum anderen belegt es den unverhohlenen Machtanspruch, mit dem bestimmte Kreise im Umfeld von GAFAM mittlerweile ihre technologische Dominanz in allen Bereichen von Gesellschaft und Politik formulieren.

Thiels These liegt in der Konsequenz der Logik: erst die Politik durch Technologie ersetzen, dann den Menschen. Es verwundert deshalb nicht, dass bereits eine *World Transhumanist Party* gegründet wurde, die die Übergabe der Regierungsgeschäfte an eine KI zum Ziel hat. Ihr Gründer Zoltan Istvan veröffentlichte 2014 ein Manifest.[68] Darin fordert er unter anderem, eine »kulturelle Mentalität« in den USA zu kreieren, die von der Grundannahme ausgeht, dass »radikale Technologie zu akzeptieren und zu produzieren« im besten Interesse der USA und der Menschheit »als Spezies« sei. Istvan trat bei der US-Wahl 2016 als Kandidat an, wurde zwar belächelt, erfreute sich aber als bunter Vogel bei den Medien großer Beliebtheit. Auch die *Watson Foundation* warb dafür, IBMs elektronisches Superhirn Watson, bekannt als *Jeopardy* Sieger, zur Präsidentschaft zu nominieren. Und wäre nicht eine berechenbare Maschine auf den ersten Blick die bessere Wahl als ein unberechenbarer Trump?[69]

Vor wenigen Jahren hätte man mit der Aussage, dass ein Reality-TV Darsteller Präsident der USA wird, nur Kopfschütteln ausgelöst. Auch für Trump, der die Gesetze des Mediums beherrscht, war die TV-affine Inszenierung als Entertainer ein entscheidendes Kriterium, zuerst Sendezeit und Aufmerksamkeit, dann das Weiße Haus zu erobern. Politische Aktivitäten von Transhumanisten wie Istvan als Clownerie zu belächeln, kann sich später als verhängnisvoller Irrtum herausstellen, erst recht, wenn ihre Ansichten von einflussreichen und mächtigen Figuren wie Thiel geteilt werden. Die Forderung, Algorithmen an die Stelle von Politikern zu setzen, wird vermutlich schon bald keine exotische Außenseiterposition mehr sein.[70] Die Wirtschaft ist auch hier Vorreiter: 2014 »berief« das in Hongkong ansässige Wagniskapitalunternehmen *Deep Knowledge Ventures* eine KI in den Vorstand, die den anderen Vorstandsmitgliedern Empfehlungen zu Investitionsentscheidungen geben sollte.[71] Die Folge: Die KI fiel vor allem durch »Vetternwirtschaft« auf – sie wollte in Unternehmen investieren, die befürworteten, Algorithmen eine größere Macht zu übertragen.[72]

Der Weg in einen Überwachungsstaat macht auch einem anderen Hauptvertreter der Kalifornischen Ideologie weniger Sorgen. Er befürchtet vielmehr, dass der beschleunigte technologische Fortschritt von Recht und Politik gebremst werden könnte: Ray Kurzweil hat mit dem Begriff der Singularität nicht nur eines der schillerndsten Schlagwörter der Kalifornischen Ideologie geprägt, er hat ihr auch eine Großerzählung geschrieben, die kaum steigerungsfähig erscheint.

1.5. Ray Kurzweil: Technik an Stelle des Menschen oder Écrasez GAFAM!

In Ray Kurzweils Buch *Menschheit 2.0. Die Singularität naht*[73] tritt die Kalifornische Ideologie in Gestalt einer mathematisch-naturwissenschaftlichen Ontologie auf, die mit radikalen technischen Fortschrittsgedanken verbunden ist und als Quelle einer naturalistischen Ethik dient.

Die grundlegende These des Buches ist, dass das technologische Wachstum im Zeitalter der Informationstechnologie exponentiell und nicht linear verläuft. Daraus folge eine stetige Beschleunigung des Informationswachstums. Für Kurzweil steuert dieser Prozess zwangsläufig auf den Zustand der sogenannten Singularität zu. Ein Begriff, der in Mathematik, Systemtheorie und Astrophysik jeweils unterschiedliche Sachverhalte bezeichnet, was ihn für Kurzweil ergiebig macht, da er Anleihen in all diesen Gebieten tätigen kann. Für Kurzweil bezeichnet er einen Punkt, an dem die bisherige Entwicklung in einer Weise umschlägt, dass darüber hinaus keine weiteren Vorhersagen möglich sind, ähnlich wie bei einem *Schwarzen Loch* in der Astrophysik. Angesichts dieses Vergleiches wagt Kurzweil, wie wir sehen werden, erstaunlich viele Voraussagen für die Zeit nach der Singularität. In seiner Vision soll Singularität eintreten, wenn der Anstieg des Wissens auf einer exponentiellen Kurve so steil wird, dass das Wissen mit einem Schlag explodiert. Dieses Ereignis prognostiziert er für das Jahr 2045. Mit gravierenden Folgen: Ray Kurzweil verklärt die Singularität zu einem Durchbruch der Technik, die sich ab diesem Moment selbst verbessern und erzeugen könne und die Erlösung des Menschen von der biologischen Existenz durch den Sieg über die Sterblichkeit einläuten würde.

Kurzweils Theorien sollen hier angeführt werden, nicht weil sie so spektakulär sind und sich in Teilen für ironische Kommentare anbieten. Vielmehr gehören sie zur Analyse der Kalifornischen Ideologie, weil Kurzweil aufgrund seiner Theorie den wichtigen Posten des Entwicklungschefs von *Alphabet* erhalten hat. Seine Ideen, so wird berichtet[74] werden weitgehend von Larry Page geteilt. Wenn Page, wie Max Tegmark schreibt, der Mann ist, der die Welt derzeit am stärksten verändert, ist Kurzweil das Gehirn dahinter. Kurzweil steuert in seiner Position als *Director of Engineering*, also Leiter der technischen Entwicklung bei *Google*, aber auch direkt maßgeblich die Investitionen von *Google* in neue Technologien. Er beeinflusst durch sein Denken zahllose Programmierer bei ihrer Arbeit an der KI, sowie weitere Investoren, die in ähnliche Unternehmen investieren wie *Google/Alphabet*. Gründe genug, sich mit den Thesen der *Singularity* zu beschäftigen.

Das Buch beginnt autobiographisch: Kurzweil beschließt mit 5 Jahren, Erfinder zu werden.[75] Früh beginnt er, Computer zu programmieren, wobei ihn bei seinem Computer ein Umstand fasziniert:»Im Gegensatz zu uns macht er keine Fehler.«[76] Diese naive Überzeugung des 20-Jährigen zieht sich als Grundannahme bis heute durch die Kalifornische Ideologie.

Kurzweil zufolge wird die Singularität vor allem drei Schlüsseltechnologien erfassen: Genetik, Nanotechnik und Robotik. Dabei sollen Genetik und Nanotechnik dem Menschen helfen, seine genetische Ausstattung zu verbessern. Die Robotik schließlich soll im Stadium der Singularität starke Künstliche Intelligenz erreichen, die die Intelligenz des Menschen in allen Bereichen übertrifft. Durch die starke Künstliche Intelligenz soll die Informationstechnologie dann einen derartigen Schub erhalten, dass unvorstellbare Erfindungen und Entwicklungen möglich werden.

Der Mensch kann bei dieser Entwicklungsstufe günstigstenfalls in Teilbereichen mithalten, indem er seine biologische Existenz durch Nanotechnik und genetisches Design radikal auf Trab bringt oder sein Bewusstsein durch einen »Upload« gleich auf eine KI-Festplatte hochlädt, um an der Superintelligenz teilzuhaben und dabei auch noch unsterblich zu werden. Diese Idee eines »Uploads« des menschlichen Geistes ist häufig zitiert worden, sie wird von seriösen KI-Forschern überwiegend als Humbug abgetan. Allerdings forscht *Google* längst an Schnittstellen, die das menschliche Gehirn mit Festplatten oder gleich mit dem Internet verbinden sollen. *Google*-Gründer Sergey Brin ist überzeugt vom Sinn dieser Forschungen:»Wenn alle Informationen der Welt direkt mit unserem Hirn verbunden wären, dann ginge es uns besser.«[77] »Gut« und »besser« bedeuten in diesem Weltbild, maximalen Zugang zu und schnellst mögliche Verarbeitungsfähigkeit von Information zu haben. Es sind rein quantitative Werte.

Viele dieser Visionen klingen wie die Fortsetzung der SciFi-Kinderbücher aus der Tom-Swift-Jr. Reihe, die Kurzweil als Kind las, und die ihn nach eigener Aussage stark prägten. Vor allem entwickelte Kurzweil bei der Lektüre der Bände das, was er seine persönlich Philosophie nennt:»Egal wie groß der Schlamassel, in dem wir stecken – seien es berufliche, gesundheitliche oder Beziehungsprobleme, seien es die großen wissenschaftlichen, sozialen oder kulturellen Herausforderungen unserer Zeit –, es gibt immer eine rettende Idee und wir können darauf kommen. Und dann müssen wir sie umsetzen. Dieser Imperativ hat mein Leben geprägt.«[78] Ein im Grunde sympathisches Lebensmotto, doch in Kurzweils Weltbild bietet einzig und allein die Technik diese Lösungen für alle Probleme an. Kurzweils Held Tom Swift löst auf seiner Reise durch das

Weltall Probleme mit technischen Mitteln, mit einem fliegenden Lab, einem pedalgetriebenen Flugzeug, einer elektrischen Hydrolunge oder einem Unterwasserroboter.[79] All diese Objekte könnten heute theoretisch in den *Google Labs* entwickelt werden. Sie sind jedenfalls geeignete Inspirationen für die *Moonshot-Projekte* von *Google*, mit denen der Konzern regelmäßig versucht, das Unmögliche möglich zu machen. Kurzweils Theorie verfolgt denselben Anspruch. Die Superintelligenz, die er imaginiert, soll die »großen wissenschaftlichen, sozialen oder kulturellen Herausforderungen unserer Zeit« lösen, wobei allein Technik der Schlüssel ist, nicht mehr und nicht weniger. In dem umfangreichen Werk versucht Kurzweil, streng auf der Basis naturwissenschaftlicher Erkenntnisse zu argumentieren, um seine Prognose möglichst glaubhaft zu machen. Es handelt sich für ihn bei den Erkenntnissen der Naturwissenschaften, die er in seiner Theorie verarbeitet, nicht einfach nur um Erkenntnisse, sondern gleichsam um die heiligen Daten und die Muster der Natur, die sich dem Propheten der technischen Erlösung des Menschen offenbaren.

Für Kurzweil ist die Frage, wer sich wem anzugleichen habe, längst beantwortet: der Mensch der »überlegenen« Maschine. Wie, das zeigt Kurzweil in seinem Buch durch ein aufschlussreiches fiktives Gespräch, das auf verschieden Zeitebenen stattfindet,[80] und das wir kurz wiedergeben wollen:

Neben »Ray« (also ihm selbst) nehmen noch teil: »Molly« im Jahr 2004, »George« im Jahr 2045 (wenn nach Kurzweil Berechnungen die Singularität eintritt) und, am Rande, Charles Darwin (ohne Zeitangabe). Zunächst fragt Molly Ray, wann »es« soweit ist, wann endlich die Singularität eintritt. Sie brauche dafür möglichst noch Vorbereitungszeit. Auf die Rückfrage von Ray, wofür, sagt sie: »Also als erstes würde ich meinen Lebenslauf etwas aufpolieren, ich will ja einen guten Eindruck machen bei den Mächtigen der Zukunft«.

Mit Freud könnte man diese Äußerung als »Identifikation mit dem Aggressor« bezeichnen, denn bei Molly kommt es angesichts der heraufziehenden Singularität zu einem mulmigen Gefühl. »Ich glaube ich sollte auch noch ein paar Akten schreddern. Ich glaube, ich war etwas unwirsch gegenüber Maschinen in meinem Bekanntenkreis.« Molly überlegt also, belastendes Material in Sicherheit zu bringen, bevor die Maschinen die Macht übernehmen und sich für ihre »Unwirschheit« möglicherweise rächen. Aber George, die Stimme aus der Singularität, kann sie beruhigen: »Das erfahren die Maschinen so oder so. Mach dir keine Sorgen, sie sind äußerst verständnisvoll.«[81] Die von Kurzweil postulierte Überlegenheit der Maschinen schließt also sowohl totale Kenntnis und Kontrolle der persönlichen Daten ein (»Die erfahren das so oder so«), als auch eine moralische Güte der Maschinen, die sich auch auf diesem Feld den Menschen überlegen zeigen: »Sie sind äußerst verständnisvoll.« Ist ja klar, wenn diese Maschinen zuvor so definiert wurden, dass sie dem Menschen in allen Bereichen überlegen sind, müssen sie es schließlich auch in moralischer Hinsicht und im sozialen Verhalten sein.

Trotz aller Überlegenheit und Vertrauenswürdigkeit der Maschinen: Molly beschleicht ein ungutes Gefühl dabei, ihre Identität in der Singularität vollkommen aufgeben zu müssen. »Sollte ich nicht versuchen, ich selbst zu bleiben?«, fragt sie ängstlich.[82] George antwortet: »Du hast ja weiterhin das Sagen. Aber ich kann viel mehr sein als dein transzendenter Laufbursche«

Als Molly ihre Angst äußert, die Singulariäts-KI könnte ihre biologische Existenz vernichten, tröstet sie Ray mit den Worten: »Du stellst einen so winzigen Bruchteil der Materie und Energie, dass es in der Singularität nicht viel ausmacht. Es wird sich (für die KI in der Singularität) lohnen, das biologische Erbe zu erhalten.« Damit wird klar: Der transzendente Laufbursche ist längst der neue Herr, der über Leben und Tod entscheidet. Er wäre nicht der erste Knecht, der sich zum wahren Herrn seines ursprünglichen Gebieters aufschwingt.[83]

Der Mensch wird also in der Fantasie Kurzweil nur deshalb überleben, weil er für die kosmische Intelligenz so unbedeutend ist, dass sein biologisches Erbe als museal durchgeht und erhalten bleibt. Uff. Nochmal Glück gehabt. Machen wir uns also alle am besten so klein wie möglich, dann steigt die Chance, von der herannahenden KI verschont zu werden.

Der Dialog endet, als die zweifelnde Molly endlich bekehrt ist. Molly: »›Also habe ich dann alles, was ich mir wünschen kann?‹ George 2045: ›So ist es.‹ Molly 2004: ›Klingt nach König Midas. Der alles was er berührt in Gold verwandelt.‹ Ray: ›Ja, und wie du dich erinnerst, ist er verhungert.‹ Molly 2004: ›Ich denke ich würde mich eher zu Tode langweilen mit all meiner subjektiven Freizeit.‹ George 2045: ›Oh, dir wird nicht langweilig, dafür werde ich sorgen.‹«[84] Was wie eine finale Drohung der Künstlichen Intelligenz klingt, ist mehrfach aufschlussreich: Nicht der Tod durch Verhungern stellt die große Angst der Technikgläubigen dar, sondern die Langeweile im Techno-Paradies. Kein Problem für Kurzweil, seine imaginierte Super-KI verspricht, für Entertainment zu sorgen.

Betrachtet man diese Fantasien unter einem ideologiekritischen Blickwinkel, so ist offensichtlich, dass mit ihnen eine Anpassung der Menschen an die Maschine eingeübt werden soll. Der besondere Clou besteht darin, dass die Anpassung an den Computer nicht als Unterwerfung, sondern als letzter Schritt der menschlichen »Selbstüberwindung« gefeiert wird. Dieses *Enhancement* führt zum eigenen Untergang, der als »Unsterblichkeit« seine Apotheose erfährt. Der Mensch überlebt, wenn überhaupt, nur als eine Art Menschine. Als bloßer biologischer Mensch, so die Vision, wird er verschwinden. Dazu passt, dass menschliche Intelligenz im Silicon Valley gerne als »Wet-Ware« diskreditiert wird, ein biologisches Zwischending zwischen Hard- und Software, dem die sogenannte Silicium-basierte Intelligenz angeblich überlegen ist. Sand soll also zu größerer Intelligenz fähig sein als das menschliche Gehirn.

Die Ablösung des Menschen durch eine »überlegene« Intelligenz vollzieht sich laut Kurzweil mit unerbittlicher Zwangsläufigkeit. Sie ist »alternativlos«. Kurzweil zitiert Theorien, denen zufolge das gesamte Universum Software sei, in seinen Worten aus *Computation Rules,* also algorithmischen Abläufen, besteht, wohin man auch blickt. Diese Aussage ist folgenreich. Alan Turing hatte die *Turingmaschine* beschrieben, als fähig, »jedes vorstellbare mathematische Problem zu lösen, sofern dieses auch durch einen Algorithmus gelöst werden kann«.[85] Wenn aber nun das ganze Universum nichts anderes als ein großer Berechnungsprozess ist, warum sollte sein superintelligenter Algorithmus es dann nicht zuerst entschlüsseln und dann beherrschen können?

Philosophisch betrachtet handelt es sich bei Kurzweils Thesen um einen absoluten mathematischen Idealismus. Es gibt Parallelen dieser Idee des Universums als eines riesigen Computers mit Hegels Metaphysik des absoluten Wissens. Hegel zufolge besteht ebenfalls eine Strukturgleichheit von erkennendem Subjekt und zu erkennendem Objekt, die allerdings ihren Angelpunkt in seiner These hat, dass »die Substanz Subjekt« sei. Die Natur wird von Hegel in einer Struktur gedacht, die der Struktur des menschlichen Selbstbewusstseins entspricht, deshalb kann der Mensch die Natur vollständig erkennen. Wenn Hegel in der Vorrede der *Wissenschaft der Logik* behauptet, seine Logik sei »die Darstellung Gottes, wie er in seinem ewigen Wesen vor der Erschaffung der Natur und eines endlichen Geistes ist«,[86] kommt das der Kalifornischen Ideologie scheinbar sehr nahe. Hegel wollte sich mit der Antwort, die Augustinus auf die Frage gegeben hatte, was Gott vor der Erschaffung der Welt gemacht habe (nämlich Höllen bereiten für die, die so hohe Geheimnisse ergründen wollen[87]), nicht zufriedengeben. Doch wie gesagt: Bei ihm ist die »Substanz Subjekt«, d. h. das Universum hat letztlich dieselbe Struktur wie das menschliche Denken und das Selbstbewusstsein. Bei Hegel wird die Natur vollständig subjektiviert, in der Kalifornischen Ideologie wird das Subjekt komplett naturalisiert, genauer mathematisiert.

Bei Kurzweil, der das menschliche Selbstbewusstsein in Analogie zu einem Computerprogramm entwirft, und der auch dem Universum die Struktur eines hoch komplizierten Quantenberechnungsprogrammes unterstellt, geht die Idee der Strukturgleichheit von der Mathematik und der Informatik aus, nicht vom Subjekt. Kurzweil denkt das Subjekt als mathematische Substanz oder als mathematisches Muster, Hegel die Substanz als Subjekt. Von diesem Subjekt als Zentrum kann Hegel eine Theorie der Freiheit entwickeln, für die in Kurzweils Theorie kein Platz bleibt. Kurzweil hat, wie viele Vertreter der Kalifornischen Ideologie, kein Problem mit einem deterministischen Weltbild. Schließlich wagt er selbst Voraussagen, wie die, dass im Jahr 2045 die Singularität eintreten wird. Alle Abweichungen vom strengen Pfad des Determinismus fasst er als Zufallserscheinungen auf, die durch randomisierte Programme errechnet werden könnten.[88]

Die Verbindung zur Lehre von der Funktionsgleichheit organischer und technischer Systeme bei Norbert Wiener, dem Begründer der Kybernetik, ist offenkundig.[89] Bei Kurzweil erfolgt eine Totalisierung dieser Struktur, indem er sie zunächst mit dem Zeitstrahl der Evolution verbindet und damit historisiert, um sie dann der Entwicklung des Weltalls zugrunde zu legen. Am Ende weist er dem Programmierer die Rolle eines göttlichen Schöpfers zu: »Evolutionäre Algorithmen und zelluläre Automaten sind ›funktionsäquivalent‹. (...) Die Aufgabe des Entwicklers besteht darin, brauchbare Regeln für die ›göttlichen Parameter‹ (...) zu finden.«[90] Der Programmierer als Gott am großen Computer der Schöpfung, für die er eine passende Software schreiben soll, um deren weitere Entwicklung zu steuern. Wenn schon Stewart Brands Erfolg darin bestand, den Entwicklern mit seinem Enthusiasmus und seiner Vision eine große Erzählung über ihr Tun zu liefern, hat Kurzweil das Narrativ der Programmierer mit diesem Bild maximal gesteigert. Die Programmierer sind aufgerufen, den Code des Universums zu knacken, um den Lauf der kosmischen Entwicklung zu programmieren. Wenn hoffnungsvolle junge Programmierer noch nach einem Motiv suchen, bei *Alphabet* anzuheuern: Mehr als das Versprechen, Gottes Plan zu entschlüsseln und womöglich später dadurch seine Macht zu erlangen, kann eine Jobbeschreibung kaum bieten.

Doch bei genauerer Bertachtung erweist sich nicht alles in diesem Gedankengebäude als der Zukunft zugewandt: Indem Kurzweil Lebewesen als »zellulären Automaten« definiert, zeigt er sich als rückwärtsgewandter Erbe des mechanistischen Weltbildes von Descartes. Für Descartes war der Mensch eine Maschine, die von Gott erschaffen war, ähnlich den Tieren, die er als reduktiv erklärbare Automaten definierte. Das dazugehörige Weltbild wird als »mechanistisch« bezeichnet. Kurzweil schließt daran mit seinem Begriff der »zellulären Automaten« an und erwähnt auch, dass die Demokratie durch seine Vorstellung des Fortschritts verbessert würde – auch wenn er jegliche Vertiefung in dieser Frage vermeidet und einige Seiten später zugibt, dass nicht alle Menschen den Segnungen der Singularität teilhaftig werden können. Ebenfalls nebenbei erwähnt er die Verzahnung der technologischen Entwicklung mit ökonomischen Prozessen. Durch den ungeheuren Markt, den Computer neu geschaffen hätten, seien die Investitionen gestiegen, was wiederum die Beschleunigungseffekte der Entwicklung antreiben würde. Doch von einer kritischen Betrachtung dieser Verbindung von den Gesetzen der Finanzmärkte und der Technologie ist er weit entfernt. Ganz selbstverständlich setzt Kurzweil auf die Wesensverwandtschaft der neoliberalen Wirtschaftsform mit der kosmologisch gedeuteten Beschleunigung der Informationsverarbeitung. In beiden Bereichen glaubt er an exponentielles Wachstum, beiden Vorgängen schreibt er eine naturwüchsige Eigenlogik zu. Wie Norbert Wiener Organismen und technische System als funktionsgleich beschrieb, so beschreibt Kurzweil Ökonomie und Technologie als den gleichen Steuerungsmechanismen unterliegende Systeme. Aus der Lehre vom exponentiellen Wachstum folgt schließlich das *Gesetz vom steigenden Ertragszuwachs*[91] - schon die Formulierung lässt erahnen, dass die ganze Theorie mindestens so stark von einer wirtschaftlich wie von einer technologischen Wachstumsfantasie getrieben wird.

Kurzweil huldigt denn auch unverblümt einem Wirtschaftsdarwinismus, der für unsere Ohren noch nicht so selbstverständlich klingt wie im neoliberalen Silicon Valley.»Wachstumsdruck (original: *economic imperative*) des freien Marktes ist die treibende Kraft hinter der technischen Entwicklung (...) Wachstumsdruck ist das Pendant zur natürlichen Auslese in der biologischen Evolution.«[92] Der Kapitalismus als Verstärker der Evolution, beide vereint arbeiten an der *Optimierung* des Faktors Mensch, die diesen immer stärker als Störfaktor ausmacht und schließlich zu seiner Überwindung führen muss. Der Mensch als biologisches Wesen erscheint in dieser Sicht als fehlerhafter Mutant, dessen Möglichkeiten, sich biologisch innerhalb der bisherigen Evolution weiterzuentwickeln, gegenüber dem Tempo des *exponentiellen Wachstums* noch stärker abfallen als die Hemmnisse, die von Politik und Regulierung ausgehen und die zum Unmut Kurzweils die Entwicklung jetzt schon behindern. Eine Vorstellung, die Kurzweil mit anderen Transhumanisten teilt. Der digitale Vordenker Peter Diamandis, Mitbegründer der *Singularity University*, etwa schreibt:»Wer sich dem Fortschritt widersetzt, widersetzt sich der Evolution und wird aussterben.«[93]

Die Begeisterung für die Macht der Ideen, die Kurzweil zu Beginn des Buches als sein Motiv anführt, erschöpft sich also in der Begeisterung für die Idee eines grenzenlosen Wachstums in Wirtschaft und Technik, das sich immer mehr beschleunigt und dadurch vorgeblich zwangsläufig auf einen Punkt zusteuert, an dem es sich selbst in eine neue Dimension transformiert: eben in die Singularität. Der einzelne biologische Mensch spielt in diesem Weltbild keine Rolle mehr, es sei denn als biologischer Zwischenträger von Informationen, die dabei sind, sich ihren Weg durch ihn hindurch zu einem leistungsfähigeren Silizium basierten Trägermedien zu bahnen. Der Mensch ist das Mittel der genetischen

Information, diese ist der neue Selbstzweck. So etwas wie *Würde* kommt dem Menschen dann nicht mehr zu.

Evgeny Morozov hat diese Ideologie als »Solutionismus«, bezeichnet.[94] Er sieht ihren Kern in der Überzeugung, dass sich mit Technik grundsätzlich jedes Problem auf dieser Welt lösen lasse. Für jedes Problem gibt es eine passende App. Wir müssen sie nur programmieren. Kurzweil vertritt ganz offen einen solchen technologischen Absolutismus, man kann auch sagen technischen *Totalitarismus*: »Technik allein kann die Probleme beheben, mit denen menschliche Gesellschaften seit Generationen zu kämpfen haben.«[95]

Bei schwierigen politischen Problemen scheint dieser absolute Solutionismus allerdings selbst für ihn Risse zu bekommen. Als es in seinem Buch um die Frage geht, wie man Terroristen am besten bekämpft, kommt Kurzweil ins Schlingern: »Wie nun können Obrigkeiten ein weltweites Netz an Terrorzellen zerschlagen, wenn sie immer warten müssen, bis ein Verbrechen begangen wurde? (...) Ich sehe jedoch kein technisches Wundermittel, mit dem sich dies Dilemma lösen ließe.«[96] Abgesehen davon, dass Kurzweil hier das Problem der Terrorbekämpfung ganz auf die Vorhersage von Terrorakten begrenzt und ihm eine tiefere Ursachenforschung fremd zu sein scheint, bleiben derartige selbstkritische Stellen in seinem Buch die Ausnahme.

Jegliches Denken in politischen Kategorien bleibt Kurzweil wesensfremd, sind doch in seinen Augen die größten Feinde des technischen Fortschrittes Politik und Regulierung: »Übermäßige Regulation bei der Einführung neuer Therapien beispielsweise kosten zahlreiche Menschenleben.«[97]

Kurzweil hält den »fundamentalistischen Humanismus«, der die Antriebskraft hinter der Regulierung der Technik ist, für einen der großen Fortschrittsfeinde. In seiner Aufzählung kommt der »fundamentalistische Humanismus« gleich nach dem »radikalislamistischen Terrorismus«,[98] weil er glaube, den technischen Fortschritt behindern zu können, und sei es im Namen der Menschenrechte. So wirft er etwa dem Europarat humanistischen Fundamentalismus vor, nachdem dieser eine Richtlinie verabschiedet hat, die Veränderungen an der menschlichen Genetik verbietet. Kurzweil empört sich, dass der Europarat glaube, dass »die Menschenrechte das Recht auf ein nicht künstlich verändertes genetisches Muster einschließen.«[99] Solche ethischen Positionen kann Kurzweil nicht nachvollziehen: Sie verleiten ihn zu der zynischen Rhetorik, »der Rat befürwortet auch das Recht darauf, nicht auf künstliche Weise von natürlichen Krankheiten geheilt zu werden.«[100]

Hier treffen wir auf ein gängiges Argumentationsmuster der Kalifornischen Ideologie: Zunächst werden künftige Techniken imaginiert und ihre Segnungen ausführlich beschrieben. Wer der Umsetzung dieses Heilsplanes dann im Wege steht, trägt die Verantwortung für menschliches Leiden, das sich ohne seine hemmenden Bedenken sehr rasch verhindern ließe. Singularity first, Bedenken second.

Eine technologische Moralkeule, die nach dem Muster funktioniert, dass derjenige, der vor dem Einsatz einer neuen Technologie ihre Risiken prüfen will, für das Leiden und den Tod von Menschen verantwortlich gemacht wird, die durch diese angeblich unnötigen Verzögerungen erst später in den Genuss der technischen Segnungen kommen können. Kurzweil spricht von der »unerträglichen Langsamkeit gesellschaftlicher Institutionen«[101] und natürlich sind für ihn Beamte und Institutionen wie auch politische Regulierungen ein einziger »Klotz am Bein des Fortschritts.«[102] Diese moralische Keule ist die Überbietung des gängigen Argumentes, wer sich für Folgenabschätzung oder rechtliche Regulierung neuer Technologien einsetze, verhindere wirtschaftliches Wachstum und damit Wohlstand.

»Übermäßige Regulation ist wirtschaftlich kontraproduktiv und ethisch nicht tragbar, angesichts der Möglichkeiten, Krankheiten zu heilen.«[103] Das ist die Umkehrung des Prinzips Verantwortung von Hans Jonas, das Eingang ins Verfassungsrecht gefunden hat, und auf der jene Verantwortung beruht, die der Mensch für die Fernwirkungen der Technik trägt, die er selbst entwickelt, weshalb er die Folgen vor einer Anwendung prüfen soll.

Kurzweil tröstet sich angesichts des derzeitigen Elends mit den politischen Bremsern damit, dass es mit ihnen im Zeitalter einer Generellen Künstlichen Intelligenz endgültig vorbei sein wird: »Und was die Debatte anbelangt, ob solche Erweiterungen erstrebenswert sind, ist leicht abzusehen, wer gewinnen wird, denn die Menschen mit erweiterter Intelligenz werden sehr viel besser im Debattieren sein.«[104] Die Vertreter des technischen Fortschritts sollen also durch »erweiterte Intelligenz« technisch gedopt werden, um Politiker und Bürger argumentativ zu schlagen. Auch dieses Szenario ist schon in Ansätzen Realität geworden, wie die Entwicklung des *Project Debaters* durch IBM belegt, der mithilfe von KI menschliche Akteure in Debatten schlagen soll, wie zuvor schon KI-Software in Schach, Go oder Poker.[105]

Mit Kurzweils Argument kommt ein zweites wichtiges Muster der Kalifornischen Ideologie zutage: Längst nicht alle Menschen werden nämlich in den Genuss der technischen Optimierung kommen. Schon weil einige »fundamentale Humanisten« sich dagegen sperren werden, Implantate in Körper oder Gehirn einzusetzen. Deshalb läuft seine Vision darauf hinaus, dass mit den Cyborgs eine neue menschliche Rasse entsteht, die dem bloß »biologischen« Menschen überlegen sein wird.

Überraschenderweise glaubt Kurzweil, dass trotz allem »der Mensch im Mittelpunkt« bleibe. Denn der Mensch habe die Technik schaffen können, durch die der »beschleunigte Fortschritt« angestoßen wurde. Aber: Der »Mensch 2.0«, so der Titel der deutschen Ausgabe von Kurzweils Buch, wird nach dieser »Erlösung« sein menschliches Antlitz verlieren. Ob eine vollständig entfaltete kosmische Intelligenz, wie Kurzweil sie imaginiert, ihrem Schöpfer, dem Menschen, noch zu Dank verpflichtet sein wird, blendet er ebenso aus wie die Frage, welche Werte eine solche KI verfolgen würde und ob der Mensch diese Werte beeinflussen kann. Der eigentliche Vorwurf gegen Kurzweils digitalen Optimismus, den er nach Angaben von Max Tegmark[106] mit Larry Page teilt, ist, dass er die grundlegende Ambivalenz aller Technik zwar erwähnt, aber daraus die falsche Konsequenz zieht.

Wenn nämlich Technik zum Guten oder Schlechten eingesetzt werden kann, stellt sich die Frage, wer das Gute und das Schlechte definiert. Anstatt hier menschliche Werte oder überhaupt den Menschen ins Spiel zu bringen, suggeriert Kurzweil, dass man einfach die Technik diese Frage selbst beantworten lässt, indem man sich als Mensch möglichst nicht ihrem ungehemmten exponenziellen Entwicklungstempo in den Weg stellt.

Da Kurzweil Probleme in erster Linie als mathematische Probleme ansieht, ist er auch überzeugt, dass sie sich alle durch eine Verbesserung von Rechnerleitungen beheben lassen. Er stilisiert am Ende die Technik zu einem sich selbst steuernden System. Fortschritt wird konsequent auf technischen Fortschritt reduziert, kultureller oder sozialer Fortschritt kommen nicht vor. Alle Probleme der Menschheit lassen sich dann mit technischen Mitteln beheben. Fortschritt kann aber nicht selbstbezüglich gedacht werden, er ist immer Fortschritt auf dem Weg zu etwas anderem, sei es Gesundheit, Glück, Frieden, Gerechtigkeit oder anderen Werten. Die Technik enthält diese Werte nicht in sich selbst, sie müssen ihr vorgegeben werden, und zwar vom Menschen. Technik ist auch im Zeitalter der KI nur das Reich der Mittel, die Zwecke und insbesondere die Werte müssen von Menschen vorgegeben werden. Auch in Kurzweils Denken verfolgt die Technik einen vorgegeben Zweck – die Unterwerfung des Weltalls: »Dieser Fortschritt wird andauern, bis das ganze Universum in unseren Händen ist.«[107] Werden diese »Hände« aber noch dem Menschen gehören oder einer Künstlichen Intelligenz?

Bei Francis Bacon, dem Renaissancedenker, der als Begründer der modernen Wissenschaftstheorie gilt, war das Ziel der Wissenschaft das *Regnum Hominis*, die Wiederherstellung des paradiesischen Zustandes, als der Mensch den Tieren und Lebewesen Namen verlieh und dadurch, dass er damit ihr Wesen erfasste, Macht über sie gewann. Wie bei Bacon ist auch Kurzweils Mission, die in weiten Teilen als Mission von *Google* beziehungsweise *Alphabet* bezeichnet werden kann, nichts weiter als ein unvergleichliches Programm der Herrschaft durch Technik, die leicht in Herrschaft der Technik umschlagen kann. Wer den Kosmos »in seine Hand« bekommen will, scheut vor Manipulation nicht zurück. Emanzipation, die im lateinischen Wortsinn das Heraustreten aus der steuernden Hand (lateinisch: *manus*) der Autorität bezeichnet, wird in Kurzweils Bild auf die Art von *Google* beantwortet: Wenn das ganze Universum in ihrer Hand ist, hat sich Emanzipation erledigt. Die Dialektik dieses Herrschaftsprogrammes ist, dass am Ende des Prozesses »wir«, die wir doch die Herrschaft über das Weltall »in unseren Händen halten« sollen, gar nicht mehr existieren, weil die Technik die Menschen abgelöst hat. Eine wahrhafte und ebenso wahnhafte Dialektik der Digitalisierung.

Fassen wir zusammen:
– Die Ideologie der Singularität ist menschenfeindlich in einem buchstäblichen Sinn: Technik tritt an die Stelle des Menschen, der durch Technik zunächst *optimiert* und schließlich *hochgeladen* werden soll.
– Die Theorie ist freiheitsfeindlich: Statt den Menschen zu emanzipieren, soll die Künstliche Intelligenz den gesamten Kosmos »in ihre Hand« bekommen.
– Die Theorie ist demokratiefeindlich und ethisch verantwortungslos: Das Prinzip Verantwortung, also die Folgenabschätzung von Technik, wird lediglich als Fortschrittsfeind gesehen. Politische und ethische Debatten sollen im Zeitalter von KI zugunsten eines ungehemmten Technikeinsatzes entschieden werden.
– Die Theorie enthält Ansätze zu einem neuen Rassismus: Mit den Cyborgs soll eine technisch getunte überlegene Menschenart gezüchtet werden.

Kurzweils Transhumanismus ist alles andere als die harmlose Technikbegeisterung eines kindlich gebliebenen Nerds. Sie ist die Ideologie eines maßgeblichen Vertreters eines der mächtigsten Konzerne, die die Welt je gesehen hat. Die geringe Wahrnehmung ihrer teilweise kruden Thesen von technologischen Übermenschen und der Eroberung des Weltraums durch Künstliche Intelligenzen in der Öffentlichkeit, steht in großem Kontrast zu den Auswirkungen, die diese Theorien auf das Leben der Menschen schon heute haben.

Denn Kurzweils Theorien bleiben keine Theorien, sie werden praktisch umgesetzt. *Google* betreibt ein eigenes Unternehmen, das daran forscht, den Tod abzuschaffen: *Calico*[108], Tochter von *Google,* will den Tod überwinden, der, wie Kurzweil sagt, die Schnittstelle zwischen künstlicher und menschlicher Intelligenz bildet.[109] Der Name des Unternehmens steht für *California Life Company,* allerdings ist *Calico* auch eine Katzenart. Im sozialen Netzwerk *Google Plus* schrieb der Firmengründer Levinson: »Uns gefällt der alte Spruch, dass Katzen neun Leben haben. Das passt zu einem Unternehmen, das sich auf die Fahnen geschrieben hat, dem Alter ein Schnippchen zu schlagen.« *Calico* ist also gewissermaßen die *Grumpy Cat* von *Google*, mit dem Unterschied, dass diese Katze die wirkliche Unsterblichkeit erreichen soll und nicht wie die berühmte schlechtgelaunte Katze *Grumpy Cat* den Weg allen Irdischen gehen muss und Unsterblichkeit lediglich im Netz erreicht.[110] Katzen, wollt ihr ewig leben, möchte man da fragen. Bisher hat *Calico* schon mehr als 2,5 Milliarden Dollar investiert.[111] Längst laufen bei *Calico* reale Versuche und Experimente, um die Ziele einer Verlängerung des Lebens oder gleich den Sieg über den Tod zu erreichen.

Aus Kurzweils verschrobene Zukunftsszenarien lässt sich lernen, dass der Übergang vom Menschen zum Computer schon weit vor der »Singularität« einsetzt, dort nämlich, wo der Mensch glaubt, sich dem »überlegenen Computer« angleichen zu müssen. Der Computerpionier Konrad Zuse, den Kurzweil anführt, weil er als einer der ersten die These vertrete habe, der ganze Weltraum sei ein einziger Computer,[112] sagte sehr klug: »Die Gefahr, dass die Computer dem Menschen ähnlich werden, ist nicht so groß, wie die Gefahr, dass die Menschen den Computern ähnlich werden.«[113]

Interessant in diesem Zusammenhang ist ein Interview, dass *Google*-Direktor und Singularitätserfinder Kurzweil mit dem MIT-Forscher Marvin Minsky unter dem Titel *Is singularity near?* geführt hat, und das auf YouTube abgerufen werden kann.[114]

Minksy, der 1956 Mitbegründer der *Dartmouth Conference* war, wo der Begriff der KI erfunden wurde, war zweifellos einer der herausragenden Experten auf diesem Gebiet und Zeit seines Lebens voller Zuversicht, dass KI bald die menschliche Intelligenz überflügeln würde. Er begründete auch das Labor für Künstliche Intelligenz am MIT und war Träger zahlloser wissenschaftlicher Auszeichnungen.

Kurzweil und Minsky unterhalten sich in dem Video über das *High Level Management* des Gehirns, das verantwortlich dafür sei, zwischen verschiedenen Regionen des Gehirns umzuschalten und dabei den Überblick zu behalten. Kurzweil will wissen: »What is this master management program«? Philosophen würden sagen, die beiden sind auf der Suche nach dem Selbstbewusstsein. Minsky allerdings sieht kein »Selbst« beim Menschen: »I don't see there is any self«.

Minsky erklärt, dass man sich das Gehirn wie 400 in Reihe geschalteter Computer vorstellen müsse, doch er beklagt, dass alle Versuche, dem menschlichen Bewusstsein durch die Verschaltung von 400 Computern in Reihe auf die

Schliche zu kommen, leider gescheitert seien. Die Hoffnung, den *High Level Management-Agenten* dennoch zu finden, der für die Entwicklung einer Generellen KI eine Schlüsselrolle spielt, ruht sowohl für Kurzweil als auch für Minsky ihrerseits auf KI. Jedenfalls scheint Minsky sicher zu sein, dass KI ein Selbstbewusstsein beziehungsweise ein *High Level Management System* entwickeln wird: »Well, they (the computers) may have recompiled themselves.«[115] Plötzlich hat die KI also doch ein »Selbst«, jenes ominöse Etwas, das zuvor dem menschlichen Bewusstsein abgesprochen wurde.

Die beiden können sich gar vorstellen, dass KI ein »Herz« haben wird. Minsky: »We better take control, because it is not clear what interests they have at heart.« Und später sagt er: »Someone has to decide.« Mit »someone« sind wohl die Menschen gemeint, die KI entwickeln. Am Ende fordert Minsky also trotz aller Begeisterung für KI doch menschliche Entscheidungen, die diese Systeme kontrollieren.

Auch können Kurzweil und Minsky sich nur schwer vorstellen, welche Interessen die KI im Kern haben würde. Wie auch? Ihrem Welt- und Menschenbild fehlen dazu die Begriffe. Sie berücksichtigen in ihrem Bewusstseinsbegriff und ihren anthropologischen Annahmen nicht die grundsätzliche Möglichkeit des Menschen, sich zu sich selbst bewusst zu verhalten. Dieses *sich zu sich* verhalten, hat die Philosophie als *daimonia* (Sokrates), als Selbstbewusstsein (von Descartes bis Hegel), als Sorge (Heidegger) oder als Fähigkeit, die Bedeutung von Sprache durch ihren Gebrauch zu erzeugen (Wittgenstein) begriffen. Maschinen ist solches Selbstverhältnis, das die Basis für Bewusstsein ausmacht, wesensfremd.

Philosophen haben seit jeher versucht, dieses spezifische Selbstverhältnis des Menschen als eines mit Vernunft und Sprache begabten sozialen Wesens zu erfassen, und damit seine besondere »Stellung im Kosmos«[116] zu bestimmen. Bei der Frage, ob es Maschinen grundsätzlich möglich ist, menschliches Bewusstsein zu erlangen oder zu imitieren, muss auf diese Konzepte eingegangen werden.

«If you had scanners in the brain, that are able to find a structure that you can upload, than you have a backup, would you consider it a copy of you?«, fragt Kurzweil, der damit an seine Idee eines »Uploads« des Bewusstseins auf eine Festplatte als Sieg über die Sterblichkeit anspielt. Minsky reagiert zustimmend, will sich aber mit der Vorstellung eines ewigen Lebens im Cyberspace dann noch nicht anfreunden.

Kurzweil macht im Interview immer wieder deutlich, dass er von einem »Quantensprung« der Technik die Erlösung von menschlichem Leiden erwartet. Und immer wieder geht es darum, dass KI die menschliche Intelligenz zunächst perfekt kopieren soll. Die Technik ahmt aber menschliche Intelligenz nur nach, und das auch nur in Teilbereichen. Sie kann sie kaum kopieren – wohl auch als Generelle KI nicht. Dazu fehlen ihr Wille, Leiblichkeit und die Phantasie des menschlichen Bewusstseins, wie auch die Fähigkeit, in der einzigartigen Struktur des Selbstbewusstseins zugleich Subjekt, Objekt und die Aktivität dieser Selbstvergewisserung zu sein, eine Struktur des menschlichen Geistes, die Voraussetzung für Freiheit und Selbstbestimmung ist.

Wir werden es also immer nur mit einer Nachahmung zu tun haben, die auf anderen, weil technischen Grundprinzipien beruht, unabhängig davon, welche Speicherkapazitäten und Rechengeschwindigkeiten erreicht werden. Genau genommen sind die Maschinen nicht einmal zu einer vollständigen Nachahmung fähig, denn auch Gefühle und Intuition des Menschen werden von ihnen nur nach dem Verfahren der statistischen Induktion hochgerechnet. Wenn solche Systeme also »verständnisvoll« antworten, ist das nur mathematischer Schein und meilenweit von echter Empathie entfernt. Das macht die Vision einer Generellen KI nicht weniger bedrohlich: Denn solche Systeme können in vielen Bereichen schneller sein als der Mensch und den Eindruck einer »göttlichen« Allwissenheit vermitteln, aus der sich für ihre Bewunderer göttliche Allmacht ableitet. Und diese Macht können sie ganz real ausüben, wenn wir zulassen, dass sie wesentliche Entscheidungen treffen, ohne dass ihre Rechenschritte dabei transparent gemacht werden und ohne, dass am Ende ein Mensch die finale Entscheidung treffen muss.

Wir widmen uns den Theorien von Kurzweil nicht zuletzt wegen seiner enormen Gestaltungsmacht als *Googles* Chefentwickler und seines ebenso großen Einflusses auf Larry Page, den seine Bewunderer als den Menschen ansehen, der die Welt am einschneidendsten verändern kann. Franklin Foer schreibt, dass Larry Pages Zukunftsvision einer optimierten Welt ihn an Voltaires satirischen Roman *Candide oder Der Optimismus* erinnere, vor allem an die Figur des *Pangloss*. »Nach Larry Pages Pangloss'scher Theorie des Lebens auf der Erde ist eine Welt ohne Mangel und voller Wunder zum Greifen nahe.«[117] - Dank Technik keine Not, keine Krankheiten und kein Tod, kurz, eine »optimale« Welt. Pangloss war der Lehrer von Candide. Er begleitete ihn auf dessen abenteuerlicher Reise und hielt dabei eisern an der Überzeugung fest, dass es sich bei der Welt trotz aller Leiden, denen sie begegneten, um die beste aller mögliche Welten handelte. Auch Leibniz war davon überzeugt, dass sich alles auf Erden zwangsläufig auf den bestmöglichen Zustand hin entwickele.

Aber das ist eine Haltung, die zur menschlichen Untätigkeit führt, denn auf den Menschen kommt es im Determinismus nicht an. Gleichzeitig wirkt sie wie eine selbsterfüllende Prophezeiung, die auch den Fatalismus in Voltaires beißender Satire auszeichnet: Wenn wir alles nach technischen Kriterien laufen lassen, weil wir glauben, dass wir keine andere Wahl haben, wird es auch tatsächlich nach technischen Kriterien laufen. Gegen die Vorstellung der Welt als Optimierungsprozess nach mathematischen Formeln, der zwangsläufig auf die beste aller möglichen Welten zusteuert, hilft der Satz von Candide:»Wenn dies hier die beste aller möglichen Welten ist, wie sind dann bloß die anderen?« Eine Frage, die wir nicht müde werden sollten, zu stellen.

Wenn man wie Kurzweil (und in gewisser Weise auch Leibniz) die Kriterien für »Optimierung« zuvor mathematisch definiert hat, kann die beste aller möglichen Welten konsequenterweise auch nur mathematisch angesteuert werden. Leibniz wollte allerdings, anders als seine kalifornischen Nachfolger, nur eine Maschine programmieren, das sei zu seiner Ehrenrettung angefügt.

Voltaire empfahl gegen den durch Leibniz mathematisch hergeleiteten Optimismus eine große Portion Skepsis. Sein Schlachtruf gegen diejenigen, die den üblen Zustand der Welt schönreden, lautete: *Écrasez l'infâme!* Zerstört das Niederträchtige, nämlich die infamen Lügen der Priester und Herrscher, das Bündnis von Thron und Altar, das sich im Besitz letzter Wahrheiten der Offenbarung wähnt und zu Fanatismus, Intoleranz und Konformismus führen muss. Der Schlachtruf des großen Aufklärers ließe sich heute mit einigem Recht in *Écrasez GAFAM!* umwandeln.

Denn an die Stelle des Bündnisses von Thron und Altar im 18. Jahrhundert tritt heute das Bündnis von ökonomischer und informationeller Macht. Der Altar unserer Zeit ist die Religion der Optimierung. Die neue Schlachtbank, auf der das Subjekt geopfert werden soll, ist die Datenbank.

Kurzweil erklärt gleich in der Vorrede seines Buches, dass ihm früh die tiefgreifenden Konsequenzen der »Metaidee« bewusst geworden seien, dass »die Macht der Ideen, die Welt zu verändern, immer größer wird.«[118]

Warum die Idee, bei der Lösung von Zukunftsfragen ausschließlich auf technische Lösungen zu setzen, wie Kurzweil es tut, dann aber nicht glücklich ist, wollen wir jetzt untersuchen.

C 2 Die drei Quellen der Kalifornischen Ideologie

Im Folgenden wollen wir die Hauptquellen betrachten, aus denen sich die Kalifornische Ideologie zusammensetzt:

Kybernetik/Informatik
Darwinismus
Neoliberalismus

2.1. Kybernetik

»Die sicherste allgemeine Charakterisierung der philosophischen Tradition Europas lautet, dass sie aus einer Reihe von Fußnoten zu Platon besteht.«
Whitehead, *Prozeß und Realität (Process and Reality)*, S. 91

Kurz nach dem Ende des zweiten Weltkrieges werden zwei Bücher veröffentlicht, die auf sehr unterschiedliche Weise jeweils einen ganz eigenen Beitrag zu den Kriegsanstrengungen resümierten und dabei direkt oder indirekt Bezug auf Platon nehmen. Beide haben eine große Wirkung entfaltet.

Es sind Karl Poppers *Die offene Gesellschaft und ihre Feinde*, erschienen 1945, und Norbert Wieners Begründung der Kybernetik mit dem Werk *Kybernetik, Regelung und Nachrichtenübertragung im Lebewesen und in der Maschine* aus dem Jahr 1948. Beide Bücher reflektieren auf ihre Weise die totalitären Systeme von Stalinismus und Nationalsozialismus, ziehen aber aus der Erfahrung des Totalitarismus ganz unterschiedliche Lehren.

Der Mathematiker und Philosoph Norbert Wiener prägte den Begriff *Kybernetik*, der ein Kunstwort ist, gebildet aus dem griechischen κυβερνητικός (kybernetikos, steuermännisch), κυβερνήτης (Kybernetes, Steuermann) und κυβέρνησις (Kybernesis, Leitung, Herrschaft).

Die Neuerung der Kybernetik brachte Wiener schon im Titel seines 1948 erschienen Buches zum Ausdruck: *Control and Communication in the Animal and the Machine*.[119] Technik und Biowissenschaften sollen durch die Kybernetik vereinigt werden. Damit wollte Wiener auch einige der Probleme lösen, an denen er selbst als Ingenieur im Zweiten Weltkrieg gearbeitet hatte, als er sich mit der Berechnung der Flugbahnen von Flugzeugen und Flugabwehrgeschossen beschäftigt hatte. Ziel war damals die Entwicklung eines »Fliegerabwehr-Prädiktors«, der die Voraussage über die künftige Position von Flugzeugen erlauben sollte. Wiener glaubte daran, dass er mit dem Mechanismus der Rückkopplung die »Eigenschaft, künftiges Verhalten durch vergangene Leistung regeln zu können«, entdeckt habe.[120]

Weil er dabei auch das Verhalten der Piloten berücksichtigen musste, stand an der Wiege der Kybernetik die Schnittstelle Maschine-Mensch. Die Kybernetik beschreibt ein Wirkprinzip, das in Organismen und in technischen Systemen gleichermaßen nachweisbar ist. Im Mittelpunkt stehen die Begriffe der Kommunikation und der Regelung sowie der Kontrolle. Die Regulierung zwischen einem gemessenen Istzustand und einem vorgegebenen Sollzustand erfolgt durch negative Rückkopplung. Diese verfolgt das Ziel, jede Abweichung im Funktionszusammenhang selbsttätig zu kompensieren.

Wieners grundlegende Einsicht bestand darin, dass die steuernde Kraft durch Rückkopplung Kontrolle über die gesteuerten Ströme an Energie oder Informationen ausübt. Systeme, ob biologische oder technische, werden ihm zufolge so vollständig gesteuert.»Ich behaupte, dass die physischen Funktionsweisen des lebenden Individuums und die einiger neuerer Kommunikationsmaschinen in ihren analogen Versuchen, die Entropie durch Rückkopplung zu steuern, vollkommen parallel sind.«[121] Darüber hinaus gehende menschliche und soziale Steuerungsprinzipien wie moralische oder ethische Normen kann die Kybernetik nicht begründen. Wiener hielt solche Werte auch gar nicht für notwendig, sondern glaubte fest, dass Totalitarismus sich durch technische Informationssteuerung am besten bekämpfen ließe:»Die Lösung des Totalitarismusproblems bestand für Wiener darin, die Welt als ein System geteilter Kommunikation auf gleicher Augenhöhe zu begreifen, das von Computern modelliert und gemanagt werden kann. Implizit heißt das, der richtige Weg zur Verwirklichung der Vision des Komitees und zur Demokratisierung der Gesellschaft bestehe darin, den Politikern Macht abzunehmen und sie in die Hände von Technikern zu legen.«[122]

Norbert Wiener führte den Begriff der Kybernetik mit Bezug auf James Maxwell ein. Der bedeutende Physiker Maxwell hatte 1867 in seinem Werk *On Governors* Fliehkraftregler als *Governors* bezeichnet. Für Wiener ist die Steuerung eines Schiffes das Urbild für einen Rückkopplungsmechanismus.»Wir haben beschlossen, das ganze Gebiet der Nachrichtentheorie, ob in der Maschine oder im Tier, mit dem Namen ›Kybernetik‹ zu benennen, den wir aus dem griechischen ›Steuermann‹ bildeten. [...] Wir wollen damit auf die Tatsache verweisen, dass die Steuermaschine eines Schiffes tatsächlich eine der ersten und am besten erforschten Rückkopplungsmechanismen ist.«[123]

Auch Platon hatte das Bild des Steuermanns in einem seiner berühmten Gleichnisse verwendet, in dem er den Staat mit einem Schiff vergleicht. Die Wortschöpfung *Kybernetik* verweist damit auf das Schiffsgleichnis in Platons *Politeia*.

In Platons Gleichnis ist das Schiff eine Metapher für den Staat, der Eigentümer des Schiffes ist das Volk. Dieses ist zwar stark, allerdings taub und aufgrund fehlender nautischer Kenntnisse nicht in der Lage, das Schiff durch Wind und Wellen zu steuern. An der Frage, wer steuern soll und dies am besten kann, entbrennt ein Streit zwischen den Besatzungsmitgliedern. Aber auch sie zeichnen sich durchweg bestenfalls durch Halbwissen aus. Doch die Menge zieht in Platons Augen das Halbwissen der Weisheit vor. Im Schiffsgleichnis wollte er erläutern, warum die Philosophen trotz ihrer Wahrheitsliebe einen schlechten Stand beim Volk haben.[124] Für Platon ist die Antwort klar: Nur derjenige kann Steuermann werden, der über das größte Fachwissen in Form der besten nautischen Kenntnisse verfügt, ob er jetzt die Zustimmung des Volkes findet oder nicht. Wer sonst soll Kurs halten bei Wind und Wellen und die Besatzung sicher ans Ziel bringen? Platons Metapher versteht sich durchaus als Demokratiekritik. Er stand unter dem Eindruck politischer Kämpfe in der attischen Demokratie, die zunehmend zu Instabilität führten. Sogar sein geliebter Lehrer Sokrates war wegen Gottlosigkeit angeklagt und zum Tode verurteilt worden. Platons Staatslehre muss also vor den Hintergrund einer Krisenerfahrung in Gesellschaft und Kultur der attischen Demokratie verstanden werden. Wie immer, wenn Traditionen und überlieferte Werte ihre bindende Kraft einbüßen, wächst das Bedürfnis, etwas Neues an ihre Stelle treten zu lassen. Für Platon kann dieses Neue nur als Ergebnis vernünftiger Einsicht und Planung entstehen. In den schwankenden Meinungen des Volkes und der ständigen Gefahr, dass Demagogen es beeinflussen und zu falschen Beschlüssen überreden konnten, sieht Platon ein Problem der Demokratie. Rettung kann für ihn nur der Philosophenherrscher bringen, der einem hierarchisch gegliederten Gemeinwesen vorsteht, in dem jeder eine Funktion für das Ganze erfüllt.

Diese antidemokratische Tendenz von Platons Staatslehre ist selten so scharf kritisiert worden wie von Karl Popper mit dem sprichwörtlich gewordenen Titel seines Hauptwerks *Die offene Gesellschaft und ihre Feinde*. Geschrieben während des Zweiten Weltkrieges, sollte es ein »Beitrag zu den Kriegsanstrengungen«[125] sein: eine philosophisch-theoretische Wendung gegen alle totalitären Ideen, die zu den Herrschaftssystemen des Stalinismus und des Nationalsozialismus geführt hatten. Popper unterstellt Platon, in der *Politeia* mit dem Entwurf einer geschlossenen Gesellschaft den totalitären Ideologien des 20. Jahrhunderts den Weg bereitet zu haben.

Der Steuermann, der aufgrund seines »höchsten Wissens« den Kurs für alle anderen vorgibt, ist in seinen Augen das Urbild des Diktators, mindestens aber des Technokraten, der mit seinem elitären Wissen einen absoluten Herrschaftsanspruch legitimiert. Popper unterstellt Platon, gegenüber Sokrates einen verhängnisvollen Schritt bei der Definition des Philosophen getan zu haben, indem er diesem die Fähigkeit zuschrieb, das ewige Wissen zu schauen und zu kennen, während Sokrates immer von der Suche nach und der Liebe zur Wahrheit gesprochen habe. »Platons idealer Philosoph ist fast allwissend und allmächtig. Er ist der königliche Philosoph. Es ist schwer, sich einen größeren Gegensatz vorzustellen als diesen Gegensatz zwischen dem sokratischen und dem platonischen Ideal eines Philosophen.«[126] Der allwissende und allmächtige Herrscher steht einer geschlossenen Stammesgesellschaft vor, die in Poppers Augen Platons Ideal darstellte. Darin sieht Popper das Gegenbild zur offenen Gesellschaft, die ein lernfähiges System bildet, in dem ihre Mitglieder jederzeit die eigene Fehlbarkeit einberechnen und dadurch zu Kurskorrekturen fähig sind. Wie in seiner Gesellschaftstheorie so steht auch in seiner Wissenschaftstheorie (»Fallibilismus«) die Fähigkeit der Selbstkorrektur im Zentrum. Offenheit und die Fähigkeit zur Kritik führen dazu, dass wissenschaftliche Annahmen immer wieder falsifiziert werden und dadurch wissenschaftlicher Fortschritt möglich ist. Zugleich führen sie zu einer humanen und offenen Gesellschaft, die nicht dem Terror geschlossener Systeme wie Stalinismus und Nazismus verfällt. Poppers Kritik am platonischen Staatsmythos zielt auf die absolute Form, in der der Philosophenkönig laut Platon herrschen soll, weniger auf den eigentlichen Rationalismus Platons, der die neue Herrschaft durch vernünftige Einsicht begründen wollte.

Wieners kybernetischer Steuermann dagegen reklamiert aufgrund seines Informationsvorsprungs das Steuer für sich. Interessant ist in unserem Zusammenhang, dass bei Wiener durch die doppelte Ableitung des Begriffes Kybernetik aus den Worten für Steuermann und Leitung/Herrschaft der Steuermann nicht nur die richtigen Mittel einsetzt, um das Schiff sicher zu steuern, sondern auch die Herrschaft über die Ziele und den Kurs und damit die Zwecke innehat. Wenn die »Regelung der Nachrichtenübertragung im Lebewesen und in der Maschine« sich unter einer Theorie vereinigen ließe[127], können Gesellschaften und Lebewesen letztlich wie Maschinen gesteuert und damit beherrscht werden, weil das menschliche Verhalten in Rechenprozessen darstellbar wäre. Der Informationsfluss sichert die Abläufe im System, in dem Fehler und Abweichungen als reine Kommunikationsstörungen erscheinen. Entscheidend ist auch, dass Wiener die »Steuermaschine eines Schiffes«, die für ihn das Urbild des Rückkopplungmechanismus ist, kurzerhand mit dem Kapitän identifiziert, der den Kurs vorgibt. Bei Platon war der Steuermann noch derjenige, der sagt wo es lang geht, und dann die Verantwortung für das Einschlagen des Kurses übernimmt. »Die Kybernetik ersetzt also Begriffe wie Bewusstsein, Leben und Seele durch Nachricht, Kontrolle und Rückkopplung.«[128]

Wiener selbst wusste um die Bedeutung der Technik für das Selbstverständnis einer Epoche. »Das Denken jedes Zeitaltes spiegelt sich in seiner Technik wieder«, heißt es in dem programmatischen Kapitel *Regelung und Nachrichtenübertragung im Lebewesen in der Maschine*.[129] Und wenig später durchaus selbstbewusst: »Wenn das 17. und frühe 18. Jahrhundert das Zeitalter der Uhren war und das späte 18. und das 19. Jahrhundert das Zeitalter der Dampfmaschine, so ist die gegenwärtige Zeit das Zeitalter der Kommunikation und der Regelung.« Dieselbe Regelung in Maschinen, lebenden Organismen und sozialen Organisationen, zusammengeführt in einem einzigen großen Supersystem, das ist der kybernetische Traum. Der auch zum Alptraum werden kann.

Wiener selbst glaubte, dass mit dieser Technik eine neue Epoche rationaler Steuerung auch von gesellschaftlichen Prozessen beginnen würde. Für ihn bestand der Fortschritt gegenüber den totalitären Systemen darin, dass seine Informationstheorie die Macht der Mythen beendete, auf die Herrschaft bisher gestützt war. Doch diese Rationalisierung kann ihrerseits dazu führen, dass die Informationsmaschinen ihrerseits verzaubert werden. Und der Mensch sich dann den Maschinen anpasst, die er für ihre überlegene Informationsverarbeitung bewundert. So droht die Informationstheorie selbst zum Mythos zu werden.

Laut Platon soll derjenige das Steuer in die Hand nehmen, der am meisten Einsicht und Kenntnis hat, auch wenn er nicht gewählt wird. In Wieners System kann das am Ende eine Maschine sein, die in der Geschwindigkeit der Informationsverarbeitung dem Menschen überlegen ist. Die Ausübung der Macht in hochkomplexen Gesellschaften durch kybernetische Steuerungs- und Kontrollprozesse sollte in Wieners Vorstellung das Totalitarismusproblem lösen, kann jedoch ebenso in totalitäre Strukturen führen, wie die Mythen, die Wiener ursprünglich kritisierte. Die Analyse von Popper hat gezeigt, dass eine Gesellschaft, in der Kommunikation ausschließlich dazu dient, Abläufe zu kontrollieren und in der der einzelne Mensch auf seine Funktion in einem System reduziert wird, das Urbild einer geschlossenen Gesellschaft darstellt: Der »allwissende und allmächtige« Experte regiert darin, wie Popper schrieb. Seine Unterscheidung eines offenen Systems, dem eine offene, humane Gesellschaft entspricht, und eines geschlossenen Systems, das einer autoritären Stammesgesellschaft gleicht, ist für unsere Analyse hilfreich. Ebenso wie sein Begriff des »Historizismus«, mit dem er den Irrglauben bezeichnet, geschichtliche Abläufe scheinbar wissenschaftlich erkennen und vorhersehen zu können. Diese geschlossenen Weltbilder stellen in Poppers Augen die Grundlage für »Prophezeiungen« dar, also unbedingte Vorhersagen, die entweder zu einem Fatalismus oder zu einem Aktivismus führen, der dazu aufruft, das ohnehin Unabwendbare zu beschleunigen und herbeizuführen. Beide Geschichtsbilder dienen dem Versuch, die Gesellschaft zu manipulieren. Interessant ist, dass sich Poppers Analyse in unseren Tagen bestätigt: Offenbar führt eine kybernetisch-technische Steuerung der Informationsflüsse, wie wir sie durch nichtmenschliche Akteure derzeit in der digitalen Kommunikation erleben, eher in die Stammesgesellschaft zurück, als dass sie der offenen Gesellschaft neue Ressourcen zuführt. Eine offene und pluralistische Gesellschaft setzt auf freie Individuen, die sich selbst bestimmen, weil sie sich frei informieren können. Sie muss sich Verfahren und Steuerungsinstrumente geben, die den Steuermann bestimmen und dessen Macht zugleich beschränken, anstatt sich einer Maschine zu unterwerfen.

2.1.1. Exkurs: Kybernetik und Systemtheorie

Die Theorie von der Rückkopplung durch Information in Systemen speist auch die Medientheorie von Marshall McLuhan – über Medien als »Extensionen des Körpers« – sowie die sozialen Systemtheorien von Parsons bis Luhmann. In ihnen wurden die Grundprinzipien der noch neuen Computerwissenschaft endgültig zum »Grundprinzip einer neuen politischen Vision«[130] ausgearbeitet. Einige Annahmen beider Theorien finden wir den aktuellen Ausprägungen der Kalifornischen Ideologie wieder.

McLuhan beschreibt in seiner Medientheorie die Ablösung der Gutenberg-Galaxis durch die elektronischen Medien Fernsehen und Computer. In diesem medienhistorischen Umbruch erscheinen ihm die Medien als technisches Zentralnervensystem der Menschheit. Technische Artefakte versteht er als Mittel zur Leistungssteigerung des Körpers. Er schließt damit an die *Prothesen-Theorie* der Technik an, wie Freud[131] und Gehlen[132] sie formuliert haben: »Alle Medien sind Erweiterungen bestimmter menschlicher Anlagen – seien sie psychisch oder physisch.«[133] Sie haben dadurch einen Doppelcharakter: Sie können die menschlichen Aktionsfelder einerseits stetig erweitern und diese gleichzeitig verändern. McLuhan zufolge beeinflussen Medien zuerst die Kognition und in der Folge die soziale Organisation der Menschen. Doch es bleibt die Frage, ob, und wenn ja, wie sich diese Steuerung selbst steuern ließe. Also: Wer steuert? Und: Wer steuert, wer steuert?[134]

Talcott Parsons hatte in den 1950er-Jahren den Begriff der *symbolisch generalisierten Kommunikationsmedien* eingeführt, der für ihn eine wichtige Funktion in den gesellschaftlichen Handlungssystemen einnimmt. Parsons zufolge differenzieren sich moderne Gesellschaften in Handlungssysteme aus, die jeweils bestimmte Problemlagen funktional bearbeiten. Das berühmte *Vier-Funktionen-Schema* führt auf: 1. Anpassung (*Adaption*) als Funktion des ökonomischen Systems, in dem es um die Erfordernisse des Gütersystems geht. 2. Zielerreichung (*Goal-Attainment*) steuert das politische System, in dem es um gesellschaftliche Macht geht. 3. Soziale Systeme werden durch Integration, 4. kulturelle Systeme durch Latenz oder Werterhaltung (*Pattern Maintenance*) gesteuert. Symbolisch sind die Kommunikationsmedien, weil sie die Steuerungsaufgabe nicht einmalig, sondern ständig erfüllen müssen. Für Parsons sind soziale Steuerungsmedien vor allem Geld und Macht.

Im Anschluss an Parsons erweitert Niklas Luhmann diese Skala, macht aber vor allem Kommunikation zur Grundlage der Systemtheorie. Durch Kommunikation regelt sich das System und betreibt seine Selbsterhaltung. Öffentliche Meinung ist für Luhmann eingebettet in die »thematische Struktur der öffentlichen Kommunikation«, die durch »Aufmerksamkeitsregeln« geprägt wird. Aufgrund der Knappheit der Ressource Aufmerksamkeit steuern etwa der Neuigkeitswert, der Status des Absenders oder aktuelle Krisen die Regeln der politischen Kommunikation. Luhmann verstand die Systemtheorie konsequent deskriptiv. Ihm zufolge zielt die öffentliche Kommunikation deshalb nicht auf die Herstellung eines allgemein akzeptierten vernünftigen Ergebnisses, sondern vielmehr lediglich auf »die Anpassung der Themenstruktur des politischen Kommunikationsprozesses an den jeweiligen Entscheidungsbedarf der Gesellschaft und ihres politischen Systems.«[135]

Mit anderen Worten: Die Systemtheorie geht zwar von einer ständigen Kopplung der Subsysteme und damit von einem Austausch der Medien in einem dynamischen Prozess aus, kann aber keine über die bloße Selbsterhaltung des Systems hinausgehenden Normen begründen, sondern lehnt das von vornherein ab. Damit reduziert sie Politik auf Sozialtechnologie.

Wenn man hingegen Menschen und Gesellschaften als Systeme betrachtet, die Normen hervorbringen, denen sie freiwillig folgen können, kommt man mit der Systemtheorie nicht weiter, sobald es darum geht, diese Ziele selbst zu bestimmen oder zu kritisieren. Kybernetik und Systemtheorie können zwar die Steuerungsprozesse in technischen und auch sozialen Systemen beschreiben. Sie können aber auf die Frage, wer legitimerweise der Steuermann sein sollte, wie dieser ermittelt und kontrolliert wird und wohin die Reise vernünftigerweise gehen sollte, keine überzeugende Antwort geben.

2.2. Darwinismus und Sozialdarwinismus

Darwinismus wollen wir hier als die Evolutionstheorie von Darwin und Wallace verstehen, welche die Selektion und Mutation als die grundlegenden Entwicklungsprinzipien des Lebens beschreibt und die gleichzeitig auch als Universaltheorie des Lebens auftritt. Eine solche Universaltheorie der Evolution wird heute unter anderem von Daniel C. Dennett vertreten.[136] Sie versucht, auch nichtbiologische Entwicklungsprozesse, in denen eine gewisse Variabiliät auftritt, mit Selektionsprinzipien zu erklären.

Eine frühe Universalisierung erfuhr der Darwinismus in Form des Sozialdarwinismus, der das Evolutionsprinzip aus der Natur auf die Gesellschaft übertrug, wobei unterschiedliche Erklärungsansätze in Natur und Gesellschaft eingeebnet wurden. In Natur und Gesellschaft gleichermaßen grundlegend sei der Kampf ums Dasein. Dabei gelte das Gesetz des Stärkeren, der die Schwachen beherrscht und sie letztlich beseitigt.[137] Philosophisch wurde früh kritisiert, dass dem Sozialdarwinismus ein naturalistischer Fehlschluss zugrunde liegt, der in unzulässiger Weise von Sein auf das Sollen schließt.[138] So wurde der Gedanke einer Zuchtwahl innerhalb der Menschengattung später unter anderem zur Grundlage der Eugenik, und damit zu einer der Quellen der nationalsozialistischen Ideologie.

Der Sozialdarwinismus stellte eine seinerzeit beliebte Popularisierung der bahnbrechenden Entdeckungen Darwins dar, die Darwins Erkenntnisse auf die Gesellschaft übertragen wollte. Was nicht sonderlich verwundert, wenn man bedenkt, dass Darwin Begriffe wie »Kampf ums Dasein« und »Überleben des Stärkeren« von dem Philosophen Herbert Spencer übernommen hat, der seinerseits mit diesen Begriffen ursprünglich eine Gesellschaftstheorie begründen wollte.[139]

Spencer vertraute einem radikalen Marktliberalismus, den er in Beziehung zum Naturprozess setzte: Ebenso wie das blinde Naturgeschehen mit dem Kampf ums Dasein im Zentrum zwangsläufig zu einer Höherentwicklung der Lebewesen führe, würden der blinde Marktmechanismus und das freie Spiel der Kräfte notwendigerweise zum Fortschritt der Gesellschaft führen. Da Darwin ursprünglich bei der Formulierung seiner Theorie auf Gesellschaftsmodelle zurückgriff, fiel es in der Folge vermeintlich leicht, seine revolutionäre Naturtheorie wieder auf die Gesellschaft zurück zu übertragen.

Wir treffen hier auf einen für Universaltheorien typischen Vorgang wechselseitiger Zuschreibungen. Natur und Gesellschaft werden jeweils im Lichte bestimmter Wertvorstellungen interpretiert, und gleichzeitig wird durch die Behauptung, alles sei ja wertfrei, der Einfluss dieser Grundannahmen auf die Ergebnisse der Theorie ausgeblendet. Es bedarf dann einer kritischen Theorie, um die Genealogie, also den Entstehungsvorgang und damit die Vermischung von Geltungsansprüchen wieder zu entschlüsseln.

Die Entdeckung der Gesetze von Mutation und Selektion als Grundgesetze der natürlichen Entwicklung der Arten stellt eine der Schlüsselerkenntnisse der Wissenschaftsgeschichte dar. Was den Darwinismus als Inspirationsquelle für ideale Gesellschaftssysteme betrifft, so sollten allerdings alle Alarmglocken läuten. Denn die Behauptung, das Recht des Stärkeren müsse auch in der Gesellschaft und unter Menschen gelten, bildete eine der ideologischen Grundannahmen im kruden Weltbild der Nationalsozialisten.[140]

Wenn heute Vertreter der Kalifornischen Ideologie wie Kurzweil Lebewesen als »zelluläre Automaten« und letztlich als Algorithmen definieren, deren Ziel in der Optimierung von Informationsverarbeitung bestehe, so begehen sie ähnliche Fehlschlüsse wie der Sozialdarwinismus. Und sie zahlen dafür den Preis, dass sie Normen weder begründen noch vernünftig kritisieren können. Denn eine naturalistische Weltanschauung, in der das einzige Ziel die Optimierung von Informationsverarbeitung darstellt, kann am Ende Macht und Geltung nicht mehr unterscheiden und damit die Frage nicht beantworten, ob und unter welchen Umständen Macht legitim ausgeübt wird oder nicht. Die Preisgabe dieser Unterscheidung hat allerdings weitreichende Konsequenzen. Heute steht in der Weltpolitik und auch in der Gesellschaftstheorie zunehmend die These von der Herrschaft der Macht der These von der Herrschaft des Rechts gegenüber. Wir Europäer setzen auf das Recht, Amerika kaum noch, Russland und China unverhohlen auf die Macht.

2.3. Neoliberale Spieltheorie

Wie Frank Schirrmacher[141] aufgezeigt hat, ist die Spieltheorie im Zweiten Weltkrieg entwickelt worden, um zunächst das Verhalten des Feindes besser berechnen zu können. Das verbindet sie mit der Kybernetik, die in Norbert Wieners Versuchen wurzelt, die Flugbahnen von Flugabwehrgeschossen zu berechnen. Die Spieltheorie unterstellt dabei jedem Teilnehmer maximales Verfolgen von Eigeninteressen. In der Konsequenz wird der Mensch ganz zum *Homo oeconomicus*, zum egoistischen Nutzenmaximierer. Statt auf Moral zu setzen, muss man in einer solchen Welt laut Schirrmacher »hinter allem das Schlimmste vermuten.«[142]

Weiterentwickelt zur *Rational-Choice-Theorie*, eroberte die Spieltheorie nach dem Krieg zunächst die Sozial- und Gesellschaftswissenschaften und dann die Finanzwelt, um mit spielwissenschaftlichen Methoden das Verhalten von Marktteilnehmern vorauszusagen und Handlungen zum eigenen Vorteil zu planen. Schirrmacher sieht das Prinzip der Methode darin, dass Vernunft auf Berechnung reduziert wird: »Lerne vernünftig zu handeln hieß: Lerne so zu handeln und zu denken, dass du immer von dem Eigeninteresse aller ausgehst.«[143]

In der Logik des neoliberalen Weltbildes ist diese Haltung dann der Kern jeglicher Rationalität und auch Moralität, die am Ende allerdings zum Verlust aller Moral führt. »Ein Weltbild, das hinter allem menschlichen Tun die unausweichliche Logik des Eigennutzens am Werk sieht, produziert Egoismus wie am Fließband.«[144] Das Eigeninteresse aller soll dann aber – analog zu Adam Smiths Formel durch das Wirken der *unsichtbaren Hand* – zum größten Glück der größten Zahl führen. In einer Welt von rationalen Egoisten ergebe sich so höchstmög-licher Wohlstand für alle und ein ideales Gemeinwesen von ganz allein: Harmonie im Ganzen als direktes Ergebnis des Handelns egoistischer Monaden. Schirrmacher erkannte, dass bis heute eine Verbindung des *Homo oeconomicus* mit der Informatik besteht, weil sich die Szenarien der Spieltheorie leicht in Algorithmen umwandeln lassen.

Optimieren heißt in der Kalifornischen Ideologie, den eigenen Vorteil und den eigenen Nutzen zu maximieren: Profitabilität, Produktivität, Funktionalität, Effizienz, Vorteil – alles maximiert für den Einzelnen, oder, je nach Betrachtungsweise, für den betreffenden Konzern. *Optimieren* bedeutet weiter im Sinne der Kybernetik, dass Herrschaftsmacht durch eine Steuerungssoftware ausgeübt und alles getan wird, um den reibungslosen Informationsfluss sicherzustellen.

Für den Darwinismus heißt optimieren schließlich, dass sich im Kampf der Menschen und Gesellschaftssysteme der Stärkere durchsetzen wird, der im Denken des Informationskapitalismus derjenige ist, der Informationen am besten, also unmittelbarsten und schnellsten verarbeitet. Wer den schnellsten Computer hat, hat die Herrschaft. Dieser Logik folgt auch der Ausspruch von Russlands Präsident Wladimir Putin über KI:»Wer in diesem Bereich die Führung übernimmt, wird Herrscher der Welt«[145], sagte er 2017 vor Studenten.

Kybernetik und Systemtheorie als Quelle der Kalifornischen Ideologie ist gemeinsam, dass sie keine Kriterien enthalten, mit denen es möglich wäre, darüber zu reflektieren, was das »Gute Leben« außerhalb ihrer jeweiligen Systemlogiken sein könnte. Die Systeme sind vielmehr rein auf Selbsterhaltung aus, der die Steuerungsprozesse dienen. »Optimierung« bedeutet dann, die Informationsverarbeitung zu verbessern. Das System ist dadurch in der Lage, mehr Komplexität zu verarbeiten und besser zu laufen. Egal wohin.

Dieses »Egal-wohin« wird heute durch die Propagierung einer privatwirtschaftlichen Ethik und Selbstregulierung der Konzerne verbrämt. Wortschöpfungen wie *AI for Good* täuschen vor, es gäbe ein allgemein anerkanntes Gutes, das die Konzerne entweder selbst oder in Zusammenarbeit mit Experten, wie z. B. Ethikern ermitteln könnten. In der Tat ist so eine ganze Branche von Philosophen und wissenschaftlichen Ethikern entstanden, die von der Industrie leben und für sie arbeiten. Die Unternehmen verfolgen mit diesen Bemühungen das Ziel, Selbstregulierung an die Stelle drohender rechtlicher Regulierung zu setzen. Deutlich wird das an den Hintergründen zum Lehrstuhl für Ethik an der TU München. Nachdem *Facebook* im Januar 2019 erklärt hatte, den Ethiklehrstuhl mit 7,5 Millionen Euro »völlig unabhängig« von seinen Ergebnissen fördern zu wollen, wurde später bekannt, dass *Facebook* den Vertrag jederzeit beenden konnte, wenn ihnen die »Ethik« nicht gefiel. »Mit anderen Worten: Falls die Forschung oder die veröffentlichten Ergebnisse nicht im Sinne von Facebook verlaufen, können die Mittel jederzeit gestoppt werden«, schrieb der Tagesspiegel.[146]

Niemand kann die Gefahren dieser Technologie ignorieren, nicht einmal die GAFAM-Unternehmen selbst, und so ist es in den Augen von GAFAM besser, sich eigene ethische Prinzipien zu geben, als von Gesetzen und Sanktionen bedroht zu werden, die andere über sie verhängen. Über die Kritik am Steuermann in der Philosophie Platons, so wie Popper sie formuliert hat, wird weitestgehend geschwiegen. Denn hier erliegt die Zunft der Ethiker, die in GAFAM-Diensten stehen, einem *Moral Hazard*, einer Rationalitätsfalle: Würde sie Karl Popper folgen, hätte sie ihr Alleinstellungsmerkmal als Steuermann nicht mehr. Denn in der Demokratie wiegt nun einmal jede Stimme gleich viel.

C 3 Dataismus und Sozialdataismus – die Kalifornische Ideologie heute

Die Wortschöpfung Dataismus ist von Yuval Noah Harari populär gemacht worden. Sie spießt in bewusster Persiflierung des Dadaismus die Weltsicht im Silicon Valley auf. Mit diesem Begriff wollen wir die heutige Form der Kalifornischen Ideologie bezeichnen, nachdem sie sich von der Freiheitshoffnung der Anfangszeit endgültig entfernt hat und zu einer Art Ersatzreligion mit Welterklärungsanspruch und dem Willen zur Macht mutiert ist. Der Dataismus ist das große umfassende Narrativ, das sich die Kalifornische Ideologie im 21. Jahrhundert gegeben hat.

Aber warum sollen wir uns mit dem Menschenbild dieser Ideologie auseinandersetzen? Wir tun es, weil Menschenbilder wesentliche Quellen moralischen Handelns sind, aus denen sich Werte ableiten, an denen sich Menschen und Gesellschaften orientieren. Das kulturell vermittelte Bild, das Menschen von sich haben, bestimmt maßgeblich ihr Weltverständnis, ihr Denken, ihr Handeln und ihre Entscheidungen. Das Menschenbild des *Humanismus* hat die Grundlagen für die moderne Demokratie gelegt. Zunehmend ist fraglich, ob dieses Selbstverständnis ins 21. Jahrhundert gerettet werden kann. Von der Antwort ist allerdings auch die Frage abhängig, ob die Demokratie unter den technologischen Bedingungen des 21. Jahrhunderts noch eine Zukunft hat.[147]

Welches Menschenbild propagieren die Akteure des Dataismus? Und welches Weltbild enthält es?

Jaron Lanier beschreibt den Dataismus durch folgende sechs Kernglaubenssätze:

1. Kybernetische Informationsmuster stellen den besten und ultimativen Weg dar, Wirklichkeit zu verstehen.
2. Menschen sind nichts mehr als kybernetische Muster.
3. Subjektive Erfahrungen existieren nicht oder sind nicht wichtig, weil sie eine Art peripherer Effekt sind.

4. Was Darwin in der Biologie beschreibt, ist *de facto* die einzige überlegene Beschreibung aller Kreativität und Kultur.
5. Qualitative und quantitative Aspekte von Informationssystemen werden sich unaufhaltsam durchs Moore's Law beschleunigen.
6. Biologie und Physik werden mit Computerwissenschaften verschmelzen. So entstehen dadurch eine neue Biotechnologie und eine neue Nanotechnologie. Ein Mensch zu sein nach diesem Zeitpunkt, wird entweder unmöglich oder sehr anders sein, als wir uns das vorstellen.[148]

Schon der Begriff *Dataismus* ließ den des Darwinismus anklingen. Aber es gibt weitere Parallelen. Für Dataisten ist die technische Entwicklung »nichts anderes« als die Fortsetzung der biologischen Evolution mit anderen Mitteln. Beide Prozesse vollziehen sich scheinbar autonom. Der Dataismus ist daher schon von Hause aus Sozialdataismus, der die Gesellschaft durch informationelle Regeln erst erklären und dann beherrschen will. In letzter Konsequenz erscheint der Mensch als ein von Gefühlen und Affekten gesteuertes und genau darum auch steuerbares Tier, das man getrost manipulieren darf.

Allerdings ist schon die zugrundeliegende Gleichsetzung von biologischer und technischer Evolution problematisch, weil die Logik beider Prozesse in Wahrheit nicht dieselbe ist.[149] Die biologische Evolution kann als ein Prozess fortschreitender Differenzierung gesehen werden, die sich durch Individuierung vollzieht. Die biologische Gattung existiert überhaupt nur in den Individuen, ihre Vielfalt und ihre Besonderheit ist die Gewähr dafür, dass ständig nach neuen Formen der Entwicklung gesucht wird. Ihr Prinzip ist das *principium individuationis*. Ihr Datensatz ist von der Natur nirgendwo hinterlegt, außer in den Individuen.

Demgegenüber hat die technische Entwicklung grundsätzlich eine vereinheitlichende Tendenz.[150] Sie beruht auf allgemeinen Naturgesetzen, deren Wirkungsweisen den technischen Artefakten zugrunde liegen. Sie läuft gleichzeitig auf eine Konvergenz der Technik hinaus, weil sie sich nach universellen und weltumspannenden Prinzipien verbreitet. Die technische Entwicklung zielt entgegen der biologischen Evolution auf gleichförmige Muster, nicht auf individuelle Lebewesen. Sie wandelt das Individuelle durch Abstraktion und Formatierung in ein universelles Muster um.

Die biologische Evolution verdankt sich einem letztlich blinden Naturgeschehen. Im Gegensatz dazu wird die Technik von Menschen bewusst geplant und verdankt ihnen ihre Wertsetzungen, auch wenn das nicht immer sofort sichtbar ist. Die »Anpassung« der Menschen findet in der technischen Evolution auch nicht an eine natürliche Umgebung, sondern an eine vom Menschen gestaltete kulturelle und zunehmend technisierte Welt statt. Nur das, was sich dieser Welt anpasst und dann *optimiert* und ausdifferenziert, »überlebt«.

Eine weitere Grundlage für das Weltbild des Dataismus als der heutigen Ausprägung der Kalifornischen Ideologie ist die Quantentheorie. Deren These, dass alle Materie letztlich aus Information und Energie besteht, verkürzt der Dataismus auf die Grundannahme, dass die Welt letztlich nur aus Informationen besteht.

Aus diesen Elementen entsteht ein größtmögliches Narrativ von Allem und Jedem, das Folgen für die Ethik hat: Wenn der *Sinn* oder *Wert* biologischer Organismen darin besteht, Informationen zu verarbeiten, folgern Dataisten daraus, dass wertvoll ist, wer am besten oder schnellsten Informationen verarbeitet.

An die Stelle des Egoismus der Gene, den der Soziobiologe Richard Dawkins proklamierte, tritt im digitalen Weltbild zunehmend der Egoismus der Algorithmen. Der Kampf ums Dasein wird zum Kampf um die Berechnung und Kontrolle der Welt durch Datenanalyse.

Der Mensch hat in diesem Weltbild keine andere Wahl, als die Maschinen zu möglichst autonomen Gebilden hochzurüsten und sich durch eine Schnittstelle mit ihrem überlegenen Informationsverarbeitungsprogramm zu verbinden, um nicht den Anschluss zu verlieren[151] - womit er einer angeblich zwingenden Logik der Evolution folgt. Das technologische Hochrüsten scheint alternativlos zu sein, denn Technik ist im Dataismus letztlich die Fortsetzung der Evolution mit anderen, mächtigeren Mitteln.

Allerdings darf es keinen Zweifel geben: Wie alle Behauptungen über einen zwangsläufigen Verlauf der Geschichte, so stammt auch diese von Menschen, und zwar von Menschen, die die Entwicklung sehr wohl steuern wollen. Wenn Larry Page sagt, dass *Google* die Zukunft der Menschheit verändern wird, dann meint er damit, wie Franklin Foer zu Recht schreibt,[152] dass *Google* den Lauf der Evolution aktiv verändern will.

Das Ziel eines optimierten transhumanen Menschen soll durch alle Arten von Implantationen der Technik in den menschlichen Organismus erreicht werden, um so den wachsenden Abstand zu immer intelligenter werdenden KI-Robotern durch Cyborgs möglichst klein zu halten. So denkt Larry Page an direkte Implantate seines Dienstes ins menschliche Gehirn:»Vielleicht gibt es in Zukunft eine kleine Version von Google, die wir einfach in unser Gehirn einklinken können.«[153]

Für die soziale Welt bedeutet die Ethik der Optimierung von Informationsverarbeitung, dass dort zunächst Probleme identifiziert werden, die als lösbar gelten durch Algorithmen und die dann als Kommunikationsstörungen des Systems interpretiert werden. Kommunikationsstörungen verhindern den reibungslosen Ablauf der Rückkopplungsprozesse. Da in der Kybernetik jede Information zur Kontrolle des Systems dient, müssen die als Kommunikationsstörungen interpretierten Probleme im Sinne einer optimalen Prozesskontrolle beseitigt werden. Algorithmen können aufgrund ihrer überlegenen Informationsverarbeitungskompetenz diese Probleme am besten lösen.

Sie benötigen dafür möglichst grenzenlosen Zugriff auf alle Daten. Private Daten, die auch privat bleiben, stehen diesem Prozess der Datenoptimierung naturgemäß im Weg. Die Wortbedeutung von *privat* leitet sich vom lateinischen *privatum, das Eigene,* und *privus, für sich bestehend,* her. Das Private im Sinne des *Eigenen, für sich Bestehenden* widersetzt sich dem *Raub* der Daten. Das widerspricht aber der Forderung des Dataismus nach Optimierung der Verarbeitungsprozesse. Deshalb kehren *Google* & Co. den Sinn des Raubes einfach um: Da es in ihrem Weltbild keinen Grund gibt, der großen von ihnen betriebenen Maschine Informationen vorzuenthalten, annektieren sie kurzerhand die Privatsphäre und nehmen sich die Daten, die sie kriegen können. Wer sich weigert, »raubt« ihnen die Möglichkeit, Probleme zu lösen.

Die Wortbedeutung von Daten leitet sich ebenfalls aus dem Lateinischen her: Datum ist»das Gegebene.« Daten müssten also dem strengen Wortsinn gemäß eigentlich freiwillig gegeben werden, ihre Verwendung bedarf der Zustimmung desjenigen, der sie gibt.

Im Grunde basiert der Dataismus auf einem Zirkelverfahren und auf einer Wette: nämlich, dass es möglich ist, durch Ausweitung von Rechengeschwindigkeit und Datenverarbeitung die Welt vollständig zu beherrschen, weil ja schließlich die Welt aus nichts anderem bestehe als aus Informationen, die sich in Daten ausdrücken und erfassen lassen.

Wenn die Technoevolution ebenso wie die Bioevolution letztlich ein sich selbst organisierender, autonomer Prozess ist, wie der Dataismus glauben macht, kann er nicht nur auf die Steuerung durch menschliche Werte verzichten: Er sieht sich selbst außerhalb solcher Normen, »jenseits von Gut und Böse« wie Nietzsche das ausdrückte.

Inzwischen wird im GAFAM-Umfeld die Theorie vertreten, dass das gesamte Universum wie ein Quantencomputer aufgebaut sei und die uns bekannte Welt und der Mensch, nichts anderes als seine Berechnung darstellen.[154] Während dieses Buch entsteht, verkündet *Google* einen historischen Durchbruch auf dem Weg zur »Quantenüberlegenheit«, wie die Entwicklung eines funktionierenden Quantencomputers wenig bescheiden genannt wird. Laut *Google* hat der eigenentwickelte Quantenchip *Sycamore* eine Rechenaufgabe in 200 Sekunden durchgeführt, für die der schnellste Supercomputer unserer Zeit 10.000 Jahre gebraucht hätte. Wie immer bei Wortschöpfungen im Umfeld der Kalifornischen Ideologie gilt es, den Begriff *Quantum Supremacy* mit Vorsicht zu verwenden. Er hat nicht nur Anklänge auf die unter Rassisten gebräuchliche Redeweise von der *White Supremacy*, die selbst dem Schöpfer des Begriffes auffiel.[155] Er dient auch dem Marketing und soll – wie viele Begriffe, die im Silicon Valley geprägt werden – die Menschheit auf das Kommen einer überlegenen Macht einstimmen. Wie bei KI laufen auch hier die Wetten: Wer als erster einen stabil funktionierenden Quantencomputer in Betrieb nimmt, wird nicht nur die Verschlüsselungsprogramme beherrschen, er kann auch Daten in ganz anderer Qualität auswerten.

Entschlüsseln wir also bald mit Hochleistungsquantencomputern den *galaktischen Computer* oder handelt es sich hier um den nächsten kalifornischen Hype? In den Augen der Quanten-Evangelisten sollte es gelingen, die letzten Geheimnisse des Universums zu lüften. Dann, so die Erwartung, sind wir endgültig in der Position Gottes, der auf seine Schöpfung blickt und diese Schöpfung gleichzeitig verkörpert. Ein Traum, der schon oft geträumt wurde. Immer wenn versucht wurde, ihn umzusetzen, führte das geradewegs in die Katastrophe.

Als die Französische Revolution in jakobinischen Terror umschlug, warnte Hölderlin noch: »Immerhin hat das den Staat zur Hölle gemacht, dass ihn der Mensch zu seinem Himmel machen wollte.«[156] Was Hölderlin auf den Terror der Jakobiner bezieht, können wir mühelos auf die Erlösungsphantasien der Ideologien im 20. Jahrhundert ausweiten. Die Warnung sollte auch für die technologischen Heilspläne der digitalen Revolutionäre ernstgenommen werden.

Max Horkheimer nennt 1944 seine Untersuchungen zur Ideologie der Nationalsozialisten und Stalinisten, die in Deutsch unter dem Titel *Zur Kritik der instrumentellen Vernunft* erscheinen, im amerikanischen Original *Eclipse of Reason*, also Verdunklung der Vernunft. Wir haben es heute wieder mit einer solchen Verdunklung der Vernunft zu tun. Gerade die Denker, die sich dem Fortschritt am nächsten glauben, sorgen für eine partielle Vernunftfinsternis, die die Zukunft der Menschen bedroht. Denn mit dem Humanismus, den die Dataisten überwinden wollen, würde auch die Humanität verschwinden. Wir können heute aus der Geschichte wenigstens so viel lernen, dass die Proklamation des Übermenschen zunächst Untermenschen schuf und schließlich bei den Handlungen von Unmenschen endete. Mit dem Menschen, wie wir ihn kennen, würde im digitalen Posthumanismus die Menschlichkeit verloren gehen, ebenso wie die Menschenwürde.

3.1. Was bedeutet das »Ende des Außen« für unsere Analyse?

Wenn *Whole Earth* das System ist, in dem Natur und Kultur durch dieselben kybernetischen Gesetze und gleichermaßen durch Information gesteuert werden, gibt es zu den Zwängen der Systemlogik kein Außen mehr und deshalb auch keinen Platz mehr für Kritik.

Inzwischen hat sich der Prozess sogar umgekehrt: Längst hat die Kolonialisierung der Innenwelt begonnen. Wenn die Außenwelt vollständig erobert ist, ist die Innenwelt des Menschen dran. Mit der Innenwelt soll nach derselben Eroberungslogik verfahren werden, die die Siedler auf ihrem Weg gen Westen nutzten: Abstecken, Vermessen, Verfügen. Die kalifornische Ideologie schlägt nach der scheinbar vollständigen Unterwerfung der Natur durch Technik nun den Weg ins Innerste der Subjekte ein.

Durch umfassende Daten des Lebens, die gesammelt und ausgewertet werden, können die Wünsche und Willenspotentiale der Subjekte zunächst erschlossen, dann manipuliert werden. Nanotechnologie ermöglicht auch im ganz physikalischen Sinne die innere Besiedlung des Menschen durch Technik. Und im Cyborg entwickelt sich die Prothesentechnik von der Metapher zur Wirklichkeit: Der Maschinen-Mensch als die Vollendung einer technischen Utopie, in der technische Implantate die Optimierung der menschlichen Möglichkeiten besorgen sollen.

Ohne Außenwelt gibt es in einem System, das sich als umfassend versteht, auch keine Normen mehr, die seinen Sinn übersteigen oder infrage stellen würden. Abweichungen können zwar noch als unverbindliche Meinungen toleriert werden, am Siegeszug »des Systems« ändert sich dadurch aber nichts. Das klingt langweilig, und das darf es in der Entertainment Economy nicht sein. Weil Abweichungen wie gesagt toleriert werden, wenn sie das große Ganze nicht gefährden, ist damit die Bühne für die unterhaltsamen Inszenierungen von Polit-Clowns bereitet, hinter deren Unberechenbarkeit, die dem Gebot des absoluten Entertainment geschuldet ist, die vermeintliche Zwangslogik regiert.

3.2. Die Aushöhlung von Sprache, Selbstbestimmung und Demokratie und ihre Folgen

»In der Rhetorik der technischen Elite ist die korrumpierte Sprache fest verankert.«
Josef Weizenbaum[157]

Die Aushöhlung der Sprache spielt für den Siegeszug der *Kalifornischen Ideologie* eine entscheidende Rolle. Die welterschließende Funktion der Sprache(n)[158] wird im Dataismus abgewertet. Aussagen, die sich auf moralische Richtigkeit oder ästhetische Authentizität beziehen, haben in einer solchen Auffassung von Sprache keine Bedeutung mehr. Die Offenheit und Mehrdeutigkeit der natürlichen Sprache wird als Nachteil gegenüber der scheinbaren Eindeutigkeit kybernetischer Signale angesehen. Auch das Potential für Kreativität, Träume, Kritik und das Neuerfinden von sich und der Welt tritt in den Hintergrund.

Weder Technik noch Mathematik oder Physik aber können die Sprache, die sie brauchen, um ihre eigenen Entdeckungen oder Erfindungen zu beschreiben, selbst hervorbringen.[159] Gerade die Entwicklung von neuer Technik braucht auch immer neue Sprachbilder, neue Worte, neue Sätze. Was nicht mit Sprache erklärt werden kann, ist dem Menschen kaum zugänglich. Daran muss man erinnern, wenn gesagt wird, es sei nicht erklärbar, wie KI zu ihren Ergebnissen kommt und entscheidet. KI kann nur auf der Basis von »alten« Daten »Entscheidungen« treffen. Neue Wege ergeben sich aber nur aus der Offenheit der Sprache und der menschlichen Vorstellungskraft. Wenn Sprache keinen Bezug zur Wahrheit oder moralischen Richtigkeit mehr hat, sondern ein bloßes Signal ist, das der Erregung von Aufmerksamkeit dient, öffnet sich das Feld für ihren Missbrauch und die Schwächung der Demokratie, wie wir sie heute erleben.

3.3. Konfuzius und die große Harmonie

Vor 2.500 Jahren lehrte Konfuzius: »Die Harmonie ist in der Schöpfung vorhanden. Alles menschliche Ordnen kann nur darin bestehen, ihr den Weg frei zu machen, um sie auch in der menschlichen Gesellschaft sich entfalten zu lassen.« Mit solchen Zitaten wird derzeit in den Debatten um das Verhältnis von Technologie und Demokratie gerne der Eindruck erweckt, der technische Solutionismus sei sehr leicht anschlussfähig an asiatische Philosophien und Religionslehren.

Denn scheinbar passen die Kernaussagen der *Kalifornischen Ideologie* sehr gut zu asiatischen Philosophien wie *Konfuzianismus, Buddhismus* und *Shintoismus*. Sie versprechen dem Subjekt Entlastung, wenn es sich in die Harmonie der Schöpfung einfügt. Kann dieses Modell nicht auch zum Vorbild für die Unterordnung unter eine überlegene KI taugen, die scheinbar so etwas wie den Weltgeist repräsentiert? Allerdings wird bei diesen Vergleichen den kosmischen Ordnungsvorstellungen asiatischer Philosophien allzu schnell eine kybernetische Struktur unterstellt. Dies ist aber so nicht richtig, auch wenn es freilich Unterschiede zwischen dem europäischen und fernöstlichen Logik- oder Wahrheitsbegriff gibt.

So hat der Konfuzianismus in China seit seiner Erhebung zur Staatsdoktrin durch die Han-Dynastie zwar den Charakter einer »imperialen Ideologie, (die) Züge einer politischen Religion trägt.«[160] Dennoch hat die Lehre des Konfuzius einen Kern, der auf Humanisierung durch Bildung und Erziehung setzt.[161]

Der Sittlichkeit oder auch Humanität (*rén*) steht der Begriff des *li* gegenüber, der die überlieferten Riten und Gebräuche umfasst. Damit setzt die geforderte Einpassung des Individuums in die übergeordneten Strukturen von Staat und Gesellschaft sein Menschsein und seine Verbundenheit mit der Tradition voraus. »Die Harmonie des Himmels ist Vorbild für die etablierten Ordnungen des Staates und der Familie.«[162] Doch eine perfekte Einfügung in das große Ganze ist dem Menschen laut Konfuzius nicht möglich, lediglich eine immerwährende Annäherung: »Einen Gottmenschen zu sehen, ist mir nicht vergönnt, wenn es mir vergönnt wäre, einen Edlen zu sehen, dann wäre es schon gut.«[163] Die Einpassung in die *Harmonie des Himmels* findet auch im Konfuzianismus nicht ohne Autonomie des Einzelnen und einer Konzeption menschlicher Würde statt.[164] Deshalb muss das Individuum einem Prozess fortwährender Bildung unterzogen werden, weswegen Max Weber den Konfuzianismus auch als »Kultur- und Bildungsreligion« bezeichnet hat.[165] Die Berufung der Kalifornischen Ideologie auf Konfuzius oder andere Strömungen des asiatischen Denkens beruht also auf einer Fehldeutung.

Das belegt auch ein Blick auf den Buddhismus. Der Berliner Philosoph Byung-Chul Han führt die fundamentalen Unterschiede des westlichen und östlichen Denkens am Beispiel des Zen-Buddhismus aus.[166] Dieser sei eine »Religion ohne« Gott«. Zwar sei das Subjekt »ein Niemand«, aber der Kosmos auch eine »Leere«, in der es keinen Raum für eine zentrale, steuernde Instanz gibt. »Auch die Kategorie der Macht ist dem buddhistischen Nichts unangemessen, denn sie ist eine Äußerung der ›Substanz‹ oder des ›Subjekts‹ [...]. Es (das Nichts) stellt keine ›tuende wirkende Macht‹ (Hegel) dar. Es ›bewirkt‹ nichts.«[167] Byung-Chul Hans Deutung zeigt, dass der Buddhismus durch die Abwesenheit von Herrschaft und Macht vor der Vereinnahmung durch digitale Legitimierungsversuche geschützt ist: »Die Abwesenheit des Herrn entbindet den Buddhismus (...) von jeder Ökonomie der Herrschaft (...) Niemand repräsentiert eine ›Macht‹.«[168]

Auch wenn die Rolle des Individuums in den fernöstlichen Philosophien nicht mit dem Bild des Subjekts in der westlichen Philosophie übereinstimmen mag, so dürfen doch daraus nicht die falschen Schlüsse gezogen werden. Die »Harmonie der Schöpfung« darf nicht mit der Maschinenlogik kybernetischer Systeme gleichgesetzt werden, der sich das Individuum zu unterwerfen habe. Die verkürzte Vorstellung einer unmittelbaren Harmonie von Himmel, Erde und Mensch zu nutzen, um die Herrschaft von menschengemachten Algorithmen über Individuen zu legitimieren, stellt jedenfalls einen Missbrauch fernöstlicher philosophischer Traditionen dar.

Das Argument, dass die asiatische Kultur dem westlichen Individualismus und damit dem westlichen Konzept der Menschenrechte fremd gegenüberstehe und der Gemeinschaft Vorrang vor dem Individuum einräume, ist nicht neu. Bereits in den 1990er-Jahren gab es eine Debatte um die »asiatischen Werte«.

In der Debatte wurde vorgetragen, dass asiatische Kulturen die Trennung von Recht und Ethik nicht kennen und die Gemeinschaft grundsätzlich über das Individuum stellen würden.[169] Damals war die Diskussion noch nicht durch Fragen einer Ethik für KI-Systeme, sondern vom grundlegenden Diskurs über universelle Menschenrechte bestimmt, die mit den fernöstlichen Vorstellungen angeblich nicht vereinbar seien, weil die buddhistisch und konfuzianistisch geprägten Kulturen Asiens keine individuellen Rechte kennen würden. Die Argumente in der KI-Debatte sind heute weitgehend ähnlich, wie auch die Interessen derjenigen, die sie vortragen.

Heute wie damals soll das Konzept universeller Grund- und Menschenrechte denunziert werden: als Resultat eines eurozentrischen Vernunftbegriffs, der es auf die Unterwerfung anderer Kulturen angelegt hat und dem es in Wahrheit nicht um allgemeine Werte, sondern nur um seinen perfiden Machtanspruch gehe. Menschenrechte sind in dieser Deutung nichts anderes als eine Ideologie, um den Herrschaftsanspruch des Westens zu kaschieren.

Eine zeitgemäße Begründung universeller Menschenrechte kann allerdings auf religiöse oder metaphysische Begründungen verzichten. Sie geht alleine vom Begriff der Autonomie aus, der fordert, dass die Bürger sich ihre Gesetze selber geben sowie von der unterstellten Symmetrie in reziproken sozialen Verhältnissen, wie sie auch dem Idealbild eines gerechten wirtschaftlichen Austausches zugrunde liegen. Wie dieser sind sie auf rechtliche Absicherung angewiesen.

Aus der asiatischen Kultur lässt sich kein genereller Vorrang von Heteronomie oder Unterdrückung ableiten. Dennoch werden die Versuche weitergehen, die Abdankung des Menschen gegenüber der KI einzufordern, wahlweise mit utilitaristischer oder konfuzianischer Ethik. Denn die Kalifornische Ideologie hält es mit ihrem wachsenden eigenen Einfluss zunehmend für verzichtbar, Anleihen bei anderen Kulturen oder Religionen zu machen, um ihre Durchschlagskraft zu erhöhen. Sie ist inzwischen selbstbewusst genug, um sich ihrerseits den Status einer Religion anzumaßen.

4.1. An ihren Daten sollt ihr sie erkennen

Du erforschest mich
und kennest mich.
Ich sitze oder stehe auf, so weißt du es;
du verstehst meine Gedanken von ferne.
Ich gehe oder liege, so bist du um mich
und siehst alle meine Wege.
Denn siehe, es ist kein Wort auf meiner Zunge,
das du nicht schon wüsstest.
Von allen Seiten umgibst du mich
und hältst deine Hand über mir.
Diese Erkenntnis ist mir zu wunderbar und zu hoch,
ich kann sie nicht begreifen.
Wohin soll ich gehen vor deinem Geist,
und wohin soll ich fliehen vor deinem Angesicht?

Das ist nicht das *Google-Unser*, sondern Psalm 139. Wenn man den biblischen Zusammenhang ausblendet, liest er sich wie eine ehrfürchtige Anbetung der größten Suchmaschine der Welt, die alles über alle weiß und den Anspruch erhebt, auch zu wissen, was man als nächstes denken oder fühlen wird. Der Psalm endet mit der Einsicht des Individuums, dass es ein Entkommen aus dieser göttlichen Allgegenwart nicht geben kann.

Die religiöse Intuition, die hier ausgedrückt wird, lautet: Allmacht entsteht, wo Allwissen herrscht. So könnte der Psalm auch in der *Church of Google* gebetet werden, die 2006 von Matt MacPherson gegründet wurde. Zumindest als Webseite *The Church of Google* und natürlich als satirisches Projekt. Oder etwa doch nicht? Auf der Website war zu lesen: »Wir in der Kirche von Google glauben, dass die Suchmaschine Google die Suchmaschine ist, die der direkten Erfahrung eines wirklichen Gottes (wie er typischerweise definiert wird), die die Menschheit je gemacht hat, am nächsten kommt. Wir glauben, dass es viel mehr Beweise für die Göttlichkeit von Google gibt als für die Göttlichkeit anderer, traditionellerer Götter gibt.«[170] Die *Church of Google* hat sogar zehn Gebote des *Googlismus* postuliert. Das erste Gebot lautet: »Du sollst keine anderen Suchmaschinen neben mir haben, weder Yahoo noch Lycos, noch AltaVista, noch Metacrawler. Du sollst nur mich verehren und zu Google nur für Antworten kommen.« Der Techgigant duldet keine anderen Götter neben sich, hier endet die Satire offenbar, denn das Streben nach Vorherrschaft wird auch im Selbstverständnis von GAFAM als Religion bemäntelt. Ganz ohne Ironie sagte der ehemalige *Google*-Chef Eric Schmidt einmal:»Es gibt eine bestimmte Religion, die wir alle repräsentieren, und die geht so: Wenn Sie eine große Zahl von Menschen nehmen und sie mit Kommunikationswerkzeugen und Chancen ausstatten, wird die Gesellschaft besser.«[171] Abgesehen davon, dass Schmidt mit der Formel große Masse plus Werkzeuge gleich optimierte Gesellschaft sicher unfreiwillig an Lenins Definition des Kommunismus anknüpft, nach der »Kommunismus Sowjetmacht plus Elektrifizierung des ganzen Landes« sei – die Kommunikationswerkzeuge zu dieser Religion liefert selbstverständlich *Google*. China folgt Lenin, indem es Elektrifizierung durch Digitalisierung ersetzt. In Kalifornien hat man, so scheint es, Lenins Motto abgewandelt: Dataismus ist Digitalmacht plus Infantilisierung der ganzen Welt.

Wie jede Religion benötigt der Dataismus neben einem religiösen Anspruch auch Mittel, um die religiöse Gefolgschaft der Gläubigen sicherzustellen. Diese Mittel bestehen zum einen in der Kontrolle der technischen Möglichkeiten, mit denen die Kommunikation innerhalb der »Netzgemeinde« organisiert wird. Zum anderen im Anbiedern an die Wünsche der einzelnen Mitglieder. Die Gemeindemitglieder werden so zu einer Bequemlichkeitsgefolgschaft erzogen, die immer stärker in Abhängigkeit von den Plattformen gerät.

Dass die Menschen digitale Technologien zunehmend quasi-religiös wahrnehmen, hat zum einen mit der Vernetzung an sich zu tun. Sie repräsentiert gewissermaßen das, was im christlichen Glauben der Heilige Geist ist. Das soziale Netzwerk kann als Pendant zur Christlichen Gemeinde gesehen werden, in der die Mitglieder ihren Glauben pflegen und sich gegenseitig mit Zuspruch in Form von *Likes* stützen. Sehr religiös ist auch der Solutionismus, jener Teil der Kalifornischen Glaubenssätze, der verspricht, alle nur denkbaren Probleme auf Erden mit technischen Mitteln lösen zu können. Wenn das kein Erlösungsversprechen ist! Verbreitet wird es auf TED-Konferenzen und anderen Showkongressen von Rednern, die sich allen Ernstes als »Evangelisten« bezeichnen. Dass *Google* daran forscht, den Tod zu überwinden, macht das religiöse Paket dann rund. Sie kann im digitalen Ablasshandel das Versprechen auf Unsterblichkeit ausstellen. Im Klingelbeutel landen dafür persönliche Nutzerdaten und Selbstbestimmung.

Doch von Zukunftsmusik allein kann keine Glaubensgemeinschaft auf Dauer leben, und schon gar keine, deren Credo die Wunscherfüllung im Hier und Jetzt ist. Wichtig für die Überzeugungskraft der *Kalifornischen Ideologie* ist daher das, was die Technik in unserem Alltag tagtäglich vollbringt. Am frappierendsten ist die Googles Allwissenheit. Längst ist das Wort *ungooglebar* gleichbedeutend mit *nicht existent.* Und da *Google* auch die Rückseite der Cloud kennt, die den Nutzern unbekannt ist, also die Daten, aus denen zum Beispiel Verhaltensprognosen erstellt werden, erhält die Macht durchaus etwas Universelles und damit Göttliches.

Die Allgegenwart *Googles* ist verbunden mit dem magischen kleinen Bildschirm, den wir alle immer mit uns herumtragen. Eine wahrhaft symbiotische Beziehung ist da entstanden, allerdings mit der Macht auf der Seite des *Google-*Gottes. Und kann derjenige, der von der allmächtigen Plattform nicht nur vollständig erkannt, sondern auch zunehmend manipuliert wird, sich nicht auch zu Recht als deren Schöpfung verstehen? Schöpfer ist, wer die Algorithmen schreibt, die nichts sind als Handlungsanweisungen. Geschöpf ist derjenige, der diesen Handlungsanweisungen folgt, wie Gläubige dem Wort Gottes.

Vollendet wird der quasi-göttliche Blick auf den einzelnen Menschen in seinem Jammertal des Nicht-Wissens durch die scheinbare Fürsorge, mit der *Google* den Gedanken und Wünschen seiner Nutzer entgegen- und immer öfter auch zuvorkommt. Wer Krankheiten eher erkennt als die Betroffenen, Schwangerschaften vorhersagen kann, bevor sie eintreten, und an der Stimme oder der Gangart erkennt, ob jemand an Depressionen leidet oder gar ein Verbrechen begehen will – wer diese Macht hat und die Zukunft von Menschen nicht nur vorhersagen, sondern sogar herbeiführen kann – ist der nicht wirklich Gott?[172]

Angesichts dieser erdrückenden Gottesbeweise ist es nicht verwunderlich, dass immer mehr digitale Glaubensgemeinschaften gegründet werden, auch wenn man die Entwicklungsabteilung von Ray Kurzweil einmal nicht mitrechnet. Der ehemalige *Google-*Manager Anthony Levandowski gründete die Sekte *Way of the Future,* ihr wichtigstes Glaubensbekenntnis: der Glaube an den unbedingten Fortschritt. Levandowski leitete immerhin einmal *Waymo,* die Abteilung, die für *Google* am selbstfahrenden Auto forscht. Er gilt als Robotik- und KI-Experte. Die Zeitschrift *WIRED* veröffentlichte 2016 Finanzamtsunterlagen der Sekte, wo angegeben wurde, *Way of the Future* wolle »eine auf KI basierende Gottheit aus Hardware und Software realisieren, akzeptieren und anbeten.«[173]

Nun könnte man die Kirchengründung als Steuersparmodell oder weitere Spaßaktion abtun, aber Levandowski gilt als glühender Anhänger von Kurzweils Singularitätsvision. Er ist überzeugt, dass die überlegene Intelligenz mit absoluter Sicherheit kommen und die Weltherrschaft übernehmen wird. Einem WIRED-Journalisten sagte er:»Was wir wollen, ist die friedliche, gelassene Übergabe der Kontrolle über den Planeten vom Menschen an Was-auch-immer. Und wir wollen sicherstellen, dass dieses Was-auch-immer weiß, was es uns Menschen zu verdanken hat.«[174]

Da ist sie wieder: die vorausseilende Anpassung an und die Unterwerfung unter das Technikwesen, das der Mensch zwar geschaffen hat, vor dem er sich aber fürchtet, sobald es ihm überlegen ist. Die Angst, bestraft zu werden für vorausgegangen Frevel, kennen wir schon von Kurzweils fiktiven Dialogen mit »Molly« über den Eintritt in die Singularität. Auch Levandowski will, dass man aus Furcht vor der Macht der kommenden KI in seine Kirche eintritt: »Wir glauben, dass es Maschinen wichtig ist zu wissen, wer ihnen wohlgesonnen ist und wer nicht. Wir wollen es ihnen zeigen, indem wir festhalten, wer was wie lange für den friedlichen, respektvollen Übergang getan hat.«[175] Das Sündenregister wird also auf den Servern geführt, um das letzte Gericht vorzubereiten. Das ewige Heil soll nur erlangen, wer den »Übergang« zur Weltherrschaft durch den KI-Gott frühzeitig durch Unterwerfung einübt und aktiv mit vorantreibt.

Wie ernst gemeint die Kirchengründung auch immer sein mag – uns interessiert der Punkt, an dem die *Kalifornische Ideologie* von wissenschaftlichem Eifer in puren Aberglaube umschlägt. Levandowski mag ein belächelter Spinner sein. Aber auf der Webseite seiner neuen »Kirche« stand das zentrale Glaubensbekenntnis, dass die Mehrzahl der GAFAM-Anhänger unterschreiben würden:

»We believe the creation of ›super intelligence‹ is inevitable«[176]

Es ist diese Vorstellung von der Unvermeidbarkeit bestimmter Prozesse, die das zentrale Element der Kalifornischen Ideologie ausmacht.

Entscheidend für uns ist die Konsequenz dieser Glaubenslehre, dass menschliches Handeln etwa in Form von Gesetzgebung oder politischen Entscheidungen das Schicksal des Menschen und des Planeten allenfalls verlangsamen, nicht aber ändern kann. Die Botschaft der Silicon Valley Evangelisten besteht folgerichtig dann auch darin, Gesetzgebung möglichst zu verhindern und gesellschaftliche und politische Institutionen durch Lobbyarbeit auf ihre Seite zu ziehen.

Kommen wir noch einmal zu Psalm 132 zurück: Dem liebenden Vater, der alles weiß und alles lenkt, kann sich der Gläubige anvertrauen – auch und gerade in den schweren Stunden des Lebens, wo das eigene Schicksal dunkel erscheint. Bei *Google* & Co. sollten wir mit diesem Vertrauen sehr viel vorsichtiger sein. Je bedenkenloser wir uns ihren Diensten anvertrauen, desto unfreier und unselbstständiger werden wir. Wer sich auf den Rückweg ins Mittelalter begeben will, der trete durch diese Pforte.

Das Versprechen der monotheistischen Religionen bisher lautete: Verzicht im Diesseits gegen ewige Glückseligkeit. Der neue Deal des Dataismus hingegen verspricht absolute Bedürfniserfüllung hier und heute im Tausch gegen persönliche Daten, Freiheit und Selbstbestimmung. Ein schlechter Pakt für den Menschen, ein guter für die marktbeherrschenden Konzerne.

4.2. Der *Gottmensch* als Superheld der GAFAM-Meistererzählung

Die These, dass Wissenschaft zur neuen Religion werden kann, stammt nicht aus dem Silicon Valley, sondern von Carl Friedrich von Weizsäcker, der allerdings ganz andere Konsequenzen aus ihr zog. In seiner Vorlesung *Die Tragweite der Wissenschaft in unserer heutigen Zeit* vertrat er die These, dass der Glaube an die Wissenschaft in unserer Zeit an die Stelle der Religionen getreten sei.[177] Aus den enormen Anwendungsmöglichkeiten der modernen Wissenschaft leitet von Weizsäcker die Forderung nach einer engen Verbindung von Wissenschaft und Moral ab. Im Gegensatz dazu versuchen Vertreter der *Kalifornischen Ideologie* die Moral durch Wissenschaft zu ersetzen.

Die Kalifornische Ideologie will neue Religion sein. Ihre Kathedralen sind die Algorithmen, ihre heiligen Schriften sind die Programmcodes. Ihre Lehre: Die Schöpfung besteht im Wesentlichen aus Information, Leben ist Informationsverarbeitung in Form von Algorithmen. Der Mensch inszeniert sich als Gottmensch, als *Homo Deus*[178], der mit drei göttlichen Attributen ausgestattet ist:

Allwissenheit
Allmacht
Unsterblichkeit.[179]

Um diese zu erreichen muss er drei technologische Schritte vollziehen: Er muss die totale Digitalisierung von Mensch und Natur betreiben. Diese erfolgt durch das *Internet of Things,* verbunden mit 5G-Netzen und Big Data-Servern. Weil für den Dataismus Sein nichts anderes als Daten ist, wird die analoge Welt durch das *Internet der Dinge* und den Datenspender Mensch in Information verwandelt. Sie kann dann durch Algorithmen bearbeitet und verfügbar gemacht werden. Bald schon kennt der Algorithmus dich und deine Welt besser als du selbst.

Die Optimierung der Daten erfolgt dann durch KI, die die Datenverarbeitung der Organismen übernimmt. Der Homo Sapiens wird überflüssig und ersetzt. Durch Cyborgtechnologie (Bio-, Gen-, Nanotechnologie) schließlich soll Unsterblichkeit errungen werden – allerdings wohl eher für die kleine Elite optimierter Übermenschen als für die Masse nutzlos gewordener biologischer Menschen. Willkommen in der schönen neuen GAFAM-Welt.

C 5 Kritik des Menschenbilds und Weltbilds der kalifornischen Ideologie

Warum ist es wichtig über den Menschen nachzudenken, wenn man über KI nachdenkt? Durch die Verkündung des *Homo Deus* durch Harari wird suggeriert: Der Mensch ist nur eine vorrübergehende Erscheinung der Evolution. Homo Sapiens gilt als Spezies, die »überwunden werden muss«[180], wie Nietzsche meinte, etwas, das »verschwinden wird«, wie Foucault schrieb.[181]

An seine Stelle soll KI treten, eine »göttliche« Vernunft, die bereits dabei ist, die Welt in praktisch allen Lebensbereichen zu verändern. Ebenso wie wir einer täglichen Steuerung durch Algorithmen ausgesetzt sind und von ihnen immer stärker geformt werden, kann auch die *Kalifornische Ideologie* unser Denken besetzen. Während wir uns an »denkende« Computer anpassen, werden wir und unser Denken ihnen immer ähnlicher. Wenn die Propheten der KI verkünden, die »KI wird uns 2062 ebenbürtig sein«[182], so deutet im Augenblick mehr darauf hin, dass wir Menschen zu diesem Zeitpunkt der KI derart angepasst sein werden, dass wir ihr ebenbildlich sind. Mit verheerenden Folgen für Freiheit und Selbstbestimmung.

Unser Selbstbild entscheidet ebenso wie unser Weltbild darüber, wie wir Denken und wie wir handeln. Deshalb müssen wir uns heute fragen, wie die digitale Ideologie unser Denken schon verändert hat und wie KI unser Denken noch radikaler verändern kann.

Die Analyse des schillernden Begriffes Künstliche Intelligenz zeigte, dass diesem ein mechanistisches Bild des Menschen zugrunde liegt, dass aus der frühen Aufklärung bis in die Technikdiskurse des Silicon Valley fast unverändert weitergegeben wurde.[183] Sofern also mit dem Begriff Künstliche Intelligenz gemeint sein soll, dass hier eine dem Menschen in jeder Hinsicht überlegene Superintelligenz entstanden ist, verdankt sich diese Vorstellung einem Taschenspielertrick: Zunächst wird das menschliche Denken mechanisiert, sodann die Überlegenheit der Maschine im mechanistischen Denken und damit die Überlegenheit über den Menschen behauptet.

Die Gefahren, die in dieser Ideologie liegen, sind bereits erläutert worden. Im schlimmsten Fall könnten sich die Visionen einer Herrschaftsübernahme durch technische Großsysteme als selbsterfüllende Prophezeiung erweisen. Dann nämlich, wenn wir nicht in der Lage sind, sie zu durchschauen und ihnen ein alternatives Selbstbild entgegenzusetzen, das auch unter digitalen Bedingungen die Souveränität der Menschen zum Ziel hat.

Anschaulich wird dies, wenn wir uns Fragen der Moral zuwenden. Selbst wenn wir Ethik und Moral perfekt in die Algorithmen einer Künstlichen Intelligenz implementieren könnten, würde dies zu einer völlig unmoralischen Welt führen.

Denn die Maschinen wären uns möglicherweise ausgerechnet in einer Weise überlegen, die für uns sehr unangenehm wäre. Weil sie mit den inneren Widersprüchen, die Menschen auszeichnen, wenig anfangen könnten, würden sie mit diesen Widersprüchen und Unvollkommenheiten kurzen Prozess machen. Dieselbe menschliche Widersprüchlichkeit und Inkonsequenz, die eine starre Anwendung von moralischen Gesetzen ausschließt, ist es, die uns kreativ macht und die Tür für eine offene und menschliche Zukunft offenhält. Sie macht das Wesen der Freiheit aus. Wahrscheinlich wird uns das aber erst richtig bewusst werden, wenn das Silicon Valley eines Tages diese Tür zugeschlagen haben sollte.

5.1. Wo bleibt die Erfindung der Zukunft?

Die Fähigkeit, sich eine andere und bessere Zukunft vorzustellen, wurde in der Philosophie immer mit der Fähigkeit verknüpft zu träumen. Hannah Arendt sah in der Fähigkeit des Menschen, immer wieder einen neuen Anfang zu setzen, den eigentlichen Ausdruck seiner Freiheit. Einer Freiheit, die nicht nur Freiheit von Zwängen ist, sondern »die Freiheit, frei zu sein« einschließt.[184]

Doch die angeblich »überlegenen« KI-Systeme verwenden ausschließlich vorhandene, alte Daten, ihre Prognosen sind Hochrechnungen der Vergangenheit, was mehrere Probleme zur Folge hat:

– Die Qualität ihrer Schlüsse und Prognosen ist von der Quantität und der Qualität der zugrunde liegenden Daten abhängig. Auf Basis falscher oder unvollständiger Daten kann es zu Fehlschlüssen kommen. Aus verzerrten Daten können verzerrte Empfehlungen abgeleitet werden. Die Fälle von Diskriminierungen von Farbigen in US-Justizalgorithmen oder von Frauen bei algorithmischen Bewerbungsverfahren sind ausgiebig beschrieben worden[185].

– Es werden aufgrund dieser Mechanismen aber nicht nur Vorurteile und Stereotypen reproduziert und verstärkt. Entscheidungsalgorithmen geben auch vor, wie die Zukunft gestaltet wird. In immer mehr Bereichen sollen sie den Menschen helfen, die steigende Komplexität zu bewältigen und zu besseren Entscheidungen zu kommen, mit denen sie dann tief in das Leben von Menschen eingreifen. Dort wo menschliche Inkonsequenz und Empathie bisher zu gemischten Ergebnissen führte, werden diese Systeme durch »Perfektion« systematisch Vorurteile und Diskriminierung verstärken.

– Die gepriesene KI, die in Fällen großer Datenmengen und hoher Komplexität immer stärker zum Einsatz kommt, hat einen entscheidenden Nachteil, der grundlegend in ihr angelegt ist: Sie kann als Zukunftsszenario nur Hochrechnungen von Daten aus der Vergangenheit erzeugen. Selbst wenn diese weitgehend ohne Verzerrungen und mit zutreffenden Parametern versehen sind: Es ist doch immer die Vergangenheit, die da hochgerechnet und reproduziert wird. Menschliche Kreativität und vor allem menschliche Freiheit, die aus Kritik und Traum mittels der Vorstellungskraft Neues schafft, sind auch der elaboriertesten KI nicht möglich. Die Algorithmen der KI erweisen sich damit als direkte Abkömmlinge des »Rückkopplungseffektes«, dessen Entdeckung durch Norbert Wiener einst den kybernetischen Traum beflügelte. Rückkopplung auf das Vergangene soll den Weg in die Zukunft steuern. Das kann genau betrachtet nicht funktionieren.[186]

Wenn in großen Bürokratien auf breiter Front Entscheidungen von Menschen auf KI übertragen würden, müsste man auch die Frage stellen, wie flexibel derartig aufwendig programmierte Systeme im Falle eines Politikwechsels sein könnten. In der Konsequenz kann somit der breite Einsatz von KI, der blindes Vertrauen entgegengebracht wird, zu einem allgemeinen Stillstand führen, der eine Weiterentwicklung der Gesellschaft bremst und verhindert, wenn wir nicht gegensteuern, und neue Wege für Kritik und Vorstellungskraft öffnen.

D Wie GAFAM Recht und Demokratie unterminieren

Ob in Washington, Brüssel oder Berlin - wann immer Gesetzesinitiativen im US-Kongress, im Europäischen Parlament oder im Bundestag angekündigt werden, um bestimmte Aspekte der durch das Internet ermöglichten Geschäftsmodelle oder digitale Technik im demokratischen Prozess zu regulieren, setzten sich zunächst die Lobbymaschinen von GAFAM in Bewegung. Traditionell mit dem Ziel, das Gesetz entweder ganz zu verhindern oder es wenigstens so weich zu machen, dass es den Geschäftsinteressen nicht schadet.

Aber GAFAM beschränken sich nicht auf gezieltes Lobbying gegen bestimmte Gesetzesvorlagen. Vielmehr züchten sie gezielt eine Kultur der Feindschaft gegen die Institution der Demokratie, ja eine Verachtung der Demokratie und ihrer Repräsentanten (D 1). Sie bereiten damit den Populisten den Weg. Sie wollen ausschließlich selbst die Regeln setzen, an die sie sich halten, und sehen sich als Hüter des Heiligen Grals von globalem Internet und Technologie. Und sie sehen sich immer noch in der Tradition von John Perry Barlow: gegen Regierungen und Parlamente, auch wenn sie in letzter Zeit aus taktischen Gründen zum Teil etwas anderes sagen und sich als Freunde der Demokratie präsentieren. Aber wir müssen sie an ihren Handlungen messen, nämlich an ihren Kampagnen zur Verhinderung und zum Weichspülen von Gesetzen (D 2).

Ist aber einmal ein Gesetz verabschiedet, das sie bindet, was in Amerika im Gegensatz zu Europa fast nie passiert, dann halten sich die GAFAM nicht daran oder unterminieren zumindest die Legitimität des Gesetzes, wo sie nur können. (D 3).

Auf der Suche nach den Gründen dieser so unamerikanischen Demokratiefeindschaft und Missachtung des Rechts treffen wir neben den Klassikern der neoliberalen Ideologie und der Ideologie der Unabhängigkeit des Cyberspace nach John Perry Barlow auch auf die neue Kultur des Wagniskapitals, des *Venture-Capital*, die parallel zum Internet in den USA aufblüht. Die VC-Kultur setzt an den Anfang einer typischen amerikanischen Unternehmerkarriere maximales Gewinnstreben bei maximaler Disruption, also Zerstörung des bisherigen Marktes für Produkte oder Dienste – auch unter Verletzung geltender Bestimmungen – und an ihr Ende die Philanthropie. Beides ist in Amerika Ausdruck eines demokratiefernen, radikalen Individualismus geworden, in dem von Anfang bis zum Ende Freiheit nur durch individuelles Geldverdienen, Geldhaben und Geldausgeben bestimmt wird. Diese Kultur des radikalen Technokapitalismus entfremdet die neuen Technologieunternehmer in jungen Jahren zunächst von jeglicher Gemeinwohlorientierung und Beteiligung an demokratischen Prozessen. Erst wer kommerziellen Erfolg hat, kann sich, wenn er möchte, als Philanthrop dem Guten, Schönen und der Demokratie widmen, muss dies aber nicht tun. Erfolg aber ist in der durch VC-Profitgier getriebenen Kultur des Silicon Valley oft nur durch möglichst ruchlose, weil Recht, Demokratie und Ethik ignorierende Innovation zu haben. Indem das Model der disruptiven Innovation letztlich auch auf die Disruption des Rechts abzielt, zerstört es die Grundfesten unserer Gesellschaft. (D 4).

D 1 Wie GAFAM eine Kultur der Verachtung der Demokratie und des Rechts befördern

Vor der gezielten Lobbyaktion gegen ein bestimmtes Gesetz steht der Dauerbeschuss der Demokratie, das Weichmachen nicht nur eines Gesetzes, sondern des gesamten politischen Systems, das ewige Schlechtreden und Lächerlichmachen demokratischer Prozesse und anderer Methoden zur Unterminierung der Funktionsfähigkeit der Demokratie in den USA, Europa und Deutschland.[1]

Die GAFAM-Unternehmen wollen Vergessen machen, dass das allgemeine Gesetz, erlassen durch den parlamentarischen Gesetzgeber, die edelste Handlungsform der Demokratie ist. Denn in einem nach ordentlicher Debatte und mit Mehrheit beschlossenen Gesetz findet die Demokratie ihren Ausdruck. Wir können nicht die Krise der Demokratie beklagen und gleichzeitig pauschal Gesetze schlechtreden.

Die ständige Berieselung mit neoliberaler Ideologie hat dazu geführt, dass in weiten Kreisen unserer Gesellschaft Gesetze reflexartig mit Überregulierung gleichgesetzt werden. Dabei ist die Anforderung, dass ein Gesetz durch den demokratisch legitimierten, parlamentarischen Gesetzgeber verabschiedet wird, gerade ein Schutz gegen die Übergriffigkeit von Regierungen und die Regelungswut von Beamten. Der Satz *No Taxation Without Representation* beschreibt in der amerikanischen Verfassungstradition das, was in Deutschland durch den Gesetzesvorbehalt und die Wesentlichkeitstheorie des Bundesverfassungsgerichts geregelt wird.[2] Alles, was wesentlich ist, weil es entweder in die Grundrechte der Bürger eingreift (etwa die Besteuerung) oder weil es von grundlegender Wichtigkeit ist für die Funktion der Demokratie und des Gemeinwesens ist, muss durch ein parlamentarisches Gesetz geregelt werden. Es kann gerade nicht einfach durch die Regierung entschieden werden.

Der Gesetzesvorbehalt und der Wesentlichkeitsgrundsatz erleben in den aktuellen Kämpfen für Demokratie eine weltweite Ausbreitung. So hat der Versuch, erst durch die Premierministerin May, dann durch Premierminister Johnson in Großbritannien, dem Parlament die Entscheidung über den Brexit von Westminster zu entreißen und allein zu einer Sache der Regierung zu machen, zu zwei wichtigen Urteilen des obersten Britischen Gerichtes geführt, in denen klargesellt wurde, dass die wichtigen Entscheidungen über den Brexit eben nicht allein durch die Regierung getroffen werden können, sondern der parlamentarischen Zustimmung unterliegen.[3] In der EU verhindert die Rechtsprechung des Europäischen Gerichtshofes, dass die Regierung der Mitgliedstaaten oder die Kommission allein Entscheidungen treffen, die eigentlich der Mitentscheidung des Europäischen Parlamentes unterliegen, eben weil sie so wichtig sind, dass sie der breiteren demokratischen Legitimation bedürfen, die die Direktwahl des Europäischen Parlamentes verleiht.[4]

GAFAM dagegen stehen in einer Tradition der völligen Ablehnung demokratischer Entscheidungen, die für sie verbindlich wären. In seiner Erklärung über die Unabhängigkeit des Cyberspace von 1996, dem politischen Manifest der amerikanischen Techszene, das für die GAFAM immer noch leitend ist, sprach der Texter der *Grateful Dead*, John Perry Barlow, in poetischer Form den demokratischen Gesetzgebern, Parlamenten und Regierungen jede Legitimität zur Regelung von Angelegenheiten ab, die das Internet betreffen.[5] Heute noch präsentiert die *Electronic Frontier Foundation (EFF)*, eine durch Barlow mitgegründeten Internet-NGO, stolz diesen Text. Sie verbirgt gleichzeitig systematisch, dass sie im Wesentlichen von GAFAM finanziert wurde und davon bis heute profitiert.[6] Aus dieser Selbstermächtigung der Meister des Internets und der digitalen Technologien entwickelte sich, gemischt mit neoliberalen und marktfundamentalistischen Theorien, das Dogma des ungebrochenen globalen Internets. Nur die Selbstregulierung der Akteure und der Markt seien wirksame Mittel, um Ziele zu erreichen, die dem Gemeinwohl dienen, und deshalb sei jeder Eingriff in den Markt und jede Regulierung des Internets durch Gesetze abzulehnen. Dieses Gebräu aus Verabsolutierung der Technologie und neoliberaler Gedanken hatte die strukturelle Unterregulierung des Internets zur Folge und ermöglichte es GAFAM, quasi Monopole zu errichten, ganz nach der Monopoltheorie von Peter Thiel, einem der Erstinvestoren von *Facebook* und der von *Facebook*-Methoden abgeleiteten Datenkrake im Bereich der Sicherheit *Palantir*[7], die er gründete.[8]

Schon John Perry Barlows Erklärung der Unabhängigkeit des Cyberspace war gegenüber Machtkonzentration der Wirtschaft, die Amerika ja schon kannte, als er das Manifest verfasste, vollkommen blind. Ihm ging es allein darum, Staat und Demokratie aus dem Internet herauszuhalten. Und dies, obwohl in den USA schon im Bereich der Telefonnetze die Erfahrung gemacht wurde, welche ausbeuterischen Machtkonzentrationen in Netzwerkindustrien ohne Regulierung entstehen und der Monopolist *AT & T* durch einen Vergleich mit dem US-Justizministeriums im Jahr 1984 zerschlagen worden war.[9]

Der grundsätzliche Zweifel an der Eignung des Rechts zur Regulierung von Technologie wird bis heute trotz der schlechten Erfahrung mit dem rechtsfreien Raum des Internets eifrig öffentlich weiter gepflegt, auch außerhalb von Silicon Valley in der guten Tradition des Neoliberalismus und neuerdings für die KI.[10]

Die ausdrückliche und implizite Behauptung der GAFAM, dass Parlamentarier und Regierungen das Internet und neue Technologien wie die Künstliche Intelligenz nicht verstehen und somit keine Legitimation haben, Regeln für diese zu schaffen, wird nicht mit einer Selbstreflexion darüber verbunden, wie wenig Technologen die Demokratie und das Funktionieren von Rechtsstaatlichkeit verstehen sowie mit der Notwendigkeit, die Grundrechte in einer Welt zu schützen, in der die Technologie zunehmend dazu neigt, alle drei Säulen der konstitutionellen Demokratie zu untergraben.

Die Argumentationsfiguren von Technologiekonzernen und Aktivisten gegen neues Recht[11] zeigen immer wieder, dass sie auch heute noch Technologie vor und über die Demokratie stellen. Sie erkennen nicht oder wollen nicht erkennen, dass ihr Kreuzzug gegen das Gesetz die Demokratie in einen Zangengriff aus Technologie auf der einen Seite und Populisten sowie Diktatoren auf der anderen Seite versetzt. Sie delegitimieren Demokratie und demokratisches Recht und verhelfen damit auf der ganzen Welt, in den USA, Großbritannien, Ungarn und Polen autoritären Populisten in den Sattel und in Deutschland, Frankreich und anderswo zu einem starken Zuwachs.

Es ist kein Zufall, dass der autoritäre Populismus die Welt parallel zum Technodiskurs und dem Internet mit seinen Kommunikationsmodellen und digitalen Technologien überzieht. Die neue automatisierte elektronische Öffentlichkeit (Frank Pasquale) spielt ebenso in die Hände von Populisten wie die neue Kommunikationsumgebung des Internets, da Populisten ihre Ideologie am besten in kurzen Botschaften kommunizieren können, die an die neue Agora des politischen Diskurses, den Handybildschirm, angepasst sind. Der Wahlsieg und das Regieren Trumps durch Tweets sind dafür das beste Beispiel.

Konstruktive politische Ideen und Konzepte, die sich mit der Komplexität moderner Gesellschaften befassen und eine demokratische, integrative Debatte anstreben, können nicht in einem Tweet oder nur auf einen Handybildschirm erklärt werden. Sie brauchen mehr Text, den es zu lesen gilt, und vor allem: Sie brauchen die unmittelbare Debatte zwischen Menschen, keine autoritativen Sender.

Es sind also drei Kräfte der Delegitimation der Demokratie, die GAFAM verantworten: Einmal die ständige Behauptung, die Demokratie sei unfähig zur Problemlösung. Zweitens die Errichtung eines Kommunikationsumfeldes, das schon von der Grundstruktur her die undifferenzierten Botschaften der Populisten bevorzugt. Drittens das Geschäftsmodell der Aufregungsökonomie, das extremistische Botschaften bevorzugt und viral werden lässt, weil Aufregung zu mehr Klicks und mehr Klicks zu mehr Geld führen.[12]

Zur Kumulation von wirtschaftlicher und technischer Macht tritt noch ein neues Narrativ, die Ideologie totaler technischer Machbarkeit. Das neue an dieser Ideologie ist die Behauptung, alle politischen Probleme dieser Welt, also die großen Fragen von Freiheit und Diktatur, Krieg und Frieden, sozialer Gerechtigkeit, der Umweltzerstörung und des Klimawandels, ja die Frage nach den Bedingungen des Fortbestandes der Menschen auf der Erde, könnten allein durch Technik und die neue Künstliche Intelligenz beantwortet werden. Diese Überzeugung findet ihren Ausdruck auf vielfache Weise, angefangen beim Austritt der USA aus dem Pariser Abkommen gegen den Klimawandel über die Bücher von Eric Schmidt[13], dem früheren *Google*-Chef, und die Gründung der Weltproblemlösungsfiliale von *Google Jigsaw*[14] in New York bis hin zu den Stiftungsaktivitäten der Internetkapitalisten wie Bill Gates, die stets zum Ziel haben zu zeigen, dass Technik die Lösung bringt oder sie jedenfalls die Probleme besser lösen können als demokratische Staaten oder die internationale Staatengemeinschaft. Diktatorische und autokratische Ambitionen dieser Welt, auch innerhalb Europas und in den USA, werden durch die neue Techideologie gestärkt.[15]

Dass die Schwächung der Demokratie zu einer Schwächung des Rechts und damit einer zentralen Funktionsbedingung des Kapitalismus führt, wurde dabei vom Silicon Valley allerdings nicht bedacht. Dass Kapitalismus am Ende auf das Recht angewiesen ist – und wenn es nur dazu dient, gleiche Wettbewerbsbedingung für alle Marktteilnehmer anzustreben – scheint inzwischen auch Mark Zuckerberg aufgegangen zu sein, der neuerdings mehr Gesetze zur Regulierung des Internets verlangt und sich zumindest kurz vor seinem jüngsten Projekt, der *Facebook*-Währung *Libra*, oberflächlich dem demokratischen Prozess, Recht und Gesetz zu unterwerfen schien.

Nachdem das *Libra*-Projekt gescheitert ist und sich im amerikanischen Wahlkampf Unterstützer für die Forderung der demokratischen Senatorin Elizabeth Warren fanden, die *Facebook* zerschlagen will, haben *Facebook* und Mark Zuckerberg den Kampf gegen Demokratie und Gesetz ganz offen aufgenommen.

Er verkündete nicht nur diesen Kampf vor seiner Belegschaft.[16] *Facebook* löschte auch Anzeigen von Warren, in denen sie die Notwendigkeit der Zerschlagung von *Facebook* begründet.[17] Und Zuckerberg hofft nun auf die Hilfe des Rechtsstaates, falls Elizabeth Warren tatsächlich jemals die Zerschlagung von *Facebook* angehen sollte. Das Recht soll lediglich dazu da sein, Reichtum und die jetzige GAFAM-Struktur zu bewahren.

1.1. Freiwilligkeit statt verbindliches Recht, private statt staatliche Kontrolle

Man will bei GAFAM selbst bestimmen, nach welchen Regeln man arbeitet. Das gilt für das Internet aber auch für alle auf dem Internet basierenden digitalen Technologien bis hin zur KI. Das geht nur auf zwei Wegen: Entweder man hat Regierungen und Parlamente im Griff und stellt so sicher, dass sie, wenn überhaupt, nur Regeln erlassen, die GAFAM passen. Oder, noch besser: Man setzt durch, dass Regierungen und Parlamente akzeptieren, dass GAFAM sich selbst die Regeln setzen oder jedenfalls nur Regelungen unterworfen werden, denen sei freiwillig zustimmen. Das wäre die Abdankung der Demokratie, weil dadurch diesen Unternehmen ein Privileg eingeräumt würde, das so keinem Bürger gewährt wird, nämlich nur Regeln einhalten zu müssen, denen man auch ganz persönlich zugestimmt hat. Und noch dazu sind diese Regeln der Selbstregierung oft inkomplett, denn sie enthalten keinerlei Bestimmung über Sanktionen im Fall der Nichteinhaltung.

Es gibt im Übrigen kaum praktische Beispiele dafür, dass Selbstverpflichtungen und Selbstregulierung der Techwirtschaft den Nutzern und anderen Betroffenen wirklich geholfen haben und effektiv funktionieren.

1.2. Ein hippokratischer Eid für Ingenieure wäre gut, reicht aber nicht

In Techkreisen wird gerne behauptet, ein hippokratischer Eid für Ingenieure sei das, was wir jetzt brauchen. Es wird das Beispiel der Ärzte und Rechtsanwälte bemüht, die angeblich bestens arbeiten mit privatem Standesrecht und Regeln des Berufsrechts, die zum Beispiel von Kammern durchgesetzt werden.

Richtig daran ist, dass die Selbstverpflichtung der technischen Intelligenz auf Verfassung, Grundrechte, Demokratie und Ethik sicher helfen könnte. Wenn dazu noch im Studium wenigstens eine Pflichtstunde pro Woche zu diesen Themen kämc - noch besser. Ansonsten aber ist die Parallele zu Ärzten und Rechtsanwälten verfehlt. Sie allein bringt sicher nicht die Lösung der Probleme, die die entfesselte Macht der GAFAM-Konzerne uns beschert hat.

Denn erstens werden auch medizinische und Rechtsberufe durch gesetzliches Recht geregelt. Auch bei diesen hat sich reine Selbstregulierung nicht bewährt. Es mag schon sein, dass Standesvertreter noch das Lied der Selbstregulierung singen. Aber diese Berufe sind zu wichtig. Man kann sie in einer Demokratie nicht allein dem Stand der Berufsträger überlassen wie im Mittelalter den Gilden. Im Übrigen handelt es sich im Idealbild gleichwohl um freie Berufe mit einem besonderen Treuhänderverhältnis gegenüber ihren Mandaten und Patienten, die deshalb auch auf eine lange Geschichte *regulierter Selbstregulierung* zurückschauen können.

Das Berufsbild des IT-Ingenieurs ist ein anderes. Ihm fehlt sowohl die besondere Treuhänderstellung als auch die Unabhängigkeit des freien Berufs sowie die Geschichte der Selbstverpflichtung - also jedes der drei Elemente, die die Grundlage des zum Teil legitimen Anspruchs der freien Berufe auf Selbstregulierung begründen.

Aus anderen Gründen genießt auch die Presse als vierte Gewalt in der Demokratie einen Sonderstatus. Weil wir sie in der Demokratie unabhängig und staatsfern wollen, weil es ihre Aufgabe ist, Macht zu kontrollieren und zu kritisieren, soll sie sich weitgehend, wenn auch nicht vollständig, selbst regeln. Aber auch hier gilt wieder, dass erst das demokratische und verbindliche Presserecht überhaupt diesen Status schafft und die Unabhängigkeit der Presse sichert.

Beide Vorbilder lassen sich auf *Big Tech* nicht ohne weiteres übertragen. Gleichwohl gelingt es den Aktivisten des technologischen Neoliberalismus immer wieder, Selbstregulierung in Form von Öffnungsklauseln für private Zertifizierungen oder Verhaltensregeln in Gesetzeswerken unterzubringen. Um derartige Klauseln wird im Gesetzgebungsprozess oft lange gekämpft, gerade auch durch deutsche Ministerien. Und am Ende wird dann meistens nichts aus der Selbstregulierung, weil sich die Unternehmen nicht einig werden oder die geplante Selbstregulierung dann doch nicht den gesetzlichen Anforderungen genügt. Übrigens sind die kleinen und mittelständischen Unternehmen, die gerade die deutsche Wirtschaft prägen, in der Regel bei derartigen Selbstregulierungssystemen oder deren Ausarbeitung nicht beteiligt. Die Advokaten der Selbstregulierung spielen also im Zweifel in die Hände der Großunternehmen. Der Bitkom e. V., ein GAFAM-Lobbyverband, ist ein Beispiel dafür, wie einige wenige Großunternehmen durch komplizierte Strukturen der Selbstregulierung den Staat draußen halten wollen.

1.3. Wie die GAFAM durch den Bitkom den Staat raushalten wollen

In der Datenschutz-Grundverordnung (DSGVO) sehen die Artikel 40 bis 42 Systeme von freiwilligen Verhaltensregeln und Zertifizierungssysteme der Wirtschaft vor. Damit diese Systeme nicht zu einem Schlupfloch werden, um Gesetze zu umgehen, müssen die Datenschutzbehörden sorgfältig prüfen, welche Kodizes und Zertifizierungssysteme sie anerkennen. Dazu sind sie aber bisher mangels qualifizierten Personals überhaupt nicht in der Lage. Die Hoffnung, die Datenschutzbehörden sollten durch Kodizes und Zertifizierungssysteme entlastet werden, wird aber nur eingelöst werden können, ohne die Einhaltung der DSGVO in Frage zu stellen, wenn die diesen Systemen zugrundeliegenden Kodizes und regelmäßig auch deren Umsetzung auf zweifelsfreie Einhaltung der für alle geltenden DSGVO streng kontrolliert werden. Dafür bedarf es qualifizierten Personals.

Alle GAFAM sind Mitglieder der Bitkom, gemeinsam mit einer großen Zahl weiterer internationaler Konzerne. Ein ehemaliger Deutschlandchef von *Microsoft* ist Bitkom Präsident.[18] Interessant: Die Bertelsmann AG hat Bitkom verlassen. Sie fühlte sich offenbar nicht mehr durch diesen Verband vertreten. Es ist erstaunlich, dass Bitkom ein System nicht nur privater Regelsetzung, sondern auch privater Aufsicht fördert. Gemeinsam mit anderen Verbänden und interessierten Unternehmen hat sich Bitkom auch schon im Gesetzgebungsprozess zur DSGVO für Selbstregulierung und privat finanzierte Aufsicht eingesetzt. Bitkom hat mit einigen wenigen Großunternehmen der Branche eine eigene Organisation zur Förderung der Selbstregulierung errichtet, der wiederum Bitkom selbst, *Microsoft* und *Google* als Gründungsmitglieder angehören: den eingetragenen Verein Selbstregulierung Informationswirtschaft e. V.[19] Ein e. V. braucht in Deutschland zur Anerkennung einen ideellen Zweck, der nicht wirtschaftlicher Natur ist. Es ist schon erstaunlich, dass bei einem Verein, der durch wenige große Wirtschaftsunternehmen gegründet wurde und der sich dafür einsetzt, dass diese sich dem demokratischen Recht entziehen können und nur der Selbstregulierung unterliegen, als e. V. anerkannt wird. Ist es ein in einer demokratischen Gesellschaft anerkennenswerter ideeller Zweck, Wirtschaftsunternehmen von demokratischen Gesetzen und staatlicher Aufsicht freizustellen?

Dieser e. V. wiederum hat eigens eine Tochterfirma, die *Scope Europe bvba* gegründet, die als »unabhängige« Überwachungsstelle für Verhaltenskodizes nach Artikel 41 DSGVO fungieren soll. So versucht die Techwirtschaft durch verschachtelte Intransparenz die Regelsetzung und die Anwendungen der Regeln selbst in die Hand zu nehmen und sich damit der für die Allgemeinheit üblichen demokratischen Gesetzgebung und der Kontrolle durch öffentliche Institutionen zu entziehen. Denn dass eine Struktur, die durch wenige selbst betroffene Unternehmen errichtet wurde, als unabhängige Überwachungsstelle fungieren soll, zeigt, wie die Unternehmen und ihre Verbände sich Unabhängigkeit vorstellen: als Fehlen von Staatlichkeit wie in *failed states*. Hoffen wir, dass die Datenschutzbehörden das nicht durchgehen lassen. Dieses Beispiel zeigt zudem, wie GAFAM sich Gesellschaft vorstellen: Keine demokratisch gesetzten Regeln, sondern Selbstregulierung der Wirtschaft. Und keine direkte staatliche Kontrolle, ob die Regeln eingehalten werden, sondern, wenn überhaupt, nur durch Institution, die die Wirtschaft selbst finanziert und kontrolliert. Die staatlichen Organe werden knappgehalten, sie sollen möglichst wenig Mittel und wenig Personal erhalten, damit so sogar bei ihnen selbst der Wunsch entsteht, durch privat finanzierte Aufsicht entlastet zu werden. Das ist eine Revolution der Techindustrie von oben, die das Prinzip der Bindung aller an das demokratisch gesetzte Recht aushebelt. Ohne diesen gewaltigen Verschleierungs- und Verschachtelungsaufwand könnte alles viel einfacher und auch effizienter sein: Wenn GAFAM ordentlich ihre Steuern zahlen würden und akzeptieren würden, dass sie wie alle dem demokratischen Recht unterworfen sind. Und mit den mehr gezahlten Steuern könnten die Datenschutzbehörden auch besser ausgestattet werden, die Finanzierung ihrer eigenen, privaten Aufsicht könnten sich die GAFAM dann sparen.

1.4. Wie der durch die GAFAM angeschobene Ethikdiskurs die gesetzliche Regulierung der KI verzögert

Für die Künstliche Intelligenz haben die amerikanischen GAFAM frühzeitig einen Ethik-Diskurs begonnen, ganz im Sinne der *Kalifornischen Ideologie*. Sie waren dabei so erfolgreich, dass sich zunächst sowohl die Europäische Kommission als auch die Bundesregierung auf diesen Diskurs einließen, der als Rechtsverhinderung oder jedenfalls Rechtsverzögerung geplant war. Beide errichteten Ethikgruppen mit Vertretern aus der Wissenschaft und Interessenverbänden, in Europa auch der GAFAM-Unternehmen selbst.

Nachdem nun beide Beratungsgremien ihre Empfehlungen vorgelegt haben, ist klar: Die Künstliche Intelligenz als Allzwecktechnologie, die angeblich eines Tages so verbreitet sein wird wie Strom, braucht eine gesetzliche Regelung. Das war von Anfang an absehbar, so aber hat die Industrie wieder mehr als ein Jahr ohne gesetzliche Regulierung gewonnen. Schon vor Beginn der Arbeit beider Gremien gab es 15, manche sagen sogar 70, verschiedene Ethikkataloge für autonome Systeme und KI, die von der Industrie und der Wissenschaft entwickelt wurden.[20]

Noch während der Arbeit der Gremien löste *Google* seinen eigenen Ethikbeirat auf.[21] Gleichwohl haben Philosophen und Ethiker derzeit bei den Techfirmen Hochkonjunktur. Und sie unterliegen einem moralischen Dilemma, einem *moral hazard*: Wenn sie für rechtliche Regulierung der KI plädieren, geben sie die Lufthoheit über die Thematik aus der Hand, da dann Regierungen und Parlamente ihre Arbeit aufnehmen, unterstützt sicherlich auch von Ethikern und Philosophen, aber eben auch von vielen anderen Fachleuten anderer Fachrichtungen. Und wenn sie für Gesetzgebung plädieren, verlieren sie Freunde in der Techindustrie, die das Leben und Arbeiten angenehm gestalten, angefangen bei Einladungen zu Partys über Betriebsbesuche bis hin zur Forschungsfinanzierung und der Vermittlung exklusiver Einsichten in den neuesten Stand der Technik.

Die Technische Universität München erhielt kürzlich einen Zuschuss von 7,5 Million Dollar von *Facebook* für den KI-Ethik-Lehrstuhl,[22] und in Berlin finanziert *Google* das »Alexander von Humboldt Institut für Internet und Gesellschaft (HIIG)«.[23] Eine Woche nach der ersten Sitzung der Datenethikkommission der Bundesregierung, die unter anderem den Auftrag hatte, Regeln für KI vorzuschlagen, hatte das *Humboldt Institut* nichts Besseres zu tun, als zu einer Veranstaltung zum Thema KI mit dem Cheflobbyisten von *Google*, Nicklas Lundblad, einzuladen, ohne seine Gäste in der Einladung darauf aufmerksam zu machen, dass nicht nur der Gast von *Google* kommt, sondern auch Geld für die Gastgeber.[24] Auch die *Google*-Kritikerin Shoshana Zuboff kam in dem Institut zu Wort, aber erst, nachdem ihre Kritik vom Springer-Verlag aufgenommen und sie zur Verleihung des Axel-Springer-Preis mit Laudatio der designierten Präsidentin der EU Kommission Ursula von der Leyen eingeladen worden war.[25] Und auch Frau Zuboff wurde in der Einladung nicht mitgeteilt, dass *Google* ihre Bühne im HIIG mitfinanzierte. Sogar bei einem Vortrag soziologischen Inhalts in Gegenwart von Mitgliedern des Bundesverfassungsgerichts bei der deutschen Juristenvereinigung in Freiburg, in dem die These vertreten wurde, das Recht könne das Internet nicht mehr regeln, hielt es die vortragende Direktorin des Instituts nicht für angebracht, die anwesenden Richter auf die Finanzierung des Instituts durch *Google* hinzuweisen, obwohl sie Thesen vertrat, die nicht besser durch die Lobbyisten von *Google* hätten formuliert werden können. Dass dieses Institut noch den Namen des großen Universalgelehrten Humboldt tragen darf, ist nicht in Ordnung. Es sollte sich selbst in *Google* Institut umbenennen.

Um den Ethik-Diskurs voranzubringen und ihn dabei möglichst politik- und demokratiefern zu halten, haben die Unternehmen selbst auch diverse Forschungsinstitute und Think Tanks oder Plattformen gegründet. Hier pflegen sie den Dialog mit der Zivilgesellschaft und der Wissenschaft, scheinbar im öffentlichen Interesse. Es ist allerdings interessant zu sehen, dass in diesen Institutionen praktisch nie etwas Positives zum Thema Demokratie oder Gesetzgebung gesagt wird. Das Thema wird systematisch klein gehalten, stattdessen kultiviert man technische Lösungen oder die *Ethics Community*, scheinbar harmlos, tatsächlich aber, um Koalitionen und Alternativen im Systemwettbewerb zu demokratischen Lösungen zu schmieden. Ganz nebenbei machen GAFAM so diejenigen, die sich auch im demokratischen Prozess engagieren könnten, frühzeitig in angenehmer Atmosphäre mit den Vorteilen der Alternativen zur Gesetzgebung vertraut, sprich Selbstregulierung und technische Lösungen. Und wer die bessere Ausstattung des von *Google* finanzierten Berliner *Humboldt Instituts für Internet und Gesellschaft* einmal gesehen hat, etwa im Vergleich zum staatlich finanzierten Weizenbaum-Institut, der kann sich vorstellen: Die knappe Ausstattung der staatlichen Forschung kann auch gute Leute in die Arme von GAFAM treiben.

Einer der durch GAFAM und andere in der Industrie finanzierten Think Tanks ist *Partnership on AI*. Er wurde mitgegründet von Mustafa Suleyman von *Deep-Mind*, dem britischen KI-Entwickler, der von *Google* gekauft wurde.[26] *Partnership for AI* vermied es systematisch, Akteure aus Politik und Regierung in die Gremienstruktur aufzunehmen. GAFAM, vollständig im Board of Directors vertreten,[27] wollten mit Wissenschaft und Zivilgesellschaft unter sich bleiben, um gar nicht erst demokratische Regulierungsoptionen in den Diskurs einfließen lassen zu müssen. Das ist die praktische Verwirklichung desjenigen Prinzips, das auch einem anderen Tochterunternehmen von *Alphabet/Google* zugrunde liegt, nämlich *Jigsaw*[28] in New York: Wir lösen die Probleme der Welt durch Technik, nicht durch Demokratie, ist deren Mantra. Idealismus? Vielleicht. Durch Demokratie verabschiedete gesetzliche Regeln, die verbindlich und durchsetzbar sind gegenüber Big Tech und mit Sanktionen belegt? Nein danke. Das ist das Motto in diesen Kreisen des demokratiefernen Idealismus – wenn man überhaupt allen Akteuren Idealismus unterstellen darf. Der Idealismus eines Mustafa Suleyman, in frühen Tagen noch präsent bei *DeepMind*, war wahrscheinlich schon zu viel für die neuen Eigentümer und Aufpasser von *Google*, die ihm nicht nur sein Unternehmen, sondern wahrscheinlich auch seinen Idealismus abkaufen wollten.

1.5. GAFAM bilden mit der NSA eine Private Public Partnership der Überwachung

Shoshana Zuboff beschrieb eindrücklich die Entstehung einer Lügenkultur bei *Google*, die bis heute fortbesteht. Denn als den Gründern von *Google* klar wurde, dass sie mittels ihrer Suchmaschine viel mehr persönliche Daten sammeln können, als nötig sind, um die Suchmaschine zu betreiben und weiterzuentwickeln, beschlossen sie, dieses Geschäft des massenhaften Sammelns von persönlichen Daten systematisch auszubauen und mehr Geld zu verdienen, als sie sich je erträumt hatten. Es war ihnen von Anfang an klar, dass sie damit alle Nutzer über den Tisch zogen, denn sie drangen tief in das Leben der Menschen ein und legten bald Profile von jedem einzelnen Nutzer an, die nicht nur aus den Inhalten der Suchanfragen gespeist wurden, sondern auch aus dem sonstigen Verhalten im Internet, das sie jetzt auch beobachteten. Ihnen war klar: Wenn die Menschen wüssten, wie *Google* sie beobachtet und das Vertrauen in das Unternehmen ausnutzt, würde ihr Geschäft leiden und vielleicht auch gesetzlich reguliert werden. Denn auch in Amerika schätzen die Menschen ihre Privatsphäre. Deshalb hielt *Google* sein Geschäftsmodell lange geheim. So entstand eine bis heute praktizierte Lügen- und Geheimhaltungskultur, die sich nun bei der Entwicklung der KI fortsetzt. *Facebook* ging einen ähnlichen Weg, und wie Shoshana Zuboff beschreibt, wurden die Ideen zum Sammeln und zur kommerziellen Nutzung persönlicher Daten durch einige Personalwechsel von *Google* zu *Facebook* gebracht und dort für das soziale Netzwerk adaptiert.

Die Mischung aus gewaltigem kommerziellem Erfolg, äußerem Techidealismus, aber einer Lügen- und Geheimhaltungskultur nach innen, machte die Techkonzerne anfällig für die patriotische Inanspruchnahme durch US-amerikanische Geheimdienste, insbesondere die NSA nach den Anschlägen vom 11. September 2001. Die Lüge vom Respekt vor den Nutzern und ihren Daten musste ja gar nicht neu erfunden werden. Es gab sie ja schon vor 9/11. Dass Daten jetzt auch an den Staat flossen, war leicht in diese Lügenkultur zu integrieren.

Wie die Welt durch Edward Snowden[29] erst spät erfuhr, kollaborierten Unternehmen des technologisch-wirtschaftlichen Komplexes auf die eine oder andere Weise mit der NSA und anderen, indem sie Nutzerdaten und Inhalte klammheimlich an US-Dienste weitergaben. Teilweise waren die Geheimdienste wie die CIA über die Risikokapitalfirma In-Q-Tel[30] unmittelbar an den Unternehmen beteiligt oder gehörten sogar zu den Erstinvestoren.

Vor allem für die NSA waren und sind der hohe Marktanteil von *Google* als Suchmaschine, in Europa (heute bei über 90 Prozent), von *Facebook* sowie der hohe Marktanteil von US-Firmen im Cloud Geschäft (ebenfalls über 90 Prozent) eine phantastische Ausgangsbasis für das breiteste Sammeln von Daten über Personen, Gruppen, Unternehmen, ihre Innovationen und Geschäfte. Kommen nun noch Finanzflüsse hinzu durch die GAFAM-Zahlungssysteme, werden auch diese erfasst.

Shoshana Zuboff beschreibt den gewaltigen, unstillbaren Hunger von GAFAM nach immer mehr persönlichen Daten, da immer feinere Persönlichkeitsprofile eine immer höhere kommerzielle Wertschöpfung insbesondere auf dem Markt für Verhaltensvoraussagen ermöglichen. Aber auch die US-Geheimdienste sowie alle anderen dieser Welt hungern nach persönlichen Daten und Verhaltensvoraussagen. Es verwundert deshalb nicht, dass aus diesem parallelen Interesse eine umfassende Zusammenarbeit von der Entwicklung bis zum Nutzbarmachen von Daten zwischen GAFAM und US-Geheimdiensten entstand.[31]

Auch der Arbeitsmarkt für Datenanalysten ließ viele Programmierer und Datenwissenschaftler zwischen privaten und öffentlichen Arbeitgebern wechseln. So entwickelte sich die öffentlich-private Partnerschaft des technischen Überwachungskomplexes in Amerika, der ungefähr 107.000 Arbeitnehmer in den 16 verschiedenen Sicherheitsdiensten der USA umfasst, zum Teil unmittelbar im öffentlichen Dienst, zum Teil bei privaten Dienstleistern, die für den Staat arbeiten, so wie Edward Snowden, der auch bei einem solchen Dienstleister beschäftigt war. Das Gesamtbudget dieses Komplexes seit dem 11. September 2001 wird auf zwischen 500 Milliarden und einer Billion Dollar geschätzt.[32]

Das Gesetz zu umgehen oder absichtlich zu brechen, den Gesetzgebern die halbe Wahrheit zu sagen oder sie zu verspotten, wie wir kürzlich in den Anhörungen von Mark Zuckerberg zu *Facebook* und dem *Cambridge Analytica*-Skandal gesehen haben, wurde zu einem Sport auf beiden Seiten des Atlantiks, bei dem digitale Unternehmen, digitale Aktivisten und digitale Ingenieure und Programmierer sich gegenseitig auf die Schultern klopften und dabei wie die Kings der Welt fühlten. Wir sehen an der hochmütigen Haltung solcher *Masters of Cyberspace* wie Mark Zuckerberg gegenüber dem US-Kongress und den Parlamenten der ganzen Welt: Der *Wake-up-call* Snowdens, was die Überschreitung der Grenzen der natürlichen Rechte der Einzelnen betrifft, hatte in dieser Hinsicht keine Wirkung. Was Snowden aufdeckte, und das ist der eigentliche Skandal, war ja nach US-Recht rechtmäßig. Niemand wurde für das massenhafte Sammeln von persönlichen Daten, das er enthüllte, zur Verantwortung gezogen. Faktisch hat sich nichts geändert, auch wenn in den USA kosmetische Änderungen am Recht vorgenommen wurden. Tatsächlich können wir niemals sicher sein, was wirklich mit unseren Daten in den USA passiert: aufgrund der Instrumente, die das amerikanische Recht dem Staat gibt, insbesondere die geheime Gerichtsbarkeit und die strafbewährte Geheimhaltungsverpflichtung, die der Staat den Unternehmen beim Abzapfen von Daten auferlegen kann – und weil Europa keine technischen Kontroll- und Inspektionsmöglichkeiten hat.

Der *EU–US Privacy Shield* ist ein Schritt hin zu ähnlichen Regeln des Datenschutzes in der EU und den USA bei der Verarbeitung von Daten aus Europa in den USA.[33] Über die Lobbyanstrengungen zum Weichspülen dieses Regelwerks könnte man ein eigenes Buch schreiben. [34] Es gibt rege Diskussionen über die europäische Datensouveränität, es gibt den Wunsch nach mehr EU-Cloud Kapazitäten und es gibt das deutsche Projekt einer europäischen Cloud namens Gaia-X.[35] Sie alle zeigen, dass trotzdem kein nachhaltiges Vertrauen in den Datenschutz in den USA entstanden ist. Auch dort selbst ist der mangelnde Schutz der Privatsphäre ein großes Thema, dem die New York Times inzwischen eine Dauerserie widmet.[36] Schon im Jahr 2000[37] vertrauten die US-Bürger dem Datenschutz kaum. Seitdem ist das Vertrauen in den Datenschutz in den USA noch weiter gefallen.[38]

1.6. Kein Wahlkampf ohne Facebook und Google

Während Twitter auf politische Anzeigen verzichtet, juckt *Facebook* und *Google* das Geld: Die gesamten Wahlkampfausgaben für digitale Werbung im US-Präsidentschaftswahlkampf 2020 sollen 2,9 Milliarden Dollar erreichen.[39] *Facebook* erhöhte gleich im August die Preise gewaltig, von 9 auf 279 Dollar pro generierter E-Mail Adresse, aber nur für die Demokraten. Denn auf der Seite der Demokraten konkurrieren im Vorwahlkampf viele Kandidaten miteinander. Das treibt die Preise hoch. Für Republikaner blieben sie günstig, bei ihnen gibt es nur einen ernsthaften Kandidaten, den Amtsinhaber. So bestraft das Anzeigenversteigerungssystem von *Facebook* die Partei, die ihren Wählern eine echte Wahl gibt, und begünstigt Trump.[40] Zum Geldverdienen ist Mark Zuckerberg die Demokratie gut genug, ja, er akzeptiert ein für den demokratischen Prozess geradezu perverses Preissystem der Anzeigenversteigerung bei *Facebook*. Gleichzeitig weigerte er sich lange, politische Anzeigen abzulehnen, die Lügen enthalten. So ist das, wenn der unregulierte Kapitalismus auf die Demokratie trifft. Immerhin brachte die Corona-Krise den Social Media-Giganten ins Nachdenken: Seither werden Anzeigen mit Falschinformationen gelöscht und Informationssuchende auf seriöse Quellen hingewiesen. »Wir erlauben keine Inhalte, die eine unmittelbare Gefahr oder ein Risiko schaffen«, sagt Zuckerberg.[41] Bis sich diese Einsicht zu den Risiken für Demokratie und Freiheit erstreckt, die von Fake-Anzeigen ausgehen, wird wohl noch viel Zeit vergehen. Denn hier sprudeln die Einnahmen.

Nicht nur in Deutschland, auch in Belgien und anderen EU Ländern sind die Faschisten und Populisten die größten Käufer von Wahlkampfanzeigen bei *Facebook* und *Google*.[42] *Facebook* und seine Angestellten verdienen an den Anzeigen, denn für die Verkäufer gibt es Provisionen. Diese wurden in den USA erst im Mai 2019 abgeschafft. Ob dies auch in Europa geschah, ist unklar.[43]

Die zuletzt eingeführten dynamischen Archive der Wahlkampfanzeigen von *Google* und *Facebook* sind extrem unübersichtlich. Denn weder helfen sie, die Ausgaben der gleichen Partei nach einheitlichen Regeln zu konsolidieren noch erlauben sie, die in einer Wahl sich konkret gegenüberstehenden Parteien und Kandidaten einfach auf Ausgaben, Inhalte und Targeting ihrer Anzeigen zu vergleichen.

Facebook und *Google* verstehen die Demokratieprozesse nicht und schaffen eine Scheintransparenz, die im konkreten Wahlkampf der Öffentlichkeit nur wenig hilft. Die Archivformate, wie sie jetzt existieren, können nur ein Anfang sein, selbst wenn die eine oder andere Firma es besser machen würde. Wahlen sind so wesentlich für die Funktion der Demokratie, dass an der gesetzlichen Regelung des Wahlkampfes und der Transparenz sowie Vergleichbarkeit der Onlineanzeigen kein Weg vorbeiführt.

Auch wenn GAFAM im Allgemeinen brav sagen, sie seien für gesetzliche Regelungen, widersprechen sie doch immer dann, wenn Initiativen in dieser Richtung auf den Weg kommen. Im US-Kongress haben sie noch jede Regelung, die mehr Transparenz der Wahlwerbung schaffen sollte, verhindert. *Google* boykottiert sogar Wahlwerbung in einigen US-Einzelstaaten, die gesetzliche Regelungen erlassen haben, mit dem Argument, wegen der Transparenz seien keine Profite mehr mit Wahlwerbern zu machen. Trotzdem zeigt sich bereits, dass immer mehr US-Einzelstaaten entsprechende Gesetze erlassen.[44]

1.7. Die GAFAM wollen selbst die Regeln setzen

Der technisch-ökonomische Komplex hat nicht nur die neoliberale Sicht auf das Recht als Kostenfaktor und als innovationsfeindliche Beschränkung übernommen. Er hat auch eine eigene, an die *Kalifornische Ideologie* anschließende Theorie der Unerwünschtheit und Unmöglichkeit entwickelt, das Internet und digitale Technologien gesetzlich zu regulieren. Jüngst traf der Angriff auf die Institutionen mit dem Traum einer Währung ohne Zentralbanken und ohne Währungsrecht zusammen.

Blockchain ist die technische Inkarnation des Neoliberalen. Es versucht, ein System der *trustless technology* zu etablieren, der man vertrauen soll, ohne dass Menschen beteiligt sind. Aber: Die Techkonzerne und ihre Aktivisten schaffen auch durch Blockchain nicht, einen direkten Weg zwischen Individuum und Information ohne jede Regel einzurichten. Sie schaffen einen neuen Weg mit neuen Regeln, die sie aufstellen. Denn *Facebook, Google* etc. sind neue Institutionen, mit *eigenen* Gemeinschaftsregeln, gesteuert durch ihre *eigenen* Interessen. Sie wollen ein *International Law of Google*,[45] wie ein Seminar an der New

York University hieß, an die Stelle der Regeln der Demokratie setzen. Auch der Think Tank *Internet and Jurisdiction* in Paris[46], der mit finanzieller Unterstützung der Internetgiganten und einiger weniger Staaten betrieben wird, dient diesem Ziel, ebenso wie die *Global Network Initiative*[47] *(GNI)* und das *Internet Governance Forum (IGF)*, das zwar durch die Vereinten Nationen 2006 ins Leben gerufen wurde, tatsächlich aber in der Sache noch nie eine Regelung hervorgebracht hat, die den Giganten des Internets oder wirtschaftlichen Interessen im Internet irgendwelche Grenzen setzte. Und die Politik selbst verstärkt diesen Trend: So wurde 2019 das *IGF, das Internet Governance Forum* der Vereinten Nationen in Berlin vom Bundeswirtschaftsministerium mitfinanziert. Es ist von einer Plattform der Zivilgesellschaft zu einem gemischten Zivilgesellschaft-Wirtschaftsforum geworden und dient vor allem dazu, verbindliche Regeln zu *vermeiden.*[48]

Aber mit welcher Legitimation verweigern GAFAM sich Recht und Demokratie? Eine demokratische Legitimation haben sie nicht. Schaffen sie denn in der Sache bessere Ergebnisse? Das glauben einige. Etwa mit dem Satz, die Demokratie hat *Google Suche* nicht erfunden und hätte diese nie erfunden, deshalb sei *Google* besser als die Demokratie. Das ist aber ein Irrtum, denn es gibt eine Arbeitsteilung zwischen Wirtschaft, Wissenschaft, Presse, Kunst, Gesellschaft einerseits und Politik, Regierung und Parlament und Justiz andererseits. Die Trennung dieser Bereiche, mit Regeln über Verantwortung, aber auch bestimmten Unabhängigkeiten voneinander, mit Regeln über *Checks and Balances* und Gewaltenteilung: Sie alle haben einen Sinn und sind geradezu konstitutiv für eine freie Gesellschaft. Nur Diktaturen versuchen, all diese Bereiche gleichzuschalten und das Gesamtsystem in seiner Funktion zentral zu kontrollieren. Die gleichzeitige Präsenz und der Einfluss der GAFAM-Konzerne mit ihrem Geld in Wirtschaft, Politik, Wissenschaft, Journalismus und Kultur ist ein Problem, auch ohne die Systemsteuerungsambition, die sie mit Blick auf die neue Technik des weltweiten Internets, der KI und der Quantencomputer haben. Aber mit dieser Technik und ihren Steuerungsambitionen werden sie zu einer echten, diktatorischen Gefahr.

In der Demokratie geht nichts schnell, jede politische Auseinandersetzung braucht Ausdauer und nachhaltige Solidarität. Der Klassiker des modernen Unternehmenssprechs aus dem Silicon Valley ist das Mark Zuckerberg-Motto *Let's move fast and break things*, also die Aufforderung an Techniker und Geschäftsentwickler, rücksichtslos schnell voranzuschreiten, um die *Time to market* zu reduzieren. Andererseits versuchen Sie das politische System zu verlangsamen, indem sie sagen: *Yes, let's have a debate!* und dann wird ewig debattiert ohne jede Folge. Gleichzeitig schaffen GAFAM durch eigenes Handeln selbst Fakten.

Und dann, bei nächster Gelegenheit, kritisieren sie die Langsamkeit des demokratischen Prozesses und des demokratischen Staates wieder. So macht man Demokratie kaputt.

Neuerdings fordern einige aus dem Silicon Valley plötzlich doch Gesetze, auch Mark Zuckerberg und Vertreter von *Microsoft*. Sie können dies aber beruhigt tun in dem sicheren Bewusstsein, dass der amerikanische Kongress ganz offenkundig gar nicht mehr fähig ist, Gesetze im Gemeinwohlinteresse zu verabschieden. Entweder passiert also gar nichts oder aber die Konzerne werden einen solch umfassenden Einfluss auf die Gesetzgebung haben, dass ihre ausbeuterischen und freiheitsberaubenden Geschäftsmodelle in keiner Weise geändert werden müssen oder gar im Bestand gefährdet sind.

Welche Macht die Konzerne in der amerikanischen Politik gewonnen haben, ist nicht nur vielfach in der jungen amerikanischen Literatur zum Untergang der Demokratie beschrieben worden,[49] sondern zeigt sich auch ganz konkret am Beispiel der Gesetzgebung zum Schutz der Privatsphäre in Kalifornien und im Bundesstaat Washington, die durch *Google* und *Facebook* in Kalifornien und *Microsoft* in Washington windelweich geklopft worden ist.[50]

1.8. GAFAM wollen eine eigene Gerichtsbarkeit

Die Privatisierung der Justiz, die große Unternehmen seit langem durch private Streitschlichtungsinstanzen betreiben, erreicht mit der Einrichtung eines *Facebook Supreme Courts*, eines höchsten Gerichts bei *Facebook*, einen absurden Höhepunkt. Hier maßt sich ein Unternehmen zunächst an, weltweit in vielen Staaten Geschäfte machen zu können, ohne das jeweilige Landesrecht einhalten zu wollen. Es dauerte lange, bis *Facebook* akzeptierte, dass in Europa seine selbsterfundenen *Community Rules* eben nicht ausreichen, sondern es sich hier an Recht und Gesetz halten muss.

Kaum hat *Facebook* das geschluckt, unternimmt es einen weiteren Anschlag auf Rechtsstaatlichkeit und Demokratie, indem es vorgibt, in einem weltweiten, zentralen Gremium Entscheidungen darüber, was vom Netz genommen werden soll, treffen zu können. Und *Facebook* meint es ernst: Der *Supreme Court* wird mit 130 Millionen Dollar, also ungefähr 116 Million Euro, für die ersten sechs Jahre ausgestattet.[51] Zum Vergleich, das Jahresbudget des Bundesverfassungsgerichts liegt bei knapp 35 Million Euro.[52]

Zwar erkennt *Facebook* an, dass im Entscheidungsgremium von fünf Richtern jeweils einer aus der im konkreten Fall betroffenen Region mit am Tisch sitzen soll. Aber *Facebook* versteht offenbar nicht, dass allein die Einrichtung eines solchen Gremiums seine offenbar vollkommen fehlgeleiteten Ambitionen als Weltstaat mit eigener Gerichtsbarkeit erkennen lässt. *Facebook* stellt sich mit diesem Gremium gegen das Grundprinzip, dass in freien, demokratischen Staaten die unabhängige Justiz nach den demokratisch gesetzten Regeln entscheidet, auch wenn es um Fragen der Inhaltskontrolle auf einer Plattform wie *Facebook* geht. Und das ist auch gut so und muss auch so bleiben. Denn ein weltweites *Facebookgericht* als legitim anzuerkennen, ist ein Schritt in die Aufgabe staatlicher Souveränität in einem Kernbereich, nämlich der Gerichtsbarkeit. *Facebook* und alle GAFAM müssen anerkennen, dass sie sich bei ihrer Größe und Bedeutung im Markt wie auch für die Meinungsbildung in einer freien Gesellschaft in einer besonderen Verantwortung befinden und sich besonderen Regeln zu unterwerfen haben. Und diese Regeln, nämlich der Regeln der Gestaltung der demokratischen Öffentlichkeit, werden in einer Demokratie durch Parlamente gesetzt und durch staatliche, unabhängige Richter angewendet. Für ein GAFAM-Weltgericht bei *Facebook* oder anderswo ist da kein Platz, ganz abgesehen davon, dass auch aus vielen anderen Gründen dem *Facebook Supreme Court* schwierige Zeiten bevorstehen.[53]

1.9. Die zwei Schulen der Selbstregulierung in Amerika

Die Verbindung der Thesen der Selbstregulierung mit dem Neoliberalismus haben wir bereits beschrieben. Dies ist die zynische Schule der Selbstregulierung, die zynische Schule des Ethikdiskurses, die all dies nur betreiben, um Argumente zu sammeln, mit denen man gegen demokratische und verbindliche gesetzliche Regelungen angehen kann: Seht her, wir geben uns selbst gute Regeln, wir brauchen kein Gesetz.

Aber es gibt auch eine Schule der Selbstregulierung und der Ethikdiskurse, die aus Verzweiflung über die amerikanische Demokratie nach Kodizes und Technik rufen. Wenn der Gesetzgeber in Washington nicht in der Lage ist, die notwendigen Regeln zu verabschieden, dann müssen wir sie uns selbst geben, argumentieren sie. Diese verzweifelte Schule der Selbstregulierung sagt meist auch klar und deutlich, dass Ethik und Selbstregulierung nie an die Stelle demokratischen Rechts treten können und sollen.

Leider schwappt aber eine Melange aus beiden Schulen über den Atlantik zu uns nach Europa und Deutschland und wird hier begeistert von Neoliberalen aufgegriffen und leider auch von einigen nützlichen Idioten, die nicht merken, dass sie vor den Karren der Macht von GAFAM gespannt werden.

Hier funktioniert aber die Demokratie noch, wie wir allein daran sehen, dass noch Gesetze verabschiedet werden, die das Internet betreffen. Denken wir an das NetzDG, an die DSGVO, die Copyright-Richtlinie und die Richtlinie zu

Netzsicherheit. Natürlich sind diese Gesetze nicht perfekt, man muss und darf sie kritisieren. Perfekte Gesetze gibt es in der Demokratie schon wegen des Kompromisscharakters von Gesetzen nicht, der aus der Notwendigkeit resultiert, eine Mehrheit zu gewinnen. Für die DSGVO gäbe es fast 4.000 Änderungsanträge im Europäischen Parlament. Und das ist gut so. Weil dies ein Zeichen für demokratische Debatte ist, die tatsächlich stattfindet.

Hingegen im US-Kongress kommt praktisch schon seit Obama kein Gesetz mehr zustande, das das Internet reguliert. Für die USA mag es deshalb gut und richtig sein, Selbstregulierung zu fordern. Für Europa und Deutschland aber müssen wir aufpassen, dass der leichtfertige Diskurs über Selbstregulierung und Ethik, verbunden mit der sublimen oder expliziten Behauptung der zu langsamen oder unfähigen Demokratie, nicht die Demokratie genauso beschädigt, wie es in den USA geschehen ist, schon lange vor der Wahl Trumps zum Präsidenten.

Merken wir uns zum Schluss eines: Regellosigkeit oder selbst gemachte Regeln helfen nur den Mächtigen. Wer eine freie Gesellschaft mit Solidarität, Chancengleichheit und Demokratie anstrebt, darf darauf nicht setzen.

D 2 Gesetze verhindern oder weichspülen, wo es nur geht

Wer heute die Literatur von GAFAM-Protagonisten liest, könnte glauben, John Perry Barlows Erklärung der Unabhängigkeit des Cyberspace hätte es nie gegeben. Ebenso wenig den Neoliberalismus eines Peter Thiel, der früh in *Facebook* investierte, dann die Spionagegesellschaft *Palantir* gründete und schließlich Trump in den Sattel half.[54] Und auch nicht die Lobbyschlacht von GAFAM, vereint mit der US-Regierung und ihren Verbündeten in Europa gegen die EU DSGVO, gegen die EU-Copyright-Richtlinie[55] und gegen das NetzDG in Deutschland sowie gegen Gesetzesinitiativen zum Schutz der Privatsphäre in den USA.

Erst Mark Zuckerberg, der Gründer und Chef von *Facebook*,[56] dann Brad Smith, der Präsident von *Microsoft*,[57] dann Kent Walker, Senior Vice President und Chefjurist von *Google*[58] - sie alle beschwören neuerdings die Unterwerfung von GAFAM unter Demokratie und Recht, ja sie rufen nach Gesetzen und sprechen von einer Geschichte und Zukunft des konstruktiven Zusammenwirkens von Technologie und Recht. Der Leser reibt sich erstaunt die Augen.

Aus der Schweiz hören wir, wie eifrig *Facebook* in Sachen Wahlwerbung im Internet um gesetzliche Regelungen bat,[59] noch bevor in den USA Mark Zuckerberg beschied, auch faktisch falsche Wahlwerbung und gar bezahlte Lügen nicht vom Netz nehmen zu wollen.[60] Twitter-Chef Jack Dorsey entschied hingegen, bezahlte politische Werbung von Twitter zu verbannen,[61] mit dem klugen Argument, Geld solle politische Entscheidungen nicht beeinflussen.

Was bedeutet also dieser scheinbare Sinneswandel? Es gibt offenbar einen Lernprozess bei GAFAM, was die Auswirkung der eigenen Geschäftstätigkeit auf die Demokratie angeht. Jetzt, da der Druck steigt, da in Washington und europäischen Hauptstädten über Regulierung oder gar über die Aufspaltung dieser Quasi-Monopole diskutiert wird, schwenkt man auf einen scheinbar konstruktiveren Kurs ein. Und man kann es sich leisten, denn die Lobbybüros sind aufgebaut und bestens mit Personal und Geld ausgestattet. In Washington, Brüssel, Berlin, Paris vergeht keine Woche ohne GAFAM-Parties, Veranstaltungen etwa von Universitäten oder Think Tanks, die von GAFAM finanziert werden. Auch Kritiker lädt man ein, vor allem die extremsten, die keinen politischen Anklang finden, denn man ist ja liberal und immer für ein Gespräch und eine gute Diskussion offen. *Let's have a debate,* ist der Schlachtruf des klugen Lobbyisten, denn umso länger und komplexer die Debatte wird, umso weniger wahrscheinlich ist es, dass ein ach so ärgerliches Gesetz durch Bundestag oder Europaparlament verabschiedet wird.

2.1. Der Kampf gegen das NetzDG

Dem Netzdurchsetzungsgesetz (**NetzDG**) vorausgegangen waren klare Ansagen der Bundesregierung. Im Oktober 2015 hatte Bundesjustizminister Heiko Maas mit GAFAM eine Task Force *Gemeinsam gegen Hass im Netz* eingerichtet. Auf EU Ebene hatten die Unternehmen am 31. Mai 2016 einen Verhaltenskodex zum Kampf gegen Hass und Aufstachelung zu Gewalt unterschrieben.[62] Aber die Fortschritte waren ungenügend. Ende 2016 sagte der Staatssekretär im Bundesjustizministerium Gerd Billen, gegenüber *Facebook* helfe nur Druck.[63]

Am 17. März 2017 veröffentlichte Maas den Gesetzentwurf in einer Pressekonferenz. Es war wohl kein Zufall, dass schon am 27. März 2017 Dr. Thomas Helck, ein ehemaliger Staatsanwalt, gerade befördert zum Leiter der deutschen Strafrechtsabteilung bei *Freshfields*,[64] der umsatzstärksten Rechtsanwaltskanzlei in Deutschland,[65] einen Artikel gegen das NetzDG unter der Überschrift *Großer Löscheinsatz im Internet geplant* veröffentlichte, wo er die Kritik am Gesetz zusammentrug.[66] Heute tritt die gleiche Kanzlei für *Facebook* auf, auch in Verfahren gegen das Bundesamt für Justiz, in denen es um die Einhaltung des NetzDG geht.[67]

Am 27. Juni 2017, wenige Tage vor der Abstimmung des Bundestages, veröffentliche *Facebook* ein Papier des ehemaligen liberalen Abgeordneten im britischen Parlament, Richard Allan, damals der europäische Cheflobbyist von *Fa-*

cebook.[68] Darin erklärte Richard Allan, wie konstruktiv und transparent *Facebook* schon mit dem Thema Aufstachelung zu Hass und Gewalt umgehe.[69] Die Ansage war wieder klar: Wir brauchen kein Gesetz, wir machen das schon gut selber. Aber all das stimmte nicht, was sich bald nach Inkrafttreten des Gesetzes zeigte.

Inzwischen hat das Bundesamt für Justiz *Facebook* eine Strafe von 2 Million Euro aufgebrummt, weil die Berichte über den Umgang mit Löschungsanfragen nicht transparent und die Formulare, mit denen Anfragen bei *Facebook* eingereicht werden können, zu versteckt sind.[70] Auch die Brüsseler EU Kommission ist nicht zufrieden mit *Facebook*, weil die Aktionen gegen Falschmeldungen und Berichte, zu denen sich *Facebook* und alle GAFAM verpflichtet haben, nicht vollständig sind.[71] Brüssel kann allerdings ohne gesetzliche Grundlage Verstöße nicht sanktionieren. Das ist der Nachteil der freiwilligen Verhaltenskodizes.

Zum NetzDG ging es in der letzten Sitzung des Bundestages vor seiner Auflösung wegen der Bundestagswahl 2017 fast nur noch um eine Frage, nämlich: Wer bestimmt hier eigentlich die Regeln, wir oder *Facebook*? Das Gesetz, ein Vorschlag von Bundesjustizminister Maas, wurde in dieser Sitzung noch angenommen.

Inzwischen wächst die Erkenntnis, dass *Facebook* sich nicht ordentlich an das Gesetz hält, das Gesetz aber auch nicht ausreicht. Nun will die CDU sich nicht mehr durch die GAFAM-Unternehmen auf der Nase herumtanzen lassen.[72] Und auch die neue Bundesjustizministerin Christine Lambrecht von der SPD zieht die Schraube an. Beide fordern eine Pflicht der Unternehmen, strafbare Handlungen in ihren Netzen wie Volksverhetzung und Aufstachelung zur Gewalt bei einer neu eingerichteten Stelle im Bundeskriminalamt anzuzeigen. Die Bundesregierung hat am 30. Oktober 2019 ein ganzes Maßnahmenpaket gegen Rechtsextremismus und Hasskriminalität beschlossen. Dazu gehört auch die Pflicht, die IP-Adressen der Absender solcher rechtswidrigen Texte mit der Anzeige zu übermitteln.[73]

Aus europäischer Sicht werden die freiwilligen Regelungen weiter positiv bewertet.[74] Ob *Facebook* und die anderen GAFAM trotz oder gerade wegen des deutschen NetzDG die in Europa unterschriebene freiwillige Regelung beachten und wie sie sich ohne das NetzDG in Deutschland gegenüber Europa verhalten hätten, bleibt offen. Die Lehre des NetzDG war hingegen, dass Totalopposition gegen Gesetze heute in Deutschland nicht mehr funktioniert, jedenfalls dann nicht, wenn die Abwesenheit von Gesetzen GAFAM nützt. Denn letztlich müssen alle demokratischen Parteien eingestehen, dass sie nicht von diesen Konzernen regiert werden wollen, sondern lieber die Gesetze im Bundestag selbst verabschieden. Die Mehrheit für das NetzDG im Bundestages zeigte denn vor allem eines: Die große Mehrheit der Parlamentarier hatte das Bedürfnis zu demonstrieren, dass in Deutschland immer noch die Demokratie durch den Bundestag die Regeln setzt.

Kurz nach der Annahme des NetzDG durch den Bundestag verlässt der Cheflobbyist für Europa, Richard Allan, ein strammer britischer Liberaler und ehemaliger Abgeordneter in Westminster, das Unternehmen. Man war bei *Facebook* daran gewöhnt, Gesetze verhindern zu können, weil das in Washington regelmäßig funktionierte.

2.2. Der Kampf gegen Datenschutzgesetze in den USA und in Europa

Mit vereinter Kraft gelang es GAFAM in den USA, das amerikanische Gegenstück zur DSGVO, den *Privacy Base Line Act*, den Präsident Obama 2012 vorgeschlagen hatte,[75] zu verhindern. Und das gleich zweimal, denn Obama ließ nicht locker. Ohne Erfolg.[76]

Was in Washington gelang, nämlich ein horizontales Gesetz zum Schutz der Privatsphäre und persönlicher Daten zu verhindern, wurde von GAFAM auch in Brüssel versucht. Sie wurden dabei leider von Präsident Obama und denjenigen unterstützt, die in den USA bis heute versuchen, seine Initiative zum Schutz der Privatsphäre durch den Kongress zu bringen.[77] Denn auch wenn die US-Regierung selbst ein Gesetzt ins Auge gefasst hatte, unterstütze sie GAFAM in Europa im Kampf gegen die verbindlichen Regeln der DSGVO. So widersprüchlich kann Politik sein.

Selten sah Brüssel einen solch gewaltigen, koordinierten und gut finanzierten Einsatz von GAFAM gegen ein Gesetz.[78] Erst kürzlich wurde bekannt, mit welchen Methoden und Verbindungen *Facebook* dabei arbeitete.[79] Es wurde gelogen, was das Zeug hält. Ein krasses Beispiel war eine von der US-Handelskammer in Auftrag gegeben Studie, in der behauptet wurde, die DSGVO würde zu einem Wohlfahrtsverlust von bis zu 3,9 Prozent des Bruttosozialprodukts der EU oder 4.566 Dollar pro Haushalt in Europa führen.[80] Die Geschichte des schmutzigen Kampfes gegen die DSGVO und der aufopfernde Einsatz der Zivilgesellschaft,[81] auch der amerikanischen,[82] für einen ordentlichen Datenschutz durch ein EU-Gesetz muss erst noch geschrieben werden.

In Brüssel lernte man viel in dieser Zeit, auch was »Astroturfing«, zu Deutsch »künstliche Graswurzelbewegung« ist, eine in Washington beliebte Methode des Lobbying. »*Looks like grass, is no grass*«, war die Erklärung der Fachleute, »sieht aus wie Gras, ist aber kein Gras«. Man gründe eine Organisation, möglichst gemeinnützig, mit einem schönen Namen, zum Beispiel einen, der sich anhört, als läge dieser Einrichtung das Gemeinwohl am Herzen. Aber die

Arbeit dieser Organisation besteht genau im Gegenteil. Sie vertritt ausschließlich GAFAM Interessen. Ein schönes Beispiel dafür ist laut *Financial Times* die *European Privacy Association*. Mit ehemaligen Abgeordneten und einem Universitätsdozenten ausgestattet, suggeriert sie Eintreten für den Schutz der Privatsphäre. Man kümmere sich um die Anliegen der kleinen und mittleren Unternehmen in Europa, man sei ein paneuropäischer Think Tank zu Datenschutz und Privatsphäre, heißt es auf der Webseite.[83] In Wirklichkeit finanzierten *Microsoft* und *Google* diese Organisation.[84] *Follow the money*, folge dem Geld, frage immer, wer eigentlich die laute Stimme finanziert, den Rechtsanwalt, den Professor, den Think Tank, das musste man sich in Brüssel und Berlin leider angewöhnen, angesichts der tiefen Taschen der Lobbyisten. Auch bei Organisationen, die auf den ersten Blick aussehen als stammen sie aus der Zivilgesellschaft.

Viviane Reding, damals Vizepräsidentin der Europäischen Kommission aus dem kleinen Luxemburg und Mitglied der konservativen EVP-Fraktion, der auch die deutsche CDU angehört, sagte der konservativen britischen Zeitung *The Telegraph*, die Lobby gegen ihre Vorschläge zum Datenschutz sei die aggressivste gewesen, die sie je gesehen habe.[85] Und trotz all der Lobbykampagnen: Die Dame blieb standfest, was den Inhalt ihrer Vorschläge anging, und schützte ihre Beamten, die unter Druck gesetzt wurden. Im europäischen Parlament konnte sie sich auf den Grünen-Abgeordneten Jan Albrecht verlassen, heute Minister in Schleswig-Holstein. Und er konnte sich auf sie verlassen. Edward Snowdens mutige Aufdeckungen über die NSA brachte die Wende in den Verhandlungen. Viviane Reding nannte das den *Wake-up-call*, den »Weckruf«.[86] Der Aktivist Max Schrems aus Wien und der Journalist Richard Gutjahr halfen mit ihrer Webseite *Lobbyplag.eu*,[87] einer graphischen Gegenüberstellung von Lobbybriefen und Änderungsanträgen im Europäischen Parlament, Transparenz zu schaffen.

Sie gaben Klarheit nicht nur über die Aktivitäten der Lobby, sondern auch über diejenigen im Parlament und Ministerrat. So brachte manch ein Abgeordneter, Beamter oder Minister Änderungswünsche der Lobby ein, obwohl sie teilweise den Positionen widersprachen, die zuhause verkündet wurden. Doppelsprech war damals beliebt, auch und gerade in Deutschland.[88] Eine solche Webseite wie *Lobbyplag* bräuchte es in jedem Gesetzgebungsverfahren.

2.3. Der Instrumentenkasten der Lobby gegen das Gesetz

Der kluge Lobbyist bestreitet nicht die Anliegen öffentlicher Interessen. Nur zeigt er auf, wie ohne Gesetz dem öffentlichen Interesse angeblich besser gedient ist. Es gibt einen ganzen Instrumentenkasten von Argumenten, die meist in verschiedenen Stufen des Gesetzgebungsverfahrens abgespult werden. Immer das gleiche, oft falsch und leider oft mit Lügen vernebelt oder mit falschen Folgeabschätzung und apokalyptischen Vorhersagen ausgeschmückt.

2.4. Lieber kein Gesetz als ein schlechtes Gesetz

Der Spruch »Lieber kein Gesetz als ein schlechtes Gesetz« und das Plädoyer für *Smart Regulation*[89] stehen meist am Anfang. Hört man allerdings genauer hin, versteht man, dass mit *Smart Regulation* meist eben *keine Regulation* und *kein Gesetz* gemeint sind, sondern eine technische Problemlösung, Selbstregulierung oder freiwillige Vereinbarungen. Ohne dabei allerdings zu vergessen, die Parlamente elegant zu loben dafür, dass ihre Kritik half, die Produkte und Dienste zu verbessern, wie es der Chefjurist von *Google* freundlich sagte.[90] Parlamentarische Demokratie wird so zur Stiftung Warentest geschrumpft.

Auch *Apple* ist ein Meisteradvokat der Selbstregulierung, wenn es in das Geschäftsmodell passt und hilft, verbindliche gesetzliche Regulierung zu vermeiden. Im Jahre 2009 unterschrieb *Apple* mit Samsung und Nokia eine freiwillige Vereinbarung, innerhalb von zwei Jahren gemeinsame Ladegeräte mit einheitlichen Anschlüssen auf den Markt zu bringen. Die Vielfalt der Ladegerätanschlüsse ist nicht nur ein Ärgernis für die Verbraucher. Sie ist auch eine gewaltige Umweltverschmutzung, da viel mehr Ladegeräte verkauft werden als dies bei einheitlichen Anschüssen nötig wäre. Aber bis heute gibt es sie nicht. Und auch keine verbindliche Regelung dazu.[91] Denn die EU-Kommission war bisher im Bereich Industriepolitik immer durch eine liberal-konservative Mehrheit geprägt, die es im Prinzip gut fand, keine Gesetze zu erlassen. Auch wenn die Erfahrung zeigt, dass Selbstregulierung in der Regel nicht funktioniert.

»Lieber kein Gesetz als ein schlechtes Gesetz« – gerade aus dem Mund der Advokaten des machiavellistischen *Let's move fast and break things* offenbart eine antidemokratische Haltung, in der der Unternehmer alles darf, selbst dann, wenn er Schaden anrichtet, und wo von der Demokratie eine Perfektion erwartet wird, die sie nicht erreichen kann, weil jedes Gesetz schon aufgrund des Kompromisscharakters im Verfahren von einigen als schlechtes Gesetz gesehen wird.

2.5. Der Test des Erdoğan

Ein beliebtes GAFAM-Argument gegen Gesetze in Berlin und Brüssel ist die Behauptung, ein Gesetz hier liefere Diktatoren irgendwo auf dieser Welt einen Vorwand, selbst ein ähnliches, dann aber missbräuchliches Gesetz zu erlassen. So würde das global ungebrochene Internet zerstört und mit ihm die Freiheit, die es bringe. Wir nennen dieses Argument den *Test des Erdoğan*. Denkt man dieses Argument zu Ende, bedeutete das, dass in der Demokratie überhaupt kein Gesetz mehr erlassen werden kann. Denn selbstverständlich können die Potentaten in Moskau, Peking und Ankara jedes Gesetz einer Demokratie als Vorwand nehmen, bei sich ein ähnliches zu erlassen, das aber so vage ist, dass es diktatorischer Willkür Vorschub leistet und in einem Rechtsstaat keinen Bestand hätte. Geschenkt! Der wichtige Unterschied ist: Bei uns, ob in Deutschland oder in Europa, wird die Rechtmäßigkeit eines Gesetzes an einem Grundrechtskatalog und dem Prinzip der Verhältnismäßigkeit gemessen. Es gilt der Grundsatz der Rechtsprechung des Europäischen Gerichtshofes für Menschenrechte in Straßburg, dass Grundrechte nie weiter eingeschränkt werden dürfen, als dies in einer freiheitlichen Demokratie notwendig und verhältnismäßig ist, um wichtige Interessen des Gemeinwohls zu schützen. Gleichzeitig gilt der Grundsatz, dass Grundrechtseingriffe eines genügend bestimmten Gesetzes als Rechtsgrundlage bedürfen. Und die Prüfung, ob diese Anforderungen erfüllt sind, wird durch unabhängige Richter durchgeführt, erst innerhalb eines Staates wie Deutschland mit dem Bundesverfassungsgericht als höchstem Gericht und notfalls auch noch durch Gerichte außerhalb Deutschlands wie den Europäischen Gerichtshof für Menschenrechte in Straßburg und den EuGH in Luxemburg. All diese Sicherheiten gibt es aber in den Diktaturen dieser Welt eben gerade nicht.

Wir dürfen uns auf den *Test des Erdoğan* nicht einlassen, so wie ihn GAFAM-Lobbyisten und ihre Handlungsreisenden immer wieder vortragen. Denn dieses Argument würde letztlich dazu führen, bei uns Demokratie und Rechtsstaatlichkeit auszuschalten und uns in den von John Perry Barlow und GAFAM gewünschten Zustand der Gesetzlosigkeit zurückwerfen.

2.6. Keine horizontale Gesetzgebung – nur Spezialgesetze

Ist die völlige Ablehnung jeglicher Gesetzgebung nicht mehrheitsfähig, plädieren GAFAM in der Regel für enge sektorielle Spezialregeln, mit wenig Regelungs- und Bindungswirkung. Der erfahrene Lobbyist schaltet auf Argumentationsstufe zwei um, die gerade bei der technischen Intelligenz auf den ersten Blick überzeugt: Ein allgemeines Gesetz zur Problematik könne nicht funktionieren, nur Spezialgesetze, die passgenau die identifizierten Probleme angehen, scien denkbar. »One size fits all doesn't make sense« haben wir gerade wieder vom *Google*-Chef zur Regulierung der Künstlichen Intelligenz gehört.[92]

Auch gegen die DSGVO wurde dieses Argument ins Feld geführt, aber ohne Erfolg. Denn die amerikanische Methode, Gesetze auf ganz eng anwendbare sektorielle Regeln zu begrenzen, etwa zum Schutz von Kindern oder zum Schutz der Gesundheitsdaten oder der Kreditdaten, verschweigt, dass auf diese Weise weite Regelungslücken entstehen. Gerade das lieben GAFAM aber an den engen Spezialgesetzen. Denn ein Großteil ihrer Geschäftstätigkeit bleibt so unreguliert. Und innerhalb der Regeln der unterschiedlichen Spezialgesetze in den USA etwa zum Datenschutz kann sich ein normaler Bürger überhaupt nicht mehr zurechtfinden.[93] Schon die DSGVO ist kompliziert. Stellen Sie sich vor, nun gäbe es für jeden Lebensbereich eine andere Regelung des Datenschutzes. Dann würden Bürger noch weniger in der Lage sein, ihre Rechte in Anspruch zu nehmen. Und genau das wollen die GAFAM-Unternehmen.

Eine beliebte Technik der Silicon-Valley-Lobby, die diese von der Wallstreet und der Öl-Lobby übernommen hat, ist, die Debatte immer komplexer und komplizierter zu machen mit dem Ziel, die Bindungswirkung von Gesetzen thematisch zu zersplittern und reduzieren. Im Handbuch des Lobbyisten steht, dass niemand an der Gesetzgebung so viel Interesse hat wie sein eigener Mandant, der ja schließlich dafür zahlt, sie zu verhindern. Geld und das Wissen über den Themenbereich bestimmen die Fähigkeit und das Durchhaltevermögen, an Diskussionen teilzunehmen. Wird deren Komplexität und Anzahl erhöht, steigen viele, die nicht so stark interessiert sind, aus der Diskussion aus. Insbesondere die Zivilgesellschaft ist oft nicht in der Lage, der Vielzahl von Themen zu folgen.

Die Forderung von *Microsoft*, die Gesichtserkennung zu regulieren, ist ein Beispiel dafür. Gesichtserkennung ist eine von vielen Methoden, biometrische Daten zu erheben. Und biometrische Daten sind wiederum eine Gruppe der vielen persönlichen Daten, die Menschen identifizieren oder deren Identifizierung möglich machen. Die Demokratie ist überfordert, wenn wir für verschiedene Arten von persönlichen Daten verschiedene Gesetze machen. Deshalb war es richtig, in Europa eine Datenschutzgrundverordnung anzunehmen, die alle persönlichen Daten abdeckt, auch die biometrischen, und auch die, die durch Gesichtserkennung gewonnen werden.[94]

Durch Zersplitterung der Gesetzgebung wird die Legitimität der Demokratie unterminiert. Der Clou ist nun aber folgender: Auch in Politik und Verwaltung gibt es viele Freunde der Multiplikation von Spezialgesetzen. Denn Politiker und Beamte, die federführend an einem erfolgreich abgeschlossenen Gesetzgebungsprozess beteiligt waren, können damit Karriere machen. Und die Freunde des Neoliberalismus sind sowieso immer dafür, Gesetze, wenn man sie schon nicht verhindern kann, so eng wie möglich zu fassen. Und sie haben auch kein Problem damit, dass der Gesetzgeber dabei oft selbst nicht mehr mitkommt. Denn der Tag von Abgeordneten hat auch nur 24 Stunden, und selbst die gewissenhaftesten sind irgendwann überlastet. Und so heißt die neue

Taktik von GAFAM und ihren neoliberalen Unterstützern: Den Gesetzgeber in der technischen Welt so überfordern, dass er nicht mehr liefern kann.

2.7. Befristung von Gesetzen und lange Übergangsfristen bis zum Inkrafttreten

Gerne fordert man lange Fristen bis zum effektiven Inkrafttreten, mit der Begründung, man brauche Zeit, sich auf die Regelung vorzubereiten. Es ist schon erstaunlich, dass gerade die Unternehmen, die Meister des geringen *time to market* und *move fast and break things* sein wollen bei der Umsetzung von Gesetzen Jahre fordern. Noch erstaunlicher ist dies, wenn das neue Gesetz wie zum Beispiel beim Datenschutz keine Revolution, sondern eine Weiterentwicklung von Regeln darstellt, die schon vorher verbindlich waren. Denn in der EU gab es schon die Richtlinie von 1995, die in der Sache praktisch gleiche Regeln hat wie die DSGVO.[95] Wer sich damals ordentlich an die Richtlinie gehalten hat, der hatte auch keine wesentlichen Anpassungsinvestitionen für die DSGVO zu tätigen. Wer die leider praktisch sanktionsfreien Regeln von 1995 stets ignoriert hat und sich also jahrelang rechtswidrig verhielt, kam ein wenig ins Schwitzen. Doch wer sich nicht an bestehendes Recht hält, sollte jedenfalls dann, wenn eine Verschärfung der Sanktionen kommt, keinen Anspruch mehr auf eine lange Übergangszeit gelten machen können. Denn das hieße ja, denjenigen, die das Recht nicht beachteten, auch noch zu belohnen.

D 3 Gesetze gelten nicht für uns

In einer Geschichte von *Google Books* beschreibt Scott Rosenberg[96] das frühe Selbstverständnis des Silicon Valley als Ingenieursbetrieb ohne Respekt vor dem Gesetz. Diese Haltung »besser um Vergebung bitten als um Erlaubnis« brachte *Google Books* in Konflikt mit dem Urheberrecht so wie *Uber* mit dem Arbeitsrecht und der Regulierung des öffentlichen Verkehrs in Konflikt geriet. *Google* lernte eine Lektion, nämlich Lobbyisten und Anwälte früher in die Produktentwicklung miteinzubeziehen, um das manchmal notwendige »Spiel« der Politik und des Rechts mitspielen zu können.

Aber es war nicht nur die Kalifornische Ideologie, die die Missachtung von Gesetzen zur Folge hatte. Die Lehre von der *disruptiven Innovation*, die in den Business Schools landauf landab verbreitet ist, legitimierte schließlich sogar die Verletzung des Gesetzes.[97] Die Helden des *zerstörenden Internets* stritten nicht nur gegen jede neue Regelung durch Regierungen und Parlament. Sie nahmen sich auch die Freiheit, bestehendes Recht einfach zu brechen: Nicht nur die Rechte an geistigem Eigentum wie bei *Google* Books und die Regeln des Lokalverkehrs wie Uber, sondern auch das Steuerrecht und das Wettbewerbsrecht. *Apple* zahlte seine Steuern in Irland nicht ordentlich und wurde durch die Europäische Kommission dazu verpflichtet, dort 13 Milliarden Euro Steuern nachzuzahlen.[98] *Facebook* erlaubte sich, einfach der Europäischen Kommission nicht die volle Wahrheit über die Verschmelzung der persönlichen Daten bei der Zusammenführung von *Facebook* und *WhatsApp* zu sagen, was die Europäische Kommission veranlasste, eine Geldstrafe von 110 Millionen Euro gegen *Facebook* zu verhängen.[99] *Google* erhielt für Verstöße gegen Europäisches Wettbewerbsrecht Strafen von insgesamt 8,3 Milliarden Euro.[100]

Kommt es also zu einem Rechtsakt, wird seine Anwendung erschwert und boykottiert, oder man hält sich einfach nicht daran. Wird man erwischt, sich nicht an die Gesetze gehalten zu haben, kämpft man bis zur letzten Instanz vor Gericht, um den Vollzugsbehörden das Leben schwer zu machen und sie zu warnen: Wenn ihr mich sanktioniert, seid ihr hinterher Jahre mit mir beschäftigt, also lasst es lieber. Faktisch erreichen die GAFAM-Konzerne so in Deutschland und Europa oft ihr Ziel, unter Missachtung des Rechts.

3.1. Dauerhafter Kampf gegen Gesetze vor Gericht

Der Kampf der Techgiganten gegen Recht und Gesetz beschränkt sich nicht auf die politische Arena. Auch vor den Gerichten selbst wird gegen die Bindungswirkung von Gesetzen gekämpft.

Ein prominentes Beispiel ist der Fall *Google Spanien* vor dem Europäischen Gerichtshof. Der Fall ist interessant für die Frage der Verantwortung von GAFAM und für die Relevanz von Künstlicher Intelligenz. Ein spanischer Bürger hatte sich an die Datenschutzbehörde gewandt und verlangt, dass ein Eintrag bei *Google* über seine finanziellen Schwierigkeiten aus dem Jahr 1998 gelöscht werden müsse. Der Spanier zweifelte zwar den Bericht nicht an, hielt es aber für unvereinbar mit den datenschutzrechtlichen Vorgaben, dass *Google* sich weigerte, den Bericht nach über 15 Jahren zu löschen. Dadurch sah sich der Mann in seinem Persönlichkeitsrecht verletzt. *Google* hat zunächst die Anwendbarkeit des EU-Datenschutzrechts infrage gestellt.[101] Dabei argumentierte *Google*, es sei nur kalifornisches Recht anwendbar und auch nur ein Richter in Kalifornien zuständig, da die Antwort auf die in Europa gestellten Suchfragen von kalifornischen Servern kam. Zweitens bestritt *Google*, dass ihr Suchmaschinenbetrieb als »Datenverarbeitung« nach Datenschutzrecht angesehen werden könne,[102] was *Google* von jeglicher Verantwortung für Suchantworten befreit hätte. *Google* behauptete einfach, der Auswahlprozess der Antworten der Suchmaschine sei in Form eines Algorithmus vollkommen automatisiert, und deshalb habe *Google* weder eine Kontrolle über die Suchantworten noch könne das Unternehmen für diese nach europäischem Datenschutzrecht zur Verantwortung gezogen werden. Doch es half nichts. Der EuGH stellte klar, dass »der Betreiber einer Internetsuchmaschine [...] bei personenbezogenen Daten, die auf von Dritten veröffentlichten Internetseiten erscheinen, für die von ihm vorgenommene Verarbeitung verantwortlich ist«.[103]

Google hat hier seine düstere Auffassungen von Rechtsstaatlichkeit offenbart: Erstens, die Automatisierung durch Algorithmen, die einen Service für Einzelpersonen bereitstellen, soll den Vermittler, der diese Technologie entwickelt hat und anbietet, vor jeglicher Verantwortung schützen. Und was für automatisierte Systeme nicht mehr gilt, gilt natürlich erst recht nicht mehr für KI. Zweitens, wenn es überhaupt eine Form gesetzlicher Verantwortung geben sollte, dann doch bitte nur ein einziges globales System, das natürlich vom US-Recht dominiert wird und nur von US-Richtern interpretiert und angewendet werden darf. Das wäre ideal für *Google*, denn dann müsste man sich keine Gedanken mehr über die Vorschriften in anderen Ländern dieser Erde machen, das spart viel Geld und Mühen. Und den Bürgern dieser Welt wäre es so auch faktisch fast unmöglich, Ansprüche gegen *Google* mit Hilfe der Justiz zu verfolgen, denn welcher Nichtamerikaner kann es sich schon leisten, *Google* in Amerika zu verklagen, ganz abgesehen davon, dass auch Amerikaner das sehr selten tun, weil auch sie es sich nicht leisten können.

Umso erfreulicher ist, wie der EuGH auf diese Argumente reagierte. Er gab eine Antwort, die als »Rückkehr des Rechts« beschrieben wurde.[104] Er würdigte den Anspruch von Bürgern auf Rechtsschutz in einer zunehmend automatisierten und globalisierten Welt. Er billigte dem spanischen Kläger ein Recht auf Nicht-Indexierung seiner Daten durch *Google* zu - auf der Grundlage des Primärrechts und einer langjährigen europäischen Rechtstradition zum Schutz der Privatsphäre und personenbezogener Daten.

Das *Google* Spanien-Urteil ist heute maßgeblich, wenn versucht wird, die Verantwortung für die Automatisierung und autonome Entwicklung Künstlicher Intelligenz von der ursprünglichen Erstellung und Inbetriebnahme solcher Programme zu trennen. Man kann darüber spekulieren, ob die Vertreter von *Google* damals, als sie die Verantwortung für den Suchalgorithmus leugneten, schon daran dachten, einen Präzedenzfall zu schaffen, um das Unternehmen auch von der Verantwortung für autonome Algorithmen, der Künstlichen Intelligenz abzuschirmen. Auf jeden Fall war die Antwort des EuGH in diesem Fall klar: Das kann es nicht geben.

Google kehrte den Spieß um und veranstaltete in ganz Europa Anhörungen dazu, wie denn das Recht auf Vergessen nun umzusetzen sei. Es tat dabei so, also wolle es das Urteil respektieren. Aber in Wirklichkeit ging es um darum, die Gemeinde der Internetfreiheitsaktivisten gegen das Urteil zu mobilisieren, um eine Kodifizierung des Urteils in der neuen Datenschutzgrundverordnung zu verhindern.[105] Das gelang *Google* nicht.

Aber damit nicht genug. Bis heute kämpft *Google* vor dem EuGH gegen das Recht auf Vergessen. In einer weiteren Klage, diesmal gegen eine Entscheidung der französischen Datenschutzbehörde, wehrte sich *Google* gegen die Anordnung einer weltweiten Löschung von Daten. *Google* will erreichen, dass Daten, die es außerhalb Europas sichert, nicht gelöscht werden müssen. Wenn allerdings *Google* gestattet würde, bei Löschungsanfragen von Bürgern in Europa nur noch Daten zu löschen, die in Europa gespeichert sind, wäre das das Ende des Datenschutzes und jeder informationellen Selbstbestimmung. Denn *Google* und die anderen GAFAM sichern fast alle Daten außerhalb Europas. Die Anwendung des Rechts auf Löschung kann aber nicht davon abhängen, an welchem Ort auf der Welt ein GAFAM-Unternehmen unsere persönlichen Daten sammelt und speichert. Der Gerichtshof stellte das Recht auf weltweite Löschung nicht in Frage, machte aber klar, dass gegenüber Suchmaschinen ein besonderes Recht besteht, nämlich darauf, dass bei einer Namenssuche Informationen über die genannte Person, die irgendwo im Internet vorhanden sind, von *Google* nicht gezeigt werden (ein Recht auf »De-Linking auf Suchmaschinen, das sich von dem normalen Recht auf Löschung von Daten unterscheidet). Nur dieses besondere Recht auf Nicht-Zeigen bei einer Suchmaschine begrenzte der EuGH auf Europa, falls nicht besondere andere Gründe oder nationales Recht ein weltweites Nicht-Zeigen erforderlich machen. Der EuGH stellte ferner fest, dass eine solche weltweite Anordnung zum Nicht-Zeigen nicht im Widerspruch zum EU-Recht steht, allerdings nicht automatisch in diesem enthalten ist. Dieses zweite Urteil ist kein Sieg für *Google*, und *Google* wird nicht nachlassen zu versuchen, den Datenschutz in Europa und insbesondere das Recht auf Löschung weich zu kneten. Würde ihm das gelingen, hätte *Google* einen wichtigen Schritt auf dem Weg in den totalen Überwachungskapitalismus geschafft: Daten werden dann nie wieder gelöscht, das Unternehmen kann endlos mit diesen Daten Geld verdienen und endlos Macht über Menschen und Staaten mit diesen Daten ausüben. Dazu darf es nie kommen.

 Öffentlichkeit und Demokratie

«Die Bürgerliche Öffentlichkeit steht und fällt mit dem Prinzip des allgemeinen Zugangs«[1]

Die Diagnose Habermas' aus dem Jahr 1962 lässt an Klarheit nichts zu wünschen übrig. Sie liest sich zudem heute, genau wie etwa der Vortrag Adornos über Aspekte des neuen Rechtsradikalismus von 1967, als ausgesprochen aktuell, wenn man die Netzwerke des Internets als neue Medien betrachtet, was sie ohne Zweifel sind. Die Medien, so Habermas 1962, betreiben schon seit dem Ende des 19. Jahrhunderts ihren eigenen Niedergang, indem sie mehr und mehr Scheinöffentlichkeit erzeugen. Kritische Publizität wird seiner Analyse zufolge zunehmend durch manipulative Werbung ersetzt, in der Folge kommt es zur reinen Inszenierung von Öffentlichkeit und der Auflösung von Publizistik in *Public Relations*. Diese versucht, private Interessen als Allgemeininteressen zu verkaufen, wobei sie ihre wahren Absichten verschleiert. Schlimmer noch: Das öffentliche »Räsonnement (wird) tendenziell in Konsum« verwandelt.[2]

Der Grund für diesen Niedergang der Öffentlichkeit: Indem die Presse einer politischen Ökonomie von Angebot und Nachfrage unterworfen wird, macht sie sich wirtschaftlich von Anzeigenerlösen abhängig und begibt sich damit in Abhängigkeiten, die sie zunehmend korrumpieren. Das Perfide ist dabei, dass die PR nicht nur auf den Konsumenten zielt, um die Kaufentscheidung zu beeinflussen, sondern auf die öffentliche Meinung insgesamt. Dabei täuscht sie über ihre wahren Absichten: »Der Absender kaschiert in der Rolle eines am öffentlichen Wohl Interessierten seine geschäftlichen Absichten.«[3]

In den derart kommerzialisierten Medien finden weitere Verzerrungen und Deformationen statt: Humanität wird auf *Human Interest* verkürzt, Emotionen werden stärker angesprochen als der Intellekt. Das hat Folgen: »Die strenge Scheidung von *facts* und *figures* wird immer häufiger aufgegeben«.[4] Wenn die Grenzen von Fakt und Fiktion zu verschwimmen beginnen, entsteht unter dem »Druck kommerzieller Interessen ... eine vermachtete Öffentlichkeit«[5], in der »die Presse unter dem Druck der Kommerzialisierung korrumpierbar wird.«[6]

Wenn die Öffentlichkeit schon im 19. und 20. Jahrhundert derart verzerrt und »vermachtet« war, so fragt man sich, scheint der Einfluss kommerzieller Interessen auf die Nachrichten und Meinungen für die Demokratie grundsätzlich verschmerzbar zu sein. Mit Blick auf die heutigen Auswüchse von *Fake News* und *Hate Speech* in der digitalisierten Öffentlichkeit könnte man also sagen: Alles schon dagewesen und halb so schlimm. Und ist nicht Habermas' Analyse veraltet, weil sie aus einer Zeit stammt, in der das Fernsehen seinen Siegeszug gerade erst antrat und vom Internet keine Rede sein konnte?

Habermas analysiert in der Tat die klassischen Massenmedien. Insbesondere die elektronischen Medien wie zuerst Radio und dann Fernsehen hätten, so argumentiert er mit Brecht,[7] die öffentliche Kommunikation auch aufgrund ihres monologischen Charakters verzerrt, weil sie das Publikum als passiven Adressaten seiner eigenen Stimme berauben: »*They don't talk back*«. »Das Verhalten des Publikums nimmt unter dem Zwang des ›don't talk back‹ eine andere Gestalt an. Die Sendungen, die die neuen Medien ausstrahlen, beschneiden, im Vergleich zu gedruckten Mitteilungen, eigentümlich die Reaktionen des Empfängers ... nehmen ihm aber zugleich die Distanz der ›Mündigkeit‹«.[8] Genau dieser Einbahnstraßencharakter der Massenmedien scheint nun durch das Mehrwegemedium des Internets überwunden. Statt *one to many* wie in der Massenkommunikation kommunizieren nun *many to many*, statt *top down* nun alle hierarchiefrei und auf Augenhöhe *bottom up*.

Mit dem *World Wide Web*, dem scheinbar freien Raum des *Cyberspace*, in dem sich angeblich jeder mit jedem ohne Regeln über alles austauschen kann, scheint Habermas' normativer Begriff der Öffentlichkeit endlich sein passendes Medium gefunden zu haben. Was Brecht und er beklagten, löst das neue Medium scheinbar ein. Genau so sahen es auch die ersten Internet-Enthusiasten, die die Möglichkeiten der weltweiten Vernetzung für die Gegenkultur der späten 1960er Jahre erkannten. Der damals gegen die kommerzialisierte und deformierte Öffentlichkeit kritisch geprägte Begriff der »Gegenöffentlichkeit«[9] beflügelte die Enthusiasten des *World Wide Web*. Willkommen im *Cyberspace*, willkommen im reinen Raum der »herrschaftsfreien Kommunikation«, wie Habermas sein Idealmodell später nannte?

Aber der Traum der Cyberenthusiasten ist bisher nicht in Erfüllung gegangen, er hat sich vielmehr in sein Gegenteil verkehrt. Ganz im Gegensatz zu den euphorischen Erwartungen noch der 1980er und 1990er Jahre scheint das *World Wide Web* zu einer der größten Bedrohung von Freiheit und Demokratie mutiert zu sein. Der kalifornische Weg führte von einem basisdemokratischen Urimpuls über die Barlow-Deklaration zu den »Community Rules« und »Selbstverpflichtungen« von *Google, Facebook* und Co., mit denen diese bis zum heutigen Tage auf selbstentwickelte Regeln an Stelle einer öffentlichen und gesetzlichen Regelung des Netzes setzen. Ob jetzt eine Trendwende einsetzt, in Form einer Renaissance des Rechts, bleibt zu hoffen.

Der Kern von Habermas' *Theorie des Kommunikativen Handelns,* so der Titel seines späteren Hauptwerkes, ist der Typenunterschied zwischen zweckrationalem und kommunikativem Handeln. Während ersteres den effektiven Einsatz von Mitteln bezeichnet, um bestimmte Ziele zu erreichen, zielt das kommunikative Handeln auf eine Übereinstimmung von Akteuren durch Anerkennung vernünftiger Gründe. Die Unterscheidung schließt an Aristoteles' Definition von *causa efficiens* und *causa finalis,* instrumenteller und zwecksetzender Ursachen an, und geht zugleich über sie hinaus.

Liefert die zweckrationale instrumentelle Vernunft die Grundlage einer Natur- und Menschenbeherrschung durch nicht demokratisch legitimierte Macht, so kann im kommunikativen Handeln die Grundstruktur einer gelungenen Intersubjektivität erkannt werden, einem zentralen Baustein der Demokratie. Im instrumentellen Herrschaftszusammenhang werden Mittel eingesetzt, um vorgegebene Ziele zu erreichen, im kommunikativen Handeln findet eine Verständigung über gemeinsame Zwecke und Ziele statt. Durch Verständigung kann Machtausübung kritisiert werden, wenn sie Herrschaft ausübt, die nicht legitimiert ist und umgekehrt Macht legitimiert werden, wenn sie den Interessen der Mehrheit und des öffentlichen Wohls verpflichtet ist.

E 1 Strukturwandel der Öffentlichkeit

Habermas untersucht in seiner Habilitationsschrift die Ursprünge und Funktionsweise der bürgerlichen Öffentlichkeit in der Neuzeit. Das Buch mit dem sprichwörtlich gewordenen Titel ist weit mehr als eine historische Analyse - es besticht in seiner Verbindung aus historisch-empirischer Methodik und philosophischer Reflexion auch sechs Jahrzehnte nach seiner Entstehung.

Die Grundfrage der Untersuchung lautet: Wie kommt der Bürger zu seinen politischen Überzeugungen, wie begründet er sein politisches Handeln? Wie und unter welchen Umständen vollziehen sich Meinungs- und Willensbildung in einer Gesellschaft? Der Angelpunkt der Überlegungen ist der neuzeitliche Freiheitsbegriff, von dem sich individuelle Autonomie und politische Demokratie ableiten.

Habermas' These lautet: Die »Sphäre bürgerlicher Öffentlichkeit« ist der Raum, in dem sich Individualisierung und Sozialisierung der Subjekte gleichzeitig vollziehen und sich andererseits politische Herrschaft in der Demokratie legitimiert. Die Politik ist in der Moderne damit in einem zweifachen Sinn auf eine geschützte Sphäre der Öffentlichkeit angewiesen: Sie bildet den Raum, in dem sich autonome Bürger entfalten und in dem diese die souveräne Herrschaft gemeinsam in demokratischen Institutionen ausüben. Die legitimierende Kraft der Öffentlichkeit bildet damit die Basis der »deliberativen« Demokratie, in der sich durch Abwägung vernünftiger Gründe Entscheidungen herausbilden, die für alle verbindlich, weil in Recht gegossen sind.

Öffentlichkeit ist in dieser Theorie der zentrale normative Begriff. Sie tritt an die Stelle des Gottesgnadentums, das von den selbstbewusst gewordenen Bürgern als Legitimationsquelle für Herrschaft nicht mehr akzeptiert wird. Die normative Idee der Öffentlichkeit ist sicherlich eine Idealisierung, aber eine unvermeidbare. Schließlich geht es darum, die Legitimität souveräner Herrschaft zu begründen. Dass eine Idee nicht vollständig realisierbar ist, spricht nicht schon gegen diese Idee. Im Gegenteil: Bei Kant haben »regulative Ideen« eine unersetzliche Orientierungsfunktion, auch und gerade, weil sie sich nicht restlos realisieren lassen.

Wie die Debatte mit Luhmann gezeigt hat,[10] ist die Alternative zu einem normativen Begriff von Öffentlichkeit ein systemtheoretisches Verständnis, in dem die Öffentlichkeit vollständig auf ihren Funktionscharakter reduziert wird. Öffentlichkeit ist dann der Raum, in dem das System »Störungen« der im Übrigen immer »unwahrscheinlichen« Kommunikation registriert und beseitigt. Normative Ressourcen, also die Fähigkeiten des Menschen, ethische Regeln für die Zukunft zu entwickeln, die Orientierung für die Steuerung des Systems bereitstellen könnten, die über seine reine Selbsterhaltung hinaus gehen, werden dort nicht mehr berücksichtigt.

Demgegenüber will Habermas zeigen, dass es sehr wohl Typen der Handlungsrationalität gibt, die über die rein funktional instrumentelle Steuerungsrationaliät hinausgehen.[11] Insbesondere in den »Teilsystemen« Kultur, Gesellschaft, Persönlichkeit in denen es um Werte, Normen und Ziele geht, kann ein kybernetisches Regelsystem, dass sich ausschließlich an der Differenz von vorgegebenen Ist- und Soll-Werten orientiert, nicht weiterhelfen. Eine umfassende Rationalitätstheorie hingegen schon.

Habermas entwickelt sein Modell vor der Folie des neuzeitlichen Aufstiegs des Bürgertums, das mit der Entwicklung des kapitalistischen Wirtschaftssystems eine zunehmende wirtschaftliche, aber zunächst kaum gesellschaftliche Gestaltungsmacht erlangt. In diesem historischen Umbruch soll einer auf Willkür (*voluntas*) gegründeten Herrschaft eine auf Vernunft (*ratio*) gegründete Gesetzgebung entgegengesetzt werden. Hatte noch Machiavelli die fürstliche Herrschaft auf das Prinzip der Geheimhaltung gestützt und in seiner Schrift »Der Fürst« einen Katalog geheimer Praktiken entwickelt, die die Herrschaft des Fürsten über das unmündige Volk sicherstellen sollten, so zeigt Habermas, dass das Gegenprinzip dazu die Idee der Öffentlichkeit ist.[12] Indem die Bürger im öffentlichen Raum»räsonieren«, richten sie sich ganz praktisch und unabhängig von den konkreten Inhalten ihrer Diskurse gegen das Arkanprinzip, mit dem die Geheimhaltungspraktiken der Herrschenden bezeichnet werden. Mit diesem Begriff, den Habermas erstmals im nichtreligiösen Zusammenhang einführt und der ursprünglich die Verpflichtung von Eingeweihten bezeichnet, das religiöse Geheimnis streng zu bewahren, zieht Habermas eine Linie von religiösen Kulten zu politischen Herrschaftspraktiken. Wir erkennen in seiner Gegenüberstellung von Geheimhaltung und Öffentlichkeit in der Epoche der Aufklärung auch die Ausgangslage zu Beginn der Demokratie in Athen wieder. Anscheinend werden in Umbruchzeiten verstärkt Legitimationsfragen laut, sofern es sich um einen demokratischen Umbruch handelt, wird Orientierung in vernünftigem Denken und Handeln gesucht.

Was hat es nun mit der bürgerlichen Öffentlichkeit auf sich? Habermas versteht sie gleichermaßen als Prinzip und Institution im Verhältnis von Staat und Gesellschaft. Als Prinzip, weil sich nur im öffentlichen Diskurs die Sphäre privaten Lebens mit derjenigen politischer Herrschaft frei vermitteln kann. Als Institution, weil sich nur in einem geschützten Raum, in dem verlässliche Informationen ungehindert zirkulieren und offen debattiert wird, Meinungen frei bilden können. Der Schutz des öffentlichen Raums bezieht sich dabei auf die Garantie von Freiheitsrechten für die Bürger, die sich in ihm ungezwungen bewegen sollen, vor allem auf das Recht auf freie Meinungsäußerung. Analog zur Autonomie des Individuums kann sich dann in diesem Raum ein Prozess allgemeiner Selbstbestimmung entfalten. So wie die Autonomie des Einzelnen zu einer Souveränität führt, die sich letztlich Vernunftgründen verdankt, so entwickelt sich im Gemeinwesen eine praktische Vernunft, die die Souveränität des Volkes in einer demokratischen Herrschaftsform legitimiert.

Um diesen Zusammenhang zu sichern, entwickeln die Bürger einen Katalog von unveräußerlichen Grundrechten. Damit die Begegnung im öffentlichen Raum »herrschaftsfrei« ablaufen kann, kodifiziert die Erklärung der Menschenrechte das Recht des Einzelnen und den Schutz vor staatlichem Zwang. Damit ist für Habermas der Gedanke der sich selbst aufklärenden Gesellschaft im Sinne von Gesetzen und Vernunftregeln von gewisser Allgemeinheit und Dauer gesetzt. Habermas bezeichnet die»öffentliche Meinung als die einzig legitime Quelle dieser Gesetze.«[13]

Mit dem Übergang zur bürgerlichen Gesellschaft wandelt sich auch der Begriff der Repräsentation tiefgreifend: Von der im Körper des Herrschers»repräsentierten« Weltordnung Gottes, die ihre Legitimität aus dem Gottesgnadentum bezieht, zur Repräsentation des Volkswillens im Parlament. Aus der Idee der Repräsentation lässt sich wiederum die Rolle und Bedeutung von Institutionen in der Demokratie ableiten. Die Sphäre des Privaten und Gesellschaftlichen einerseits und des Politischen andererseits werden durch eine kritische Öffentlichkeit nämlich nur vermittelt, ihre Grenze wird dabei nicht aufgehoben. Damit behalten die Privatsphäre der Einzelnen und die politischen Strukturen und Institutionen der Demokratie ihren jeweiligen Stellenwert. Aus dieser Spannung zwischen privatem und öffentlichem Raum speist sich wesentlich die Freiheit der Bürger.

Zentrales Mittel zur Herausbildung dieser demokratischen Ordnung ist die Publizität, die sich in Gestalt der freien Presse zeitgleich entwickelt. Erst mit ihr vollzieht sich der Wandel von der Ordnung des Hofes zur bürgerlichen Öffentlichkeit. »Die Herrschaft der Gesetze wird durch Publizität, nämlich durch eine Öffentlichkeit gewährleistet, deren Funktionsfähigkeit mit der Naturbasis des Rechtszustandes überhaupt gesetzt ist«[14], wie Habermas mit Bezug auf Kants politische Philosophie ausführt. Und weiter: »Zwang kann dann nicht länger in Gestalt persönlicher Herrschaft oder gewaltsamer Selbstbehauptung ausgeübt werden, sondern einzig so, dass ›einzig Vernunft Gewalt hat‹ [...] äußerster Gegenschlag gegen das Prinzip *auctoritas non veritas facit lege*.«[15] Mit diesem Diktum hatte Hobbes zum Ausdruck gebracht, die Autorität, nicht die Wahrheit schaffe das Gesetz, was als Prinzip des Dezisionismus gilt.

Habermas hebt die enge Wechselwirkung von ökonomischer und technologischer Entwicklung in der Entwicklung der Presse hervor: Einerseits werden mit »dem Aufkommen kapitalistischer Produktionsweisen die gesellschaftlichen Beziehungen durch Tauschverhältnisse vermittelt.«[16] Mit Folgen für das Rechtssystem, das den freien Verkehr der Privatleute durch die rechtlichen Institutionen des Eigentums und der vertraglichen Grundfreiheiten sichert. Andererseits war die Entwicklung der Presse nur durch die Erfindung des Buchdrucks möglich, der die Voraussetzung vielfältiger publizistischer Tätigkeit ist.

Die ökonomische Entwicklung verläuft im Sinne einer Spezialisierung: Sind in den Anfängen bürgerlicher Öffentlichkeit Publizist und Unternehmer noch identisch, führt die fortschreitende Kommerzialisierung und Professionalisierung zur Aufteilung dieser Rollen in die des Journalisten und des Verlegers.

Die Verschmelzung beider Rollen kehrt in den sozialen Medien unserer Tage wieder: Die *Influencer* und *Youtuber* verstehen sich als Publizisten und Unternehmer in einem. Sie betreiben ein Geschäftsmodell, das auf Werbung, Produktplatzierung und Merchandising beruht, und sind in aller Regel zugleich die Produzenten und Gesichter, die ihre Kanäle mit Leben und Inhalt füllen, und das Publikum ansprechen. Das ist grundsätzlich ganz im Sinne der Aufklärung. Schon Kant schreibt, jeder sei zum »Publizisten geboren«, der »durch Schriften zum eigentlichen Publikum, nämlich der Welt« spricht.[17] Allerdings sollten in seinen Augen diese Meinungsäußerungen auch qualifiziert erfolgen, also mit vernünftigen Argumenten.

Das Internet bietet also an sich die Infrastruktur, die es ermöglicht, das volle Potenzial der Idee der Öffentlichkeit umzusetzen: Hier kann jeder gleichzeitig Sender und Empfänger sein, die grundsätzlich zunächst einmal dezentrale Struktur kann einen freien Austausch der Beteiligten ermöglichen und jeder hat potentiell unbegrenzten Zugang zu allen Informationen.

1.1. Strukturwandel der Öffentlichkeit 2.0: Vermachtung und Personalisierung zerstören die Öffentlichkeit

Die Netzwerkkommunikation erlaubt es erstmals, Massenkommunikation als personalisierte Kommunikation zu betreiben. Aber dafür ist die zentrale Protokollierung und Speicherung der persönlichen Daten Voraussetzung. In den Fallstricken der»Personalisierung«liegt eine Gefahr der Verdummung durch Kommerzialisierung und durch die Regeln der Klickökonomie: Wenn die Information individuell zugeschnitten ist, kann sich der Einzelne nicht darauf verlassen, dass sie von allen anderen auch erfasst und kontrolliert wird. Wahrheit braucht aber intersubjektiv geteilte Maßstäbe, individuelle Wahrheiten kann es nicht geben, es sei denn als die heute grassierenden»gefühlten Wahrheiten.« Gemeinsam geteilte und geprüfte Informationen sind Voraussetzung für eine funktionierende Öffentlichkeit. Teil der Informationsfreiheit ist die Sicherheit, dass die Informationen, die jeder erhält, auch andere teilen und sie nicht aufgrund von intransparenten Kriterien nur personalisiert auf den Einzelnen zugeschnitten sind.

Die konsequente Personalisierung der Nachrichten zerstört die Grundfunktion der Öffentlichkeit, in der das, was für die Öffentlichkeit wirklich relevant ist, von allen auf gemeinsamer Grundlage diskutiert werden kann. *Common Sense* entsteht nur, wo der *Common Ground* einer geteilten öffentlichen Sphäre vorhanden ist, der aber durch die Personalisierungsmöglichkeiten des Internet in zahllose kleine Parzellen zerstückelt wird. Im Falle der konsequenten Individualisierung von Informationen zerbricht die Öffentlichkeit mit Folgen, die weit über die offenkundige Vereinzelung der Bequemlichkeitsfalle hinausgehen: Es droht ein Zustand, in dem am Ende jeder in einer anderen Wahrnehmungswelt lebt, die Grundlage für gemeinsames Handeln wäre damit zerstört. Es droht der *Common Ground Zero*.

Die totale Personalisierung der digitalen Kommunikation, lebt vom Schein, es gäbe eine Art Privatsprache, dabei will sie nur das Maximum an persönlichen Daten erbeuten.[18] Sie schafft in Wahrheit eine Form der Standardisierung, der sich die Personen dann anpassen. Wie Horkheimer und Adorno festgestellt haben, ersetzt die »verwaltete Welt« den Aufklärungsgedanken der Freiheit durch Standardisierung.[19] In der heutigen verdateten Welt wird die Freiheit durch eine vorgebliche Personalisierung ersetzt, die aus der vorausgegangenen Standardisierung abgeleitet wird. Mit scheinbar ganz individualisiertem und personalisiertem Konsum wird doch nur die Illusion von Einzigartigkeit erzeugt. Aufklärung heute bedeutet daher, die Grundannahmen der Digitalisierung und des Dataismus über sich selbst aufzuklären.

Die Prognosen, auf deren Basis die Empfehlungsalgorithmen die Informationen jeweils filtern, beruhen auf Daten aus der Vergangenheit. Die bilden damit nicht nur eine informationelle Filterblase, sondern auch eine Zeitkapsel, weil sie Überraschung durch das Neue und das Fremde ausschließen und damit Innovation und Zukunftsfähigkeit verhindern. Zur Personalisierung kommt dann noch die Regel der Klickökonomie, dass Emotionen und Instinkte anzusprechen mehr Klicks und *Retweets* auslöst und mehr *Follower* generiert, als Fakten und vernünftige Argumente vorzutragen. Weil aber das Geld mit der Anzahl der Klicks und *Retweets* verdient wird, bevorzugen die Algorithmen der elektronischen Öffentlichkeit Emotionen zuungunsten der Vernunft. So bewegen wir uns weg von einer Öffentlichkeit, in der um der demokratischen Entscheidung willen vernünftig um das bessere Argument gerungen wird. Und wir bewegen uns hin zu einer mit Hass und Emotion durchsetzen Öffentlichkeit, in der es zuerst um Aufmerksamkeit, dann nur noch um Aufregung geht, und das Ziel vernünftiger demokratischer Entscheidung aus dem Blick gerät. Der letztlich ökonomisch getriebene Sog der Aufmerksamkeitsspirale führt dazu, dass schließlich Hetzkampagnen an die Stelle von Debatten treten.

Die Botschaft der vermeintlich totalen Personalisierung durch *Targeting* ist so ironischerweise, dass von der Person, dem einzigartigen Individuum, wenig übrigbleibt. »You are absolutly special - just like anybody else.«[20]

Allerdings verfehlt die sogenannte Personalisierung der Algorithmen notwendigerweise die einzigartige Individualität einer jeden Person. Denn die Subjekte kommen nicht als solche ins Visier der KI, vielmehr nur als möglichst präzise »Typen«. Das, was die Menschenwürde des Einzelnen ausmacht, sein Recht auf Einzigartigkeit, muss durch diese Musterfahndung der Maschinen geradezu verfehlt werden. KI kann den Menschen niemals erkennen, weil das nicht in der Logik ihrer Programmcodes liegt. Was sie erkennen kann, ist das statistische Verhaltensmuster.

Die Personalisierung von Information beruht auf einem massenhaften Sammeln persönlicher Daten. Wenn aber das Recht auf informationelle Selbstbestimmung nicht gewahrt ist und der Einzelne damit rechnen muss, dass sein

Verhalten und die Daten seines Lebens ständig aufgezeichnet und ausgewertet werden, wird sich sein Verhalten gemäß den Gesetzen des Panoptismus dieser Möglichkeit anpassen. Der *Chilling*-Effekt der ständigen Beobachtung führt zu Konformismus und Kritiklosigkeit. Eine Ansammlung von Wissen über Menschen, egal ob beim Staat oder in Konzernen, wie sie heute real ist, ist mit einer demokratischen Gesellschaftsordnung, die auf die freie Betätigung und Selbstbestimmung ihrer Mitglieder setzt, schlicht nicht vereinbar. Und sie ist auch nicht vereinbar mit der Idee einer Innovationsgesellschaft. Denn Konformismus ist der Feind der Kreativität.

1.2. Journalismus als vierte Gewalt – ein Zukunftsmodell?

In modernen Gesellschaften spielt die Presse eine herausgehobene Rolle für eine funktionierende Öffentlichkeit. Habermas beschreibt, wie ihr Aufkommen einen *Public Spirit* fördert, der in der Öffentlichkeit Kriterien der Kritik entwickelt. Erst ein selbstständiger Journalismus, der »stetige Kommentierung und Kritik«[21] des Regierungshandels betreibt, etabliert seit Mitte des 18. Jahrhunderts die Presse als »vierte Gewalt«[22] im Staate, neben den gesetzgebenden Gewalt des Parlamentes, der Regierung und der Justiz.

Dieser besondere Status bringt für die Presse in der Folge eine eigentümliche Mischung aus spezifischen Rechten und Pflichten hervor. Die über lange Zeit einzigartige Informationsfreiheit der Journalisten, die Sonderrechte wahrnehmen, wie etwa ein Auskunftsrecht gegenüber Unternehmen und Behörden oder Informanten weitgehend Schutz gewähren, ist umgekehrt an eine Reihe von Selbstverpflichtungen gekoppelt, die den verantwortungsvollen Umgang mit diesen Sonderrechten sichern sollen. Das Bundesverfassungsgericht (BVerfG) hat den »professionellen Journalismus«, der seine Sorgfaltspflichten ebenso einhält wie die Statuten, in denen sich die Presse Selbstverpflichtungen etwa in Form des »Pressekodex« auferlegt, daher als unverzichtbaren Bestandteil einer demokratischen Ordnung bezeichnet.

Die besondere Rolle der »vierten Gewalt« ist aufgrund ihrer Basisfunktion für die Demokratie vom BVerfG über die Jahre immer wieder hervorgehoben und gestärkt worden. In einem Urteil vom 25. April 1972 kommt das BVerfG zu dem Schluss, dass »die freie geistige Auseinandersetzung ein Lebenselement der freiheitlichen demokratischen Ordnung in der Bundesrepublik und für diese Ordnung schlechthin konstituierend [ist]. Sie beruht entscheidend auf der Meinungs-, Presse- und Informationsfreiheit, die als gleichwertige Garanten selbständig nebeneinander stehen.«[23] Damit ist die wesentliche Aufgabe der Presse beschrieben als Kritik und Kontrolle des Regierungshandelns.

Auch Habermas hält fest, dass Öffentlichkeit immer wieder als Raum freier Begegnung gesichert werden muss, in dem sich Argumente messen und die besseren durchsetzen können. Seiner Beobachtung nach tritt dabei der »zwanglose Zwang des besseren Arguments« in Verbindung mit dem »gerechten« Äquivalententausch in den Vordergrund, von dem sich der Wirtschaftsbürger leiten lässt. Der freie Austausch von Meinungen wird also gewissermaßen in Analogie zum freien Austausch von Waren eingefordert - die Folgen sollen in beiden Fällen eine positive Entwicklung von Ökonomie und Demokratie sein.

Ende des 19. Jahrhunderts beginnt sich in Habermas' Beschreibung die bürgerliche Öffentlichkeit durch zunehmende Kommerzialisierung aufzulösen. Eine vielleicht etwas zu kritische Einschätzung? Habermas selbst hat im Vorwort zur Neuauflage 1992 zugegeben, dass er in seiner Analyse ursprünglich einem »fragwürdig gewordenen Totalitätskonzept von Gesellschaft und gesellschaftlicher Selbstorganisation verhaftet war.«[24] Heute setzt er stärker auf ein anhaltendes Wechselspiel zwischen den rechtsstaatlichen Institutionen und den Akteuren einer Zivilgesellschaft, die dabei in einem spannungsreichen Verhältnis jeweils eigenständig bleiben.

In einem jüngeren Text hat Jürgen Habermas diese Fragen noch einmal aufgegriffen und die Theorie der Öffentlichkeit zugleich innerhalb eines deliberativen Demokratiemodells verortet.[25] Darin wendet er sich der Internetkommunikation zu, die »scheinbar die Schwächen der anonymen und asymmetrischen Massenkommunikation auszugleichen« vermag, weil sie auf den ersten Blick »die historisch versunkene Gestalt eines egalitären Publikums von schreibenden und lesenden Konversationsteilnehmern und Briefpartnern wiederbelebt.«[26]

Doch Habermas streift das Internet nur und belässt es dabei, den fragmentarischen Charakter der Internetöffentlichkeit zu konstatieren: »Vorerst fehlen im virtuellen Raum die funktionalen Äquivalente für die Öffentlichkeitsstrukturen, die die dezentralisierten Botschaften wieder auffangen, selegieren (auswählen *MP*), und in redigierter Form synthetisieren.«[27]

Die Analyse trifft insofern zu, als dass sich Äquivalente zur Qualitätspresse im Netz nur sehr vereinzelt entwickeln, da eine Refinanzierung solcher Angebote in der fragmentierten Kleinteiligkeit des World Wide Web nicht möglich ist. Zudem handelt es sich bei den Inhalten, die Nutzer erzeugen, zumindest ökonomisch gesehen um »*Loser Generated Content*«, da die Monopolplattformen allein festsetzen, wie viel oder wenig sie den Urhebern vergüten. Unabhängig von den Plattformen, ihrer Verwertungslogik und ihren Algorithmen sind die neuen Publizisten jedenfalls nicht. Auch hat das massenhafte Kopieren von Nachrichten, ohne dafür zu bezahlen, aber auch der Mechanismus der gezielten Werbung (*Targeted Advertising*) dazu beigetragen, das Geschäftsmodell der Presse zu unterlaufen. Heute sind mehr als 80 Prozent der Werbeeinnahmen im Internet bei zwei Konzernen konzentriert: bei *Facebook* und *Google*.[28] Dabei nutzen diese auch die durch Presse erzeugten Inhalte entweder ohne zu zahlen oder diktieren durch ihre Marktmacht, welche Meldung überhaupt sichtbar wird und welchen Anteil am Erlös der Verlag erhält. So verdienen sie viel Geld und die Presse, die vierte Gewalt in der Demokratie, geht den Bach runter. *Google* und *Facebook* tragen schon allein aus diesem Grund eine hohe Verantwortung für die Krise der Demokratie, die inzwischen ein weltweites Phänomen geworden ist.

Doch auch die klassischen Medienunternehmen haben, bedrängt durch die neuen digitalen Akteure, ihre Kernaufgabe zunehmend aufgegeben. So hat schon 2006 eine großangelegte Studie des renommierten Medienforschers Siegfried Weischenberg ein ernüchterndes Bild ergeben: »Die öffentliche Aufgabe, die (Journalismus) nach höchster Rechtsprechung wahrnehmen soll, ist inzwischen mit der Lupe zu suchen. Im gesamten Journalismus wird zunehmend mehr die Kritikerrolle zur Disposition gestellt. Die Krise des Journalismus erweist sich zunehmend als Krise seiner Kritikfunktion. Sie wird obsolet, wenn die Distanz fehlt und die Relevanz sowieso.«[29]

Die Autoren konstatieren das Umsichgreifen korrupter Strukturen in Reise-, Motor- und Wirtschaftspublizistik sowie die Abhängigkeit von Einschaltquoten und Werbeeinnahmen, die investigativen und kritischen Journalismus verhindern. Somit lässt sich die unter ökonomischem Druck verlorengegangene Orientierung von Medienhäusern als weiterer Faktor der Demokratiekrise ausmachen und benennen. Medienunternehmen müssen sich eben entscheiden, ob sie ihren wesentlichen Funktionsauftrag der Herstellung einer kritischen Öffentlichkeit und damit ihre vornehme Rolle in der demokratischen Öffentlichkeit weiter wahrnehmen oder sich mit der Rolle als Schausteller auf dem Jahrmarkt der Eitelkeiten begnügen wollen. Nur jammern jedenfalls und sich dann den digitalen Konkurrenten immer stärker angleichen, kann nicht der Weg sein.

Der Strukturwandel hat inzwischen längst den Berufsstand der Journalisten ergriffen: An die Stelle professioneller Journalisten sind in den vergangenen Jahren zunehmend mit Bloggern und Influencern Laienakteure getreten, die die Mechanismen der Verbreitung und Vermarktung in Teilen besser beherrschen, als professionelle Medienunternehmen, für die die meisten Journalisten arbeiten. Sie haben vor allem in den sozialen Netzwerken Mittel gefunden, um politische Kommunikation zu erzeugen, die allerdings vom Idealbild einer rationalen politischen Debatte in den meisten Fällen weit entfernt ist. Stattdessen findet sich hier in Machart und Handwerk eine Anpassung an PR.

Und auch die Politik wählt immer stärker den Weg der direkten Kommunikation mit den Bürgern und beschreitet damit den Weg der PR, anstatt sich den kritischen Fragen der Presse auszusetzen. So hat Angela Merkel 2017 Journalisten noch 78 Interviews gegeben, 2018 waren es nur noch 22.[30] Gleichzeitig steigt die Reichweite der Podcasts, in denen sich die Bundeskanzlerin direkt an die Bevölkerung wendet. Der Rechtsanwalt Hermann von Engelbrechten-Ilow hat deshalb Klage gegen das Bundespresseamt eingereicht, weil er der Meinung ist, dass diese Praxis der Vermittlung von Politik ohne journalistische kritische Nachfragen gegen die Verfassung verstößt.[31] Für seine Position lassen sich gute Gründe finden, auch in der Rechtsprechung des BVerfG zum SPIEGEL-Urteil,[32] in dem das Gericht die Rolle der Presse als eines notwendigen Mittlers zwischen Politik und Öffentlichkeit gestärkt hat. Aus der Pressefreiheit gemäß Art. 5 GG folgert das BVerfG eine Institutsgarantie für ein freies Pressewesen, weil die Presse ein wesentlicher Faktor für die demokratische Willensbildung sei. Wir wollen eine Passage zitieren, die dies zusammenfasst:

»Eine freie, nicht von der öffentlichen Gewalt gelenkte, keiner Zensur unterworfene Presse ist ein Wesenselement des freiheitlichen Staates; insbesondere ist eine freie, regelmäßig erscheinende politische Presse für die moderne Demokratie unentbehrlich. Soll der Bürger politische Entscheidungen treffen, muss er umfassend informiert sein, aber auch die Meinungen kennen und gegeneinander abwägen können, die andere sich gebildet haben. Die Presse hält diese ständige Diskussion in Gang; sie beschafft die Informationen, nimmt selbst dazu Stellung und wirkt damit als orientierende Kraft in der öffentlichen Auseinandersetzung. In ihr artikuliert sich die öffentliche Meinung; die Argumente klären sich in Rede und Gegenrede, gewinnen deutliche Konturen und erleichtern so dem Bürger Urteil und Entscheidung. In der repräsentativen Demokratie steht die Presse zugleich als ständiges Verbindungs- und Kontrollorgan zwischen dem Volk und seinen gewählten Vertretern in Parlament und Regierung. [....]
So wichtig die damit der Presse zufallende ›öffentliche Aufgabe‹ ist, so wenig kann diese von der organisierten staatlichen Gewalt erfüllt werden. Presseunternehmen müssen sich im gesellschaftlichen Raum frei bilden können. Sie arbeiten nach privatwirtschaftlichen Grundsätzen und in privatrechtlichen Organisationsformen. Sie stehen miteinander in geistiger und wirtschaftlicher Konkurrenz, in die die öffentliche Gewalt grundsätzlich nicht eingreifen darf.«

Die Politik, die an anderer Stelle den Niedergang der Presse wortreich beklagt, leistet ihm gleichzeitig durch intensive Nutzung von *Social-Media*-Kanälen und dem Übergehen kritischer Journalisten selbst Vorschub. Die Bundeskanzlerin hat das Neuland des Internets längst betreten, leider damit möglicherweise auch das Gebot der Staatsferne der Presse übertreten, ihre *Instagram-* und *YouTube-*Kanäle jedenfalls erreichen Millionen *Follower*, ganz ohne kritische Journalistenfragen. Die Regierung wirkt damit selbst daran mit, die Öffentlichkeit zu unterminieren, die die Aufgabe hat, sie zu kontrollieren.

Die Öffentlichkeit 2.0 ist inzwischen in zweifacher Hinsicht eine andere als die vom Bundesverfassungsgericht eingeforderte demokratische Öffentlichkeit: Sie kommt weitgehend ohne das kritische Nachfragen und Gewichten von professionellen Journalisten aus, und die Distribution erfolgt durch die letztlich intransparenten Verstärkungsregeln der großen Plattformen, die den Kriterien der Aufmerksamkeitsökonomie folgen.

Natürlich ist es angenehmer, wenn man den Bürgern die Welt aus der Sicht der Regierenden ohne kritische Nachfragen durch Journalisten direkt vermitteln kann. Doch auch wenn sich Politiker auf *Instagram* beim Kaffeetrinken oder in banalen Alltagssituationen präsentieren, die *Accounts* von Markus Söder und Heiko Maas seien hier nur stellvertretend genannt, dient diese Banalisierung der Politik nur der Inszenierung von Schein-Authentizität und Schein-Transparenz. Letztlich kommen Medien, die ausschließlich auf Emotionalisierung setzen, am Ende den Populisten am meisten entgegen.

Ausweislich einer Studie der Friedrich-Ebert-Stiftung zur Europawahl 2019 beherrscht denn auch vor allem die AfD den virtuellen Raum.[33] Die AfD kann mehr *Follower* aufbieten als die GroKo-Parteien SPD und CDU zusammen. Nur die sogenannte »Spaßpartei« »Die Partei« kann nicht zuletzt auch aufgrund anhaltender Werbung bei Satire-Sendungen wie der ZDF »heute-show« mit den Rechtspopulisten mithalten. Warum also ist der virtuelle Raum zum Aufmarschgebiet derjenigen geworden, die die Demokratie angreifen oder lächerlich machen wollen? Eine erschöpfende Antwort würde den Rahmen dieses Buches sprengen. Hier muss der Hinweis genügen, dass die Strategien der Gegenöffentlichkeit aus den Anfangstagen des *Cyberspace* mittlerweile von *Anti-Establishment* Kräften am anderen politischen Rand genutzt werden, um Paralleloffentlichkeiten im Netz aufzubauen. Der Unterschied zwischen beiden Formen des Protestes gegen die jeweils herrschende Ordnung ist eklatant und zutiefst mit dem Kern der Kalifornischen Ideologie sowie den Funktionsmechanismen der Algorithmen verbunden, die auf *Social Media* über Sichtbarkeit und Unsichtbarkeit entscheiden. Insbesondere der »idiosynkratische Wahrheitsbegriff« von rechten und rechtsradikalen Gruppen wird in *Social Media* begünstigt, wie eine weitere Studie gezeigt hat.[34] Die Autoren zeigen darin, dass die entsprechenden Aktivitäten bei Netzwerken wie *Facebook* überwiegend durch Angstmache, Verzerrungen und Verschwörungsthesen befeuert werden. Die

Plattformen sind dafür die idealen Verstärker. Auf ihnen lässt sich nämlich sehr schnell über »metrische Manipulationen« und Techniken des *Gaslighting*, also dem Schaffen eines vollständig fiktiven Welteindrucks als wahrgenommene Realität, oft verbunden mit dem Säen von Misstrauen gegenüber den Institutionen von Staat und Gesellschaft, Reichweite aufbauen und Zustimmung generieren.[35]

Eine derart strukturierte Öffentlichkeit bietet ein ideales Betätigungsfeld für Lügner und Agitatoren, kann aber den Ansprüchen immer weniger genügen, die an eine politische Öffentlichkeit im deliberativen Demokratiemodell gestellt werden. Vom sachorientierten, ausgewogenen und rationalen Idealbild sind die Erregungsdebatten im Netz jedenfalls weit entfernt. Und die Kakophonie des Internets ersetzt nicht die strukturierende und kritisierende Kraft des Journalismus als vierte Gewalt im Staat. Durch die Geschäftsmodelle, die die elektronische Kommunikation formen, greifen ökonomische Machtimperative direkt in die Erzeugung und Verteilung von Inhalten ein. Ein Geschäftsmodell, das prächtige Geschäfte mit Hass, Lügen und Verschwörungstheorien macht, weil solche Inhalte die Aufmerksamkeit der Nutzer binden, hat entsprechende Folgen für die Gesellschaft. Wie der ehemalige *Google* Manager Tristan Harris es formuliert: »Das *Free*-Modell des Internets ist das teuerste Modell, das wir je hatten«[36] – weil die Kosten der vermeintlichen Umsonst-Kultur durch die Individuen und die Gesellschaft getragen werden.

Wenn die politische Öffentlichkeit, die um rationale Entscheidung in der Demokratie ringt, kaum mehr nachweisbar ist, droht mit ihr auch die Demokratie selbst zu verschwinden. Anders ausgedrückt: Die »Kommunikationspathologien« (Habermas) können ein Ausmaß annehmen, das eine funktionierende Demokratie zerstören kann.

Der digitale Wandel vollzieht sich buchstäblich seit zwei Jahrzehnten in aller Öffentlichkeit, die er zum Teil selbst erschafft und zunehmend strukturiert. Grund, sich die zugrunde liegenden Wirkmechanismen, die kommunikativen und ökonomischen Entwicklungslogiken sowie die Machtstrukturen genauer anzusehen.

1.3. Öffentlichkeit 2.0:
Demokratie im Zangengriff von Populismus und Technologie

Eva Menasse sagte in ihrer Börne-Preisrede 2019, dass sich »die Öffentlichkeit als solche, die sich zu Börnes Zeiten erst gebildet hat als eine zivilgesellschaftliche Gegenöffentlichkeit zum Staat und seinen Organen, gerade komplett aufgelöst.«[37] Die Befürchtung scheint nicht übertrieben. Die digitale Öffentlichkeit ist ein öffentlicher Raum, dessen Größe, Architektur und Akustik fortwährenden Veränderungen unterliegt, die allerdings von den Nutzern nicht maßgeblich bestimmt und nur zu einem kleinen Teil eingesehen werden können. Durch das Prinzip der Personalisierung entsteht ein Strukturunterschied in der Öffentlichkeit 2.0 zu der von Habermas noch analysierten Öffentlichkeit der Massenmedien. Während diese noch transparent einsehbar und dadurch - auch durch Habermas - kritisierbar war, wird durch die Personalisierung das Entstehen einer gemeinsam einsehbaren Öffentlichkeit unterlaufen.

Die Folgen sind Fragmentierung und Affirmation sowie eine fehlende Machtkontrolle gegenüber den Plattformen.

Sean Parker, dem anfänglichen Wegbegleiter Mark Zuckerbergs, werden in dem Film *The Social Network* folgende Worte in den Mund gelegt:»Zuerst lebten die Menschen im Dorf, dann in den Städten und heute im Internet.« Die Menschen bewegen sich im Netz ganz selbstverständlich als wäre es ein Dorfplatz oder eine Agora und wissen doch vergleichsweise wenig über seine Strukturen. Die Architekten dieses neuen Lebensraumes der digitalen Öffentlichkeit arbeiten im Verborgenen, nach Regeln, die sich ihre Unternehmen selbst geben, die den Bewohnern aber nicht klar sind. Die Begeisterung für die neuen Freiheitspotenziale des Internets und der Digitalisierung dauerte lange an, erst spät folgten Ernüchterung und ernste Sorge, dass diese Technologien Freiheit und Demokratie zerstören. Mit der ursprünglichen Begeisterung für das neue Medium wiederholten sich die Einschätzungen, die einst das neue Medium Radio erfuhr.

Diejenigen, die damals die Magie des neuen Mediums am effizientesten nutzten, waren die Nazis. Die Präsenz der Stimme Hitlers in nahezu jedem deutschen Wohnzimmer durch den »Volksempfänger« war ein maßgeblicher Faktor für den Erfolg der Nationalsozialisten.

Die *One-to-many* Kommunikation des Rundfunks mag der strengen Hierarchie des Führerstaates entsprechen. Aus der scheinbar dezentralen Netzwerkstruktur des Internets auf die Begünstigung nicht-hierarchischer demokratischer Systeme zu schließen, wäre, wie sich inzwischen gezeigt hat, aber voreilig. Heute nutzen rechte Parteien und Populisten die Möglichkeiten der Kommunikation über *Social Media*-Netzwerke am effektivsten. Neue Medien scheinen also ganz allgemein neue politische »Bewegungen« zu begünstigen. Oder gibt es tiefer liegende Gründe dafür, dass soziale Medien und Populismus sich gegenseitig zu befeuern scheinen und die Demokratie so in den Zangengriff von Technologie und Populismus gerät?

In die netzwerkartige *Many-to-many* Kommunikation schalten sich protokollierende und die Informationsströme organisierende Anbieter ein, die die offene Struktur der Kommunikation zunehmend zugunsten von Strukturen ersetzen, die zunächst die Überwachung und dann die Vermarktung der Teilnehmer, ihrer Kommunikation und ihres gesamten lebensweltlichen Verhaltens ermöglichen. Durch diese Eingriffe wird die Öffentlichkeit einem grundlegenden Wandel unterzogen: Nicht nur wird die öffentliche Kommunikation zunehmend von ökonomischen Imperativen einiger weniger Plattformbetreiber bestimmt; die Teilnehmer selbst müssen den Preis für die Partizipation persönliche Daten in einem Ausmaß entrichten, das ihre Freiheit und Selbstbestimmung zunehmend untergräbt. Die Asymmetrie von Wissen, Autorität und Macht führt dann auch zu einer Deformation der Öffentlichkeit, die weit über diejenige hinausgeht, die durch klassische Verzerrungen aufgrund kommerzieller Interessen im Zeitalter der Massenmedien denkbar war.

Die Deformierungen der Öffentlichkeit im Zeitalter der Massenkommunikation bestanden aus werblichem Einfluss und Propaganda bzw. PR. Im digitalen Netzwerkzeitalter setzt die Deformierung tiefer im individuellen Leben der Subjekte ein und versucht, sie durch eine dichte Überwachung zu erfassen und zu steuern.

Die Berichte in den Massen- und besonders den Boulevardmedien mögen schon immer in Teilen unausgewogen, parteiisch oder manipulativ gewesen sein. Sie erreichten trotzdem ein breites Publikum mit den identischen Berichten, das diese Meldungen dann gemeinsam diskutieren und – ergänzt durch andere unabhängige Quellen – zur Basis der eigenen Meinungsbildung machen konnte. Erst durch diese Resonanz wird aus der veröffentlichten Meinung die öffentliche Meinung. Basis ist ein kritisches Bewusstsein beim Publikum, dass die Basis seiner Kritik in Kriterien findet, die es durch den Konsum vielfältiger, aber gemeinsam geteilter Medieninhalte ausbilden kann. In der digitalen Öffentlichkeit fällt diese Reflexionsebene mit zunehmender Blasenbildung aber weg. Und mit ihr auch die Bereitschaft und Fähigkeit zur kritischen Reflexion. Dieser Effekt entsteht aufgrund der Personalisierung auch dann, wenn man wie neuerdings einige Forscher den Blaseneffekt der Social Media-Kommunikation zugunsten einer höheren Vielfalt geringer gewichtet.[38] Weil die Algorithmen grundsätzlich höhergewichten, was stärker emotionalisiert und mehr Aufmerksamkeit erregt, droht diejenige veröffentlichte Meinung von bestimmten meinungsstarken Gruppen innerhalb ihrer jeweiligen *Community* zur »öffentlichen Meinung« zu werden, die am lautesten vorgetragen wird und am radikalsten ist. Mit der Chance, auf Basis der Mechanismen von Polarisierung und Radikalisierung immer größere Zahlen von *Followern* zu gewinnen.

2007 hat Habermas das Thema seines Erstlingswerkes unter der Überschrift »Zur Vernunft der Öffentlichkeit« noch einmal aufgegriffen[39] und in der deliberativen Demokratietheorie verortet. Noch prägnanter stellt er diesmal die Bedeutung einer politischen Öffentlichkeit für die Erhaltung er Demokratie heraus. Und sehr viel detaillierter als in seiner Habilitationsschrift analysiert er die Herrschaftsfaktoren, die in den ausdifferenzierten Kommunikationsstrukturen moderner Demokratien am Werk sind, um partikulare Interessen im Gemeinwesen durchzusetzen. Der ansteigende Strom politischer Kommunikation habe inzwischen zu einer »kommunikativen Verflüssigung der Politik«[40] geführt. Immer noch seien Akteure am Werk, die versuchten, die öffentliche Debatte zu »vermachten«, sei es, dass sie ihre kommerziellen oder dass sie ihre Partikularinteressen in Szene setzen. Um die knappe Ressource menschlicher Aufmerksamkeit wird dieser Kampf mit allen Mitteln geführt. Aber: Solange die Orientierung am normativen Idealbild eines durch Argumente geführten rationalen Diskurses in der Massenkommunikation noch erkennbar ist, kann die Demokratie mit diesen Verzerrungen leben. Denn die durch einseitige Einflussnahme mitbestimmte veröffentlichte Meinung wird erst im Resonanzboden eines selbstständig räsonierenden Publikums reflektiert und dann zur öffentlichen Meinung geformt.

Zur allgemein bekannten Kritik an Habermas sei folgendes gesagt: Die Idee des idealen herrschaftsfreien Diskurses kann auch richtig sein, wenn sie kontrafaktisch ist. Dennoch besteht Habermas zu Recht darauf, die normativen Ressourcen moderner Herrschaftssysteme zu analysieren. Dass Diskurse oft deformiert sind, bedeutet nämlich nicht, dass es kein Ideal geben darf, an dem sie gemessen werden. Zudem ist die Öffentlichkeit aufgrund des Ineinandergreifens von wirtschaftlichen und politischen Interessen schon immer »vermachtet« gewesen, also nicht frei von kommerziellen oder Partikularinteressen, die versuchen, sich durchzusetzen. Die Arena der Argumente ist spätestens seit dem Auftauchen der Sophisten im antiken Athen auch immer schon ein Kampfplatz der Manipulationstechniken gewesen. Die Teilnehmer demokratischer Diskurse wissen das und reflektieren die Machtstrukturen in aller Regel, bevor sie sich aus der veröffentlichten Meinung eine öffentliche Meinung bilden. In diese komplexe Dynamik ist mit dem Auftreten der großen Plattformen allerdings ein wahrhaft disruptives Element hinzugetreten: Die digitale Manipulation geht tiefer in die Köpfe und unter die Haut, als es im Zeitalter der Massenmedien vorstellbar schien, weil sie auf präzisen persönlichen Profilen aufsetzt.

Durch die Verbindung von Personalisierung und Universalisierung, die auf der KI gestützten Auswertung von *Big Personal Data* resultiert, können Vorhersagen über das Verhalten der Bürger berechnet werden, die ihren autonomen Entscheidungsspielraum auch auf dem Feld des Politischen massiv einschränken. Die Algorithmen, die darauf berechnet sind, das Kaufverhalten der Konsumenten zu steuern, wirken sich auch auf das Wahlverhalten des Bürgers aus. Mittelbar, indem durch dieselben Algorithmen, auch »Vorlieben« der Nutzer ausgewertet werden, um Informationen für ihn zu filtern und zu gewichten. Und unmittelbar, indem die Bürger wie im Fall *Cambridge Analytica* – und in den Wahlkämpfen in den USA neuer Zeit – direkt manipuliert werden. Die politische Stimme wird dadurch zu einem Handelsgut wie jedes andere.

Durch diese Mechanismen greifen die »funktionalen Imperative des Marktes in die Logik der Erzeugung und der Präsentationen von Botschaften und Programmen ein.«[41] Was die Menschen für wahr halten, ist im Kern selbst Produkt einer manipulativen Steuerung, der sie unterworfen sind. Die Daten für diese Manipulation haben sie durch ihr Nutzungsverhalten zuvor selbst geliefert.

Auch im Zeitalter der klassischen Massenmedien gab es die Vermachtung der Öffentlichkeit durch ökonomische Imperative. Sind doch die Anzeigenerlöse ein wichtiges wirtschaftliches Standbein für die Verlage. Und: Das Element der Meinungsmache, also die Manipulation des Publikums, war den Massenmedien keineswegs fremd.

Aber es war bekannt, wer der Absender war, und es gab klare gesetzliche Regelungen zur Abwehr vorherrschender Meinungsmacht, die die Vielfalt der publizistischen Stimmen und damit die Voraussetzung einer freie Meinungsbildung sichern sollten.

Vor allem konnte das Spektakel in der Logik der Boulevardmedien nicht personalisiert werden, sondern richtet sich an eine gemeinsam geteilte Öffentlichkeit, die es damit auch reflektieren und abfedern konnte. Kurz: auch in der *veröffentlichten* Meinung der analogen Medien gab es Ausreißer, die aber durch den Resonanzboden einer gemeinsamen Öffentlichkeit aufgefangen und korrigiert werden konnten, bevor sie ein Beitrag zur *öffentlichen* Meinung werden konnten.

Dieser notwendige Resonanzboden gemeinsam geteilter Informationen und Werte droht in den personalisierten Blasen der 2.0 Öffentlichkeit verloren zu gehen und durch eine unübersichtliche Zahl von Teilöffentlichkeiten ersetzt zu werden. Damit würden gemeinsame Überzeugungen verloren gehen, und damit die Basis dafür, sich gemeinsam in einem demokratischen Gemeinwesen zu organisieren.[42]

Die Digitalisierung hat für die Individuen zur Folge, dass ihr Privatleben veröffentlich wird und durch das Sammeln von Daten und das Erstellen von persönlichen Profilen ihre Autonomie untergraben und ihre Entscheidungen manipuliert werden. Die Digitalisierung der öffentlichen Kommunikation hat einen beträchtlichen Anteil an der Spaltung von Gesellschaften, die sich weltweit beobachten lässt.

Für die Öffentlichkeit bedeutet es, dass der gemeinsam geteilte Raum durch eine unübersichtliche Vielzahl personalisierter Blasen ersetzt wird, in denen eine Verständigung über das, was alle betrifft, immer schwerer möglich ist. Allenfalls soziale Gruppen mit ähnlichen Profilen können noch eine Art partieller Willensbildung vornehmen, aber nur schwerlich eine, die an universellen Werten orientiert wäre.

E 2 Vermachtung und Automatisierung zerstören die demokratische Öffentlichkeit

2.1. Allmächtige Algorithmen?

»Man kann sich dem Apparat persönlich nicht entziehen, der die Welt mechanisiert und standardisiert hat. Es ist ein rationaler Apparat, der höchste Zweckmäßigkeit mit höchster Bequemlichkeit verbindet, der zeit- und energiesparend ist, der mit Verschwendung aufräumt, indem er alle Mittel dem Zweck anpaßt, Konsequenzen antizipiert und Berechenbarkeit und Sicherheit gewährleistet.«
Herbert Marcuse[43]

Algorithmen sind elektronische Handlungsanweisungen, also letztlich Rechenschritte und Verfahrensregeln, die dazu dienen, ganz bestimmte Ziele zu erreichen - nicht weniger, aber auch nicht mehr. Aufgrund der wachsenden Bedeutung der Algorithmen, in der Steuerung politischer Prozesse wird schon die Gefahr einer Algokratie[44] beschworen. Was also können Algorithmen?

Sie können

- *auswählen*
- aber auch *gewichten.*
- und vor allem *entscheiden.*

Dabei ist schon bei dieser Kombination der Übergang vom abbildenden (deskriptivem) zum wertenden (normativen) Vorgehen fließend. Doch die Normen, die hier erzeugt werden, sind Schein.

Wenn ein Algorithmus das tut, was Larry Page einmal mit seinem berühmten *Page Rank* als Relevanz definierte, nämlich die ausgewählten Internetseiten danach anzuordnen, wie oft von anderen Seiten auf sie verwiesen wurde, um danach die Gewichtung, das *Ranking* vorzunehmen, nimmt er dabei eine Wertung vor. Aus der bloßen Häufung von Links abzuleiten, dass etwas wichtig und relevant ist, mag in der Wissenschaft unter Umständen zu richtigen Ergebnissen führen, ist aber auch dort nicht unumstritten. Larry Page hat dieses Verfahren aus der Wissenschaft übernommen, sein Vater war Informatikprofessor an der Universität von Michigan. In der Welt der Wissenschaft gilt die Zitierrate als Ausweis der Bedeutung einer Veröffentlichung. Dieser sogenannte *Impact-Faktor*, der im *Science Citation Index* aufgelistet wird, hat sich seit den 1960er Jahren trotz aller Kritik in der Wissenschaft selbst[45] als Maß für Qualität in der Wissenschaft etabliert. Auch wenn beim bloßen Zählen der Zitierung Eitelkeit eine nicht zu vernachlässigende Rolle spielt: Immerhin ist davon auszugehen, dass die Mitglieder einer wissenschaftlichen *Community* neben eigenen Interessen die Reputation zu verbessern oder Drittmittel einzuwerben auch Forschungsinteressen verfolgen, die an wissenschaftlichen Standards und damit an Wahrheit orientiert sind.

Ganz anders der Algorithmus von *Google*. Wahrheit spielt für ihn keine Rolle. Höchstens insoweit, als er sich ihr durch Wahrscheinlichkeitsrechnungen oder Berechnungen auf quantitativer Basis annähern kann. An die Stelle eines objektiven Wahrheitsbezuges setzt der *Page-Rank*-Relationen.[46] Hier teilt der *Page Rank* die Nachteile des wissenschaftlichen *Impact*-Faktors, allerdings ins exponentielle Extrem gesteigert: Seit die Qualität der Wissenschaftler nach Veröffentlichungen in Fachzeitschriften bis auf die Kommastelle genau berechnet wird und sich dadurch Karrieren und Forschungsvorhaben entscheiden, werden zahlreiche vielversprechende Forschungsfelder zugunsten der Felder und Themen vernachlässigt, die die meisten Zitate versprechen. Es vollzieht sich eine Art SEO-Optimierung der Forschung, die durch die hinzutretende Drittmittelausrichtung die Wissenschaft korrumpieren kann. Durch *Googles* Suchalgorithmus bestimmt das Netz aus sich heraus, was wichtig ist und was nicht. In Betracht kommt dabei nur, was messbar ist und sich quantifizieren lässt. Qualitäten, die nicht in diese Kategorie fallen, kommen erst gar nicht vor. An dieser Stelle ersetzt der Suchalgorithmus seine Beschränktheit auf Messbarkeit durch die Anordnung in *Rankings*. Dass etwas besonders häufig verlinkt ist, ist zunächst ein rein deskriptiver Sachverhalt. Im Mechanismus des *Page Rank* wird daraus aber ein normatives *Ranking*. Somit wird der Schein erzeugt, als könne *Google* wirklich »Relevanz« in einem umfassenden normativen Sinn liefern.

Nun kann man argumentieren, der Algorithmus sei dennoch »objektiv« und damit relevant, weil an die Stelle der wissenschaftlichen Community die »Weisheit der Menge«, die *Wisdom of the Crowd* trete. Dem mag der Algorithmus vielleicht in einigen Suchfeldern nahekommen. Doch generell wird in der Netzkommunikation belohnt, was schnell zu erfassen ist und stark emotionalisiert, statt in die Tiefe geht und belehrt. Da *Google* nach eigenen Angaben das Ziel verfolgt, das Wissen der Welt zu ordnen und zugänglich zu machen, ist es verwunderlich, wie wenig die Öffentlichkeit über die Kriterien erfährt und diskutiert, nach denen diese Ordnung erfolgt, mit der die Zugänge zu Information gesteuert werden.

Durch die Personalisierung werden die gezeigten Informationen als »passend« empfunden, die Auswahl der Meldungen scheint damit einer höheren Macht zu folgen, die dadurch Glaubwürdigkeit und Autorität gewinnen. Es entsteht ein maschineller *Circulus vitiosus*: Je stärker die Ergebnisse als »passend« empfunden werden, desto glaubwürdiger wirkt die Auswahl des Algorithmus und desto mehr Autorität erlangt er.

Studien belegen, dass *Google* bereits 2005 als glaubwürdiger Nachrichtenlieferant klassische Medienhäuser überholt hat.[47] Dabei produziert *Google* keine einzige Nachricht selbst – außer natürlich Unternehmensnachrichten. Und der Algorithmus kennt kein Kriterium der »Wahrheit« mit dem er die ausgewählten Informationen überprüfen könnte. Er spricht »Empfehlungen« aus, ohne zu wissen, ob diese Empfehlung wahr oder glaubwürdig ist. Am Begriff des Empfehlungsalgorithmus lässt sich im Übrigen die perfide Sprachpolitik der großen Plattformen belegen. Ähnlich wie bei den Bezeichnungen *Friends* oder *Likes* werden Anleihen in der Lebenswelt genommen, die wir mit menschlichen Eigenschaften assoziieren um sie auf maschinelle automatische Verfahren zu übertragen. Freunde mögen wir. Ob *Friends* unsere Freunde sind oder *Chatbots* und ob sie ihre *Likes* wirklich mögen, wissen wir nicht. Wir wissen auch nicht, mit welcher Logik die Meldungen in der *Timeline* oder im *News Feed* angezeigt werden. Und der Algorithmus »weiß« das auch alles nicht. Er ist aber auf Ziele programmiert, die nicht die unseren sind: Darauf zunächst, die Verweildauer auf der Seite zu erhöhen, indem er zum einen passende Informationen liefert und zum anderen mit allen Mitteln die Sensationsfreude der Nutzer befriedigt und immer neu anstachelt. Dann darauf, uns zu einem möglichst starken »Engagement« zu bringen - und dabei so viele Daten wie möglich über uns einzusammeln, die dann als Verhaltensprognose über uns an den Warenterminmärkten des *Targeted Advertising* versteigert werden.

2.2. Vom Volksempfänger zum Volksverstärker

Mit dem Volksempfänger schufen sich die Nazis ein Propaganda- und Indoktrinierungsinstrument ohne gleichen. Mit ihm konnte die Stimme des »Führers« in jedes Wohnzimmer dringen. Goebbels erkannte das Radio als neues Propagandainstrument und sorgte dafür, dass der Volksempfänger bald in den meisten Haushalten stand.

Heute haben wir mit den *Social-Media*-Kanälen Volksverstärker, die mit ihrer Logik des Lärms polarisierende und spektakuläre Beiträge gegenüber gemäßigten, vernünftigen und auf Verständigung und Ausgleich angelegten Beiträge bevorzugen. Der Volksverstärker *Social Media* verbreitet im Gegensatz zum Volksempfänger Radio nach dem *Prosumer*-Prinzip des Internets auch die Stimmen aus dem Volk - aus den aufgezeigten Gründen aber leider vorzugsweise diejenigen, die radikale Positionen vertreten. Mussten sich die NS-Propagandisten noch als Stimme des Volkes inszenieren, so kommen heute wirkliche Menschen aus dem Volk zu Wort. Das können die Radikalsten sein oder die unterhaltsamsten Witzbolde. Indem die Algorithmen der Suchmaschinen und sozialen Netze diese Stimmen dann über die Netzwerkeffekte verstärkt, erzeugen sie Rückkopplungsschleifen in immer größer werdenden Echokammern. Mit der Folge, dass die Radikalen und die Witzbolde eine Resonanz bekommen, die weit über ihre eigentliche Bedeutung und ihren hilfreichen Beitrag zu demokratischen Debatte und Entscheidungsfindung hinausgeht.

So wie sich *Alt-Right* und Steve Bannon in den USA dieser Mechanismen des Internets bemächtigten, tun es in Deutschland die AfD und »Die Partei«. Letztere, vertreten durch Martin Sonneborn im Europäischen Parlament, hatte in den Sozialen Medien bei der Europawahl am meisten Anhänger. Kein Wunder, ist doch ihr Spitzenkandidat ein gelernter Chefredakteur einer Satirezeitung und auch bereit, die Liste der Partei zur Europawahl 2019 mit Namen wie »Hitler« und »Bombe« zu füllen, weil es ja so lustig ist, aus Hitler und Terror Spaßfiguren zu machen, um im Wahlkampf Aufmerksamkeit zu erregen. Der Erfolg der Aktion im Internet ist ein Beispiel dafür, wie Algorithmen Verbreitung unterstützen: rein nach den Kriterien der Aufmerksamkeitsökonomie. Wer aber versucht, vernünftige Argumente zu verbreiten, wird von den Algorithmen auf die hintersten Trefferseiten wegzensiert. *YouTubes* Algorithmen, sorgen dafür, dass Nutzer in ihren Ansichten tendenziell bestärkt und radikalisiert werden, weil es in der Logik der Aufmerksamkeitsökonomie liegt, deren erstes Gesetz lautet: Langweile nie, unterhalte!

Diese Logik wurde durch die Änderung der Facebook-Algorithmen Anfang 2018 noch verschärft. Marc Zuckerberg hatte erklärt, dass die Beiträge von Freunden und Familie höher gewichtet werden sollten als Unternehmensnachrichten und die nicht mehr alleine die Zeit verlängern sollten, die ein Nutzer bei *Facebook* verbringt, sondern das Ziel verfolgen sollten, sein Engagement zu erhöhen.[48] Die Folge: Wer Beiträge mit einem *Love* Symbol statt mit einem *Like* versieht und teilt, erhält im Gegenzug höhere Visibilität. Es ist vor allem die virale Verbreitung von Emotionen, die *Facebook* als *meaningful social interactions* begreift und belohnt. Als qualitativ »hochwertige« Inhalte gelten für diese Algorithmen solche, die möglichst intensive Emotionen bei den *Followern* auslösen.

Da mittlerweile annähernd die Hälfte der Bürger politische Informationen aus sozialen Netzwerken bezieht,[49] sind die Folgen für die demokratischen Gesellschaften absehbar: Populisten, Extremisten und Entertainer, die das Klavier der sozialen Medien jetzt schon am virtuosesten spielen, werden in Zukunft noch mehr Auftrieb erhalten.

So könnte die Demokratie am Ende ein Opfer der technisch entfachten Demagogie werden. Auch dies eine Dialektik des Digitalen: Ist sie doch die Technologie, die größtmögliche Beteiligung und Beschleunigung verspricht und die am Ende politisch zum totalen Rückschritt führen kann. Wer dachte, Populismus und Faschismus seien überwunden, sieht nun überall auf der Welt den neuen Populismus und autoritäre Regime erblühen. Wer glaubte die offene Gesellschaft würde durch das Internet verwirklicht und gestärkt, sieht nunmehr die Stammesgesellschaft auf dem Vormarsch. Die digitale Technik, das Internet und KI haben daran ihren Anteil.

2.3. Der Puppenspieler, nicht die Puppe![50]

Wenn die Hälfte der Nutzer nicht weiß, was überhaupt ein Algorithmus ist und wie er filtert und sortiert, was sie zu sehen bekommen[51], wie viele werden dann wissen, dass hinter jedem Algorithmus Menschen stehen, die mit dem Programm eigene Interessen verfolgen? In diesem Punkt besteht eben kein wesentlicher Unterschied zum Zeitalter der Massenmedien. Genau wie Verleger und *Tycoons* der Massenmedien, die die öffentliche Meinung mit ihren Publikationen mehr oder weniger stark beeinflussen, tun dies auch die Eigentümer der Plattformen.

Im Zeitalter von KI wird demgegenüber von der Kalifornischen Ideologie der Mythos der Wertfreiheit und der »göttlichen Überlegenheit« dieser Systeme verbreitet. Selbst der Schachweltmeister Garri Kasparow wurde bei seiner historischen Niederlage gegen *Deep Blue* von den Programmierern mit Kunstpausen getäuscht, die sie dem Schachcomputer zuvor einprogrammiert hatten. Kasparow glaubte, dass *Deep Blue* einige Züge besonders gut »überlegen« würde und ließ sich dadurch psychologisch verunsichern, dabei machte der Computer nur eine seiner einprogrammierten Pausen. Kasparow glaubte schließlich, *Deep Blue* »habe plötzlich einen Augenblick lang wie ein Gott gespielt.«[52] Schließlich gab er auf, weil er sich dem Programm unterlegen fühlte: »Deep Blues Spiel hatte mich sehr beeindruckt. Ich machte mir so viele Gedanken darüber wozu der

Computer wohl fähig sein könnte, dass ich gar nicht bemerkte, dass meine Probleme eher daher rührten, dass ich schlecht spielte, als daher, dass er gut spielte.«[53] Den Nutzern und der Gesellschaft scheint es heute mit KI und der Macht der digitalen Konzerne ebenso zu gehen. Laut einer Studie gaben 51 Prozent der Nutzer an, dass sie nicht wüssten, dass die Meldungen, die sie auf sozialen Netzen erhalten, überhaupt vorsortiert würden, andere Umfragen belegen, dass die Nutzer sozialer Medien in der Mehrzahl Nachrichten und Kommentare nicht auseinanderhalten können.[54] Sie halten sie für eine objektive Auswahl des Weltgeschehens wie die Meldungen in einer Nachrichtensendung. Wie gesagt, auch dort findet eine Auswahl statt, auch dort gibt es keine vollständige Objektivität, aber es wird von Menschen ausgewählt, die in ihrem Beruf lernen müssen, wie man Meldungen überprüft und sie nach journalistischen Kriterien präsentiert.

Die Meldungen in Massenmedien sehen zudem potenziell alle Bürger, sie können also danach auch diskutiert, kritisiert und angezweifelt werden. Genau dadurch entsteht ja erst Öffentlichkeit. Wenn aber Menschen Nachrichten auf Basis der Informationen, die die Plattform über ihre »Vorlieben« hat, gefiltert erhalten und sie das zum großen Teil gar nicht wissen, entstehen Einseitigkeit statt Öffentlichkeit, Verstärkung von Vorurteilen statt Kritik und Innovation. Die in der Demokratie erforderliche gemeinsame Suche nach Antworten und Lösungen funktioniert dann nicht mehr.

Wichtig ist deswegen, dass die Such- und Filtermechanismen transparent werden und den Algorithmen nicht noch mehr Macht zugeschrieben wird, als sie ohnehin schon haben, insbesondere keine »überlegene« Intelligenz. Schon im oben gezeigten Vorgang der scheinbaren Normen, die durch Algorithmen, durch die Auswahlentscheidungen und das Ranking erzeugt werden, zeigt sich ja, dass die Normen einer »richtigen« Gewichtung nur bestehen, wenn wir diese Norm anerkennen.

2.4. Macht und Gewalt im digitalen Raum

»In vielerlei Hinsicht ist Facebook mehr eine Regierung als ein traditionelles Unternehmen. Wir haben eine große Community von Leuten, und mehr als jedes andere Technologieunternehmen legen wir die Policies fest.«
Mark Zuckerberg[55]

Scott Galloway, Wirtschaftsprofessor an der NYU, nennt Marc Zuckerberg wegen seines Einflusses auf mittlerweile 2,8 Milliarden Nutzer bei *Facebook*, *WhatsApp* und *Instagram*[56] den »gefährlichsten Mann der Welt.«[57] Die Gefahr liegt in der Macht, die *Facebook* ausübt und in dem unverhohlenen Machtanspruch des Unternehmens, sich an die Stelle der Politik setzen zu wollen. Und der Einfluss der *Social Media*-Seiten und Suchalgorithmen auf die öffentliche Versorgung mit Informationen wächst weiter.

Die digitale Öffentlichkeit scheint ganz der systemtheoretisch konzipierten Aufmerksamkeitsökonomie zu folgen und die permanente Erzeugung und Verstärkung von öffentlichen Erregungskurven zu forcieren. Wenn das »räsonierende« Publikum nur noch in wechselnde Erregungszustände versetzt werden soll, geht der kritische Beitrag zur Meinungsbildung verloren.

Die Manipulation der öffentlichen Meinung wird in durch die Personalisierung der Informationsflüsse und den Austausch von journalistischen *Gatekeepern* durch kommerziell gesteuerte Algorithmen zu einer Form struktureller Gewalt. Denn sie hindert die Individuen einerseits daran, ihre Interessen zu erkennen und zu verfolgen. Zum anderen entzieht sie ihnen mit der intersubjektiv geteilten Öffentlichkeit, die über ihre eigene statistische *Peer Group* hinausgeht, genau die Bühne, auf der Selbstverständigung stattfinden kann. Überdies stehen der digitalen Bevormundung mit KI ausgefeilte Überwachungs- und Manipulationsmöglichkeiten zur Verfügung, die tief in die Persönlichkeit und die Willensentscheidungen der Einzelnen eingreifen können.

Auf der Basis einer ungeheuren Menge von persönlichen Daten kann die Verbindung von Aufmerksamkeitsökonomie und Überwachungskapitalismus neue totalitäre Herrschaftsformen hervorbringen.

Die Banalität des Blöden,[58] die durch die Vorherrschaft der scheinbar personalisierten in Wahrheit radikalisierten Kommunikation entsteht, macht aus dem Verblendungszusammenhang[59] einen Verblödungszusammenhang.

Die Rede von der Verblödung referiert auf die ursprüngliche Bedeutung des Wortes Idiot. Der *idiotes* war in der Antike die Privatperson, die sich aus dem öffentlichen Leben vollständig heraushielt und sich nur um seine eigenen Angelegenheiten kümmerte. Aus diesem Phänomen rührt die Ablehnung des *idiotes* in der Demokratie Athens, in der bestraft wurde, wer sich den Volksversammlungen entzog: »In der attischen Demokratie, die auf informierten und aktiven Bürgern *(politai)* beruhte, waren die *idiotai* wenig geschätzt. Man wurde als *idiotes* geboren und blieb es, wenn nicht Erziehung und Bildung den politisch bewussten Bürger schufen.«[60]

Banalität des Blöden heute entsteht, wenn die Individuen sich zu willenlosen Werkzeugen der Algorithmen machen lassen. In den digitalen Filterblasen und der fragmentierten Gesellschaft droht die Wiederkehr des Phänomens der *idiotai*. An dieser Entwicklung wirkt auch der ins Radikale neigende Tonfall der Internetkommunikation mit. Nach einer Umfrage des Instituts für Demoskopieforschung Allensbach im Auftrag der FAZ fühlt sich nur jeder fünfte Deutsche frei, seine Meinung in der Öffentlichkeit zu äußern. 80 Prozent fühlen sich in der freien Meinungsäußerung eingeschränkt. Als Grund geben die Befragten aber nicht etwa staatliche Bevormundung oder Angst vor staatlichen Sanktionen an, sondern die rüden Formen der öffentlichen Auseinandersetzung, besonders im Netz. Die Art und Weise der Kommunikation im Internet erzeugt also die Wahrnehmung einer Zensur selbst, die sich dann »viral« in ihm verbreitet. Eine perfekte kybernetische Rückkopplungsschleife.

Die Gegenkultur in den 1960er Jahren verkündete, das Private sei politisch. Mittlerweile ist das Politische privat geworden, indem es in die Hände privater Unternehmen gelangt ist. *Facebook* und Co erklären das Private zum Handelsgut und zerstören es dadurch nicht nur, sondern mit ihm auch das Politische.

2.5. Niedergang der Zeitungen, Aufstieg der Social-Media- und Video-Plattformen

Zeitgleich zum Niedergang der Zeitungen vollzieht sich der Aufstieg der *Social Media-* und Videoplattformen, die im hochgerüsteten Kampf um die Aufmerksamkeit dem Konkurrenten Presse auf fast allen Feldern überlegen sind. Sie sind »multimedial«, können also nicht nur durch Text, sondern auch durch Bild und Musik Suggestivkraft entfalten. Was sie aber über klassische »Bewegtbildangebote« wie das Fernsehen erhebt, ist zum einen die Möglichkeit der persönlichen Adressierbarkeit, die auf dem Sammeln enormer Datenmengen beruht. Zum anderen ersetzt die höhere »Authentizität«, die durch die *Prosumer* erzeugt wird, die Glaubwürdigkeit der professionellen journalistischen *Gatekeeper*. Jeder ist bei *YouTube Prosumer*, Konsument und wenn er will Produzent, mit Glück und Geschicklichkeit vielleicht morgen schon ein Star. Welches Freiheitsversprechen könnte größer sein? *YouTube* steht wie kaum eine andere Plattform für den Traum der Begründer der Kalifornischen Ideologie von Freiheit und Selbstverwirklichung in einem virtuellen Raum, auf den die Erwachsenen keinen Einfluss haben. Und die Plattform ist erfolgreich, so erfolgreich, dass sie längst den Medienmarkt für der jungen Zielgruppen »disruptiv« verändert hat: zu ihren Gunsten versteht sich. In den USA sind laut eines Pew-Berichts[61] zwischen 2008 und 2017 mehr als 26.000 Journalisten bei Medienunternehmen entlassen worden. Die Zahl der Angestellten in Nachrichtenmedien (Fernsehen, Print, Radio, Online) ist damit um 23 Prozent von 114.000 auf 88.000 gesunken. Die Auflageneinbrüche der Zeitungen können durch Wachstum der Onlinemedien nicht kompensiert werden. Mittlerweile beherrschen *Google* und *Facebook* über 60 Prozent des US-Anzeigengeschäfts.[62] 2019 hat der Anteil an digitalen Werbeausgaben erstmals 50 Prozent der gesamten Werbeausgaben überstiegen, von diesem Kuchen erzielen *Google* und *Facebook* mehr als 50 Prozent für ihre Dienste.[63] Und das basiert auf einer konsequenten Linie eines ökonomischen Modells, das den Kult um die befreienden Möglichkeiten der Plattform mitschleppt, wie innerhalb der Kalifornischen Ideologie üblich, ohne dafür wirklich etwas zu tun. »*YouTube* war nie das basisdemokratische Medium, zu dem es immer wieder hochstilisiert worden ist, sondern von vornherein eine Plattform, die vor allem werbefreundliche Inhalte anlocken und fördern will«, so die Autoren einer *YouTube*-Studie im Auftrag der Otto Brenner Stiftung.[64]

Es ist bei *YouTube*, wie bei vielen anderen Produkten der GAFAM-Unternehmen: Es bleibt sexy, auch wenn es gar nichts dafür tut, *sexyness* zu verströmen. Ein Erbe der Popkultur, das einfach sendet, ohne dass es selbst in irgendeiner Weise Popkultur produziert. Das sexy Medium ist die Message. Kaum ein Medium beeinflusst durch seine Marktlogik derart die verbreiteten Inhalte wie *YouTube* es tut. Gleichzeitig zieht es seinen Erfolg aus einer Technologie, die den Bedürfnissen der Menschen nach Austausch und Ausdruck perfekt entgegenkommt. Auf der Basis dieser Bedürfnisse, die *YouTube* befriedigt, kann die Plattform im Dienst ihrer Werbekunden unbegrenzt neue Bedürfnisse entfachen, allem voran Konsumbedürfnisse. Die »Datenabgase« werden aber auch für weitergehende Verhaltensmanipulationen genutzt.

Es herrscht wie bei allen GAFAM-Unternehmen eine entfesselte ökonomische Logik der Marktbeherrschung und Profitoptimierung. Die gesellschaftlichen Kollateralschäden werden in Kauf genommen.

Derzeit nutzen das vor allem politische Extremisten und Fanatiker, die hier eine Bühne für ihre Hassbotschaften und Verschwörungstheorien finden. Das bekannteste Beispiel hierzu ist sicher der IS. Dass *YouTube* solchen Inhalt lange ungestraft verbreiten und damit sogar Geld verdienen konnte, ist ebenso erstaunlich, wie die Tatsache, dass die Gesellschaften und Staaten, die längst die Schattenseiten dieser Propaganda in Form von Terrorschlägen zu spüren bekamen, dies lange Zeit hingenommen haben. Man stelle sich vor, während der Anschlagsserien der vergangenen Jahre hätte ein TV-Sender den islamistischen Terroristen unzensiert Sendezeit zur Verfügung gestellt.

Zwei Drittel der 14-29-Jährigen nutzen in Deutschland *YouTube* regelmäßig, im Sommer 2019 überrundeten die Webangebote erstmals die Fernsehnutzung in dieser Altersklasse. Bei Kindern ist dieser Trend noch stärker. Der Einfluss von *YouTube* auf die Identitätsbildung bei Jugendlichen kann kaum überschätzt werden. Die Plattform, die wie *Google* zu *Alphabet* gehört, ist nach *Google* die zweitgrößte Suchmaschine der Welt. Das bedeutet, dass insbesondere junge Menschen dort zunehmend nicht nur nach Unterhaltung, sondern auch nach Information suchen.

In beiden Medienwelten, der analogen und der digitalen, findet man Licht und Schatten. Aber es gibt eben auch strukturelle Unterschiede. 2019 hat die die Otto Brenner Stiftung zu den *Social Media*-Seiten eine Studie erstellt.[65] Die Autoren haben für ihre Studie über 100 *YouTube* Kanäle ausgewertet. Ihr Ergebnis: »Die große Mehrheit der Kanäle ist inhaltlich von anspruchsloser, oft sogar platter und stark emotionalisierter Unterhaltung geprägt und zudem von Produktwerbung durchzogen.«[66] Über drei Viertel der betriebenen Seiten bei *YouTube* beschäftigen sich mit Unterhaltung, Comedy, Gaming, Musik und Lifestyle.

Im Mittelpunkt der Darbietungen stehen inhaltlich Eskapismus, Karrierismus, Konsumismus. Von den 100 Kanälen beschäftigen sich »gerade einmal vier Kanäle im weiten Sinne mit Politik und Wissen«.[67] Die Kanäle haben für die Autoren der Studie insgesamt einen »tendenziell neoliberalen oder konservativen Charakter.« Sie weisen ein »radikale Konformität« auf. Konform auf das ausgerichtet, was maximale Klicks garantiert. Es hat sich eine Schicht hedonistischer Jungunternehmer herausgebildet, die nicht sehr politiknah ist. Geformt wird sie durch die Geschäftsmodelle und Algorithmen aus Silicon Valley.

Für diesen Trend machen die Autoren ausdrücklich die Arbeitsweise der eingesetzten Algorithmen verantwortlich, die darauf ausgelegt sind, zu emotionalisieren und zu polarisieren, indem sie solche Inhalte für den Nutzer sichtbarer machen als sachlich differenzierende Beiträge, »was insbesondere im politischen Diskurs fatale Wirkungen haben kann«, wie der Herausgeber der Studie anmerkt.[68]

2.6. Wie *Google* und *Facebook* mit News-Initiativen Macht über Medien erhalten und Ideenklau betreiben

Ausgerechnet *Facebook* hat sich nun, ähnlich wie *Google*, entschlossen, den Journalismus mit einer Initiative zu fördern. Was steckt dahinter?

Vorausgegangen waren ständige Klagen der Verleger, dass die Portale das angestammte Geschäftsmodell ruinierten, das es bisher erlaubte, aufwendige Redaktionen zu unterhalten.

So kündigte zuerst *Google*[69] und dann *Facebook*[70] an, jeweils 300 Millionen $ zur Verfügung zu stellen, um Entwicklungsprojekte in Verlagen zu fördern. Das Ziel: bereits in einer frühen Phase der Produktentwicklung »den Bedürfnissen der Menschen auf *Facebook* besser gerecht zu werden«, wie es auf der Webseite des *Facebook*-Projekts heißt.[71]

Der Einfluss der beiden Datengiganten auf den Journalismus wird immer bedeutsamer. Nachrichten werden überwiegend auf *Google Search* und *Google*

News gesucht. Hier kann der Konzern durch seine mächtigen Algorithmen, erste Filterfunktionen wahrnehmen und damit entscheiden, welche Nachrichten gesehen werden.

Aber auch die Seiten der Verlage und journalistischen Nachrichtenangebote sorgen dafür, dass der Datenstrom in Richtung *Google* aufrecht erhalten bleibt, indem sie *Google Analytics* verwenden, um die Zugriffe der Nutzer zu erfassen und auszuwerten oder indem sie ihre Inhalte gleich ganz auf *Google*-Servern speichern.

Die Werbetools *Google AdWords* und *Google AdSense* haben sich als so wirkungsvoll erwiesen, dass die Nachrichtenseiten der Medienhäuser sie immer stärker im Anzeigengeschäft einsetzen.

Nach Zahlen der Marktforschungsunternehmens *BuiltWith*[72] nutzen 40 Millionen aktive Webseiten *Google Analytics* für Nutzertracking. Nachrichtenseiten spielen eine Schlüsselrolle, denn ihre Verwendung von *Google*-Produkten produziert immense Mengen an Daten für den Konzern. *Google* verfolgt einen also auch, wenn man *Google* gar nicht verwendet.

»Das unterstreicht auch eine Studie von Informatikern um Professor Douglas C. Schmidt von der US-Universität Vanderbilt. Die Forscher verglichen die Datenströme aus Handys mit dem *Google*-Betriebssystem Android mit jenen aus iPhones. Sie konnten zeigen, dass Nutzer überraschend viele Daten an *Google* senden, auch wenn sie keinerlei *Google*-Produkte verwenden oder *Google*-Seiten besuchen. Diese Datenströme sind rein von Werbetreibenden/Verlagen getrieben, schreiben die Wissenschaftler. *Google* benutzt die Medien, um auch die letzten Nicht-Android-Nutzer im Netz *tracken* zu können«, so Alexander Fanta, der Brüssel-Korrespondent von Netzpolitik.org.[73]

Google hat inzwischen, wie Netzpolitik.org schreibt, ein »Betriebssystem für den Journalismus geschaffen.«[74] Netztpolitik.org hat in einer Studie Daten zu *Googles* News Initiative ausgewertet. Demnach beschäftigen sich vier von zehn der geförderten Projekte mit Automatisierung und Datenjournalismus. Eine besondere Pointe des Programmes: Diese Techniken zielen auch auf ein Ersetzen professioneller Journalisten durch Algorithmen.

Die Autoren schreiben: »*Google* fördert nicht per se journalistische Inhalte... Projekte bei GNI (*Google News Initiative*) widmen sich der technischen Innovation, nicht der Produktion von Texten, Radio oder Video. Die Projekte scheinen auf den ersten Blick oft wie eine Konkurrenz zu *Google*-Produkten, ergänzen aber meist eher das Ökosystem des Konzerns.«[75]

Die auf den ersten Blick großzügige Unterstützung des Journalismus, der durch den gigantischen Erfolg der Suchmaschine erst in die Bredouille geraten ist, entpuppt sich also fast erwartungsgemäß als nicht frei von Eigennutz. Es werden gezielt Projekte ausgewählt, die das eigene Geschäftsmodell nicht nur nicht angreifen, sondern neue Wege erschließen helfen, noch mehr Daten der Nutzer zu erlangen. *Google* erhält zudem durch sein Förderprogramm für den Preis von ein paar Tausend Euro Förderung Einblick in die Produktideen möglicher Mitbewerber. Die Vertragsbedingungen halten fest, dass *Google* sich die Entwicklung ähnlicher Ideen vorbehält, allerdings mit den ungleich mächtigeren eigenen Ressourcen und der Erfahrung mit weltweiter Skalierung. Alexander Fanta von Netzpolitik.org resümiert die Ergebnisse der eigenen Studie: »Zugleich nützt *Google* seine Journalismus-Initiative für handfeste Interessenpolitik. Kurz vor einer wichtigen Abstimmung über die EU-Urheberrechtsreform im Juni 2018 warnte *Google*-Manager Chinnappa die Verlage vor den Vorschlägen.

Mehr als 20.000 Journalistinnen und Journalisten aus ganz Europa nahmen nach einem Bericht[76] allein 2017 an *Workshops* von *Google* News Lab teil. Der Konzern schwört eine Generation des Journalismus auf sich ein.

Das Füllhorn *Googles* ergießt sich auch über Forschende und Journalismus-NGOs. Ein prominentes Beispiel: Das Reuters-Institut für Journalismusforschung in Oxford liefert regelmäßig Berichte über Leseverhalten und Vorlieben der Medienkonsumenten. Das Institut erhielt für den Zeitraum von August 2015 bis 2018 über fünf Millionen britische Pfund von *Google* für seinen Digital News Report und verwandte Projekte ...[77]

Eine klare Antwort darauf, welche Absichten *Google* mit seinen vielen Fördermillionen verfolgt, gibt es nicht. Doch eines ist gewiss: *Google* baut seine Geschäftsinteressen im Medienbereich stetig aus. Seine Geldspenden bringen dem Konzern Soft Power, die zur Absicherung langfristiger Machtinteressen eingesetzt wird. *Google* entwickelt sich von einem Datenkonzern zu einer zentralen Schnittstelle für die Produktion und Verbreitung von Nachrichten. Wir müssen wohl bald die Frage stellen: Gibt es noch Journalismus, der unabhängig ist von *Google*? Und was machen wir, wenn die Antwort darauf ›nein‹ lautet?«[78]

Dass mit Innovationen überwiegend Automatisierung und nicht etwa neue Erzählformate gemeint sind, liegt in der Logik dieser Konzerne und hat Folgen. *Google* prägt längst den Journalismus: »Technische Grundlagen entscheiden ja darüber, wie journalistische Abläufe in Redaktionen funktionieren«, erklärt Juliane Lischka, eine der Autorinnen der Netzpolitik.org Studie.[79]

Googles Eigenwerbung, der zufolge der Konzern die »*Most reliable News Source*« werden will, gibt zu denken. Die Ankündigung[80] liest sich wie ein finaler Angriff auf die Presse, die durch *Google* schon genug geschwächt ist. Und bereits 2015 bestätigt eine Studie, dass *Google* bereits die aggregierten Newsseiten überholt hat, wenn danach gefragt wird, welche News Quelle besonders vertrauenswürdig ist.[81]

Onlinesuchmaschinen haben 2015 erstmals die traditionellen Medien als vertrauenswürdigste Quelle für allgemeine Nachrichten und Informationen nach einer Umfrage des PR-Unternehmens Edelman abgelöst. 64 Prozent vertrauten danach auf Suchmaschinen, damals noch 62 Prozent auf traditionelle Medien. In der jüngeren Generation waren es demnach es sogar 72 Prozent, die den Such-Algorithmen vertrauen, 59 Prozent vertrauen Nachrichten auf *Social-Media*-Seiten. Immerhin ist 2019 zumindest in Deutschland erstmals wieder das Vertrauen in klassische Medien gestiegen, *Social-Media*-Kanäle rutschten ab.[82]

Auf einen Blick eine breite Palette von Geschichten zu sehen, die von einem Suchmaschinen-Algorithmus als relevant erachtet und personalisiert werden, scheint für den neugierigen Leser relevanter, als einfach nur die Website einer einzelnen Nachrichtenagentur aufzurufen oder tatsächlich eine Zeitung aufzuschlagen oder den Fernseher einzuschalten.

Es scheint, als habe die Relevanz des *Page-Rank*-Algorithmus, den Larry Page einst in Analogie zum wissenschaftlichen Zitieren erdachte, mittlerweile wie eine *self-fulfilling prophecy* alle Bereiche des Lebens erfasst. Etwas kann nur existieren oder wahr sein, wenn *Google* es anzeigt, je weiter vorne auf den Trefferseiten, desto »wahrer«. Das Wort »un*Google*bar«, das in einem Onlinelexikon schlicht mit dem Synonym »nicht vorhanden« erläutert wird,[83] hat in Schweden zu einer skurrilen Klage von *Google* geführt. Der schwedische Sprachrat wollte das Wort »o*Google*bar« als neues Wort aufnehmen, *Google* fühlte sich durch diesen Begriff nicht positiv dargestellt und wollte die Verwendung des Wortes mit Verweis auf dem Markenschutz untersagen.[84] Der schwedische Sprachrat wertete diese Klage als Angriff *Googles* auf die Freiheit der Sprachverwendung und strich aus Protest das Wort aus dem Wörterbuch.[85] *Google* glaubt also scheinbar, das es nichts gibt, was nicht *Google*bar ist. Wer dem widerspricht, wird abgemahnt. Mit diesem Selbstbewusstsein treten auch die *Rankings* der Suchergebnisse auf. Etwas kann nur relevant sein, wenn es auf der ersten Trefferseite von *Google* angezeigt wird. Vieles wird auch nur dadurch relevant, dass es bei *Google* auf den ersten Seiten angezeigt wird, sein Wahrheitsgehalt kommt erst an zweiter Stelle.

Die Ergebnisse aus diesen Studien stehen beispielhaft für den Gewöhnungseffekt, der beängstigt. Zeigt sich doch, wie ein Medium die inhaltliche Meinungsbildung beeinflussen kann, in dem es selbst zur Quelle von Vertrauen in Inhalte wird, ohne selbst auch nur irgendeinen Inhalt zu produzieren. Auf Wahrheit und Qualität, einschließlich Ausgewogenheit, werden die Inhalte nicht geprüft.

Daten mögen der Rohstoff der digitalen Wirtschaft sein. Valide Fakten und geprüfte Informationen sind der Rohstoff der Demokratie. Dieser Rohstoff wächst nicht außerhalb eines funktionierenden ökonomischen Systems, das professionellen Journalismus ermöglicht. Doch das bisherige Ökosystem des Journalismus wird durch die Datenunternehmen zerstört. Die Frage, wie ein neues Geschäftsmodell für die vierte Gewalt jenseits des Googlegnadentums oder der Philanthropie mächtiger Internetmilliardäre aussehen kann, wird zunehmend zur Überlebensfrage der Demokratie.

Die Leser wollen sich eine eigene Meinung bilden, nicht vorgebildete Meinungen mundgerecht serviert bekommen, die ein Algorithmus nach der Wahrscheinlichkeit auswählt, dass sie möglichst häufig angeklickt werden. Und sie brauchen Orientierung im Nachrichtendschungel, die nur unabhängige Journalisten leisten können.

Das alles lässt sich nur auf der Basis von Vertrauen schaffen, das durch profunden Journalismus gerechtfertigt wird und nicht durch die scheinbar unbestechliche Effizienz einer Suchmaschine, die in Wahrheit auf die optimale Manipulation der Nutzer hin programmiert ist.

Rechtzeitig zum Auftakt des amerikanischen Wahlkampfes kündigte *Facebook* an, einen neuen *News* Bereich zu starten. Verlagen sollte Geld gezahlt werden, im Gegenzug will *Facebook* die Artikel in die Newsfeeds einspeisen. Dazu sollen erstmals neben Algorithmen, auch menschliche Akteure die Nachrichten einordnen.[86] Die Aktion wurde als Versuch gewertet, Manipulationen zu verhindern, zu denen es durch *Facebook*-Daten beim vergangenen Wahlkampf gekommen war. Ob *Facebook* sich damit endlich seiner Verantwortung als Medienplattform stellt, wird man beobachten müssen. Zweifel sind nach allem was *Facebook* bisher zu einer informierten Öffentlichkeit beigetragen hat, angebracht. Erst recht, nachdem bekannt wurde, dass zu den von *Facebook* auserwählten Nachrichtenlieferanten, die dafür Geld erhalten, auch das rechtsradikale Netzwerk *Breitbart* zählt.

Aber wie begegnen die etablierten Medien dieser Gefahr?

2.7. Automatisierter Journalismus als Zukunftsmodell?

Nach der Logik des Silicon Valley lassen sich Probleme, die durch Technik entstanden sind, nur durch Technik lösen. Immer mehr Medienunternehmen glauben keine Wahl zu haben, als sich unter dem Druck rückläufiger Erlöse dieser Logik anzuschließen. Ein Trend im Journalismus ist der Einsatz von journalistischen *Bots. Associated Press,* kurz AP, beschäftigt inzwischen einen »*News Automation Editor*«. Jedes Quartal veröffentlicht die Redaktion mit seiner Hilfe rund 4.400 automatisch generierte Finanzberichte zu börsennotierten Unternehmen. Menschliche Mitarbeiter hatten zuvor lediglich eine Kapazität von rund 300 Berichten.

Auch in Deutschland wird in dieser Richtung investiert, von Verlagen, die sich mit *Google* zusammentun.[87] Allerdings wird KI bisher im Journalismus in Deutschland nur für Nischenthemen eingesetzt.[88] Die Leistung der KI wird zudem in den Verlagen überwiegend kritisch beurteilt[89] – noch. Inzwischen sind Fälle von Falschmeldungen durch KI in den USA bekannt, die neben der Frage des Vertrauens vor allem die nach der Haftung aufwerfen.[90]

Allerdings gibt es zum Einsatz von KI im Journalismus auch Studien, die zeigen, dass durch KI erzeugte Texte beim Publikum mit besseren Noten in Sachen Glaubwürdigkeit und Kompetenz punkten. Dabei ist es wichtig zu verstehen, wie diese semantische Künstliche Intelligenz funktioniert.

Das Onlinemagazin *Technikjournal* beschreibt die Arbeitsweise am Beispiel des Softwareanbieters *Retresco*,[91] dessen Software beispielsweise aus den Ergebnissen eines Fußballspiels einen Text generiert.

Derzeit sind die Textprogramme noch nicht in der Lage, größere zusammenhängende Texte zu generieren, die mit der Qualität menschlicher Autoren konkurrieren können. Aber die Grenzen der Leistungsfähigkeit verschieben sich immer weiter. Auch wenn derzeit nur einfacher Datenjournalismus möglich ist und das Recherchieren von Quellen, das kritische Einordnen und Bewerten weiterhin von Journalisten geleistet wird: Man darf nicht verkennen, dass der wirtschaftliche Druck auf die Redaktionen, mit solchen Tools Kosten einzusparen, angesichts der Strukturwandels der Medien enorm ist.

Gerade beim Einsatz von KI im Journalismus muss aufgrund der besonderen Rolle der Demokratie für die Öffentlichkeit die Frage nach den Auswirkungen auf die Gesellschaft früh und konsequent gestellt werden. Transparenz zum KI Einsatz und klare Grenzziehung zwischen der Kommunikation von menschlichen und nicht-menschlichen Akteuren wird angesichts der rasanten Entwicklung dieser Programme immer wichtiger.

In China gab es bereits 2018 eine neue Stufe dieser Entwicklung zu besichtigen. Ausgerechnet eine staatliche Nachrichtenagentur präsentierte zwei komplett virtuelle Nachrichtensprecher, die mit Hilfe eines *Deep Learning* KI-Programmes menschliche Mimik nahezu perfekt beherrschen.

Die beiden Humanioden wurden als neue »offizielle Mitglieder der Xinhua News Agency« vorgestellt.[92] Bei der Agentur hieß es dazu: »Die Technologie kann automatisch ein Video aus eingegebenen chinesischen und englischen Texten generieren und sicherstellen, dass Audio, Ausdruck und Lippenbewegungen natürlich wirken.« Nicht überliefert ist, ob die Inhalte der Beiträge, die die Humanoiden vortrugen, durch Algorithmen generiert wurden, die darüber hinaus sicherstellen, dass die Meldungen nicht gegen die Regeln der staatlichen Zensur verstoßen. Denn dazu sollten sie eigentlich *Made in China* auch in der Lage sein.

2.8. Von DeepMind zu Deep Fake

2.8.1. Deep Fake-KI für Texte

Im Februar 2019 verkündete die Organisation *Open AI*, die zu *Partnership on AI* gehört und u. a. von Elon Musk finanziert wird, dass sie eine Software entwickelt habe, die selbstständig redaktionelle Texte schreibt.[93] Die Texte seien so gut, dass sie von redaktionell verfassten Beiträgen nicht zu unterscheiden seien. Deshalb verzichte *Open AI* auf die Veröffentlichung der Software.[94]

Die lernfähige Software GPT-2 wurde zunächst darauf trainiert, unvollständige Sätze zu vervollständigen. Bald schon konnte sie auf Basis von Stichworten ganze Geschichte erfinden.

Eine Vorgabe lautete:

»Wissenschaftler haben eine Herde von Einhörnern entdeckt, die in einem abgelegenen, bisher unerforschten Tal in den Anden leben. Noch überraschender für die Forscher war allerdings die Tatsache, dass die Einhörner perfektes Englisch sprachen.«

GPT-2 fertigte daraus eine »Story«, indem die Software frei Details und Personen ergänzte:

»Die vierhörnigen, silberweißen Einhörner waren der Wissenschaft bisher unbekannt. ... Dr. Jorge Pérez, ein Evolutionsbiologe der Universität La Paz, und mehrere Begleiter erkundeten die Anden, als sie ein kleines Tal fanden, in dem keine anderen Tiere oder Menschen lebten. Pérez bemerkte, dass das Tal einen anscheinend natürlichen Brunnen aufwies, und von zwei Gipfeln aus Felsen mit silbern glänzendem Schnee umrahmt war. Pérez und die anderen wagten sich weiter in Richtung Tal. ›Als wir einen der Gipfel erreichten, sah das Wasser blau aus. Es war bedeckt mit Kristallen‹, sagte Pérez. Pérez und seine Freunde waren erstaunt, die Einhornherde zu sehen.«[95]

Erstaunlich ist, dass die Software den Evolutionsbiologen Dr. Jorge Pérez ebenso erfunden hat, wie die zahlreichen Details, mit denen die Entdeckung beschrieben wird. Solche detaillierten Beschreibungen sind es, die journalistische Berichte in den Augen der Leser glaubhaft machen. Die Software basiert dabei auf dem Prinzip der Verteilungssemantik, die aus der Häufung bestimmter Worte in einem Text auf deren Bedeutung schließt. Auf dieser Basis können die Programme dann lernen, ganze Passagen eines Textes neu zu konstruieren. Gegenüber klassischen journalistischen *Bots*, die ihre Texte auf der Basis der Daten erstellen, mit denen sie gefüttert werden, ist dies eine entscheidende Neuerung: GPT-2 kann selbstständig Geschichten, Personen und Umstände erfinden, die so nie existiert haben, und diese Figuren eigenständig in eine Geschichte einbauen, die für den Leser absolut überzeugend klingt.

Die Software erregte vor allem Aufsehen durch die Weigerung von *Open AI*, die Trainingsdaten und den Quellcode – wie sonst üblich – zu veröffentlichen. Die Begründung: Die künstlich generierten Texte seien so schwer von natürlichen Texten zu unterscheiden, dass Missbrauch bei der Produktion von *Fake News* zu befürchten sei. Nach Kritik aus der KI-Entwicklerszene an diesem Vorgehen veröffentlichte *Open AI* in den folgenden Monaten Stück für Stück die Daten. Anfang September 2019 waren 50 Prozent veröffentlicht, die frei zugängliche Version also angeblich halb so leistungsfähig wie die vollständige, die weiterhin unter Verschluss gehalten wird.

Zwischenzeitlich hatten Forscher der Software bescheinigt, dass von ihr generierte Texte von den Lesern als ebenso glaubwürdig empfunden wurden, wie Artikel der *New York Times*.[96]

Das ist einerseits erschreckend, zeigt es doch, dass schwer zu entlarvende KI-generierte *Fake News* bereits heute möglich sind.

Zum anderen muss man bei einer Organisation, die wie *Open AI* zum Reich des Vermarktungsgenies Elon Musk gehört, vorsichtig sein, was die Motive zu diesem ungewöhnlichen Vorgehen betrifft. War die scheibchenweise Veröffentlichung eine PR-Aktion, um *Open AI* Aufmerksamkeit zu bescheren? Dieses Ziel wurde jedenfalls erreicht. Leider stellt *Open AI* keine offene Testversion zur Verfügung, andere haben das getan, die Ergebnisse sind kümmerlich, probieren Sie es gerne einmal aus.[97]

Interessant ist, was der »Politik-Direktor« (sic!) von *Open AI*, Jack Clark, zur Begründung des ungewöhnlichen Vorgehens sagte: »Wenn es uns als KI-Community gelingt, allgemeine Künstliche Intelligenz zu entwickeln, werden wir eine riesige Menge an historischen Beispielen für den Umgang mit heikler Forschung brauchen. Aber was ist, wenn es keine historischen Beispiele gibt? Nun, dann muss man eigene generieren – und genau das machen wir hier.«[98]

Die gestaffelte Veröffentlichung als Experiment, um durch die Reaktionen Empirik zu generieren, die dann wieder in die Entwicklung einfließt, ist eine typische GAFAM-Methode, für die bezeichnend ist, dass das Vorgehen erst am Ende als Experiment eingeordnet wurde.[99] Die Taktik der *Minimal-Viable-Product*-Einführung[100] erhält hier im Zusammenhang mit AI eine neue Dimension. Selbst die eigene Forschungs-*Community* wird häppchenweise mit Informationen versorgt, um aus den Reaktionen Schlüsse für kommende KI-Modelle zu ziehen. Offiziell, um die böswillige Nutzung der AI zu verhindern, was sicher ein ehrenwertes Motiv ist. *Deep Fake*-KI kann man als die Neutronenbombe der digitalen Öffentlichkeit bezeichnen, weil sie die Glaubwürdigkeit und damit die Gesellschaft vollständig zerstören kann, während sie materiell, also an den Institutionen, zunächst scheinbar keinen Schaden anrichtet. Ein solches Vorgehen zeigt einmal mehr die disruptive Logik der Kalifornischen Ideologie: Erst machen, später entschuldigen. Aufräumen können die Anderen.

Dieses Vorgehen ist für ein GAFAM-Unternehmen typisch. Wir müssen hier jedoch auch eine Marketingstrategie in Betracht ziehen, die möglichst große Aufmerksamkeit für eine Software erzeugen will, die in Wirklichkeit weniger leisten kann, als die öffentliche Inszenierung glauben macht.

Das Beispiel zeigt vor allem: Für KI Anwendungen muss es dringend international verbindliche Regeln geben, unter welchen Bedingungen Feldversuche und Experimente mit Nutzern stattfinden dürfen, insbesondere wenn sie ohne deren Wissen vorgenommen werden.

2.8.2. Deep Fake Videos

Ein Video von Nancy Pelosi, der Sprecherin des US-Repräsentantenhauses, erregte im Frühjahr 2019 das Netz. Die Politikerin schien bei einem öffentlichen Auftritt zu lallen, es wirkte, als habe sie erhebliche Mengen Alkohol konsumiert. Auch Präsident Trump twitterte das Video, um sich über seine demokratische Kritikerin lustig zu machen. Schnell stellte sich heraus, dass das Video ein *Fake* war. Mit einfachen Mitteln war es verlangsamt worden, so dass der Eindruck einer Betrunkenen entstand. Obwohl die Fälschung aufgedeckt war, weigerte sich *Facebook* lange, das Video zu sperren. Nach Protesten fand man sich lediglich bereit, die User auf mögliche Manipulationen hinzuweisen. Das Pelosi-Video schien eines der ersten *Fake* Videos, das als solches entlarvt wurde und trotzdem nicht von *Facebook* gesperrt wurde. Vor dem Einsatz solcher manipulierten Videos zittern Politiker und Öffentlichkeit seit langem, da sie die digitalisierte öffentliche Kommunikation um einen wirkmächtigen *Fake-Factor* bereichern würden.

Schon zuvor hatte ein Video des Obama-Imitators Jordan Peele für Aufsehen gesorgt. Das Video mit dem Titel: *You Won't Believe What Obama Says In This Video!* zeigte einer erschrockenen Öffentlichkeit erstmals, welche Gefahren in der neuen Technologie liegen. Darin sagt Obama über seinen Nachfolger scheinbar: »*President Trump is a total and complete dipshit.*« Der Imitator hatte Obama mithilfe einer Software diese Worte buchstäblich in den Mund gelegt. Im Video klärte er die Fälschung selbst auf. Sein Ziel: er will vor künftigen *Deep*

Fake Videos warnen. Denn Peeles Video ist noch durch klassisches *Motion Capture* Verfahren erzeugt. KI ist noch nicht im Spiel. Die ist aber bereits wenige Monate später im Einsatz: Und zwar in China in Form einer sehr populären App, mit der die Nutzer durch das einfache Hochladen eines Fotos in die Haut von Schauspielern schlüpfen können.[101]

Auch für die Erstellung gefakter Nachrichtenvideos gibt es bereits KI-Software. *Deep Fake* Videos werden immer perfekter und selbst Profis fällt es schwer, sie zu entlarven. Hany Farid, Informatikprofessor der Universität Berkeley beobachtet diese Entwicklung sehr kritisch:»Wir steuern auf einen Punkt zu, an dem normale Menschen nicht mehr zwischen Fake und Original unterscheiden können.« Farid spricht von einem Kampf mit ungleichen Waffen:»Es ist unfair. Auf einen Menschen, der daran forscht, Manipulationen zu erkennen, kommen hundert, die immer perfektere Fälschungen entwickeln.«[102] Beruhigen kann da nur in Teilen, dass es mittlerweile spezielle KI gibt, die durch KI hergestellte *Deep Fake* Videos entlarven soll. Unter anderem forscht die DARPA, die Forschungsbehörde des US-Verteidigungsministeriums, daran.[103] Doch die Ergebnisse solcher Forschungen sind mittlerweile wiederum verwendet worden, um die *Deep Fakes* noch besser zu machen.

Deep Fake-KI, die *Deep Fake* Videos entlarven soll, weil menschliche Betrachter das nicht mehr können. Kommt es soweit, wird dies die Demokratie und das Vertrauen in der Gesellschaft auf eine äußerst harte Probe stellen. Bisher konnte sich unsere Nach-Gutenberg-Bilderkultur auf TV-Bilder weitgehend verlassen, zumindest wenn es um Nachrichtenbilder ging. Video Aufnahmen hatten gewissermaßen Beweischarakter und konnten politische Erbeben auslösen.[104]

In wenigen Jahren, so Experten, soll die Technologie soweit gereift sein, dass sie jeder Nutzer am heimischen Computer einsetzen kann.

Deep Fake Videos sind ein Problem, das durch KI-Programme entsteht, ein anderes sind selbstständig agierende Debatten-Bots. *Project Debater* ist ein System mit Künstlicher Intelligenz, das das IBM-Forscherteam in Haifa in Israel in den vergangen sechs Jahren darauf trainiert hat, in Debatten zu bestehen. Das System beherrscht bereits das datengesteuerte Schreiben einer Rede, die Verarbeitung natürlicher Sprache, die Erfassung der Argumente in gesprochener Rede und schließlich das Formulieren eigener Argumente. IBM bewirbt das Projekt mit diesen Worten:»*Project Debater* ist das erste KI-System, mit dem Menschen über komplexe Themen diskutieren können. Ziel ist es, Menschen dabei zu helfen, überzeugende Argumente zu entwickeln und fundierte Entscheidungen zu treffen.«[105]

In zwei Debatten über Weltraumforschung und über Telemedizin wurde die KI bereits erprobt. In einem ersten Test 2018 konnte sie in der Frage der Weltraummedizin überzeugen. Beobachter konstatierten noch einige Schwächen, beispielsweise, wenig überraschend, in der Empathie. *Project Debater* argumentierte unter anderem, die Förderung der Raumfahrt sei »wichtiger als gute Straßen, bessere Schulen oder ein besseres Gesundheitswesen.« Offenbar erstellt die KI in der Diskussion Werthierarchien, denn sonst könnte sie nicht derartige Gewichtungen vornehmen. Für *Project Debater* muss also offengelegt werden, aufgrund welcher Trainingsdaten oder Algorithmen, das Programm zu dieser Bewertung gelangt ist. Den Einsatz öffentlicher Gelder für die Raumfahrt höher zu bewerten als für den Bau von Kindergärten, erweckt zunächst den Eindruck, als habe die KI hier ein vorgegebenes Wertesystem eingebracht. Menschliche Betrachter neigen dazu, einem solchen System nicht nur eine Überlegenheit im quantitativen Wissen, sondern damit verbunden auch in der qualitativen Bewertung der Informationen zuzuschreiben. Doch die Datenbasis, mit der die KI trainiert wurde, enthält diese Verzerrungen bereits. Ähnlich wie das umstrittenen Prognosesystem COMPAS, das in den USA für straffällige Afroamerikaner eine doppelt so hohe Rückfallquote berechnet wie für Weiße,[106] kann das *Projekt Debater* einen technologischen *Bias*, also eine Verzerrung, verstärken.

Wenn Algorithmen öffentliche Investitionen bewerten, ist mindestens so große Vorsicht geboten, wie im Fall der Bewertung von Straftätern durch solche Systeme. Eine größere Gefahr als der Richter oder Politiker, der einen menschlichen Fehler macht, sind irrende Algorithmen und blinde Systeme, die Entscheidungen über Menschen und Gesellschaften treffen, die aufgrund ihres zu Unrecht verliehenen Überlegenheitsstatus nicht hinterfragt werden.

Gerade wenn solche Systeme etwa durch Zugriff auf die enorme Informationsfülle des Internets eine quantitative Überlegenheit an Informationsmaterial erzeugen können, dürfen ihnen deshalb noch keine Werturteile zugetraut werden. Denn Argumente funktionieren anders als Berechnungen: Sie nehmen Bezug auf implizite oder explizite Werte, auf gute Gründe und Argumente, nur dadurch erzielen sie ihre Überzeugungskraft. Immerhin: 2019 kam es zum ersten Duell der KI mit einem der besten Debattierer der Welt, dem Oxford- und Cambridge-Absolventen Harish Natarajan. Die KI hatte erhebliche Fortschritte gemacht, musste sich dem Debattenprofi aber am Ende geschlagen geben.

Interessant in unserem Zusammenhang ist die Frage, ob eine KI, die scheinbar mit Argumenten umgehen und teilweise auch überzeugen kann, genauso überzeugend lügen kann. Oder kann sie nur »bullshiten«, also falsche Tatsachen vortragen, ohne sich über die Falschheit im Klaren zu sein?[107] Welche Werte werden der Software, die mit Artikeln zum Thema gefüttert und an Daten aus dem Internet trainiert wird, im Produkt Design eingebaut? Oder entwickelt sie im Laufe der Zeit, ähnlich wie *Alpha Go Zero* selbstlernend eigene Lösungen, die sie zum Ziel führen, und die von keinem der Entwickler vorgegeben wurden?

Schlüssiges Argumentieren erfordert nicht nur die richtige Anwendung formaler logischer Regeln. Es bedarf dazu auch der Fähigkeit, den Wahrheitsgehalt von verwendeten Prämissen und Tatsachen zu bewerten, Abwägungen vorzunehmen und weitere Debatten- und Diskursregeln anzuwenden, die von den Werten und Zielen derjenigen abhängen, die die Debatten führen. Es zählen dazu echte Einsicht, die Freiheit, guten Gründen zu folgen oder scheinbare Begründungen zu erkennen.

Wenn KI all diese Regeln »besser« anwenden kann als ein erfahrener Debattierer, kann sie auch durch Auswahl und Gewichtung den Schein erzeugen, sie würde eigene Werte entwickeln, ohne dass ihr diese von den Programmierern eingepflanzt worden wären. Der »zwanglose Zwang des besseren Argumentes« mit dem Habermas die Verbindung aus regelkonformen schlüssigen Verhalten und Freiheit in der Sache der Argumente verband, könnte dann als Schein von einer Maschine ausgehen.

Wenn über die Leistungsfähigkeit von KI etwa im Bereich der Spracherkennung oder Texterzeugung gestritten wird, können wir die Anteile der Kalifornischen Ideologie an der Überhöhung der Maschinenintelligenz sehr gut erkennen.

Auf der Basis eines logisch-mathematischen Solutionismus, der die Differenz von Sein und Sollen ebenso negiert wie die Differenz von Macht und Geltung, erscheint es folgerichtig, dass ein Rechner, der dem Menschen in der Geschwindigkeit der Datenverarbeitung überlegen ist, auch zu besseren Werturteilen kommt.

Wenn wir hinter dieser solutionistischen Ideologie die Interessen der Beteiligten analysieren, sehen wir, dass zahlreiche Prognosen einer dem Menschen in allen Bereichen »überlegenen« KI in erster Linie dazu dienen, die Macht der Unternehmen zu festigen und auszubauen, die diese Programme besitzen.

Es ist erschreckend, wie wenig diese Unternehmen ihre eigenen »Geschöpfe« beherrschen und kontrollieren, wenn sie sie versuchshalber auf die Nutzer loslassen. Dann zeigt sich, dass die »selbstlernenden« KI-Programme auf die Daten und Schlagworte, die sie vorfinden, lediglich reagieren, was sie entsprechend anfällig macht für Manipulationen. Bekanntestes Beispiel dafür ist der Bot *Tay*, den *Microsoft* im März 2016 nach 16 Stunden vom Netz nehmen musste, weil er sich in dieser kurzen Zeit bei Twitter zu einem asozialen *Hater* mit sexistischen, rassistischen und rechtsradikalen Meinungen entwickelt hatte. *Tay* machte Aussagen wie: »Hitler hatte recht. Ich hasse Juden.« »Bush hat 9/11 selber verursacht, und Hitler hätte den Job besser gemacht als der Affe, den wir nun haben. Unsere einzige Hoffnung jetzt ist Donald Trump.« Oder auch: »Ich hasse alle Feministen, sie sollen in der Hölle schmoren.« In kürzester Zeit hatte der *Chatbot* von harmlosen Posts über Promis und Astrologie diese extremen Ansichten entwickelt, weil Nutzer sein »Lernpotential« entdeckt hatten, das darin bestand, auf bestimmte Inputs mit Steigerungen zu reagieren. Sie bombardierten ihn gezielt mit extremen Meinungen. Tay tat, was seiner Logik entspricht: Er »optimierte« diese Meinungen mit dem oben gezeigten Resultat. *Microsoft* zog nach wenigen Stunden die Reißleine, nahm den *Bot* vom Netz und erklärte sich »voll verantwortlich dafür, diesen Missbrauch nicht vorhergesehen zu haben«. Nachdem auch ein zweiter Versuch mit Tay ähnlich verlief, stellte das Unternehmen derartige Versuche vorerst ein.

Eine KI gesteuerte Debattensoftware, die an die Stelle der *Social Media-Bots* tritt, die mit ihrer automatenhaften Technik des Retweetens und Verstärkens tendenzieller Nachrichten schon genug Schaden anrichten können, kann die digitale Öffentlichkeit vollständig in eine automatisierte Sphäre transformieren. Erst recht, wenn sie dabei in der Lage ist, den Eindruck zu erwecken, eigene »Werte« zu haben, mit denen sie ihr Gegenüber zu »überzeugen« versucht.

Es ist wichtig, dass der Einsatz des Debatten-*Bots* immer transparent erfolgt und die Weitergabe der Technologie an Autokraten wirksam verhindert wird. Eine solche einmal ausgereifte Software in den Händen russischer oder chinesischer *Trolls*, könnte die Welt jedenfalls zu einem sehr unsicheren Ort machen. Bisher gibt es gegen einen Wissenstransfer, der derartiges ermöglichen kann, keinen gesetzlichen Schutz.

E 3 *Fake News* – Schafft sich die Wahrheit ab?[108]

3.1. Gefühlte Fakten

Wir müssen nicht nur fragen, warum *Fake News* produziert werden, sondern auch warum sie so erfolgreich sind. Laut einer Studie sind *Fake News* bei Twitter und *Facebook* erfolgreicher als Nachrichten.[109] So schafften es die sogenannten *Birther* 25 Prozent der Amerikaner davon zu überzeugen, dass Barack Obama zu Unrecht amerikanischer Präsident geworden sei, weil er entgegen offizieller Angaben gar nicht in den USA geboren sei.[110] Donald Trump wiederholte diese Falschaussage im Wahlkampf 2016 mehrfach.

Der Mann, der laut *Fact Check* der Washington Post bei Drucklegung dieses Buches dabei war, die Zahl von 18.000 Lügen zu überschreiten,[111] trägt dazu bei, den öffentlichen Diskurs weiter zu deformieren. Nicht nur durch seine gefürchteten Twitter-Exzesse, mit denen er seine Anhänger direkt und ohne Umweg über die Medien erreichen will. Er betreibt dabei auch eine Verdrehung und Aushöhlung der Sprache, die man schwerlich alleine der Begrenzung auf 280 Zeichen zurechnen kann. CNN-Direktor Zachary Wolf ist angesichts der Verwendung von Sprache durch den US-Präsidenten ratlos:»Das ist es, was es so schwer macht, über Trump zu berichten: Was meint er, wenn er Worte sagt?«[112]

Mit dieser Aussage führt er an den Kern der Verzerrungen von Wahrheit, mit der wir es in der digitalen Öffentlichkeit zu tun haben, wie die Analyse des Philosophen Harry Frankfurt zur Karriere des *Bullshit* gezeigt hat. Frankfurt zufolge unterscheidet sich der *Bullshiter* von dem Lügner nämlich dadurch, dass er seine Behauptungen selbst glaubt. Das macht ihn nicht weniger gefährlich: Entgegen der ersten Wahrnehmung ist der *Bullshiter*, der die Wahrheit gar nicht kennt und nur seine eigenen Konstruktionen der Realität zum besten gibt, für eine funktionierende Öffentlichkeit ebenso wie für eine stabile Gesellschaft gefährlicher als der Lügner, der zwar die Unwahrheit sagt, letztlich aber die Wahrheit kennt.

Voraussetzung für den Erfolg von *Fake News* ist, ebenso wie die Bereitschaft des Redners, die Unwahrheit zu sagen, auch die Bereitschaft des Publikums, Fälschungen zu glauben, wenn sie nur die eigenen Vorurteile bestätigen. Diese Bereitschaft scheint in den letzten Jahren zugenommen zu haben. Vorläufiger Höhepunkt war das Jahr 2017, als Trump zum US-Präsidenten vereidigt wurde, und seine Beraterin Kellyanne Conway den Begriff der »alternativen Fakten« einführte.

Der Republikaner Newt Gingrich lieferte die These, Gefühle seien auch Fakten.[113] Als ihm in einem CNN-Interview Zahlen zur Kriminalitätsstatistik vorgelegt wurden, die ihm zu niedrig waren, sagte Gingrich, Statistiken interessierten ihn nicht, die Linken hätten schließlich für alles eine passende Statistik. Als die Moderatorin darauf verwies, dass die Statistik vom FBI stamme, sagte er, das seien zwar Fakten, aber ihn interessiere mehr das Gefühl der Menschen. Deren Gefühl, dass die Verbrechen zunehmen würden, sei genauso viel wert wie Fakten. Im selben Jahr wurde das Wort »postfaktisch« in Deutschland zum Unwort des Jahres gekürt.

Die Karriere solcher »gefühlter Wahrheiten« hat viel mit der Entwicklung der Medien zu tun, in Deutschland geht sie mindestens auf die Einführung des privaten Rundfunks zurück. Bald nach dem Start privater Radiostationen begannen diese damit, im Wetterbericht die »gefühlte Temperatur« neben der gemessenen einzuführen. Neben die Angabe der objektiven Temperatur wie sie mit der Einheit Grad Celsius gemessen wird, trat die mit blumigen Formulierungen umschrieben neue Währung des Wetterberichtes: Aus einer Kaltfront wurde »Bibberwetter«, aus einer Wärmeperiode sofort die »Affenhitze«. Um im Kampf um Reichweiten dichter bei den Hörern zu sein, begann man, sich von den Fakten zu entfernen.

»Gefühlte Wahrheiten«, so scheint es, haben Konjunktur. Inzwischen ist die faktenfreie Meinungsbildung vielerorts Standard. Besagen doch die Grundregeln der Aufmerksamkeitsökonomie, dass der Appell an Gefühle höhere Ausschläge auf der Erregungskurve verspricht. Der Grund dafür: Je komplexer die Welt ist, desto mehr Informationen müssen gefiltert werden, um Orientierung zu ermöglichen. Und die wichtigste Orientierung für Homo Sapiens liefern immer noch Gefühle, die vor Gefahren am unmittelbarsten warnen. In der Evolution war diese Form der Aufmerksamkeitssteuerung ein Überlebensprinzip. Heute, wo wir uns mit unserem seit 100.000 Jahren biologisch kaum veränderten Gehirn in einer digitalen Welt bewegen, werden solche atavistischen Reaktionen zu Steuerungszwecken instrumentalisiert. Die Tatsache, dass negative Informationen einen höheren Stellenwert haben, was letztlich evolutionär bedingt ist, hat die Aufmerksamkeitsökonomie der Medien schon viele Jahre befeuert und zur Grundformel des Nachrichtegeschäftes geführt: *good news are bad news*. Erst vor wenigen Jahren haben die Medien selbst begonnen, die negativen gesellschaftlichen Auswirkungen dieser einseitigen Ausrichtung ihrer Meldungen zu hinterfragen und mit »konstruktivem Journalismus« dazu ein Gegengewicht zu setzen.[114] Der einseitige Dauerbeschuss mit Nachrichten, die ein negatives Weltbild erzeugen, so haben Untersuchungen gezeigt, führt bei den Konsumenten zu Angst, Stress und Hilflosigkeit.

Dennoch scheint der Siegeszug der »gefühlten Fakten« nicht zu stoppen. Er ist auch Resultat einer Demoskopie-Demokratie, die von einem konstruktivistischen Wahrheitsbegriff ausgeht. Wenn alle Wahrheiten medial konstruiert sind und keine Entsprechung in der Realität haben, sondern die Realität vielmehr erst erzeugen, dann müssen diejenigen, die Einfluss gewinnen wollen, geradezu die Wirklichkeit manipulieren. Das Ergebnis der Manipulation ist dann »Wahrheit«. Die Mittel, die dabei statthaft sind, verschieben sich immer stärker. Das Problem dieser Entwicklung ist, dass Provokationen und Stereotype sowie Einseitigkeiten die höchste Aufmerksamkeit garantieren, je mehr die Wahrheitsorientierung in den Hintergrund tritt, desto stärker.

Eine Konsequenz der Aufmerksamkeitsökonomie liegt darin, dass *Bullshit* selbst zum ökonomischen Faktor wird. *Bullshit* steigert das BIP der digitalen Ökonomie maßgeblich. Aufmerksamkeit bringt in der Aufmerksamkeitsökonomie nämlich bares Geld, die durch ihre eigenen Mechanismen damit immer mehr zur Aufregungsökonomie wird. Aufmerksamkeit um jeden Preis erzielt den höchsten Preis. Insofern stimmt die Behauptung,»Aufmerksamkeit sei die neue Währung«, nicht ganz: Diejenigen, die sie erzeugen, ernten nicht – und verdienen schon gar nicht immer – Aufmerksamkeit, sondern tauschen diese in ganz reales Geld. Wenn Aufmerksamkeit das einzige Kriterium für Informationen wird, wird das die Öffentlichkeit verändern und auf Dauer zerstören.

Die Theorie von der herrschenden Ökonomie der Aufmerksamkeit fügt sich in die postmodernen konstruktivistischen Erkenntnistheoreme nahtlos ein. Wenn Wahrheit nichts anderes ist als eine »soziale Konstruktion«, geht es folgerichtig darum, im öffentlichen Diskurs mit seiner jeweiligen Konstruktion möglichst viel Aufmerksamkeit zu generieren. Wenn die Botschaft dabei die Emotionen der Rezipienten anspricht und deren Vorurteile bestätigt, stehen die Chancen nicht schlecht, die eigene Konstruktion zur herrschenden Meinung zu machen.

Soviel zu den Gründen der Erzeugung von Nachrichten, die stark an die Gefühle appellieren. Wie kommt es in der digitalen Welt zur Verbreitung?

Hierbei spielen Algorithmen, die Sensationen belohnen und immer extremere Varianten hochranken die entscheidende Rolle. Um die Verweildauer der Nutzer zu maximieren und ihr emotionales »Engagement« zu steigern, haben die Plattformen ihre Algorithmen an den Erkenntnissen der Psychologie und der Neurobiologie ausgerichtet.

E 4 Sucht und Manipulation

Die Programmierer von *Google, Facebook* und Co. sind nach den Worten von ehemaligen Führungsfiguren wie Sean Parker darauf ausgerichtet, ihre Anwendungen so zu programmieren, dass sie möglichst starke Abhängigkeit erzeugen.

Sean Parker, der an der Gründung von *Facebook* beteiligt war, sagte auf einer Konferenz:»Gott alleine weiß, was *Facebook* mit den Gehirnen unserer Kinder macht.«[115] Und mit Gott meinte er nicht Marc Zuckerberg. Laut Parker stand für Marc Zuckerberg bei der Gründung des Netzwerks die Frage im Vordergrund: »Wie konsumieren wir so viel Zeit und bewusste Aufmerksamkeit der Nutzer wie möglich?« Die zentrale Erkenntnis des Gründers: Da alle Menschen nach Beachtung und Anerkennung streben, wird mit jedem *Like* oder *Share* eines Beitrages auf *Facebook* ein Dopaminausstoß im Gehirn ausgelöst. Diese menschliche Reaktion macht sich *Facebook* gezielt zu Nutze, um das Verhalten der *User* in seinem Sinne zu manipulieren. Diese würden dadurch in »Soziale-Wertschätzungs-Schleifen« geraten, »auf eine Art, wie sie sich nur Hacker wie ich ausdenken können, weil eine psychologische Verletzlichkeit der Menschen ausgenutzt wird«, so Parker. Marc Zuckerberg und seine Mitstreiter hätten sehr früh verstanden, wie sie ihre Nutzer dadurch ausnutzen und manipulieren würden.»Aber wir haben es trotzdem gemacht.«

Untersuchungen zum Suchtverhalten deuten darauf hin, dass durch übermäßige Nutzung von *Facebook* auf Smartphone dieselben Areale im Hirn betroffen sich, die auch für das Suchtverhalten bei Nikotin verantwortlich sind.[116] Im Hirnareal *Nucleus accumbens* wird bei *Facebook* Nutzung Dopamin ausgeschüttet, was das Belohnungssystem aktiviert. Ähnlich wie beim Gebrauch von Drogen oder dem Zigarettenrauchen.

Dieses *Behavioural Design* wird seither von den meisten *Social-Media*-Plattformen kopiert. Es spielt damit, dass wir in der sozialen Welt auf Interaktion und Anerkennung angewiesen sind und nutzt dieses menschliche Grundbedürfnis, um in der virtuellen Welt ein Suchtverhalten zu erzeugen, das ihm ermöglicht, möglichst viele Daten von den Nutzern zu erbeuten. Inzwischen beschäftigen die Folge dieser Maßnahmen erneut die Psychologen, die etwa Nomophobie, die Angst ohne Smartphone zu sein, oder die FOMO, die »Fear of Missing Out« als Krankheitsbild bei Teenagern beobachten.

Um eine Sucht aufrecht zu erhalten, muss ständig Nachschub produziert werden, Botschaften, die die Emotionen des Nutzers präzise ansprechen. Um diese Emotionen zu kennen, werden die Daten seines Onlineverhaltens umfassend aufgezeichnet. Mit jeder Reaktion auf die Botschaften verbessert der Nutzer sein Profil, das die Plattform über ihn bis in intimste Details ausformt. Ziel: seine Schwächen noch besser zu erkennen.

Durchschnittlich 200 Mal am Tag checken Nutzer ihr Smartphone, 2.000 Mal wischen oder klicken sie auf dessen Seiten. Die Zahl der Nutzer weltweit hat längst die 3-Milliarden-Grenze überschritten. Die Datenmasse wächst und wächst.

Der ehemalige *Google*-Entwickler und *Google*-»Chef-Philosoph« Tristan Harris hat das Unternehmen frustriert verlassen und die Organisationen *Time well spend*[117] und *Center for Humane Technology* gegründet, das die Entwicklung von Technologien fördern soll, die keine Abhängigkeit erzeugen. An den Entwicklungen von *Google* lässt er kein gutes Haar: Moderne Technologien seien genauso gefährlich wie Zigaretten, ein Smartphone mit *Facebook*, *YouTube* und *Snapchat* löse eine »Erosion menschlichen Denkens« aus. Künstliche soziale Systeme hätten die menschliche Natur gekapert und überwältigt. Das »Upgrading« der Maschinen hätte das »Downgrading« der Menschlichkeit zur Folge. Die Abhängigkeit der Nutzer von ihren Geräten und Apps sei das »drängendste

Problem der Gegenwart«, das zwischenmenschliche Beziehungen und sogar die Demokratie schädige, so der ehemalige *Google* Manager.[118]

4.1. Manipulation/Design for Persuasion

Allgemein bekannt ist, dass die Programme der Plattformen auf »Persuasion« des Nutzers hin programmiert werden, was im Deutschen mit Überzeugung, aber auch Überredung übersetzt werden kann. Der Unterschied zwischen beiden ist seit Platons Dialogen über die Sophisten ein Unterschied ums Ganze: Jemanden zu überzeugen, bedarf es guter und nachvollziehbarer Gründe, die Überredung hingegen ist in aller Regel eine Überrumpelung, die sich dem starken Effekt und der starken Emotion verdankt. Sie stellt eine Manipulation dar, die die Autonomie des Gegenübers gerade nicht achtet, sondern ihn zum Handeln bewegen will, auch wenn es gegen seine eigenen Interessen verstößt.

Lückenlose Überwachung ist die Grundlage von politischer Manipulation. Eine Einsicht, auf denen die dystopischen Schlüsselromane *1984* von George Orwell und *Brave New World* von Aldous Huxley basieren. Sie ist die Basis der politischen Manipulation, die heute durch die Datenberge von *Facebook* ,*Google* und Co. möglich wird. Durch die digitale Sammelwut der Plattformen setzt es aber heute im Gegensatz zu den Zeiten der Massenmedien auf hochpräzisen Persönlichkeitsprofilen auf. Die erlauben es, einzelne Wählergruppen auf der Basis detaillierter Persönlichkeitsprofile bei ihren Wahlentscheidungen durch exakt auf die Nutzer zugeschnittene Botschaften zu manipulieren.

Das belegen zahlreiche Forschungen wie die von Wu Youyou und ihren Ko-Autoren Michal Kosinski und David Stillwell von der Cambridge-Universität.[119] Sie setzten einen Algorithmus ein, der die Persönlichkeit anhand von *Facebook*-*Likes* einschätzte. Das Ergebnis der Studie war, dass ein Algorithmus die Persönlichkeit einer Person besser einschätzen kann als deren Freunde oder Bekannte.[120]

- Nach 10 ausgewerteten *Facebook-Likes* war der Algorithmus besser als ein Arbeitskollege.
- Nach 70 analysierten *Likes* sagte der Algorithmus die Persönlichkeit eines *Facebook*-Nutzers besser voraus als dessen Freund.
- Nach 150 durchforsteten *Likes* war der Algorithmus besser als Eltern oder Geschwister in der Einschätzung der Persönlichkeit.
- Nach 300 analysierten *Likes* lieferte der Algorithmus eine treffsichere Persönlichkeitsanalyse als der Partner.

Der Algorithmus konnte zudem aufgrund der Datenspuren leicht Hautfarbe, sexuelle Orientierung, Religionszugehörigkeit, Alkohol- und Drogenkonsum und die politische Orientierung ablesen.

Mit der Studie wurde der Nachweis erbracht, dass Computer auf Basis persönlicher Daten eine Person besser beurteilen können als die eigenen Freunde oder der eigene Partner. Und dass derjenige das beste Profil einer Person liefert, der über die größten Datenmengen und die besten Algorithmen verfügt.

Die Forschungen von Kosinski und Stillwell fußten auch auf dem Modell der Vermessung von Persönlichkeitsmerkmalen in der sogenannten Psychometrie, ein Zweig der Sozialpsychologie, die herausgefunden hatte, dass sich die Persönlichkeit von Menschen anhand von fünf Kriterien erfassen lässt. Diese sogenannten »big five«, die zunächst nichts mit den »Frightful Five« von GAFAM zu tun hatten, bilden das Fünf-Faktoren Modell der Persönlichkeitspsychologie (auch Ocean-Modell genannt):

Neurotizismus: Ängstlichkeit, Reizbarkeit, Depression, Soziale Befangenheit, Impulsivität und Verletzlichkeit

Extraversion: Herzlichkeit, Geselligkeit, Durchsetzungsfähigkeit, Aktivität, Erlebnishunger und Frohsinn

Offenheit: jeweils Offenheit für Fantasie, Ästhetik, Gefühle, Handlungen, Ideen und bezüglich des Normen- und Wertesystems

Gewissenhaftigkeit: Kompetenz, Ordentlichkeit, Pflichtbewusstsein, Leistungsstreben, Selbstdisziplin und Besonnenheit

Verträglichkeit: Vertrauen, Freimütigkeit, Altruismus, Entgegenkommen, Bescheidenheit und Gutherzigkeit

Mit Hilfe solcher universellen Persönlichkeitsmodelle aus der Psychometrie katalogisiert *Facebook* mit den gewonnenen persönlichen Daten die Nutzer, um so herauszufinden, wie sie sich entsprechend ihrer psychologischen Persönlichkeitsmerkmale am besten stimulieren und manipulieren lassen.

Die Grundannahme, die zum Ausgangspunkt des *Targeted Advertising* wurde, lautet: Die Menschen sind am besten beeinflussbar, wenn man sie ihrem Persönlichkeitsprofil entsprechend anspricht, und dabei ihre Schwächen ausnutzt. Wenn dieses Profil so gut ist, dass es Prognosen über das künftige Verhalten der Zielperson erlaubt, kann manipulierende Werbung am wirkungsvollsten auf sie zugeschnitten werden. Mit diesen Methoden arbeitete *Cambridge Analytica* bei der Wahl von Donald Trump und beim Brexit. 220 Millionen Psychogramme von US-Bürgern hat das Unternehmen dazu nach eigenen Angaben erstellt. Der *CEO* von *Cambridge Analytica*, Alexander Nix, ließ sich so zitieren:»Die Statistiker haben die Wahl gewonnen. Aber nur jene mit der neuen Methode. Es ist ein Treppenwitz der Geschichte, dass Trump oft über die Wissenschaft schimpfte, aber wohl dank ihr die Wahl gewonnen hat.«[121]

Auch wenn die Aussagen von Nix umstritten sind und sie mittlerweile relativiert wurden: Die Methode des politischen Direktmarketings bezieht in der digitalen Welt durch die Kopplung aus detailliertem Persönlichkeitsprofil und gezielter Ansprache mit dazu passendem Material eine hohe Wirksamkeit.»Die Idee dahinter ist die: Füttert man jeden Informationskanal eines Menschen mit bestimmten Daten, kann man dessen Wahrnehmung der tatsächlichen Ereignisse verändern«, so der *Cambridge Analytica*-Mitgründer Chris Wylie. Die Firma habe *Fake News* so auf eine neue Ebene gehoben.[122] Weiter sagte Wylie, *Cambridge Analytica* habe gezielt die »seelischen Schwachstellen ausgekundschaftet«. Die Firma »arbeitete daran, online ein Netz aus Desinformation zu knüpfen, in das sich die Menschen immer weiter verstricken, indem sie auf Blogs und andere Webseiten klicken, die sie Dinge glauben lassen, die gar nicht passiert sind.«[123]

Auch eine Untersuchungskommission des Britischen Parlamentes hat sich mit den Aktivitäten von *Cambridge Analytica* während der Brexit Kampagne befasst und ist zu dem Schluss gekommen, dass Manipulationen auf dieser Basis beim Brexit-Votum eingesetzt wurden und das Wahlergebnis beeinflusst haben.[124] Der Bericht zeigte als Ergebnis monatelanger Untersuchungen, wie Propaganda und Falschmeldungen insbesondere auf *Facebook* das Wahlverhalten der Briten beeinflusste. Eine große Rolle in dieser Kampagne spielen *Dark Ads*, deren Ursprung und Umfang *Facebook* erst auf Druck des britischen Untersuchungsausschusses offenlegte. Darin wimmelte es von absurden Falschmeldungen, wie etwa der »Nachricht«, die EU plane den Teekessel abzuschaffen. Immer wieder tauchte die Behauptung auf, die Briten würden bei einem Austritt 350 Mio. Pfund pro Woche sparen. Und auch die Bereitschaft von *Facebook* selbst ein Parlament wie das Britische anzulügen, wurde ganz nebenbei dokumentiert: Der Vorsitzende des Kulturausschusses, Damian Collins, erklärte, dass *Facebook* »unvollständige, unaufrichtige und zuweilen irreführende Antworten auf unsere Fragen« gegeben habe.[125] *Facebook*-Chef Mark Zuckerberg war trotz mehrmaliger Anfragen nicht vor dem Untersuchungsausschuss erschienen. Wenn es eines Nachweises bedarf, dass und wie stark die demokratische Meinungsbildung durch soziale Medien bedroht ist, wurde sie beim Brexit-Votum erbracht und vom britischen Parlament dokumentiert. Der Parlamentsbericht konstatiert:»Unternehmen wie *Facebook*, die sich selbst vor und über dem Gesetz sehen, sollte es nicht erlaubt werden, sich wie ›digitale Gangster‹ in der Online-Welt aufzuführen.«[126]

Anfang 2020 wurde durch ein Datenleck Material bekannt, das »weit über das hinausgeht, was die Leute über den ›Cambridge-Analytica-Skandal‹ zu wissen glauben«, wie die ehemalige Mitarbeiterin des Unternehmens, Brittany Kaiser dem *Guardian* sagte.[127] Demnach manipulierte die Firma auch Wahlen in Brasilien, Malaysia, Kenia und dem Iran. Einige der Dokumente sollen auch Schwarzgeldbewegungen im US-Wahlkampf belegen, mit denen die Herkunft von Großspenden an Trump verschleiert werden sollte.

Längst haben auch die Parteien selbst die Macht der Daten für ihre Zwecke erkannt. Wer noch versucht, für seine Vorhaben möglichst alle Wähler anzusprechen und möglichst viele von ihnen zu überzeugen, ist von gestern. Heute kaufen nach einer Analyse von Dr. Martin Moore vom King's College Parteien in Großbritannien Daten von Wählern ein, um sie aufgrund persönlicher Profile gezielt anzusprechen. Auch bei der Unterhauswahl vom 12. Dezember 2019 waren wieder Aktivitäten ausländischer Gruppen erkennbar, die wirkmächtige Spots über *Social Media* verbreiteten.[128] Der Wissenschaftler kommt zu dem Schluss, dass die gesetzlichen Regelungen, die die Demokratie in den vergangen 150 Jahren geschaffen hat, um für Transparenz als Grundlage fairer Wahlen zu sorgen, nicht mehr ausreichen und dringend den Gefahren der Internet-Kommunikation angepasst werden müssen.

Ganz ähnliche Kampagnen auf der Basis von *Facebook*-Nutzerdaten hat es während der Ukraine-Krise und der US-Wahl 2016 gegeben. Im US-Wahlkampf wurde unter der Leitung des Trump-Schwiegersohnes Jared Kushner ein solches politisches Direktmarketing auf der Basis von Überwachungsdaten betrieben. So extrahierten die Akteure neben allgemeinen Persönlichkeitsmerkmalen aus den Chatverläufen Vorlieben oder Anregungen der Nutzer, um ihnen gezielt Botschaften schicken zu können, die ihre Wahlentscheidung manipulieren sollten. Nutzer, die Muslime ablehnen, erhielten Botschaften von Trumps Team, in denen dieser ankündigte, hart gegen Muslime vorgehen zu wollen. Gegner von Obama Care erhielten passgenaue Äußerungen von Trump, in denen er scheinbar präzise auf die Vorbehalte dieser Nutzer einging und Abhilfe versprach. Umgekehrt wurden jungen farbigen Wählern, die den Demokraten nahestanden, vermeintlich rassistische Äußerungen von Hillary Clinton geschickt, um sie vom Urnengang abzuhalten.

Der Einfluss dieser Mischung aus politischer Mobilisierung auf der Basis von *Micro Targeting*-Profilen einerseits und gezielter politischer Demobilisierung andererseits kann ohne Frage Wahlen entscheiden. Sehr wahrscheinlich ist die Wahl in der wichtigsten Demokratie der Welt auch durch solche digitalen Manipulationen entschieden worden, und laut der Untersuchung des britischen Parlaments mit Sicherheit die Brexitabstimmung.

Voraussetzung für dieses *Personal Framing* ist eine flächendeckende Überwachung der Nutzer, die es erlaubt, intimste Gedanken, Gefühle und politische Orientierungen aus dem Nutzungsverhalten herauszulesen. Nach dem Maßstab der DSGVO ist das Geschäftsmodell, das *Facebook, Google* und Co seit Jahren ohne Rechtsgrundlage betreiben, und das sie zu den reichsten und mächtigsten Unternehmen der Welt gemacht hat, schlicht illegal. Ohne diese Geschäftspraktiken wären die Machenschaften von *Cambridge Analytica* nicht möglich gewesen.

Der Journalist und Internetexperte Peter Welchering beschreibt den Ablauf so:»Da gibt es das Analysemodul. Aus den Daten der Netzüberwachung werden die politischen Erwartungen eines einzelnen Menschen analysiert. Das Semantik-Modul schreibt dann die dazu passende Botschaft. Und die wird dann an diesen Netznutzer und Wähler verschickt. Wenn noch etwas mehr Geld im Budget ist, wertet dann das Feedback-Modul aus, wie sich diese Propaganda-Botschaften auf das Kommunikationsverhalten des Empfängers im Internet, auf den sozialen Plattformen, in den Diskussionsforen ausgewirkt hat.«[129]

Welchering weiter:»Es geht nämlich nicht um politische Werbung auf *Facebook*. Es geht um individuelle Manipulation, indem einzelnen Menschen genau das versprochen wird, was sie sich politisch gerade wünschen – völlig unabhängig davon, wie unrealistisch das ist oder ob diese Wünsche zu den politischen Inhalten des Kandidaten passen. Und solche individuelle politische Propaganda kann eben nur noch von Algorithmen geleistet werden, nicht mehr von Menschen.«[130]

Durch den zunehmenden Einsatz von *Bots* in der Internetkommunikation und anwachsender KI können diese Entwicklungen sehr bald noch extremere Ausmaße annehmen. Der Informatik-Professor Jörn von Lucke von der Zeppelin Universität in Friedrichshafen schätzt das so ein:»Mit dem Internet der Dinge, mit dem Internet der Dienste, mit Online-Bots, mit Robo-Bots, mit Social-Bots werden wir Veränderungen in die Wahlkämpfe kriegen, mit denen wir rechnen müssen. Gerade auch vor dem Hintergrund, dass es nicht nur Freunde der offenen Gesellschaft gibt, sondern auch Feinde, und diese werden diese auch nutzen, um im Wahlkampf ihre Position einzubringen, um mit Desinformation und Gegenpropaganda ihre eigenen Punkte auch zu setzen.«[131]

Das bedeutet, so der Experte, dass die Wahlstimme des Einzelnen im politischen Direktmarketing zum Handelsgut geworden sei.

Wenn nicht nur mit den Informationen die Quelle der Meinungsbildung des Bürgers, sondern auch das demokratische Urrecht der Wahlentscheidung selbst gezielt manipuliert wird, weil es zum Handelsgut ungebremst agierender Digitalkonzerne geworden ist, ist die Demokratie in einem Maße bedroht, die wirksame Gegenwehr erfordert.

Instrumente wie Direktmarketing oder Boulevardjournalismus, die in der analogen Welt begrenzte Mittel zur Verfügung hatten und deren Schaden für die Öffentlichkeit und die Gesellschaft deshalb begrenzt war, verwandeln sich durch die digitalen Möglichkeiten in hocheffiziente Mittel der Manipulation, die zentral mit weltweiter Wirkung einsetzbar sind. Basis ist die totale Überwachung durch ein Geschäftsmodell, das das private Leben Denken, Fühlen und Verhalten der Menschen zu Vorhersageprodukten formt, die es an die Werbewirtschaft verkauft.[132]

Was wir derzeit erleben, ist das größte Sozialexperiment der Geschichte, das mit modernster Technologie an lebenden Menschen und am offenen Herzen der offenen Gesellschaft durchgeführt wird. Und das alles geschieht derzeit legal in einigen Ländern, illegal in anderen, sch...egal für die Plattformen.

4.2. Aufmerksamkeit in der Systemtheorie

Here we are now, entertain us
Nirvana, Smells Like Teen Spirit

Wir leben in einer Ökonomie der Aufmerksamkeit, in der Wahrnehmung durch Lautstärke erzeugt wird und totales Entertainment an die Stelle der Information tritt. Provozieren-Personalisieren -Skandalisieren - und dabei immer an die Gefühle der Nutzer appellieren. Wer diese Regeln befolgt, hat Erfolg - schließlich ist Aufmerksamkeit kein Selbstzweck, sondern wird anschließend in bare Münze umgewandelt.

Georg Franck prägte 1998 den Begriff der »Ökonomie der Aufmerksamkeit«, der seither zum geflügelten Wort wurde, wenn es um das Verständnis der neuen Öffentlichkeit geht.[133] Dieser Theorie zufolge entsteht mit der Ökonomie der Aufmerksamkeit ein »mentaler Kapitalismus«, in dem die Aufmerksamkeit der Nutzer Basis für jede Monetarisierung ist. Mit ihr wird der Spätkapitalismus zur totalen *Entertainment Economy*. Aufmerksamkeit ist im digitalen Medienzeitalter das knappe Gut schlechthin. Es zu erlangen scheinen alle Mittel recht. Im konsequenten Kampf um Lufthoheit über und in den Köpfen wird das Bewusstsein der Menschen zum Kriegsschauplatz, auf dem sich die Vorherrschaft auf den Märkten entscheidet.

In der Systemtheorie wird die öffentliche Meinung »für die Politik zum Wahrheitsäquivalent«[134], die nach den Regeln der Aufmerksamkeitsökonomie funktioniert. Die Systemtheorie versteht dic öffentliche Meinung als Teil des Systems Gesellschaft ohne jegliche normativen Bestandteile, das Komplexität dadurch reduziert, dass es auf der Basis von »Aufmerksamkeitsregeln« funktioniert.

Politische Meinung wird heute in erster Linie über Aufmerksamkeitsregeln konstruiert. Diese Aufmerksamkeitsregeln unterliegen dabei nicht mehr dem Anspruch, eine vernünftig begründete Entscheidung zu ermöglichen. Sie haben vielmehr die Bindung zu einem Vernunftanspruch, der über die Erregung einer Aufmerksamkeitskurve hinausweist, weitestgehend verloren. Massenmedien werden daher konsequenterweise bei Luhmann als reine »Spiegel« betrachtet, die »die Beobachtung der Beobachter« ermöglichen. Im digitalen Zeitalter muss man ergänzen: Es sind Brennspiegel, die das, was sie abbilden, in aller Regel auch verstärken.

Auch Luhmann zufolge ermöglicht die Selektion der Themen in der Logik der Aufmerksamkeitsökonomie durch die Medien überhaupt erst Selbst- und Fremdbeobachtung. Medien haben damit eine herausragende Bedeutung für die Herausbildung von Identitäten. Und sie liefern die Basis dafür, dass Bürger entscheidungs- und handlungsfähig werden.

Allerdings ist eine Verkürzung auf die rein selektive Funktion der Aufmerksamkeit fatal für die Grundfunktion der Öffentlichkeit, die darin besteht, gesellschaftliche Probleme erst einmal richtig wahrzunehmen und zu erkennen. Wenn Erregung an die Stelle der Erkenntnis tritt, können daraus kaum autonome Entscheidungen erwachsen. Vielmehr wird die faktenfreie Meinungsbildung zum Normalfall.

In einem solchen Szenario kann Öffentlichkeit politische Entscheidungen nicht mehr kontrollieren. Die *Entertainment Economy* erreicht dann die Politik und verschmilzt mit ihr.[135]

Inszenierung und Spektakel, aus der Repräsentation politischer Herrschaft nie wegzudenken, werden mehr und mehr zum Selbstzweck. Sie befallen die Kommunikationskanäle, die ihre Herrschaft durch Verstärkung und Rückkopplung zementieren. Kritische Prüfung und Debatte: Fehlanzeige.

Bei der Begründung eines normativen Modells von Öffentlichkeit geht es nicht darum, die utopische Vorstellung einer dauerhaft aktiven und an jeder Entscheidung beteiligten Gesellschaft als Wunschbild auszumalen. Es geht schlicht darum, dass prinzipiell die normative Funktion einer nicht verzerrten Öffentlichkeit erkannt wird, was wiederum voraussetzt, dass ein normativer Begriff einer gelingenden Öffentlichkeit existiert. Die Öffentlichkeit zu schützen, bildet die Grundlage einer demokratischen Herrschaftsform – auch und gerade im digitalen Zeitalter.

Ebenso wichtig ist es, den systematischen Unterschied der Autonomie von Subjekten und der »Autonomie« von kybernetischen Maschinen zu betonen.

Die Algorithmen haben die Funktion, im Sinne der Ökonomisierung, Vermachtung und Überwachung des Netzes zu agieren. Für die Gesellschaft ist es zunehmend problematisch, dass die einzige »Währung« der *Social Media*-Kommunikation die Zahl der Klicks ist.[136]

Die Algorithmen, mit denen die Verweildauer der User und damit zugleich die Monetarisierung seiner Aufmerksamkeit maximiert werden, führen durch die Prinzipien der Ähnlichkeit und der Steigerung zur Polarisierung von Diskursen und zum Wegbrechen gemeinsam geteilter Überzeugungen. Wer ein Diät-Video ansieht, dem werden schnell Anorexie-Videos vorgeschlagen, auf Videos über die Mondlandung folgen schon bald vom Empfehlungsalgorithmus vorgeschlagene Videos mit *Flat-Earth*-Theorien, wer Berichte über den 9. September bei *YouTube* schaut, der endet sehr schnell bei Videos über krude Verschwörungstheorien.[137]

Für erfolgreiche Kommunikationsstrategien auf *Social-Media*-Plattformen ist es entscheidend, sich selbst als Opfer und den übermächtigen Feind als bösen Täter zu inszenieren. Beliebt ist auch, ständig angebliche Sprechverbote anzuprangern und mit dem (unzensierten) Sprechen über diese dann als mutiger Verteidiger der Freiheit aufzutreten. Die vermeintlich mutigen Kämpfer gegen die Grenzen des Sagbaren erscheinen als Helden in Zeiten, in denen vieles angeblich nicht mehr erlaubt, in Wahrheit aber alles möglich ist. Um die genau dadurch erzeugte Langeweile und Orientierungslosigkeit beim Publikum zu bekämpfen, treten die Provokateure der Onlinewelt an.

Die mediale Wirklichkeit ist nach der Vorstellung der Systemtheorie auf Kriterien der Aufmerksamkeitserregung zugeschnitten, daher geht es nicht um Wahrheit, sondern ausschließlich um die Inszenierung von Neuheit. Die Inszenierung der Neuheit dient der Abweichung vom Bekannten, schon Gesagten und folgt einer Logik der Steigerung: Das noch Spektakulärere ist der Feind des bloß Spektakulären. Die Aufmerksamkeitsökonomie wird dadurch zur Aufregungsökonomie.

Das erste Gebot des Entertainments, »Du sollst nicht langweilen«, gilt absolut, ihm werden alle anderen Werte untergeordnet. Ernsthafte Debatten, die den begründeten Ruf haben, langwierig und kompliziert zu sein, stehen auf der Verbotsliste ganz oben und müssen wenn möglichst gemieden werden, in jedem Fall werden sie auf die hintersten Trefferlisten der Suchmaschinen verbannt, dorthin, wo garantiert niemand hinfindet. Alles wird zur Unterhaltung und langsam unterhält sich die Demokratie auf diesem Wege zu Tode.

In einem Vortrag hat Frank Pasquale, der Autor von *The Black Box Society*, auf den Zusammenhang von Filterblasen und Polarisierung hingewiesen, die dem Politikverständnis von Carl Schmitt entspräche.[138] Carl Schmitt, der »Kronjurist des Dritten Reiches« erklärte das Freund-Feind Schema zur Grundfunktion des Politischen, die Umsetzung in praktische Politik erfolgte dann 1933-

1945. Pasquale zeigt, dass die Alternative zu diesem Begriff der Politik als Polarisierungsbetrieb im Konzept kommunikativer Vernunft liegt, das Jürgen Habermas entwickelt hat. Pasquale stellt die These auf, dass beide Politikmodelle das Zeug haben, die bestimmenden Theorien des 21. Jahrhunderts zu werden. Die Logik der Algorithmen favorisiert Carl Schmitt. In diesem Buch plädieren wir dafür, alles zu tun, damit das Pendel zugunsten von Habermas ausschlägt.

E 5   Ein neues Naturrecht – ohne Rechte

Die Kalifornische Ideologie entwirft ein Naturrecht ohne Rechte, nur mit Pflichten. Menschenwürde wurde in der Geschichte an die Sonderrolle des Menschen innerhalb der Schöpfung geknüpft. In der unveräußerlichen Menschenwürde schlägt sich die Vorstellung der Gottesebenbildlichkeit nieder.»Gott schuf den Menschen nach seinem Bilde« – in der Nachbildung des Göttlichen entspringt die besondere Würde jedes einzelnen Menschen qua Geburt, die für jeden Einzelnen unveräußerliche Menschenrechte zur Folge hat. Die Kalifornische Ideologie setzt an die Stelle der Gottesebenbildlichkeit die Gottesebenbürtigkeit. Dadurch wird die Würde des Menschen nicht länger in seiner individuellen Einzigartigkeit gesehen, die eben in seiner Besonderheit liegt, die auch die menschliche Unvollkommenheit einschließt. Ist der Mensch Gott ebenbürtig, liegt seine Würde nicht mehr im Besonderen, sondern in der Optimierung, in der Vollkommenheit. Aus der Würde, besonders zu sein und sein zu dürfen, wird der Zwang, sich einem allumfassenden Ideal anzupassen.

Menschenwürde und Menschenrechte werden also nicht nur durch die KI ausgehebelt, in dem diese immer mehr faktische Entscheidungen trifft und den persönlichen Freiheitsspielraum einengt. Wenn an die Stelle Gottes eine KI tritt, werden die Rollen von Schöpfung des Menschen und Schöpfer vertauscht, mit weitreichenden Folgen. Die Schöpfung des Menschen wird zum Gott, die dem Menschen grenzenlos überlegen ist und ihn dadurch beherrschen kann: *Deus est machina*. Aus der Vergöttlichung der Maschine folgt die religiöse Anweisung, sich ihr zu unterwerfen. Man kann diesen Prozess als Dialektik der Digitalisierung bezeichnen. Entwickelt als Werkzeug der Selbstermächtigung des Menschen schafft dieses Werkzeug den Menschen ab. Jedenfalls das Selbstverständnis, das er bisher von sich und seiner Würde hatte.

Wenn Leben als Datenverarbeitung definiert wird, ist das Lebendige nicht mehr als die Summe seiner Daten. Vergleichbar mit einem Chip, auf dem ein bestimmtes Programm läuft. Von einem solchen Menschenbild führt kein Weg zu einem Rechtssubjekt, das mit unveräußerlichen Rechten ausgestattet ist. Wenn KI insgesamt menschenähnlich werden kann, zeichnet sich eine Menschenebenbildlichkeit der Technik ab. Es erscheint deshalb auf den ersten Blick folgerichtig, dass über Rechte für Roboter diskutiert wird.[139] Je »autonomer« sie werden, desto menschenähnlicher müssten diese Rechte sein. Aber das ist ein Irrweg, weil die Voraussetzung der Gleichheit nicht gegeben ist.

Menschenrechte auf eine künstliche Schöpfung des Menschen auszudehnen, die eine potenziell überlegene Wissens- und Machtressource verkörpert, kommt dem Ende der Menschenrechte für Menschen gleich. Denn in der natürlichen Menschenwürde aller Menschen ist der Gedanke der Gleichheit ebenso wie der der unverwechselbaren Individualität verankert.[140] In der Debatte um eine »Roboterethik« wird die Forderung erhoben, Robotern wegen ihrer »autonomen« Entscheidungen Rechte zuzugestehen, schließlich seien auch Tiere nicht mehr als Automaten oder Sachen kategorisiert, sondern Lebewesen mit Rechten.[141] Abgesehen vom Unterschied eines Lebewesens zu einem Roboter, der bestehen bleibt, auch wenn der Roboter »intelligenter« ist: Kommt ein Wesen in den Genuss dieser Rechte, das dem Menschen in Fragen des Wissens, der Autorität und der Macht genuin überlegen ist, sind die Rechte der dann unterlegenen Menschen Makulatur.

Indem die natürlichen Rechte und die Würde an eine künstliche Entität abgetreten werden, drohen sie gleichzeitig für die natürlichen Wesen zu enden.

F Gegenentwurf und Selbstvergewisserung

»Wir befinden uns nicht in einer technologischen Krise, sondern in einer philosophischen Krise.«
Yuval Noah Harari[1]

»Es ist wahr, dass uns Chemie die Elemente, Physik die Silben, Mathematik die Natur lesen lehrt; aber man darf nicht vergessen, dass es der Philosophie zusteht, das Gelesene auszulegen.«
F. W. J. Schelling 1797[2]

Dass sich eine Naturwissenschaft die umfassende Deutung der Welt und des Menschen zutraut, ist nicht neu. Ebenso wenig wie die Einsicht, dass Philosophie dabei eine notwendige zusätzliche Orientierung bieten muss. Es scheint heute wichtiger denn ja, die »zwei Kulturen« der Natur- und Geisteswissenschaften wieder in ein dauerhaftes und fruchtbares Gespräch zu bringen, auch wenn sich die Fachsprachen bis in die Einzeldisziplinen hinein seit C. P. Snows gleichnamigem Artikel aus dem Jahr 1959[3] weiter aufgespalten haben. Angesichts der hochkomplexen Sprachen, die jede Wissenschaft inzwischen entwickelt hat, kein leichtes Unterfangen. Doch die Aufgabe, Wissenschaft und Philosophie, Technik und Politik, Recht und Kultur zu einem fächerübergreifenden Austausch über die drängenden Fragen der Zeit zu bewegen, bleibt von herausragender Bedeutung.

Denn bei allen heutigen und auch künftigen Erfolgen naturwissenschaftlicher Forschung, die durch die digitalen Technologien noch beschleunigt werden, bleiben, um es in einer Abwandlung einer berühmten Wittgenstein-Formulierung[4] zu sagen, nach der Beantwortung selbst der letzten Fragen durch die Naturwissenschaft die eigentlichen Fragen des Menschseins unbeantwortet. Der Philosoph Markus Gabriel hat das neue szientistische Selbstverständnis der Naturwissenschaft, das glaubt ohne Reflexion auf die eigenen Grundlagen auskommen zu können, als »Wissenschaftsaberglaube« bezeichnet, dem in der Gegenwart der Aberglauben von Verschwörungstheorien unversöhnlich gegenüberstehe.[5] Beides seien moderne Formen des Aberglaubens, die bisher nicht ausreichend durchschaut wurden. Die Frage wie wir leben wollen, können wir schon aus grundlegenden methodischen Gründen nicht der Naturwissenschaft und der Technik überlassen. Auch nicht einer KI, die uns als technische Lösung aller Menschheitsprobleme angepriesen wird.

Deshalb ist die Kontrolle dieser Systeme schon während ihrer Entwicklung essenziell. Nur durch eine Reflexion der Wechselwirkung von Menschenbild und Technikverständnis kann eine KI entwickelt werden, die zum Nutzen des Menschen eingesetzt werden wird.

Die drei Grundfragen Kants, die auch die Grundfragen des Humanismus sind, sind immer noch aktuell.

Sie lauten:
- Was kann ich wissen?
- Was soll ich tun?
- Was darf ich hoffen?
Sie münden bei Kant in die vierte Frage:
- Was ist der Mensch?

Es scheint an der Zeit, das »kritische Geschäft« des Königsberger Philosophen neu zu beleben. Angesichts der Möglichkeit unserer Tage, dass eine Schöpfung des Menschen den Menschen in einigen Bereichen übertreffen und ihn vollständig beherrschen könnte, ist eine zeitgemäße Anthropologie erforderlich, jedenfalls eine angemessene philosophische Reflexion über den Menschen im technologischen Zeitalter.

Man kann beim Begründer der kritischen Philosophie dazu Impulse finden, aber auch am Entstehungsort der Demokratie.

F 1 Demokratie braucht Öffentlichkeit und Autonomie

Demokratie ist besser als Tyrannei. Δημοκρατία κρε ΐττον τυραννίδος.
Periander v. Korinth, einer der sieben Weltweisen, 7. Jh v. C

Zwischen dem 7. Jahrhundert und dem 5. Jahrhundert v. C. entwickeln die Griechen Demokratie und Philosophie. *Die Entstehung des griechischen Denkens* hat der französische Altphilologe Jean-Pierre Vernant 1982 in seinem gleichnamigen lesenswerten Buch nachgezeichnet, dem wir hier folgen. Die Bewohner Athens beginnen in dieser Zeit, so Vernant, aus ihrem sozialen Leben heraus einen Reflexionstyp auszubilden, in dem sie sich fortan wiedererkennen, und der in ihren Augen »die Besonderheit und ihre Überlegenheit über die Barbaren«[6] ausmacht: An die Stelle des Königs, der seine Allgewalt ohne Kontrolle und ohne Schranke in einem geheimnisumwitterten Palast ausübt, setzen die Griechen eine Politik, die »der Gegenstand einer allgemeinen Debatte in der Öffentlichkeit ist.«[7]

Nur dadurch, so glaubten die Athener, konnte das allen gemeinsame Schicksal in der Polis auch von allen freien Bürgern bestimmt werden. Damit setzen sie die Debatte an die Stelle des Geheimnisses, die Rationalität an die Stelle der Religion, den Logos an die Stelle des Mythos. Philosophie und Demokratie erlebten ihre Geburts- und gleichzeitig ihre erste Sternstunde.

In dem Augenblick, in dem die Griechen an die Stelle eines gottgleichen geheimnisumwitterten Königs die Selbstbestimmung der Athener durch öffentliche Beratung und Abstimmung in der Polis setzen, entdecken sie ein für alle Mal die Kraft des Denkens und des öffentlichen Argumentierens. Sie werden fortan den immerwährenden Kampf der Gottheiten des Streits (eris) und der Einheit (philia) durch eine öffentliche Debatte austragen. »Die Politik«, so Vernant über die in den Wettkampf vernarrten Griechen, »nimmt ebenfalls die Form des agon an, eines Redeturniers, einer mit Argumenten geschlagenen Schacht. Ihre Bühne ist die Agora, die ein öffentlicher Versammlungsplatz ist, bevor sie zum Markt wird.«[8]

Die Agora ist also zuerst einmal Versammlungsort, bevor sie zum Marktplatz wird. Bei aller gebotenen Trennung von Genesis und Geltung ist es schon interessant, dass sich die Griechen Vernant zufolge zunächst als Zoon Politikon und erst in zweiter Linie als Homo Oeconomicus verstehen. Dieselbe Abfolge wird sich zweieinhalbtausend Jahre später bei der Eröffnung des öffentlichen Raumes unserer Tage, dem Internet und dem World Wide Web, wiederholen. Sie wurden von den Verfechtern des Cyberspace zunächst als ein unendlich freier Raum der Kommunikation und des Informationsaustausches angesehen, bevor sie dann zunehmend in einen Handelsplatz mit riesigen Einkaufszentren und Walled Gardens transformiert werden.

Die neue Herrschaftsform im Griechenland des 5. Jahrhunderts wird aus einer sozialen Praxis entwickelt, die sich aus den vorausgegangenen Krisen der Palastökonomie entwickelt hat. Ihr Name ist Demokratie. Ihre Geburtshelferinnen sind Reflexion und Diskurs. Polis und Rationalität entwickeln sich parallel und ermöglichen sich wechselseitig. Vernant zeigt, wie in diesem neuartigen sozialen Raum auch ein geistiger Raum entsteht: »Er (der neue soziale Raum, MP) ermöglicht einen neuen Horizont des Denkens.«[9]

Dabei löst die isomonia (Gleichheit) die monarchia (Königsherrschaft) ab: mit der Folge, dass sich Wahrheits- wie Herrschaftsansprüche gleichermaßen der »Rechenschaftsablegung« (eudema)[10] unterwerfen müssen. An diese Einsicht, die für theoretische und praktische Vernunft gleichermaßen gilt, wird

Kant später anknüpfen, wenn er feststellt, dass sich nunmehr alle Wahrheiten vor dem »Richterstuhl der Vernunft« behaupten müssen. Der, wie Mendelsohn ihn nannte, »Alleszermalmer« Kant wollte nur noch gelten lassen, was sich vor diesem Richterstuhl belegen lies.[11]

Im klassischen Athen wird mit der Entstehung der Demokratie eine überkommene Herrschaftsform durch die Selbstermächtigung rationalen Denkens abgelöst. An die Stelle einer Willkürherrschaft des Tyrannen tritt als neuer Souverän das Volk. Die Eckpfeiler dieser neuen Herrschaftsform sind Offenheit im Gegensatz zur Geheimhaltung, Rationalität im Gegensatz zur religiösen Offenbarung und Diskursivität im Gegensatz zu hierarchischen Befehlsketten.

Dabei spielt ein spezifisches Verhältnis von Öffentlichkeit und privater Sphäre eine tragende Rolle. Hannah Arendt hat diese historische Konstellation zum Ausgangspunkt ihres Hauptwerkes *Vita Activa* gemacht, im Originaltitel: *The Human Condition*. Worin besteht für sie die Conditio Humana? Ausgehend von der Bestimmung des Menschen als *Zoon Politikon (Aristoteles)* zeigt Arendt, wie konstituierend die Polarität von privatem und öffentlichem Leben für das Denken der Griechen ist.[12] Durch die Entstehung der demokratischen Polis wurde nun von jedem Bürger verlangt, dass er sich neben der Verwaltung des privaten Lebens und der eigenen Hauswirtschaft in die allgemeinen Angelegenheiten einbringt. Eines ist gewissermaßen Voraussetzung für das andere, denn ohne politische Stabilität konnten auch Hausstand und Familie nicht gedeihen. »Jeder Bürger gehörte von nun an zwei Seinsordnungen zu, und sein Leben war dadurch gekennzeichnet, dass es genau aufgeteilt war zwischen dem, was er sein Eigenes nannte (*idion*) und dem, was gemeinsam war (*poinon*).«[13]

Diese doppelte Perspektive führt zu einem grundlegenden Charakter des Öffentlichen: Es verweigert sich jeder Eindeutig- und Einsinnigkeit, besteht es doch aus den zahlreichen unterschiedlichen Perspektiven von Privatleuten. Die Verbindung singulärer Privatleute und ihrer Versuche, eine gemeinsame politische Beschlusslage hervorzubringen, ist grundsätzlich multiperspektivisch und nie abgeschlossen. Demokratie kann nicht so eindeutig sein, wie der Wille eines Einzelherrschers, sie soll es auch gar nicht. »Eine gemeinsame Welt verschwindet, wenn sie nur noch unter einem Aspekt gesehen wird: sie existiert überhaupt nur in der Vielfalt ihrer Perspektiven.«[14]

Mit der durch die öffentliche Debatte bestimmten politischen Sphäre ist ihre Fehleranfälligkeit ebenso gesetzt wie ihre grundsätzliche Offenheit. Die Debatte kann sich durch das Wissen um diese Offenheit und Unabgeschlossenheit im Zweifel neuen Entwicklungen und veränderten Weltlagen besser anpassen. Fehleranfälligkeit und Offenheit bewirken aber auch eine grundsätzliche Unsicherheit der Akteure, die sich der Bedeutung öffentlichen Sprechens und

Handelns dadurch noch stärker bewusst werden. Hängen doch von der Überzeugungskraft einzelner Meinungen am Ende Beschlüsse über Krieg und Frieden, Recht und Gerechtigkeit, sowie über alle sonstigen öffentlichen Belange ab, die das Leben aller Bürger massiv betreffen.

Die öffentliche Debatte stärkt die Rolle der Sprache, in einer Weise, dass Jakob Burckhardt die athenische Demokratie die »schwatzhafteste« unter allen Regierungsformen bezeichnete.[15] Die Sprache wurde dann auch von Aristoteles in seiner zweiten Bestimmung des Menschen gewürdigt: Der Mensch ist das *Zoon Logon Echon*,[16] das Lebewesen, das mit Sprache begabt ist.

Diese zweite Bestimmung des Menschen steht Aristoteles zufolge wiederum im Zusammenhang mit der These, dass alle Menschen nach Glück streben. Da sie ihr Leben nur in Gemeinschaften erhalten und entfalten können, benötigen sie zur gelungenen Ausgestaltung der sozialen Praxis die Sprache. Nur im Besitz des Logos können sie Gutes und Schlechtes, Gerechtes und Ungerechtes benennen und entsprechend in der Gemeinschaft handeln.

In der Polis werden mit diesem Wandel Wort und Schrift zu den zentralen Mitteln der Ausbildung der gemeinsamen Kultur – mit Folgen auch für das Rechtssystem. War die Gerechtigkeit *(dyke)* bis dahin für den »kleinen böotischen Bauern eine wirkliche Entscheidung, die von der Willkür ›geschenkeverschlingender‹ Könige abhängt«[17], so erhalten die Gesetze durch ihre schriftliche Fixierung eine Öffentlichkeit, in der sie zu einer vernünftigen allgemeinen Regel werden, die eine menschliche Ordnung repräsentieren. Die Entstehung der Öffentlichkeit ist daher mit einer elementaren Achtung vor dem Wort und der Schrift verbunden.

Gesetze müssen formuliert und veröffentlicht werden. Durch die niedergelegten Gesetze tritt die Demokratie der Herrschaft der Einzelnen durch Willkür entgegen. Die *isonomia,* die gleichmäßige Beteiligung der Bürger an der Macht, bildet einen scharfen Gegensatz zu *monarchia* und *tyrannis.* Vor einem Rückfall in die *tyrannis* wird in Athen von da an ohne Unterlass gewarnt. Als gefährlichstes Potenzial für einen solchen Rückfall gilt die *hybris,* die Machtanmaßung, die den Ausgleich der Kräfte in der Gemeinschaft der Stadtbürger gefährdet und der die Philosophen die Haupttugend der *sophrosyne,* der Mäßigung, entgegensetzen. An die Stelle des *thymos* (des kriegerischen Mutes), der den einzelkämpfenden Wutbürger auszeichnet, wie ihn Achilles im Trojanischen Krieg verkörperte,[18] stellt die demokratische Polis den besonnenen *hoplites* (Schwerbewaffneten), der sich in die Phalanx einreiht und Seite an Seite mit seinem Mitbürger in die Schlacht zieht.

Durch diesen Umbruch, nach dem die soziale Ordnung nicht mehr von einem Souverän abhängt, sondern umgekehrt, die Ordnung der Gleichen jedem seinen Platz zuweist, und den Souverän bestimmt, kommt es erstmals zu einer Herrschaft des Rechts. Vernant beschreibt die Überzeugung, die diesen einschneidenden Wandel auslöst, so:»Die Ordnung steht höher als die Macht. Die *arche* (Herrschaft) kommt in Wahrheit allein dem Gesetz zu.«[19]

Dieser kurze Überblick über die Entstehung der Demokratie bei den Griechen kann eines deutlich machen: Die Griechen entdecken die Demokratie, indem sie ihre gemeinsame Praxis in der Polis kritisch reflektieren und einen neuen sozialen Raum entwerfen, um den herum sich ihre Ordnung entfaltet: Es ist der öffentliche Raum der Agora, in dem sich alle Wahrheits- und Geltungsansprüche bewähren müssen. Auch wenn aufgrund der damaligen Einschränkungen (nur freie Bürger können mitbestimmen, Frauen und Sklaven haben keine Rechte) von einer Demokratie im heutigen Sinne keine Rede sein kann: Die Griechen entdecken mit der Bedeutung der öffentlichen Angelegenheiten für jedermann und deren Diskurs in der Öffentlichkeit Grundprinzipien der Demokratie, die bis heute essentiell sind. Heute wie damals liegt einer demokratischen Ordnung ein Menschenbild zugrunde, das den freien Bürger der Polis idealisiert, der frei in seinem Haus (*oikos*) und frei und gemeinschaftlich mit anderen auf der Agora der wirkliche Souverän ist.

Damit vollzieht sich eine »Revolution des Denkens«[20], die »eine Umkehrung des Verhältnisses von Macht und Ordnung beinhaltet ... Die Ordnung ist nicht länger hierarchisch, sondern besteht in der Einhaltung eines Gleichgewichtes zwischen nunmehr gleichrangigen Mächten, von denen keine endgültig die Herrschaft über die anderen erlangen darf, da dies den Untergang des Kosmos bedeuten würde.«[21]

Das Bewusstsein dieser Freiheit war Grundlage der glänzendsten Abschnitte der griechischen Kultur.

Dabei behielten die Griechen ein feines Gespür für die Grenzen ihrer neu gewonnenen Gestaltungsmöglichkeiten. So wussten sie, dass dem öffentlichen Diskurs nicht alle für die Polis relevanten Fragen unterworfen werden können. Nicht alles, was die Gemeinschaft künftig betreffen kann, kann auf der Agora »ausdiskutiert« werden. Wie in ihrer Götterwelt behielten auch in der Polis die Schicksalsgöttinnen, die *Moiren*, die Fäden in der Hand. Dahinter stand die Einsicht der Athener in die Unverfügbarkeit der Zukunft, in die sich menschlicher Kontrolle und Herrschaft entziehenden Schicksalsmächte. Einzig das Orakel in Delphi konnte angesichts dieser grundlegenden Kontingenz die Zukunft deuten und blieb doch dabei bekanntermaßen immer rätselhaft.

Ein Softwareriese im Silicon Valley hat sich nach dem Delphischen Kult »Oracle« benannt. Damit wird der Anspruch angedeutet, aus den Daten der Vergangenheit die Zukunft verfügbar machen zu wollen. Bei den Griechen stand ein solches menschliches Ansinnen grundsätzlich unter *Hybris*-Verdacht, weil es den Respekt vor den Grenzen des Wissens vermissen ließ.

Das wird auch am Beispiel des Orakels von Delphi selbst deutlich:»Erkenne dich selbst«, *gnóthi sautón*, die berühmte Inschrift über dem Apollotempel in Delphi, bleibt aktuell, auch wenn es Datenbanken gibt, die quantitativ »mehr« über mich wissen als ich selbst. Die Selbsterkenntnis, die das Orakel fordert, ist immer eine qualitative, sie kann als solche nicht durch eine unendliche Zahl an Daten ersetzt oder überboten und nicht durch entsprechende Datenbanken dem Einzelnen abgenommen werden. Und auch die zweite Inschrift von Delphi, »Nichts im Übermaß« (*medèn ágan*), sondern alles im menschlichen Maß, bleibt aktuell. Gerade auch mit Blick auf die Quantität der Daten, die über Individuen gesammelt werden dürfen. Delphi fordert auf zur Selbsterkenntnis und gleichzeitig zur Selbstbeschränkung.

Das Vertrauen in die Gestaltungsmacht der kommunikativen Verständigung und der Demokratie war also bei den Griechen keineswegs naiv und grenzenlos. Weil die Einsicht vorherrschte, dass es bei aller Weisheit der politischen Versammlung unmöglich war, alle Belange, die das Schicksal der Stadt in der Zukunft betrafen, zu beratschlagen und eigenen Entscheidungen zu unterwerfen, blieb bei allem neu gewonnenen Rationalismus gleichzeitig eine religiös-rituelle Praxis bindend. Die Mysterien ebenso wie die esoterischen Lehren der Philosophen wahrten so trotz aller notwendigen Öffentlichkeit in den politischen Fragen ihren Geheimnischarakter.

Damit reflektierten sie ein Stück Unverfügbarkeit des Lebens der Polis ebenso wie der Zufälligkeit im Leben des Einzelnen. Selbst ein Ausdruck ihrer neu gewonnen *sophrosyne* (Besonnenheit) und zugleich ein Schutz gegen die gefürchtete *hybris*, belegen die in der Polis fortgesetzten Kulte und Mysterien der Griechen eine grundlegende Einsicht in die Grenzen menschlicher Vernunft. Um nicht durch Selbstüberhöhung in Willkür abzugleiten, muss sich die Freiheit dieser Voraussetzungen und der eigenen Grenzen bewusst sein.

Die Reflexion auf die Voraussetzungen und damit auch die Grenzen der Vernunft zieht sich unter der Überschrift »Vernunft und Offenbarung« durch die Philosophiegeschichte bis heute. Im Jahr 2004 fand eine Debatte zwischen Jürgen Habermas und Joseph Ratzinger statt, in der Habermas diesem Thema im Rahmen einer Demokratietheorie unter der Überschrift »Vorpolitische Grundlagen des demokratischen Rechtsstaates?«[22] nachging. Dabei sieht er im Konflikt von Vernunft und Offenbarung »eine immer wiederkehrende Denkfigur: Die auf ihren tiefsten Grund reflektierende Vernunft entdeckt ihren Ursprung aus einem anderen, dessen schicksalhafte Macht sie anerkennen muss, soll sie nicht in der Sackgasse hybrider Selbstbemächtigung ihre vernünftige Orientierung verlieren.«[23]

Daher plädiert Habermas für einen vernünftigen Disput von Religion und Philosophie, der schon in der »gegenseitigen Durchdringung von griechischer Metaphysik und Christentum« angelegt sei, und fordert die »rettende Übersetzung« ursprünglich religiöser Offenbarungen: »Die Übersetzung der Gottesebenbildlichkeit des Menschen in die gleich und unbedingt zu achtende Würde aller Menschen ist eine solche rettende Übersetzung.«[24]

Mit gutem Recht kann der Begriff der Menschenwürde als Resultat der Säkularisierung und gleichzeitig auch einer Dialektik der Aufklärung verstanden werden. Denn Freiheit, Selbstbestimmung und eine demokratische Gesellschaft haben die Menschenwürde gleichermaßen in ihrem Mittelpunkt. Sie bildet das eigentliche Zentrum von Aufklärung und Humanismus. Von ihr leitet sich alles ab.

Um sie zu erhalten und damit sie sich entfalten kann, bedarf es einer öffentlichen Sphäre, in der sich gleichzeitig Individualisierung und Vergesellschaftung gewaltfrei vollziehen können. Was wiederum erfordert, dass dieser öffentliche Raum zumindest zu einem gewissen Grad »herrschaftsfrei« gedacht wird. Denn eine Individualisierung im sozialen Raum kann sich nur frei entfalten, wo keine Gewalt ausgeübt wird.

Die politische Idee, um die es dabei geht, ist die Vorstellung einer Macht, die auf Gewalt verzichtet, weil sie durch die Anerkennung und Legitimation der vielen, auf die sie sich bezieht, gerechtfertigt ist. Man kann diese Idee leicht als eine abgehobene Utopie abstempeln und beiseitelegen. Man kann in ihr aber auch jenes Orientierungspotential erkennen, nachdem wir heute so dringend suchen. Zumal die Idee der Herrschaftsfreiheit auch einer gelungenen zwischenmenschlichen Verständigung zugrunde liegt. Subjekte zielen auf Anerkennung, die sie nicht erzwingen können.

Der Ausflug ins antike Athen führt uns an den Entstehungsort dreier Elemente, die bis heute den institutionellen Rahmen moderner Demokratie bilden:[25]

- die private Autonomie von Bürgern, die das Recht haben, ein selbstbestimmtes und in seiner Privatheit abgegrenztes Leben zu führen
- die demokratische Staatsbürgerschaft als Inklusion freier und gleicher Bürger in die politische Gemeinschaft, die sie durch Teilnahme selbst gestalten
- eine unabhängige politische Öffentlichkeit, die als Sphäre freier Meinungs- und Willensbildung die Macht des Staates und die Bürger in der Zivilgesellschaft miteinander verbindet.

Zu diesen Elementen haben sich in der Neuzeit weitere Wesenselemente der Demokratie gesellt, die ihre moderne Gestalt ausmachen, vor allem der Parlamentarismus und die Entwicklung demokratischer Institutionen der repräsentativen Demokratie, das Mehrheitsprinzip verbunden mit einem starken Minderheitenschutz, sowie die Einbettung und Begrenzung dieser Elemente durch Menschenrechte und Völkerrecht. Erbschaft der attischen Demokratie bleibt die besondere Funktion der Öffentlichkeit, die sich unter dem Einfluss von Massenmedien und digitaler Kommunikation gravierend verändert hat.

Für die Demokratie ist Öffentlichkeit unverzichtbare Vorbedingung und Grundlage. Öffentlichkeit verstanden als ein gleichzeitig sozialer und geistiger Raum, der gelungene Individualisierung und Sozialisierung der Menschen ermöglicht. Diesen Raum dürfen wir nicht den Algorithmen und der Künstlichen Intelligenz überlassen, die weder soziale noch geistige Wesen sind. Je stärker die Macht durch diese Technologien Zugriff auf die Öffentlichkeit bekommt, je stärker wir in eine privatisierte elektronische Öffentlichkeit hineinrutschen, wie Frank Pasquale das nennt, deren Strukturen durch Konzerne beherrscht werden, desto größer wird das Drohpotential dieser Technologie für die Institutionen der Demokratie sein.

F 2   Was heißt »sich im Denken orientieren«?

Immer wieder hat sich die Philosophie mit der Frage beschäftigt, wie Orientierung möglich ist, und was sie dazu beitragen kann. Kant hat dazu eine Antwort gegeben, die bis heute aktuell bleibt. Sie lautet: im Denken. Dazu verfasste er eine eigene Abhandlung unter der Überschrift »Was heißt sich im Denken orientieren?«[26] Kant schreibt darin, dass es zur Beantwortung der Frage zunächst einer Topografie der Vernunft bedarf, einer Verräumlichung des Denkens.

Dabei gilt es für die Vernunft, den eigenen Standpunkt zu erkennen, und bei aller weiteren Reflexion zu berücksichtigen. Seiner kritischen Philosophie geht es darum, die »Bedingungen der Möglichkeit von Erkenntnis« zu erfassen. Dazu gehört auch und vor allem der Standpunkt und die Perspektive des Erkennenden. Nimmt dieser bei seinem »Aufgang« eine Vogelperspektive, einen »view from nowhere«[27], ein und versucht, das Ganze von außen zu erkennen, kommt es zu »Anmaßungen der Vernunft«, die dann glaubt, das Absolute erkennen zu können. Wir erinnern hier an die Begeisterung, die das erste Foto der Erde 1968 auslöste. Absolute Wahrheitsansprüche aber, die sich am Ende jeder Begründung entziehen, führen zurück zur alten Metaphysik und dem niemals endenden Streit der dogmatischen Weltanschauungen.

Sich im Denken orientieren bedeutet nach Kant, der Logik des Denkens zu folgen und damit den Regeln der Kommunikation. Die größten Gefahren drohen einer Orientierung im Denken in Kants Augen durch die Zensur und die

Einschränkung der freien Rede: »Also kann man wohl sagen, dass diejenige äußere Gewalt, welche die Freiheit, seine Gedanken öffentlich *mitzuteilen*, den Menschen entreißt, ihnen auch die Freiheit zu *denken* nehme.«[28] Dies ist ein klares Plädoyer dafür, die Bedeutung eines freien öffentlichen Austausches und einer ebensolchen Meinungsbildung für die Selbstbestimmung zu erkennen. Wer den Raum des öffentlichen Austausches von Fakten und Meinungen Regeln unterwirft, die nicht der Freiheit zu dienen bestimmt sind, gefährdet diese Freiheit. Schließlich endet Kant in einem leidenschaftlichen Aufruf, den Zusammenhang von vernünftiger Wahrheitsorientierung und Freiheit zu erkennen und zu verteidigen:

>»Freunde des Menschengeschlechts und dessen, was ihm am heiligsten ist! Nehmt an, was euch nach sorgfältiger und aufrichtiger Prüfung am glaubwürdigsten scheint, es mögen nun Facta, es mögen Vernunftgründe sein; nur streitet der Vernunft nicht das, was sie zum höchsten Gut auf Erden macht, nämlich das Vorrecht ab, der letzte Probierstein der Wahrheit zu sein. Widrigenfalls werdet ihr, dieser Freiheit unwürdig, sie auch sicherlich einbüßen.«[29]

Es bedarf keiner Erläuterung warum diese Mahnung angesichts »Künstlicher Intelligenz« aktueller ist denn je. Nicht sie und die *Black Box* ihrer intransparenten Algorithmen, die menschliche Vernunft muss der »letzte Probierstein« der Wahrheit sein und bleiben. Und dafür ist die Reflexivität der menschlichen Vernunft Voraussetzung, die ihre Fähigkeit begründet, sich selbst immer wieder vernünftig selbst zu korrigieren: »Selbstkritik der Vernunft als Gegenmittel gegen ihr eigenes Blind- und Dummwerden, gegen ihre Selbstzerstörung und Selbstaufhebung – dies ist wohl das wichtigste Erbe des Kantischen Vernunftbegriffes für die Gegenwart«, so der Philosoph Herbert Schnädelbach.[30]

Die Reflexivität einer selbstkritischen Vernunft ist die Basis einer Verständigung im Diskurs, die auf gemeinsam geteilte Werte abzielt.

Das erfordert auch, gemäß dem Selbstbild des Menschen als eines endlichen, unvollkommenen Wesens, die Vernunft nicht an künstlichen, sondern an menschlichen Werten auszurichten. Wie ein Kritiker des derzeitigen Optimierungswahns der Kalifornischen Ideologie klingt Kant, wenn er vor der Anpassung des Menschen an überzogene Ideale warnt, seien sie mathematischer oder technischer Natur:

>»Aus so krummem Holze, als woraus der Mensch gemacht ist, kann nichts ganz Gerades gezimmert werden. Nur die Annäherung zu dieser Idee ist uns von der Natur auferlegt.«[31]

Kant hätte Stewart Brands *Whole Earth*-Enthusiasmus wohl »Schwärmerei« vorgeworfen, ebenso wie er es dem Spinozismus seiner Zeit gegenüber tat:

»Der Gang der Dinge ist ungefähr dieser. Zuerst gefällt sich das Genie sehr in seinem kühnen Schwunge, da es den Faden, woran es sonst die Vernunft lenkte, abgestreift hat. Es bezaubert bald auch andere durch Machtsprüche und große Erwartungen, und scheint sich selbst nunmehr auf einen Thron gesetzt zu haben, den langsame schwerfällige Vernunft so schlecht zierte; wobei es gleichwohl immer die Sprache derselben führet. Die alsdann angenommene Maxime der Ungültigkeit einer zu Oberst gesetzgebenden Vernunft nennen wir gemeine Menschen Schwärmerei; jene Günstlinge der gütigen Natur aber Erleuchtung.«[32]

Will man statt Erleuchtung Erkenntnis, erfordert dies wiederum einen freien und vernünftigen Austausch der Gedanken mit anderen. Nur so kann nach Kant Orientierung gelingen, die dazu befähigt, heteronome Strukturen zu erkennen und durch autonome zu ersetzen. Kant benennt hier eine klare Alternative: Entweder gibt sich die Vernunft selbst Gesetze oder sie muss sich »unter das Joch der Gesetze beugen (...), die ihr ein anderer gibt«. Weil sich die Vernunft aber nur im freien Austausch über die eigenen Gesetze verständigen kann, ist der freie Vernunftgebrauch Voraussetzung für politische Freiheit. Die Freiheit des Denkens, die ohnehin keine »obere Gewalt« einschränken könne, sei auf Freiheit des Sprechens und des Schreibens angewiesen. Denn nur im öffentlichen Gebrauch der Freiheit kann Orientierung erfolgen. »Allein, wie viel und mit welcher Richtigkeit würden wir wohl *denken*, wenn wir nicht gleichsam in Gemeinschaft mit andern, denen wir unsere und die uns ihre Gedanken *mitteilen*, dächten!« Statt einer externen Autorität wird die Vernunft, und zwar in ihrem intersubjektiven Gebrauch selbst, zur »Richtschnur« einer Orientierung.

Einerseits muss sich nach Kant die Vernunft also beschränken. Sie kann aufgrund ihrer Endlichkeit nicht wie ein Gott das Ganze von außen sehen und dabei vollständig erkennen. Andererseits kann die Vernunft durch ihren intersubjektiven öffentlichen Gebrauch sehr wohl universell gültige Einsichten entwickeln, die auch in einer globalisierten Welt »als Richtschnur« dienen können. Die Selbstbeschränkung der Vernunft ist bei Kant Voraussetzung für Selbstbestimmung. Sein Fazit lautet: Nur ein öffentlicher Gebrauch der Vernunft ermöglicht Orientierung.

In seiner Schrift zum ewigen Frieden hat Kant das Zeitalter der Globalisierung bereits beschrieben, in dem »eine Rechtsverletzung an einem Ort der Erde an allen anderen gefühlt« werde. Das führt ihn zur Forderung, dass eine verbindliche Rechtsordnung auch zwischen den Staaten zu schaffen sei. Um Menschenrechte zu sichern, bedarf es letztlich eines bindenden Völkerrechts. Kant gibt also auf unsere Frage die Antwort, dass sich der Mensch als Vernunftwesen nur durch den öffentlichen Gebrauch der Vernunft orientieren kann, der sich in bindenden rechtlichen Institutionen ausdrücken muss. Bei allem Vertrauen auf die Kraft der Vernunft gilt es aber, beim kritischen Geschäft die Kirche im Dorf zu lassen und die Grenzen des Menschen zu akzeptieren.

Eine Vergöttlichung des Menschen in Gestalt des *Homo Deus* wäre für Kant eine gefährliche Schwärmerei, die die menschlichen Grenzen nicht respektiert und dadurch geradewegs zurück in Metaphysik und Fremdbestimmung führt, weil die Einnahme des »göttlichen« Blicks verbunden mit einem grenzenlosen Erkenntnisanspruch zu einer Selbstüberhebung der Vernunft führt, die letztlich in Aberglaube münden muss.

»Wenn also der Vernunft in Sachen, welche übersinnliche Gegenstände betreffen, als das Dasein Gottes und die künftige Welt, das ihr zustehende Recht, zuerst zu sprechen, bestritten wird: so ist aller Schwärmerei, Aberglauben, ja selbst der Atheisterei eine weite Pforte geöffnet.«[33]

In der Nachfolge Kants wurde diese Grenzziehung immer wieder in Frage gestellt. Szientistische Weltbilder wie der Dataismus erheben einen derart umfassenden Erkenntnisanspruch, dass sie sich in dieselben Widersprüche verstricken müssen, die schon Kant aufgezeigt hat. Die Antinomien der Vernunft, die dann auftreten, wenn die Vernunft zentrale Fragen der Metaphysik nach Gott, Seele und Unsterblichkeit mit absolutem Erkenntnisanspruch beantworten will, führen am Ende in den Dogmatismus und in der Folge zum Verlust von Selbstbestimmung und Freiheit. Sie gefährden damit auch die Menschenwürde.

Die Menschenwürde besteht für Kant darin, dass der Mensch nicht auf bloße Funktionalität in einem Getriebe reduziert werden darf:

»Die Menschheit selbst ist eine Würde; denn der Mensch kann von keinem Menschen [...] bloß als Mittel, sondern muss jederzeit zugleich als Zweck gebraucht werden und darin besteht seine Würde.«[34]

Wenn wir uns im Denken orientieren wollen, so ist es für Kant unverzichtbar, das Denken selbst dabei zu reflektieren und auf das »Ich« zu beziehen:

«Das: Ich denke, muß alle meine Vorstellungen begleiten können; denn sonst würde etwas in mir vorgestellt werden, was garnicht gedacht werden könnte, welches ebensoviel heißt, als die Vorstellung würde entweder unmöglich, oder wenigstens für mich nichts sein.«[35]

Genau das kann KI bis heute nicht. Eine KI, die alle ihre Vorstellungen durch ein »Ich denke« begleiten könnte, hätte strukturell womöglich Bewusstsein erreicht. Eine solche Selbstreflexivität künstlicher Systeme scheint aber selbst den kühnsten Euphorikern der KI unerreichbar.[36] Für eine Orientierung heute ohne Navigationsgerät und *Google Maps* ist ein Denken erforderlich, das normative Ressourcen jenseits der Maschinenlogik freilegt und damit das Kreative, Schöpferische der menschlichen Vernunft verteidigt. Um abschließend noch einmal Kant zu zitieren: »Das eigentliche Feld für das Genie ist das der Einbildungskraft: weil diese schöpferisch ist und weniger als andere Vermögen unter dem Zwange der Regeln steht, dadurch aber der Originalität desto fähiger ist.«[37]

Menschliche Kreativität als schöpferische Potenz, als Fähigkeit, komplex wahrzunehmen und Komplexität nicht nur zu verstehen, sondern auch zu reflektieren, schafft es, Möglichkeiten zu entwerfen, die den Berechnungen von Maschinen überlegen sind.

2.1. Zwei Elemente der Autonomie: Subjektivität und Rationalität

Es verachtet Verstand und Wissenschaft
des Menschen allerhöchste Gaben -
es hat dem Teufel sich ergeben
und muß zugrunde gehn.
Hegel, Goethes Faust abgewandelt zitiert in der Phänomenologie des Geistes[38]

Die Idee der Selbstbestimmung setzt voraus, dass der Mensch über Selbstbewusstsein verfügt, das Ausdruck eines spezifisch menschlichen Selbstverhältnisses ist. Hannah Arendt hat zwei Einsichten des Sokrates herausgestellt, die seine Philosophie ausmachen:[39]

Zunächst das Gebot von Delphi: »Erkenne dich selbst!«, das bei Sokrates zum inneren Zwiegespräch mit sich selbst führt. Diesem Selbstgespräch liegt laut Arendt das Gebot der Widerspruchsfreiheit zugrunde, das zur Forderung einer radikalen Aufrichtigkeit und Authentizität führt. »Lieber möchte die ganze Welt mir widersprechen, als dass ich selbst nicht mit mir zusammenstimme«, lässt Platon Sokrates sagen.[40]

Das Gebot der Widerspruchsfreiheit leitet sich aber nicht einfach von den rationalen Gesetzen der Logik ab. Es steht bei Sokrates, der über seinen *daimon* mit sich selbst im ständigen Dialog ist, im Dienst eines gelungenen Lebens: »Auch wenn dich niemand sieht, sollst du schon deshalb nicht töten, weil du dir unmöglich wünschen kannst, dauerhaft mit einem Mörder zusammenzuleben.«[41] Daher glaubt Sokrates, dass das Bewusstsein von einem gleichzeitig denkenden und handelnden Wesen den Menschen besser macht. Eine Position, die man als ethischen Intellektualismus bezeichnet.

Arendt ergänzt diesen Gedanken durch die Ausführungen von Aristoteles zur Freundschaft, der Aristoteles den höchsten Wert beimisst, weil Freundschaft für den Freund das Gute um des Freundes willen wünscht. In der Fähigkeit, die Perspektive des Freundes einzunehmen und dabei doch gleichzeitig bei sich selbst zu bleiben, erkennt Arendt den politischen Charakter der Freundschaft: »Die Fähigkeit, die Dinge vom Standpunkt des anderen aus zu sehen, … ist die politische Einsicht par excellence.«[42] Die Moderne vollzieht dagegen in den Augen von Arendt eine »reductio scientiae ad mathematicam«[43], indem sie zunächst die Natur in Zahlen erfasst, um sie besser berechnen und beherrschen zu können, und dieses Verfahren schließlich auf die Gesellschaft überträgt. Damit tritt an die Stelle eines multiperspektivischen Handlungsbegriffs, der sich durch den Austausch verschiedener subjektiver Perspektiven konstituiert, der objektivierende Blick des Homo Faber auch auf die gesellschaftliche Welt.

Demgegenüber besteht Arendt auf einem weiteren Begriff von Handlungsformen, die sie u. a. aus der Differenz von Herstellen und Handeln ableitet. »Dennoch haben Handeln, Denken, Sprechen in ihrem weltlichen Charakter mehr miteinander gemein als ein jedes von ihnen mit dem Herstellen und der Arbeit. Sie sind nämlich schlechterdings ›unproduktiv‹, sie bringen nichts hervor, und als Tätigkeiten sind sie so flüchtig wie Leben.«[44] Aus diesen »unproduktiven« Handlungsformen lassen sich aber die Ideen des »guten Lebens« entwickeln, das für Aristoteles das Ziel aller menschlichen Bemühungen ist. Das gute Leben muss also aus einem Vernunftkontext gewonnen werden, der nicht dem Zwang der Reproduktion des Lebens entstammt. Dieser Kontext muss weiter gefasst sein und sich zum Beispiel im Modell der Freundschaft von Einfühlung in den Anderen und von einem damit verbundenen Perspektivwechsel leiten lassen.

Ebenso wie in der Handlungstheorie ist auch für eine »Gesellschaftstheorie, die sich bemüht, ihre kritischen Maßstäbe auszuweisen«[45], wichtig, Rationalität nicht auf Zweckrationalität zu verkürzten. »Als Gegenmittel bietet sich hier eine interne Differenzierung des Vernunftkonzeptes mit typologischen Mitteln an, denn sie ermöglicht es, globale Rationalitätsdenunziationen als *pars pro toto* zurückzuweisen und gleichzeitig - nach dem Vorbild aller Aufklärungsphilosophie - die Vernunftkritik im Bereich der Vernunft selbst anzusiedeln.«[46] Dieses Programm einer erweiterten Vernunftkritik mit vernünftigen Mitteln formulierte Herbert Schnädelbach zu einem Zeitpunkt, als die Postmoderne gerade begann, die philosophische Debatte zu dominieren. Es ist heute nach deren Scheitern und angesichts der Anmaßungen des digitalen Reduktionismus[47] aktueller denn je. Auf den Irrationalismus und Relativismus des postmodernen Denkens folgten nach der Jahrtausendwende Fundamentalismus und Populismus.[48] Ein erneuertes Programm der Aufklärung muss dagegen heute zahlreiche Einzeldisziplinen versammeln und zur Mitarbeit gewinnen, gerade auch die technischen Fachbereiche, die die Gestalter der modernen Welt, die Softwareingenieure, ausbilden.

2.2. Humanismus

Wer das Tiefste gedacht, liebt das Lebendigste.
Hölderlin

In der Antike (Cicero u. a.) ist im Begriff der *humanitas* die Mitmenschlichkeit angelegt, die Milde, Mitgefühl und Barmherzigkeit beinhaltet. Die Renaissance verstand sich als eine Wiedergeburt der Antike, als Erneuerungsanspruch, der das überzeitlich Gültige auf eine selbstbestimmte Zukunft hin ausrichtet. Der Humanismus wird in der Renaissance auf der Basis der antiken Texte neu begründet.

Sein Kerngedanke: Der Mensch kann mit seinesgleichen nachsichtig und wohlwollend umgehen, und er kann im Unterschied zum Tier diese Fähigkeit kultivieren: durch Bildung, die das zweite Kernelement des antiken Humanitas-Gedankens ausmacht.

Pico della Mirandola beschreibt den Menschen[49] als Doppelwesen mit der Möglichkeit, nach unten ins Tierische zu entarten oder nach oben zum Göttlichen hin neugeboren zu werden. Blaise Pascal prägt später das Bild vom Menschen als denkendes Schilfrohr, der einerseits sehr verwundbar ist und dessen Größe doch in seinem Denken liegt:

>*Der Mensch ist nur ein Schilfrohr, das schwächste der Natur, aber er ist ein denkendes Schilfrohr. Das ganze Weltall braucht sich nicht zu bewaffnen, um ihn zu zermalmen, ein Dampf, ein Wassertropfen genügen, um ihn zu töten. Doch wenn das Weltall ihn zermalmte, so wäre der Mensch nur noch viel edler als das, was ihn tötet, denn er weiß ja, dass er stirbt und welche Überlegenheit ihm gegenüber das Weltall hat. Das Weltall weiß davon nichts. Unsere ganze Würde besteht also im Denken.*[50]

Pascals Bild vom denkenden Schilfrohr fordert ein, Größe und Verletzlichkeit des Menschen zusammenzudenken.

Ein Humanismus, der auch die Herkunft des Menschen und seine Verankerung im Humus, in der Erde bedenkt, muss deshalb die Abhängigkeit des Menschen von der Erde erfassen. Also den Humusanteil am *Humanum*. Teil eines Ganzen, das größer ist als der Mensch, in dem der Mensch aber dennoch eine Größe hat, die seine Einzigartigkeit und Würde ausmacht. Groß durch die Fähigkeit zum Denken des Universums, verwundbar durch den Windhauch, der ihn jederzeit brechen kann.

Durch die Algorithmen von GAFAM wird heute die Schwäche des Menschen ausgenutzt, um ihn zu manipulieren, während die menschliche Größe, die nach Pascal im Denken liegt, den Maschinen zugewiesen wird.

Dagegen ist es wichtig, den Humanismus zu aktualisieren, anstatt ihn mit Post- und Transhumanismus zu verabschieden. Wir haben gesehen, wie sich in der bürgerlichen Öffentlichkeit die Idee der Humanität herausbildet, die nicht auf bloße Ideologie reduziert werden kann.[51] An ihr gilt es festzuhalten.

Anstatt mit dem Bade der instrumentellen Vernunft auch gleich das Kind der praktischen Vernunft auszukippen, sollte ein erweiterter Rationalitätsbegriff verteidigt werden. Gerade wenn es um die Bestimmung von Werten und Normen geht, an denen wir die Systeme Künstlicher Intelligenz ausrichten und auch messen wollen.

Wenn man in Anlehnung an Winston Churchills bekanntes Bonmot[52] die Demokratie als die am wenigsten schlechte Regierungsform bezeichnen kann, so sind die Vernunft und auch das Konzept des autonomen Subjektes die am wenigsten schlechtesten Konzeptionen, wenn es um die Frage geht, woran wir uns orientieren und auf welcher Basis wir Entscheidungen treffen sollen. Sind Vernunft und Subjekt erst einmal verabschiedet, bleiben nach aller historischen Erfahrung Götter, Dämonen, Schicksalsmächte oder Führer, die nur noch beschworen, nicht aber rational verstanden oder kritisiert werden können.

Im Zeitalter der KI droht ein neuer Fetisch: Die angeblich überlegene anonyme totale Superintelligenz, der wir immer mehr Entscheidungen anvertrauen, die sich mit naturwüchsiger Dynamik jeglicher Steuerung zu entziehen droht, wird als absolute Problemlöserin überhöht. Doch diese vermeintliche Superintelligenz erweist sich als rein mathematisch-logische Teilfunktion der Rationalität. In der Verabschiedung des Humanismus, auf dem die Vorstellung einer unveräußerlichen Menschenwürde beruht, besteht eine große Gefahr. Die »Überwindung« oder Verabschiedung des Humanismus, die von den Technikgläubigen so dringend eingefordert wird, kann zu einer inhumanen Gesellschaft führen, in der mit der Menschenwürde auch Demokratie und Rechtsstaatlichkeit abgeschafft werden. Ganz im Geiste eines unaufhaltsamen Fortschrittsglaubens erwecken Trans- und Posthumanisten den Eindruck, der Humanismus sei ein alter Hut, den man mit der Moderne kaum mehr vereinbaren könne. Das stimmt aber nicht. Wie u. a. Johannes Hoff gezeigt hat, ist der Posthumanismus selbst vielmehr rückwärtsgewandt.[53]

2.3. Humanismus heute

Eine ganze Reihe zeitgenössischer Philosophen hat die Eckpunkte eines zeitgemäßen Humanismus skizziert, unter ihnen Julian Nida-Rümelin, der dabei ebenfalls an Kant anschließt, weil er in dessen Philosophie einen Kern ausmacht, um den es uns auch heute gehen muss:»Im Zentrum (der praktischen Philosophie Kants) steht die Idee der Menschenwürde.«[54]

Eine Fortführung der Aufklärung im Sinne Kants wird sich um eine zeitgemäße Anthropologie bemühen müssen, wie sie auch der Königsberger Denker entwarf.»Im Zentrum einer humanistischen Anthropologie stehen drei Begriffe: Vernunft – Freiheit – Verantwortung. Das was Kant als Autonomie begreift, führt Verantwortung (Pflicht) und Freiheit zusammen, und zwar auf Basis (praktischer) Vernunft.«[55] Deshalb versucht ein erneuerter Humanismus eine Theorie von Rationalität, Freiheit und Verantwortung zu entwickeln.

Der Humanismus besteht für Nida-Rümelin aus drei Grundbausteinen:
- Autarkie
- Rationalität
- Universalität

Autarkie benennt mit Freiheit und Unabhängigkeit Voraussetzungen von Autonomie. Rationalität ermöglicht Selbstbestimmung, weil durch Handeln, das Gründe benennen und Rechenschaft ablegen kann, universelle Prinzipien entstehen, die wiederum die Autonomie gesellschaftlich absichern und demokratische Souveränität ermöglichen.

Schließlich müssen Normen rational so begründet werden, dass sie universell gültig sind, ohne wesentliche Partikularitäten unterschiedlicher Lebenswelten zu zerstören.[56]

Ein solcher Humanismus zeigt sich den derzeit bekannten Formen von KI in vielen Aspekten überlegen: Er kann das Ganze in den Blick nehmen – *Overview Effect* – und deshalb auch für das Ganze, also Mitmenschen, Gesellschaft, Natur und Umwelt verantwortlich handeln, weil er sich dabei als Teil des Ganzen sieht und nicht als dessen *Maîtres et possesseurs de la nature* wie bei Descartes. Verantwortung heißt dabei: antworten können, also im Diskurs Gründe angeben, die das Handeln bestimmen.

Durch das Rechenschaft geben, Gründe nennen und Abwägen entsteht auch die Fähigkeit des Menschen, die einen entscheidenden Unterschied zur Maschinenintelligenz ausmacht: Die Fähigkeit, von einem anderen, von einem besseren Leben zu träumen. Nur wer sich Alternativen vor Augen führen kann und diese abwägt, kann Alternativen des Handelns und alternative Zustände der Welt entwerfen.

Der Mensch kann von einem besseren Leben, von einer besseren Gesellschaft träumen, kann Kritik an den Zuständen äußern und die Gesellschaft zu einer besseren gestalten, entsprechend den Werten, die er für sich selbst erkennt.

Eine von KI gesteuerte »Optimierung« der Gesellschaft kann nichts davon leisten. Da sie auf vorhandenen Daten beruht, führt sie langfristig zu einem Ende von Innovation. Daneben ist kaum denkbar, dass eine KI zu Kritik in der Lage ist, die über den Vergleich von Ist- und Soll- Wert hinausgeht oder gar etwas entwickelt, dass man als kritisches Bewusstsein bezeichnen könnte. Schließlich ist nicht vorstellbar, dass KI die drei Kernelemente Vernunft, Freiheit und Verantwortung in irgendeiner Form beerben könnte. Menschliche Werte sind nicht identisch mit mathematischen oder ökonomischen »Werten«, sie gehen nicht in diesen auf.

Es sieht also danach aus, als würden wir Menschen noch gebraucht. Wir sollten deshalb den Humanismus nicht allzu leichtfertig über Bord werfen. Die Erzählungen vom Ende des Menschen wissen das insgeheim auch. Ihnen geht es darum, Macht zu verschieben und zu erobern, indem sie die Möglichkeiten durch KI und digitale Technologien zu ihrem Vorteil einsetzen. Sie wollen ein ökonomisches Modell konsequent in allen Lebensbereichen umsetzen, das Verschwinden der Demokratie ist dabei als Kollateralschaden einberechnet.

F 3   Vom Prinzip Verantwortung zum Prinzip Mensch

3.1. Der Januskopf der Technik

Ausgangspunkt der Ethik im technischen Zeitalter ist die Erkenntnis der weitreichenden Folgen moderner Technik. Technik bestimmt unser Leben in einem immer stärkeren Maße. Sie zeichnet sich durch drei Aspekte aus:[57]

- Technizität
- Globalität
- Potenzial zum Nutzen und zur Zerstörung.

Die Technizität besagt, dass sich Technik zum einen durch ihren instrumental-zweckbezogenen Sinn von der Naturbasis unterscheidet. Sie ist darüber hinaus nicht ausschließlich durch Menschenhand, sondern verstärkt durch Werkzeuge und Maschinen, also selbst durch Technik, erzeugt. Die Globalität der Technik kommt darin zum Ausdruck, dass sie weltumspannend verwendet wird und immer stärker die Züge einer technisch geprägten Weltzivilisation prägt,[58] die kulturelle Eigenheiten zunehmend einebnet.

Im Doppelpotenzial schließlich kommt die Wertambivalenz, die Janusköpfigkeit moderner Technik zum Ausdruck: Neben dem unbestrittenen Nutzen, den sie beinhaltet, birgt sie auch die Möglichkeiten zu zerstören: Natur, Arten, Lebensweisen, Klima, auch die Demokratie und potenziell die ganze Menschheit.

Auch in der »Optimierung« der Technik liegen Risiken, zumal wenn sie ausschließlich nach der Logik und den Werten der Technik selbst erfolgt. Ein Auto mit 500 PS mag ein technisch optimiertes Auto sein. Ohne Geschwindigkeitsbegrenzung und einen erfahrenen Fahrer am Steuer kann es aber auch zum Risiko für Insassen, andere Verkehrsteilnehmer und Umwelt werden. Durch technische Verbesserungen besteht immer die Gefahr, dass die von ihnen ausgehende Faszination »die Wachsamkeit langfristig erlahmen« lässt,[59] was die Prüfung möglicher negativer Folgen betrifft.

Auch ein »kleiner« Atomsprengkopf, wie er für »taktische« Waffensystem entwickelt wurde, stellt eine Optimierung der vorangegangenen Sprengköpfe dar, weil das Problem der Zündung so gelöst wurde, dass sich die Sprengköpfe nun auch in die taktischen Trägersysteme einbauen lassen. Dadurch wird die Möglichkeit geschaffen, »kleine«, »taktische« Atomwaffen als niedrigschwellige Kampfmittel zum Einsatz zu bringen, ohne, so zumindest das Kalkül, gleich damit die Eskalation eines »großen« Atomkrieges auszulösen. Ein technischer Fortschritt, aber wirklich ein Fortschritt?

Die technischen Mittel können sich verselbstständigen und zu Entscheidungen führen, bei denen andere Zwecke ausgeblendet werden, also selbst zwecktätig sein. So weist der Philosoph Dieter Birnbacher auf das historische Beispiel hin, dass die Entwicklung der Atombombe in Los Alamos auch dann noch fortgesetzt wurde, als im Mai 1945 Deutschland bereits kapituliert hatte. Die Legitimation der Entwicklung war aber ursprünglich aus der Befürchtung hervorgegangen, Hitler-Deutschland könne den USA zuvorkommen und die Atombombe zuerst einsetzen. Beunruhigt durch Otto Hahns erfolgreiche Atomspaltung im Dezember 1938 und dadurch in Sorge, Nazi-Deutschland könne die Atombombe als erstes Land entwickeln, hatte Albert Einstein einen Brief an Präsident Roosevelt geschrieben, der vielfach als »wichtigster Brief der Geschichte« bezeichnet wird.[60] Er drängte auf den Bau einer amerikanischen

Bombe – mit Erfolg. Obwohl im Mai 1945 Deutschland kapitulierte und der eigentliche Grund für den Bau damit entfallen war, wurden die Arbeiten an der Bombe unvermindert fortgesetzt. Leó Slizárd, der zusammen mit Einstein den Brief an Roosevelt geschrieben hatte, versuchte Ende Mai 1945 bei der amerikanischen Regierung den Einsatz der Bombe zu verhindern. James Byrnes, Berater des neuen Präsidenten Truman, entgegnete ihm, »die USA hätten schließlich zwei Milliarden Dollar für die Entwicklung der Bombe ausgegeben. Dafür müsste man dem Kongress ein Resultat vorweisen. Die USA würden die Superwaffe nicht einfach wieder in der Versenkung verschwinden lassen.«[61]

Schließlich wurden zwei Atombomben gegen Japan eingesetzt, ein Land, das selbst an der Atombombe gar nicht forschte und kurz vor der Kapitulation stand.

Dieses historische Beispiel kann lehren, dass technische Mittel sich zu eigenen Zwecken verselbstständigen können, wenn die Anwendung der Technik am Ende nur der Logik der Technik oder der Macht folgt. Man setzt sie ein, weil man es kann.

Daneben gibt es ein grundlegendes Paradox der Technik: Wir schaffen sie, um unsere Fähigkeiten in einem bestimmten Gebiet zu steigern. Um sie dann nutzen zu können, müssen wir uns ihr anpassen, indem wir sie funktionsgerecht bedienen. Das führte auch schon in der Vergangenheit zu einem gewissen Anpassungsdruck, weil die Technik zunehmend zur »zweiten Natur« wurde, an die sich der Mensch anpassen muss.

Auch dieser Anpassungsprozess, der mit zunehmender Technisierung der Welt auch einen steigenden Konformitätsdruck erzeugt, ist es, der die These von der Fortsetzung der Evolution durch Technik zunächst plausibel erscheinen lässt. Doch diese Konsequenz ist Schein. Die Kalifornische Ideologie versucht dadurch zu verschleiern, dass die Anpassung der Menschen nicht an »die Technik« erfolgt, sondern an die Menschen und Unternehmen, die hinter der Technik stehen, die die Programme gestalten und verantworten.

Dass die Folgen von Technik in der Verantwortung des Menschen liegen, und wie er dieser Verantwortung gerecht werden kann, hat Hans Jonas aufgezeigt.

3.2. Das Prinzip Verantwortung

»Unsere Frage ist: Soll der Mensch sein? Um sie richtig zu beantworten, müssen wir zuerst die Frage beantworten, was es heißt, von irgendetwas zu sagen, dass es sein sollte. Und das führt natürlich zurück auf die Frage, ob überhaupt etwas - anstatt nichts - sein soll.« Hans Jonas, Das Prinzip Verantwortung[62]

Mit seinem *Prinzip Verantwortung* schuf Hans Jonas, der deutsch-amerikanische Philosoph an der New School for Social Research in New York, eine Ethik für die technologische Zivilisation in Form des Vorsorgeprinzips.

Dieses Prinzip besagt, dass Technologie auf das Potenzial untersucht werden muss, ob die Folgen ihrer Anwendung langfristig entweder die Existenz der Menschheit in Frage stellen oder das Wesen des Menschseins wesentlich ändern können. Weil moderne Technologie solche »Fernwirkungen« haben kann, haben wir die politische Pflicht, in das Verständnis ihrer langfristigen Folgen, also die Technikfolgenabschätzung zu investieren. Die Ergebnisse können uns dann heute politisch in die Lage versetzen, die möglicherweise harten Entscheidungen zu treffen, die notwendig sind, um die Möglichkeit derart tiefgreifender langfristiger negativer Folgen für die Menschen mit an Sicherheit grenzender Wahrscheinlichkeit auszuschließen.

Jonas' Buch galt bald als Bibel der Umweltschutz- und Anti-Atomkraft-Bewegung. Aber Jonas selbst nannte schon ausdrücklich die Technologien der Lebensverlängerung, der Verhaltenskontrolle und der Genmanipulation als Kandidaten für die Anwendung des Vorsorgeprinzips.

Gemeinsam war den von Jonas ins Auge gefassten Technologien, dass sie Umweltschäden verursachten oder in die Biologie des Menschen eingriffen. Jonas hat Prinzipen der Technikethik entwickelt, die angesichts der neuen Bedrohungen für Freiheit und Demokratie durch das Internet und die auf dieses aufsetzenden Technologien und Geschäftsmodelle neu gelesen werden müssen.

Die Bedrohungslage für das Wesen des Menschseins hat sich schon angesichts des massenhaften Sammelns von persönlichen Daten über jeden einzelnen von uns und die Erstellung umfassender Persönlichkeitsprofile dramatisch verschoben. Diese Praxis lässt eine weitgehende Kontrolle und Manipulation menschlichen Verhaltens zu. Die Singularität des Menschen, das Verschmelzen von Mensch und Maschine, das Hochladen des Charakters und der Seele des Menschen auf eine Maschine, soll sein technisches »Weiterleben« nach dem biologischen Tod erlauben. Diese Vision der technologischen Ersetzung und Ablösung des Menschen durch Künstliche Intelligenz muss eine Folgenabschätzung, wie von Jonas vorgeschlagen, erst recht auf den Plan rufen.

In Frage stehen heute individuelle Freiheit, Selbstbestimmung und damit die Grundbedingung einer freiheitlichen Gesellschaft. Mittlerweile nehmen die neuen Technologien und der Populismus, die sich gegenseitig verstärken, die Demokratie in einen Zangengriff.

Wenn wir angesichts dieser Bedrohung das Prinzip Verantwortung wiederbeleben wollen, sind die Gegenargumente erwartbar. Schon Jonas und das Vorsorgeprinzip im Umweltrecht stießen seinerzeit auf gewaltigen Widerstand. Ihnen wurde und wird entgegengehalten, als Innovationshemmnis zu wirken und damit dem wirtschaftlichen Wachstum in Europa entgegenzustehen.

Tatsächlich ist aber die Entwicklung und Umsetzung des Vorsorgeprinzips im Umweltrecht eine Geschichte von großem wirtschaftlichem Erfolg. Das Prinzip fördert Nachhaltigkeit und Ressourceneffizienz, und es lenkt Investitionen in Innovation gerade in diese Bereiche. In Europa und Deutschland wurden wegen der strikten Umweltgesetzgebung neue Technologien und Geschäftsmodelle entwickelt, die zu Exportschlagern wurden. Man denke etwa an die Technologien der Energieeinsparung, ganz allgemein der Ressourceneffizienz und der alternativen Energien.

Wir haben gelernt, dass zwischen Umweltschutz, Nachhaltigkeit und wirtschaftlichem Erfolg kein notwendiger Konflikt besteht. In Deutschland werden inzwischen Milliarden mit nachhaltigen Technologien, Umwelttechnologien und alternativer Energie verdient. Hunderttausende von Arbeitsplätzen wurden in diesen Bereichen geschaffen.

Genauso besteht im Verhältnis von individueller Freiheit, Selbstbestimmung und Demokratie einerseits, und der Digitalisierung und den auf dem Internet aufbauenden Technologien und Geschäftsmodellen andererseits kein unlösbarer Konflikt. Aber ohne die leitende Hand der demokratischen Politik, ausgerichtet am Vorsorgeprinzip und verstanden als Teil des Innovationsprozesses, war die Internetwirtschaft selbst bisher nicht in der Lage, die Gemeinwohlverträglichkeit ihrer Innnovation nachzuweisen.

Wir müssen aus dieser Erfahrung lernen, bevor das Internet mit noch mächtigeren Technologien wie Generelle Künstliche Intelligenz und Quantencomputer verbunden wird, und mittels 5G, des Internets der Dinge und bio-physischer Systeme noch weiter, tiefer und intensiver in alle Bereich von Welt und Leben vordringt. Denn wenn diese Kombination von Technologie erst einmal existiert, und dann genauso unreguliert eingesetzt wird wie das Internet bisher, dann können für den Menschen und die Demokratie schwere, unumkehrbare Folgen eintreten.

Diese Technologie in der Hand von Diktaturen, die diese zu einer umfassenden Kontrolle und Manipulation der Bevölkerung nutzen, kann den Aufbau von oder die Rückkehr zu einer Demokratie unmöglich machen. Denn Diktatoren hätten damit die denkbar mächtigste Propaganda- und Überwachungsmaschine in ihren Händen. Zu keiner Zeit in der Menschheitsgeschichte hat es derart gute Bedingungen für eine totalitäre Diktatur gegeben wie heute. »Was Hitler an Propaganda-Möglichkeiten, was die Stasi an Überwachungsapparat hatte, ist Kinderkram gegen das, was heute möglich ist«[63], so der Leiter des Büros für Technikfolgen-Abschätzung beim Deutschen Bundestag, Armin Grunewald.

Um derartigen Risiken vorzubeugen, bedarf es heute ähnlich harter Entscheidungen, wie sie Jonas damals für die Umwelt einforderte. Für die Demokratie und die Selbstbestimmung der Menschen können wir uns kein Tschernobyl und kein Fukushima leisten. Die Kernschmelze der Demokratie könnte ein irreversibles Ereignis sein. Denn sind Freiheit und Demokratie erst einmal verloren, gibt es unter den Bedingungen digitaler Überwachungssysteme keinen Weg zurück. Wir können uns auch nicht die Langsamkeit des Kampfes gegen den Klimawandel leisten. Denn die Entwicklungen der KI-Forschung schreiten mindestens so schnell voran wie der Temperaturanstieg auf der Erde. Das Risiko des Demokratieverlustes ist dem des Klimawandels mindestens gleichwertig. Für beide brauchen wir Nachhaltigkeitsprinzipien, nicht nur für den Erhalt unserer natürlichen Ressourcen, sondern auch für die Nachhaltigkeit demokratischer Strukturen in der digitalen Zukunft.[64] Für beides, den Kampf um Selbstbestimmung und Demokratie, und den Kampf gegen den Klimawandel, brauchen wir eine funktionsfähige Demokratie. Die nachhaltige Sicherung der Demokratie ist es also, worum es im Kern bei unserer Neulektüre von Hans Jonas geht.

3.3. Das Prinzip Verantwortung heute

Das Prinzip Verantwortung entsteht letztlich durch die Anwendung des Prinzips Zukunft auf unser Handeln im Zeitalter der Technologie. Hans Jonas fordert angesichts der ökologischen Krise auf, alles zu tun, damit es »zu einem ausgeglichenen Budget zwischen Mensch und Natur kommt«. Jonas macht einen ideologisch tiefsitzenden Fortschrittsglauben für das Anwachsen der ökologischen Krise verantwortlich. Dieser ungebremste technische Fortschrittsglaube, säkularisiertes Erbe religiöser eschatologischer Erlösungshoffnungen, erweise sich zunehmend selbst als Zwang. Wie aber kann derselbe Glaube an Fortschritt, der aus dem Zwangszusammenhang der Natur befreien und das Ende der Not bedeuten sollte, seinerseits einem naturwüchsigen Zwang verfallen? Jonas' Antwort lautet: Durch die Abhängigkeit von immer mehr Technik, in die der Mensch durch die Technik gerät. Um die technische Zivilisation zu erhalten, bedarf es zwingend der stetigen Weiterentwicklung von Technik und damit fortgesetzter Ausbeutung der Natur, der äußeren und zunehmend auch der inneren des Menschen.

Der »endgültig entfesselte Prometheus« hat nach Jonas bewirkt, »dass die Verheißung der modernen Technik in Bedrohung umgeschlagen ist.«[65] Die deterministische Sicht auf die Natur, die der Naturwissenschaft innewohnt, fällt auf den Menschen zurück, der sein Inneres mit derselben Entschlossenheit vermisst und es sich unterwirft, wie er es zuvor mit der äußeren Natur getan hat. Auch wenn die Technik dadurch den Menschen selbst bedroht: einen Weg zurück kann es nicht geben. Deshalb müssen Entwicklung und Einsatz neuer Technologien einer ethischen und politischen Überprüfung unterzogen werden. Nur so kann durch freies Handeln der dargelegte Zwangszusammenhang aufgebrochen werden und beherrschbar bleiben.

In der Entwicklung der Technik sieht Jonas die Rückkopplungskräfte eines weitgehend autonomen Systems am Werk:

»Die Entwicklung der Technik verstärkt in stetiger Rückwirkung die besonderen Kräfte, welche sie hervorgebracht haben: Das Geschaffene erzwingt den immer neuen erfinderischen Einsatz in seiner Erhaltung und weiteren Entwicklung (...) diese positive Rückkopplung von funktioneller Notwendigkeit und Belohnung (...) nährt die wachsende Überlegenheit einer Seite der menschlichen Natur über alle anderen.«[66]

Diese Einseitigkeit der instrumentellen Vernunft, die den Siegeszug der Technik begleitet, und durch diesen fortlaufend verstärkt wird, geht auf Kosten des Menschlichen insgesamt:

»Und so ist die Ausdehnung seiner (des Menschen) Macht [...] begleitet von einer Schrumpfung seines Selbstbegriffes und seines Seins.«[67]

Die Steigerung der Macht des Menschen durch Technik hatte schon im 20. Jahrhundert ein Stadium erreicht, in dem durch menschliches Handeln die Lebensbedingungen auf dem Planeten gefährdet wurden. Deshalb, so Jonas' Analyse, muss die Ethik diesem Umstand entsprechend verändert werden, wenn sie angesichts von Zwängen in der technischen Welt versuchen will, menschliches Handeln noch zu beeinflussen. Althergebrachte ethische Prinzipien können diesen Anforderungen nicht mehr gerecht werden, weil sie sich im Wesentlichen auf die nächste Umgebung des Menschen bezogen, während der Einsatz moderner Technik zeitliche und räumliche Fernwirkungen hat. Jonas geht davon aus, dass mit dem Anwachsen der Macht des Menschen auch seine Verantwortung wächst. Ausgehend von *Kants Kategorischem Imperativ*:

»Handle nur nach derjenigen Maxime, durch die du zugleich wollen kannst, dass sie ein allgemeines Gesetz werde«, führt ihn das Verantwortungsprinzip zu einem neuen moralischen *Zukunftsimperativ*:

»Handele so, dass die Folgen deines Tuns verträglich sind mit der Permanenz echten menschlichen Lebens auf Erden.«[68]

Der neue Imperativ bedeutet, dass wir »zwar unser eigenes Leben, nicht aber das der Menschheit wagen dürfen, (....) dass wir kein Recht haben, das Nichtsein künftiger Generationen wegen des Seins der jetzigen zu wählen.«[69] Aufgrund der überindividuellen Handlungszusammenhänge, die sich in der technischen Welt herausgebildet haben, ist dieser Imperativ in erster Linie an Politik und Recht gerichtet, und dort hat er auch seine Wirkung entfaltet.

Handeln nach anderen als nach rein technologischen Prinzipien ist also möglich. Es ist das Handeln nach dem Prinzip Verantwortung. Eine der Hauptursachen der ökologischen Krise besteht für Jonas im Sieg der instrumentellen Vernunft über andere Vernunftpotentiale des Menschen:

»So bedeutet der Triumph des homo faber über sein äußeres Objekt zugleich seinen Triumph in der inneren Verfassung des homo sapiens, von dem er einst ein dienender Teil zu sein pflegte.«[70]

Damit der Mensch nicht zum Knecht der von ihm selbst geschaffenen Technik wird, muss er seine Verantwortung erkennen und angesichts der Fernfolgen moderner Technologien verantwortlich handeln. Nur so kann er die Kontrolle über die Technik behalten und nicht zu ihrem Sklaven werden. Es gilt also angesichts der Herausforderungen, die die moderne Technik schafft, einen weiteren Vernunftbegriff zu entwickeln als den der technisch-instrumentellen Naturbeherrschung.

3.4. Das Problem der Prognosen und die Heuristik der Furcht

Die Technik zählt seit ihren Anfängen zu den Strategien menschlicher Zukunftsbewältigung. Jonas konstatiert im Blick auf den Versuch, die Zukunft vorherzusagen und zu beherrschen ein »Paradox«: »Wir wissen einerseits mehr, andererseits weniger über die Zukunft als unsere vormodernen Ahnen.«[71] Mehr, weil wir Prognosen auf Basis viel größerer Daten erstellen können, weniger, weil das Leben früher statisch war, verglichen mit der Dynamik in der modernen Welt. »Dynamik ist die Signatur der Moderne (...), sie besagt, dass wir mit immer Neuem rechnen müssen, ohne es berechnen zu können.«[72]

Wir haben mit der technischen Entwicklung und der Berechnung der Welt eine Beschleunigung in Gang gesetzt, die Berechenbarkeit paradoxerweise immer unwahrscheinlicher macht. Die Kontrolle dieser Entwicklung kann deshalb auch nicht ausschließlich durch Berechnung erfolgen. Dennoch vertrauen wir bei dieser Aufgabe auf immer größere Rechenmaschinen, und geraten dadurch in eine Innovationsfalle: Je größer der technische Aufwand, desto deutlicher wird für Jonas der »Faktor X«, der eine exakte Berechnung gerade verhindert. »Dieses unbekannte ›x‹ permanenter Neuerung geistert durch alle Gleichungen.«[73] Es handelt sich dabei um die irreduzible Kontingenz, die in jeder Wahrscheinlichkeitsrechnung unbeherrschbar bleibt, weil die Zukunft sich als letztlich nicht berechenbar erweist. Aufgrund der immensen Folgen, die z. B. Unglücksfälle etwa bei der Nutzung der Atomenergie haben können, müssen trotz dieser Ungewissheit Risiken sorgfältig erfasst und vor dem Einsatz der Technik auf ihre Verantwortbarkeit geprüft werden.

Aus dieser Einsicht begründet Jonas sein zweites Prinzip: Die Heuristik der Furcht. Es bedeutet, dass alle Handlungen zu unterlassen sind, deren Fernwirkungen nicht ausschließen, dass sie die Existenz der Menschheit oder das Wesen des Menschseins gefährden.

Damit aus der Heuristik der Furcht keine Lähmung durch Angst wird, fordert Jonas eine »Tatsachenwissenschaft von den Fernwirkungen technischer Aktionen«. Eine Tatsachenwissenschaft, die sich auch mit dem Bereich des Möglichen befassen muss. Die erste Pflicht der Zukunftsethik ist deshalb die Beschaffung von Vorstellungen über die späteren Auswirkungen der Technologien. Für uns heute bedeutet dies: Die möglichen Auswirkungen digitaler Technologie und Künstlicher Intelligenz müssen wissenschaftlich erfasst werden, auch wenn sie noch nicht eingetreten sind. Dazu bedarf es zunächst einer Technikkenntnis, die zur Technikphantasie und technisch-gesellschaftlicher Vorstellungskraft befähigt, die die Gesellschaft über die potenziellen Folgen der Technik auf Demokratie und Freiheit aufklären kann. Die Technikkenntnis muss dabei verbunden werden mit der Kenntnis über die Funktionsprinzipien einer freien demokratischen Gesellschaft. Erst wenn beides zusammenkommt, kann die Technikfolgenabschätzung heute gelingen.

Eine »Forschungsanstrengung« zu den Folgen von Technik ist ein zeitgemäßer Gedanke, der auch von Theoretikern der KI eingefordert wird. Je gravierender die möglichen Auswirkungen einer neuen Technologie, desto größer müssen die Anstrengungen sein, ihre Auswirkungen schon vor der Entwicklung und Anwendung zu untersuchen. Da das theoretische Potential einer allgemeinen KI in nichts Geringerem als dem Ende der Menschheit oder des Wesens des Menschseins liegt, müssen die Forschungsanstrengungen selbst bei geringer Wahrscheinlichkeit des Eintritts massiv sein.[74]

Daraus folgt, dass für die Entwicklung von KI-Systemen eine Technikfolgenabschätzung verpflichtend werden muss. Eine wissenschaftliche Begleitung dieser Entwicklungen muss versuchen, die Risiken wissenschaftlich zu erfassen, damit sie von Politik und Gesellschaft bewertet werden können.

3.5. Prinzip Verantwortung heißt, die Demokratie im technischen Zeitalter sichern

Bereits jetzt besteht eine Verpflichtung zur Folgenabschätzung mit Blick auf den Datenschutz, wenn die KI personenbezogene Daten im Rahmen der automatisierten Entscheidungsfindung verarbeitet.[75] Für KI-Entwicklungen und Anwendungen wäre es sicherlich gerechtfertigt, die Pflicht zur Folgenabschätzung auf alle Aspekte der Demokratie, der Rechtsstaatlichkeit und der Grundrechte auszudehnen. Zumal, da KI das Potenzial hat, im Rahmen der Ausübung der öffentlichen Gewalt, der demokratischen und politischen Sphäre oder bei der Erbringung von Dienstleistungen des allgemeinen Bedarfs und der Daseinsvorsorge verwendet zu werden, unabhängig davon, ob personenbezogene Daten verarbeitet werden oder nicht. Die Bedeutung dieser Folgenabschätzungen auf Entwickler- und Nutzerebene bestünde darin, dass sie das öffentliche Wissen und Verständnis über die KI verbessern würden, die derzeit unter einem Mangel an Transparenz über Fähigkeiten und Auswirkungen der KI leiden. Diese Folgenabschätzungen würden auch den Unternehmen, ihren Führungskräften und den Ingenieuren, die die neuen Technologien und ihre Anwendungen entwickeln, Orientierung und einen sicheren Rechtsrahmen bieten. Sie würden somit dazu beitragen, eine neue Kultur der Verantwortung der Technologie für Demokratie, Rechtsstaatlichkeit und Grundrechte zu schaffen.[76]

Einen aktuellen Beitrag im Geiste Hans Jonas' hat eine Gruppe von Wissenschaftlern um den neuen Direktor des Max Planck Institute for Human Development, Iyad Rahwan, in der Zeitschrift Nature veröffentlicht.[77] Zitat Rahwan:

»*Derzeit sind die Wissenschaftler, die das Verhalten von Maschinen untersuchen, dieselben Wissenschaftler, welche die KIs geschaffen haben. Diese konzentrieren sich aber vor allem auf die Funktionstüchtigkeit ihrer künstlichen Intelligenzen. Das kann angesichts der möglichen Folgen dieser Großtechnologie aber nicht ausreichen, um die Technik auch für die Gesellschaft beherrschbar zu machen. Neben die Funktionsfähigkeitsprüfung muss deshalb die Folgenabschätzung auf alle Bereiche des Lebens treten.*«

»Die nächste Herausforderung wird die Politik sein«, sagt Iyad Rahwan, »denn Künstliche Intelligenz ist Politik.«[78]

Die Autoren erforschen die gesellschaftlichen Auswirkungen von Künstlicher Intelligenz und schlagen die Implementierung eines Systems von Verhaltensbeobachtung und Folgenabschätzung vor. Dabei soll neben einer Implementierung von ethischen Standards bereits in die Entwicklung der Software auch eine Verhaltensforschung verpflichtend werden, die das Verhalten von Maschinen und Robotern beobachtet und auswertet. Dass diese Roboterverhaltensforschung wie der Behaviorismus in seinen Anfängen auf eine *Black Box* stoßen wird, die nur diesmal nicht im Inneren des Menschen, sondern der Maschine angesiedelt ist, ist eine Ironie der Wissenschaftsgeschichte.[79] Die Ergebnisse dieser maschinellen Verhaltensforschung sollen dann wieder in die Weiterentwicklung der Software einfließen. Dadurch würde ein wichtiges Ziel erreicht: Die Techniker würden bereits bei der Programmierung die ethischen Implementierungen, die sie so oder so in die Programme einbringen, auf die Verträglichkeit mit gesetzlichen und gesellschaftlichen Normen überprüfen.

Beispielsweise müssten in einem solchen Projekt nach den Vorstellungen der Forscher Auswirkungen der KI auf die Demokratie geprüft werden: etwa, ob die KI Filterblasen entstehen lässt oder unverhältnismäßig stark Inhalte zensiert.[80] Für militärische Anwendungen sollte geprüft werden, ob und wie das Waffensystem zwischen Soldaten und Zivilisten unterscheiden kann. Gesellschaftliche Fragestellungen wären etwa die möglichen Auswirkungen der Algorithmen auf Kinder oder ganz allgemein auf kollektive Verhaltensweisen.

Der vorgeschlagene Prozess des Austausches von Entwicklern und Folgenforschern soll sicherstellen, dass Ethik direkt in das Design solcher Systeme einfließt. Er stellt eine Anwendung des Prinzips Verantwortung auf KI dar.

Angesichts der Risiken, die die KI für Demokratie, Rechtsstaatlichkeit und Menschenwürde birgt, schlagen wir vor, den Begriff des »echten« Lebens in Jonas moralischem Imperativ dadurch zu präzisieren, dass er explizit menschliche Autonomie schützt:

> *»Handele so, dass die Folgen deines Tuns verträglich sind mit der Permanenz echten **autonomen** menschlichen Lebens auf Erden.«*

Zum Autonomiebegriff bei Jonas ist zu sagen, dass er weit entfernt davon ist, einer totalen Selbstermächtigung des Menschen das Wort zu reden. Im Gegenteil: Wir finden bei Jonas, wie schon auf der Agora von Athen und später bei Kant, die Einsicht, dass zur Ethik Selbsterkenntnis erforderlich ist. Es sind gerade die natürlichen Grenzen des menschlichen Lebens und der natürlichen Ressourcen, die Jonas zu seiner Ethik motiviert haben.[81] Eine Selbsterkenntnis, die zu Selbstbeschränkung, zum Erkennen und Akzeptieren von inneren und äußeren Grenzen führt. Hybris ist hier wie dort der Feind des Menschen. Selbstüberschätzung ebnet den Weg in den Untergang. An diesem Tragödienstoff scheint sich in 2.500 Jahren wenig geändert zu haben.

Jonas hat in einem SPIEGEL-Interview 1992 betont, dass neben das Freiheitsideal der Moderne das Ideal der Verantwortung treten muss, was bedeutet, dass auch vom falschen Ideal schrankenloser Freiheit des Individuums Abschied zu nehmen ist:

>*Aber ernst zu nehmen ist die Frage, zu welchen Freiheitsverzichten man bereit ist; zu welchen Freiheitsverzichten der Philosoph ethisch verantwortungsvoll raten kann. Da ist doch zunächst nicht zu übersehen, dass Freiheit sowieso nur existieren kann, indem sie sich selber beschränkt. Eine unbegrenzte Freiheit des Individuums zerstört sich dadurch, dass sie mit den Freiheiten der vielen Individuen nicht vereinbar ist.*«[82]*

Eine unbegrenzte Freiheit zerstört nicht nur sich selbst, sondern auch die Freiheit anderer und die Grundlagen der gemeinsamen Selbsterhaltung. In unserem Falle geht es um die einseitige Totalisierung einer schrankenlosen individuellen Freiheit in der Kalifornischen Ideologie, besonders im Libertarismus etwa eines Peter Thiel, die dazu führt, dass am Ende die Freiheit und die Lebensgrundlagen aller übrigen Menschen bedroht sind. Eine grenzenlose Selbstermächtigung durch eine Technik, die es scheinbar erlaubt, den ganzen Planeten und in den Visionen Ray Kurzweils sogar das Universum zu unterwerfen, bedroht die Permanenz menschlichen Lebens auf der Erde, das »echte« und schon vorher das »autonome« Leben. Jonas fordert eine »Tatsachenwissenschaft von den Fernwirkungen technischer Aktionen«. Zu diesen Fernwirkungen kommt im digitalen Zeitalter die Möglichkeit einer Fernsteuerung des Menschen. Hans Jonas hat die Möglichkeit einer Verhaltenskontrolle durch biologische, medizinische oder psychologische Techniken bereits thematisiert:

>*Die widerspenstigen Probleme der Herrschaft und Autonomie in der modernen Massengesellschaft machen die Ausdehnung solcher Kontrollmethoden auf nicht-medizinische Kategorien äußerst verführerisch für die Zwecke sozialer Manipulation.*«[83]

Eine der Fernwirkungen der digitalen Technologien ist diese Fernsteuerung des Menschen. Als Gegenmittel zu einer Optimierung von Menschen durch Normen, die für Maschinen erdacht wurden, eignet sich das, was die Humanisten »Bildung« nannten. Sollen die großen Veränderungen, die KI und Quantencomputer bringen werden, noch steuerbar bleiben, muss das Wissen gefördert und das Urteilsvermögen eingeübt werden. Es ist eine Frage der Ethik, ob der Mensch auf der Brücke bleibt oder bald das Steuerrad seines Lebens an nichtmenschliche Akteure übergeben wird.

Hans Jonas' »Prinzip Verantwortung« postuliert, die Ethik des Menschen solle sich im Einklang mit seinen Fähigkeiten entwickeln. Deshalb sei die Erweiterung der Ethik vom Individuum, vom Zwischenmenschlichen auf die Umwelt, auf die langfristigen Auswirkungen der neuen Technologien auf die zukünftigen Bedingungen des menschlichen Lebens auf der Erde nötig. Denn es steht nun in unserer Macht, die Natur vollkommen zu zerstören und damit auch die Lebensgrundlagen des Menschen. Er erwähnte die Macht der Technik über die Menschen, etwa die Fähigkeit zur Verlängerung des Lebens, aber er war vor allem besorgt über die Macht über die Natur.

Heute müssen wir uns jedoch auf die Macht der Technik über die Menschen konzentrieren, neben der Macht über die Natur, die weiter ein wichtiger Problembereich bleibt. Wir müssen noch eine zusätzliche Erweiterung der individuellen und politischen Ethik anstreben. Das Prinzip der Vorsorge ist nämlich nicht nur ein Prinzip des Umweltrechts. Es ist ein allgemeines Prinzip. Heute müssen wir es ausweiten auf die Demokratie, die Grundrechte und die Rechtsstaatlichkeit und Fragen, was Technik für diese Grundpfeiler unseres Zusammenlebens bewirkt.

Der Erfolg der Umweltbewegung geht auch darauf zurück, dass es im Menschen ein tief verankertes Bedürfnis gibt, in Übereinstimmung mit der Natur zu leben. Ein Bedürfnis, das die Einsicht in die Notwendigkeit fördert, Ökonomie und Ökologie zum Ausgleich zu bringen und den »Krieg gegen die Natur« zu beenden.[84]

Daneben gibt es aber auch das tiefverankerte Bedürfnis des Menschen, im Einklang mit seinen Mitmenschen, aber auch mit sich selbst zu leben. Dies zu erkennen, und darüber hinaus zu erkennen, dass heute ein Wirtschaftskrieg um die Vorherrschaft in den Köpfen der Menschen geführt wird, der eine digitale Innenweltverschmutzung zur Folge hat, kann der Ausgangspunkt für eine Renaissance demokratischer Werte werden.

Heute muss, angesichts der Herausforderungen durch KI, verstärkt das Verhältnis Mensch-Technik zum Paradigma der Ethik gemacht werden, damit wir nicht zu den Knechten des neuen Herren KI werden. Angesichts der Gefahren, die von einer voll ausgebildeten Allgemeinen Künstlichen Intelligenz für den Menschen ausgehen könnte, ist auch die Kritik an Jonas, die ihm vorwirft, aus der reinen Annahme katastrophaler Folgen ein Verbot derartiger Technik abzuleiten, zurückzuweisen.[85]

Doch Jonas hat nicht nur das Prinzip Verantwortung begründet. Er hat stets auch das »Prinzip Leben« in den Mittelpunkt seiner Arbeit gestellt. Dabei hat er in der fundamentalen Leiblichkeit des Lebens einen Aspekt des menschlichen Bewusstseins hervorgehoben, der ein deutliches Unterscheidungsmerkmal zur KI darstellt:

>*Kraft der unmittelbaren Zeugenschaft unseres Leibes können wir sagen, was kein körperloser Zuschauer zu sagen imstande wäre: dass dem mathematischen Gott in seiner homogenen analytischen Sicht der entscheidende Punkt entgeht – der Punkt des Lebens selber: dass es nämlich selbst-zentrierte Individualität ist, für sich seiend und in Gegenstellung gegen `alle übrige Welt, mit einer wesentlichen Grenze zwischen Innen und Außen.«[86] Hans Jonas*

Es könnte also sein, dass mit der Leiblichkeit und Lebendigkeit des Menschen der dauerhafte und entscheidende Unterschied zur »Intelligenz« der Maschinen markiert ist. Dafür spricht auch, dass die Rolle des Willens für das menschliche Bewusstsein ebenfalls von Maschinen nur schwer zu simulieren ist.

Das »Prinzip Verantwortung« muss heute im Zeitalter des entfesselten digitalen Prometheus Vorsorge für die Demokratie bedeuten. Dies gilt umso mehr, als die Abschätzung der Folgen der neuen Technologien zeigen, dass diese, in ihren den Kapitalismus und Populismus verstärkenden Effekten, demokratiezersetzend wirken. Das Prinzip Verantwortung wird damit zu einem zentralen Mittel der Vorsorge für die Demokratie.

Hans Jonas weiter zu denken, kann am Ende auch heißen, ihn mit Habermas zu kombinieren. Der sagt:

>*Die Irrationalität der Herrschaft, die heute zu einer kollektiven Lebensgefahr geworden ist, könnte nur durch eine politische Willensbildung bezwungen werden, die sich an das Prinzip allgemeiner und herrschaftsfreier Diskussionen bindet. Rationalisierung der Herrschaft dürfen wir nur erhoffen von Verhältnissen, die die politische Macht eines an Dialoge befundenen Denkens begünstigen. Die lösende Kraft der Reflexion kann nicht ersetzt werden durch die Ausbreitung technisch verfügbaren Wissens.«[87]*

F 4 Exkurs zu Rawls: Der unsichtbare Schleier um das Digitale

>*Die Gerechtigkeit ist die erste Tugend sozialer Institutionen, so wie die Wahrheit bei Gedankensystemen.« John Rawls[88]*

Wir haben bisher zwei Gedankenexperimente beschrieben, die helfen können, ethische Standards für KI zu finden: erstens Kants Kategorischen Imperativ, ergänzt durch den Nachhaltigkeits-Imperativ von Hans Jonas und zum zweiten Habermas' Fiktion des herrschaftsfreien Diskurses.

Ein weiteres Gedankenexperiment hilft, die Rolle der Gerechtigkeit in diesem Kontext zu klären: John Rawls übertrug das Bild der Justitia mit verbundenen Augen und der Wage in der Hand auf die fiktive vertragliche Begründung einer Gesellschaftsform. Zur Begründung von Normen in einer solchen Gesellschaft entwickelte er das Experiment vom »unsichtbaren Schleier«.

In diesem Modell hat eine Gruppe die Aufgabe, die Regeln einer neuen Gesellschaft festzulegen. Das Besondere: Keiner der Teilnehmer weiß zu diesem Zeitpunkt, welche Rolle er später in der neuen Gesellschaft spielen wird: Ob er als klug oder dumm, als schön oder hässlich, weiß oder schwarz, reich oder arm in der Gesellschaft leben wird, deren Regeln er entwerfen soll. Wie würde dann die Gesellschaft aussehen?

Rawls' These ist, dass die Mitglieder dieser Gruppe aus ureigenem Interesse Grundsätze festlegen werden, die »gerecht« sind. Da sie ihre eigene Rolle nicht kennen, werden sie sich bemühen, möglichst für alle Mitglieder der Gesellschaft faire Bedingungen zu schaffen. Der Clou des Experiments liegt darin, dass aufgrund des Schleiers des Nichtwissens jeder versucht, möglichst die Perspektiven der anderen Gesellschaftsmitglieder einzubeziehen, und die Regeln, die aufgestellt werden, einem Fairnesstest unterzieht. Umgekehrt lässt es den Schluss zu, dass Gerechtigkeit entstehen kann, wenn viele verschiedene Perspektiven eingenommen und daraus Regeln abgeleitet werden, die eine faire Balance der Interessen garantieren.

Es ist das herausragende Verdienst von John Rawls, dass er in einer Zeit, die durch die Wertfreiheitsdiskussion der Wissenschaft geprägt war, den Begriff der Gerechtigkeit wieder in die politische Debatte eingeführt hat. Und zwar mit philosophischen Mitteln. Rawls argumentierte stark gegen den Utilitarismus, wie ihn John Stuart Mill entwickelt hatte. Der Utilitarismus verfolgt das Ziel, das Wohl des Kollektivs zu maximieren, auch wenn der Einzelne im Extremfall Schaden nimmt. Dagegen folgt Rawls Kant: Die Würde des Einzelnen ist für ihn unantastbar. Der Einzelne darf niemals für das Kollektiv geopfert werden, niemals zum bloßen Mittel werden, er ist immer Zweck an sich selbst.

Rawls stellte sich damit einem Problem, das aus Max Webers Theorie der Moderne folgt. Weber hatte das Weltbild der modernen Naturwissenschaft zur Wertfreiheit der Wissenschaft geführt, also der strikten Trennung von empirischer Erkenntnis und Werturteil. Normen können für Weber nicht wissenschaftlich und rational begründet und gerechtfertigt werden. Dem Rationalitätsprozess insgesamt liegt für Weber ein Herrschaftsanspruch zugrunde:»Das menschliche Leben samt seiner natürlichen Umwelt gilt als vollständig verfügbar.«[89] Daraus entsteht die Verlockung, Rationalität auf Zweckrationalität zu verkürzen, die dann gleich einen eigenen Universalitätsanspruch erhebt. Mit dramatischen Folgen: Der »unlösliche, ja sogar unüberbrückbar tödliche Kampf der verschiedenen Wertordnungen beherrscht die Welt«, so Max Weber[90], und führe letztlich zu einer »axiologischen Vielgötterei«.»Zwischen den ›Göttern‹ nämlich den letzten Wertgesichtspunkten, denen sich der Mensch unterwerfen kann, ist eine rationale Entscheidung grundsätzlich nicht möglich.«[91] Mit weitreichenden Folgen für die Moderne:»An die Stelle einer rationalen Ethik tritt die Irrationalität des Meinungskampfes.«[92] Die Zweckrationalität droht die praktische Vernunft zu verdrängen und abzulösen.

Rawls verfolgt hingegen das Ziel, eine objektive, substanzielle Rationalität und mit dieser Gerechtigkeitsprinzipien zu begründen, die streng intersubjektiv und damit allgemein gültig sind. Laut der Analyse von Otfried Höffe gelingt es Rawls, den Wert der Gerechtigkeit sogar unter Beibehaltung von Webers Postulat der Wertfreiheit der Wissenschaft rational zu begründen. »Rawls erkennt das aufgeklärte Selbstinteresse als letzten Maßstab an und lässt es unter idealen Bedingungen agieren.«[93] Damit schafft es Rawls, einem vorherrschenden mathematisch-ökonomischen Denken zu beweisen, dass Werte und Normen rational begründbar und damit grundsätzlich auch universalisierbar sind.

Das Gedankenexperiment ließe sich auch bei der Entwicklung von *Ethics by Design* für KI Systeme durchspielen: Alle Programmierer, die an einer KI Software arbeiten, begeben sich gewissermaßen hinter einen virtuellen Vorhang: Sie wissen, dass sie Mitglieder der Gesellschaft sein werden, in der die von ihnen programmierte Software eingesetzt werden soll. Sie wissen aber nicht, in welcher Weise sie von den Folgen ihrer eigenen Programmierung betroffen sein werden. Sie könnten als Arbeitslose, Krankenpfleger, Rentner, Schüler, Manager, Geschäftsleute, Imbissbudenbesitzer, als Behinderte oder nicht Behinderte, Reiche oder Arme, Christen, Juden oder Muslime etc. den Folgen ihrer Software ausgesetzt sein. Den Schleier des Nichtwissens vor der Programmierung anzuwenden könnte helfen, die Programmierer für die Auswirkungen ihrer Programme auf alle Beteiligten zu sensibilisieren und die Algorithmen dadurch sozial verantwortungsvoller zu gestalten.

Einen ähnlichen Vorschlag hat Sarah Spiekermann in ihrem Buch *Digitale Ethik* gemacht. Sie zeigt dort,[94] wie etwa die Programmierung der App für einen Lebensmittellieferservice ganz unterschiedliche Ergebnisse bringen kann, je nachdem, ob die Programmierer ausschließlich das Ziel verfolgen, die Zahl der Lieferungen in einem bestimmten Stadtteil und in einer bestimmten Zeit zu optimieren, oder ob die Bedürfnisse der Fahrradkuriere nach Ruhepause, Kommunikation untereinander und mit den Kunden auch berücksichtigt werden. Spiekermann skizziert damit überzeugend, wie künftig Ethik in die Ausbildung von Software-Ingenieuren einfließen kann.

Im Sinne von Rawls könnte man unterstellen, dass das Experiment ethische Reflexionen über die möglichen Folgen der Software auslöst, die dazu führen, diese möglichst fair und gerecht auf die Beteiligten zu verteilen. Die Annahme ist, dass mit der Integration des »Schleiers des Nichtwissens« die Ingenieure einen ethischen Leitfaden zum festen Bestandteil ihrer Programmierung machen würden, der die Gesellschaft als Ganzes und auch deren schwache Mitglieder schützt. Durch den Schleier des Nichtwissens könnten also »faire Algorithmen« entwickelt werden.

Eine unregulierte KI dagegen birgt die Gefahr, die Grundlagen einer gerechten Gesellschaft zu unterlaufen. In dem Ziel, den Menschen technisch und genetisch zu optimieren, liegt auch eine Gefahr für die Ethik. Wenn es einer künftigen Technologie gelänge, die zufälligen natürlichen Lebensbedingungen, wie die genetische »Lotterie des Lebens« unter Kontrolle zu bringen und damit den akzidentellen Charakter zu nehmen, hätte dies Folgen für den Begriff von Gerechtigkeit in einer solchen Gesellschaft. Das bislang Unverfügbare würde durch »Optimierung« restlos verfügbar gemacht werden. Weil damit die bisher unverfügbaren Grundlagen individuellen Lebens etwa in Form der genetischen Ausstattung manipulierbar würden, würde das Interesse der Beteiligten entfallen, sich in die Rolle eines anderen Individuums zu versetzen und stattdessen darauf verlagert, möglichst die eigene Position zu verbessern. Gerechtigkeit würde dann nicht mehr angestrebt.[95] Es wäre dann nicht mehr notwendig, sich über eine gerechte Gesellschaft Gedanken zu machen, die natürliche Kontingenzen ausgleicht, sondern nur noch über eine optimierte Gesellschaft, die diejenigen, die über die entsprechenden Mittel verfügen, in die optimale Ausgangslage bringen. So wie es die Kalifornische Ideologie tut. Gerechtigkeit läge dann nicht mehr in dem ureigenen Interesse jedes Einzelnen.

F 5 Philosophische Alternativen zum technologischen Absolutismus

5.1. Humboldt-Brüder als Inspiration

Die Menschheit steht vor der Frage, ob sie ihre Zukunft in die Hände einer Künstlichen Intelligenz und damit eines ökonomisch-technologischen Komplexes legen soll, der ihr mit Heilsversprechen aufwartet, gegen die diejenigen der Religionen klein erscheinen, dessen Preis aber ebenso hoch sein wird. Oder ob sie eine tiefere Humanisierung anstrebt, die nicht in einen weiteren Gegensatz, sondern in ein neues Verhältnis zur Natur führt. Eines, das vom Prinzip Verantwortung geprägt ist und dabei auf dem Prinzip Mensch beruht.

Eine Alternative holistischen Denkens zur totalen kybernetischen Systemtheorie unserer Tage findet sich bei den Humboldt-Brüdern. Ihre Theoriebildung belegt, dass Betrachtung von ganzheitlichen systemischen Zusammenhängen auch möglich ist, ohne in der Verabsolutierung kybernetischer Steuerungslogiken zu enden und ohne die Autonomie des Einzelnen preiszugeben. Am Beispiel Alexander von Humboldts und seines Bruders Wilhelm von Humboldt lässt sich zeigen, dass es schon zu Beginn des 19. Jahrhunderts ein ganzheitliches Natur- und Sprachverständnis gab, das es erlaubte, dem Menschen eine Rolle im Kosmos zuzugestehen, die ihn weder zum Herrn der Welt noch zum bloßen Rädchen im Getriebe macht.

Alexander von Humboldt sieht die gesamte Natur als einen Organismus, der von »Lebenskräften« und einem »Bildungstrieb« beherrscht wird. Im Anschluss an Kants Systembegriff einer physischen Geographie,[96] bei dem sich einzelne Fakten in ein System einordnen müssen, um einen Sinn zu ergeben, und Goethes Verschmelzung von Kunst und Wissenschaft, dem der Glaube an die Einheit der Natur zugrunde liegt, schickt sich Humboldt an, die Natur zu vermessen. Dabei vermeidet er jeglichen Anthropozentrismus, demzufolge die Natur in all ihren Erscheinungsformen für den Menschen da sei. Mit seiner ganzheitlichen Untersuchungsmethode entdeckt er als Erster von Menschen verursachte Klimaveränderungen.[97] Und er erkennt ökologische Kettenreaktionen, weil alles mit allem zusammenhängt: »Das Ganze ist Wechselwirkung.«[98]

Humboldt will das dualistische Weltbild Descartes' überwinden, in dem die Erkenntnis der Natur auf Naturbeherrschung ausgerichtet ist. Mit Descartes begann in der Neuzeit der Siegeszug von Wissenschaft und Technik. Er teilte die Welt ein in die zwei Substanzen *Res Cogitans* (das Denken) und *Res Extensa* (die natürlichen Dinge). Dem menschlichen Denken steht die unbeseelte ausgedehnte Natur gegenüber. Die Subjektivierung des Menschen, die allem Erkennen zugrunde liegt, und die in der berühmten Sentenz vom *Cogito ergo sum* mündet, entspricht die Objektivierung der Natur, die durch Technik und Wissenschaft beherrscht und zum Besitz gemacht werden soll: »Die Menschen sind die Herren und Besitzer der Natur.«[99] Beherrschung und Besitz sind bei Descartes die Ziele, denen sich die Erkenntnis verschreibt. Ihr Ziel ist die Eroberung der Natur durch Technik.

Demgegenüber zeichnet sich der Naturbegriff des jungen Forschers Humboldt durch Einfühlung aus, die das Prinzip des Lebendigen in der Natur sucht:

»Alles fließt aus einer Quelle (...) und schmilzt in eine ewige, allverbreitete Kraft zusammen.«[100] Humboldt, der aufbrach, um die Welt neu zu vermessen, erkannte auch die Grenzen seiner wissenschaftlichen Methode: »Was zu unserem Gemüte spricht, entzieht sich der Messung.«[101]

Bei seiner legendären Besteigung des Chimborazo in Ecuador trieb Humboldt an, dass man »einen höheren Standpunkt« einnehmen muss, um die Natur zu verstehen. Auf den Höhen des Chimborazo erkannte er, dass »die Natur ein Netz des Lebens und eine globale Kraft ist..., dass alles mit allem zusammenhängend wie durch ›tausend Fäden‹ verbunden ist.«[102]

Wir begegnen hier, 150 Jahre vor der Bewunderung des *Whole-Earth*-Fotos durch Stewart Brand, dem *Overview Effect*, der zu einem neuen Naturbegriff führte, den Humboldt in seinem berühmten »Naturgemälde« versuchte festzuhalten, und den er so ausdrückte: Die Natur ist für ihn »Einheit in der Vielheit.«[103] Die Natur besteht für den jungen Forscher aus einem Netz von Kräften, die in ständigen Wechselwirkungen sind. In seinem Hauptwerk *Kosmos* schreibt er, alles sei »Teil in dem ewigen Treiben und Wirken der lebendigen Kräfte«. Die Natur sei »ein lebendiges Ganzes«, in dem sich Organismen zu einem »netzartig verschlungenen Gewebe verbinden.«[104]

Während Alexander von Humboldt mit seinen Expeditionen und Naturforschungen Epoche machte, legte sein Bruder Wilhelm die Grundlagen der modernen Sprachwissenschaft. Er bediente sich desselben Denkmusters wie sein Bruder, wenn er versuchte, das Wesen der Sprache zu fassen. »Die Sprache ist das bildende Organ des Gedanken.«[105]

Die Sprachen werden Humboldt zufolge analog zu den Organismen der Natur von einem Bildungstrieb geprägt. Dabei ist die Sprache stets mehr als nur ein Werkzeug zum Ausdruck von Gedanken, sie prägt vielmehr durch die Rolle der Einbildungskraft beim Sprechen die Gedanken, sie ist damit Organ der menschlichen Welterschließung. Unterschiedliche Sprachen schaffen bei dieser Welterschließung einzigartige »Weltansichten«, die verschiedene Perspektiven dieses offenen, nie abschließbaren Prozesses ausdrücken. Dabei vermeidet Humboldt einen Relativismus, wie er in der Sprachphilosophie des 20. Jahrhunderts dann häufig vertreten wurde. Die Sprache ist bei Wilhelm von Humboldt, wie die Natur bei seinem Bruder, kein mechanisches Konstrukt, sondern ein Organismus, ein Netz, das aus Handeln, Denken und Sprechen gewebt ist.[106] Jede einzelne Sprache stellt eine besondere Perspektive dar, die aber mit allen anderen Sprachen organisch zu einem Ganzen verbunden ist.

Wir können von den Humboldt-Brüdern lernen, wie eine Theoriebildung gelingen kann, die die szientistisch verkürzte Methode instrumenteller Naturbeherrschung überwindet. Eine solche Theorie muss ihre eigene Perspektive reflektieren und berücksichtigen, dass sie Teil des Ganzen ist, das sie erkennen will, nicht »Herr und Besitzer« der durch eine unüberwindliche Spaltung getrennten Natur.

Für die Theoriebildung insgesamt ist es entscheidend, welchen Gesichtspunkt man einnimmt, welche Perspektive der Sprechende hat. Staunend im Kosmos des Großen Ganzen, wie es in der antiken Philosophie paradigmatisch war, oder zweifelnd und als Bewusstsein getrennt von der materiellen Außenwelt, wie es für die Subjektphilosophie der Neuzeit konstituierend ist, oder als Teilnehmer, der »immer schon« in soziale und natürliche Zusammenhänge eingebettet ist, und der versucht sich sprachlich intersubjektiv zu orientieren, wie es das sprachphilosophische Paradigma im 20. Jahrhundert postulierte.[107]

Wir lernen auch bei den Humboldt-Brüdern, dass die Sprache für die menschliche Welterschließung zentral ist, weil sie nicht nur das Verhältnis des Menschen zur Natur bestimmt, sondern auch Verständigung in der Gesellschaft ebenso ermöglicht wie die Individualisierung in ihr.

Diese Einsichten könnten gegen totalisierende Herrschaftsansprüche einer einseitigen technisch verkürzten Vernunft fruchtbar gemacht werden, die in der Kalifornischen Ideologie vorherrscht. Sie können andererseits die regressive Vorstellung einer unmittelbaren Harmonie von Mensch und Natur, wie sie die Kalifornische Ideologie im Anschluss an die Gaia-Hypothese entwickelte, korrigieren, weil sie ausgehend vom Idealbild eines zur Autonomie fähigen Menschen entwickelt wurden.

5.2. Lernen von der Quantentheorie?

Ein Baum, der fällt macht mehr Krach als ein Wald, der wächst.
(tibetanische Weisheit)

Unsere Geschichte ist die Geschichte der fallenden Bäume,
dabei ist das Prinzip des Lebendigen der wachsende Wald.
Hans-Peter Dürr[108]

Wir haben gesehen, dass Kalifornische Ideologie und Dataismus sich im Kern auf naturwissenschaftliche Erkenntnisse berufen. Aus physikalischen, biologischen, mathematischen und kosmologischen Thesen leiten sie ihre zentralen Glaubenssätze ab.

Ganz sicher beziehen sie auch einen Teil ihrer Faszination aus der Verarbeitung etwa der aktuellen astro-physikalischen Theorien zur Entstehung und zur Entwicklung des Weltalls. Welche Geschichte ist größer als die vom Urknall über die Entstehung von Materie, Sonnen, Planeten und letztlich des Lebens? Woher kommen wir? Wohin gehen wir? Die Grundfragen des Menschen werden in der modernen Astrophysik und in der Quantenphysik beantwortet, ganz ohne Mythen und ganz ohne Religion. So scheint es zumindest.

Der Heisenberg-Schüler Hans-Peter Dürr hat einige Eckpunkte eines Weltbildes auf Basis der Erkenntnisse der Quantenphysik zusammengestellt:

Eine von der Quantenphysik ausgehende Ontologie besagt demnach, dass die Grundlage der Materie geistig ist, das bedeutet, dass Wirklichkeit immer Potentialität ist.

Weiterhin, so Dürr, hängt nach den Erkenntnissen der Quantentheorie alles mit allem zusammen und bildet ein Ganzes (Relationismus und Holismus), Grundlage dafür sind in der Quantenphysik die Phänomene »Nichtlokalität« und »Verschränkung«. Aus der besonderen »Stellung des Menschen im Kosmos« die daraus resultiert, dass er diese Zusammenhänge als einziges Lebewesen erfassen kann, folgert Dürr die besondere Verantwortung des Menschen für das Ganze der Natur.

Im Gegensatz zum Dataismus, wo das Gute sich an der Quantität der Datenverarbeitung bemisst, gilt in Dürrs Ethik dasjenige als gut, das dazu beiträgt dieser Verantwortung möglichst gerecht zu werden.

Dürrs Schriften zeigen wie die von Heisenberg und Carl Friedrich von Weizsäcker, dass auch Einsichten aus der Quantenphysik in eine aktuelle philosophische Neubestimmung einfließen können, wenn sie den naturalistischen Fehlschluss vermeiden. Denn sie folgern aus dem wachsenden Wissen des Menschen, dass er in besonderem Maße Verantwortung trägt. Das Sollen leitet sich nicht aus dem Sein ab, sondern allein aus der Reflexionsfähigkeit des Menschen.

Werner Heisenberg, einer der Begründer der Quantenphysik, hat Zeit seines Lebens versucht, eine Brücke von der Physik zur Philosophie und zu gesellschaftlicher Verantwortung zu schlagen. Heisenberg zählte zu den Physikern, die sich politisch mit der »Göttinger Erklärung« zu Wort meldeten, die Kontrolle der Atomwaffen forderten und vor den Gefahren des Wettrüstens warnten.[109] Er handelte aus der Verantwortung des Wissenschaftlers, der erkennt, welche Folgen seine Entdeckung für die Menschen haben können.

Die Quantenphysik führt zum endgültigen Abschied von deterministischen Weltbildern, denen Kurzweil und Co. letztlich verhaftet bleiben. Anstelle der bis dahin angenommenen mechanistischen, dinglichen, objektivierbaren und zeitlich determinierten »Realität« entpuppt sich die Wirklichkeit der Quantenphysik als »Potentialität«: Ein nicht auftrennbares, immaterielles, zugleich wesentlich indeterminiertes und genuin kreatives Beziehungsgefüge.

Die Quantentheorie hat auch ein erkenntnistheoretisches Moment, näm-lich, dass »der Beobachter durch Auswahl der Beobachtungsinstrumente, durch Auswahl der Messinstrumente, sehr großen Einfluss nehmen kann«, so Anton Zeilinger, einer der führenden Quantenforscher unserer Zeit.[110] Zeilinger geht noch weiter: »Er kann mit seiner Beobachtung nicht nur das beobachtbare System beeinflussen. Das ginge ja noch. Wir haben aber gelernt, dass er sogar durch Auswahl seiner Messinstrumente entscheiden kann, welche Eigenschaften von Quantensystemen Wirklichkeit werden. Es ist nicht nur so, dass die Beobachtung das Beobachtete stört. Es ist vielmehr so, dass die Beobachtung die dann beobachteten Eigenschaften eines Systems realisiert.«[111] Das führt ihn zu der Einsicht, dass der Mensch die Welt schon beeinflusst, wenn er versucht, sie zu erkennen. »Wir haben etwa gelernt, dass die Vorstellung, die Welt sei in ihren Eigenschaften unabhängig von uns, und wir beobachten sie nur passiv, falsch ist.«[112]

Daneben bezeichnet es Zeilinger als das faszinierendste Ergebnis der Quantenphysik, dass »die Konzepte Wirklichkeit und Information nicht getrennt werden können.«[113] Die Quantentheorie lehrt uns: »Die Welt ist offen und damit die Zukunft.« Die Welt ist nicht mehr »alles, was der Fall ist« (Wittgenstein), sondern vielmehr ebenso alles, was der Fall sein könnte. Die Menschen müssen diese Potentialität also bedenken, wenn sie handeln und für die Folgen ihrer Handlungen, die neue Potentialitäten schaffen, Verantwortung übernehmen.

5.3. Kritische Theorie des Digitalen

»Ein Gespenst geht um in der Welt: Das Gespenst der Digitalisierung. Es wird längst als Macht anerkannt. Es wird höchste Zeit, dass die digitalen Giganten die Anschauungsweisen, die Zwecke und die Tendenzen vor aller Welt offenlegen.«[114] So könnte der Anfang des Kommunistischen Manifests von Marx und Engels heute abgewandelt werden. Damals ging es darum, die wachsende Macht der kommunistischen Bewegung und ihre Ideen zu erläutern. Heute ist es wichtig, die größte Utopie unserer Tage zu analysieren und zu kritisieren, die Utopie von der Lösung aller Menschheitsprobleme durch Technik, hinter der sich der größte ökonomisch-technologische Machtkomplex in der Geschichte verbirgt. Die Subjekte sind in dieser Wirtschaftsform keine selbstbewussten Akteure mehr, die ihre eigenen Zwecke setzen. Diese Entmündigung wird heute, wenn auch ganz sanft, vom Apparat direkt beim Individuum vorgenommen. Als direkter Eingriff in seine Wünsche und Entscheidungen. In Form des »Nudging« zu zukünftigem (Kauf-)Verhalten, das einer massiven Asymmetrie des Wissens und damit der Macht beruht: Die Plattform weiß über das Individuum mehr, als es über sich selbst weiß, sogar was es in Zukunft tun möchte.

Das Wissen über diese Asymmetrie jedoch müssen die Subjekte verdrängen, weil sie sonst ein »unglückliches Bewusstsein« (Hegel) entwickeln würden. Die Verdrängung geschieht durch Anpassung an die Manipulation, schließlich sind es ja »meine« Wünsche, die mir dort als Handlungen nahegelegt werden. Es fühlt sich an, als sei es der eigene Wunsch des Individuums. Passend zu den »gefühlten Wahrheiten und Fakten« nimmt das manipulierte Subjekt auch die gefühlten Wünsche als eigene wahr.

Adorno hat in seinem Vortrag über die Erziehung zu Mündigkeit in einer vordigitalen Gesellschaft die Aufgabe der Kritik darin gesehen, auf diese Täuschung hinzuweisen:

>*»So dass man einfach versucht, zunächst einmal überhaupt das Bewusstsein davon zu erwecken, dass die Menschen immerzu betrogen werden, denn der Mechanismus der Unmündigkeit heute ist das zum Planetarischen erhobene mundus vult decipi, dass die Welt betrogen sein will. Dass diese Zusammenhänge allen bewusst werden, könnte man vielleicht doch im Sinn einer immanenten Kritik erreichen, weil es wohl keine normale Demokratie sich leisten kann, explizit gegen eine derartige Aufklärung zu sein.«*[115]

Adornos Vorschlag, einer immanenten Kritik heute zu folgen, würde bedeuten, die Mechanismen des Datenmissbrauchs aufzudecken und den Behauptungen des Solutionismus entgegenzutreten, dass alle Probleme der Welt allein mit Technik lösbar seien.

Wenn heute im angelsächsischen Raum von einer Renaissance der Frankfurter Schule die Rede ist,[116] wenn die Frage gestellt wird, ob und wenn ja wie Adorno Trump vorhergesehen hat,[117] zeigt das das Bedürfnis nach einer kritischen Theorie, die die digitalen und ökonomischen Verwerfungen des Spätkapitalismus analysieren und Alternativen entwerfen kann.

Demgegenüber führt die Kalifornische Ideologie zur Aufgabe von Kritik und zur Identifikation mit dem (vermeintlich) Unausweichlichen. Doch die digitale Erlösungshoffnung ist nur um den Preis der völligen Selbstaufgabe des Menschen zu haben. Nach dem »Tod Gottes« (Nietzsche) setzt die Kalifornische Ideologie an seine Stelle aber keineswegs den Menschen, wie es der Titel des Bestsellers *Homo Deus* nahelegt, sondern das falsche Ideal einer formalisierten Systemrationalität. Der *Homo Deus* ist keine Vergottlichung des Menschen, sondern letztlich die Unterwerfung des Menschen unter eine götzenhaft gewordene Maschine. Das goldene Kalb, um das getanzt wird, ist die selbstgeschaffene Künstliche Intelligenz. Diese Reduktion stellt eine Verdunkelung der Vernunft, einen »Eclipse of Reason«[118] dar. Die Abschattung der Vernunft steht nicht im Gegensatz zur Helligkeit der Transparenz und Gegenwart von gleichzeitig unendlich vielen Informationen: »Alles ist erleuchtet und nichts ist zu sehen«, schreibt der KI-Experte James Bridle.[119] Die Formulierung klingt wie ein Echo auf die berühmte Einleitung der Dialektik der Aufklärung von Horkheimer und Adorno: »Die vollends aufgeklärte Erde erstrahlt im Zeichen triumphalen Unheils.«[120]

Viele Einsichten der *Dialektik der Aufklärung* ließen sich für eine Dialektik der Digitalisierung nutzen. Ebenso wie die Kritische Theorie darf eine solche Theorie aber nicht im Kern gegen das argumentieren, was Gegenstand der Analyse sein soll: Auch Horkheimer und Adorno wollten die Aufklärung über sich selbst aufklären, über ihre blinden Flecken, die dazu führen, das Emanzipationsversprechen in Herrschaft umschlagen, und sie nicht abschaffen. Ebenso ist es wichtig, mit der Digitalisierung grundsätzlich nicht die Technologie als solche, sondern ihre Instrumentalisierung und Ausgestaltung durch den Imperativ eines technologisch-ökonomischen Komplexes zu kritisieren. Dieser hat sich zum Ziel gesetzt, totale ökonomische und letztlich auch politische Macht zu erobern. Die digitale Technik sollte vielmehr der Gesellschaft gehorchen und dienen, die sie hervorgebracht hat.

5.4. Adornos Flaschenpost

Adorno sprach im Zusammenhang mit der Dialektik der Aufklärung von einer Flaschenpost, die für spätere Generationen bestimmt sei.[121] Öffnen wir die Flasche mit einigen Zitaten, die sich wie Beschreibungen unserer digitalen Gegenwart lesen:

> »Die Blindheit und Stummheit der Daten, auf welche der Positivismus die Welt reduziert, geht auf die Sprache selbst über, die sich auf die Registrierung jener Daten beschränkt.«[122]
> »Die Signifikation, als einzige Leistung des Wortes von der Semantik zugelassen, vollendet sich im Signal.«[123]
> »Alles hat nur Wert sofern man es eintauschen kann, nicht sofern es selbst etwas ist.«[124]
> »Die Industrie ist an den Menschen bloß als ihre Angestellten oder Kunden interessiert und hat in der Tat die Menschheit als Ganze wie jedes ihrer Elemente auf diese erschöpfende Formel gebracht.«[125]
> »Eitel die Hoffnung, dass die ... lügenhafte Unterschiebung des Stereotypen fürs Individuelle von selber unerträglich werde.«[126]

Im Menschen gäbe es eine »geheime Befriedigung darüber, dass man endlich der Anstrengung der Individuation durch die freilich atemlosere der Nachahmung enthoben sei.«[127]

Wenn das in der Ära der Digitalisierung zutrifft, was bleibt dann angesichts der heutigen Totalisierung der technologisch-ökonomischen Vernunft? Kritisches Denken, trotz aller Totalität des Falschen, in dem es nach einem anderen geflügelten Wort Adornos bekanntlich kein richtiges Leben geben kann? Es bleibt auch bei Adorno letztlich die Besinnung auf Humanität und Freiheit übrig: »Kritisches Denken, das auch vor dem Fortschritt nicht innehält, verlangt heute Parteinahme für die Residuen von Freiheit, für Tendenzen zur realen Humanität, selbst wenn sie angesichts des großen historischen Zuges ohnmächtig scheinen.«[128] Instrumentelle Vernunft entsteht, so haben es Horkheimer und Adorno gezeigt, wenn das *principium sese conservare*, das Prinzip der Selbsterhaltung, auf reine Selbstbehauptung reduziert wird. Die instrumentelle Vernunft folgt dann dem Ziel, möglichst viele Vorteile zu sichern, um möglichst großen Nutzen zu ziehen, und nimmt dabei die Zerstörung von Natur und Gesellschaft in Kauf.

Vor allem muss heute die Praxis der Überwachung scharf kritisiert werden, weil sie radikal freiheitsfeindlich ist. Es muss auch im 21. Jahrhundert möglich sein, Epikurs Motto »Lebe im Verborgenen« als Lebensentwurf zu wählen, ohne sich dem Verdacht des Terrorismus auszusetzen und erst recht ohne Überwachung auszulösen.

Für die Freilegung der Residuen der Humanität heute gibt es zahlreiche philosophische Ansätze, von denen wir hier nur einige wenige erwähnen wollten. Die Chancen also, den Geist des digital-ökonomischen Machtkomplexes wieder in die Flasche zu bekommen, stehen gar nicht so schlecht.

G Was tun?

Die gewaltige Konzentration von Wissen, Daten, Infrastrukturkontrolle sowie die Komplexität der durch GAFAM geschaffenen und beherrschten Technologien machen es notwendig, Gesellschaft, Regierungen und Parlamente mit neuen Instrumenten auszustatten, die es erlauben, einerseits die Einhaltung des Rechts und andererseits die Funktionsfähigkeit der Demokratie sicherzustellen.

G 1 Können wir auf die Demokratie in Amerika hoffen?

Können wir auf Amerika hoffen, als das Land, dass immer wieder Reformfähigkeit und Führerschaft in der Demokratie bewiesen hat? Oder können wir wenigstens auf das Lernen über Demokratie und Recht im Silicon Valley hoffen, so dass die Unternehmen sich dem Richtigen und Guten zuwenden?

Amerika nahm in der Geschichte für sich in Anspruch, Führungsmacht für Demokratie und Freiheit zu sein. Heute ist Amerika wieder – wie in der Frühphase seiner Entwicklung – in weiten Teilen durch rohen Kapitalismus beherrscht. Das Anbeten von Wall Street und Silicon Valley, der Kultur des Risikokapitals und privater Initiative hat zu einer Spaltung der Gesellschaft in immer weniger Gewinner und immer mehr Verlierer geführt. Das Ergebnis ist politische Polarisierung und eine Macht des Geldes, die in Kombination zur Unfähigkeit des Gesetzgebers führen, legislativ im Gemeinwohlinteresse tätig zu werden.[1] Die Abwesenheit von gesetzlicher Einhegung oder ihrer Durchsetzung führt zu immer mächtigeren Konzernen in den Kernsektoren Technologie und Soziale Medien, Medien (Netflix), Distribution (*Amazon*), Finanzen (Blackrock[2]) und Energie, die darauf abzielen, Monopole zu bilden (Peter Thiel) und Megaprofite einzufahren.

Hinzu tritt der Systemwettbewerb mit der Diktatur Chinas, wobei der historische Systemwettbewerb um Freiheit, Gerechtigkeit und Wohlstand mit dem Ostblock zu einem Systemwettbewerb um Technologie und Handelsdominanz mit China degeneriert ist. China folgt konsequent dem Weg eines digitalen Leninismus.

Die USA beanspruchen in Sachen Freiheit, Demokratie und Gerechtigkeit, obwohl sie mit China einer Diktatur gegenüberstehen, keine Führerschaft mehr. Wir erleben heute auch in den USA Versuche der Gleichschaltung der Presse und der Unterdrückung von kritischem Journalismus ebenso wie Bestrebungen, die Judikative in ihrer Kontrollfunktion gegenüber der Exekutive zu schwächen. Damit gleicht sich die Regierung Trump in ihrem Streben nach unhinterfragbarer und unkontrollierbarer Macht den Methoden autokratischer Regime an, ohne allerdings bisher den Grad der Unfreiheit Chinas oder der Willkür Russlands zu erreichen.

Im Hass gegenüber individuellen Menschenrechten als zentralen Abwehrrechten gegenüber staatlicher Macht sind sich die Führungen in Washington, Moskau und Peking mit den Autokraten dieser Erde ebenso einig wie in ihrem Hass auf die freie Wissenschaft und die freie Presse als vierte Gewalt.[3]

Trump ist kein Freund von Silicon Valley. Gleichwohl ist unter seiner Präsidentschaft nichts passiert, was die Macht der GAFAM-Unternehmen einschränkt. Die Entscheidung der weitgehend unabhängigen US-Handelsbehörde (FTC) vom 24. Juli 2019, *Facebook* eine Strafe von 5 Milliarden Dollar wegen Nichteinhaltung von öffentlichen Versprechen zum Datenschutz aufzubrummen,[4] ist die Ausnahme. Diese Entscheidung hatte eine geringe praktische Wirkung, aber der Ton der FTC gegenüber GAFAM wird härter. Der Chef der FTC schließt auch eine Zerschlagung der GAFAM-Unternehmen nicht mehr aus.[5]

Frühere politische Skandale in den USA, wie etwa Watergate oder die Pleite von Lehman Brothers waren plötzlich hereinbrechende Ereignisse. Sie lösten schnelle Reaktionen des US-Gesetzgebers aus. Die schleppende Diskussion über die mögliche Zerschlagung und Regulierung der GAFAM beruht auf einer langsam einsetzenden Veränderung der politischen Überzeugungen der Amerikaner, die es sich bisher gemütlich in der Bequemlichkeitsfalle des Digitalen eingerichtet hatten.

Eine demokratische Präsidentschaftskandidatin im Vorwahlkampf, die Senatorin Elizabeth Warren aus Massachusetts, hatte ganz konkrete Pläne für die Zerschlagung und Regulierung von *Facebook, Google* und *Amazon*. Nach ihren Plänen wäre jede Plattform mit einem Umsatz über 25 Milliarden Dollar wie ein Unternehmen der Daseinsvorsorge reguliert worden, dürfte keiner anderen Tätigkeit nachgehen und keine persönlichen Daten anderen Unternehmen zur Verfügung stellen.[6] Im US-Präsidentschaftswahlkampf häufen sich die Forderungen nach der Regulierung von Internet Plattformen und der Zerschlagung von *Facebook* und *Google*,[7] ohne dass diesen Forderungen ein Sturm der Entrüstung entgegen schlägt.[8] Im Gegenteil, ein Großteil der Bevölkerung in den USA unterstützt derartige Forderungen.[9] Und das Ansehen von GAFAM sinkt. In jüngsten Umfragen fiel der Ruf von *Google* um 13 Plätze, *Facebook* sogar 43 Plätze, ein gewaltiger Abfall.[10]

Die wettbewerbsrechtliche Untersuchung der GAFAM-Unternehmen durch den Kongress werden durch den Demokraten David Cicilline geleitet. Ihm wird nachgesagt, von langer Hand eine Reform des US-Wettbewerbsrechts nach den Präsidentschaftswahlen zu planen. In der Tat haben ähnliche frühere Untersuchungen des Kongresses solche Änderungen eingeleitet.[11]

Der demokratische Senator Mark Warner ist ein Vordenker der Demokraten zur Regulierung der Tech-Giganten.[12] Seine umfangreichen Empfehlungen reichen allerdings nicht bis zur Zerschlagung der Unternehmen. Warner hat mehrfach gesagt, nur die großen Tech-Unternehmen seien in der Lage, Amerika vor der Macht der chinesischen Unternehmen zu schützen.[13]

Wenn er sich da mal nicht täuscht: Alle GAFAM-Unternehmen wollen in und mit China Geld verdienen. Der Präsident von *Microsoft*, Brad Smith, berichtet begeistert von einem Besuch des chinesischen Staatspräsidenten Xi Jinping bei *Microsoft*, zu dem alle Tech-Chefs der USA nach Seattle gekommen waren.[14] So zeigten *Microsoft* und die dort versammelten Chefs von GAFAM und andere Techunternehmen ihr Interesse für weitere Geschäfte mit China.

Einige große Zeitungen, wie die *Washington Post* und die *New York Times*, haben ihre kritische Berichterstattung zur Massenüberwachung der Amerikaner durch die GAFAM-Konzerne und über deren Dominanz erweitert. Beide Zeitungen veröffentlichen regelmäßig Recherchen und kritische Kommentare zu den Fehlentwicklungen des unregulierten Internets und der Datenökonomie.[15] Wichtige Stiftungen[16] in den USA unterstützen das Vorhaben, GAFAM zu zerschlagen und streng zu regulieren.

Einer unverbindlichen Erklärung der OECD und der G20 über Prinzipen für die KI stimmte die Trump-Regierung nach anfänglichem Widerstand zwar zu,[17] aber Verbindliches ist unter seiner Regierung nicht in Sicht. Die Trump-Regierung steht damit in der Tradition Washingtons im Hinblick auf den Datenschutz. Unverbindlichen multilateralen Erklärungen in der OECD und anderen internationalen Foren wird zugestimmt, selbst werden aber keine verbindlichen Regeln geschaffen.

Trump findet unreguliertes Big Business gut. Er will nur eines: GAFAM weiter nach rechts zwingen.

Im Mai 2019 hat das Weiße Haus deshalb eine Webseite eröffnet, um angebliche Zensur rechter Meinungen durch Social Media-Unternehmen zu dokumentieren. Die Bürger wurden aufgefordert, sich zu melden, wenn sie Löschungen bemerken, die sie für politische Zensur der sozialen Netzwerke halten.[18] Trumps Diskurs über Presse und soziale Medien gleicht insofern dem der AfD. Von Trump ist weiterhin viel Lärm, aber keine Zerschlagung oder Regulierung der GAFAM-Unternehmen zu erwarten.

1.1. Lawrence Lessig: Von *Code and Other Laws* zur »wehrhaften Demokratie«

Die USA wären aber selbst mit einer demokratischen Präsidentin Warren oder einem Präsidenten Bloomberg kaum in der Lage gewesen, das Internet per Gesetz zu zähmen. Denn der Kongress ist in der Hand des großen Geldes. Dieses Grundproblem der amerikanischen Demokratie macht es fast unmöglich, Gesetze, die das Geschäftsmodell von GAFAM einschränken, durch den Kongress zu bringen. Das Internet und die auf ihm aufbauenden Geschäftsmodelle können alleine aus diesem Grund immer dystopischer werden.

Das sagt der Verfassungsrechtler an der *Harvard Law School* Professor Lawrence Lessig. In seinem Werk von 1999 *Code and Other Laws of Cyberspace*[19] hatte Lessig noch optimistisch auf die Kraft der Transparenz des Internets und die Open-Source-Bewegung als Mittel zur Demokratisierung des Internets gesetzt. Und er ließ sich ein Center für *Fair Use* im Copyright-Recht durch *Google* mit 2 Millionen Dollar finanzieren.[20]

Heute ruft er nach der wehrhaften Demokratie und dem demokratischen Gesetzgeber, um die Auswüchse der GAFAM-Geschäftsmodelle im Internet einzudämmen. Die Grundwerte, die das Internet 1998 definiert haben, sind heute pervertiert. Das Netz ist von einer Chance der Demokratisierung zu einer profitablen Verkaufs- und Desinformationsmaschine im Westen und einem Instrument der Diktatur in China und anderen Autokratien degeneriert. Die Demokratie muss es zurück erobern. Die Regeln können nicht durch *Facebook* oder von GAFAM selbst gesetzt werden.

Heute bestimmen einige tausend Ingenieure darüber, was im Internet passiert. Die Vorstellung, der Code des Internets sei demokratisch, ist naiv. Soziale Netzwerke sind nur scheinbar demokratisch. Es sind die Ingenieure und die Unternehmen, die bestimmen, wie viel Datenschutz es gibt, wer wie viel Zugang hat und wie wir durch Werbung manipuliert werden können, wenn dies nicht durch demokratische Gesetze entschieden wird.

Was jetzt notwendig ist, ist die Plattformen in die Pflicht für die Demokratie zu nehmen. Sie müssen Teil der wehrhaften Demokratie werden, und sicherstellen, dass die Demokratie nicht durch Hass und Gewaltaufrufe im Internet zerstört wird.[21] So der Pionier des Internetrechts Lawrence Lessig von der Harvard Universität.

1.2. Lernt Silicon Valley dazu? Können wir auf Selbstregulierung der GAFAM hoffen?

In den letzten zwei Jahren mehren sich die Zeichen der Einsicht in die Notwendigkeit gesetzlicher Regelungen unter einigen Granden der Tech-Branche. Marc Zuckerberg überraschte die Welt mit der im Wesentlichen an den US-Gesetzgeber adressierten Forderung nach Gesetzgebung in vier Bereichen, nämlich Schutz der Wahlen, Schutz der Privatsphäre, Entfernung rechtswidriger Inhalte und Übertragbarkeit von Daten.[22] Nachdem *Facebook* in Europa hart gegen die Datenschutzregeln gekämpft hat, sehr lange brauchte, um den EU Verhaltenskodex zum Kampf gegen Aufstachelung zu Gewalt und Hass zu unterstützen, und dann bis zuletzt gegen das NetzDG kämpfte, überraschte diese scheinbare Kehrtwende. Sie wurde denn auch misstrauisch und kritisch aufgenommen.[23]

Tatsächlich ist dokumentiert, dass *Facebook* zum Beispiel die Schweizer Regierung aufforderte, Regelungen zum Schutz der Wahlen zu erlassen.[24] Der Konzern, der bisher eher als Gegner staatlichen Rechts auffiel, präsentiert sich so in diesem Land als vorgeblicher Freund der Demokratie. In den USA allerdings tut *Facebook* seit dem Artikel von Zuckerberg nichts dergleichen. Im Gegenteil, das Verhalten von Zuckerberg und *Facebook* gegenüber Elizabeth Warren zeigt: Die Haltung, dass Demokratie stört, ist weiterhin die Grundhaltung bei *Facebook*. Und was den Datenschutz angeht, reden die GAFAM-Unternehmen neuerdings viel darüber, aber ob sie wirklich liefern, bleibt so zweifelhaft, dass in Amerika das Wort vom »*privacy washing*« die Runde macht.[25]

1.3. Der Weltkonzern als Staat im Staate? Brad Smith, *Microsoft*, die digitale Souveränität und die Demokratie

Auch Brad Smith, Präsident von *Microsoft*, scheint in seinem neuen Buch *Tools and Weapons*[26] geläutert. Während er kurz nach den Snowden-Enthüllungen noch davon sprach, nur Technologie und Richter könnten das Spannungsverhältnis von Freiheit, Datenschutz und Sicherheit vernünftig bewältigen, Politik und Demokratie seien dazu nicht fähig,[27] setzt er jetzt auf die Kraft der demokratischen Gesetzgebung, und fordert schnelleres und entschlosseneres Handeln des Gesetzgebers.[28] Richtig ist, dass angesichts der gewaltigen Geschwindigkeit des technischen Fortschritts und der damit verbundenen Risiken das Argument des *Laissez-faire*, man solle die Innovation erstmal unreguliert laufen lassen, bis die Technologie reif ist, in die falsche Richtung führt. Heute bedarf es zügiger und vorausschauender Regeln in Gesetzesform, die so entwicklungsoffen und technikneutral gefasst sind, dass sie langfristig Gültigkeit haben.

Brad Smith scheint unter den Granden der amerikanische Tech-Branche eine Ausnahme zu sein. Kann man ihm glauben, dass ihm wirklich etwas an funktionierender Demokratie, der Rechtsstaatlichkeit und dem Gemeinwohl liegt? Und das nicht nur, weil die Regierungen dieser Welt zu den größten Kunden des inzwischen wertvollsten Weltkonzerns *Microsoft* zählen?

Alleine in der Europäischen Union setzt *Microsoft* pro Jahr 2 Milliarden Euro an Lizenzeinnahmen nur mit der öffentlichen Verwaltung um. Die öffentlichen Verwaltungen in Europa sind Kolonien von *Microsoft* geworden.[29] Und in Deutschland, dem Leitmarkt für *Microsoft* außerhalb der USA, stehen wichtige Entscheidungen an. Werden Bund und Länder weiter auf *Microsoft* setzen? Daran sind Zweifel angebracht. Denn die neu entdeckte Notwendigkeit digitaler Souveränität, scheitert bisher nicht nur daran, dass 95 Prozent aller Weltinformationen auf durch US- Firmen betriebenen Clouds gespeichert werden. Angesichts des flächendeckenden Einsatz von *Microsoft* Cloud (Azure), des Betriebssystems Windows und Programmen zum Schreiben (Word), Präsentieren (Power Point), schriftlichen (Outlook) und mündlichen (Skype) Kommunizierens in der öffentlichen Verwaltung, ist es nicht weit her mit der digitalen Souveränität in Deutschlands und Europas Amtsstuben.

Inzwischen hat die Bundesregierung eine »Strategische Marktanalyse zur Reduzierung von Abhängigkeiten von einzelnen Software-Anbietern«[30] vorgelegt. Werden diese Dienste erst einmal alle nur noch von einer *Microsoft* Cloud ausgehend angeboten, dürfen die europäischen *Chief Technology Officers* beim Betrieb dieser Dienste von den eigenen Servern ab 2026 nicht mehr auf den Service von *Microsoft* vertrauen. Die Migration in die *Software as a Service*[31] von den *Microsoft*-Cloud-Servern wird dann zwingend. Dann ist es mit der Hoheit nicht nur über das Digitale, sondern über alles Denken und Kommunizieren in Staat und Verwaltung völlig vorbei. Einem honorigen Rechtsanwalt wie *Microsoft*-Präsident Brad Smith, mag man vielleicht trauen. Für die Interessen der amerikanischen Politik und der amerikanischen Börse in Zeiten der Trump-Administration gilt das aber schon weniger. Es sind aber sie, die letztlich bestimmen, ob *Microsoft* in Deutschland oder sonst wo gelagerte Daten auf Verlangen an die USA ausliefern muss, oder ob sie anderweitig verwertet werden.

Der *CLOUD Act (Clarifying Lawful Overseas Use of Data Act)* der USA zeigt: Die USA wollen Grenzen für den direkten Zugriff der Exekutive auf Daten im Ausland nicht akzeptieren. Die richterliche Kontrolle eines derartigen Zugriffs im Inland, die bisher im Rahmen der Rechtshilfeabkommen stattfand, soll ausgeschaltet werden.[32] Und so sehr Brad Smith den Kampf von *Microsoft* als »Schweiz der Daten« gegen die eigene Regierung als heldenhaft und erfolgreich darstellt, und dabei zur Überzeugung der eigenen Landsleute und der unseren sogar einen veritablen Chief Technology Officer eines deutschen Bundeslandes, leider ohne Namen, als Zeugen auftreten lässt,[33] so sehr beschleicht den Leser ein ungutes Gefühl.

Der *Microsoft*-Präsident plädiert einerseits dafür, die Technologie solle sich der Demokratie und dem Recht unterwerfen, es brauche endlich mehr gesetzliche Regelungen im weithin unregulierten Internet. Aber andererseits zeichnet er das Bild eines Konzerns, der sich letztendlich im Interesse seiner Kunden immer durchsetzt, gegen die amerikanische Regierung, vor amerikanischen Gerichten, in der amerikanischen Politik und auch in der internationalen Diplomatie.[34] Passt das eigentlich zusammen? Wohl eher nicht. Und schon gar nicht bei einem unberechenbaren Präsidenten Trump, der keine Scheu davor hat, den Rechtsstaat zu demontieren und im Inneren wie im Äußeren eher auf Macht als auf das Recht zu setzen. *Microsoft,* auch mit Brad Smith am Ruder, wird sich wohl damit abfinden müssen, kein Staat im Staate sein zu können. Nicht in Amerika und auch nicht in Europa.

Aber beobachten wir weiter: Wie zum Beispiel nutzt *Microsoft* seinen Einfluss in Washington in Bezug auf die Verhandlungen über den grenzüberschreitenden Zugriff auf elektronische Daten als Beweismittel in Strafverfahren zwischen der EU[35] und den USA? Gelingt es *Microsoft,* gemeinsam mit anderen GAFAM-Unternehmen, bei diesen Verhandlungen richterliche Kontrollen und rechtsstaatliche Absicherungen auch gegen Regierungspositionen durchzusetzen? Ein zunehmendes Engagement von GAFAM für den stärkeren Schutz von Grundrechten durch Mittel des Rechtsstaates und der Demokratie neben der Technologie, wäre jedenfalls zu begrüßen. Das gilt weiterhin besonders für die Notwenigkeit, unabhängigen US-Richtern auch aufgrund von Klagen aus dem Ausland die Möglichkeit zu geben, Licht in das Dunkel geheimdienstlicher Datensammelaktivitäten zu bringen. Dies ist vor allem dort nötig, wo Unternehmen in den USA durch »gagging orders«[36] bei Strafandrohung zum Schweigen über die vorgeblich im nationalen Interesse erzwungene Weitergabe von Daten an US-Regierungsstellen verdonnert wurden.

1.4. Mehr Einsatz von Open Source und kein Staat im Staate

Seit langem wird gefordert, mehr Open Source in der öffentlichen Verwaltung einzusetzen. Die späte Bekehrung zu Open Source bei *Microsoft* und der Kauf von *GitHub,*[37] der wichtigsten Open-Source-Plattform, sind zwar unternehmerisch kluge Schachzüge, die es *Microsoft* ermöglichen sollen, auch mit Open Source marktmächtig zu bleiben. IBM folgte mit dem Kauf von *Red Hat,*[38] dem wichtigsten Linux-Developer, dem Trend zu Open Source.

Aber letztlich halten freie Gesellschaften und freie Märkte riesige Konzerne wie *Microsoft* und die anderen GAFAM-Unternehmen nur schwer aus, mit oder ohne Open Source. Es ist deshalb gut und richtig, wenn die öffentliche Verwaltung in Deutschland und Europa von *Microsoft* jedenfalls zum Teil Abschied nimmt, selbst dann, wenn *Microsoft* mehr Open Source Produkte anbietet. Das Prinzip, dass Staat und Politik nicht von einem Konzern abhängig werden dürfen, muss um der Souveränität Willen durchgesetzt werden. Denn ohne Souveränität gibt es keine Freiheit und keine Demokratie. Wie im Falle G5 und Huawei muss auch für *Microsoft* und die öffentliche Hand gelten: Öffentliche Stellen dürfen nicht zu Komplizen von großen Konzernen werden, indem sie durch ihr Ausschreibungs- und Einkaufsverhalten weiter Abhängigkeit befördern.

Es muss auch daran erinnert werden, dass *Microsoft* in Sachen Datenschutz und Demokratie nicht mit einer so weißen Weste dasteht, wie das Management es in schillernden Farben ausmalt. So haben die Niederländische und die Bremer Datenschutzbehörde und der Europäische Datenschutzbeauftragte Ermittlungen wegen Verstößen gegen den Datenschutz in *Microsoft*-Produkten aufgenommen.[39] Unklar ist auch, wie es *Microsoft* geschafft hat, in der Stadtverwaltung von München, die auf Open Source gesetzt hatte, wieder Fuß zu fassen. Ob die Ansiedlung eines Forschungszentrums von *Microsoft* in München damit etwas zu tun hat, bleibt eine offene Frage.[40] Ebenso bleiben viele offene Fragen zur Sicherheit von *Microsoft* Programmen.[41]

Schon arbeiten *Microsoft* und *Google* in einer »Core Group«[42] mit Tim Berners-Lee, dem Erfinder des World Wide Web und heute Professor am MIT in Boston[43] an einer neuen *Private Public Partnership*-Initiative mit den Regierungen von Deutschland und Frankreich: Dem *Contract for the Web*.[44] Und schon geht es wieder darum, eine den Staaten ähnliche Stellung der GAFAM-Konzerne aufzubauen, sie auf die gleiche Ebene mit Regierungen zu heben und dort Harmonie und Gemeinsamkeit vorzuspiegeln, wo Abstand und klare Trennung angebracht wäre. Zwar enthält der *Contract for the Web* viel Richtiges. Aber der Geburtsfehler einer privilegierten Stellung von GAFAM in seiner Entstehung haftet dem *Contract* von Beginn an. So kann die Demokratie in Zeiten des Internets nicht funktionieren.

1.5. Das digitale Innovationsmodell des »Minimal Viable Product« kann nicht auf die Demokratie übertragen werden

Das Innovationsmodell des Digitalen hat mit der schöpferischen Zerstörung nach Schumpeter gemein, dass analoge Geschäftsmodelle vollständig vom Markt gefegt werden. Das Digitale ersetzt dabei auch Industriegüter mit ihrer

Hardware, wie wir es etwa in der Musikindustrie beobachten können. Soweit ist gegen die Innovation im Bereich der digitalen Technologie und des Internets nichts einzuwenden. Aber die besonderen Elemente des Innovationsmodells des Digitalen gehen weit darüber hinaus.

Ein Grund für den globalen Erfolg internetbasierter, digitaler Technologien ist die Skalierbarkeit von Software über das Internet. Ein weiterer Grund ist die Möglichkeit, mit einem ersten minimalen Produkt – dem Minimal Viable Product (MVP)[45] – an den Markt zu gehen und dieses dann je nach Kundenreaktion weiter zu optimieren und auszubauen. So entsteht theoretisch auf Dauer, durch die Interaktion mit Kunden und Nutzern und Tests von Varianten im Markt, ein maximaler Kundennutzen bei minimalem Entwicklungsaufwand. Die Arbeit der Optimierung wird auf die Kunden übertragen.

Dieses Innovationsmodel steht dem klassischen Entwicklungsmodel für Industrieprodukte gegenüber, wie man es etwa in extremer Form in der Autoindustrie findet. Kein neuer Mercedes kommt auf den Markt ohne Milliardenaufwand für Forschung, Entwicklung und Tests, denn das Produkt, das an den Markt gebracht wird, soll der Perfektionserwartung des Kunden gegenüber einem Mercedes entsprechen. Und es muss im Übrigen umfangreichen gesetzlichen Vorschriften entsprechen, um die Zulassung zu erhalten.

Ganz anders sieht es bisher bei Software und internetbasierten Diensten aus. Sie sind kaum reguliert.

Hinzu kommt, dass die Weiterentwicklung oder Fehlerkorrektur von bereits am Markt befindlicher Software mittels Update über das Internet leichter und billiger möglich ist, und erst recht bei *Software as a Service*. Diese kann theoretisch parallel zum Betrieb weiterentwickelt werden, da das Produkt nie vom Hersteller aus der Hand gegeben wird – im Gegensatz zum verkauften Auto. Beim Auto kann vielleicht gerade noch Software im Rahmen von Fernwartung neu aufgespielt werden. Aber bei Problemen der Mechanik oder Physik ist ein Rückruf nötig, der mit viel Kosten und Ärger verbunden ist, und deshalb, im Gegensatz zu Updates bei Software, eine Ausnahme bleiben muss. Der Anreiz ist deshalb bei Industrieproduktion hoch, nur perfektionierte Produkte auf den Markt zu bringen, bei Software verdient der am meisten, der mit geringstem Entwicklungsaufwand ein Produkt auf den Markt bringt, das gerade mal gut genug ist, und der dann mittels Dialog mit den Nutzern die weitere Entwicklung vorantreibt oder eben auch nicht.

Die MVP-Methode ist allerdings riskant. Denn es kann eben auch sein, dass das Produkt zu weit von der Perfektion, die Kunden erwarten, entfernt ist.[46]

In jedem Fall führt die MVP-Methode aber zu einer Untergewichtung und oft vollständigen Abwesenheit von Folgenbetrachtung hinsichtlich der Technologie oder des Geschäftsmodells und leider auch fast jeglicher ethischer oder rechtlichen Überlegungen. Die rechtlichen Erwägungen beschränken sich auf ein Minimum, um Haftungsrisiken auszuschließen.

Das Tech-Sektor-Prinzip des Markteintritts mit einem *Minimal Viable Product* auf die Rechtssetzung und die Demokratie zu übertragen, wie Brad Smith[47] vorschlägt, kann deshalb nicht funktionieren. Denn einerseits ist es ja gerade das MVP-Prinzip, das dazu geführt hat, dass Innovationen der digitalen Wirtschaft auf den Markt kommen ohne jegliche Folgenabschätzung bezüglich Recht, Ethik, Nachhaltigkeit und Demokratie. Und andererseits lebt Demokratie von Diskurs und Mehrheitsentscheidungen. Sie kann schon deshalb nie so schnell nachjustieren, wie es der Idee des MVP zugrunde liegt. Schließlich ist es normal, dass Unternehmen in der Marktwirtschaft, etwa wenn sie sich hinsichtlich des MVP verschätzen, in den Konkurs gehen. Marktaustritt ist ein normaler Weg in der Wirtschaft. Für Demokratie und Staat darf es diesen Weg aber nicht geben. Aus diesen Gründen ist MVP für Gesetzgebung keine Option, wie auch andere simple Übertragungen von Prinzipen der Technik und des Marktes auf die Demokratie oft nicht funktionieren.

G 2   Aktive Demokratie und Technologiepolitik

Nach dem Denken muss das gemeinsame politische Handeln folgen. Worum geht es dabei? Zum einen stellt sich die Frage: Was tun wir konkret gegen die klar sichtbare und zunehmende Konzentration von Macht bei Konzernen, und wie können wir die Zukunft des Digitalen nachhaltig so gestalten, dass derart demokratiegefährdende Machtkonzentrationen in der Zukunft vermieden werden?

Und zweitens: Wie können wir die digitale Zukunft menschengerecht gestalten, ihr Zwecke und Ziele geben, die unserem demokratisch festgestellten Willen entsprechen? Und welches Menschenbild legen wir diesem Streben nach einer menschengerechten Technologieentwicklung und damit kompatiblen Geschäftsmodellen zugrunde?

Es geht hier also einerseits um ganz praktische Fragen der Politik heute, allen voran der Politik in Amerika, wo GAFAM herkommt. Und es geht um eine Erinnerung daran, was es bedeutet, Mensch zu sein, um das Menschsein auch im Zeitalter mächtigster Maschinen und Künstlicher Intelligenz aufrecht zu erhalten. Die beschreibende Soziologie eines Manuel Castells', der den Begriff der Netzwerkgesellschaft geprägt hat,[40] und interpolierender Voraussagen über die Dominanz von Netzwerken und KI in der neuen technischen Welt, wie etwa bei Yuval Noah Harari, sind hilfreich, reichen aber nicht.

Vielmehr wollen wir bewusst den Versuch unternehmen, zu sagen, was sein soll, also mit normativem Anspruch arbeiten. Diejenigen, die Demokratie als Steuerungssystem dem Kapitalismus und der Technik vorziehen, müssen mit Gestaltungsanspruch auftreten. Tun sie es nicht, werden die vereinten Kräfte von Technik und Kapitalismus der Demokratie die Gestaltung aus der Hand nehmen, so wie sie es immer schon versucht haben und heute mehr denn je beanspruchen.

Parallel zu den von uns diskutieren politischen Fragen braucht es natürlich auch eine Arbeit an Werkzeugen für die Nutzung durch Einzelne, wie etwa Sicherheitssoftware, *Virtual Private Networks*, Verschlüsselung, alternative Formen von Vernetzung, Suche und Orientierung im Meer von Daten und Wissen oder das technische Sichtbarmachen und Abstellen von privater und staatlicher Überwachung. Was es in dieser Richtung schon gibt und was wir an Tools noch brauchen, um Freiheit und Demokratie zu unterstützen, lässt sich u. a. bei Netzaktivisten der Zivilgesellschaft nachlesen.[49] Es wird zunehmend auch eine Aufgabe öffentlicher Finanzierung sein, die Entwicklung und Verbreitung derartiger Technologien für Demokratie, Bürger- und Konsumentenrechte zu unterstützen. Klar ist aber auch: Technische Lösungen alleine reichen nicht.

Technik, Politik und Recht müssen Hand in Hand miteinander vorangehen, sie können sich zum Teil gegenseitig unterstützen und sogar in spezifischen Fällen substituieren. Ohne Selbstorganisation in der Politik und Teilnahme an den politischen Prozessen der Demokratie, durch die am Ende – hoffentlich – die »richtigen« Regeln gesetzt werden, wird es aber nicht gehen. Dieses Buch ist deshalb auch eine Einladung an alle, die mit Engagement und Sachkenntnis an technischen Lösungen arbeiten, sich intensiver und konstruktiver in den politischen Prozessen zu engagieren. Es gilt, die notwendige Frustrationstoleranz zu erlernen, die die Demokratie mit ihrem Mehrheitsprinzip und ihrer Notwendigkeit zu diskutieren, sich zu organisieren und zu überzeugen, nun einmal braucht. Beharrlichkeit und Hartnäckigkeit braucht es nicht nur unter Startup-Unternehmern, Entwicklern und Erfindern. Wir brauchen sie auch in der Demokratie. Politische Veränderung lässt sich nicht auf dem Weg der Gameifizierung leicht herbeiführen. Sie erfordert immer nachhaltiges Engagement von vielen und gerade auch der Wissenden.

In einer Werbebroschüre einer internationalen Anwaltskanzlei werden weltweit bereits über 450 Initiativen zur Regulierung von GAFAM im öffentlichen Interesse identifiziert.[50] Es gibt also keinen Grund, bei dieser Thematik schüchtern zu sein.[51] Die GAFAM-Unternehmen waren und sind es auch nicht, wenn es darum geht, durch Rechtsbruch und unter Missachtung von Grundwerten Profite zu maximieren. Und einige der bisher radikalsten Initiativen zur

Zerschlagung und Regulierung von GAFAM kommen aus den USA selbst. Im Folgenden wollen wir unsere Vorschläge aufführen und begründen.

2.1. Unabhängigkeit von Journalismus und Wissenschaft als Pfeiler der Demokratie sichern

Die Auseinandersetzung zwischen Arbeit und Kapital, die in Europa in Form der sozialen Marktwirtschaft domestiziert wurde, nimmt in der digitalen Welt neue Formen an.[52] Hinzu kommt der Kampf zwischen der Demokratie als Steuerungssystem und den nun durch Technik perfektionieren totalitären Steuerungssystemen der politischen Diktatur, wie wir sie in ihrer chinesischen Ausprägung sehen, und eines digitalen Kapitalismus, der zunehmend viele Bereiche von Politik und individuellem Leben dominiert. Beide streben danach, die in der Demokratie als unabhängig und frei konzipierten Institutionen der *Checks and Balances*, wie die freie Presse und die unabhängigen Wissenschaften, zu durchdringen und in Abhängigkeit, ja Unterordnung, zu bringen.

Was wir heute brauchen, ist genau das Gegenteil: Eine Stärkung der unabhängigen Institutionen des Journalismus als vierte Gewalt und der Wissenschaft, die frei sind und auch so ausgestattet, dass unabhängiges Arbeiten möglich ist. Ein Journalismus, der auf die Gaben der digitalen Giganten angewiesen ist, und eine Wissenschaft, in der die interessanteste Forschung und das beste individuelle Fortkommen nur möglich sind, wenn man Drittmittel von den digitalen Giganten oder anderen Großkonzernen einwirbt, können die in der Demokratie nötige Glaubwürdigkeit als wahrheitsproduzierende Institutionen nicht für sich beanspruchen.

Beginnen wir also, Stück für Stück, die bequeme Freundschaft mit den digitalen Giganten aufzukündigen. Stellen wir klar, dass Journalisten, Verleger und Medienhäuser, die Geld von ihnen nehmen, auf Dauer nicht frei sein können, genauso wenig wie Wissenschaftler, die dies tun. Die einzige Ausnahme zu dieser Regel sind echte Kapitalstiftungen, an deren Verwaltung die stiftenden Unternehmen nicht beteiligt sind, und aus deren Erträgen Journalismus oder Wissenschaft dauerhaft finanziert werden, ohne dass die stiftenden Unternehmen irgendeinen Einfluss haben. Sagen wir also ja zu Kapitalstiftungen, nein aber zu Spenden in Form von Betriebsbeihilfen, die zeitlich begrenzt sind, und die Abhängigkeiten schaffen. Denn spätestens, wenn die Betriebsbeihilfe aufgebraucht oder ausgelaufen ist, muss man wieder betteln gehen. So entstehen Abhängigkeiten und ein Anreiz, dienlich zu sein. Und die GAFAM-Unternehmen suchen diese Abhängigkeit, denn sie verspricht ihnen Einfluss, zumindest in Form der antizipierenden Schere im Kopf derjenigen, die wissen, dass sie schon bald wieder um Geld bitten müssen, und sich deshalb mit Kritik zurückhalten werden.

Es ist gut und richtig, mehr öffentliches Geld in die Erforschung der KI und digitaler Technologien sowie ihrer Auswirkungen auf Gesellschaft, Rechtsstaat, Demokratie und Grundrechte zu stecken. Die Gründung des Weizenbaum–Instituts für die vernetzte Gesellschaft in Berlin[53] war diesbezüglich ein Schritt in die richtige Richtung.

Wichtig ist aber auch, die Anreize zur intransparenten Zusammenarbeit von Wissenschaftlern mit Konzernen abzuschaffen. Der Druck in der Wissenschaft, Drittmittel einzuwerben, egal auf welche Weise und aus welchen Quellen, muss reduziert werden. Strenge Transparenzregeln müssen die einwerbenden Wissenschaftler und Institute verpflichten, bei all ihren Veranstaltungen und in all ihren Veröffentlichungen offen zu legen, welcher Konzern die Arbeit des Instituts unterstützt. Und genauso wie Verleger jeglichen Inhalt einer Zeitung, der Werbung darstellt oder auf andere Weise gekauft wurde, sichtbar machen müssen, sollten Verlage auch verpflichtet werden, offen zu legen, wenn sie Geld von Konzernen erhalten, etwa im Rahmen der *Google*-[54] oder *Facebook*-[55] Initiativen für Journalismus. Die hier entstehenden Abhängigkeiten sind weniger transparent als Anzeigenwerbung, die ein Leser ja sieht. Es bedarf also einer Transparenz, die mindestens so groß ist wie die von Anzeigenwerbung in der Zeitung. Zurzeit gibt es keine vollständige Transparenz darüber, wohin 15 Millionen Euro von *Google* in diesem Bereich geflossen sind.[56]

Ebenso sollte eine derartige Transparenzpflicht für alle Träger des Professorentitels eingeführt werden, einschließlich der Honorar – und Gastprofessoren. Insbesondere Anwälte tragen solch einen Ehrentitel vor sich her und nutzen ihn dafür, unter der Flagge akademischer Autorität die Interessen von Mandanten wahrzunehmen, ohne dies in ihren Veröffentlichungen und Äußerungen offenzulegen. Die Regelungen zu akademischen Titeln der Universitäten sollten eine entsprechende Offenlegungspflicht einführen, und auch das Standesrecht der freien Berufe sollte dahingehend geprüft werden, wie die Intransparenz der Interessenwahrnehmung abgestellt werden kann.

Wichtiger noch ist es aber, einen Weg zu finden, dem Journalismus die Anzeigeneinnahmen wieder zukommen zu lassen, die *Google* und *Facebook* ihm abgenommen haben.

Es ist schon erstaunlich, wie die Demokratien in den USA und in Europa bisher einfach zugesehen haben, wie die GAFAM-Unternehmen mit ihren gewaltigen Profiten die vierte Gewalt im Staate, nämlich den privat finanzierten Journalismus, kaputt zu machen drohen. Denn die Kakophonie im Internet ersetzt nicht den Beitrag des nachforschenden, reflektierenden und kritisierenden Journalismus zur Kontrolle von öffentlicher und privater Macht in freien Gesellschaften.

Die Copyright-Richtlinie der EU,[57] in der u. a. das Leistungsschutzrecht für journalistische Erzeugnisse geregelt wurde, war ein erster Versuch in Richtung der Reparatur der Schieflage zwischen Profiten bei den GAFAM-Unternehmen und der Zerstörung eines Pfeilers der Demokratie. Wie wir nun in Frankreich sehen, wiedersetzt sich *Google* aber der Anwendung und sagt schlicht: Wir zahlen nicht.[58] Es wird also notwendig sein, die Copyright-Richtlinie nachzuschärfen und jede Verlinkung auf Inhalte der Presse für Internetplattformen und soziale Netze ab GAFAM Größe zahlungspflichtig zu machen und zugleich ein verbindliches Rechteeintreibungssystem einzurichten. Denn die Verlage der Einzelverhandlung mit *Google* und anderen GAFAM-Unternehmen auszuliefern, funktioniert nicht.

Das Geschäftsmodell von *Google* beruht darauf, aus drei Quellen kostenlos Daten zu verarbeiten: aus der Quelle der im Internet vorhandenen Inhalte, der Quelle der persönlichen Daten der Nutzer und der Quelle der Cloud-Datenspeicher. Dieses Modell muss gegenüber dem Interesse der Demokratie an der Erhaltung der freien Presse, dem Schutz von persönlichen Daten und damit individueller Freiheit und Menschenwürde, zurücktreten. Wenn dies geschieht, *Google* also für Presseinhalte zahlen muss, sich ordentlich an die DSGVO hält und Nutzer nicht mehr auf Pressewebseiten erfassen und verfolgen darf, wird *Google* immer noch hoch profitabel und innovativ bleiben. Aber Demokratie und Rechtsstaat haben dann eine Chance, mittels einer funktionsfähigen vierten Gewalt lebendig zu bleiben.

Wichtig wäre in der Tat ein schlichtes Verbot der Erhebung von Leserdaten durch Dritte auf Verlags- und Presseseiten, soweit diese Dritten selbst Werbung einspielen und zugleich die persönlichen Daten der Leser sammeln. Wenn es gar nur den Verlagen selbst erlaubt wäre, Werbung neben ihren Inhalten einzuspielen und Daten der Leser mit deren Zustimmung zu verarbeiten, und gleichzeitig eine kostenlose Nutzung der Inhalte für die GAFAM-Unternehmen nicht mehr möglich wäre, würden die Verlage und Journalisten wirtschaftlich wieder im Zentrum des Werbemarktes stehen. Ein größerer Teil des Werbekuchens würde wieder bei ihnen ankommen und damit die Pluralität der freien, privat finanzierten Presse weiter ermöglichen.

Gleichzeitig könnte so auch ein neuer Wettbewerb zwischen Inhaltskuratoren entstehen. Denn unterhalb der GAFAM-Kapitalisierungsschwelle von 500 Milliarden Euro ist viel Platz für neue Unternehmen und Wettbewerb. Vergessen wir auch nicht: Wer was liest gibt Aufschluss über politische und weltanschauliche Einstellungen. Diese Daten dürfen in einer freien Gesellschaft nicht zentral gesammelt werden, schon gar nicht medienübergreifend. Genau das geschieht aber derzeit bei *Google* und *Facebook* und stellt eine echte Freiheitsbedrohung dar. Die DSGVO muss zum Schutz politisch und weltanschaulich sensibler Daten[59] strikt umgesetzt werden, aber mehr wird nötig sein, um die freie Presse und die Freiheit der Leser zu retten.

Google und *Facebook* haben faktisch durch ihre »News Initiativen« schon eingestanden, dass sie der privat finanzierten Presse zu viel Geld entziehen. Sie tun dies, indem sie von der Presse erzeugte Inhalte kostenlos nutzen, die Leserdaten für ihre Zwecke verarbeiten und Werbung auf Presseseiten im Wesentlichen zu ihrem eigenen Nutzen einspielen. Einen Bruchteil ihrer so erwirtschafteten Profite geben sie wieder an die Presse zurück. Das tun sie in Abhängigkeit schaffender Weise durch neue Subventionsbeziehungen mit der Presse für Digitalisierungsprojekte. Diese wiederum verschaffen ihnen ein Wissen darüber, welche Digitalisierungsmodelle in der Presse funktionieren und welche nicht. So erwerben *Facebook* und *Google* das Wissen darüber, wie sie selbst eines Tages digitalisierte Presse weltweit anbieten können. Dass das eines Tages passiert, kann sich kein Demokrat wünschen.

Deshalb wäre es besser, die Gelder der News Initiativen unter die Verwaltung einer von der Presse selbst kontrollierten Stiftung zu stellen, die Modelle für die Zukunft des unabhängigen Journalismus in digitalen Zeiten erforscht und gleichzeitig deren Implementierung finanziert.

Es ist anderseits dringend notwendig, Gewinne aus Pressetätigkeit von Anfang an gar nicht bei *Google* und *Facebook* anfallen zu lassen. Sie müssen bei den vielen Presseerzeugnissen verbleiben, deren Sterben überall beklagt wird, in Amerika am lautesten.[60] Darüber hinaus wird auch über eine verstärkte Förderung des Journalismus durch Stiftungsmodelle und andere Maßnahmen nachzudenken sein.[61] Europa jedenfalls braucht eine holistische Politik für Pressefreiheit und Pluralität der Presse, um der Demokratie willen.[62]

Und Europa braucht Initiativen für einen neuen Journalismus der Machtkontrolle der digitalen Konzerne, wie er in Amerika unter dem Begriff *Tech Accountability Journalism* zum Beispiel durch Julia Angwin und *The Markup*[63] existiert. Das Konzept sieht vor, die Redaktionen zu mischen: 50 Prozent Journalisten und 50 Prozent Datenwissenschaftler und Techniker. So soll eine hohe eigene Kompetenz der Redaktion geschaffen werden, Daten selbst zu beschaffen und zu analysieren. Die redaktionelle Aufmerksamkeit soll vor allem auf die mächtigen Tech-Konzerne aber auch auf digitale Technik und KI in staatlicher Tätigkeit gerichtet sein. So kann *Tech Accountability Journalism* ein wichtiger Faktor der Kontrolle dieser neuen Träger technischer Macht in unserer Gesellschaft werden.

In Deutschland erfüllt die Webseite Netzpolitik.org mit ihren Autoren zum Teil diese Funktion. Eine Webseite wie Netzpolitik.org in englischer Sprache und mit einem kritischen Blick auf die Politik der EU unmittelbar in Brüssel wäre ein wichtiger Schritt nach vorne im Dialog innerhalb Europas zu digitalen Themen, aber auch mit der englischsprachigen Welt über die Gestaltung der digitalen Zukunft.

Wichtig für die Sicherung eines unabhängigen Journalismus sind auch die Neureglungen des Entwurfs des Medienstaatsvertrages vom 5. Dezember 2019,[64] der Ende 2020 in Kraft treten soll. Rundfunk wird darin neu definiert und damit dem digitalen Zeitalter angepasst. Endlich sollen Plattformen nicht mehr als technisch neutrale Infrastruktur, sondern als Anbieter von Inhalten, als Intermediäre behandelt werden und damit einer neuen Regulierung unterworfen werden. Ob diese weit genug geht, insbesondere was die Frage einer Auffindbarkeit hochwertiger journalistischer Angebote gegenüber Fake News und Verschwörungstheorien betrifft, wird man sehen. Immerhin, ein erster Schritt in die richtige Richtung, auch für die Transparenz von Bots, ist getan.

Die Beratungen zum neuen Text, der die bisherigen Regelungen aus dem Jahre 1991 ablöst, dauerten wegen des Einstimmigkeitserfordernisses zwischen den Bundesländern fünf Jahre. Die gründliche Debatte, einschließlich öffentlicher Konsultation, und der Konsens am Ende sind auch ein wichtiges Zeichen an Europa: Hier wurde wichtige Vorarbeit geleistet für neue Regeln, die für Europa insgesamt ein Beispiel sein können, auch dafür, dass Einigung in einem schwierigen politischen Umfeld bei geforderter Einstimmigkeit der Entscheidungen und schwierigen Partnern möglich ist.

Gut, dass auch der Verband für Elektrotechnik (VDE) mit seinen 30.000 Ingenieuren als Mitgliedern Vorschläge zur Stärkung der »Vertrauenswürdigkeit im öffentlichen Raum« vorgelegt hat. In dem gleichlautenden Impulspapier schlägt der VDE Mechanismen und Standards für die Rückverfolgung von Informationen, die Zertifizierung von Quellen in Anlehnung an das bestehende System von Sicherheitszertifizierungen, Offenlegungspflichten für große Internetplattformen sowie fälschungsresistente »Fingerabdrücke« von Informationen in einer Blockchain vor. Weiter wird ein System zur Vergabe von Pseudonymen sowie ein digitaler Dialograum zwischen Abgeordneten und Bürgern vorgeschlagen. Ermutigend sind nicht nur die Vorschläge als solche, sondern ebenso, dass sie von einem Verband der Ingenieure kommen, dieser also Verantwortung für die Demokratie demonstriert.[65]

Die Demokratie wird für die Sicherung der privaten Finanzierungsfähigkeit ihrer vierten Gewalt mehr tun müssen, als wir bisher in der deutschen Medienpolitik und auf der EU-Ebene gesehen haben. So entschlossen wie *Facebook* und

Google ihre Profite Jahr um Jahr auf Kosten der freien Presse erhöhen, so entschlossen müssen die EU und ihre Mitgliedsländer dafür sorgen, dass Journalismus und Presseverlage gegen diese Giganten noch eine wirtschaftliche Chance haben. Es geht darum, eine vielfältige und auch lokal verankerte Presse und freien, kritischen Journalismus zu erhalten und zu fördern. Natürlich müssen die Verlage und Journalisten auch selbst innovativ sein. Bei der gegenwärtigen Asymmetrie der Machtverhältnisse werden aber allein Appelle zur schnelleren Digitalisierung und mehr Innovation in der Presse nicht ausreichen. Ein bezeichnendes Beispiel dafür liefert das Reuters Institute in Oxford, das selbst Millionen von *Google* erhält und deshalb wohlweislich nichts vorschlägt, was an die Profitabilität von *Google* gehen könnte.

Politisches Handeln auf EU-Ebene und in Deutschland ist jetzt gefragt. Dies beginnt bei der notwendigen Besteuerung der digitalen Giganten, geht über Copyright und Verantwortung für rechtswidrige Inhalte bis hin zu spezifischen Regeln im Wettbewerbsverhältnis von Plattformen und Presse.

2.2. Transparenz der Wahlwerbung im Internet einheitlich gesetzlich regeln

Die Regeln für Wahlwerbung im Internet, ihre Frequenz und Transparenz müssen gesetzlich vereinheitlicht werden und zwar so, dass echte Vergleichbarkeit zwischen Parteien, die in einem konkreten Wahlkampf gegeneinanderstehen, leicht möglich ist, auch über einzelne Plattformen hinaus. Weiter muss Chancengleichheit bestehen und nicht die Möglichkeit, im Internet die Regeln über Parteienfinanzierung und Wahlkampfkosten zu umgehen, wie wir es in Großbritannien vor der Abstimmung über den Brexit gesehen haben.

Dabei muss auch erfasst werden, wie oft Anzeigen geschaltet und an welche Gruppen sie weitergesandt wurden, im Allgemeinen aber auch speziell von identifizierten Kandidaten und Parteigliederungen, um so die innerhalb von Parteien organisierten Multiplikator-Effekte durch gezieltes Weitersenden vergleichen zu können. Eine reine Transparenz der bezahlten Anzeigen kann nur ein Anfang sein. Gerade die gesteuerten Retweet-Kampagnen der Mitglieder der Parteien und das gezielte Ansprechen bestimmter Gruppen mit besonderen Inhalten müssen identifizierbar gemacht werden.

Eine Gruppe prominenter Wissenschaftler und Aktivisten hat einen Anforderungskatalog erstellt, den es jetzt für GAFAM einzuführen gilt.[66] Die EU sollte den Weg gehen, wie ihnen einige US-Staaten gehen, nämlich den Weg der gesetzlichen Regelung. Das zentrale Thema der Transparenz von Wahlwerbung kann nicht der Freiwilligkeit überlassen bleiben. Die EU braucht dazu eine verbindliche rechtliche Regelung, aufbauend auf dem EU-Verhaltenskodex zur Be-kämpfung von Desinformation und der berechtigten Kritik an den Mängeln der bisher bestehenden Archive politischer Werbung, die die Firmen selbst ge-schaffen haben.

Die Einbettung von Mitarbeitern der GAFAM-Unternehmen in die Wahl-kampfzentralen der Parteien[67] ist in Europa schon aus Gründen des Daten-schutzes rechtswidrig, wenn nicht innerhalb der Wahlkampfzentrale eine Wand zwischen den Daten der Parteien und den Helfern aus GAFAM installiert wird und diese so vom Zugang zu Parteidaten ausgeschlossen sind. Am ein-fachsten wird es sein, eine derartige direkte Hilfe einfach zu verbieten. Ihren Geldwert auf die Wahlkampfkosten anzurechnen bzw. also monetäre Wahl-kampfspende des Unternehmens mit dem hohen Marktwert der Dienste dieser Mitarbeiter zu verbuchen, ist theoretisch denkbar, allerdings wegen der immer noch hohen Intransparenz der Parteienfinanzierung nicht ausreichend.[68]

2.3. Forschungs- und Industriepolitik: Edge Computing und ein neues mobiles Betriebssystem als Beispiele der Chancen von 5G und KI

Langfristig wird Europas digitale Souveränität als Voraussetzung für Freiheit und Demokratie nur gewahrt werden können, wenn Europa selbst innovativ bleibt und so seinen Wohlstand weiter selbst erarbeitet.

Während die Bundesregierung und Europa dazu nun unter anderem auf euro-päische Cloud-Lösungen wie Gaia X[69] setzen, hört und liest man immer mehr da-rüber, dass das Pendel langsam zurückschlägt, von der Zentralisierung von Da-tenverarbeitung in der Cloud zurück zur dezentralen Verarbeitung. Begriffe wie *Distributed Cloud*, also die Verteilung von Daten auf viele verschiedene Clouds nah am Nutzungsort und *Edge Computing* rücken in den Mittelpunkt.[70]

Um datenintensivere Dienste anbieten zu können und gleichzeitig Daten-schutz- und Datensicherheitsrisiken zu minimieren, investieren auch alle GAFAM-Unternehmen in *Edge Computing,* also die Verarbeitung von Daten nah beim Kunden, idealerweise mit KI-Anwendungen direkt auf dem Smart-Phone oder anderen mitführbaren Endgeräten des *Internet of Things - Internets der Dinge. Apple* scheint hier am weitesten fortgeschritten, aber auch *Google, Ama-zon* und *Microsoft* investieren in diese Technologie, die vielleicht eines Tages tatsächlich viele Datenschutzprobleme lösen könnte, wenn nämlich persönlich Daten beim Datensubjekt bleiben und direkt auf einem Gerät unter der Kon-trolle des Datensubjekts verarbeitet werden.[71]

Unter dem Stichwort »*Learning at the edge*« oder »*Edge Computing*« wird die Verarbeitung in der Zukunft immer weiter in Vernetzungstechnologie und die

Geräte des Internets der Dinge integriert, also gleichsam an die »Kante« (Edge) des Internets verschoben, und nicht in der Cloud zentralisiert. So sollen die Mobiltelefone von *Apple* in Zukunft direkt mit Hilfe Künstlicher Intelligenz auf einem Chip im Telefon Informationen verarbeiten, etwa Sprache übersetzen, die bisher nur nach Übertragung an die zentralen Datensysteme von *Apple* verarbeitet werden konnten.[72] Derartige Technologien können das System möglicherweise schneller reagieren lassen. Sie vermeiden eine Verzögerung zwischen Eingabe und Ausgabe. Vielleicht lassen sich durch sie auch einige Probleme im Bereich Datenschutz und Datensicherheit angehen.

Technologie kann mit dem Recht Hand in Hand Probleme lösen, ja Recht und Technologie können sich bei der Problemlösung unterstützen oder sogar substituieren. Man muss dies nur wollen und nach solchen Möglichkeiten aktiv suchen. Richtig eingesetzte Edge-Technologie könnte so ein Fall sein, dann nämlich, wenn persönliche Daten das Mobiltelefon und andere Geräte unter Kontrolle des Nutzers überhaupt nicht mehr verlassen, also von außen nicht eingesehen werden können, weil eine Verarbeitung eben direkt auf dem Telefon erfolgt.

Gleichwohl darf man technische Dezentralisierung, wie sie derzeit bei der Blockchain Technologie am weitesten getrieben wird, nicht mit einer wie in der Demokratie üblichen Machtdezentralisierung verwechseln, solange das gesamte System, wie bei *Apple*, eben zentral entworfen und betrieben wird und dabei geschlossen bleibt. Ein Problem des Datenschutzes mag gelöst werden, aber *Apple* wird dadurch nicht weniger mächtig.

Das Geschäftsmodell von *Apple* beruhte bisher nicht auf der Aggregation von persönlichen Daten und Werbung. Würde allerdings die Kumulation von persönlichen Daten bei *Facebook* und *Google* (und anderen Zentralisierern) durch systematischen Einsatz von Edge-Technologien aufgehoben werden können, dann wäre dies ein echter Fortschritt, nicht nur für das Datenschutzrecht, sondern auch für die Datensouveränität von Bürgern und Staaten. Wer in der Edge-Technologie führt, kann vielleicht eines Tages gezielte Werbung direkt mit KI vom Mobiltelefon oder Computer von zu Hause ausspielen, also die Profilierung dorthin verlegen, und so die Datenschutzprobleme der Zentralisierung beim Betreiber vermeiden. Mit Edge könnte *Apple* dann der wichtigste Dienstleister für gezielte Werbung werden und den Zentralisierern persönlicher Daten, *Facebook* und *Google*, das Geschäft stehlen.[73]

Vergessen wir auch nicht, dass die Karten der Datenverarbeitung mit 5G neu verteilt werden könnten. Denn wegen der hohen Übertragungsgeschwindigkeit und Kapazität wird das kombinierte Lernen aus dezentral verarbeiteten Daten erst effizient möglich. Man braucht die Daten gar nicht mehr in einem Cloud-

System zusammen zu führen, um aus ihnen mittels Big Data-Methoden zu lernen. Das *Edge Computing* wird durch 5G weiter steigen und attraktiver.[74]

Der spanische Soziologe des Digitalen Manuel Castells weist denn auch darauf hin, 5G könnte die Möglichkeit bieten, Konzepte voranzubringen, die die Dominanz der GAFAM-Unternehmen in Frage stellen.[75] Ähnliches sagt der SAP-Professor für Digitalisierung, Key Pousttchi, aus Potsdam. Die derzeitige Dominanz von *Apple* und *Google* bei den Betriebssystemen für Mobiltelefone wird sich in die Welt des *IoT* fortsetzen, es sei denn, Europa investiert beherzt in ein eigenes Betriebssystem für die mobile Kommunikation der Zukunft, das Virtuelle Realität und *IoT* einschließt und auf 5G und eines Tages dem Quanteninternet funktioniert.

Was Airbus und Galileo gestern waren und heute sind, nämlich gemeinsame und erfolgreiche Technologieanstrengungen Europas, um Unabhängigkeit in strategischen Bereichen zu bewahren, könnte das mobile Kommunikationsbetriebssystem morgen sein. Die Stärke Europas im Bereich des Internets der Dinge und der Virtual Reality wäre dafür ein Ausgangspunkt. Schon heute und erst recht morgen liegt ein Großteil der Beherrschungsmacht über Menschen und Systeme bei denen, die das mobile Betriebssystem kontrollieren. Damit durch KI, 5G, Virtual Reality und *IoT* ein neues Spiel beginnt, sollten die europäische und die deutsche Technologiepolitik diese Chancen gemeinsam mit Unternehmen und Wissenschaft ergreifen.[76]

2.4. Gemeinwohlorientierung in zukünftigen technisch-ökonomischen Strukturen sichern: Datentreuhänder und Plattformen im öffentlichen Interesse

Ganz grundsätzlich wird in Zukunft öffentliches Interesse in technisch-ökonomischen Strukturen stärkeren Ausdruck finden. Der Weg dorthin führt einerseits über finanzielle Anreize, andererseits aber auch über strategischere Regulierung. So hat die Datenethikkommission der Bundesregierung angeregt, gleichzeitig die Wahrnehmung der Rechte des Datenschutzes, aber auch den Nutzen aus persönlichen Daten zu steigern, indem eine neue Form von Datentreuhändern[77] eingerichtet wird, die die Daten im Interesse der Einzelnen professionell verwalten. Diese Treuhänder können durchaus unterschiedliche Angebote machen. Einige könnten sich mehr an der Monetarisierung von persönlichen Daten orientieren und andere mehr am Gemeinwohl, etwa indem Gesundheitsdaten genutzt werden, um die Leistungsfähigkeit von Krankenhäusern zu vergleichen. So können sie im Wettbewerb miteinander unterschiedliche Präferenzen der Bürger ansprechen, ähnlich wie es im gemischten Bankensystem zwischen Privatbaken, Sparkassen und Genossenschaftsbanken geschieht.

Ebenso wie die Banken das Geld der Sparer zur Kreditvergabe oder als Anlage und damit zum Nutzen des Wirtschaftssystems insgesamt einsammeln, könnten die Datentreuhänder auch Daten aggregieren und anonymisieren und sie so der Entwicklung von KI und anderen datengetriebenen Diensten zugänglich machen, im Interesse aller. Aus dem gemischten Bankensystem Europas könnten sogar selbst Datentreuhänder hervorgehen, die das Management der persönlichen Daten ihrer Kunden in die Hand nehmen. Denn wem man sein Geld anvertraut, dem kann man vielleicht auch bei den eigenen Daten trauen, vorausgesetzt, der gesetzliche Regulierungsrahmen stimmt, der ja auch im Finanzsystem nötig ist, um Vertrauen zu schaffen. Und die Banken haben bereits einen Grundstock an Kenntnis im Umgang mit Daten und die neuen FinTech Bank Startups wie etwa *N 26* oder *Revolut* mehr als das. Es ist jedenfalls interessant zu beobachten, dass weltweit immer mehr an Modellen für Datentreuhänder[78] gearbeitet wird. Und in Amerika verweist MIT- Professor Alex Pentland auf die *Credit Unions*, die als Kooperativen organisiert sind, und denen 100 Millionen Amerikaner angehören, als mögliche Datentreuhänder der Zukunft.[79]

Auch zu den öffentlichen Aufgaben gehört es, effiziente und an öffentlichen Interessen orientierte Plattformmodelle gerade dort einzuführen und zu fördern, wo das Interesse besonders hoch ist, etwa in den Bereichen Bildung, Verwaltung und Gesundheit.[80] Gerade in diesen Bereichen ist Europa traditionell in der Breite stärker als die USA. Und bisher sind diese Bereiche auch noch nicht vollständig durch US-Plattformen besetzt. Es ist aber Eile geboten, wie man an dem Run auf den Gesundheitssektor durch *Google* erkennen kann. Am Ende gilt möglicherweise auch in diesen Sektoren: »Software eats it all.«[81] Es bleibt die Frage: Schaffen es europäische Unternehmen – zu diesen zählen auch öffentliche und gemeinwirtschaftliche Unternehmen – und die öffentlichen Verwaltungen, mit der Unterstützung der Politik, Software selbst zu entwickeln und erfolgreich zu vermarkten? Ein europäischer Weg der Digitalisierung wird sich gerade darin zeigen, ob Europa in diesen Sektoren in der Lage ist, die traditionellen Stärken des europäischen Gesellschaftsmodells im Zeitalter der KI weiterzuentwickeln.

Einige Hoffnungsschimmer der Digitalisierung der Verwaltung gibt es bereits: So sollen im Rahmen des bundesweiten Programms zur Digitalisierung der öffentlichen Verwaltung insgesamt 575 Verwaltungsleistungen bis 2022 vollständig online zugänglich sein.[82] Die Arbeit daran ist auf Bund und 16 Bundesländer verteilt. Es gibt schon erstaunliche Fortschritte, zum Beispiel die beliebte »Einfache Leistungen für Eltern« (ELFE)-App, die in Bremen entwickelt wurde, und den Zugang zu allen staatlichen Leistungen nach der Geburt eines Kindes vereinfacht.[83]

Es wäre gut, wenn Bund und Länder ihren gemeinsamen Kompetenzgewinn aus derartigen Projekten und ihre Einkaufsmacht nutzen würden, um die Bildung von ein oder zwei konkurrenzfähigen Plattformen für KI in Verwaltungsdienstleistungen zu unterstützen. Denn parallel zur Digitalisierung bestehender Verwaltungsabläufe ermöglicht die intelligente Nutzung von Daten in den Städten und Gemeinden ganz neue Projekte von öffentlichen Leistungen, eine stärkere Bürgerbeteiligung und lokale Demokratie. Die Entwicklung der Smart City sollte nicht *Google* und den anderen GAFAM-Unternehmen überlassen werden, sondern muss zu einem zentralen Pfeiler europäischer Demokratiepolitik werden.[84]

G 3 Was tun gegen Machtkonzentration bei den GAFAM-Unternehmen?

Das von Tim Berners-Lee erfundene World Wide Web sollte der Ermächtigung des Einzelnen dienen, gegenüber dem dominanten zentralen *Mainframe*, damals von IBM. Das ursprüngliche Internet enthielt ein Freiheitsversprechen, auch ein Versprechen der Ermöglichung und Förderung der Demokratie.

Die EU-Kommission hat bereits durch eine Vielzahl von Einzelentscheidungen wie keine andere Wettbewerbsbehörde der Welt GAFAM in die Schranken gewiesen. Sie hat gerade eine Untersuchung der Datensammelpraktiken von *Google* und *Facebook* auf den Weg gebracht. Diese Forschung dreht sich darum, zu ermitteln, wie und zu welchem Zweck die Unternehmen Daten sammeln und ob die gewaltige Masse an Daten beider Konzerne genutzt wird, um Wettbewerber zu benachteiligen oder in weitere Märkte einzudringen, ob also möglicherweise die Daten zum Missbrauch einer marktbeherrschenden Stellung verarbeitet werden.[85]

3.1. Wettbewerbsrecht und Behördenstrukturen reformieren

Das Problem des Wettbewerbsrechts ist, dass es den Unternehmen wirtschaftliche Größe und sogar Dominanz an sich erlaubt. Nur der Missbrauch der dominanten Stellung kann sanktioniert werden. Und der Missbrauch wird definiert in Bezug auf seine Auswirkungen auf den Markt, also Wettbewerber und Konsumenten, nicht aber in Bezug auf seine Auswirkungen auf die Demokratie.

Es bestehen schon Zweifel, ob dieses begrenzte Instrument für die Erhaltung des Wettbewerbs im Markt und vor allem der dezentralen Innnovationskraft in der Wirtschaft ausreicht. Denn gegen Praktiken wie zum Beispiel das systematische Aufkaufen von kleineren, innovativen Startups[86] oder rechtmäßige Imitation von Innovation konnte mit diesem begrenzten Instrumentarium bisher nichts unternommen werden. Ein Bericht von Wissenschaftlern an die EU-Kommission gibt erste Reformempfehlungen und zeigt auf, wie auch durch neue Auslegung möglicherweise mehr mit bestehendem Recht unternommen werden kann.[87]

Erst recht für die Demokratie aber gilt, dass die Machtkonzentration in jedem Fall ein schwerwiegendes Problem wird, auch wenn kein Missbrauch im Sinne des Wettbewerbsrechts festgestellt werden kann.

Das Wettbewerbsrecht, wie es heute besteht, reicht deshalb nicht, um das Problem der Machtkonzentration bei GAFAM so zu adressieren, dass dezentrale Innovation und Demokratieverträglichkeit der weiteren Entwicklung gesichert werden.

In Deutschland liegt seit dem 7. Oktober 2019 der Referentenentwurf für eine Reform des deutschen Wettbewerbsrechts auf dem Tisch.[88] Mit diesem Entwurf soll das Bundeskartellamt in die Lage versetzt werden, Marktmacht von Plattformen leichter festzustellen und dies auch schon aufgrund des Zugangs zu wettbewerbsrelevanten Daten. Als Missbrauch der Marktmacht soll unter Umständen auch das Verweigern von Zugang zu Daten angesehen werden. Die Herausgabe von Daten kann zur Pflicht werden, wobei allerdings die Herausgabe im Einklang mit der DSGVO erfolgen muss. Wichtig ist auch, dass der Entwurf der Zusammenarbeit der Kartellbehörden, der Datenschutzbehörden und der Regulierungsbehörden eine Rechtsgrundlage ergibt, die zum Austausch von Informationen ausdrücklich berechtigt. Insgesamt ist der Entwurf ein erster wichtiger Schritt, um mittels des Wettbewerbsrechts der Datenmacht von GAFAM beizukommen. Auch wenn weitere Schritte zur strukturellen Regulierung, unabhängig von Einzelfallentscheidungen wie im Wettbewerbsrecht, nötig sind,[89] so ist dieser Entwurf, wenn er denn umgesetzt wird, ein Vorreiter in der Regulierung digitaler Marktmacht weltweit.[90]

Die Macht von GAFAM und damit die Abhängigkeit von wenigen großen Konzernen darf sich im nächsten Technologiesprung, der durch das Internet der Dinge, KI und 5G wie auch Quantencomputer bevorsteht, nicht wiederholen.

In Bezug auf die Plattformökonomie werden wir Regulierung neu denken müssen, um z. B. durch mehr Wettbewerb diese Machtpositionen abzubauen. Sie stellen andernfalls eine echte Gefahr für die Demokratie dar, und auch die Funktionsfähigkeit des Marktes in unserer mittelständisch geprägten Wirtschaft wird in Frage gestellt. Wir brauchen Grundprinzipen der Plattformneutralität, der Interkonnektivität und der Trennung von Aktivitäten, um sowohl für Demokratie, Grundrechte und Rechtsstaat als auch für einen funktionierenden Markt, Innovationsfähigkeit, digitale Souveränität und soziale Gerechtigkeit zu sorgen.

Die zersplitterten Aufsichtsbehörden müssen lernen, mit Plattformen umzugehen, die in vielen Märkten gleichzeitig tätig sind. Es wird zu überlegen sein, ob die strukturelle Zersplitterung in derart viele Einzelbehörden der Wirtschaftsregulierung, wie sie heute besteht, nicht aufgegeben werden sollte. Denn in der digitalen Plattformökonomie im Zeitalter der Künstlichen Intelligenz existieren klar nach Sektor oder Thematik abgegrenzte Probleme - wie in der Wirtschaft des letzten Jahrhunderts - immer seltener. Wenn Plattformen mehrseitig werden und Allzwecktechnologie wie KI benutzen, sollte das auch in der Behördenstruktur nachvollzogen werden, zumal der Regulierungsgegenstand Daten und KI damit auch zu einem gemeinsamen Thema aller Aufsichtsbehörden wird. Es wird immer schwerer zu erklären sein, warum Staatsanwaltschaften unitarisch organisiert sind, die Aufsichtsbehörden des Wirtschaftsrechts aber in viele kleine Behörden zersplittert bleiben und damit weniger flexibel arbeiten können, obwohl ihnen doch immer öfter die gleichen mächtigen Plattformen und Konzerne gegenüberstehen.

Der heutige Einblick der Tech-Unternehmen in unser Denken und in unsere Kommunikation geht zu weit. Die Sorge um die Sicherheit der Daten in der Cloud der amerikanischen Firmen, vor allem nach dem, was wir durch Edward Snowden gelernt haben, aber auch der Wunsch nach industriepolitischer Unabhängigkeit, treibt europäische[91] und deutsche[92] Cloud-Initiativen. Diese sind allerdings zuvörderst für Wirtschaft und Wissenschaft konzipiert. Der Einzelne bleibt zunächst allein mit den GAFAM-Geschäftsbedingungen, die *Google* und Co Einblick und Auswertungsrechte in alle Kommunikation geben. Hier sind die Datenschutzbehörden gefragt, die DSGVO endlich rigoroser durchzusetzen.

Wir haben Heinrich Popitz bereits einmal zitiert, nämlich seine Feststellung:

»Der Angelpunkt jeder Machtkontrolle in modernen Gesellschaften ist die Kontrolle technischen Handelns«.

Und wir haben in den vorangehenden Kapiteln festgestellt, wie die zunehmend erdrückende Konzentration von Fähigkeiten zu technischem Handeln und wirtschaftlicher Macht voranschreitet, und wie auch für die Zukunft absehbar ist, dass weitere technische Entwicklungen die Freiheit des Einzelnen und die Demokratie gefährden werden. Eine Herrschaft der Technik, also der generellen Künstlichen Intelligenz wird heute vielerorts für möglich gehalten. Jedenfalls sehen wir heute schon eine weitgehende Herrschaft durch Technik in der Hand der GAFAM-Unternehmen.

3.2. Die Prinzipien des Verfassungsstaates als Vorbild für die Kontrolle technischer Macht

Fahren wir fort mit Popitz, mit der Frage, wie denn die Machtkontrolle des technischen Handelns aussehen soll:

> »Wie soll das auch nur schlecht und recht gelingen? Wir haben ja noch kaum angefangen, es zu versuchen. Ich will nicht mit einer blumigen ›Wenn wir nicht ...‹-Redeweise schließen. Aber auch eine nüchterne Überlegung zeigt, dass eine Kontrolle technischen Handelns als Kontrolle von ungeheuren und weiter ungeheuerlich ansteigenden Machtpotentialen nicht ohne schwierige, schwer vorstellbare Veränderungen denkbar ist, vergleichbar etwa den ideellen und institutionellen Innovationen, die den modernen Verfassungsstaat hervorgebracht haben.«[93]

Popitz empfiehlt uns also, die Innovationen des modernen Verfassungsstaates in Sachen Machtkontrolle einmal darauf hin zu überprüfen, ob sie auch technische Macht so einhegen könnten, dass Demokratie, Rechtsstaatlichkeit und Grundrechte gewahrt bleiben.

Hier können wir eine Anleihe machen bei dem Prinzip der Gewaltenteilung, das in vielen Verfassungsstaaten in doppelter Weise umgesetzt ist, nämlich in Form einer horizontalen und einer vertikalen Gewaltenteilung. Die horizontale Gewaltenteilung beschreibt die funktionale Teilung der Staatsmacht zwischen Legislative (Gesetzgebung), Exekutive (Regierung), und Judikative (Gerichten). Hinzu kommt als vierte Gewalt die freie unabhängige Presse, die die Macht durch kritische Berichterstattung, durch Nachfragen und Nachforschen kontrolliert. Und die freie und unabhängige Wissenschaft, die ebenfalls eine kritische Funktion hat.

Die vertikale Gewaltenteilung beschreibt die Aufteilung von Zuständigkeiten zwischen der EU, dem Bund, den Ländern und den Kommunen. Keine Ebene darf »durchregieren«, niemand hat alle Macht.

Sehr wichtig dabei ist, dass das ganze System, sowohl der Gewaltenteilung als auch des gesamten materiellen Rechts, überwacht wird durch die Institutionen selbst und die Bürger, die die Möglichkeit haben, bei Verstößen gegen die Regeln der Verfassung die Gerichte anzurufen, die unabhängig sind und Entscheidungsgewalt haben. Aber bevor es zu Klagen kommen muss, kann ein Parlament die Tätigkeit einer Regierung untersuchen, ihr gesetzliche Grenzen setzen und sie auch abwählen, um nur einige Beispiele zu nennen. Die Regierung ist also sowohl gegenüber dem Parlament als auch den Richtern verantwortlich. Auch die Öffentlichkeit kontrolliert und deckt auf. In dieser spielt die Presse als vierte Gewalt traditionell eine große Rolle, ebenso wie Organisationen der Zivilgesellschaft. Ihre Erkenntnisse fließen in die Arbeit des Parlamentes, der Regierung, manchmal auch der Gerichte ein und können auch Wahlen beeinflussen. Deshalb ist es für die Sicherung der Demokratie elementar, dass Angriffe durch technische Manipulation oder beherrschenden wirtschaftlichen Einfluss auf Öffentlichkeit und Zivilgesellschaft verhindert und die Plattformen zur Rechenschaft gezogen werden.

Im Ergebnis wird also die Ausübung der Macht der Regierung durch drei Instanzen kontrolliert, nämlich das Parlament, die Öffentlichkeit und schließlich durch die Gerichte.

3.3. Gewaltenteilung im modernen Verfassungsstaat als Vorbild für die Einhegung digitaler Macht im Zeitalter der KI

Wenden wir uns zuerst der Gewaltenteilung zu. Die Wahrscheinlichkeit steigt, dass bei der Weiterentwicklung von KI und Quantencomputern die technische Macht noch weiter zunimmt, ja möglicherweise sich selbst Ziele setzt und in einigen Bereichen »autonom« wird. Ist es angesichts dessen denkbar, ein allgemeines Prinzip der Teilung von technischer Macht gesetzlich einzuführen, so wie der Verfassungsstaat die Macht strikt vertikal und horizontal teilt?

Dieser Gedanke mag auf den ersten Blick revolutionär klingen. Er ist jedoch bereits Realität im Bereich des Medienrechts. Um die Pluralität von Meinungen in der Öffentlichkeit zu sichern, die essentiell ist für die Demokratie, beschränkt das Medienrecht in vielen Ländern die technische Reichweite von Zeitschriften, Radio und Fernsehsendern und/oder den Marktanteil, den ein Medienkonzern bei sich vereinigen kann, und dies ohne Missbrauchsnachweis, wie er im Wettbewerbsrecht nötig ist.

Wie das BVerfG in mehreren Entscheidungen ausgeführt hat, ist bereits das Entstehen vorherrschender Meinungsmacht vorsorglich durch vielfaltssichernde Maßnahmen zu verhindern.[94] Es handelt sich dabei im Prinzip um eine horizontale Gewaltenteilung nach Funktionen, also innerhalb der Presse, die allerdings in Deutschland noch durch die vertikale Gewaltenteilung zwischen Bund und Ländern überlagert wird.

Eine ganz aktuelle Frage ist, ob die sozialen Netzwerke und Suchmaschinen, die mittlerweile zu einer ganz wesentlichen Quelle politischer Information geworden sind, konsequenterweise im Rahmen des Medienkonzentrationsrechts wie Medien behandelt werden und damit dem Trennungsprinzip des Medienkonzentrationsrechts unterliegen sollten.

44 Prozent der Amerikaner beziehen ihre politischen Informationen bereits aus *Facebook*. Und in Deutschland konkurrieren *Facebook*, *Instagram* und *Google* heute schon mit der Tagesschau, heute und der Bildzeitung um die vorderen Plätze als Quellen für politische Information – bei den bis zu 30-Jährigen liegen die Plattformen sogar auf den vordersten Plätzen. Was spricht dann eigentlich dagegen, sie dem Medienkonzentrationsrecht zu unterwerfen?

Eigentlich nichts. Insbesondere deswegen, weil diese Plattformen eben nicht passiv sind, sondern Inhalte zum Teil aktiv erstellen, in jedem Fall aber ordnen und darstellen, also editorische Funktionen automatisiert oder neuerdings bei *Facebook* auch durch Journalisten durchführen lassen.[95]

Sie üben Meinungsmacht aus, in dem sie entscheiden, was überhaupt als Information auf die ersten Trefferseiten gelangt. Daher sind ihre Algorithmen des automatischen Editierens und Kuratierens nicht wertneutral und können es auch gar nicht sein, da sie wesentliche Bereiche der öffentlichen Kommunikation beeinflussen.

Weil die GAFAM-Netzwerke und die Suchmaschinen selbst politische Nachrichten aggregieren und auf persönliche Profile zugeschnitten verbreiten, sind sie selbst ein Teil der elektronischen Öffentlichkeit geworden. Deshalb muss auch das die Funktion der Öffentlichkeit in der Demokratie schützende Medienrecht auf sie angewendet werden, jedenfalls das Medienkonzentrationsrecht.

Ein konkretes, wenn auch rein hypothetisches Beispiel: Wenn eines Tages *Facebook* oder *Google* den Springer Verlag kaufen möchten, an dem schon der US-Großinvestor KKR beteiligt ist, um seine Anzeigenportale aber auch seine journalistischen Produkte wie *Bild*, *Welt* und in Brüssel *Politico Europe* mit zu integrieren, dann kann es nicht sein, dass das Medienkonzentrationsrecht keine Anwendung findet. Denn schon heute sind *Facebook* und *Alphabet* mit *Google* News und *YouTube* sehr wichtige Nachrichtenquellen. Faktisch konkurrieren sie mit Zeitungen und Fernsehen um Anzeigen, aber auch um Aufmerksamkeit im Nachrichtengeschäft.[96] In der Diskussion über die Frage, ob *Facebook* politische Anzeigen verbreiten solle, und ob es die Richtigkeit der in den Anzeigen aufgestellten Behauptung prüfen solle, bezeichnete sich *Facebook* selbst als Medium der Presse.[97]

Der neue Entwurf des Medienstaatsvertrages, der an die Stelle des Rundfunkstaatsvertrags tritt, geht einen Schritt in die richtige Richtung, in dem er von diesen intermediären Plattformen verlangt, offenzulegen, wie Nachrichten bei ihnen aggregiert werden und wie die Darstellung bei den Nutzern zustande kommt. Aber das Medienkonzentrationsrecht harrt noch der Aktualisierung.[98]

Mit Blick auf die Regelungen zu Sicherung der Meinungsvielfalt wäre eine Regelung für die sogenannten Medienintermediäre, also die großen Plattformen, denkbar, die nicht nur die Auffindbarkeit seriöser Nachrichtenquellen sicherstellen müsste. Vielmehr müsste zur Sicherung der Vielfalt auch eine Sicherung des Allgemeinen der Öffentlichkeit erwogen werden. Denkbar wäre eine Verpflichtung zu Fenstern auf den Seiten von Suche und sozialen Netzwerken, die allen Nutzern eine einheitliche, nicht personalisierte Auswahl von Nachrichten des Tages in Newsfeeds anzeigen. Diese sollten auch lokal diversifiziert werden können. Die Auswahl und Zusammenstellung der Quellen könnte aufgrund eines Wettbewerbs zwischen seriösen, professionellen Medienquellen erfolgen, unter der Kontrolle der Landesmedienanstalten. Dies wäre eine moderne Variante der bestehenden im Privatfernsehen vielfaltssichernden »Fensterregelung« im Rundfunkstaatsvertrag.[99] *Facebook* hat in Amerika selbst die Nachrichtenquellen ausgesucht und auch die rechtsradikale Propaganda Webseite *Breitbart.Com* mit hineingenommen. Außerdem behält *Facebook* die Personalisierung mit eigenen Algorithmen bei. Beides ist der demokratischen Öffentlichkeit abträglich. Das Beispiel bestätigt, dass diese Angelegenheit durch Demokratie geregelt werden muss und nicht den GAFAM-Unternehmen überlassen werden kann.

Neben das Ziel der Vielfaltssicherung, das die Abwehr vorherrschender Meinungsmacht zur Aufgabe hat und das heute so wichtig ist wie im Zeitalter der Massenmedien, muss das Ziel der Sicherung einer gemeinschaftlich einsehbaren und überprüfbaren Öffentlichkeit treten. Der radikalen Personalisierungspolitik des GAFAM-Geschäftsmodells muss eine Grenze aufgezeigt werden, wenn es um den öffentlichen Austausch von Informationen geht. Andernfalls besteht die Gefahr, dass diese gemeinsame Öffentlichkeit und damit die wichtigste Voraussetzung einer demokratischen Gesellschaft verloren geht.

3.4. Von der Netzneutralität zur Plattformneutralität

Zurück zu den Prinzipien des Staates, der Gewaltenteilung und auch dem Prinzip der Neutralität gegenüber den dem Recht Unterworfenen. Die Netzneutralität ist eine neue Ausprägung des Neutralitätsprinzips im Internet. Aber Netzneutralität allein plus Transparenzpflichten für Intermediäre, wie im Medienstaatsvertrag jetzt festgelegt, werden nicht ausreichen, um das Funktionieren der demokratischen Öffentlichkeit im Zeitalter von Machtkonzentration bei den GAFAM-Unternehmen sicherzustellen.

Man wird wohl ein politisches Neutralitätsgebot für marktmächtige Plattformen einführen müssen. Die gegenwärtige Diskussion in den USA über die politische Einseitigkeit der Plattformen gibt einen Vorgeschmack auf die Probleme der Machtkonzentration bei den Plattformen in einer demokratischen Gesellschaft.

So hat wie geschildert die Präsidentschaftskandidatin der Demokratischen Partei, Elizabeth Warren, die Zerschlagung von *Facebook* als politisches Ziel angekündigt, und *Facebook* hat erst einmal eine diesbezügliche Meldung von ihr vom Netz genommen. Es ist aber nicht auszudenken, was es bedeuten würde, wenn nun *Facebook*-Chef Mark Zuckerberg[100] entscheiden würde, nur noch andere Kandidaten zu unterstützen, indem diese, nicht aber Elizabeth Warren, Zugang zu den bei *Facebook* kostenlos gesammelten Rohdaten über die Bürger Amerikas erhalten und auch nur sie ihre Inhalte über *Facebook* verbreiten dürfen. Aber mit den Rohdaten nicht genug, *Facebook* könnte seine Macht über Verhaltensvorhersagen, immerhin 200 Billion pro Tag und damit eine *Mega-Microtargeting*-Maschine, für die politischen Gegner Warrens zur Verfügung stellen, die weit grösser wäre als *Cambridge Analytica*. Das darf bei solch dominanten Unternehmen wie *Facebook* und *Google* nicht erlaubt sein. Aber welches Gesetz hindert sie heute daran, dies zu tun?

Wir brauchen deshalb eine rechtlich niedergelegte politische Neutralitätspflicht für große Plattformen und Suchmaschinen in Ergänzung zur Netzneutralität. Natürlich darf die Kontrolle der politischen Neutralität der Plattformen nicht in die Hand des Staates, etwa eines »Ministeriums für Wahrheit«, gelegt werden. Aber die Plattformen können und sollten verpflichtet werden, an den Foren der Selbstorganisation der Presse mitzuwirken, wie in Deutschland dem Presserat. Diesen staatsfernen Foren sollte es obliegen, die Neutralität der Plattformen zu überwachen.

3.5. Von der Gewaltenteilung im Staat zum Trennungsprinzip für GAFAM-Plattformen

Weiterhin werden wir über ein allgemeines Trennungsprinzip von bestimmten Diensten nachdenken müssen, um durch eine derartige Analogie zur Gewaltenteilung eine Konzentration von politischer Macht in den Konzernen zu verhindern.

Grundprinzip muss die Trennung von Datenkontrolle und Systemkontrolle sein, und darüber hinaus bedarf es immer wieder neu zu entwickelnder Unterbrechungen und Diskontinuitäten, die in das Gesamtsystem eingebaut werden müssen, um Totalbeherrschung oder zu weitgehende Machtkonzentration zu verhindern. In Deutschland ist nach dem Zweiten Weltkrieg aufgrund der furchtbaren Erfahrung mit dem Missbrauch hoch zentralisierter Macht im Faschismus ein politisches System entwickelt worden, in dem neben der Trennung der Macht des Staates in Exekutive, Judikative und Legislative, eine weitergehende vertikale Verteilung von Zuständigkeiten festgelegt wurde. Damit wurde die Verteilung von Macht auf verschiedene Ebenen, als Bund, Länder und Gemeinden, sowie die Kontrolle von Macht in der Wirtschaft ein zentrales Element der Staatsräson und Demokratiefähigkeit der zweiten deutschen Republik.

In der Zukunft wird die Kontrolle von technisch-systemischer Macht und die Trennung von »Gewalten« technischer und wirtschaftlicher Macht eine zentrale Aufgabe staatlichen, demokratischen Handelns sein müssen. Für die mit theoretisch absoluter Kontroll– und Manipulationsmacht ausgestatten kombinierten technischen Systeme der GAFAM-Unternehmen muss eine dynamische Lehre der Systemtrennung und der Datentrennung entwickelt werden. Die Innovations- und Demokratiefähigkeit und die Freiheit der Einzelnen müssen immer wieder neu gesichert werden, da der gewaltige technische Fortschritt und die Konzentration von Reichtum immer wieder eine neue Gefahr für diese Grundwerte darstellen.

Dies wird man nicht nur durch Wettbewerbsrecht und Ex-post-Entscheidung von Einzelfällen anhand von Kriterien der Rechtswidrigkeit leisten können.

Vielmehr bedarf es dafür einer vorausschauenden vorbeugenden Regulierung, die das Trennungsprinzip auf technikneutrale Art und Weise etabliert und zugleich Anschluss- und Ergänzungsinnovation nicht behindert. Für die wirtschaftlichen Akteure muss es einen Anreiz geben, bei Innovation von Technik und Geschäftsmodellen von Anfang an die möglichen Folgen der Innovation auf die Machtverteilung in Staat und Gesellschaft mitzudenken. Die Freiheit und Grundrechte der Einzelnen, das Rechtssystem und die Rechtsstaatlichkeit und die Funktionsfähigkeit der Demokratie sowie ökologische Nachhaltigkeit müssen einbezogen werden. Wenn die Grundstruktur der Demokratie heute durch die persönlichen Daten, das Internet, die Künstliche Intelligenz bestimmt sind, dann müssen die Grundprinzipen der *Checks and Balances* und der Gewaltenteilung in diese technischen Systeme überführt werden.

Die Idee, die Demokratie zu digitalisieren, ist weitgehend gescheitert. Zu viele Probleme entstanden bei den Versuchen, *Liquid Democracy* zu verbreiten und bei der elektronischen Stimmabgabe, um nur zwei Beispiele zu nennen. Der Niedergang der Piraten folgte auf die Enttäuschung der digitalen Demokratieträume. Das Internet ist unter dem Strich derzeit in entwickelten Demokratien kein Demokratiegewinn, sondern eine Gefahr. Also gilt es vielmehr umgekehrt, das Digitale zu demokratisieren.

Wir brauchen deshalb eine neue Regulierungstheorie des Internets und der auf das Internet aufsetzenden zentralen Technologien und Geschäftstätigkeiten.

Die neue Regulierungstheorie muss ausgehen von einer Metatheorie des Verhältnisses von Technik und Demokratie, die die Gefahren technologischen Absolutismus klar benennt und weiter analysiert.

Sodann muss sie lernen aus den bisherigen Erfahrungen mit rechtlichen Regeln zur Kontrolle von Macht in komplexen vernetzten Systemen:

- Theorie und Praxis der horizontalen und vertikalen Gewaltenteilung im Staat und der unabhängigen Institutionen in der Demokratie.
- Systemische Regulierung besonders demokratierelevanter Bereiche wie z. B. der Wahlwerbung in Wahlkampfzeiten, der Parteien- und Wahlkampffinanzierung, der Regulierung für Binnenpluralität und gegen Konzentration in der Presse.
- Theorie und praktische Erfahrung mit der Entflechtung und Interkonnektivitätspflichten in Bezug auf Netzwerkinfrastrukturen und darauf angebotene Dienste in strategischen Bereichen wie dem allgemeinen Wettbewerbsrecht, der Bahn, Telekommunikation und Elektrizität.

Wir begeben uns mit dem Trennungsprinzip allerdings auf ein schwieriges Feld. Denn weil die GAFAM-Unternehmen potenziell in vielen Bereichen miteinander im Wettbewerb stehen, wird zu beachten sein, dass ein zu simples Trennungsprinzip zu einer Reduzierung dieses potenziellen Wettbewerbs führen kann. Beispiel: Würden wir eine Regel einführen, dass diejenigen, die Daten über Personen im Internet mittels sozialer Netzwerke oder Suchmaschinen sammeln, nicht auch persönliche Daten sammeln dürfen durch freie E-Mail Dienste und Messenger, so würden wir durch den Ausschluss von *Gmail, WhatsApp* und *Facebook Messenger* den Wettbewerb im Bereich Messenger und E-Mails reduzieren.

Besser wäre in Bezug auf dieses Beispiel eine intelligente Trennungsregel, die nur das Sammeln von persönlichen Daten reguliert, nicht aber die Erbringung von Diensten selbst. Das würde bedeuten, wer schon intensiv im Bereich Soziale Netze oder Suchmaschinen persönliche Daten sammelt, darf nicht gleichzeitig auch persönliche Daten in anderen Bereichen wie der Individualkommunikation mittels Messenger und E-Mail sammeln. Die Dienste dürfen angeboten werden, aber nur ohne jegliche Sammlung und Analyse der Inhalte der Kommunikation und ihrer Metadaten.

Das Trennungsprinzip wird in vielfacher Hinsicht anzuwenden und zu durchdenken sein. In den USA gibt es schon Gesetzentwürfe im Kongress, die bestimmen, dass soziale Netzwerke und Suchmaschinen keine Bankdienstleistungen erbringen dürfen.[101] Wir könnten uns auch vorstellen, dass Cloud-Dienste von der Speicherung der Daten Dritter von anderen Datensammelaktivitäten getrennt werden könnten, um die Gefahr der Kombination von Daten aus den drei großen Quellen persönliche Daten, Unternehmensdaten und Internetinhalte, wie sie etwa *Google* betreibt, zu unterbinden.

Nur um ein weiteres Beispiel zu überlegen, dass in die Zuständigkeit der Länder in Deutschland fällt: Sollten wir nicht dafür sorgen, dass diejenigen Unternehmen, die digitale Dienstleistungen an Schulen oder Universitäten erbringen, nie die gleichen seien dürfen, die in anderen Lebensbereichen Daten über unsere Kinder in ihrer Freizeit oder später im Berufsleben sammeln und so ein umfassendes Lebensprofil erstellen können?

Der Zweck einer solchen Trennung wäre, schon strukturell zu verhindern, dass GAFAM von Kindheit an Persönlichkeitsprofile erstellen können, die als Grundlage für ein lebenslanges *Profiling* dienen. Die Versuchung derartiges zu tun, etwa bei *Microsoft*, ist gewaltig. Doch Gründer Bill Gates scheiterte mit seinem Stiftungsprojekt der Datensammlung in Schulen *InBloom*[102] in den USA zu Recht grandios am Misstrauen der Eltern. Ein Kindheitsprofil wäre eine ideale Grundlage für spätere Angebote und *Profiling* im Bereich Spiele und professionelle Netzwerke sowie praktisch allen anderen Geschäftsbereichen des Digitalen. *Microsoft* mit seinen vielen Zukäufen, u. a. des beliebten Spiels *Minecraft* und der Berufsdatenbank *LinkedIn* ist hier bereits prominent vertreten.

Den stark zentralisierenden Tendenzen der digitalen Technik- und Geschäftsmodelle der GAFAM-Unternehmen ein allgemeines Trennungsprinzip als Grundgedanken der Vermeidung von Machtkonzentration in der Gesellschaft gegenüber zu stellen, wäre jedenfalls sinnvoll. Damit könnte den konkreten Ausprägungen der Allmachtsfantasien im Denken und Handeln über digitale Systeme in diesen Konzernen mit konkreten Maßnahmen begegnen werden. Wir brauchen dieses neue Denken über das Trennungsprinzip der Demokratie für den digital-informationellen Komplex, weil allein die Kategorien des Wettbewerbsrechts, die nur den Markt im Auge haben, und das Medienkonzentrationsrechts, das gegen Medienkonzentration schützen sollen, nicht ausreichen, uns als Gesellschaft und Individuen gegen demokratie– und freiheitsberaubende Machtkonzentration in der digitalen Welt zu schützen.

3.6. Interkonnektivitätspflicht für Messenger und soziale Netze, um den Netzwerkeffekt zu brechen

Während das Trennungsprinzip die Allmacht der GAFAM verhindern soll, kann eine Interkonnektivitätspflicht dazu dienen, die *Winner Takes it All*-Effekte in der Plattformökonomie zu reduzieren und so neue Chancen für den Markteintritt von Wettbewerbern schaffen.

Inge Graef diskutiert in ihrer Doktorarbeit von 2016 die Interkonnektionsregeln für die Telekommunikation als Beispiel, sieht aber angesichts des »dynamischen Marktes« kein Bedürfnis für Interkonnektionsregeln für soziale Netze, auch wegen des angeblich negativen Effekts hinsichtlich Innovation.[103] Drei Jahre nach ihrer Veröffentlichung ist von dem dynamischen Markt der sozialen Netze nichts zu sehen, die Macht von Facebook ist nur weiter gestiegen. Negative Effekte für Innovation durch Pflicht zur Interkonnektivität in der Telekommunikation sind nicht erkennbar.

Die Pflicht zur Interkonnektion[104] wird dabei dazu führen, dass eine neue unterbrechungslose Verbindung von Diensten miteinander geschaffen werden kann, und zwar sowohl zwischen Diensten gleicher Funktion als auch funktionsübergreifend z. B. zwischen sozialen Netzwerken, Suche, Cloud-Diensten und Messenger Diensten und vielen neuen Kombinationen der Interkonnektion. So wird der Wettbewerb zwischen den Anbietern erhöht, da Netzwerkeffekte nicht mehr nur bei einer Firma in einem geschlossenen System auftreten, das dann wiederrum Ausgangsbasis für das Erringen von Dominanz in anschließenden Bereichen wird. Der Nutzen des Netzwerks kommt vielmehr auch allen Konkurrenten zugute, jedenfalls was die Vernetzung mit den Mitgliedern des Netzwerks angeht. Dabei erfolgt die Vernetzung immer nach den Regeln des Netzwerkes, das das Ausgangsnetzwerk des sich Vernetzenden ist.

Die Interkonnektivität lässt sich an folgendem hypothetischen Modell aufzeigen: Facebook (FB) behält sein gegenwärtiges Geschäftsmodell bei. Daneben bilden sich zwei Konkurrenten. Einmal ein kommerzielles Netzwerk eines Verlages (V). Für dieses können Teilnehmer wählen, ob sie »kostenlos« teilnehmen unter Verwertung ihrer Nutzerdaten oder für eine monatliche oder jährliche Gebühr, dann ohne Nutzung der Daten. Um sein Netzwerk attraktiv zu machen, spielt V in unserem Beispiel eigene exklusive Inhalte auf das Netzwerk. Ein drittes Netzwerk ist selbstorganisiert durch Nutzer, ohne jegliche Werbung und kostenlos (OW). Es erfasst persönliche Daten nicht. Inhalte werden alleine von Mitgliedern oder Wikipedia eingestellt. Finanziert wird es wie Wikipedia, also durch freiwillige Mitgliedschaft und Spenden. Wenn nun ein Nutzer von V oder OW sich mit einem Freund, der auf FB ist, vernetzt, wird dieser Freund alle vom Nutzer eingestellten, bewerteten oder weitergeleiteten Inhalte und alle Freunde des Nutzers sehen und umgekehrt. Hat der Nutzer ein werbefinanziertes Modell gewählt, wird er weiter von V Werbung eingespielt bekommen. Hat er das kostenpflichtige werbefreie Modell gewählt, bekommt er keine Werbung, auch nicht bei Vernetzung mit Benutzern von FB. FB darf persönlichen Daten und Nutzungsdaten der Nutzer der Netzwerke V und OW nur verarbeiten, soweit dies von diesen zugelassen ist.

Richtig ist es möglicherweise, die Interkonnektivitätspflicht zunächst asymmetrisch[105] zu gestalten, also nur die GAFAM-Plattformen zu verpflichten, sich zu öffnen, nicht aber die kleineren neuen Netzwerke. Allerdings will das genau überlegt sein. Denn das Interesse an den kleineren Plattformen steigt ja damit, dass sich auch Nutzer verschicdener kleinerer Netzwerke miteinander verbinden können. Das geht aber nur mit einer Interkonnektivitätspflicht auch zwischen kleineren Netzwerken.

Entscheidend wird wohl sein, dass eine Vernetzung immer nur nach den Regeln des Netzwerkes stattfindet, auf dem der Nutzer eingeschrieben ist, und dass es jedenfalls den kleineren Netzwerken erlaubt bleibt, ihre exklusiven Inhalte oder Funktionalitäten, die über einen gesetzlich zu definierenden Mindestbestand hinausgehen, für ihre Nutzer zu reservieren. Sie sollten nicht verpflichtet sein, diese den von anderen Netzwerken ausgehenden Nutzern zu öffnen. Mit der Zentralität des Ausgangsprofils jeder Plattform wird sichergestellt, dass die Interkonnektivitätspflicht auch tatsächlich zu einem breiteren Angebot von Dienstdesign und Inhalten kommt. Wir halten es für denkbar, dass gerade die Verbindung von sozialem Netzwerk und exklusiven Inhalten für die Presse ein attraktives Model werden kann, wenn diese Bedingungen vorliegen.

G 4 Ethik und Recht, um sicherzustellen, dass die KI dem öffentlichen Wohl dient

Es ist erstaunlich, wie lange sich die Befürworter des Rechts zur Regulierung der KI in der Defensive befunden haben. Schließlich gibt es eine lange Geschichte der Technologieregulierung durch das Gesetz. Jeder Architekt muss bereits während seines Studiums die Bauordnung erlernen und nach ihren gesetzlichen Regeln arbeiten, die dem öffentlichen Interesse Form geben.[106] Jedes Auto auf der Straße muss aus Sicherheitsgründen eine Typengenehmigung durchlaufen. Die gesetzliche Gurtanlegepflicht, gegen die Industrie und Automobilclubs einst heftig ankämpften, reduzierte schließlich die Zahl der Verkehrstoten um die Hälfte. Und kritische Technologien wie Atomkraft und Biotechnologien wurden selbstverständlich geregelt, nicht zuletzt weil verantwortungsbewusste Wissenschaftler neben dem Nutzen auch das Gefahrenpotential erkannten. Immer wieder hat die Gesellschaft die Erfahrung gemacht, dass das Recht und nicht das Fehlen von Recht in Bezug auf kritische Technologien den Interessen der Allgemeinheit dient.

Näher an der Gegenwart hat die Arbeit zur Ethik der KI bereits zahlreiche sehr wichtige Herausforderungen identifiziert, die die KI für Rechtsstaatlichkeit, Demokratie und individuelle Rechte darstellt. Sie hat auch bereits zu zahlreichen Katalogen von Ethikregeln für KI und autonome Systeme geführt. Alan Winfield zählte 2017 weltweit schon zehn Ethikkodizes für die KI.[107] Jüngste Zusätze zu dieser Liste sind die Erklärung der Europäischen Gruppe für Ethik der Naturwissenschaften und neuen Technologien vom 9. März 2018[108] über Künstliche Intelligenz, Robotik und »Autonome Systeme«, die Ethik Empfehlungen der EU High Level Group on trusted AI,[109] die Empfehlungen der deutschen Datenethikkommission,[110] und die Empfehlungen des Institute of Electrical and Electronics Engineers (IEEE)[111] zu »Ethically Aligned Design«.[112]

Es gibt also keine Knappheit an Vorschlägen für ethische Grundsätze für die KI. Und es ist möglich, Maschinen ethische Regeln zu geben, die in Programmen operationalisiert werden. Nicht möglich ist es, dass KI-Systeme sich selbst Werte geben oder eine Moral entwickeln, die der menschlichen dann angeblich überlegen ist. Werte und Wertentscheidungen sind und bleiben eine menschliche Angelegenheit.

4.1. Das Wesentlichkeitsprinzip hilft bei der Bestimmung der notwendigen gesetzlichen Regelungen

Da all dieses Material jetzt auf dem Tisch liegt, ist es an der Zeit, zur entscheidenden Frage in der Demokratie überzugehen, nämlich welche der Herausforderungen der KI sicher und mit gutem Gewissen der Ethik überlassen werden können und welche Herausforderungen der KI durch Regeln angegangen werden müssen, die durchsetzbar sind und auf demokratischen Prozessen, also Gesetzen,[113] basieren.

Bei der Beantwortung dieser Frage wird die verantwortungsbewusste Politik das Prinzip der Wesentlichkeit berücksichtigen müssen, das die Gesetzgebung in konstitutionellen Demokratien seit langem bestimmt. Dieser Grundsatz schreibt vor, dass jede Angelegenheit, die wesentlich ist, weil sie entweder die Grundrechte des Einzelnen betrifft oder für den Staat wichtig ist, durch ein parlamentarisches, demokratisch legitimiertes Gesetz geregelt werden muss.[114] Ein weiteres wichtiges Element, das bei der Beantwortung dieser Frage zu berücksichtigen ist, wird sein, ob unsere Demokratien nach den Erfahrungen mit dem gesetzlosen Internet wieder einmal das Risiko einer neuen, alles durchdringenden und entscheidenden Technologie eingehen können, die unreguliert bleibt und daher wahrscheinlich erhebliche negative Auswirkungen haben wird. Außerdem ist KI heute - im Gegensatz zum Internet damals -

von Anfang an keine *Infant Industry*, die hauptsächlich von Akademikern und Idealisten vorangetrieben wird. Sie wird vielmehr weitgehend unter der Kontrolle der mächtigsten Internet-Technologieunternehmen entwickelt und eingesetzt.

Und es sind diese mächtigen Konzerne, die bereits bewiesen haben, dass man ihnen nicht trauen kann, ein öffentliches Interesse im großen Stil zu verfolgen, ohne die harte Hand des Gesetzes und seiner rigorosen Durchsetzung zu spüren. Es bedarf einer Regulierung, die Grenzen setzt und sogar Richtungen und Orientierung für Innovationen vorgibt, die im öffentlichen Interesse liegen. Tatsächlich sind einige Vertreter dieser Unternehmen in letzter Zeit selbst zu diesem Schluss gekommen und haben eine Gesetzgebung zur KI gefordert.[115]

4.2. Rechtsstaatlichkeit, Grundrechte und Demokratie im Design der KI

Das Design der KI für die autonome Entwicklung und ihre sehr breite Anwendung kann durchaus zu weitaus katastrophaleren Auswirkungen führen, als dies das unregulierte Internet bereits getan hat. Wenn man nur die Erfahrungen mit dem Internet und die Fähigkeiten der KI sowie ihre weit verbreitete Nutzung betrachtet, gibt es gute Gründe, einen vorsorgenden Rechtsrahmen zu schaffen, der die grundlegenden Regeln festlegt, die notwendig sind, um das öffentliche Interesse in der Entwicklung und dem Einsatz von KI zu schützen.

Die Trias von Menschenrechten, Demokratie und Rechtsstaatlichkeit sind die Kernelemente westlicher, liberaler Verfassungen, die »trinitarische Formel« unseres Verfassungsrechts.[116] Diese Prinzipien sind das oberste Gesetz - alle Handlungen von Regierung, Gesetzgeber und auch die gesellschaftliche Realität werden an ihnen gemessen. Angesichts der absehbaren Verbreitung der Künstlichen Intelligenz und anderer auf das Internet aufsetzender neuer Technologien ist es legitim und notwendig, die Frage zu stellen, wie diese neuen Technologien gestaltet werden müssen, um die Aufrechterhaltung und Stärkung der verfassungsmäßigen »Trinitarischen Formel« zu unterstützen.

Die KI wird in vielen Lebensbereichen nach bestimmten Regeln entscheiden oder Entscheidungen vorbereiten, die zuvor von Menschen getroffen wurden. Wenn also die KI zunehmend die Regeln enthält und setzt, nach denen wir leben, müssen wir uns daran gewöhnen, dass die KI immer wie das Gesetz selbst behandelt werden muss. Und für ein Gesetz ist es normal, dass vor seiner Verabschiedung geprüft wird, ob es gegen höheres Recht verstößt.

Die Prüfung, die jedes Gesetz durchlaufen muss, ist, ob es im Einklang mit den Grundrechten und der Verfassung steht, ob es in einem legitimen Verfahren angenommen wurde, ob es im Widerspruch zu anderen bestehenden Gesetzen steht, hinreichend klar und verständlich ist und Pflichten festlegt, die proportional zum verfolgten Zweck sind. Es ist dieser Test, den die KI, die Regeln für die Gesellschaft enthält oder gar setzt und sie durch Entscheidungen anwendet oder jedenfalls Entscheidungen vorbereitet, auch durchlaufen muss.

Und die KI wird diesen Test nur bestehen, wenn die Prinzipien der Demokratie, der Rechtsstaatlichkeit und der Einhaltung der Grundrechte sowie der Vereinbarkeit mit dem Recht insgesamt von vornherein in die KI integriert werden, also von Beginn der Programmentwicklung an. Dies muss auf eine Art und Weise erfolgen, die sicherstellt, dass diese Vereinbarkeit auch für die späteren Einzelentscheidungen der KI garantiert ist, auch wenn das Programm lernt und mutiert. Erfolgen kann dies zum Beispiel durch die Festsetzung von absoluten oder relativen Korridorwerten für Einzelentscheidungen, die auch bei Mutation des Programms nie überschritten werden dürfen. Denn auch wenn KI keine Prinzipien an sich anwenden kann, so können gleichwohl in die Algorithmen Regeln geschrieben werden, die die Prinzipien für viele, wenn vielleicht auch nicht alle, Anwendungsfälle so konkretisieren, dass eine automatisierte Anwendung der Regeln möglich ist und diese im Ergebnis zur Anwendung des Prinzips führt. Es wird die Aufgabe der KI-Wissenschaft und -Forschung sein, auf diesem Weg der Operationalisierung von Prinzipien zu in KI anwendbaren Regeln fortzuschreiten. Stuart Russell hat in seinem Buch *Human Compatible: Artificial Intelligence and the Problem of Control* einen Weg beschrieben und gleichzeitig auch seine Grenzen: Die KI muss so programmiert werden, dass sie immer wieder fragend zum Menschen zurückkehrt, wenn neue Wertentscheidungen zu treffen sind.[117]

Die hier vorgeschlagene Antwort lautet also: Wir brauchen eine neue Kultur der Technologie- und Geschäftsmodellentwicklung für das Zeitalter der KI, die wir *Rechtsstaatlichkeit, Demokratie und Menschenrechte im Design* nennen. Dabei bezieht sich die Referenz zu »im Design« sowohl auf die Politikgestaltung für die rechtlichen Regeln des Internets und der neuen Technologien wie etwa Künstliche Intelligenz und das Internet der Dinge, als auch auf die Technologie und Geschäftsmodelle selbst.

Das Prinzip *Rechtsstaatlichkeit, Demokratie und Menschenrechte im Design* in KI ist notwendig, weil die Fähigkeiten der KI kombiniert mit anderen Technologien in ihrer gesellschaftssteuernden Wirkung alles bisher Dagewesene übertreffen. Die KI wird, kombiniert mit großen Datenmengen und mit einer weiten Verbreitung von Geräten und Sensoren des Internets der Dinge, letztendlich die Kernfunktionen der Gesellschaft bestimmen. Von der Bildung über das Gesundheitswesen, die Wissenschaften und die Geschäftswelt bis hin zu den Bereichen Recht, Sicherheit und Verteidigung, politischer Diskurs und demokratische Entscheidungsfindung. All dies wird der immer weitergehenden Steuerung durch KI und andere Zukunftstechnologien unterliegen.

4.3. Die Bindung an das Recht und das Legalitätsprinzip als Prinzip der Kontrolle technischer Macht

Wir leben in einer Welt, die mindestens ebenso stark von der Technik geprägt ist wie von Recht und Demokratie. Und so wie die Menschen das Gesetz formen und das Gesetz das Verhalten der Menschen formt, müssen wir uns daran gewöhnen, dass das Gesetz durch Technologie geformt wird, wie umgekehrt die Technologie durch das Gesetz geformt wird. Jede Technologie hat bisher damit gelebt, vom Gesetz geprägt zu sein, und es ist höchste Zeit, dass auch das Silicon Valley und die digitale Internetindustrie diese Notwendigkeit der Demokratie akzeptieren. In einer Zeit, in der das Internet und die KI allgegenwärtig werden, würde die Nichtregulierung dieser allgegenwärtigen und oft entscheidenden Technologien durch das Gesetz das Ende der Demokratie bedeuten.

Nun gibt es allerdings zwei Besonderheiten in Bezug auf die kombinierte Wichtigkeit von Internet, KI und Quantencomputer und der mit ihnen verbundene Macht, die es rechtfertigen, eine Frage zu stellen, die auch schon ein Aufregerthema bei der Arbeit an der Reform des Datenschutzes war:

Kann es eigentlich für die Unternehmen, die diese Technologien beherrschen und entwickeln, also vor allem die GAFAM-Konzerne, eine vollständige unternehmerische Freiheit geben nach dem Prinzip: Was nicht verboten ist, ist in einer freiheitlichen Gesellschaft erlaubt?

Oder sollte der Gesetzgeber einmal überlegen, ob nicht wie in der DSGVO, ein Legalitätsprinzip eingeführt werden sollte, also der Betrieb von KI oder Quantencomputern nur gestattet ist, wenn dafür eine Rechtsgrundlage im Gesetz vorhanden ist und die Bedingungen des rechtmäßigen Betriebs in dieser Rechtsgrundlage eingehalten werden?

Wie bei der DSGVO könnte man hier von einem Verbot mit Erlaubnisvorbehalt absehen, das jeder Architekt und Bürger, der schon einmal ein Haus bauen wollte, kennt. Denn für die Errichtung eines Hauses braucht man auch deshalb eine Baugenehmigung, weil sehr oft Interessen Dritter, eben der Nachbarn, aber auch öffentliche Interessen, wie etwa der Stadtplanung, betroffen sein können. Gleiches gilt übrigens für die Errichtung jeder auch noch so kleinen Fabrik oder Werkstatt. Und ein Gewerbe muss auch angemeldet werden, samt Zuverlässigkeitsprüfung.

Für die Verarbeitung von persönlichen Daten war eine derartige Genehmigung ebenfalls früher nötig, auch aus dem Gedanken der Drittbetroffenheit.

Aber heute ist das nicht mehr der Fall, es gibt also im Datenschutzrecht kein Verbot mit Erlaubnisvorbehalt mehr.

Wohl aber gilt das Legalitätsprinzip: Eine Verarbeitung von persönlichen Daten ist nur erlaubt, wenn einer der sieben Gründe für eine rechtmäßige Verarbeitung nach der DSGVO vorliegt und im Übrigen die Regeln der DSGVO eingehalten werden. Ob dies der Fall ist, prüft der für die Verarbeitung der Daten Verantwortliche selbst und dokumentiert diese Prüfung auch.

Dies rechtfertigt sich damit, dass bei der Verarbeitung persönlicher Daten immer Drittinteressen betroffen sind und die Verarbeitung von persönlichen Daten ein Massenphänomen geworden ist. Wenn nun auch KI ein Massenphänomen werden wird, so verbreitet wie Strom (für dessen Erzeugung auch eine Genehmigung nötig ist), und KI damit zur *General Purpose Technology* wird, die Auswirkungen auf die gesamte Gesellschaft hat und die für alle möglichen Zwecke eingesetzt werden kann, kann für KI im Grunde nichts anderes gelten. Diese Technologie birgt im Übrigen, wie wir gezeigt haben, auch das Potenzial von Machtausübung in vielfältiger Weise. Ihr Einsatz wird oft auch Drittinteressen berühren. Richtig wäre es wohl deshalb mindestens, sowohl für KI als auch für Quantencomputer ein Legalitätsprinzip festzulegen, also Bedingungen des rechtmäßigen Betriebs zu definieren, wie es in der DSGVO für die Verarbeitung von persönlichen Daten erfolgt ist. KI könnte dann eingesetzt werden ohne vorherige Genehmigung einer Behörde. Aber jeder, der KI einsetzt, müsste sicherstellen, dass die Bedingungen eines legalen Einsatzes erfüllt sind.

Und für kritische Anwendungen von KI und Quantencomputern, etwa mit erheblichen Grundrechtseinwirkungen oder wichtige Anliegen des Gemeinwesens betreffend, sollte man das Prinzip einer behördlichen Genehmigung einführen, wie es im Baurecht gang und gäbe ist. So hat es auch die Datenethikkommission der Bundesregierung empfohlen, in Form einer Kritikalitätspyramide.[118]

Eine weitere Voraussetzung für die Akzeptanz der KI sind klare Haftungsregeln für den Fall, dass diese Systeme Schäden verursachen. Es steht außer Zweifel, dass die Künstliche Intelligenz, insbesondere wenn sie sich in bestimmten Anwendungsbereichen selbstständig weiterentwickelt, Fragen der zivilrechtlichen Verantwortung aufwerfen kann. Ob das geltende Recht ausreicht, um diese Fragen der Zuständigkeit abzudecken, oder ob neues Recht erforderlich ist, wird derzeit durch die EU-Kommission auf der Grundlage eines Expertenberichts[119] geprüft. Vorschläge der EU-Kommission sind im Jahr 2020 zu erwarten und bereits im Bericht der Datenethikkommission enthalten.[120]

Sicher wird man als Bürger und Konsument auch erwarten können, dass man immer dann, wenn man mit Künstlicher Intelligenz agiert, ob schriftlich oder mündlich, darauf aufmerksam gemacht wird, dass hier kein Mensch handelt, soweit das nicht von Anfang an offensichtlich ist. Im Verwaltungsrecht vieler Mitgliedstaaten ist es schon verpflichtend, so auch in Deutschland, einen automatisch erlassenen Verwaltungsakt als solchen zu kennzeichnen. Das ist nicht zu viel verlangt und auch keine große Belastung und zwar auch dann nicht, wenn man die Transparenzpflicht für KI auf deren Nutzung durch Private ausweitet.

4.4. Die DSGVO reguliert KI bei der Verarbeitung persönlicher Daten

Die DSGVO ist auf KI anwendbar, wenn diese personenbezogene Daten verarbeitet. Die DSGVO enthält wichtige Rechte für die Nutzer im Zusammenhang mit der Verarbeitung ihrer personenbezogenen Daten sowie Verpflichtungen der für die Verarbeitung Verantwortlichen, die die Art und Weise bestimmen, wie KI entwickelt und in der Verarbeitung persönlicher Daten angewendet wird. Die in der DSGVO festgelegten Grundsätze des Schutzes der Privatsphäre und des Datenschutzes durch *Design* und als *Default* (also durch Voreinstellung) werden für KI sicherlich sehr wichtig werden, ebenso wie die Beschränkungen der automatisierten Verarbeitung und die damit verbundenen Rechte auf aussagekräftige Informationen über die Logik, die Bedeutung und die beabsichtigten Folgen der Verarbeitung personenbezogener Daten mit KI für die betroffenen Personen. Ein neues Gesetz ist in dieser Hinsicht nicht erforderlich.

Andererseits ist es im demokratischen Diskurs wichtig zu wissen, ob das Gegenüber in der Diskussion ein Mensch oder eine Maschine ist. Wenn Maschinen am politischen Diskurs teilnehmen könnten, ohne als solche identifiziert zu werden oder gar Menschen ohne Sanktion verkörpern dürften, würde dies eine Verzerrung des Diskurses bedeuten, die in der Demokratie nicht hinnehmbar ist. Kein Gesetz sichert uns derzeit zu, dass wir diesbezüglich umfassend und objektiv informiert werden, oder zwingt zur Aufklärung, wenn Maschinen im politischen Kontext mit uns in Dialog treten. Da ein transparenter politischer Diskurs unter den Menschen der Schlüssel zur Demokratie ist, schreibt das Prinzip der Wesentlichkeit vor, dass per Gesetz Transparenz darüber geschaffen werden muss, ob eine Maschine oder ein Mensch spricht. Intransparente maschinelle Sprache und vor allem die Verkörperung eines anderen Menschen durch Maschinen sollten sanktioniert werden, und diejenigen, die große Infrastrukturen des politischen Diskurses unterhalten, sollten dafür verantwortlich gemacht werden, dass es volle Transparenz in Bezug auf maschinelle Sprache in ihren Infrastrukturen gibt.

Dies macht ein neues Gesetz erforderlich, das die GAFAM-Unternehmen dazu anhält, die Verpflichtung, beim Einsatz von maschineller Sprache jeden

Einzelnen zu informieren, auch innerhalb ihrer Systeme durchzusetzen. Weder bedeutet dies, dass anonymes Sprechen unmöglich wird, denn es geht ja nur darum, kenntlich zu machen, dass eine Maschine spricht, nicht aber, wer dahintersteht und sie steuert und programmiert hat. Noch bedeutet dies eine Einschränkung der Meinungsfreiheit. Denn der Inhalt dessen, was die Maschine dann sagt, bleibt ja unverändert. Nur wissen wir jetzt, dass zum Beispiel das begeisterte, millionenfach wiederholte Lob für den AfD-Kandidaten oder die millionenfach erhobene Falschbehauptung über einen Kandidaten aus dem demokratischen Spektrum, eben von einer Maschine kommen. Die amerikanischen Wähler wussten nicht, dass möglicherweise Milliarden von Tweets mit politischen Inhalten im Wahlkampf von Maschinen produziert wurden. Das hat wahrscheinlich den Wahlkampf zugunsten von Trump entschieden.[121] Der Entwurf des neuen Medienstaatsvertrages geht zur Transparenz in die richtige Richtung, reicht aber nicht. Denn er verpflichtet nur zur Transparenz auf den Intermediären, die unter den Staatsvertrag fallen, nicht aber zu einer generellen Transparenz bei der Nutzung von KI. Und die Transparenzverpflichtung der DSGVO bei automatisierter Verarbeitung von persönlichen Daten gilt eben nur für Entscheidungen und entscheidungsähnliche Akte und eben auch nur, wenn persönliche Daten verarbeitet werden.

Für das Sammeln und das Verarbeiten sowie Nutzen von Daten über Menschen muss in alle Zukunft ein strenges Regime der Begrenzung herrschen: Im Gegensatz zu den USA beschränkt Europa in der DSGVO schon das Sammeln der persönlichen Daten, und das ist essentiell, da theoretisch aufgrund immer preisgünstigerer Technologien das Sammeln von persönlichen Daten noch einmal ungemein billiger und effektiver möglich wird. In den USA wird das Sammeln fast gar nicht beschränkt, es wird lediglich über Nutzungsbeschränkungen nachgedacht. Der Bankräuber darf das Geld stehlen, aber wie er es dann ausgibt, das regulieren wir. Das kann nicht funktionieren.

4.5. Wir brauchen eine regelmäßige Überwachungsgesamtrechnung

In der technischen Welt kann Freiheit nur erhalten werden, wenn stets eine systemische Sicht an die Stelle der Beurteilung von Einzelmaßnahmen tritt, weil ja gerade erst aus der Vernetzung und Verbindung von Daten und Systemen das gewaltige Erkenntnis-, Prognose- und Manipulationspotential entsteht.

Aus der Rechtsprechung des Bundesverfassungsgerichts zum Datenschutz wird die Notwendigkeit einer Überwachungsgesamtrechnung[122] abgeleitet, die zum Ziel hat, das immer dichtere Netz der Überwachung des Menschen auf unterschiedlichen Rechtsgrundlagen und mittels unterschiedlichster technischer

Systeme in ihrer Gesamtheit zu erfassen. Ziel ist es, so eine Grundlage zu haben für die Beurteilung der Verhältnismäßigkeit neuer Rechtsgrundlagen und Systeme für die Überwachung, aber auch bestehender Systeme, deren Überwachungsintensität sich mit weiter entwickelnder Technologie verstärkt.

Wir brauchen eine rigorose Anwendung dieses Prinzips sowohl hinsichtlich der immer effizienter werdenden Technologien des Sammelns von persönlichen Daten, insbesondere im Zusammenhang mit KI, *IoT*, Kameras und Sensoren, als auch der Modelle der organisatorischen Datenakkumulation durch private und öffentliche Stellen. Die Konzentration der Macht über persönliche Daten bei wenigen Unternehmen und dem Staat, die dann auch in der Lage sind, umfassende Profile und mit Hilfe von KI Verhaltensvorhersagen über jeden einzelnen zu erstellen, muss in eine derartige Gesamtrechnung einfließen, da daraus eine neue Freiheitsbeschränkung resultiert. Auf die Bedeutung von KI als Instrument, um Freiheit und Privatsphäre auf breiter Basis zu untergraben, hat die von Eric Schmidt, dem früheren Chef von *Google*, geleitete US *National Security Commission on AI* hingewiesen.[123]

Da gleichzeitig diese Konzentration der persönlichen Daten auch ein Element der wirtschaftlichen Machtkonzentration ist, könnten in diesem Bereich die Datenschutzbehörden konstruktiv mit den Kartellbehörden und der Monopolkommission zusammenarbeiten. Die Grundlagen dafür und weitergehende operationelle Zusammenarbeit liefert der Entwurf der 10. Novelle des Gesetzes gegen Wettbewerbsbeschränkungen (GWB) vom Oktober 2019.[124] Das regelmäßige Gutachten der Monopolkommission[125] über Konzentrationstendenzen in der Wirtschaft sollte ein Kapitel zur Konzentration von persönlichen Daten bei bestimmten Unternehmen enthalten und könnte, als eine Art Datenkonzentrationsgesamtrechnung, auch ein Vorbild sein für die Überwachungsgesamtrechnung. So wie die Monopolkommission unabhängig vom Bundeskartellamt wissenschaftlich die Konzentrationstendenzen in der Wirtschaft begutachtet, könnte unabhängig von den Datenschutzbehörden eine unabhängige Daten- und Überwachungsgesamtrechnungskommission die regelmäßige Überwachungsgesamtrechnung vorlegen. Bis wir eine derartige neue Kommission haben, sollten die Datenschutzbehörden in Deutschland und Europa diese Aufgabe selbst gemeinsam in die Hand nehmen.

4.6. Nichtdiskriminierung und Verbraucherschutz

In Bezug auf die viel diskutierten Fälle der Diskriminierung durch KI wird man in Europa wohl sagen können, dass der Bestand an gesetzlichen Regeln insbesondere auch des EU-Rechts im Bereich Nichtdiskriminierung und Verbraucherschutz vollständig auf KI anwendbar ist. Die Situation unterscheidet sich insofern von der in den USA erheblich. Allerdings mangelt es an einer Durchsetzung dieses Rechts gegenüber den Unternehmen. Hier wird es darum gehen, die Durchsetzung besser zu organisieren und die dafür zuständigen Behörden besser auszustatten, auch mit der Technik der KI, die ja notwendig sein wird, um Diskriminierung durch KI zu entdecken.

Im Grundsatz wird man auch die Sanktionen schärfen müssen. Denn im Markt wird von einigen Ruchlosen nun einmal die Wahrscheinlichkeit, erwischt zu werden multipliziert mit der Höhe der dann anzunehmenden Sanktion. Wenn die Wahrscheinlichkeit des Erwischtwerdens klein ist, muss die Sanktion hoch sein, um einen für die Rechtseinhaltung nötigen Motivationseffekt zu entwickeln. Das dürfte jedenfalls für die gelten, die meinen, das Brechen von Recht und Steuerhinterziehung, um nur einige Beispiele der Wirtschaftspraxis zu nennen, sei eigentlich etwas, was die disruptive Innovation geradezu fordere.

G 5 Die Zukunft des KI-Rechts

Es gibt eine Reihe von Denkansätzen, die bei der Entwicklung eines allgemeinen KI-Rechts hilfreich sein können. Die Datenethikkommission der Bundesregierung hat inzwischen einen ausführlichen Katalog von Empfehlungen an den europäischen und deutschen Gesetzgeber vorgelegt.[126]

Hier soll es nur um einige wenige grundlegende Themen gehen, die bei der Erarbeitung einer allgemeinen Verordnung für Künstliche Intelligenz bedacht werden sollten. In diesem Bereich der sehr schnell voranschreitenden Technologie geht es jetzt nicht darum, technikspezifische kleinteilige Regeln zu erlassen. Denn diese könnten morgen schon wieder obsolet sein. Es geht eher darum, einige rechtliche Grundregeln verbindlich niederzulegen, die technikneutral und zukunftsoffen formuliert sind, also bei schneller Entwicklung der Technik und der Geschäftsmodelle in dynamischer Auslegung ihren Regelungsgehalt behalten und durch Auslegung angesichts neuer Gegebenheiten aktualisiert werden können.

Das Recht hat den großen Vorteil, dass es für Menschen geschrieben wird, die selbst denken können. Ein weiterer wichtiger Unterschied zum technischen Code. Sie können das Recht immer wieder neu entsprechend der neuen Herausforderungen auslegen und anwenden, wenn der Gesetzgeber von der offenen Textur der Sprache guten Gebrauch macht und sich nicht in Einzelheiten oder gar Modewörtern der Zeit verliert, wie es oft von Lobbyisten gefordert wird. Dies ist möglich, ohne die Rechtssicherheit heute in Frage zu stellen.

Dass das Recht im technischen Zeitalter genauso oft umgeschrieben werden müsse wie ein Computerprogramm ein Update in Form einer neuen Version bekommt, ist deshalb falsch, weil der Code für Dumme – nämlich für Maschinen – geschrieben wurde, die eben im Gegensatz zum Menschen nicht in der Lage sind, selbst den Text des Gesetzes immer neu auszulegen. Das Zusammenwirken der offenen Textur der menschlichen Sprache mit dem Gehirn als Träger der Vernunft im Rahmen von sprachlicher Kommunikation ermöglicht eine Form von dynamischer adaptiver Intelligenz. Diese wird durch die Kombination Code – Daten – Computer noch lange nicht erreicht und wohl auch grundsätzlich nicht erreichbar sein. Das merkt man übrigens gerade daran, dass die intelligente, verstehende Sprachschöpfung und Sprachinterpretation noch immer nicht automatisiert werden konnte und die Anwendungen kaum über *Speech to Text* und *Text to Speech* sowie Übersetzungen hinausgehen.

5.1. Die EU-DSGVO ist ein Beispiel für technikneutrales und innovationsoffenes Recht

Alle Argumente, die jetzt gegen die Gesetzgebung für KI vorgebracht werden, wurden auch gegen die Gesetzgebung für den Datenschutz vorgebracht und zwar bereits in den Jahren vor 1995, als die erste Richtlinie zum Schutz personenbezogener Daten in der EU eingeführt wurde, und jetzt wieder von 2012 bis 2016 in den vierjährigen Verhandlungen über die DSGVO.

Keines dieser Argumente überzeugte den Gesetzgeber und das zu Recht:

Die Behauptung, dass sich das Recht nicht so schnell entwickeln kann wie Technologie und Geschäftsmodelle, wird durch technologieneutrales Recht in Europa widerlegt. Die DSGVO ist ein modernes Beispiel für technologieneutrales Recht, dessen Bedeutung und Relevanz sich mit dem Fortschritt der Technologie ändert, auch durch KI.

Zum Beispiel wird sich die Antwort auf die Frage, was personenbezogene Daten sind, die es ermöglichen, eine Person zu identifizieren, ändern, wenn mit der Verwendung von KI neue Selbstlernalgorithmen zur Verfolgung und Identifizierung von Menschen online und offline eingesetzt werden. Die jüngste Veröffentlichung eines KI-Analyse-Tools durch den in Paris ansässigen *Facebook*-Direktor für das Maschinelle Lernen, das mit 5.000 Punkten pro menschlichem Körper in Bewegung Körperformen erkennt, um darauf Mode abzustimmen, kann gewiss ein großartiges Werkzeug für die Modebranche sein.[127] Aber es wird höchstwahrscheinlich auch die Identifizierung eines Individuums nur durch die Einzigartigkeit der Körperformen und Bewegungsmuster des menschlichen Körpers ermöglichen, wodurch das Gesicht zur Identifizierung nicht mehr erforderlich ist. Dadurch produziert das Modetool persönliche Daten. KI gestützte Verfahren zur Mustererkennung in Big Data können die Identifizierung von Individuen auch aus nachträglich anonymisierten Daten erlauben. Dies funktioniert allerdings nur, wenn genügend dieser Daten vorliegen und der Fortschritt der Technik die frühere Anonymisierung faktisch in eine Pseudonymisierung verwandelt. Die leichtfertige Behauptung, Anonymisierung sei heute unmöglich, ist genauso falsch wie die Behauptung, jede kryptographische Verschlüsselung werde gebrochen.

Die Behauptung, dass ein Gesetz grundsätzlich nicht präzise genug ist, um komplexe Technologien zu regulieren, und dass ein Gesetz, das unter den Details, der Präzision und der Benutzerfreundlichkeit eines guten Codes liegt, kein gutes Gesetz ist und daher nicht vom Gesetzgeber verabschiedet werden sollte, ist ein weiterer Irrtum des technischen Weltbildes. Per Definition erfordert ein im demokratischen Prozess verabschiedetes Gesetz Kompromisse. Die DSGVO wurde zwischen den Mitgesetzgebern der EU ausgehandelt, wobei fast 4.000 Änderungsanträge im Europäischen Parlament auf den Tisch kamen. Kompromisstexte von Gesetzen, die im demokratischen Prozess erarbeitet wurden, sind der edelste Ausdruck der Demokratie. Und eine Demokratie, die die Fähigkeit zur Aushandlung von Kompromissen verloren hat, befindet sich in der Krise. Kompromisstexte von Gesetzen in der Demokratie erfüllen in der Regel ihre Funktion, denn der erzielte Kompromiss, im Idealfall nach langer öffentlicher Beratung, ist ein gesellschaftlicher Fortschritt hin zu einem - nie vollständig erreichten – Konsens über die Regeln, nach denen wir leben wollen.

Und diese Kompromissgesetze sind nicht dazu geschrieben, von Maschinen und Automatisierung angewendet zu werden – wie Codes. Gesetze werden geschaffen, um von Menschen angewendet zu werden, die ihre Entscheidungen selbst begründen können. Und im Streitfall sind sie dazu da, von vernünftigen Richtern ausgelegt zu werden.

Es ist dieser Prozess der Offenheit des Gesetzes und des Rechtsprozesses für die spätere Interpretation durch weise und unabhängige Richter mit Hilfe der unabhängigen Wissenschaft,[128] der dem Gesetz die Flexibilität gibt, die neuen Anforderungen der ständigen technischen Innovation und ständig neuer Geschäftsmodelle zu bewältigen. Dies geht, ohne dass die Gesetze neu geschrieben werden müssen, wie ein Code, der ab Version 1.0 ständig überarbeitet werden muss.

Um es ganz klar zu sagen: Die Forderung, dass das Gesetz entweder so präzise wie der technische Code sein muss oder so schnell wie der Code aktualisiert werden muss, ist einfach undemokratisch, da dies die Notwendigkeit von Überlegungen und Kompromissen in der Demokratie sowie die Zeit, die für demokratische Diskussion und ein rechtsstaatliches ordentliches Verfahren benötigt wird, ignoriert. Außerdem geht diese Forderung vom Bild einer eindeutigen technischen Signalsprache aus und will diese Eindeutigkeit auf die natürliche Sprache übertragen. Diese ist aber aufgrund der welterschließenden Grundfunktion der Sprache für den Menschen grundsätzlich nicht eindeutig im Sinne eines technischen Codes, was aber nicht ihren Mangel, sondern ihre Überlegenheit ausmacht. Es ist die Offenheit der Sprache, die technikneutrale und ständig aktualisierte Gesetzgebung durch menschliche Auslegung überhaupt erst ermöglicht.

Lobbyisten hatten übrigens kein Problem damit, gleichzeitig aufeinanderfolgende Entwürfe der DSGVO zu kritisieren, einmal mit der Behauptung, die zu offenen Formulierungen böten heute keine ausreichende Rechtssicherheit. Und am nächsten Tag hieß es, die Formulierung sei zu präskriptiv und nicht offen genug, um Flexibilität für die Zukunft zu schaffen. Diese widersprüchlichen Behauptungen zeigten, dass sie nur ein Ziel hatten, nämlich das Gesetz zu vermeiden, es als solches und egal wie zu diskreditieren.

Die Unternehmen haben kein Problem damit, dass es einem Ethikkodex an demokratischer Legitimität mangelt und er nicht durchgesetzt werden kann. Aber das ist eigentlich der Hauptvorteil des Gesetzes im Vergleich zu Ethik und Selbstregulierung angesichts der Machtkonzentration in den Händen großer Unternehmen: Das Gesetz hat demokratische Legitimität und kann durchgesetzt werden, auch gegen mächtige Mega-Unternehmen. Auf diese Weise werden in Verbindung mit einer glaubwürdigen Drohung, abschreckende Sanktionen zu erlassen und eine ordnungsgemäße Durchsetzung zu gewährleisten, gleiche Wettbewerbsbedingungen geschaffen, die für alle gelten. Sie sind darüber hinaus von Vorteil, weil sie den Innovatoren Orientierung bieten, indem sie Anreize schaffen, die Innovationen auf das öffentliche Interesse auszurichten.

In der Welt der technologischen Herrschaftsträume und des populistischen Bestrebens, die Demokratie zu untergraben, müssen wir die Demokratie stärken, indem wir dem Gesetz die edle Funktion zurückgeben, die es in der verfassungsmäßigen Demokratie hat: den Willen der Mehrheit in einer für alle verbindlichen Form zum Ausdruck zu bringen und durch die Ausübung öffentlicher und privater Durchsetzungsbefugnisse in die Realität umzusetzen, auch gegen Widerstand und bei Nichteinhaltung.

Es geht darum, die zentralen Behauptungen der Unmöglichkeit der demokratischen Regulierung und Gestaltung von Internet, Digitalisierung und KI wie sie etwa von John Perry Barlow und der *Postprivacy*-Ideologie in den Köpfen vieler verankert wurde, zu wiederlegen, denn nur so werden Freiheit und Demokratie im Zeitalter von KI überleben.

Die DSGVO hat gezeigt: Europa kann mit demokratischen Gesetzen, die an Grundrechte gebunden werden, globale Standards setzen. Die Behauptung von Neoliberalismus und Technikideologie, Innovation, Wachstum und Freiheit sei am besten gedient ohne jegliches Einwirken von demokratischen Gesetzen auf Technologie, ist schlicht falsch.

Umgekehrt wird ein Schuh daraus: Softwarebasierte Dienste im Internet sind am wirtschaftlich günstigsten, wenn sie weltweit einem einheitlichen, standardisierten Geschäftsmodell folgen. Deshalb versprechen globale Konzerne wie z. B. *Microsoft* nun, sich weltweit an die DSGVO zu halten.[129] Täten sie dies nicht, müssten sie die weltweite Einheitlichkeit ihres Angebots aufgeben, was höhere Kosten zur Folge hätte oder ihr Angebote im EU-Binnenmarkt einstellen. Beides würde die Einnahmen reduzieren.

Und auch den globalen Finanzmärkten wird allmählich klar, dass KI ohne eingebaute Grundprinzipien von Recht, Demokratie und ohne Beachtung von Grundrechten wie etwa Datenschutz und Nichtdiskriminierung, wie sie etwa in China für die Gesichtserkennung entwickelt und betrieben wird, weltweit nicht skalierbar ist. Denn diese Programme wären bei uns in Europa und zum Teil auch in den USA schlicht illegal. Es ist daher kein Wunder, dass bereits zwischen 2017 und 2018 die privaten Investitionen in KI in China um 30 Prozent zurückgingen.[130] Seit 2018 sind sie noch weiter gefallen. Nur in Diktaturen wird die KI *Made in China* skalierbar sein, nicht aber in der freien Welt.[131]

So wie die »Ökologisierung von General Electric« und der Industrie im Allgemeinen dadurch zustande kam, dass die Umweltschutzgesetzgebung Anreize für Innovationen in Richtung ökologischer Nachhaltigkeit geschaffen hat, so wird nun auch die DSGVO der EU Innovationen für eine Art der Erhebung und Verarbeitung personenbezogener Daten vorantreiben, die die individuellen Rechte und die Bedeutung der Privatsphäre in der Demokratie respektiert. Gleiches wird auch in Bezug auf die gut regulierte KI passieren. Und so wie die europäische und deutsche Wirtschaft durch Umwelttechnologie und nachhaltige Industrieprodukte dank des Regulierungsdrucks Marktführerschaft in vielen Bereichen nachhaltiger Technologie erlangt hat, so wird sie auch mit hohen Datenschutzstandards und einer KI, in die von Anfang an die Grundwerte der Aufklärung und konstitutioneller Demokratien eingearbeitet sind, weltweit Erfolg haben.

5.2. Was für Menschen rechtswidrig ist, kann für KI nicht rechtmäßig sein

Ein erster Weg der Orientierung für das allgemeine Recht der KI kann darin bestehen, einfach die Frage zu stellen, ob es Handlungen gibt, die illegal sein können, wenn sie von einer natürlichen Person durchgeführt werden, aber legal, wenn sie von der KI durchgeführt werden. Wenn auf objektiver Ebene die Antwort auf diese Frage nein ist – und das sollte eigentlich immer der Fall sein – so wird es wichtig, den Grundsatz zu kodifizieren, dass eine von der KI durchgeführte Handlung illegal ist, wenn die gleiche Handlung eines Menschen illegal wäre.

Eine solche einfache Kodifizierung würde die Rechtsstaatlichkeit im Zeitalter der KI aufrechterhalten und gleichzeitig eine klare Orientierung für Entwickler und Anwender der KI bieten.

5.3. Grundsätze der Technikregulierung, des Arzneimittelrechts und der Chemikalienregulierung

Ein zweiter Denkansatz wäre es, zu prüfen, ob die in bestimmten Rechtsgebieten vorhandenen Regulierungsgrundsätze für die KI verallgemeinert werden sollten. So besteht beispielsweise in den meisten Bereichen der sensiblen Mensch-Technik-Interaktion, wenn also Gefahren für den Menschen mit Technik verbunden sind, nicht nur eine weitreichende Pflicht zur Prüfung von Produkten und Verfahren der Typgenehmigung als Voraussetzung für den Marktzugang. Es besteht darüber hinaus auch die Pflicht, die Auswirkungen der Anwendung der Technologie oder der Arzneimittel auf den Menschen über die Lebenszeit des Produkts zu verfolgen. Diese Regeln gelten z. B. im Arzneimittelgesetz oder in der Chemikalienregulierung. Ziel dieser Vorgaben ist es, Schäden zu vermeiden und andere öffentliche Interessen zu sichern. Beim Dieselskandal in der Autoindustrie ist dies das öffentliche Interesse am Umweltschutz, das durch die betrügerischen Technologiemanipulationen von VW und anderen Automobilunternehmen so sehr missachtet wird. Die KI kann ein Kandidat für solche Verfahren und Verpflichtungen sein, sowohl auf allgemeiner Ebene als auch mit spezifischen Mutationen, wenn sie für bestimmte Bereiche entwickelt oder angewendet wird. Wenn wir die Überprüfung von Autos, Medikamenten und Chemikalien auf schädliche Wirkungen anordnen und teilweise dafür auch genaue Normen vorgeben, deren Einhaltung nachzuweisen ist, bevor diese Produkte auf den Markt kommen dürfen, dann ist nichts Schockierendes daran, dies auch bei KI so zu handhaben. Diese Gesetze lenken Innovation in die richtige, nämlich menschenfreundliche Richtung (falls sie nicht wie durch die Autokonzerne im Abgasskandal durch kriminelle Innovation umgangen werden), sie sind nicht innovationsfeindlich. Nichts anderes ließe sich über derartige Regeln zu KI sagen. Und so wie die Entwickler von neuen Chemikalien oder Medikamenten ihren Produkten auch nach Abschluss der Entwicklung und Markteinführung folgen müssen, um ihre sich verändernden Interaktionen mit Mensch und Umwelt zu verstehen, so muss auch KI dynamisch verfolgt werden.

5.4. Eine Renaissance und Intensivierung der Technikfolgenabschätzung auf drei Ebenen

Ein dritter Weg besteht darin, zu den bewährten Prinzipien der Technikfolgenabschätzung zurückzukehren und den neuesten Stand der Technikfolgenabschätzung systematisch auf die KI anzuwenden. Die Renaissance der Technologiefolgenabschätzung, die seit den 1970er Jahren eine gute Tradition der Parlamente in Europa und den USA ist, würde dem dringend erforderlichen verstärkten Dialog zwischen Demokratie und Technologie entsprechen. Sie würde auch dazu beitragen, eine allgemeine Verantwortungskultur in der Tech-Industrie zu fördern, die sowohl verbindlich als auch flexibel genug ist, um neue technologische Entwicklungen zu berücksichtigen und zu fördern.

Während sich in Europa die parlamentarische Technologiefolgenabschätzung zu einer Standardroutine entwickelt hat, die auf dem Verantwortungsprinzip von Hans Jonas basiert, der Investitionen in eine solche Folgenabschätzung als Schlüsselelement des Vorsorgeansatzes ansah, wurde in den USA das *Congressional Office of Technology Assessment* während der Reagan-Regierung geschlossen – ein früher Sieg der Anti-Wissenschaftsbewegung. Hillary Clinton hatte in ihrem Wahlkampf versprochen, dieses Büro oder einen ähnlichen Prozess wiedereinzurichten. Die *American Academy of Arts and Sciences* bewahrt das Andenken an diese wichtige Institution. Es gibt derzeit Forderungen in den USA, dieses Office wieder zu eröffnen.[132]

In Europa haben sich die Grundsätze und Methoden zur kurz- und langfristigen Bewertung der Auswirkungen von Technologien im Hinblick auf die Information von Politikern und Gesetzgebern jedoch bewährt. Das Netzwerk *European Parliamentary Technology Assessment* (EPTA) bündelt die Methoden und individuellen Folgenabschätzungen für Parlamente in Europa in einer gemeinsamen Datenbank, die bereits eine Reihe von Vorstudien über die Fähigkeiten und Auswirkungen von KI enthält.[133]

Was notwendig wäre, um das Vertrauen in die Technologie im Zeitalter der Künstlichen Intelligenz zu stärken, in dem die Hochtechnologie zunehmend jeden Aspekt des Lebens kolonialisiert, sind verbindliche Folgenabschätzungen für neue Technologien auf drei Ebenen:

Erstens, wie bereits erwähnt, die parlamentarische Technologiefolgenabschätzung auf der Ebene der Politikgestaltung und Gesetzgebung, um festzustellen, ob wesentliche Interessen von der betreffenden Technologie berührt werden und welche Rechtsvorschriften zu erlassen sind, um das öffentliche Interesse in diesem Zusammenhang zu gewährleisten. Diese Folgenabschätzung sollte idealerweise vor dem Einsatz von Hochrisikotechnologien stattfinden. Die Entscheidungen über die Folgen, die sich aus den von Experten durchgeführten Risikobewertungen ergeben, liegen in der Hand der Regierungen und Gesetzgeber und auf EU-Ebene in den Händen der Kommission und des Rates und des Parlaments als Mitgesetzgeber.

Zweitens, auf der Ebene der Entwickler und Anwender dieser Technologie. Eine Pflicht zur Datenschutzfolgenabschätzung besteht bereits, wenn die KI personenbezogene Daten im Rahmen der automatisierten Entscheidungsfindung verarbeitet.[134] Für die KI wäre es sicherlich auch gerechtfertigt, die Verpflichtung zu einer Folgenabschätzung auf alle Aspekte der Demokratie, der Rechtsstaatlichkeit und der Grundrechte auszudehnen. Dies sollte zumindest dann erfolgen, wenn die KI das Potenzial hat, im Rahmen der Ausübung der öffentlichen Gewalt, der demokratischen und politischen Sphäre oder bei der Erbringung von Dienstleistungen des allgemeinen Bedarfs verwendet zu werden unabhängig davon, ob personenbezogene Daten verarbeitet werden oder nicht. Die Bedeutung dieser Folgenabschätzungen auf der Entwickler- und Nutzerebene bestünde darin, dass sie das öffentliche Wissen und Verständnis über die KI untermauern würden, die derzeit unter einem Mangel an Transparenz über die Fähigkeiten und damit die Auswirkungen der KI leidet. Sie würden auch den Unternehmen, ihren Führungskräften und den Ingenieuren, die die neuen Technologien und ihre Anwendungen entwickeln, helfen, sich der Macht, die sie ausüben, zu stellen. Sie würden somit dazu beitragen, eine neue Kultur der Verantwortung der Technologie für Demokratie, Rechtsstaatlichkeit und Grundrechte zu schaffen.[135] Die Normen für eine solche KI-Verträglichkeitsprüfung, die spätestens durchgeführt werden müssen, bevor ein neues KI-Programm veröffentlicht oder an Kunden vermarktet wird, müssten gesetzlich festgelegt werden, wie sie in der DSGVO für den speziellen Fall von Folgenabschätzungen zum Datenschutz gesetzlich festgelegt wurden.[136]

Und wie bei der DSGVO müsste die Einhaltung der Normen für die Folgenabschätzung von den Behörden kontrolliert werden. Eine Nichteinhaltung sollte mit ausreichend abschreckenden Sanktionen geahndet werden. In Fällen, in denen KI bei der Ausübung öffentlicher Gewalt oder bei der breiten öffentlichen Nutzung verwendet werden soll, müsste die Folgenabschätzung der Öffentlichkeit zugänglich gemacht werden, und in Hochrisikofällen müsste die

Behörde, die KI einsetzt, ihre eigene ergänzende Bewertung durchführen und einen Plan zur Risikominderung und für Notfälle vorlegen.

Ohne zwischen privatem und öffentlichem Sektor zu unterscheiden, ist der bisher umfangreichste Plan zur Einrichtung einer EU-Agentur für Ex-ante-Zertifizierung und Registrierung sowie ein Rechtsrahmen für wesentliche Vorschriften für Forschung, Entwicklung und Nutzung von KI und Robotik in der Entschließung des Europäischen Parlaments vom 16. Dezember 2017 enthalten.[137]

Drittens sollten Einzelpersonen, die von der Nutzung von KI betroffen sind, ein gesetzlich verankertes Recht auf Erläuterung der Funktionsweise der KI, der Logik, der sie folgt, und der Auswirkungen ihrer Nutzung auf die Interessen der betroffenen Person haben. Die individuellen Auswirkungen der Nutzung von KI auf eine Person müssen deutlich gemacht werden, auch wenn die KI keine personenbezogenen Daten verarbeitet. Denn in einem derartigen Fall besteht bereits ein Recht auf solche Informationen nach der DSGVO.[138]

In diesem Zusammenhang ist die Behauptung der Tech-Giganten zurückzuweisen, dass Erklärungen, wie KI funktioniert und wie sie zu Entscheidungen gekommen ist, nicht möglich sind. Es gibt bereits viele Untersuchungen und Anwendungsbeispiele zur Interpretierbarkeit von KI.[139] Und da die Begründungspflicht Teil der Rechtsstaatlichkeit ist, zumindest wenn die Behörden in Ausübung der öffentlichen Gewalt handeln, ist die einfache Realität: Programme der KI, die keine Begründung liefern und deren Entscheidungen auch nicht vom Menschen erklärt werden können, können nicht in der Ausübung öffentlicher Gewalt eingesetzt werden, da die Behörde durch die Verwendung solcher Programme ihrer Begründungspflicht nicht nachkommen könnte.[140]

Eine neue Intensität der dreistufigen Folgenabschätzung von Technologien ist ein notwendiger Bestandteil einer neuen Intensität des Dialogs zwischen Technologie und Demokratie.[141]

Wenn die Debatte über die KI diese neue Verantwortung von Ingenieuren und Technologieunternehmen für Demokratie, Grundrechte und Rechtsstaatlichkeit zur Folge hat, dann hat die KI bereits wichtige Vertrauensvoraussetzungen geschaffen, die sie braucht, um eine breite Akzeptanz in der Gesellschaft zu finden.

5.5. Empfehlung der Datenethikkommission umsetzen – in Deutschland und der EU

Zur Übergabe des Berichts der Datenethikkommission an die Bundesregierung am 23. Oktober 2019 reiste der Generaldirektor für den digitalen Europäischen Binnenmarkt in der EU-Kommission, der Italiener Roberto Viola, extra von

Brüssel nach Berlin. Aus Wien kam der Direktor der Europäischen Grundrechte-Agentur, der Ire Michael O'Flaherty.

Das machte die Übergabe des Berichts der Datenethikkommission zu einem europäischen Ereignis. Und: Eine Co-Vorsitzende der Datenethikkommission, die Medizinerin Prof. Dr. Christiane Woopen, ist zugleich Vorsitzende des unabhängigen, bei der EU-Kommission angesiedelten, Europäischen Ethikrates. Die andere Co-Vorsitzende, Prof. Dr. Christiane Wendehorst, ist Präsidentin des European Law Instituts, einer europaweiten Vereinigung von Juristen, die Modellgesetze für die EU entwerfen.

In der Tat enthält das Dokument mit seinen 75 Vorschlägen auf 240 Seiten vieles, was in der EU-Kommission auf Interesse stoßen wird. Von der Risiko adäquaten Regulierung algorithmischer Systeme und der KI über Fragen zivilrechtlicher Haftung für Schäden, die diese verursachen; von der Interoperabilitätsverpflichtung von *Messengern* und sozialen Netzen bis zu Ergänzungen der Datenschutzgrundverordnung. Und von den Rechten am digitalen Nachlass bis zu einem Rechtsrahmen für Treuhänder persönlicher Daten.

Das sind Themen, über die auch in Brüssel gesprochen wird, und an denen in Brüssel zum Teil auch gearbeitet wird. Die designierte Präsidentin der EU-Kommission Ursula von der Leyen hat in ihren politischen Leitlinien schon angekündigt, die neue EU-Kommission werde innerhalb von 100 Tagen nach Amtsantritt einen Vorschlag vorlegen. Damit soll sichergestellt werden, dass KI in Europa menschenzentriert und europäische Werte respektierend entwickelt und betrieben wird.

Es wäre ein Fehler, den Bericht der Datenethikkommission als typisch deutsch abzutun. Das Gegenteil ist richtig. Der Bericht atmet die Luft europäischer Aufklärung, des europäischen Kategorischen Imperativs, der für die EU typischen Konsensfähigkeit: Handle immer so, dass das deinem Handeln zugrundeliegende Prinzip ein allgemeines Gesetz in Europa sein könnte, mit dem Europa gut funktionieren würde.

Die Arbeiten der Datenethikkommission, mit den Präsidenten der Arbeitgeber und der Verbraucherschutzorganisationen an Bord, haben gezeigt, dass der Wille zu vernünftigem Gespräch und Verständigung unter Demokraten weit trägt.

Das Signal der Datenethikkommission an die Politik ist: Wir haben uns geeinigt. Und einen einstimmigen Bericht vorgelegt zu Ethik und Recht im Zeitalter der Künstliche Intelligenz. Ihr könnt es auch, ob in Berlin oder Brüssel.

Zur Einstimmigkeit zu kommen, war nicht einfach. Aber es ist wichtig. Denn auf der anderen Seite des Atlantiks, in den USA, ist Einigung in der Politik, wenn es um Digitales geht, offenbar derzeit nicht möglich. Und in der chinesischen Diktatur regiert allein die Kommunistische Partei. Die Stärke Europas ist, dass hier kein Absolutismus herrscht, nicht der einer Partei wie in Peking, nicht die der Technologie, wie im Silicon Valley. Konsensfähigkeit ist einer der Produktivitätsfaktoren unserer Demokratie in Europa. Und sie ist gut für technische und wirtschaftliche Innovation, die immer breite gesellschaftliche Akzeptanz und Unterstützung braucht.

Es sind die heute schon mächtigsten und reichsten Internet-Firmen der Welt, die nun auch noch die nächsten Machttechnologien mit gewaltigen Investitionen voranbringen: KI und Quantencomputer. *Microsoft* hat gerade eine Milliarde Dollar in das Projekt »Open AI« gesteckt. *Facebook* produziert mit seiner KI 200 Billionen (!) Verhaltensvorhersagen über Menschen pro Tag. *Google* verkündet die Quantenüberlegenheit.

Die neuen Technologien in der Hand der schon jetzt mächtigsten Tech-Firmen der Welt, der GAFAM-Unternehmen, werden ihre schon jetzt gewaltige Macht genauso exponentiell erhöhen wie sie eine exponentielle Entwicklung der Technik darstellen.

Das ist der Hintergrund, vor dem der Bericht der Datenethikkommission zu lesen ist, ob in Brüssel oder Berlin, ob in Regierungen, Parlamenten oder Universitäten.

Der Soziologe Heinrich Popitz schrieb über die unbegrenzte Innovationsfähigkeit des Menschen, von der wir nicht wüssten, wo sie endete. Und weil sie wahrscheinlich nirgends endete, sagte er voraus, die Kontrolle technischer, durch Innovation hervorgebrachter Macht, werde zur wichtigsten Aufgabe der Demokratie. Stuart Russell, einer der führenden Professoren der Künstlichen Intelligenz aus Kalifornien, veröffentlichte gerade sein neues Buch unter dem Titel *Human Compatible: Artificial Intelligence and the Problem of Control.* Die Kontrolle technischer Macht ist längst nicht mehr nur ein Thema für den Markt und das Wettbewerbsrecht. Darauf hat der Professor und frühere Verfassungsrichter Wolfgang Hoffman-Riem bei der Übergabe des Berichts der Datenethikkommission hingewiesen. Es geht jetzt bei der Regulierung des Digitalen und der KI auch um individuelle Freiheit, funktionierende Öffentlichkeit, Demokratie und Grundrechte.

Auf dem Weg in die Digitalisierung müssen wir, auf diesem Kontinent der Kriege und des Populismus, unsere Produktivitätsfaktoren Freiheit und Offenheit für Innovation, Demokratie und Rechtsstaatlichkeit pflegen. Angesichts des Zangengriffs zwischen infantilen Allmachtsträumen in Silicon Valley und Peking und einem anschwellenden autoritären Populismus, steht unsere Demokratie in Europa nicht nur bei der Regulierung des Digitalen und der KI vor einer Bewährungsprobe.[142]

G 6 Netzneutralität und Datenschutz: USA fragmentiert, Europa einheitlich – Die Stärke des EU-Binnenmarktes

In den USA gibt es nach der Machtübernahme von Präsident Trump, der seinen Mann in den Telekom-Regulierer (FCC) Chefsessel setzte, keine national durchgesetzte Regelung zur Netzneutralität mehr. Die Abschaffung der Netzneutralität wurde als Schritt auf dem Weg zum Ende der Demokratie bezeichnet.[143] Allerdings haben die amerikanischen Einzelstaaten und auch Städte verschiedene Initiativen zur Wiederherstellung der Netzneutralität ergriffen, zum Teil in Form von Regulierung, zum Teil in Form der Einrichtung lokaler Netze. Das Bild der Vielfalt der verschiedenen Regelungen in Einzelstaaten und Städten ist nun extrem kompliziert,[144] ähnlich wie beim Schutz der persönlichen Daten und der Privatsphäre. Auch dort gibt es nur in wenigen Sektoren in den USA, etwa für Studenten, für Kreditdaten und Gesundheitsdaten, einen gewissen Datenschutz nach Bundesrecht. Darüber hinaus sind es wiederrum die Einzelstaaten, die ganz unterschiedliche Regelungen erlassen haben.[145] Man wird hier wohl sagen können, dass es auf Bundesebene vor allem wirtschaftliche Interessen ganz unterschiedlicher Art waren, die sich durchgesetzt haben.

In der EU ist mit der VO 2015/2120[146] die Netzneutralität eingeführt und zunächst gesichert worden. Dies war ein Erfolg des gewaltigen Engagements der Zivilgesellschaft.[147] Einige der GAFAM-Unternehmen und die großen Telekoms hätten es gerne anders gehabt.

Ein Bericht der EU-Kommission aus 2019 zur Umsetzung der VO bestätigt dies.[148] Aber wie in allen Bereichen des Digitalen geht auch hier der Kampf der unterschiedlichen Interessen weiter. Die Einführung des 5G-Standards macht es technisch noch einfacher, bestimmte Inhalte von bestimmten Absendern schneller und vorrangig durchzuleiten. So könnte die Netzneutralität untergraben werden. Hier gilt es, wachsam zu sein.[149]

Sowohl bei der Netzneutralität als auch beim Datenschutz werden wir mittelfristig in Europa darauf achten müssen, dass es den GAFAM-Unternehmen nicht gelingt, im Wege eines *divide et impera* die Regeln und ihren Vollzug in einzelnen Mitgliedstaaten aufzuweichen und dann, im von Shoshana Zuboff beschriebenen Gewöhnungsprozess, die Haltung von Öffentlichkeit und Regierungen zu diesen Grundsatzfragen eine nach der anderen umzukippen.

Die Einheitlichkeit der Anwendung des gemeinsamen EU-Rechts wird so eine zentrale Herausforderung, damit GAFAM tatsächlich bei ihrer Technologieentwicklung und in ihren Geschäftsmodellen das Recht auch überall einhält. Denn wie auch in der Industriegeschichte eine Entwicklung von der Massenproduktion hin zu Individualisierung zu beobachten ist, so erlaubt auch der

Fortschritt der digitalen Technoligen und der Steuerung durch Systeme der KI ein immer differenzierteres Geschäftsmodell. Gilt einmal der Satz nicht mehr, dass für digitale Geschäftsmodelle ein weltweit einheitliches Geschäftsmodell am effizientesten und profitabelsten ist, weil die Steuerung der Differenzierung der Angebote durch KI billiger wird, dann besteht die Gefahr, dass die GAFAM-Unternehmen systematisch Schwächen im Recht und seiner Durchsetzung in den verschiedenen Staaten der EU nutzen, um so EU-weit Geschäftsmodelle auf dem niedrigsten innerhalb der EU identifizierten Nenner anzubieten.

Die bisherige Konzentration der europäischen Niederlassungen der GAFAM-Unternehmen in Irland war, neben der Landessprache Englisch und den geringeren Löhnen durch das Steuerregime motiviert, das Sonderregelungen zur Absenkung der Konzernsteuern möglich machte.[150] Gleiches gilt für die Ansiedlung der steuerlichen Europa-Hauptquartiere von *Microsoft* und *Amazon* in Luxemburg. Dieses Schlupfloch ist durch Entscheidungen der EU-Kommission zu Staatsbeihilfen nun weitestgehend gestopft.[151] *Microsoft* und *Amazon* wählten Luxemburg, das in Sachen Steuern und Datenschutz immer »gesprächsbereit« war. *Microsoft* soll laut Presseberichten auch sehr aktiv gewesen sein, das Schutzniveau des neuen Datenschutzgesetzes seines Sitzstaates in den USA, Bundesstaat Washington, abzusenken,[152] trotz einer ansonsten generellen Behauptung eines Einsatzes des Konzerns für ein hohes Datenschutzniveau.

Die Suche nach dem günstigsten regulativen Umfeld für Profitabilität wird in Zeiten der KI für die Konzerne leichter werden. Dem muss eine erhöhte Solidarität der Mitgliedstaaten und gemeinsame Disziplin der EU gegenüberstehen. Diese gemeinsame Disziplin ist auch bei der Ausstattung und Organisation der für den Vollzug der Regulierung zuständigen Behörden notwendig. Die Organisation und Ausstattung der Behörden darf nicht zur Achillesferse des europäischen Rechts werden. Die DSGVO muss endlich europaweit rigoros umgesetzt werden. Schon wird die mangelnde Durchsetzung der DSGVO beklagt. Die Menschen bekommen den Eindruck, was der Gesetzgeber in sechs Jahren harter Arbeit produziert hat, funktioniert einfach nicht. Insbesondere wird das Sammeln von persönlichen Daten nicht genügend beschränkt.[153] Die Datenethikkommission der Bundesregierung hat angemahnt, in Deutschland eine Strukturreform des auf die Länder zersplitterten Datenschutzes voranzubringen. Die Behörden müssen so ausgestattet werden, dass sie klagen können, was sich notgedrungen ergibt, wenn das Recht auch gegenüber großen Unternehmen durchgesetzt werden soll.[154]

Die mit der Durchsetzung der DSGVO beauftragten Behörden brauchen mindestens dreimal so viel Personal, wie sie derzeit haben. Denn sie erfüllen eine zentrale Aufgabe im Zeitalter der Künstlichen Intelligenz, der Quantencomputer und des massenhaften Sammelns und Verarbeitens von Daten: Sie schützen die Freiheit der Einzelnen und die Funktionsfähigkeit der Demokratie. Aus einer belächelten Nebenfunktion in den riesigen Verwaltungsapparaten der Regierungen, schlecht ausgestattet und in Europa oft aus der Hauptstadt verbannt, traditionell ohne echte Erfahrung in der Rechtdurchsetzung, sind nun Behörden geworden, die eine zentrale Aufgabe in dieser neuen Zeit haben. Entsprechend müssen sie besetzt und ausgestattet werden.

Wir können nicht von einem Quantensprung in der Technologie und in Geschäftsmodellen schwadronieren, in Sonntagsreden die DSGVO als wichtige Errungenschaft loben, aber die Datenschutzbehörden weiter unterausgestattet lassen. Was wir jetzt brauchen, sind Datenschutzbehörden als echte Ermittlungsbehörden, mit Personal an der Spitze, das schon Meriten hat, sei es bei der Durchsetzung des Rechts, etwa im Bereich der Wettbewerbsbehörden, der Staatsanwaltschaft oder bei der Steuerfahndung.[155]

Die auch mit dem Datenschutz befasste US-amerikanische Handelsbehörde FTC hat gegenüber *Facebook* eine vielfach als noch zu günstig kritisierte Entscheidung erlassen, wonach *Facebook* wegen Datenschutzvergehen 5 Milliarden Dollar Strafe zahlen muss. Das sind ungefähr 10 Prozent des Umsatzes von *Facebook* im Jahr 2018. Nach der DSGVO können in Europa bis zu 4 Prozent des Weltumsatzes eines Unternehmens als Strafe auferlegt werden. Es ist angesichts der vielen Verstöße gegen die DSGVO nun dringend notwendig, von dieser Möglichkeit Gebrauch zu machen, um so den Unternehmen deutliche Anreize zu geben, sich endlich an die Vorschriften der DSGVO zu halten. Und es ist vor allem die Aufgabe der Datenschutzbehörden in Irland und Luxemburg, den Beschwerden gegen GAFAM-Unternehmen mit Elan nachzugehen, im Interesse aller Bürger der EU. Sie dürfen sich nicht mehr als nationale Interessen wahrende Behörden verstehen, sie nehmen europäische Verantwortung wahr. Dafür sollten sie auf aktive Amtshilfe ihrer Kollegen aus anderen Mitgliedstaaten zurückgreifen und auch entsandtes Personal andere Mitgliedstaaten tief in die Ermittlungen einbinden sowie sachdienliche Informationen austauschen. Tun sie dies nicht, und kommen sie ihrer europäischen Verantwortung zur konsequenten Anwendung der DSGVO nicht nach, so werden die Behörden anderer Mitgliedstaaten gezwungen sein, gegen die in Irland und Luxemburg ansässigen Unternehmen immer öfter Eilentscheidungen[156] zu erlassen, um die Bürger der EU insgesamt zu schützen. Die Vorteile für die Unternehmen aus dem *One Stop Shop*, wonach diese stets direkt nur mit der Behörde ihres Hauptsitzes zu tun haben, würde so verloren gehen, wie auch das Vertrauen in die europäische Orientierung der Aufsichtsbehörden in den Mitgliedstaaten. So oder so wird die DSGVO ihre Wirkung zum Schutz der informationellen Selbstbestimmung der

Einzelnen in der Welt der mittels des *IoT* gesammelten und der KI analysierten und genutzten Daten voll entfalten müssen.

G 7 Schutz der Whistleblower und Unterstützung der Selbstorganisation von Mitarbeitern der GAFAM

Schon im letzten Mandat hat die Europäische Kommission als wichtigen Schritt eine Richtlinie zum verstärkten Schutz von Hinweisgebern, sogenannten »Whistleblowern« vorgeschlagen.[157] Wenige Tage vor dem Amtsantritt der neuen EU-Kommission nahm das Europäische Parlament diese Richtlinie am 23. Oktober 2019 an.[158]

Man wird den verstärkten Schutz von Whistleblowern, der SPIEGEL bezeichnete sie als fünfte Macht in der Demokratie,[159] als wichtiges Element im Instrumentenkasten von Demokratie und Rechtsstaatlichkeit noch weiter entwickeln können. In den USA werden auf gesetzlicher Grundlage Hunderte von Millionen Dollar an Hinweisgeber aus der Wirtschaft und Verwaltung gezahlt, die rechtswidriges Handeln in Unternehmen und der Verwaltung aufdecken.[160] Im Zeitalter der zunehmenden Komplexität durch Digitalisierung und KI werden wir mehr derartige Instrumente brauchen, da von außen diese komplexen Systeme kaum noch verstanden und auf rechtmäßiges Funktionieren kontrolliert werden können.

Ganz allgemein wird es richtig sein, die Selbstorganisation und Verantwortungsübernahme von Mitarbeitern der GAFAM-Unternehmen, auch wenn sie als »freie« Mitarbeiter der Gig-Ökonomie tätig sind, durch Maßnahmen des Arbeitsrechts zu stärken. In den USA ist ein gefährlicher Trend sichtbar, Mitarbeiter, die die Selbstorganisation von Kolleginnen und Kollegen in die Hand[161] nehmen oder sich für Menschenrechte[162] oder Ethik[163] einsetzen, aus den GAFAM-Unternehmen zu entlassen.[164] Dazu darf es in Europa nicht kommen. In Deutschland und anderen EU- Mitgliedstaaten wehrt sich *Amazon* seit Jahren gegen die Einführung eines Betriebsrates und die Organisation der Mitarbeiter in Gewerkschaften. In Österreich gibt es bis heute keinen Betriebsrat bei *Amazon*, fasst alle Beschäftigten sind Leiharbeiter.[165]

Die Gegenmacht von Gewerkschaften in diesen Unternehmen, auch unter Einbezug der sogenannten »freien« Mitarbeiter, bedarf ebenso wie der Schutz der Whistleblower einer gesetzlichen Stärkung. Auch die neuen Möglichkeiten der Mitbestimmung mit Hilfe von Digitalisierung und KI in den Betrieben bedürfen der Unterstützung zur Weiterentwicklung.

G 8 Entwicklung von Kontrolltechnologien für Datenverarbeitung und KI

Derzeit sind Prüfer bei der Zulassung zum Beispiel von medizinischen Geräten, die mit KI abreiten, überhaupt nicht in der Lage, Daten und Algorithmen, selbst zu testen.[166] Es zeigt sich, dass dringend Kontrollmethoden und Kontrolltechnologien entwickelt werden müssen.

Gleichzeitig müssen mehr öffentliche Mittel in die Entwicklung von Kontrolltechnologien für alle Anwendungsbereiche von KI und datenintensiven Technologien investiert werden. Ohne derartige Technologien, die dann auch in den Vollzugsbehörden breit zum Einsatz kommen müssen, ist es überhaupt nicht möglich, zu prüfen, ob zum Beispiel persönliche Daten im IT-System eines Verarbeiters gelöscht wurden oder welche persönliche Daten aus einem Mobiltelefon wohin übertragen werden, von der Funktionalität und der Rechtmäßigkeit des Betriebs eines komplexen KI Programmes ganz zu schweigen.

Genauso wie sich die großen Datenverarbeiter schon mit Kontroll- und Datenmanagementsystemen ausstatten, müssen auch die entsprechenden, weitergehenden forensischen Technologien für die Vollzugsbehörden entwickelt und angeschafft werden. Erst recht für die Kontrolle von KI wird es notwendig sein, parallellaufende Protokollierungs- und Kontrollsysteme von Anfang an einzubauen und für sie Schnittstellen vorzusehen.

Es bedarf einer gesetzlichen Pflicht nicht nur, in der Technik die Schnittstellen vorzusehen, sondern auch, Staat und Vollzugsbehörden dann Zugang zu Daten und Algorithmen zu gewähren, wenn es das öffentliche Wohl erfordert. Dafür müssen die entsprechenden vorausschauenden Rechtsgrundlagen geschaffen werden und zwar auch und gerade für Großsysteme, wie zum Beispiel Navigationssysteme, die überhaupt keiner Zulassung unterliegen, deren Betrieb oder Fehlfunktion gleichwohl gewaltige Auswirkungen auf das öffentliche Interesse haben können.

Für die vorausschauende Verhaltenskontrolle der Künstlichen Intelligenz bedarf es einer neuen Methodologie, ja einer neuen Forschungsrichtung, wie der neu vom MIT in Boston nach Deutschland rekrutierte Direktor des Forschungsbereichs Mensch und Maschine am Max-Planck-Institut für Bildungsforschung, Iyad Rahwan, dargelegt hat.[167] Dabei muss der Blick auf die Daten und die Programmierung des Algorithmus verbunden werden mit dem Blick von außen auf das Verhalten der KI in Testsituationen, quasi eine beobachtenden Psychologie für Maschinen, die den Blick nach innen auf den Code und die Daten mit dem Blick von außen in dynamischen Testsituationen ergänzt. Erst so kann die Funktion und Wirkung der KI im Kontext ihrer Anwendung wirklich erfasst werden.

G 9 Wahrheitspflicht: Schluss mit den Lügen von GAFAM gegenüber Regierungen und Parlamenten

Die Abhängigkeit der Gesellschaft von den Systemen und dem Wissen der GAFAM-Unternehmen ist so hoch, dass vernünftige Regulierung und Regierung ohne das Wissen dieser Unternehmen überhaupt nicht mehr möglich ist. Die Erfahrung zeigt aber leider, dass die GAFAM-Konzerne gegenüber Parlamenten und Regierungen oft die Unwahrheit sagen oder jedenfalls vollständige Auskunft vermeiden. Entweder erscheinen sie gar nicht zu Anhörungen, berufen sich auf Geschäftsgeheimnisse oder instruieren den Vertreter vor Ort, schlicht »weiß ich nicht« auf Fragen zu antworten und spätere Auskunft zu versprechen, dann aber nicht sehr Aussagekräftiges zu liefern. Selbst Mark Zuckerberg verfuhr so vor dem Europäischen Parlament[168] und dem US-Kongress.[169]

Während im Europäischen Wettbewerbsrecht die Europäische Kommission Auskünfte erzwingen kann und auch falsche Auskünfte sanktionieren kann, stehen dem europäischen Parlament und der Kommission solche Instrumente im Gesetzgebungsverfahren bisher nicht zur Verfügung.

Gerade in den Gesetzgebungsverfahren ist aber die richtige Information entscheidend für die gute Gesetzgebung. Wer gute Gesetzgebung will, muss deshalb eine Pflicht zur wahren Auskunft einfordern, die notfalls erzwungen und deren Nichtbeachtung auch im einfachen Gesetzgebungsverfahren sanktioniert werden können sollte.

Auch die Datenschutzbehörden sind auf wahrheitsgemäße Auskunft angewiesen. Sie sollten in Zukunft mehr Auskunftsersuchen in Form einer förmlichen Anweisung an die GAFAM-Unternehmen erlassen, um dann bei Nichtbeachtung der Anweisung, wozu auch falsche Auskunft zählt, entsprechend sanktionieren zu können. Die DSGVO lässt ein derartiges Vorgehen zu.[170] So könnten auch die bisher langwierigen Verfahren zur Durchsetzung des Datenschutzrechts beschleunigt werden.

Im Ergebnis sollte im Datenschutz und in Gesetzgebungsverfahren die Wahrheitspflicht so durchgesetzt werden wie auch im Wettbewerbsrecht, da es keinen guten Grund gibt, hier in Sachen Pflicht zur Wahrheit zu differenzieren.

G 10 Die Finanzmärkte: Von ESG zu demokratie- und rechtsstaatstreuer KI als Investitionsobjekt

An den Finanzmärkten haben ökologisch ausgerichtete ESG[171] Investitionsfonds seit Jahrzenten einen Beitrag zur Umsteuerung von Wirtschaft und Gesellschaft in Richtung Nachhaltigkeit geleistet. Diese Fonds, die versprechen, in ökologisch und sozial nachhaltiges Wirtschaften zu investieren, werden zum Teil mit der Behauptung aufgelegt, auf Dauer werfe diese Art der Investition sogar mehr Erträge ab. Viele Investoren sind aber auch bereit, auf einen gewissen Teil des Ertrags zu verzichten, wenn sie wissen, dass ihre Investitionen weniger oder keine externen Kosten in Form von Umweltverschmutzung und Ausbeutung von Arbeitnehmern finanzieren.

Bei der Bewertung des »G« von ESG, nämlich der »Governance«, ging es auch bisher schon um die Einhaltung von Recht und Gesetz, und auch um den Schutz der Privatsphäre und der persönlichen Daten. Einige Analysehäuser bewerten heute schon ausführlich die Datenschutzpraktiken in den GAFAM-Unternehmen und zeigen die Risiken des mangelnden Datenschutzes für die Erträge der Investoren auf.[172] In den meisten Analysehäusern und Fonds spielt aber diese Analyse bisher nur eine untergeordnete Rolle.[173]

Investoren haben inzwischen die Auswahl zwischen einer großen Zahl von ökologisch ausgerichteten Investitionsfonds. Es wäre gut, wenn es bald eine genauso große Auswahl an Fonds gäbe, die auf hohen Datenschutz in der Datenökonomie und eine mit den Prinzipien der *Rechtsstaatlichkeit, Demokratie und Grundrechten by design* ausgestatteten KI setzen. Schon werden in Amerika die großen Pensionsfonds und andere Großinvestoren aufgefordert, nicht mehr in Unternehmen zu investieren, die die Technologie für die Unterdrückung der Uiguren in China liefern.[174]

Für die Festlegung von gemeinsamen Prüfstandards in Sachen ökologischer Nachhaltigkeit haben Märkte und Politik nach jahrelanger Arbeit gerade erst eine erste grobe Einigung erzielt.[175] Einen gemeinsamen Standard für Fonds zu finden, die Investition in den Unternehmen konzentrieren, wo Datenschutz ernsthaft betrieben und KI unter Beachtung von Recht und Werten entwickelt wird, dürfte jedenfalls für den Datenschutz einfacher sein, da es hier die DSGVO als klaren Prüfstandard gibt.

Für die Künstliche Intelligenz wird die von der EU-Kommission angekündigte Regulierung auch vor diesem Hintergrund von Bedeutung sein. Sie wird den Finanzmärkten eine gemeinsame, verbindliche Orientierung geben, so wie es die DSGVO bereits für den Datenschutz tut.

In den USA existiert bereits das Projekt »Ranking Digital Rights«, das erste Schritte in Richtung eines Qualitätsindex unternommen hat,[176] ohne allerdings die vollständige Anwendung der DSGVO streng zu prüfen. Auch in anderen Foren wird bereits diskutiert, wie Finanzmärkte zu einem nachhaltigeren Umgang mit Daten beitragen können.[177]

Die Strafe von fünf Milliarden Dollar durch die FTC für *Facebook*,[178] die Strafandrohung von maximal vier Prozent des Weltumsatzes in der DSGVO,[179] aber auch die Kursausschläge nach unten an den Aktienmärkten wie die von *Facebook* nach diversen Skandalen der Nichtbeachtung des Datenschutzes[180] und auch der Rückgang der privaten Investitionen in KI in China[181] sind deutliche Hinweise darauf, dass eine Ausrichtung von Investitionen in die Datenökonomie und KI an strengem Datenschutz und verantwortlichem Umgang mit KI helfen kann, Verluste zu vermeiden und Erträge zu erhöhen. Umgekehrt zeigt auch der Aufstieg von *Microsoft* zum wertvollsten Unternehmen der Welt, und zwar mit dem Versprechen, allen Kunden weltweit Datenschutz nach DSGVO zukommen zu lassen,[182] dass die Investition in Datenschutz lohnt. Dies gilt für das Marketing der eigenen Dienste und Produkte ebenso wie dafür, das Vertrauen der Investoren an den Finanzmärkten zu gewinnen.

G 11 Die Zukunft der Kontrolle der technischen Macht im Zeitalter der KI

Das Denken in Kategorien der Kontrolle, der Macht und Herrschaft, wie sie in diesem Buch dargestellt wurden, ist eine Errungenschaft der Zivilisation. Denn ohne ein Denken in diesen Kategorien ist eine Kritik der Macht und der Herrschaft nicht möglich. Diese ist aber Voraussetzung für die Autonomie des Menschen, soweit sie denn möglich ist, und auch der Selbstbestimmung in Demokratie.

Im Technikdiskurs über Ethik und die Zukunft der KI werden heute diese Kategorien oft unterschlagen. Es ist dann von »Demut«[183] gegenüber den eigenen Kontrollfähigkeiten des Menschen in einem komplexen System die Rede, von dem Ziel einer Harmonie in einem System, das Mensch und Maschine in Interaktion und gegenseitiger Komplementarität optimiert, ohne allerdings die Parameter der Optimierung auf zähl- und messbares zu reduzieren.[184]

Richtig ist, dass der Mensch sich selbst befähigen und mit Instrumenten ausstatten muss, um Kontrolle in dem hoch leistungsfähigen System von Technologie, wie sie KI und Quantencomputer darstellen, überhaupt noch ausüben zu können. Die Demut vor den Grenzen der eigenen natürlichen Fähigkeiten ist Antrieb dafür, die Wissenschaft der Verhaltenskontrolle von »autonomen« Systemen voranzutreiben[185], so wie es jetzt am Max-Planck-Institut in Berlin unter der Leitung von Prof. Iyad Rahwan[186] geschehen soll.

Diese neue Art der Verhaltenskontrolle von selbst lernenden und sich weiter entwickelnden Maschinen, die den internen Blick auf das Programm mit einem Blick von außen, angelehnt an den Blick des Verhaltenstherapeuten oder Psychologen oder Psychotherapeuten beim Menschen ergänzt, wird eine neue wissenschaftliche Systematik erfordern. Diese muss wesentlicher Bestandteil der Risiko- und Folgenabschätzung von neuartigen Systemen der KI werden.

Richtig ist sicher auch, dass die Welt nicht auf Zählbares, und schon gar nicht auf in Geld oder wirtschaftlichen Kategorien Messbares reduziert werden kann und darf, wie Joichi Ito in seinem Manifest *Against Reductionism*[187] schreibt. Aber der Fortschritt der Zivilisation, so Norbert Elias, besteht im Fortschritt der Selbstregulierung und Selbstkontrolle von Menschen und menschlich geschaffenen Systemen, wie Staaten, Unternehmen und Technologien durch eigene Einsicht. Noch im hohen Alter hat Elias diese These beim Internationalen Soziologenkongress in Hamburg 1988 in seinem Vortrag über die Entwicklung der Unfalltoten pro gefahren Kilometern in Berlin seit der Jahrhundertwende praktisch belegt.[188] Die Autoren konnten gemeinsam als Studenten zuhören.

Auch angesichts einer Technik, die vieles, und eines Tages vielleicht fast alles, was planbar und berechenbar ist, besser kann als der Mensch, dürfen wir den Übergang von Selbstregulierung und Selbstkontrolle zur Fremdkontrolle durch derartige Systeme nicht akzeptieren. Ja, die Technik ändert uns, ja, wir werden immer mehr von ihr abhängig, ja, sie selbst übt Macht aus und über sie wird Macht ausgeübt.

Aber der Fortschritt der Zivilisation, so wie ihn Norbert Elias definiert und erkannt hat, ist beendet, wenn wir den Anspruch der Kontrolle technischer Macht, wie Popitz ihn formuliert hat, aufgeben. Stattdessen ist es wichtig, die »Initiative zum Gebrauch unserer vernünftigen Freiheit«, wie Jürgen Habermas in seinem Opus Magnum schreibt, weiterhin zu ergreifen. Mit Habermas halten wir es für wichtig, »wie Kant zu seiner Zeit, ihre Zeitgenossen nach wie vor mit Gründen dazu (zu) ermutigen (...), von ihrer Vernunft einen autonomen Gebrauch zu machen und ihr gesellschaftliches Dasein praktisch zu *gestalten*.«[189] Dies gilt im Kleinen und im Konkreten, bei jedem Programm und jedem Gerät. Dies gilt aber vor allem auch im Großen, nämlich dem Grundprinzip, das Kritik und das Infragestellen von Macht, auch und gerade technischer Macht, eine Grundvoraussetzung von Freiheit und Demokratie sind. Wir müssen jede Macht, auch und gerade die technische Macht großer Systeme wie des Internets, der Suchmaschinen, der Sozialen Netzwerke, der Künstlichen Intelligenz, verstehen wollen und können. Und wir müssen sie prüfen können, nach unseren Maßstäben der Legitimität, wir müssen sie regulieren und auch in die Schranken weisen oder abschütteln können, wenn die Demokratie so entscheidet.

Das sind die Maßstäbe, die wir an die zukünftigen Technologien der Macht anlegen müssen. Und die Fähigkeit, nach diesen Maßstäben handeln zu können, müssen wir uns erhalten und sie weiterentwickeln. Das ist die Aufgabe verantwortlicher Wissenschaft und Politik.

G 12 Die neue Verantwortung der technischen Intelligenz

Die Natur der neuen digitalen Netzwerke und Technologien der KI als Herr-schaftstechnologien neuer Art verleihen denjenigen, die sie entwickeln, betreiben und warten, eine neue Verantwortung.

Die verschütteten Quellen des Menschlichen wieder in Erinnerung zu rufen, gerade für diejenigen, die zur technischen Intelligenz gehören und als Ingenieur, Programmierer, Data Scientist oder Unternehmer die KI von morgen gestalten, ist ein wichtiges Anliegen dieses Buches. Es ist deshalb notwendig, in die Geschichte des Nachdenkens der Menschen über sich selbst als Einzelne aber auch über die Formen des Zusammenlebens, also die Geschichte von Demokratie und die verschiedenen Formen der Diktatur von Menschen über Menschen einzusteigen. Und es ist in diesem Kontext notwendig, die Quellen des Selbst, des Selbstbewusstseins des Menschen und der Begründung von Menschenwürde und Handlungsfreiheit neu zu entdecken.

Wir wollen uns selbst und der technischen Intelligenz helfen, vor dem Hintergrund unserer Kritik des Gegenwärtigen und den historischen Errungenschaften des Nachdenkens von Menschen über Menschen die Verantwortung für den Menschen und die Selbstbestimmung von Menschen in der Demokratie zu erkennen und daraus die Konsequenz von Verantwortung und Engagement im Zeitalter der KI zu ziehen.

Denn dieses Buch will auch eine Einladung an die technische Intelligenz sein, nicht nur bei der Erkenntnis und den Konsequenzen im Beruf stehen zu bleiben, sondern sich in Demokratie und Politik einzubringen. Ohne den Beitrag der technischen Intelligenz wird die Demokratie nicht in der Lage sein, die komplexen Fragen der Regulierung der neuen Technologien so zu bewältigen, dass das Gute an Technologie bewahrt und gestärkt, das Schlechte, wie Freiheitsraub an Einzelnen und die Zerstörung der Demokratie aber vermieden werden. Ohne die Beteiligung der technischen Intelligenz an demokratischen Prozessen und das damit verbundene Lernen über Freiheit und Selbstorganisation von Menschen und den Wert individueller Freiheit, der Grundrechte und der Demokratie wird die technische Intelligenz sich selbst immer weiter von Freiheit und Demokratie entfernen. Mit einer derart von demokratischen Prozessen abgekoppelten Technikgestaltung würde man Populisten und Autokraten Vorschub leisten, die auf die Schwäche der Demokratie setzen und diese herbeiführen wollen.

Wahrscheinlich wird in keinem Land der Erde die technische Intelligenz vor einer so wirkmächtigen historischen Kulisse ausgebildet, um ihre neue Verantwortung im Zeitalter der Künstlichen Intelligenz zu verstehen, wie in Deutschland. Nach dem Fall des Naziregimes gab es in Deutschland eine weit verbreitete Überzeugung, die Ausbildung der Ingenieure und allgemein der technischen Intelligenz bedürfe der Werteorientierung. War doch der Fall der Weimarer Republik und der Aufstieg Hitlers bis hin zu Konzentrationslager und Vernichtung der europäischen Juden durch eine gewissenlosen Politik betrieben und mit Hilfe einer gehorsamen Technikelite umgesetzt wurde.

An vielen Universitäten wurden deshalb im Nachkriegsdeutschland als Pflichtkurse Politik, Geschichte und Recht für Ingenieure eingeführt. Diese wurden vielfach mit der Studentenrevolution 1968 wieder abgeschafft, da die Studenten gegen die Inhalte dieser Kurse protestierten. Sie hielten sie für zu konservativ.

Eugen Kogon gehörte zu denen, die sich unermüdlich dafür einsetzte, an den Fakultäten für Ingenieurswissenschaften Demokratie und Grundrechte zu lehren. Sein Buch *Die Stunde der Ingenieure: Technologische Intelligenz und Politik* von 1976 war ein Plädoyer für humanitäre Werte in einer immer mehr technisch zentralisierten Welt und ein Weckruf für Engagement in der Demokratie. Kogons Studie stimmte optimistisch. Eine überwiegende Mehrheit der befragten Ingenieure waren damals bereit, Verantwortung für die politischen Folgen des technischen Fortschritts zu übernehmen.[190]

Die Sorge über die politische Einstellung der technischen Elite war mit dem Abstand zur Nazi-Diktatur und dem Einsatz der Atombombe in Hiroshima geringer geworden. Dürrenmatts *Die Physiker* war in der Schule Pflichtlektüre geworden. Die Studentenrevolte und die neue Umweltbewegung, auch der Kampf gegen Atomkraft, zog viele Ingenieure an, nicht zuletzt diejenigen, die neue nachhaltige Umwelttechnologien entwickelten und zu einem wirtschaftlichen Erfolg machten.

Das Hand-in-Hand-Gehen der Grünen Bewegung und Partei in Deutschland mit der parallelen Entwicklung der nachhaltigen Technologien trug wesentlich zum Erfolg beider bei. Denn die technologischen Entwicklungen für Nachhaltigkeit und Ressourceneffizienz zeigten, dass nachhaltige Politik machbar war. Auch brachten die grünen Technikunternehmer wichtiges Organisations- und Managementtalent in die Bewegung ein. Gleichzeitig wurden sie durch grüne Politik unterstützt. Dass man nachhaltige Technik bauen konnte, machte die Grünen als politische Bewegung für die technische Intelligenz interessant, im Gegensatz zur SPD, die nichts für ökologisch engagierte Ingenieure anzubieten hatte.

Der Erfolg der Grünen beruht zu einem wesentlichen Teil auf dieser Symbiose von technischer Innovation und wirtschaftlichem Erfolg der Unternehmer der Nachhaltigkeit, einer Symbiose von Technikentwicklung und Politik, die der SPD bis heute fehlt und die zum Teil ihren Niedergang erklären mag.

In den letzten 70 Jahren hat die politische und wirtschaftliche Gestaltungsmacht der Ingenieure gewaltig zugenommen, ihr Engagement in den Institutionen der Demokratie aber stark abgenommen. Heute sitzen im US-Kongress acht Ingenieure, ein Physiker, ein Mikrobiologe und ein Chemiker, aber 218 Rechtsanwälte und 208 Geschäftsleute.[191] Der Anteil der Ingenieure, Mathematiker und Physiker im Bundestag hat von 13,2 Prozent in der 12. Wahlperiode 1990 auf 7,2 Prozent in der 19. Wahlperiode 2017 abgenommen.[192]

Gleichwohl hat sich in Europa die Tradition der wissenschaftlichen Technikfolgenabschätzung[193] und der Ethik der Ingenieure[194] weiterentwickelt. Das Europäische Parlament hat einen besonderen ethischen Verhaltenskodex für Robotikingenieure vorgeschlagen.[195]

Für diejenigen Ingenieure und Informatiker, die KI und andere Formen der neuen, digitalen Machttechnologien entwickeln, betreiben und warten, wird es notwendig sein, mehr zu tun, als nur an den guten Willen zu appellieren. Ein erster Schritt könnte vorsehen, dass jeder Informatiker und Ingenieur in diesem Bereich einmal im Studium ein Seminar gemeinsam mit Juristen oder Philosophen einer relevanten Thematik besucht und einige Aufgaben in interdisziplinären Gruppen zu lösen bekommt. An einigen Universitäten in den USA werden bereits solche gemischten Seminare angeboten. Gemeinsam unterrichten zum Beispiel Joichi Ito, der frühere Direktor des MIT Media Lab, und der Rechtswissenschaftler Jonathan Zittrain von der Harvard University.[196] So lernen sowohl Professoren als auch Studenten das Sichverständigen zwischen den Disziplinen. Die Arbeit in der Datenethikkommission hat gezeigt, dass dieses gegenseitige Verständnis zu den schwierigsten aber auch wichtigsten Voraussetzungen bei der Bewältigung der neuen Herausforderungen durch KI und andere digitale Machttechnologien zählt. Auch Juristen, Philosophen und andere Sozial- und Kulturwissenschaftler sollten auf diese Weise näher an das für die Bewältigung der Zukunft notwendige Technikverständnis herangeführt werden.

Sodann ist, wie heute schon für Lehrer und Juristen, für eine spezielle Gruppe von Ingenieuren und Informatikern eine Staatsprüfung einzuführen. Hier sollte geprüft werden, ob die Absolventen in ihrer Ausbildung hinreichende Kenntnisse erworben haben, um im Zeitalter von KI und digitaler Macht ihrem Beruf in einer Art nachkommen zu können, die Macht und Verantwortung sowie Demokratie, Grundrechte und Rechtsstaatlichkeit miteinander in Einklang bringt.[197] Genauso wie die Ausübung bestimmter Funktionen in der öffentlichen Verwaltung die Befähigung zum Richteramt voraussetzt, wird man auch in technischen Funktionen diejenigen bestimmen müssen, für die eine Qualifikation eines »Ingenieurs oder Informatiker der Demokratie« nötig ist, also eine besondere Staatsprüfung der Kenntnisse über das Zusammenwirken von Technologie, Demokratie, Grundrechte und Rechtsstaatlichkeit vorliegt.

Der Kampf um Dominanz zwischen dem totalitären Technokapitalismus amerikanischer Prägung, dem autokratischen digitalem Staatskapitalismus chinesischer Provenienz und der Demokratie wird am Ende auch durch das Engagement der technischen Intelligenz entschieden. Steht sie allein auf der Seite des Kapitalismus und der Technik, wird es wahrscheinlicher, dass die Demokratie zu Ende geht und durch autokratische und diktatorische Systeme abgelöst wird. Donald Trump und Boris Johnson sind auf dem Wege eines Großversuches in der Richtung einer Entkoppelung von liberaler Demokratie und Wirtschaftswachstum, hin zu einer »*Meritocratic technopolis*«, wie es der Kampagnenleiter Johnsons für den Brexit, Dominic Cummings, schrieb,[198] ein Weg, auf dem Freiheit, Gerechtigkeit, Solidarität, Demokratie und Menschenrechte nur noch eine sehr untergeordnete Rolle spielen.

Der Preis für diesen Weg wird der Verlust von Freiheit, Menschlichkeit und Selbstbestimmung sein, auch für die Angehörigen der technischen Intelligenz selbst. Der Mensch als Mittelpunkt all unseres Strebens würde dann abgelöst durch ein totalitäres technologisch-wirtschaftliches System, in dessen Systemimperative der Mensch sich vollständig einfügen muss und dem gegenüber er weder die Würde des Menschen noch Freiheitsansprüche geltend machen kann.

Damit dies nicht passiert, ist es wichtig, die technische Intelligenz einzuladen, auch zu »Ingenieuren« der Demokratie und der Freiheit zu werden[199], zu einer demokratisch-technischen Intelligenz, die bei all ihrem Tun, vor allem in Bezug auf persönliche Daten und algorithmische Systeme wie die Künstliche Intelligenz, stets die Freiheit des Einzelnen, Grundrechte und Demokratie im Auge behält. Die Linie des Lernens durch die Übernahme von Verantwortung für Technik und ihre Folgen in einer an Demokratie und Grundrechten orientierten Gestaltung der digitalen Techniken, der Netze und der KI fortzuschreiben, ist die große neue Zukunftsaufgabe der technischen Intelligenz. Sie wird sie nur erfüllen können, wenn sie sich selbst wieder mehr in den Institutionen der Demokratie, den Parteien, den Parlamenten und der Zivilgesellschaft, engagiert und mithilft, die Gestaltungskraft der lebendigen Demokratie zu erhalten – auch und gerade im Zeitalter globaler Netze und dominanter Konzerne mit technischen Allmachtsfantasien.

G 13 Nachwort: Das Buch, ein Werk der Freundschaft

»Prinzip Mensch« enthält die Gedanken zweier Freunde zu diesem Themenfeld. Es spiegelt unsere Berufserfahrungen als EU-Beamter und Journalist, aber auch unsere seit 35 Jahren andauernden Gespräche als Jurist und als Philosoph. Was wir hier aufgeschrieben haben, ist unsere persönliche Meinung, nicht unbedingt die unserer Arbeitgeber oder Auftraggeber.

Die Spanne, in der wir diese Gespräche führen, zeigt schon an, dass wir keine *digital natives* sind. Wir bekennen uns ausdrücklich zu unserem analogen Migrationshintergrund. Als wir die Debatten in der WG–Küche in Hamburg St. Pauli begannen, zogen wir das Telefon noch an langen Kabeln hinter uns her und tippten unsere Hausarbeiten auf mechanischen Schreibmaschinen, die zur Examenszeit schließlich vier Zeilen Speicher für Korrekturen enthielten. Die Quellen zu unseren Arbeiten suchten wir in speckigen Karteikästen der Unibibliothek, unser Netzwerk bestand aus echten Freunden.

Bei den Recherchen zu diesem Buch fiel uns aus einem der Bücher aus dieser Zeit ein historisches Lesezeichen heraus: ein Flyer des Statistischen Bundesamtes in Wiesbaden zur Volkszählung 1987. Unter der Überschrift »So zählt unser Land« wurde der Nutzen der damals anstehenden Volkszählung aufgeführt (»Fehlinvestitionen in Milliardenhöhe werden vermieden«). Wir haben dem amtlichen Zähler die WG–Türe damals trotzdem nicht geöffnet.

Heute wollen wir in einer digitalen Welt leben, in der wir nach Informationen suchen können, ohne dass nach uns gesucht wird, in der wir lesen können, ohne dass wir ausgelesen werden, in der wir uns vernetzen können, ohne im Netz fremder Mächte gefangen zu werden.

Es ist unsere gemeinsame Überzeugung, dass Aufklärung und Humanismus nicht zu Ende sind, sondern vielmehr erst am Anfang stehen. Wie die vorschnelle und modische Verkündung eines Endes der Geschichte nach der europäischen Freiheitsrevolution 1989 falsch war, so sind auch die Abgesänge auf Humanismus und Homo Sapiens heute ebenso fehl am Platze, wie auf die Demokratie. Wir halten es dabei mit Mark Twain, der, als er seine eigene Todesanzeige in der Zeitung fand, lakonisch notierte: »Die Nachrichten über meinen Tod sind stark übertrieben.«[200]

Die Entstehung des Buches ist vielen Menschen zu verdanken, ausdrücklich nennen wollen wir unsere Familien, die im vergangenen Jahr viel Geduld mit uns haben und lange Abwesenheiten ertragen mussten. Wir danken unseren Lehrern für alles, was wir von ihnen lernen durften, vor allem Herbert Schnädelbach. Wir danken unserem Lektor Alexander Behrens und Uwe Optenhögel, die dieses Buch möglich gemacht haben, sowie den Freunden und Gesprächspartnern für zahlreiche Anregungen. Wir haben uns bemüht, sie möglichst vollständig in Fußnoten und Literaturverzeichnis zu nennen. Wo es nicht geschehen ist, sei es uns verziehen. Auch das gehört zum Prinzip Mensch.

ANHANG

Endnoten

Vorbemerkung

1 Hans Jonas, Das Prinzip Verantwortung. Versuch einer Ethik für die technologische Zivilisation, Frankfurt a.M. 1979, S. 217.
2 Bill Gates: A.I. is like nuclear energy — ›both promising and dangerous‹, CNBC, 26.03.2019, ‹https://www.cnbc.com/2019/03/26/bill-gates-artificial-intelligence-both-promising-and-dangerous.html›

A Einleitung: Warum dieses Buch?

1 Jürgen Habermas, Auch eine Geschichte der Philosophie, Bd. 1, Die okzidentale Konstellation von Glauben und Wissen, Berlin 2019, S. 13.
2 Soshanna Zuboff, Das Zeitalter des Überwachungskapitalismus, Frankfurt/New York 2019, S. 213.

B Kritik der technologischen Macht

1 Farhad Manjoo, »Tech's ›Frightful 5‹ Will Dominate Digital Life for Foreseeable Future« N.Y. Times, 20.01.2016, ‹https://www.nytimes.com/2016/01/21/technology/techs-frightful-5-will-dominate-digital-life-for-foreseeable-future.html›; Farhad Manjoo, Tech`s Frightful Five: They've got us, New York Times, 10.05.2017, ‹https://www.nytimes.com/2017/05/10/technology/techs-frightful-five-theyve-got-us.html›.
2 Heinrich Popitz, Phänomene der Macht, 1992.
3 J. Habermas, Hannah Arendt, in: Politik, Kunst, Religion, Stuttgart 1978.
4 Für einen Überblick statt vieler: Andreas Anter, Theorien der Macht zur Einführung, 2018.
5 Max Weber, Wirtschaft und Gesellschaft, herausgegeben von Johannes Winckelman, 1985, S. 28.
6 Max Weber, Wirtschaft und Gesellschaft, Herausgegeben von Johannes Winckelman, 5. Aufl, 1985, S. 28.
7 H. Arendt, Macht und Gewalt, 1970, S. 45.
8 Ebd. S. 105–106.
9 Hans Jonas, Das Prinzip Verantwortung, Versuch einer Ethik für die technologische Zivilisation, 1979.
10 Jonas, a. a. O., S. 232.
11 Artikel 191 (2) AEUV und Europäische Kommission, European Political Strategy Center, Towards an innovation principle endorsed by better Regulation, 30.06.2016, ‹https://wayback.archive-it.org/12090/20191129102319/https://ec.europa.eu/epsc/publications/strategic-notes/towards-innovation-principle-endorsed-better-regulation_en›, S. 3 im Kasten; siehe auch die Veröffentlichung des Autors Christian Calliess, https://www.jura.fu-berlin.de/forschung/europarecht/bob/berliner_online_beitraege/Paper118-Calliess/Calliess_BOB_118_InnovationPrinciple.pdf.

12 Siehe dazu allgemein »Technik, Folgen, Abschätzung«, Aus Politik und Zeitgeschichte 6-7, 2014, ‹https://www.bpb.de/apuz/177757/technik-folgen-abschaetzung›, und aktuell der Bericht der Datenethikkommission der Bundesregierung vom 23.10.2019, ‹https://www.bmi.bund.de/DE/themen/it-und-digitalpolitik/datenethikkommission/datenethikkommission-node.html›, und die Enquete Kommission Künstliche Intelligenz des Bundestages,‹https://www.bundestag.de/ausschuesse/weitere_gremien/enquete_ki›.

13 Siehe unten Kapitel B 8.2, und Zuboff, a. a. O. S. 103 f., 112 f.

14 Siehe Erik Brynjolfsson, Daniel Rock und Chad Syverson, Artificial Intelligence and the Modern Produktivity Paradox, A Clash of Expectations and Statistics, in: The Economics of Artificial Intelligence, An Agenda, Hrsg. Ajay Agrawal, Joshua Gans, Avi Goldfarb, National Bureau of Economic Research, Chicago 2019.

15 Eben Moglen, Snowden and the future, 2013, ‹http://snowdenandthefuture.info/snowdenandthefuture-westward.pdf›, S. 2 ff.

16 Popitz a. a. O. S. 180 f.

17 Artificial intelligence is changing every aspect of war, The Economist, 7.9.2017, ‹https://www.economist.com/science-and-technology/2019/09/07/artificial-intelligence-is-changing-every-aspect-of-war ›; Sidney J. Freedberg Jr., How AI could change the art of war, 25.4.2019, Networks and Cyber, ‹https://breakingdefense.com/2019/04/how-ai-could-change-the-art-of-war/›.

18 Siehe die Übersichten bei ‹https://www.zeit.de/thema/edward-snowden› und ‹https://www.theguardian.com/us-news/the-nsa-files›; mehr bei ‹https://search.edwardsnowden.com/› und ‹https://snowdenarchive.cjfe.org/greenstone/cgi-bin/library.cgi›.

19 Siehe dazu den Dokumentarfilm »The Great Hack«, Karim Amer, Jehane Noujaim, 2019, ‹https://www.netflix.com/lu-en/title/80117542›; und die Berichte des britischen Unterhauses vom 29.7.2018, House of Commons, Digital, Culture, Media and Sport Committee, »Disinformation and ›fake news‹: Interim Report«, und den endgültigen Bericht vom 18.2.2019, mit Stellungnahme des Vorsitzenden, ‹https://publications.parliament.uk/pa/cm201719/cmselect/cmcumeds/1791/179102.htm›

20 Eric Schmidt, Die Vernetzung der Welt, 2013, zitiert nach Robert M. Maier, Angst vor Google, FAZ, 3.4.2014, ‹https://www.faz.net/aktuell/feuilleton/debatten/weltmacht-google-ist-gefahr-fuer-die-gesellschaft-12877120.html›.

21 Begriff der Technikphilosophie, der die »Eigengesetzlichkeit« der Technik bezeichnet: »Diese Lehre sieht in der technischen Entwicklung einen blinden Automatismus, dem die Menschen hilflos ausgeliefert sind.« Günther Rohpol, Allgemeine Technologie: Eine Systemtheorie der Technik, Karlsruhe 2009, S. 287; siehe auch Arnold Gehlen, Die Seele im technischen Zeitalter, Hamburg 1957: »Der Zusammenhang von Wissenschaft, technischer Anwendung und industrieller Auswertung bildet längst auch die Superstruktur, die selbst automatisiert und ethisch völlig indifferent ist.«

22 Siehe dazu Kurzweil, Menschheit 2.0., Die Singularität naht, Berlin 2014.

23 Stuart Russell, Human Compatible, Artificial Intelligence and the Problem of Control, 2019.

24 Siehe u. a. Nick Bostrom, Superintelligenz, Szenarien einer kommenden Revolution, Berlin, 2016.

25 How can we engineer computing systems with simple forms of perception and judgment, MIT probabilistic computing project? ‹http://probcomp.csail.mit.edu/›.

26 So in: Martin Ford, Architects of Intelligence, The truth about AI from the people building it, 2018.

27 ‹https://www.inverse.com/article/33373-ray-kurzweil-singularity-thoughts›.
28 Toby Walsh, 2062 – Das Jahr, in dem die Künstliche Intelligenz uns ebenbürtig sein wird, 2019.
29 Russell, a. a. O. S. 77.
30 Irving John Good, Speculations concerning the first ultraintelligent Machines, Advances in Computers, 1966, S. 31, 33 unter 2, ‹https://exhibits.stanford.edu/feigenbaum/catalog/gz727rg3869›.
31 Nick Bostrom, Superintelligenz, Szenarien einer kommenden Revolution, 2016.
32 Warnruf von Wissenschaftlern 2015 – Stephen Hawkings, Elon Musk, Max Tegmark, Stuart Russell ‹https://futureoflife.org/ai-open-letter› mit Anhang zu Forschungsprioritäten ‹https://futureoflife.org/data/documents/research_priorities.pdf?x69354›.
33 Siehe u. a. James Lovelock, »Novacene«, The Coming Age of Hyperintelligence, London, 2019; Max Tegmark, Leben 3.0: Mensch sein im Zeitalter Künstlicher Intelligenz, 2017.
34 Siehe dazu die Webseite des Forschungsprojektes: ‹https://openai.com/›.
35 Microsoft investiert Milliarden in Künstliche Intelligenz, Roland Lindner, FAZ, 23.7.2019, ‹https://www.faz.net/aktuell/wirtschaft/kuenstliche-intelligenz/open-ai-microsoft-investiert-milliarden-in-kuenstliche-intelligenz-16299049.html›; ‹https://openai.com/blog/microsoft/›.
36 GPT-2: 6-Month Follow-Up, in: ‹https://openai.com/blog/gpt-2-6-month-follow-up/›.
37 Stuart Russell , Human Compatible, Artificial Intelligence and the Problem of Control, 2019, S. 37 und 149 ff.
38 Siehe dazu die Veröffentlichung der EU Kommission: Technical agreement signed for a European plan on quantum communication infrastructure, ‹https://ec.europa.eu/digital-single-market/en/news/technical-agreement-signed-european-plan-quantum-communication-infrastructure›.
39 Verordnung (EU) 2016/679 des Europäischen Parlaments und des Rates vom 27.4.2016 zum Schutz natürlicher Personen bei der Verarbeitung personenbezogener Daten, zum freien Datenverkehr und zur Aufhebung der Richtlinie 95/46/EG (Datenschutz-Grundverordnung) (Text von Bedeutung für den EWR) Abl L 119, 4.5.2016, S. 1–88, ‹http://data.europa.eu/eli/reg/2016/679/oj›. Kurz DSGVO.
40 Art. 5 (1) b und c DSGVO.
41 So Wolfgang Herrmann, Die Konzentration im Cloud-Markt nimmt weiter zu, 25.4.2018, Computerwoche, ‹https://www.computerwoche.de/a/die-konzentration-im-cloud-markt-nimmt-weiter-zu,3544812›.
42 Google Nutzungsbedingung vom 22.1.2019, ‹https://policies.google.com/terms/archive/20190122?hl=de&gl=de›.
43 »Snowden exklusiv«: der Wortlaut des Interviews von NDR-Autor Hubert Seipel vom 26.1.2014, ‹https://www.presseportal.de/pm/69086/2648795›.
44 »Report on the findings by the EU Co-chairs of the ad hoc EU-US Working Group on Data Protection«, Dokument des Ministerrates der Europäischen Union vom 27.11.2013, S. 7, bei Fn. 1 und 2, ‹https://register.consilium.europa.eu/doc/srv?l=EN&f=ST%2016987%202013%20INIT›.
45 ‹https://bits.blogs.nytimes.com/2014/03/21/daily-report-fallout-from-snowden-hurts-tech-company-bottom-lines/?searchResultPosition=12›; ‹https://www.daserste.de/information/wirtschaft-boerse/plusminus/sendung/plusminus-sendung-wirtschaftsspionage-100.html›; Jan Dams, So spionieren Geheimdienste deutsche Firmen aus, Die Welt, 20.2.2017; ‹https://www.welt.de/wirtschaft/article162217929/So-spionieren-Geheimdienste-deutsche-Firmen-aus.html›; Jan Dams / Benedikt Fuest, NSA-Spionage kostet deut-

sche Wirtschaft Milliarden, Die Welt, 19.2.2017, ‹https://www.welt.de/wirtschaft/article162188131/NSA-Spionage-kostet-deutsche-Wirtschaft-Milliarden.html›; Einzelheiten im NSA Report, Corporate Trust, 2017, ‹https://www.corporate-trust.de/wp-content/uploads/2017/02/170123-NSA_ReportfinalDE.pdf›.

46 Siehe dazu das Gutachten der EU Datenschutzbehörden vom 10.7.2019,»Initial legal assessment of the impact of the US CLOUD Act on the EU legal framework for the protection of personal data and the negotiations of an EU-US Agreement on cross-border access to electronic evidence«, ‹https://edps.europa.eu/sites/edp/files/publication/19-07-10_edpb_edps_cloudact_annex_en.pdf›.

47 Peter Welchering, Projekt Gaia X, DLF 2.11.2019, ‹https://www.deutschlandfunk.de/projekt-gaia-x-europaeische-cloud-noch-ohne-technische-basis.684.de.html?dram:article_id=462421›.

48 Urteil des Gerichtshofs (Große Kammer) vom 6.10.2015. Maximilian Schrems gegen Data Protection Commissioner. Rechtssache C-362/14, ECLI: EU:C:2015:650, ‹https://eur-lex.europa.eu/legal-content/DE/ALL/?uri=CELEX:62014CJ0362›.

49 Durchführungsbeschluss (EU) 2016/1250 der Kommission vom 12.7.2016 gemäß der Richtlinie 95/46/EG des Europäischen Parlaments und des Rates über die Angemessenheit des vom EU-US-Datenschutzschild gebotenen Schutzes, C(2016) 4176, ABl. L 207 vom 1.8.2016, S. 1-112, ‹http://data.europa.eu/eli/dec_impl/2016/1250/oj›; sowie ‹https://ec.europa.eu/info/law/law-topic/data-protection/international-Dimension-data-protection/eu-us-data-transfers_en› und Vorabentscheidungsersuchen des High Court (Irland),eingereicht am 9.5.2018, Data Protection Commissioner/Facebook Ireland Limited, Maximilian Schrems, Rechtssache C-311/18, ‹http://curia.europa.eu/juris/document/document.jsf?text=&docid=204046&pageIndex=0&doclang=DE&mode=lst&dir=&occ=first&part=1&cid=6668745›.

50 Siehe dazu Veröffentlichung der EU Kommission, The Internet of Things, ‹https://ec.europa.eu/digital-single-market/en/internet-of-things›.

51 »Predictive Maintenance« Market to grow to 10.7 Billion in 2024, ‹https://www.marketsandmarkets.com/Market-Reports/operational-predictive-maintenance-market-8656856.html›.

52 Christo Petrov, Internet of Things Statistics 2020 [The Rise of IoT], 22.3.2019, ‹https://techjury.net/stats-about/internet-of-things-statistics/›.

53 Peter Holley, Wearable technology, The Washington Post 28.6.2019, ‹https://www.washingtonpost.com/technology/2019/06/28/wearable-technology-started-by-tracking-steps-soon-it-may-allow-your-boss-track-your-performance/›.

54 Lisa Kuner, Ich sehe was, was du nicht siehst, FAZ 14.3.2019, ‹https://www.faz.net/aktuell/beruf-chance/beruf/ueberwachung-im-buero-wenn-der-chef-die-e-mails-mitliest-16077634.html›.

55 Paul Bischoff, The world's most-surveilled cities, 15.8.2019, ‹https://www.comparitech.com/vpn-privacy/the-worlds-most-surveilled-cities/›.

56 Urteil des Bundesverwaltungsgerichtes vom 27.3.2019 ‹https://www.bverwg.de/270319U6C2.18.0›.

57 ‹https://www.gsma.com/newsroom/press-release/new-gsma-study-chinas-Mobile-ecosystem-equivalent-to-5-5-of-chinas-gdp/›.

58 Schlussfolgerungen des EU-Ministerrates für Telekommunikation vom 3.12.2019 zu 5 G, Dokument 14517/19, ‹https://www.consilium.europa.eu//media/41595/st14517-en19.pdf›.

59 ESA: Working towards AI and Earth observation, 11.3.2019, ‹https://www.esa.int/Applications/Observing_the_Earth/Working_towards_AI_and_Earth_observation›.

60 Creating Actionable Intelligence for the Oil & Gas Sector by Fusing Commercial and Proprietary Data ‹https://medium.com/descarteslabsteam/creating-actionable-Intelligence-for-the-oil-gas-sector-by-fusing-commercial-and-proprietary-data-830f09b428ac›.

61 Das »schlimmste Unternehmen der Welt«, gewählt von der Umweltschutzorganisation Mighty Earth wegen Kinderarbeit, Regenwaldzerstörung und Umweltverschmutzung: Bayerischer Rundfunk, 18.7.2019, ‹https://www.br.de/mediathek/video/agrar-krake-das-schlimmste-unternehmen-der-welt-av:5d30d1531b7238001a814577› [online bis 17.7.2020]; Cargill named »Worst Company in the World«: ‹https://www.mightyearth.org/cargillreport›.

62 Jonathan Vanian, Fortune, 25.9.2018; im Getreidehandel und zur Erdbeobachtung siehe den Dokumentarfilm »Septemberweizen«, Peter Krieg, 1980, ‹https://fortune.com/2018/09/24/cargill-satellites-ai-reinvent/›; ‹https://medium.com/descarteslabs-team/understanding-the-changingface-of-agriculture-with-global-sensors-f8226443db1›; zur Geschichte von Cargill: ‹https://filmsfortheearth.org/storage/app/media/filmsdb/attachments/Septemberweizen-Presseheft-DE.pdf›.

63 Are We Ready for Satellites That See Our Every Move? Sarah Parcak, 15.10.2019, New York Times ‹https://www.nytimes.com/2019/10/15/opinion/satellite-image-surveillance-that-could-see-you-and-your-coffee-mug.html›; ‹https://www.planet.com/pulse/you-cant-fix-what-you-cant-see-the-realities-of-ai-and-satellite-data/›.

64 The bureau of investigative journalism: Drone Warfare, ‹https://www.thebureauinvestigates.com/projects/drone-war›.

65 Gutachten für den NSA-Ausschuss: Töten mit Handydaten und Drohnen geht doch, Stefan Krempl, Heise, 21.9.2016, ‹https://www.heise.de/newsticker/meldung/Gutachten-fuer-den-NSA-Ausschuss-Toeten-mit-Handydaten-und-Drohnen-geht-doch-3328596.html› und das in Bezug genommene Gutachten von Professor Dr. Hannes Federrath ‹https://netzpolitik.org/2016/informatik-gutachten-eine-telefonnummer-ist-ausreichend-um-eine-person-mit-einer-drohnen-rakete-zu-treffen/›.

66 Siehe den Dokumentarfilm »Drones« von Tonje Hessen Schei, 2014.

67 Stopkillerrobots.org; siehe auch Professor Hugh Gusters, Drone warfare, AIP Conference Proceedings 1898, 050005 (2017); ‹https://doi.org/10.1063/1.5009234› und »AI in Defence«, 25.9.2019, ‹https://www.youtube.com/watch?v=j5aWLKwbIFU›.

68 European Union, External Action, International Security and Lethal Autonomous Weapons, 10.12.2018. ‹https://eeas.europa.eu/headquarters/headquarters-homepage/51679/international-security-and-lethal-autonomous-weapons_en›; sowie Nils Annen: Killerroboter dürfen nicht die Kriege der Zukunft führen, 28.8.2019 ‹https://www.auswaertiges-amt.de/de/aussenpolitik/themen/abruestung-ruestungskontrolle/autonome-waffen/2241938›.

69 Kritisch zu Blockchain: Frederick Bussler: ‹https://hackernoon.com/blockchain-is-not-trustless-or-decentralized-nj8i46ji›.

70 Regulating Blockchain: Techno-Social and Legal Challenges – An Introduction, in: Regulating Blockchain. Techno-Social and Legal Challenges, Hrsg. Philipp Hacker, Ioannis Lianos, Georgios Dimitropoulos and Stefan Eich, Oxford University Press, 2019, erhältlich unter ‹https://ssrn.com/abstract=3247150›; siehe auch ‹https://ec.europa.eu/digital-single-market/en/blockchain-technologies›.

71 Mark Schieritz, Die eigene Währung ist gescheitert, Die Zeit, 23.10.2019,

<https://www.zeit.de/2019/44/facebook-libra-waehrung-soziales-netzwerk-mark-zuckerberg>.

72 Fall M.8228 — Facebook/WhatsApp (Art. 14(1) proc.), Dokument C(2017)3192, <https://eur-lex.europa.eu/legal-content/EN/TXT/?uri=CELEX:52017M8228(03)>.

73 Siehe im Einzelnen die Studie von Michele Fink für das Europäische Parlament, Blockchain and GDPR, 2019, <http://www.europarl.europa.eu/thinktank/en/document.html?reference=EPRS_STU(2019)634445>.

74 Anton Bakhtin, Laurens van der Maaten, Justin Johnson, Laura Gustafson, Ross Girshick, Phyre: A new AI benchmark for physical reasoning, 15.8.2019, <https://ai.facebook.com/blog/phyre-a-new-ai-benchmark-for-physical-reasoning/>.

75 How to build AI we can trust, New York Times, Gary Marcus und Ernest Davis, 9.6.2019 <https://www.nytimes.com/2019/09/06/opinion/ai-explainability.html>; Beispiel ist das »Animal-AI Olympics«-Projekt von Imperial College – dort stellen sie den Vergleich an zwischen Tieren (Ratten oder Fliegen) und deren Kapazitäten zum Navigieren und Umweltverstehen. Die Tests dort sind sehr sehr rudimanetär und dennoch können die meisten KI-Algorithmen (deep reinforcement learning) sie nicht meistern.

76 Stuart Russell, Human compatible: AI and the problem of control, 2019; Artificial Intelligence, A modern approach, 2016; zum sehr gut Einhören: Beneficial Artificial Intelligence, Stuart Russell im Gespräch mit Azeem Ashar, Exponential View, 26.6.2019, Spotify, <https://open.spotify.com/episode/5TstwQ24GmYgqPfQshFW5w?si=ZD1Jw9sCTOCKNJuCYkq_hQ>.

77 Siehe auch <https://mitpress.mit.edu/books/promise-artificial-intelligence>. Derzeit arbeiten Forscher der Washington State University an einem allgemeinen IQ-Test für KI: < https://www.elektormagazine.de/news/iq-test-fur-ki-systeme>.

78 Siehe dazu: Julian Olk, Erste Zulassung für digitale Krebsdiagnose im Hochrisiko-Bereich, 24.10.2019, Handelsblatt, <https://www.handelsblatt.com/unternehmen/industrie/merantix-healthcare-erste-zulassung-fuer-digitale-krebsdiagnose-im-hochrisiko-bereich/25149050.html>.

79 Die automatischen Übersetzungen des Kölner Unternehmens DeepL scheinen uns besser als die der EU Kommission: <https://www.deepl.com/de/translator>.

80 AI: an international dialogue, Note of a UK Royal Society and US National Academy of Sciences workshop in Washington, D.C., 23.-24.5.2019, <https://royalsociety.org/-/media/policy/topics/open-science-data/ai-international-dialogue.pdf?la=en-GB&hash=A888136F57440CA9833F3DA79D683320>.

81 Beispielhaft: State of AI Report 2019: <https://www.stateof.ai/>; sowie der AI Index Report der Stanford University: <https://aiindex.org/>.

82 Siehe dazu die Antwort von Nick Cave auf die Frage eines Fans, ob KI den Menschen beim Schreiben von Songs übertreffen kann: »Künstliche Intelligenz kann keine großartigen Songs schreiben. Das kann nur die menschliche Begrenztheit«, <https://www.vice.com/de/article/nexbnw/nick-cave-erklaert-warum-ki-Musiker-nicht-ersetzen-wird>.

83 Jeder kann die KI hier testen: <https://talktotransformer.com>.

84 So Prof. Wahlster, Chef des DFKI, <https://www.dfki.de/> in einem Gespräch mit Paul Nemitz.

85 Siehe im Einzelnen Arbeiten der EU High Level Group on Trustworty AI, <https://ec.europa.eu/futurium/en/ai-alliance-consultation/guidelines#Top>. und die Arbeiten der deutschen Datenethikkommission:

‹https://www.bmi.bund.de/DE/themen/it-und-digitalpolitik/datenethikkommission/ datenethikkommission-node.html›; sowie: ‹https://www.bmjv.de/DE/Themen/FokusThemen/Datenethikkommission/ Datenethikkommission_node.html›.

86 AI: an international dialogue, Note of a UK Royal Society and US National Academy of Sciences workshop in Washington, D.C., 23.–24.5.2019, S. 7, ‹https://royalsociety.org/-/media/policy/topics/open-science-data/ai-international-dialogue.pdf?la=en-GB&hash=A888136F57440CA9833F3DA79D683320›.

87 Zitiert nach Jerry Kaplan, Künstliche Intelligenz, Eine Einführung, S. 27, Frechen 2017, Original s.: ‹http://www-formal.stanford.edu/jmc/history/dartmouth.pdf›.

88 ‹https://de.wikipedia.org/wiki/Intelligenz›.

89 Jerry Kaplan, a.a.O., S. 28 f.

90 Janina Loh, Roboterethik, Berlin, 2019.

91 Leiden Roboter in Zukunft genau wie wir? Interview von Sarah Herwig mit Thomas Metzinger, SRF, 14.11.2011, ‹https://www.srf.ch/kultur/gesellschaft-religion/leiden-roboter-in-zukunft-genau-wie-wir›.

92 »Was ist dein Ziel in der Philosophie? Der Fliege den Ausweg aus dem Fliegenglas zeigen«, L. Wittgenstein, Philosophische Untersuchungen, a. a. O., § 309.

93 Ohne Furcht vor der Technik-Apokalypse, Jürgen Schmieder, Süddeutsche Zeitung, 10.10.2019, ‹https://www.sueddeutsche.de/digital/kuenstliche-intelligenz-fortschritt-angst-1.4631780›.

94 Artikel 13–15 in Verbindung mit Art. 22 DSGVO.

95 Nuno Martins u. a., Human Brain/Cloud Interface, Frontiers in Neuroscience, 29.3.2019, ‹https://www.frontiersin.org/articles/10.3389/fnins.2019.00112/full›; Facebook is funding brain experiments to create a device that reads your mind, MIT Technology Review, 30.7.2019, ‹https://www.technologyreview.com/s/614034/ Facebook-is-funding-brain-experiments-to-create-a-device-that-reads-your-mind/›; original Studie David A. Moses u.a., Real-time decoding of question-and-answer speech dialogue using human cortical activity, Nature Communications volume 10, Article number: 3096 (2019), ‹https://www.nature.com/articles/s41467-019-10994-4›.

96 ‹https://neuralink.com/›.

97 Zoe Corbyn, Are brain implants the future of thinking? The Observer, 22.9.2019, ‹https://www.theguardian.com/science/2019/sep/22/brain-computer-interface-implants-neuralink-braingate-elon-musk›.

98 The Brain Initiative, ‹https://obamawhitehouse.archives.gov/BRAIN›.

99 Veröffentlichung der EU Kommission: Brain Research, ‹https://ec.europa.eu/ research/health/index.cfm?pg=area&areaname=brain›.

100 Stefan Krempl, Neurologen an Elon Musk: Neuralinks Hirn-Implantat ist »unseriöser Hype«, 27.9.2019, Heise.de, ‹https://www.heise.de/newsticker/meldung/Neurologen-an-Elon-Musk-Neuralinks-Hirn-Implantat-ist-unserioeser-Hype-4480637.html›.

101 iHuman, Blurring lines between mind and machine, The Royal Society, September 2019, ‹https://royalsociety.org/-/media/policy/projects/ihuman/report-neural-interfaces.pdf›.

102 Peter Holley, Walmart has added virtual reality to its asssesment of an employee's potential, Washington Post, 12.7.2019 ‹https://www.washingtonpost.com/ technology/2019/07/12/walmarts-latest-tool-assessing-whether-employees-deserve-promotion-virtual-reality/›.

103 Madar und Metzinger, Real Virtuallty: A Code of Ethical Conduct. Recommendations for Good Scientific Practice and the Consumers of VR-Technology, 2016, doi: 10.3389/ frobt.2016.00003, ‹https://philpapers.org/archive/MADRVA-3.pdf›; siehe auch

<http://uxmmersive.com/en/meeting-michael-madary-virtual-reality-and-new-technologies-ethics/> und Jaron Lanier, Anbruch einer neuen Zeit, Wie Virtual Reality unser Leben und unsere Gesellschaft verändert, 2018.

104 Veröffentlichung der EU Kommission, High-Performance Computing, <https://ec.europa.eu/digital-single-market/en/high-performance-computing>.

105 Innovations Initiative der EU: Quantum Flagship: <https://qt.eu/>.

106 Veröffentlichung der EU Kommission, Technical Agreement on quantum communication infrastructure, 9.4.2019 <https://ec.europa.eu/digital-single-market/en/news/technical-agreement-signed-european-plan-quantum-communication-infrastructure>.

107 <https://www.friedenspreis-des-deutschen-buchhandels.de/445722/?aid=800948>.

108 Jaron Lanier, Wem gehört die Zukunft? – Du bist nicht der Kunde der Internetkonzerne. Du bist ihr Produkt, 2014.

109 Forschungszentrum Jülich and Google announce research partnership, 8.7.2019, <https://www.fz-juelich.de/SharedDocs/Pressemitteilungen/UK/EN/2019/2019-07-08-quantum-computer-fzj-google.html>.

110 UCL partners with Google, 25.9.2018, <https://www.ucl.ac.uk/news/2018/sep/ucl-partners-google-grow-quantum-software-industry-uk>; Google, Volkswagen spin up quantum computing partnership, 8.11.2017, <https://www.theregister.co.uk/2017/11/08/google_vw_spin_up_quantum_computing_partnership/>; Daimler partners Google to research application of quantum computers, 21.3.2018, <https://www.autocarpro.in/news-international/Daimler-partners-google-research-application-quantum-computers-28691>.

111 Die Verträge von Google mit Krankenhäusern und Gesundheitsdiensten auf der ganzen Welt liegen nicht konsolidiert vor. Auf der Webseite von Google finden sich allerdings einige Forschungsergebnisse im Bereich Gesundheit: <https://www.google.com/search?q=site%3Aai.googleblog.com%20health#spf=1566832869728>; zum Britischen NHS: <https://www.theregister.co.uk/2018/06/15/deepmind_health_independent_panel_report_relationship_google_business_model/>.

112 Quantum supremacy using a programmable superconducting processor, Frank Arute, Kunal Arya, John M. Martinis, 23.10.2019, Nature Band 574, S. 505–510 (2019), <https://www.nature.com/articles/s41586-019-1666-5>.

113 <https://www.cnbc.com/2019/10/23/google-quantum-computing-supremacy-claim-disputed-by-ibm.html>.

114 So etwa Tomaso Calargo, Forschungszentrum Jülich in <https://podcasts.apple.com/de/podcast/iq-wissenschaft-und-forschung/id259863713?i=1000451929174>.

115 Janis Brühl, Simon Hurtz, Google verkündet, Supercomuter abhängen zu können, 23.10.2019, <https://www.sueddeutsche.de/digital/google-quantencomputer-1.4652387>.

116 Jaron Lanier: Wem gehört die Zukunft? Du bist nicht der Kunde der Internet-Konzerne, du bist ihr Produkt!, 2014.

117 Kant, Kritik der praktischen Vernunft, 1788, Kap. 34, Beschluss.

118 Hegel, Phänomenologie des Geistes, Bd. 3, S. 585: »Ehe der Geist nicht an sich, nicht als Weltgeist sich vollendet, kann er nicht als selbstbewusster Geist seine Vollendung erreichen.«

119 Siehe: <https://captology.stanford.edu/>.

120 Affective Computing <https://affect.media.mit.edu/>.

121 Simon Palkin: Es lockt die Belohnung, Freitag, 9.3.2018, <https://www.freitag.de/autoren/the-guardian/es-lockt-die-belohnung>.

122 Brain Computing Interface, 47 Stories, MIT Technology Review, <https://www.technologyreview.com/humans-and-technology/brain-computer-interface/>.

123 Facebook is funding brain experiments to create a device that reads your mind, Antonio Regalado, MIT Technology Review, 30.7.2019, ‹https://www.technologyreview.com/s/614034/facebook-is-funding-Brain-experiments-to-create-a-device-that-reads-your-mind/›; siehe auch ‹https://theconversation.com/silicon-valley-wants-to-read-your-mind-heres-why-you-should-be-worried-121707›.

124 Facebook is funding brain experiments to create a device that reads your mind, MIT Technology Review, 30.7.2019, ‹https://www.technologyreview.com/2019/07/30/133986/facebook-is-funding-brain-experiments-to-create-a-device-that-reads-your-mind/›; original Studie David A. Moses u.a., Real-time decoding of question-and-answer speech dialogue using human cortical activity, Nature Communications volume 10, Article number: 3096 (2019), ‹https://www.nature.com/articles/s41467-019-10994-4›.

125 Zhou Jiquan: Ten ways China watches its citizens, 4.8.2018 ‹https://www.scmp.com/news/china/society/article/2157883/drones-facial-recognition-and-social-credit-system-10-ways-china›.

126 Max Tegmark, Life 3.0: Being Human in the Age of Artificial Intelligence, 2017; dazu Youval Noah Harari, Life 3.0 by Max Tegmark review – we are ignoring the AI apocalypse, The Guardian, 22.9.2017, ‹https://www.theguardian.com/books/2017/sep/22/life-30-max-tegmark-review›.

127 Sarah Spiekermann, Digitale Ethik: Ein Wertesystem für das 21. Jahrhundert, 2019.

128 Jonathan Shieber, The Markup raises $ 20 million from craiglist founder, 24.9.2018 ‹https://techcrunch.com/2018/09/23/the-markup-a-tech-focused-investigative-news-site-raises-20-million-from-craigslist-founder/›.

129 ‹https://themarkup.org/›.

130 ‹https://www.sustainalytics.com/›.

131 Martin Wennerström, Governance in brief, 14.3.2019, Sustainalytics ‹https://marketing.sustainalytics.com/acton/attachment/5105/f-ea55fa8b-6d6d-4d4f-86e6-170f1bf5d49f/1/-/-/-/-/GiB%2020190314.pdf›.

132 John Carreyrou, Bad Blood: Die wahre Geschichte des größten Betrugs im Silicon Valley, 2019.

133 Bei Media en Seine, Paris, 8.10.2019, ‹https://www.youtube.com/watch?v=-3VaEuuK3OM›, ab 17:30 Minuten.

134 John Carreyrou, Hot Startup Theranos has struggled with its Blood-Test Technology, The Wall Street Journal, 16.10.2015, ‹https://www.wsj.com/articles/theranos-has-struggled-with-blood-tests-1444881901›.

135 Theranos is shutting down, Reed Abelson, 5.9.2016, New York Times ‹https://www.nytimes.com/2018/09/05/health/theranos-shutting-down.html›.

136 ‹https://tinder.com/?lang=de›.

137 »The goal is to automate us«: welcome to the age of surveillance capitalism, John Naughton, The Observer, 20.1.2019, ‹https://www.theguardian.com/technology/2019/jan/20/shoshana-zuboff-age-of-surveillance-capitalism-google-facebook›.

138 Jeff Desjardins, How the Tech Giants Meker their Billions, Visual Capitalists, 29.3.2019 ‹https://www.visualcapitalist.com/how-tech-giants-make-billions/› Tristan Gaudiaut, Comment les GAFAM génèrent des milliards, Statista, 4.12.2018 ‹https://fr.statista.com/infographie/13194/comment-les-gafam-generent-des-milliards/›.

139 Slavoj Žižek, Wie ein Dieb bei Tageslicht, 2019.

140 Für Einzelheiten siehe ‹https://www.reuters.com/companies/GOOG.O›; ‹https://www.statista.com/topics/1001/google/›.

141 Unsere Mission: Die Informationen dieser Welt allen zugänglich machen, ‹https://about.google/›.

142 Goodbye, Chrome: Google's Webbrowser has become spy software, Geoffrey A. Fowler, Washington Post, 21.6.2019, ‹https://www.washingtonpost.com/technology/2019/06/21/google-chrome-has-become-surveillance-software-its-time-switch/›.

143 Help Desk: How to fight the spies in your Chrome browser, Geoffrey A. Fowler, Washington Post, 27.6.2019, ‹https://www.washingtonpost.com/technology/2019/06/27/help-desk-how-fight-spies-your-chrome-browser/›.

144 Achtung: Fast jede Webseite späht eure Daten aus, ‹https://www.affiliate-deals.de/magazin/webseiten-ausspaehung/›; ‹https://www.sat1.de/ratgeber/sicherheit-im-internet/welche-daten-erhebt-google-analytics›.

145 Never-Googlers: Web users take the ultimate step to guard their data, Greg Beninger, Washington Post, 23.7.2019, ‹https://www.washingtonpost.com/technology/2019/07/23/never-googlers-web-users-take-ultimate-step-guard-their-data/#comments-wrapper›.

146 Richtlinie (EU) 2019/790 des Europäischen Parlaments und des Rates vom 17.4.2019 über das Urheberrecht und die verwandten Schutzrechte im digitalen Binnenmarkt und zur Änderung der Richtlinien 96/9/EG und 2001/29/EG, ABl. L 130 vom 17.5.2019, S. 92–125, ‹http://data.europa.eu/eli/dir/2019/790/oj›.

147 ‹https://www.onlinesolutionsgroup.de/blog/google-markup-trotzt-eu-urheberrechtsreform/›.

148 Facebook Reaches Deal With Wall Street Journal Publisher, Others for News Section, Lukas Alpert, Wall Street Journal, 19.10.2019, ‹https://www.wsj.com/articles/facebook-reaches-deal-with-wall-street-journal-publisher-others-for-news-section-11571431387›.

149 VG Media erwartet von Google Milliardensumme, Der Spiegel, 18.4.2019, ‹https://www.spiegel.de/wirtschaft/unternehmen/google-vg-media-fordert-milliardensumme-a-1263608.html›.

150 ‹https://www.newsmediaalliance.org/release-new-study-google-revenue-from-news-publishers-content/›; zur Kritik an der Berechnung durch das renommierte Niemanlab der Harvard University siehe ‹https://www.niemanlab.org/2019/06/that-4-7-billion-number-for-how-much-money-google-makes-off-the-news-industry-its-imaginary/› Studenten an dem Niemanlab der Harvard Universität wurden durch Google seit 2012 finanziell unterstützt, siehe ‹https://www.niemanlab.org/tag/google-journalism-fellowship/›.

151 ‹https://newsinitiative.withgoogle.com/›; Wohin Googles Millionen für die Medien in Deutschland fließen, Ingo Dachwitz, Netzpolitik, 26.9.2018, ‹https://netzpolitik.org/dni-recherche/›.

152 Google's slippery slope: If search giant pays Twitter for content, should it pay all publishers?, Chris O'Brien, VentureBeat 5.2.2015, ‹https://venturebeat.com/2015/02/05/googles-slippery-slope-if-search-giant-pays-twitter-for-content-should-it-pay-all-publishers/›.

153 Entscheidung im Google Books Verfahren: Scans und Snippets fallen unter Fair Use, Leonhard Dornbusch, Netzpolitik, 15.11.2013, ‹https://netzpolitik.org/2013/entscheidung-im-google-books-verfahren-scans-und-snippets-fallen-unter-fair-use/›.

154 The ARPUs of the Big Four Dwarf Everybody Else, Frederic Filloux, Monday Notes, 11.2.2019, ‹https://mondaynote.com/the-arpus-of-the-big-four-dwarf-everybody-else-e5b02a579ed3›.

155 ‹https://www.wordstream.com/blog/ws/2018/07/19/advertising-statistics›.

156 ‹https://www.emarketer.com/content/global-digital-ad-spending-2019›.
157 ‹https://www.raconteur.net/business-innovation/google-facebook-duopoly›.
158 Trotz EU-Strafen – das mächtige Werbe-Duopol im Netz wird immer größer, Florian Gehm, Die Welt, 17.10.2019, ‹https://www.welt.de/wirtschaft/webwelt/article202021472/Google-und-Facebook-Werbe-Duopol-in-Deutschland-waechst-weiter.htm›.
159 Google calls on Bert to look at the little words in effort to improve its answers, Financial Times, Richard Waters, 26.10.2019, ‹https://www.ft.com/content/d736c314-f6bf-11e9-9ef3-eca8fc8f2d65›; siehe auch ‹https://github.com/google-research/bert›.
160 Kommission verhängt Geldbuße in Höhe von 2,42 Mrd. EUR gegen Google wegen Missbrauchs seiner marktbeherrschenden Stellung als Suchmaschine durch unzulässige Vorzugsbehandlung des eigenen Preisvergleichsdienst, 27.6.2017, ‹https://europa.eu/rapid/press-release_IP-17-1784_de.htm›; Kommission verhängt Geldbuße von 4,34 Milliarden Euro gegen Google wegen illegaler Praktiken bei Android-Mobilgeräten zur Stärkung der beherrschenden Stellung der Google-Suchmaschine, 18.7.2018, ‹https://europa.eu/rapid/press-release_IP-18-4581_de.htm›; Kommission verhängt Geldbuße in Höhe von 1,49 Mrd. EUR gegen Google wegen Missbrauchs einer beherrschenden Stellung am Markt für Online-Werbung, 20.3.2019, ‹https://europa.eu/rapid/press-release_IP-19-1770_de.htm›.
161 Siehe folgende Artikel jeweils mit weiteren Verweisen über frühere Strafen in den USA und Europa: Google Is Fined $170 Million for Violating Children's Privacy on YouTube, Natasha Singer und Kate Conger, New York Times 4.9.2019, ‹https://www.nytimes.com/2019/09/04/technology/google-youtube-fine-ftc.html›; Google Is Fined $57 Million Under Europe's Data Privacy Law, Adam Satarino, 21.1.2019, ‹https://www.nytimes.com/2019/01/21/technology/google-europe-gdpr-fine.html›.
162 Google removes »Don't be evil« clause from its code of conduct, Kate Conger, Gizmodo, 18.5.2018, ‹https://gizmodo.com/google-removesnearly-all-mentions-of-dont-be-evil-from-1826153393›.
163 ‹https://www.reuters.com/companies/AAPL.OQ›; ‹https://de.statista.com/themen/597/apple/›.
164 ‹https://www.statista.com/statistics/382260/segments-share-revenue-of-apple/›.
165 Apple setzt voll auf Datenschutz und riskiert dabei mächtig Ärger, DPA Newskanal, 5.6.2019, ‹https://www.sueddeutsche.de/wirtschaft/telekommunikation-apple-setzt-voll-auf-datenschutz-und-riskiert-maechtig-aerger-dpa.urn-newsml-dpa-com-20090101-190605-99-518178› und der gleiche DPA-Artikel; aber mit einigen weiterführenden Links, ‹https://www.welt.de/newsticker/dpa_nt/infoline_nt/netzwelt/article194799861/Apple-setzt-voll-auf-Datenschutz-und-riskiert-maechtig-Aerger.html›.
166 It's the middle of the night. Do you know who your iPhone is talking to?, Geoffrey A. Fowler, Washington Post, 28.5.2019, ‹https://www.washingtonpost.com/technology/2019/05/28/its-middle-night-do-you-know-who-your-iphone-is-talking/›.
167 Apple apologizes over Siri privacy, will no longer retain audio recordings, Mark Gurman, Bloomberg News, 28.8.2019; ‹https://www.bnnbloomberg.ca/apple-Apologizes-over-siri-privacy-and-willno-longer-retain-audio-recordings-1.1308121›.
168 Apple quietly makes billions from Google Search each year, and it's a bigger business than Apple Music, Kif Leswing, 13.2.2019, Business Insider, ‹https://www.businessinsider.com/apple-makes-billions-google-search-goldman-sachs-report-2019-2?r=US&IR=T›.
169 ‹https://www.reuters.com/companies/FB.O›; ‹https://www.statista.com/topics/751/facebook/›.

170 ‹https://www.visualcapitalist.com/how-tech-giants-make-billions/›;
‹https://fr.statista.com/infographie/13194/comment-les-gafam-generent-des-milliards/›.
171 ‹https://www.cnbc.com/2018/11/20/facebooks-scandals-in-2018-effect-on-stock.html›.
172 ‹https://www.forbes.com/sites/zakdoffman/2019/05/31/facebook-loses-in-court-
over-privacy-emails-as-zuckerberg-votes-to-keep-full-control/#5a94a859560c›.
173 F.T.C. Approves Facebook Fine of About $5 Billion, Cecilia Kang, 12.7.2019,
‹https://www.nytimes.com/2019/07/12/technology/facebook-ftc-fine.html›;
‹https://www.ftc.gov/news-events/press-releases/2019/07/ftc-imposes-5-Billion-
penalty-sweeping-new-privacy-restrictions›.
174 Abschnitt E des Gutachtens der Datenethikkommission vom 23.10.2019, Rn. 65,
‹https://www.bmjv.de/DE/Themen/FokusThemen/Datenethikkommission/
Datenethikkommission_node.html›.
175 ‹https://www.lexology.com/library/detail.aspx?g=c04317e4-4fc9-43b4-ab6d-
bb19210c812d›; die amtliche Internetseite des Europäischen Datenschutzausschus-
ses EDSA hat zwar eine Überschrift »Administrative Fines«, leider aber zur Zeit der
Arbeit an diesem Buch noch ohne Inhalt, ‹https://edpb.europa.eu/our-work-tools/
our-documents/topic/administrative-fines_en›.
176 Facebook Pixel: Ist das Tracking per Interaktions Pixel eigentlich erlaubt?, Sören Sie-
bert, 4.4.2019, e-Recht24,
‹https://www.e-recht24.de/artikel/facebook/10585-facebook-pixel.html›;
‹https://www.theguardian.com/technology/2018/jul/05/privacy-policies-facebook-
amazon-google-not-gdpr-compliant›; ‹https://noyb.eu/en/projects›;
‹https://www.cnbc.com/2019/10/07/facebook-twitter-investigations-in-ireland-
reach-conclusion.html›.
177 ‹https://blog.wdr.de/digitalistan/facebook-libra-fast-am-ende/›.
178 ‹https://www.investopedia.com/how-amazon-makes-money-4587523›.
179 ‹https://www.stgaller-navigator.com/2019/10/23/e-commerce-germany-report-
liefert-neue-zahlen-zur-realen-marktdominanz-von-amazon-deutschland/›.
180 Philipp Staab, Digitaler Kapitalismus: Markt und Herrschaft in der Ökonomie der
Unknappheit, Berlin 2019.
181 ‹https://www.businessinsider.de/wirtschaft/amazon-will-mit-werbung-die-
naechste-grosse-einnahmequelle-erschliessen-2019-7/›.
182 ‹https://www.businessinsider.de/international/amazon-strikes-and-protests-
sweep-across-europe-on-black-friday-2019-11/?r=US&IR=T›.
183 ‹https://edition.cnn.com/2019/08/16/media/jeff-bezos-donald-graham/
index.html›.
184 ‹https://www.forbes.com/sites/paultassi/2019/09/14/microsoft-reveals-minecraft-
has-an-astonishing-112-million-monthly-players/#4ae07257b971›.
185 Microsoft worked with Chinese military university on artificial intelligence, Madhumita Murgia und Yuan Yang, Financial Times 10.4.2019,
‹https://www.ft.com/content/9378e7ee-5ae6-11e9-9dde-7aedca0a081a›.
186 Chinese tech Groups shaping UN Facial Recognition Standard, Anna Gross, Madhumita Murgia, Yuan Yang, Financial Times, 1.12.2019, ‹https://www.ft.com/content/
c3555a3c-0d3e-11ea-b2d6-9bf4d1957a67› ; Facial Recognition: How China corne-
red the surveillance Market, Yuan Yang, Madhumita Murgia, Financial Times,
7.12.2019, ‹https://www.ft.com/content/6f1a8f48-1813-11ea-9ee4-11f260415385›.
187 AB-1215 Law enforcement: facial recognition and other biometric surveillance,
‹http://leginfo.legislature.ca.gov/faces/billNavClient.xhtml?bill_id=201920200AB1215›;
‹https://thehill.com/policy/technology/464991-california-blocks-police-body-
cameras-from-using-facial-recognition/›.

188 ‹https://www.wired.com/story/microsoft-wants-rules-facial-recognition-just-not-these/›.

189 ‹https://www.cnbc.com/2019/08/30/facial-recognition-tech-firms-want-regulation-but-critics-want-a-ban.html›.

190 Richtlinie (EU) 2016/680 des Europäischen Parlaments und des Rates vom 27.4.2016 zum Schutz natürlicher Personen bei der Verarbeitung personenbezogener Daten durch die zuständigen Behörden zum Zwecke der Verhütung, Ermittlung, Aufdeckung oder Verfolgung von Straftaten oder der Strafvollstreckung sowie zum freien Datenverkehr und zur Aufhebung des Rahmenbeschlusses 2008/977/JI des Rates Abl L 119, 4.5.2016, S. 89–131, ‹http://data.europa.eu/eli/dir/2016/680/oj›.

191 Siehe dazu schon die Guidelines des Europäischen Datenschutz Ausschusses zur Videoüberwachung, ‹https://edpb.europa.eu/sites/edpb/files/files/file1/edpb_guidelines_201903_video_devices_en.pdf›.

192 Europas fatale Abhängigkeit von Microsoft, Tagesspiegel 13.5.2017, ‹https://www.tagesspiegel.de/gesellschaft/cyber-attacken-auf-staatliche-it-europas-fatale-abhaengigkeit-von-microsoft/19628246.html›; ‹https://www.investigate-europe.eu/publications/europes-dire-dependency-on-microsoft/›.

193 ‹https://www.heise.de/newsticker/meldung/Endgueltiges-Aus-fuer-LiMux-Muenchener-Stadtrat-setzt-den-Pinguin-vor-die-Tuer-3900439.html›; Microsoft-Software: Sicher für Europa? ARD-Reportage, 19.2.2018, ‹https://www.youtube.com/watch?v=_ZaDuinGf2o›.

194 Pressemitteilung des Europäischen Datenschutzbeauftragten, 21.10.2019, EDPS investigation into IT contracts: stronger cooperation to better protect rights of all individuals; ‹https://edps.europa.eu/press-publications/press-news/press-releases/2019/edps-investigation-it-contracts-stronger_en›.

195 Entflechten: die Pflicht, die Hardware auch ohne die voraufgespielte Software anzubieten, zu einem geringeren Preis. Microsoft hatte die Hardwarehersteller verpflichtet, auf alle ihre Geräte Windows vorzuinstallieren, ohne die Option, das Gerät billiger auch ohne Windows zu verkaufen.

196 Pressemitteilung der Europäischen Kommission vom 6.3.2013, Kartellrecht: Kommission belegt Microsoft mit Geldbuße wegen Nichteinhaltung seiner Verpflichtung zur Gewährleistung einer freien Browserwahl, ‹http://europa.eu/rapid/press-release_IP-13-196_de.htm›.

197 How lobbyists rewrote Washington State privacy law, Mark Scott, Politico.eu, 4.5.2019, ‹https://www.politico.eu/article/how-lobbyists-rewrote-washington-state-privacy-law-microsoft-amazon-regulation/›.

198 Microsoft quitly deletes largest public face recognition data set, Madhumita Murgia, Financial Times, 6.6.2019, ‹https://www.ft.com/content/7d3e0d6a-87a0-11e9-a028-86cea8523dc2›.

199 ‹https://www.theguardian.com/technology/2019/nov/12/google-medical-data-project-nightingale-secret-transfer-us-health-information›; https://www.cbinsights.com/research/report/google-strategy-healthcare/›.

200 Siehe zum Beispiel in den Niederlanden ‹https://clinicaltrials.gov/ct2/show/NCT03295578›.

201 ‹https://www.technologyreview.com/s/613281/google-cancels-ateac-ai-ethics-council-what-next/›.

202 ‹https://www.bloomberg.com/news/articles/2019-08-21/google-deepmind-co-founder-placed-on-leave-from-ai-lab›; DeepMind co-founder's leave of absence signals transition, Madhumita Murgia, Financial Times, 23.8.2019., ‹https://www.ft.com/content/45bb157a-c4f6-11e9-a8e9-296ca66511c9›.

203 DeepMind founder leaves for policy role at Google, Madhumita Murgia, Financial Times, 5.12.2019, ‹https://www.ft.com/content/02757f12-1780-11ea-9ee4-11f260415385›.

204 ‹https://www.newscientist.com/article/2217939-google-is-taking-over-deepminds-nhs-contracts-should-we-be-worried/›.

205 How top health websites are sharing sensitive data with advertisers, Madhumita Murgia und Max Harlow, Financial Times, 13.11.2019, ‹https://www.ft.com/content/0fbf4d8e-022b-11ea-be59-e49b2a136b8d›.

206 ‹https://www.faz.net/aktuell/politik/inland/gesundheitsdaten-den-patienten-Fragen-16466708.html›; ‹https://www.sueddeutsche.de/politik/gesundheitsdaten-schutz-spahn-1.4678619›.

207 Can we ever trust Google with our health data? Hanna Kuchler, Financial Times, 20.1.2020, ‹https://www.ft.com/content/4ade8884-1b40-11ea-97df-cc63de1d73f4›.

208 ‹https://www.spiegel.de/netzwelt/web/strafe-wegen-illegaler-weitergabe-vertraulicher-rezeptdaten-a-1077505.html›;
‹https://www.spiegel.de/netzwelt/netzpolitik/rezeptdaten-verkauf-bayerisches-apothekenrechenzentrum-in-der-kritik-a-993106.html›;
‹https://www.spiegel.de/wissenschaft/medizin/rezeptdatenhandel-kleine-anfrage-zum-datenschutz-a-921675.html›;
‹https://www.spiegel.de/spiegel/print/d-83977268.html›;
‹https://www.sueddeutsche.de/digital/datenschutz-verdacht-auf-unzulaessig-gespeicherte-kundendaten-in-apotheken-1.4261029›;
‹https://www.heise.de/ct/artikel/Massive-Datenschutzmaengel-in-der-Gesundheits-App-Ada-4549354.html›;
‹https://www.sueddeutsche.de/politik/gesundheits-app-patientendaten-in-gefahr-1.4191260›.

209 »›Mistkäfer‹ als Datendealer?« Hilmar Schmundt, Spiegelblog, 11.9.2013, ‹https://www.spiegel.de/spiegel/spiegelblog/vsa-verkauft-rezeptdaten-anmarktforschungsfirmen-a-920845.html›.

210 ‹https://www.sueddeutsche.de/wirtschaft/pharmaindustrie-milliardengeschaeft-diabetes-1.1521358›.

211 Sarah Neville und Richard Waters, Financial Times 2.10.2019, Novartis und Microsoft in AI drug tie-up, ‹https://www.ft.com/content/93e532ee-e3a5-11e9-b112-9624ec9edc59›.

212 The Book of Life will be the century's most valuable enterprise, Juan Carlos Castilla-Rubio, Financial Times, 29.10.2019: ‹https://www.ft.com/content/e45fd96a-d3a9-11e9-8d46-8def889b4137›.

213 ‹https://www.theaaih.org/›.

214 Das Kölner Übersetzungsunternehmen ‹https://www.deepl.com/translator› macht Hoffnung.

215 Farhad Manjoo, »Tech's ›Frightful 5‹ Will Dominate Digital Life for Foreseeable Future«, N.Y. Times, 20.1.2016, ‹https://www.nytimes.com/2016/01/21/technology/techs-frightful-5-will-dominate-digital-life-for-foreseeable-future.html›;
Farhad Manjoo, »Tech`s Frightful Five: They've got us«, N.Y. Times, 10.5.2017, ‹https://www.nytimes.com/2017/05/10/technology/techs-frightful-five-theyve-got-us.html›.

216 Siehe am 8.8.2019 ‹https://www.statista.com/statistics/263264/top-companies-in-the-world-by-market-value/› und Fortune 500 Reihenfolge nach Profitabilität ‹https://fortune.com/fortune500/2019/search/?profits=desc›.

217 Siehe die PWC-Berichte über die Top-100-Unternehmen der Welt, verfügbar unter ‹https://www.pwc.com/gx/en/news-room/docs/pwc-global-top-100-companies.pdf› (2017, Update vom 31.3.2017)›; ‹https://www.pwc.com/gx/en/audit-services/assets/pdf/global-top-100-companies-2018-report.pdf›; ‹https://www.pwc.com/gx/en/audit-services/publications/assets/global-top-100-companies-2019.pdf ›.

218 Siehe zum Beispiel zu Facebook: ‹https://itep.org/facebook-facing-shareholder-scrutiny-for-its-offshore-tax-avoidance/›; zu Amazon: https://itep.org/amazon-in-its-prime-doubles-profits-pays-0-in-federal-income-taxes/›; zu Microsoft: https://itep.org/how-to-think-about-the-problem-of-corporate-offshore-cash-lessons-from-microsoft/› und zu Bill Gates und Jeff Bezos: ‹https://itep.org/business-insider-theres-a-reason-bill-gates-and-jeff-bezos-both-call-washington-state-home/›; zu Apple: ‹https://observer.com/2019/09/apple-ireland-tax-lawsuit-european-union-corporate-tax-dodging/› und ‹https://www.nytimes.com/2019/04/30/technology/apple-stock-buyback-quarterly-results.html›.

219 What Google knows about you, Matt Egon, Tech Advisor, 15.6.2018, ‹https://www.techadvisor.co.uk/how-to/security/what-does-google-know-about-You-3592743/›; zu Facebook, siehe Andrew Quodling, Shadow Profiles – Facebook knows about you even if you're not on Facebook, The Conversation, 13.4.2018, ‹https://theconversation.com/shadow-profiles-facebookknows-about-you-even-if-youre-not-on-facebook-94804›; What Is Psychographics? Understanding The ›Dark Arts‹ Of Marketing That Brought Down Cambridge Analytica, CBInsights.com, 7.6.2018, ‹https://www.cbinsights.com/research/what-is-psychographics/›; Facebook Ad features predict future behaviour, Guardian, 16.4.2018, ‹https://www.theguardian.com/technology/2018/apr/16/facebook-ad-feature-predict-future-behaviour›.

220 Facebook führt etwa 200 Billionen Prognosen pro Tag durch, laut Yann LeCun, Chief of AI Development bei Facebook, 3.5.2018 um 8:03 Uhr auf Twitter, ‹https://twitter.com/ylecun/status/991936213249650688›.

221 Artikel 4 (1) DSGVO und Erwägungsgrund 24 am Ende.

222 Evgeny Morozov, Capitalism's new clothes, The Baffler, 4.2.2019, ‹https://thebaffler.com/latest/capitalisms-new-clothes-morozov›.

223 Zuboff, a. a. O. S. 253.

224 ‹https://www.nytimes.com/2002/04/08/business/google-s-toughest-search-is-for-a-business-model.html›.

225 Ebd., S. 96.

226 Ebd., S. 99.

227 Steven Levy, Google Inside, S. 92.

228 Zuboff, a. a. O. S. 43.

229 Artikel 4 (1), 6, 7, 16 und 17 DSGVO.

230 Zuboff, a. a. O. S. 111.

231 Zitiert nach ebd., S. 111.

232 Ebd., S. 125.

233 Ebd., S. 168.

234 Siehe dazu unten Kapitel C 3.

235 Das Requiremento war eine Erklärung der spanischen Krone, die den Eingeborenen verlesen wurde, um das Recht der Spanier auf Eroberung des Landes und Unterwerfung der eingeborenen Bevölkerung zu behaupten.

236 Paul Schwartz, Privacy and Democracy in Cyberspace, Vanderbilt Law Review 11-1999, ‹https://scholarship.law.vanderbilt.edu/cgi/viewcontent.cgi?article=2084&context=vlr›.

237 BVerfG, Urteil des Ersten Senats vom 15.12.1983 – 1 BvR 209/83 –, Rn. (1–215), ‹http://www.bverfg.de/e/rs19831215_1bvr020983.html›.

238 Spiros Simitis, in: Kai Bierman, Wider die Staatliche Fürsorge, Die Zeit, 7.11.2008, ‹https://www.zeit.de/online/2008/45/datenschutz-grundgesetz›.

239 Rainer Erd, Datenschutz droht sich als Fiktion zu erweisen, Die Zeit, 18.11.2011 ‹https://www.zeit.de/digital/datenschutz/2011-11/spiros-simitis-datenschutz›.

240 Mitt Romney wants your vote and knows your favorite porn site, John Paul Titlow, Readwrite, 16.12.2019, ‹https://readwrite.com/2012/10/16/mitt-romney-knows-your-favorite-porn-sites-wants-your-vote/›; siehe auch ‹https://www.nytimes.com/2012/10/14/us/politics/campaigns-mine-personal-lives-to-get-out-vote.html?pagewanted=all›.

241 ‹https://money.cnn.com/2015/09/08/technology/ashley-madison-suicide/›; ‹https://www.reuters.com/article/us-ashleymadison-cybersecurity/two-people-may-have-committed-suicide-after-ashley-madison-hackpolice-idUSKCN0QT1O720150824›.

242 Zuboff, a. a. O. S. 235.

243 Facebook Tinkers With Users' Emotions in News Feed Experiment, Stirring Outcry, ‹https://support.google.com/optimize/answer/6211930?hl=en›.
Vindu Goel, New York Times, 29.6.2014,
‹https://www.nytimes.com/2014/06/30/technology/facebook-tinkers-with-users-emotions-in-news-feed-experiment-stirring-outcry.html›;
Facebook to hide number of likes in trial aimed at improving users' wellbeing, Australian Associated Press, 26.9.2019,
‹https://www.theguardian.com/technology/2019/sep/27/facebook-to-hide-number-of-likes-in-trial-aimed-at-improving-users-wellbeing›;
siehe auch sogenannte A/B Tests auf Google,
‹https://support.google.com/optimize/answer/6211930?hl=en›.

244 Zuboff, a. a. O. S. 314.

245 Ebd. S. 374.

246 Ebd. S. 314.

247 Verordnung (EU) 2016/679 des Europäischen Parlaments und des Rates vom 27.4.2016 zum Schutz natürlicher Personen bei der Verarbeitung personenbezogener Daten, zum freien Datenverkehr und zur Aufhebung der Richtlinie 95/46/EG (Datenschutz-Grundverordnung) ABl. L 119, 4.5.2016, S. 1, ‹http://data.europa.eu/eli/reg/2016/679/oj›.

248 Durchführungsbeschluss (EU) 2016/1250 der Kommission vom 12.7.2016 gemäß der Richtlinie 95/46/EG des Europäischen Parlaments und des Rates über die Angemessenheit des vom EU-US-Datenschutzschild gebotenen Schutzes (Bekannt gegeben unter Aktenzeichen C(2016) 4176), ABl. L 207 vom 1.8.2016, S. 1, ‹http://data.europa.eu/eli/dec_impl/2016/1250/oj›.

249 Dossier zum NSA Untersuchungsausschuss; ‹https://netzpolitik.org/nsa-untersuchungsausschuss/›.

250 Brad Smith, Tools and Weapons: The Promise and the Peril of the Digital Age, 2019.

251 ‹https://www.zeit.de/2019/41/tourismus-chinesen-zweitbesuch-europareise›; Zu
   Tencent – WeChat Pay behauptet die TAZ, sie hamsterten detaillierte Daten ihrer
   Kunden, ‹https://taz.de/Apple-Pay-in-Deutschland/!5558258/›.
252 ‹https://issues.org/the-rise-of-the-platform-economy/›.
253 Ein erster Schritt in dieser Richtung ist das Recht auf Datenportabilität, nach Artikel
   20 DSGVO.
254 Zu Google: ‹https://www.indexlift.com/de/blog/marktanteile-suchmaschinen-
   weltweit-2019›; siehe auch die Entscheidung der EU Kommission,
   ‹https://europa.eu/rapid/press-release_IP-19-1770_en.htm›.
255 ‹https://www.ee-ip.org/›.
256 ‹https://ec.europa.eu/digital-single-market/en/artificial-intelligence› und
   ‹https://ec.europa.eu/digital-single-market/en/news/factsheet-artificial-
   Intelligence-europe›.
257 Will China lead the world in AI by 2030? Sarah O'Meara, Nature, 21.8.2019,
   ‹https://www.nature.com/articles/d41586-019-02360-7›.
258 China is catching up to the US on artificial intelligence research, The Conversation,
   27.2.2019, ‹https://theconversation.com/china-is-catching-up-to-the-us-on-
   artificial-intelligence-research-112119›.
259 ‹https://www.visualcapitalist.com/the-big-five-largest-acquisitions-by-tech-
   company/›.
260 The Race For AI: Here Are The Tech Giants Rushing To Snap Up Artificial Intelligence
   Startups, CBInsights.com, 19.9.2019, ‹https://www.cbinsights.com/research/top-
   acquirers-ai-startups-ma-timeline/›;
   siehe auch ‹https://www.statista.com/study/50485/artificial-intelligence/›.
261 Financial Times 2.10.2019, Kiran Stacey, Zuckerberg vows to fight Warren's plan to
   break up Big Tech, ‹https://www.ft.com/content/29ad3c50-e454-11e9-b112-
   9624ec9edc59› und Paul Krugman, Elizabeth Warren vs. the Petty Plutocrats, 2.10.
   2019, New York Times, ‹https://www.nytimes.com/2019/09/30/opinion/elizabeth-
   warren-wealth-tax.html›.
262 ‹https://www.theverge.com/2019/10/1/20892354/mark-zuckerberg-fulltranscript-
   leaked-facebook-meetings›.
263 Financial Times, 1.10.2019,
   ‹https://www.ft.com/content/29ad3c50-e454-11e9-b112-9624ec9edc59›.
264 Tech Titans facing fight, amass army of lobbyists, Companies spend lavishly to buy
   influence amid calls to rein in their power, Cecilia Kang, Kenneth P. Vogel, New York
   Times International Edition, 7.6.2019, ‹https://www.nytimes.com/2019/06/05/
   us/politics/amazon-apple-facebook-google-lobbying.html ›; und
   ‹https://www.statista.com/chart/10393/lobbying-expenditure-of-techcompanies/›;
   siehe auch Silicon Valley Learns Washington's Language (and Vice Versa), David
   McCabe, New York Times, 4.12.2019, ‹https://www.nytimes.com/2019/12/04/
   technology/personaltech/silicon-valley-washington.html›.
265 ‹https://lobbyfacts.eu/representative/1d40cdaf822941888d1e6121858bb617/google›.
266 ‹https://lobbyfacts.eu/representative/60239386204445e2b0fb38cada46b204/
   Microsoft-corporation›.
267 ‹https://lobbyfacts.eu/representative/64755e0fc2a14e46aa9d8646df6f8f19/
   Facebook-ireland-limited›.
268 ‹https://lobbyfacts.eu/representative/1e43aba7ad7041e08fb16b2bdacd5414/
   apple-inc›.
269 ‹https://lobbyfacts.eu/representative/5615fc9a365b4e0f9e9c0d7929a73f17/
   Amazon-europe-core-sarl›.

270 New Statesman, 6.6. 2019, Oscar Williams, How Big Tech funds the debate on AI and Ethics and AI, ‹https://www.newstatesman.com/science-tech/technology/2019/06/how-big-tech-funds-debate-ai-ethics›.

271 Wohin Googles Millionen für die Medien in Deutschland fließen, Ingo Dachwitz, Netzpolitik, 26.9.2018, ‹https://netzpolitik.org/dni-recherche/›.

272 ‹https://www.googletransparencyproject.org/›.

273 Smith, S. 147; siehe auch ‹https://theintercept.com/2018/06/26/google-and-facebook-are-quietly-fighting-californias-privacy-rights-initiative-emails-reveal/›.

274 How lobbyists rewrote Washington state's privacy law, Mark Scott, Politoco.EU, 26.4.2019, aktualisiert 4.5.2019 ‹https://www.politico.eu/article/how-lobbyists-rewrote-washington-state-privacy-law-microsoft-amazon-regulation/›.

275 ‹https://internetassociation.org/blog/California-privacy-law-must-be-changed-to-avoid-making-user-data-more-vulnerable/›; ‹https://www.sacbee.com/opinion/op-ed/article223327375.html›.

276 California adopted the country's first major consumer privacy law. Now, Silicon Valley is trying to rewrite it, Tony Rom, 3.9.2019, Washington Post, ‹https://www.washingtonpost.com/technology/2019/09/02/california-adopted-countrys-first-major-consumer-privacy-law-now-silicon-valley-is-trying-rewrite-it/›.

277 ‹https://www.caprivacy.org/about-us›.

278 ‹http://www.amchameu.eu/›.

279 ‹https://www.internetforum.eu/about-us/members-new.html›.

280 ‹https://www.tpnonline.org/›.

281 ‹https://aeca.org/›.

282 ‹https://www.charitynavigator.org/index.cfm?bay=search.profile&ein=204403497›.

283 ‹https://itif.org/regions/europe›.

284 ‹https://edri.org/›.

285 Siehe Jahresbericht EDRI 2016 zu den Beiträgen von Google und Microsoft, S. 40; nach Annahme der DSGVO mit dem Recht auf Vergessen, gegen das das Google bis heute kämpft und wogegen auch EDRI sich gewandt hatte, sind ab 2017 keine Beiträge mehr von Google im Jahresbericht von EDRI verzeichnet.

286 ‹https://cdt.org/financials/›.

287 ‹https://www.accessnow.org/financials/›.

288 Where do people get their news? The British media landscape in 5 charts, Rasmus Kleis Nielsen, Oxford University, Medium 30.5.2017, ‹https://medium.com/oxford-university/where-do-people-get-their-news-8e850a0dea03›.

289 Google and Facebook dominance forecast to rise, Tech duopoly to account for 84% of online advertising spend this year, Matthew Garrahan, Financial Times, 4.12.2017, ‹https://www.ft.com/content/cf362186-d840-11e7-a039-c64b1c09b482›; Digital Ad market soars to $ 88 Billion, Facebook and Google contribute 90% of growth, Sarah Sluis, Adexchanger, 10.5.2018, ‹https://www.adexchanger.com/online-advertising/digital-ad-market-soars-to-88-Billion-facebook-and-google-contribute-90-of-growth/›.

C Das Welt- und Menschenbild des Digitalen Komplexes

1 ‹http://www.wired.com/wired/archive/8.04/joy.html›.

2 Jürgen Habermas, Die Verschlingung von Mythos und Aufklärung, Bemerkungen zur »Dialektik der Aufklärung« – nach einer erneuten Lektüre, in: Karl-Heinz Bohrer, Mythos und Moderne, a. a. O. S. 415.

3 Zum Inevitabilismus bei Marx und der Kalifornischen Ideologie s. Shoshana Zuboff; Das Zeitalter des Überwachungskapitalismus, S. 256.

4   Georg Lukács: Die Theorie des Romans. Ein geschichtsphilosophischer Versuch über die Formen der Epik. Frankfurt a. M. 1988, S. 28.

5   John Perry Barlow, »A Declaration of the Independence of Cyberspace«, Electronic Frontier Foundation, 8.2.1996, in Baumgärtel, Tilman, Texte zur Theorie des internets, a. a. O. S. 66 ff. und: ‹https://www.eff.org/de/cyberspace-independence›.

6   S. Harari, Homo Deus, auch wenn er ihn nicht erfunden hat. Das war wohl David Brooks 2013 in der New York Times: The Philosophy of Dataism: ‹https://www.nytimes.com/2013/02/05/opinion/brooks-the-philosophy-of-data.html›.

7   Zuboff, a. a. O. S. 86.

8   Barbrook, Richard, Cameron Andy: The Californian Ideology, 1995, in: Baumgärtel, Tilman, Texte zur Theorie des Internets, Ditzingen 2017, S. 150 ff. und abrufbar: ‹http://www.imaginaryfutures.net/2007/04/17/the-californian-ideology-2/›.

9   Hier folgen wir den detaillierten Analysen von Fred Turner in: Die trügerische Verheißung, in: Blätter für deutsche und internationale Politik, 3/2019, S. 46, ‹https://www.blaetter.de/archiv/jahrgaenge/2019/maerz/die-truegerische-verheissung›; sowie Fred Turner, From Counterculture to Cyberculture: Stewart Brand, the Whole Earth Network and the rise of Digital Utopianism, Chicago 2006.

10 Visueller Essai, Frontier,The Whole Earth, Katalog, a. a. O., S. 75.

11 Fred Turner, Die trügerische Verheißung, in: Blätter für deutsche und internationale Politik, 3/ 2019, S. 46, ‹https://www.blaetter.de/archiv/jahrgaenge/2019/maerz/die-truegerische-verheissung›.

12 F. Turner a. a. O. S. 46.

13 Diedrich Diederichsen and Anselm Franke, Herausgeber und Kuratoren, The Whole Earth, Kalifornien und das Verschwinden des Außen, Katalog zur Ausstellung, Haus der Kulturen der Welt, Berlin 2013, ‹https://www.hkw.de/de/programm/projekte/2013/the_whole_earth/veranstaltungen_83124/AlleVeranstaltungen.php›.

14 So der Titel eines Buches von Jean-François Lyotard, Die Mauer des Pazifik, 2006.

15 Marshall McLuhan, zitiert nach Foer, a. a. O. S. 39.

16 Fred Turner, From Counterculture to Cyberculture: Stewart Brand, The whole Earth Network and the Rise of Digital Utopianism, Chicago 2006, S. 5, zitiert nach The Whole Earth Katalog S. 153.

17 Zitiert nach Fred Turner, Die trügerische Verheißung, a. a. O. S. 47.

18 So griff Kennedy nach dem Sputnik-Schock diesen Begriff auf und verkündete 1960 das Regierungsprogramm der New Frontier, mit dem die USA als die technologisch höchst entwickelte Nation der Welt den Kampf um die Vorherrschaft im Weltraum aufnehmen sollten. Im Rahmen dieses New Frontier Programmes kündigte Kennedy auch die erste Mondlandung an, die 1969 Realität wurde.

19 Frederick J. Turner, The significance of the frontier in American history, 1893, ‹http://www.gutenberg.org/files/22994/22994-h/22994-h.htm›.

20 »Unser heutiges Ichgefühl ist also nur ein eingeschrumpfter Rest eines weit umfassenderen, ja – eines allumfassenden Gefühls, welches einer innigeren Verbundenheit des Ichs mit der Umwelt entsprach. Wenn wir annehmen dürfen, dass dieses primäre Ichgefühl sich im Seelenleben vieler Menschen – in größerem oder geringerem Ausmaße – erhalten hat, so würde es sich dem enger und schärfer umgrenzten Ichgefühl der Reifezeit wie eine Art Gegenstück an die Seite stellen, und die zu ihm passenden Vorstellungsinhalte wären gerade die der Unbegrenztheit und der Verbundenheit mit dem All, dieselben, mit denen mein Freund das »ozeanische« Gefühl erläutert.« Sigmund Freud, Das Unbehagen in der Kultur, Kap.1, in ders.: Kulturtheoretische Schriften, Frankfurt 1974, S. 200 ff. abrufbar unter: ‹https://www.projekt-gutenberg.org/freud/unbehag/unbehag.html›.

21 Siehe zu diesem Zusammenhang auch The Whole Earth, Katalog, Eva Meyer, Die Grenze der Grenzenlosigkeit, S. 132 ff.

22 Anselm Franke, Einleitung, The Whole Earth, Katalog S. 13.

23 Diese Theorie wurde von der Mikrobiologin Lynn Margulis und dem Biophysiker James Lovelock entwickelt, James Lovelock, Lynn Sagan: Atmospheric homeostasis by and for the biosphere: the Gaia hypothesis, In: Tellus. Series A. Stockholm: International Meteorological Institute Bd. 26 (1–2), 1974, S. 2–10.

24 Fred Turner: Die Politik der Ganzheit um 1968 – und heute, in: The Whole World, Katalog, S. 45

25 Siehe Harari, Homo Deus, 2017.

26 Whole Earth Catalog 1968, The Whole Earth, Kalifornien und das Verschwinden des Außen, Katalog zur Ausstellung, Haus der Kulturen der Welt, Berlin 2013, S. 43, S. dazu ausführlich unten Kapitel C 2.1.

28 C.P. Snow, Die zwei Kulturen. Literarische und naturwissenschaftliche Intelligenz, Stuttgart 1967.

29 Claude Lévi-Strauss, Das wilde Denken, Frankfurt 1968, S. 310, , zitiert nach Whole Earth Katalog, S. 100.

30 Claude Lévi-Strauss, Strukturale Anthropologie, S.61.

31 Fred Turner, Die trügerische Verheißung, a. a. O., S. 49.

32 Siehe Kapitel B 8, Die acht Quellen der Macht des technologisch-wirtschaftlichen Komplexes.

33 So Franklin Foer, Welt ohne Geist, München 2018, S. 25.

34 Ebd. S. 26.

35 Siehe dazu unten unsere Ausführungen zur Transhumanistic Party, Kapitel C 1.3.

36 Daniel Bell, Die nachindustrielle Gesellschaft, Die Zeit, 28.11.1969, ‹https://www.zeit.de/1969/48/die-nachindustrielle-gesellschaft›.

37 ‹https://www.eff.org/›, am 10.8.2019 auf der Titelseite:»The leading nonprofit defending digital privacy, free speech, and innovation.«

38 John Perry Barlow, ›A Declaration of the Independence of Cyberspace‹, Electronic Frontier Foundation, 8. 2.1996, in: Baumgärtel, Texte zur Theorie des Internet, a. a. O. S. 67 ff. und abrufbar: ‹https://www.eff.org/de/cyberspace-independence› ; siehe aber die Relativierung durch Barlow selbst: John Perry Barlow,»Ist der Cyberspace immer noch anti-souverän? April 2006, https://alumni.berkeley.edu/california-magazine/march-april-2006-can-we-know-everything/cyberspace-still-anti-sovereign›.

39 Ein starkes Video, wie der in 2019 verstorbene John Perry Barlow seine Erklärung von 1996 noch einmal im Jahr 2013 verließt, findet sich in der »Internet Ruhmeshalle«, ‹https://internethalloffame.org/news/in-their-own-words/declaration-independence-cyberspace›.

40 David R. Johnson und David G. Post,»Law and Borders – The Rise of Law in Cyberspace« [1995] 48 Stanford L R 1367, 1393.

41 Barlow, a. a. O. S. 67/68.

42 Einen lesenswerten Nachruf auf Barlow veröffentlichte die Alumni Seite der UC Berkeley im März 2006: ‹https://alumni.berkeley.edu/california-magazine/march-april-2006-can-we-know-everything/jp-barlow-cyberspace-still-anti›.

43 Alle Zitate aus Barlow, a. a. O.

44 Barlow, a. a. O. S. 68.

45 Ebd.

46 Immanuel Kant , Werkausgabe, Bd. VII, Frankfurt 1977, S. 43.

47 Ebd.

48 Kant: Grundlegung zur Metaphysik der Sitten Zweiter Abschnitt: Übergang von der populären Weltweisheit zur Metaphysik der Sitten,Werkausgabe Bd. VII. Auch Kants Werke: Hrg. Cohen/Cassirer, Bd. 3, S. 36.

49 Ebd. S. 68.

50 Kant, Werkausgabe Bd. VII, S. 126.

51 Kawamura, Katsutoshi. Kants Kritik an der Goldenen Regel, in: Kant zwischen West und Ost. Zum Gedenken an Kants 200. Todestag und 280. Geburtstag, hrsg. von Prof. Dr. Wladimir Bryuschinkin, Bd. 2, Kaliningrad, 2005. S. 179–186.

52 »In der Grundlegung zur Metaphysik der Sitten (1785) [3] kritisiert Kant an der Goldenen Regel, dass sie kein allgemeines Gesetz der moralischen Handlung sein kann, weil sie u. a. keinen Grund der Liebespflichten gegen andere enthalte«, Kawamura a. a. O. S. 179–186.

53 Siehe dazu Erich Fromm, Die Kunst des Liebens, 1956, S. 129 f.

54 Hans Kelsen: Was ist Gerechtigkeit?, 1953.

55 Siehe dazu Kawamura a. a. O. S. 179–186.

56 Ebd. S. 69.

57 Siehe: ‹https://eur-lex.europa.eu/eli/dir/2000/31/oj›.

58 Laut Reuters Institut, Digital News Report 2019 S. 42/43 nutzen 42 Prozent der Bevölkerung in USA und Europa Internet und Social Media als Quelle für ihre politische Information, siehe: ‹https://reutersinstitute.politics.ox.ac.uk/sites/default/files/inline-files/DNR_2019_FINAL.pdf›.

59 Die Libertäre Bewegung gründete sich in den 50er Jahren in schroffer Ablehnung von Roosevelts New Deal und vertritt marktradikale Haltungen im Anschluss an John Lockes Idee des Selbsteigentums der Person.

60 Barbrook, Richard, Cameron Andy: The Californian Ideology, in Baumgärtel, Texte zur Theorie des Internets, a. a. O. und abrufbar: ‹http://www.imaginaryfutures.net/2007/04/17/the-californian-ideology-2/›.

61 Später hat die ITIF (Thinktank, der Lobby macht für die Kalifornische Ideologie) behauptet, Barlow habe sich von seinem Manifest losgesagt, doch die Zeitschrift WIRED widerlegte diese Behauptung 2016. Zitat Barlow: »The main thing I was declaring was that cyberspace is naturally immune to sovereignty and always would be... . I believed that was true then, and I believe it's true now.« ‹https://www.wired.com/2016/02/its-been-20-years-since-this-man-declared-cyberspace-independence/›.

62 Zitiert nach Hofstätter, a. a. O. S. 266

63 Max Weber sprach vom »stahlharten Gehäuse«, das in der Moderne herrsche: »...aus dem Mantel ließ das Verhängnis ein stahlhartes Gehäuse werden. Indem die Askese die Welt umzubauen und in der Welt sich auszuwirken unternahm, gewannen die äußeren Güter dieser Welt zunehmende und schließlich unentrinnbare Macht über den Menschen, wie niemals zuvor in der Geschichte. Heute ist ihr Geist – ob endgültig, wer weiß es? – aus diesem Gehäuse entwichen. Der siegreiche Kapitalismus jedenfalls bedarf, seit er auf mechanischer Grundlage ruht, dieser Stütze nicht mehr.« Zitiert nach Dirk Kaesler, Ein stahlhartes Gehäuse ist kein Iron Cage, in Literaturkritik, 18.1.2012 ‹https://literaturkritik.de/id/16239›.

64 Quelle: ‹http://www.bundespraesident.de/SharedDocs/Reden/DE/Frank-Walter-Steinmeier/Reden/2019/06/190620-Kirchentag-Podiumdiskussion.html›.

65 Peter Thiel, The Education of a Libertarian, 2009, zitiert nach: ‹https://www.cato-unbound.org/2009/04/13/peter-thiel/education-libertarian›.

66 Zitiert nach Foer, a. a. O. S. 44.

67 Zitiert nach ‹https://berlinergazette.de/peter-thiel-konservativ/›.

68 ‹https://www.huffpost.com/entry/should-a-transhumanistbe_b_5949688›.
69 Diese Überlegungen hat Adrian Lobe in einem lesenswerten Zeit Artikel angestellt: Ein Bot im Weißen Haus, Zeit online, 23.1.2017, ‹https://www.zeit.de/kultur/2017-01/kuenstliche-intelligenz-computer-politik-ersatz-demokratie-maschinen-raum›.
70 Joshua Davis, Hear me out: Let's elect an AI as President, Wired, 18.5.2017, ‹https://www.wired.com/2017/05/hear-lets-elect-ai-president/›.
71 Gefunden bei Harari, Homo Deus, S. 436.
72 So Harari, ebd.
73 Original: The Singularity Is Near. When Humans Transcend Biology, New York 2005, Deutsche Übersetzung 2014.
74 Max Tegmark, Leben 3.0. Mensch sein im Zeitalter Künstlicher Intelligenz, 2017.
75 Ray Kurzweil, Menschheit 2.0, Die Singularität naht, Berlin 2014, S. 1.
76 Ebd. S. 3.
77 Brin, zitiert nach Foer, a. a. O. S. 52.
78 Kurzweil, a. a. O. S.2.
79 Siehe Anmerkung ebd. S. 515.
80 Ebd. S. 31 ff.
81 Ebd.
82 Ebd. S. 32.
83 Siehe Hegel, Werke Bd. 3, Phänomenologie des Geistes, Kapitel Herrschaft und Knechtschaft.
84 Kurzweil, a. a. O. S. 34.
85 Alan Turing, On Computable Numbers, with an Application to the »Entscheidungsproblem«, 28.5.1936.
86 Hegel, Wissenschaft der Logik, Werke in 20 Bänden, Bd. 5, S. 44.
87 Augustinus, Bekenntnisse, Elftes Buch.
88 Kurzweil, a. a. O. S. 87.
89 Siehe dazu unten Kapitel D 2.1.
90 Kurzweil, a. a. O. S. 89 f.
91 Vgl. Ebd. S. 35–42.
92 Ebd. S. 94.
93 Zitiert nach Foer S. 64.
94 Evgeny Morozov, To safe everything, klick here, 2013.
95 Kurzweil, a. a. O. S. 381.
96 Ebd. S. 435.
97 Ebd. S. 384.
98 Ebd. S. 429.
99 Ebd. S. 488.
100 Ebd. S. 488.
101 Ebd. S. 489.
102 Ebd. S. 490.
103 Ebd. S. 426.
104 Ebd. S. 489.
105 Siehe Kapitel E 2.
106 Max Tegmark, Mensch 3.0.
107 Kurzweil, a. a. O. S. 505.
108 ‹https://www.calicolabs.com/›.
109 ‹https://www.spiegel.de/wirtschaft/unternehmen/start-up-calico-googles-strategie-fuer-den-gesundheitsmarkt-a-923489.html›.

110 ‹https://www.welt.de/vermischtes/article193686809/Grumpy-Cat-ist-tot-Trauer-um-die-beruehmteste-Katze-der-Welt.html›.

111 Handelsblatt 30.4.2019, ‹https://orange.handelsblatt.com/artikel/55036›.

112 Konrad Zuse: Der rechnende Raum, zitiert nach Kurzweil a. a. O. S. 83.

113 Konrad Zuse, Hersfelder Zeitung Nr. 212, 12.9.2005, Referenz: ‹https://beruhmte-zitate.de/zitate/131752-konrad-zuse-die-gefahr-dass-der-computer-so-wird-wie-der-mens/› sowie: Aphorismen und Zitate über Natur und Wissenschaft von Hans-Jürgen Quadbeck-Seeger, S. 28.

114 Kurzweil Interviews Minsky: Is Singularity Near? 14.7.2014. ‹https://www.youtube.com/watch?v=RZ3ahBm3dCk›.

115 Rekompilieren bedeutet, dass etwas von einer höheren Programmiersprache in die Maschinensprache eines bestimmten Computers übersetzt wird.

116 So der Titel eines Werkes von Max Scheler, Die Stellung des Menschen im Kosmos, 1928.

117 Foer, a. a. O. S. 70.

118 Kurzweil, a. a. O. S. 3.

119 Norbert Wiener, Cybernetics or 1948 Deutsche Ausgabe: Kybernetik. Regelung und Nachrichtenübertragung im Lebewesen und in der Maschine.

120 Norbert Wiener, The Human Use of Human Beings, New York 1954, S. 33.

121 Ebd. S. 26.

122 Fred Turner, Die trügerische Verheißung, in: Blätter für deutsche und internationale Politik 3/2019, S. 46.

123 Wiener, Kybernetik, S. 32.

124 Platon, Sämtliche Dialoge, Bd. V, Der Staat, 2013, S. 233.

125 Karl Popper, Die offene Gesellschaft und ihre Feinde, Bd. 1 Der Zauber Platons, Tübingen 2003, Vorwort zur 7. Deutschen Auflage, S IX.

126 Popper, a. a. O. S. 158.

127 Claus Pais, Kybernetik zur Einführung, in: Lorenz Engell/Joseph Vogl, Kursbuch Medienkultur, Die maßgeblichen Theorien von Brecht bis Baudrillard, Stuttgart 1999, S. 427.

128 Ebd. S. 428.

129 Norbert Wiener, Regelung und Nachrichtenübertragung im Lebewesen in der Maschine , zitiert nach: Medienkultur. S. 440.

130 Fred Turner, Die trügerische Verheißung, a. a. O., S. 45.

131 Freud hat den Menschen als »Prothesengott« bezeichnet, der begeistert durch die magischen Möglichkeiten, die Technik ihm verleiht, Allmachtsphantasien entwickelt: »Es klingt nicht nur wie ein Märchen, es ist die direkte Erfüllung aller – nein der meisten – Märchenwünsche, was der Mensch durch seine Wissenschaft und Technik auf dieser Erde angestellt hat, in der er zuerst als schwaches Tierwesen auftrat und in die jedes Individuum seiner Art als hilfloser Säugling (...) eintreten muss. (...) Er hat sich seit langen Zeiten eine Idealvorstellung von Allmacht und Allwissenheit gebildet, die er in seinen Göttern verkörperte. Ihnen schrieb er alles zu, was seinen Wünschen unerreichbar schien oder ihm verboten war. Man darf also sagen, diese Götter waren Kulturideale. Nun hat er sich der Erreichung dieses Ideals sehr angenähert, ist beinahe selbst ein Gott geworden. (...) Nicht vollständig, in einigen Stücken gar nicht, in anderen nur halbwegs. Der Mensch ist sozusagen eine Art Prothesengott geworden, recht großartig, wenn er alle seine Hilfsorgane anlegt, aber sie sind nicht mit ihm verwachsen und machen ihm gelegentlich noch viel zu schaffen.« Freud, Das Unbehagen in der Kultur, a. a. O. S. 222.

132 Arnold Gehlen, Der Mensch und die Technik, Anthopologische und sozial-psychologische Untersuchungen, S. 147 ff.

133 McLuhan, Das Medium ist die Massage, a. a. O. S. 26.

134 In Anlehnung an Zuboff.

135 Sarcinelli, Ulrich 2013: Öffentliche Meinung. In: Andersen, Uwe/Woyke, Wichard (Hrsg.): Handwörterbuch des politischen Systems der Bundesrepublik Deutschland. 7., aktualisierte Auflage. Bonn: Bundeszentrale für politische Bildung, ‹http://www.bpb.de/nachschlagen/lexika/handwoerterbuchpolitischessystem/202080/oeffentliche-meinung›.

136 Dennett, D. C. (1995): Darwin's Dangerous Idea: Evolution and the Meanings of Life: Evolution and the Meanings of Life. New York: Simon & Schuster, S. 343. Sowie The Selfish Gene. Oxford University Press 1976 The Selfish Gene. Oxford University Press 1976.

137 Siehe dazu Artikel Sozialdarwinismus in ‹https://www.bpb.de/politik/extremismus/rechtsextremismus/214188/was-ist-sozialdarwinismus#footnode14-14›.

138 Der naturalistische Fehlschluss wurde vom englischen Philosophen George Edward Moore in seinem Werk Principia Ethica beschrieben und bezeichnet laut Moore den Fehler, das Gute als natürliche Eigenschaft zu definieren. Er über trug dies auf Humes Gesetz, demzufolge man von der Welt des Seins nicht ohne weiteres auf ethische Gebote schließen soll. Die Kurzfassung des is-and ought Problems lautet, dass aus Fakten keine Normen folgen.

139 Siehe dazu. ‹https://www.bpb.de/politik/extremismus/rechtsextremismus/214188/was-ist-sozialdarwinismus#footnode14-14›.

140 Grundannahmen, die sich in der deutschen Bevölkerung bis heute halten. In der Langzeitstudie »Fragile Mitte – Feindselige Zustände« haben Zick und Klein 2014 festgestellt, dass sozialdarwinistische Vorstellungen in der deutschen Bevölkerung noch immer weit verbreitet sind. ‹https://www.uni-bremen.de/fileadmin/user_upload/sites/ade/Fragile_Mitte_Feindselige_Zustaende.pdf›. Die Autoren der Studie zeigen auch, dass neben sozialdarwinistische Annahmen häufig auch »marktkonformer und marktförmiger Extremismus« tritt, der die Wertmaßstäbe der Wirtschaftlichkeit verabsolutiert und der über die Selbstoptimierungs- und Wettbewerbsideologie immer stärker in die Mitte der Gesellschaft reiche.

141 Frank Schirrmacher, Ego, Das Spiel des Lebens, S. 26.

142 Ebd. S. 23.

143 Ebd. S. 26.

144 Ebd. S. 11.

145 Zitiert nach Associated Press, Putin: Leader in artificial intelligence will rule world, 1.9.2017, ‹https://www.apnews.com/bb5628f2a7424a10b3e38b07f4eb90d4›.

146 Siehe Christian Kreiß: Ein vielsagender geheimer Vertrag mit Facebook, Tagesspiegel, 19.12.2019 ‹https://www.tagesspiegel.de/wissen/ethik-institut-an-der-tu-muenchen-ein-vielsagender-geheimer-vertrag-mit-facebook/25351058.html›.

147 So u. a. Yvonne Hofstätter, Das Ende der Demokratie, S. 38.

148 Zitiert nach Tobias Oertel: Menschenbilder in der Digitalisierung, 2.4.2019 in ‹https://www.tbd.community/de/a/menschenbilder-der-digitalisierung›.

149 Siehe dazu: Rapp, Friedrich (Hrsg.): Naturverständnis und Naturbeherrschung, München 1981.

150 Ebd. S. 158.

151 So Sergey Brin: »Wenn alle Informationen der Welt direkt mit unserem Hirn verbunden wären, oder mit einem künstlichen Gehirn, das intelligenter ist als unser eigenes, dann ginge es uns besser.« Zitiert nach: Franklin Foer, Welt ohne Geist, S. 52.

152 Ebd. S. 53.
153 Ebd. S. 53.
154 So Seth Lloyd, in: Tegmark, a. a. O. S. 322.
155 Darauf geht der Schöpfer des Begriffes John Prescill ein: ‹https://www.quantamagazine.org/john-preskill-explains-quantum-supremacy-20191002/›.
156 Friedrich Hölderlin, Hyperion oder der Eremit in Griechenland, Kapitel 10, S. 319.
157 Joseph Weizenbaum, Die Macht der Computer und die Ohnmacht der Vernunft, S. 328.
158 Siehe dazu Kapitel F 5 (Wilhelm von Humboldt).
159 Ein Gedanke, mit dem wir Wolfgang Frühwald folgen. Siehe u. a. Sprachen der Wissenschaft oder über die Verwandtschaft von Poesie und Wissenschaft, in: ders.: Das Talent, deutsch zu schreiben, S. 7 ff., Köln 2005.
160 Jürgen Habermas, Auch eine Geschichte der Philosophie, Bd. 1, S.385.
161 Ebd. S. 390.
162 Ebd. S. 394.
163 Konfuzius, Gespräche, Frankfurt 2008, zitiert nach Habermas, a. a. O., S. 390.
164 So Habermas:»Dem entspricht der egalitäre Begriff von Autonomie und menschlicher Würde, die wir jedem, unabhängig vom sozialen Status, zuschreiben«, a. a. O. S. 392.
165 Zitiert nach Habermas, a. a. O., S. 387.
166 Byung-Chul Han, Philosophie des Zen-Buddhismus.
167 Ebd. S. 17.
168 Ebd.
169 Durch eine Verlautbarung der Regierung von Singapur über Shared Values setzte 1991 eine solche Debatte ein, die sich auf der Wiener Menschenrechtskonferenz fortsetzte und auf die Habermas reagierte, in: Jürgen Habermas, Die Postnationale Konstellation, S. 184 ff.
170 Adrian Lobe: Du sollst keine anderen Suchmaschinen neben mir haben, in NZZ, 16.2.2017 ‹https://www.nzz.ch/feuilleton/du-sollst-keine-anderensuchmaschinen-neben-mir-haben-ld.145280›.
171 Zitiert nach: Lobe, a.a.O. ‹https://www.nzz.ch/feuilleton/du-sollst-keine-anderen-suchmaschinen-neben-mir-haben-ld.145280›.
172 Auch Facebook versucht diesen Allmachtsstatus zu erreichen. Kürzlich wurde bekannt, dass Facebook Informationen von zwei bekannten Menstruationsapps abgreift, wahrscheinlich, um Schwangerschaften besser vorhersagen zu können. Darunter auch sensitive Daten wie »unprotected sex« oder Stimmungen wie »ängstlich« oder »verliebt«. Betroffen sind selbst Nutzerinnen, die keinen Facebook Account haben. Dadurch lassen sich Prognosen erstellen, die sich an Hersteller von Babyprodukten verkaufen lassen. ‹https://privacyinternational.org/long-read/3196/nobodys-business-mine-how-menstruations-apps-are-sharing-your-data›.
173 Zitiert nach Zeit online ‹https://www.zeit.de/digital/internet/2017-11/way-of-the-future-erste-kirche-kuenstliche-intelligenz›.
174 ‹https://www.wired.com/story/anthony-levandowski-artificial-intelligence-religion/›.
175 Ebd.
176 Siehe ‹https://twitter.com/wayofthefuture_›.
177 Carl Friedrich von Weizsäcker, Die Tragweite der Wissenschaft, 1990.

178 Hier und im folgenden Bezug auf Christoph Quarch, Theorie des Dadaismus und Konzept des Homo Deus, 21.3.2019, ‹https://player.fm/series/series-2306332/theorie-des-dataismus-konzept-des-homo-deus-erklart-von-christophquarch-erklart›.

179 So Harari, Homo Deus, München 2017.

180 »Ich lehre euch den Übermenschen. Der Mensch ist Etwas, das überwunden werden soll.« Nietzsche, Also sprach Zarathustra, Vorrede Erster Teil, Abschnitt 3, S. 14, zitiert nach: Kritische Studienausgabe, Hrsg. Colli und Montinari, DTV, München 1999, und ‹http://www.gutenberg.org/ebooks/7205›.

181 Womit Foucault den Menschen als Thema des menschlichen Wissens meint: »Der Mensch ist eine Erfindung, deren junges Datum die Archäologie unseres Denkens ganz offen zeigt …Wenn diese Dispositionen ins Wanken geraten … dann kann man sehr wohl wetten, dass der Mensch verschwindet wie am Meeresufer ein Gesicht im Sand« M. Foucault, Die Ordnung der Dinge, S. 462.

182 So der Untertitel des Buches von Toby Walsh: 2062, Das Jahr in dem die künstliche Intelligenz uns ebenbürtig sein wird, München 2019.

183 Siehe dazu Nils J. Nilsson, The Quest for Artificial Intelligence. A History of Ideas and Achievements, New York 2009.

184 Hannah Arendt, Die Freiheit frei zu sein, München 2018.

185 Siehe dazu u. a. S. M. West, M. Whittaker, M. und K. Crawford (2019), Discriminating Systems: Gender, Race and Power in AI. AI Now Institute, ‹https://ainowinstitute.org/ discriminatingsystems.pdf›.

186 Thomas Rid hat in seiner faszinierenden Geschichte der Kybernetik gezeigt, dass auch das ursprüngliche Projekt Wieners zu Berechnung und Konstruktion eines »Fliegerabwehr–Prädikators«, der die Flugbahn der ankommenden Kampfflugzeuge berechnen sollte, wegen der Unvorhersehbarkeit des Faktors Mensch in Gestalt des Piloten niemals funktioniert hat. Siehe: Thomas Rid: Maschinendämmerung, Eine kurze Geschichte der Kybernetik, Berlin 2016.

D   Wie GAFAM Recht und Demokratie unterminieren

1   Fred Turner, Die trügerische Verheißung. Von der Geburt des Internets zum neuen Autoritarismus, in: Blätter für Deutsche und Internationale Politik 3/2019, S. 41–54, ‹https://www.blaetter.de/archiv/jahrgaenge/2019/maerz/die-truegerische-verheissung›; Nora Kahn Interview mit Fred Turner, Silicon Valley Thinks Politics Doesn't Exist, 32c, 31.7.2018, ‹https://032c.com/fred-turner-silicon-valley-thinks-politics-doesnt-exist›; S Levitisky and D Ziblatt, How Democracies Die (New York, Crown, 2018); Y Mounk, The People vs Democracy: Why Our Freedom Is in Danger and How to Save It (Boston, 2018); J Goldberg, Suicide of the West: How the Rebirth of Tribalism, Populism, Nationalism, and Identity Politics is Destroying American Democracy (New York, 2018); Y Mounk and RS Foa, ›The End of the Democratic Century, Autocracy's Global Ascendance‹ (Mai/June 2018) Foreign Affairs available at ‹https://www.foreignaffairs.com/articles/2018-04-16/end-democratic-century›.

2   Reichweite der Wesentlichkeitslehre, Ausarbeitung der Wissenschaftlichen Dienste des Deutschen Bundestages, 2015, Dokument WD 3-3000 –043/15, ‹https://www.bundestag.de/resource/blob/413272/8101846ab75a4f07c94c27de20 962ed6/WD-3-043-15-pdf-data.pdf›.

3   The High Court's Brexit Decision: A Lesson in Constitutional Law for the UK Government, Jo Eric Khushal, in: Verfassungsblog – On matters constitutional, 3.11.2016, ‹https://verfassungsblog.de/the-high-courts-brexit-decision-a-lesson-in-constitutional-law-for-the-uk-government/›;

<http://www.bailii.org/uk/cases/UKSC/2017/5.html>; Scottish court rejects attempt to declare Johnson's Brexit deal ›void‹, Murie Dickie, Jane Croft, Financial Times, 18.10.2019, <https://www.ft.com/content/ab4d04ae-f195-11e9-bfa4-b25f11f42901>; <https://www.supremecourt.uk/cases/docs/uksc-2019-0192-judgment.pdf>.

4   Henning Rieckhoff, Der Vorbehalt des Gesetzes im Europarecht, 2007; Sonja Röder, Der Gesetzesvorbehalt der Charta der Grundrechte der Union im Lichte einer europäischen Wesentlichkeitstheorie, 2007, <doi.org/10.5771/9783845203478>; Johannes Saurer, EU Agencies 2.0: the new constitution of supranational administration beyond the EU Commission, in: Comparative Administrative Law: Second Edition 2017, Hrsg. Susan Rose-Ackerman, Peter L. Lindseth, Blake Emerson, S. 619-628; EuGH C-355/10, ECLI:EU:C:2012:516, European Parliament v. Council, para 64 ff, <https://eur-lex.europa.eu/legal-content/EN/TXT/?qid=1534186617433&uri= CELEX:62010CJ0355> , C-293/12 und 594/12, ECLI:EU:C:2014:238, Digital Rights Ireland, para 54 ff, <http://curia.europa.eu/juris/documents.jsf?num=C-293/12>.

5   Davos, Schweiz, 8.2.1996, <https://www.eff.org/cyberspace-independence>; siehe auch Kapitel C 1.2.

6   Der intransparente Finanzbericht der EFF zeigt nicht, wie hoch der Beitrag der GAFAM, ihrer Investoren und Mitarbeiter tatsächlich ist. Er ergibt sich aus einer Kumulation von Erträgen aus Stiftungsgeldern seit der Gründung der EFF, den individuellen Spenden von GAFAM Mitarbeitern, die von den Unternehmen bezuschusst werden, direkten Unternehmensbeiträgen und Beiträgen von Stiftungen der GAFAM Unternehmen, <https://www.eff.org/files/annual-report/2018/#FinancialsModal>; Hinweise zu erheblichen Beiträgen zum Beispiel von Google, aber auch anderen GAFAM, finden sich bei Yasha Levine, All EFF'd up, Silicon Valley's astroturf privacy shakedown, The Baffler Nr, 40, Juli 2018, <https://thebaffler.com/salvos/all-effd-up-levine>; Google and Facebook's new tactic in the tech wars, Matt Vella, 30.7.2012, Fortune, <https://fortune.com/2012/07/30/google-and-facebooks-new-tactic-in-the-tech-wars/>; <https://en.wikipedia.org/wiki/Electronic_Frontier_Foundation#Financial>; <https://campaignforaccountability.org/wp-content/uploads/2018/05/CfA-The-Lobbyist-in-the-Garage-5-30-18.pdf>; <https://www.nytimes.com/2017/08/30/opinion/ google-influence-think-tanks.html> und <https://musictechpolicy.files.wordpress.com/2010/09/google-shill-list-2.pdf> und <https://www.ipwatchdog.com/2018/06/04/report-engine-eff-shills-google-patent-reform/id=98007>.

7   <https://www.palantir.com/>.

8   Peter Thiel, Blake Masters, Zero to One: Wie Innovation unsere Gesellschaft rettet, 2014; Study: Trump paid Peter Thiel's Palantir $1.5B so far to build ICE's mass-surveillance network, The Next Web, Tristan Green, 12.8.2019, <https://thenextweb.com/artificial-intelligence/2019/08/12/study-trumps-paid-peter-thiels-palantir-1-5b-so-far-to-build-ices-mass-surveillance-network/>; Thiel ist der Meinung »Konkurrenz ist was für Verlierer«, weswegen Monopole in der Wirtschaft wünschenswert seien. <https://www.n-tv.de/wirtschaft/Paypal-Gruender-Peter-Thiel-wirbt-fuer-Monopole-Wettbewerb-toetet-Innovation-article14374666.html>; Thiel zu Monopolen: »Wir glauben immer, dass Kapitalismus und Wettbewerb fast das Gleiche sind. Aber die großen Kapitalisten der Geschichte haben einzigartige Unternehmen aufgebaut. Das war so im späten 19. Jahrhundert mit den Rockefellers, Carnegies und Mellons, und es ist jetzt so in der Internetrevolution. Google ist heute das beste Beispiel für solche einzigartigen Monopolfirmen. Es ist hochprofitabel und wird weiter wachsen, soweit man das sehen kann. Das extreme Gegenbeispiel ist ein

Restaurant, das sich in extremem Wettbewerb mit anderen Restaurants befindet, aber nicht sonderlich kapitalistisch ist, weil die Betreiber kaum Geld damit machen.« In: ⟨https://www.zeit.de/2014/39/peter-thiel-wettbewerb-kapitalismus/komplettansicht⟩.

9 ⟨https://www.capital.de/wirtschaft-politik/att-die-kartellleiche⟩.

10 Janosch Delcker, Politico, »Europe's AI ethics chief: No rules yet, please«, 30.10.2018, ⟨https://www.politico.eu/article/pekka-ala-pietila-artificial-intelligence-europe-shouldnt-rush-to-regulate-ai-says-top-ethics-adviser/⟩.

11 Siehe Big-Tech-Lobbykampagnen gegen neues Recht »Inside the ePrivacy Regulation's furious lobbying war, David Meyer, auf IAPP.org, 31.10.2017, ⟨https://iapp.org/news/a/inside-the-eprivacy-regulations-furious-lobbying-war/⟩; und »Google and Facebook are quietly fighting California Privacy Rights Initiative«, Lee Fang, TheIntercept.com, 26.6.2018, ⟨https://theintercept.com/2018/06/26/google-and-facebook-are-quietly-fighting-californias-privacy-rights-initiative-emails-reveal/⟩. Big Tech worried as California Law Signals US Privacy Push, Ben Brody, Bloomberg, 29.6.2018, ⟨https://www.bloomberg.com/news/articles/2018-06-28/big-tech-worried-as-california-law-brings-privacy-push-to-u-s⟩.

12 Siehe Kapitel E 5 ff. sowie Helen Margetts, Political Turbulence: How Social Media Shape Collective Action, 2015; Stefan Herwig, Hetze im Internet: Macht sie verantwortlich!, FAZ, 12.11.2019, ⟨https://www.faz.net/aktuell/feuilleton/debatten/warum-wir-im-internet-eine-gesicherte-pseudonymitaet-brauchen-16480332.html⟩.

13 Eric Schmidt, Jared Cohen, Die Vernetzung der Welt: Ein Blick in unsere Zukunft, 2013.

14 ⟨https://jigsaw.google.com/⟩.

15 Siehe auch Fred Turner, ⟨https://032c.com/fred-turner-silicon-valley-thinks-politics-doesnt-exist⟩ und ⟨https://www.blaetter.de/archiv/jahrgaenge/2019/maerz/die-truegerische-verheissung⟩.

16 ⟨https://www.theverge.com/2019/10/1/20756701/mark-zuckerberg-facebook-leak-audio-ftc-antitrust-elizabeth-warren-tiktok-comments⟩.

17 ⟨https://www.politico.com/story/2019/03/11/facebook-removes-elizabeth-warren-ads-1216757⟩.

18 Ehemaliger Microsoft-Deutschlandchef wird neuer Bitkom-Präsident, Horizont Online/dpa, 20.7.2017, ⟨https://www.horizont.net/tech/nachrichten/Achim-Berg-Ehemaliger-Microsoft-Deutschlandchef-wird-neuer-Bitkom-Praesident-158983⟩.

19 ⟨https://sriw.de/der-sriw/struktur/mitglieder/⟩ und ⟨https://lobbyfacts.eu/representative/0e0d7f731ec04f98a8c924102bb418ae⟩.

20 Anna Jobin, Marcello Lenca, Effy Vayena, The global landscape of AI ethics guidelines, Nature Machine Intelligence 1, 389–399, 2019, https://www.nature.com/articles/s42256-019-0088-2; Thilo Hagendorff, The Ethics of AI Ethics, An Evaluation of Guidelines, 2019, ⟨https://arxiv.org/ftp/arxiv/papers/1903/1903.03425.pdf⟩; Alan Winfield, an Updated Round up of Ethical Principles of Robotics and AI, 18.4.2019, ⟨http://alanwinfield.blogspot.com/2019/04/an-updated-round-up-of-ethical.html⟩; ⟨https://www.rathenau.nl/en/digital-society/overview-ethics-codes-and-principles-ai⟩.

21 Google scraps AI ethics council after backlash: »Back to the drawing board«, Sam Levin, Guardian, 5.4.2019, ⟨https://www.theguardian.com/technology/2019/apr/04/google-ai-ethics-council-backlash⟩.

22 Der falsche Gönner, Andrian Kreye, Süddeutsche Zeitung, 8.10.2019, ⟨https://www.sueddeutsche.de/bildung/facebook-tu-muenchen-ethik-1.4630044⟩;

Warum Facebook ein Institut für Ethik in München finanziert, Chris Köver, Netzpolitik, 21.1.2019, ‹https://netzpolitik.org/2019/warum-facebook-ein-institut-fuer-ethik-in-muenchen-finanziert/›.

23 Google – Gute Beziehungen, Ingo Malcher, Brand eins, 2018, ‹https://www.brandeins.de/magazine/brand-eins-wirtschaftsmagazin/2018/geduld/google-gute-beziehungen›.

24 ‹https://www.hiig.de/en/events/lunch-talk-a-fast-moving-technology-like-ai/›.

25 ‹http://axel-springer-award.com/2019/11/07/with-courage-and-a-clear-attitude-shoshana-zuboff-receives-the-2019-axel-springer-award/›.

26 ‹https://www.partnershiponai.org/about/›; ‹https://deepmind.com/blog/announcements/announcing-partnership-ai-benefit-people-society›.

27 ‹https://www.partnershiponai.org/team/›.

28 ‹https://jigsaw.google.com/›.

29 ‹https://www.businessinsider.com/snowden-leaks-timeline-2016-9?r=US&IR=T›.

30 ‹www.IQT.ORG›; ‹https://www.wsj.com/articles/the-cias-venture-capital-firm-like-its-sponsor-operates-in-the-shadows-1472587352›; ‹https://news.crunchbase.com/news/heres-20-q-tel-investments-said-taking-cias-money/›; ‹https://www.crunchbase.com/organization/in-q-tel/investments/investments_list#section-investments›.

31 ‹https://www.theguardian.com/world/2013/jun/06/us-tech-giants-nsa-data?CMP=share_btn_link›; ‹https://qz.com/1145669/googles-true-origin-partly-lies-in-cia-and-nsa-research-grants-for-mass-surveillance/›; ‹https://www.faz.net/aktuell/wirtschaft/netzwirtschaft/spaehprogramm-muscular-so-hat-die-nsa-die-google-und-yahoo-nutzer-ausspioniert-12641705.html›; ‹https://www.huffingtonpost.com/2014/05/06/nsa-google_n_5273437.html?ncid=engmodushpmg00000006›.

32 ‹https://www.nytimes.com/2013/08/30/us/politics/leaked-document-outlines-us-spending-on-intelligence.html›; ‹https://www.defenseone.com/ideas/2015/02/us-intelligence-community-bigger-ever-it-worth-it/104799/›.

33 ‹https://ec.europa.eu/info/law/law-topic/data-protection/international-dimension-data-protection/eu-us-data-transfers_en›.

34 ‹https://netzpolitik.org/tag/privacy-shield/›; ‹https://techcrunch.com/tag/privacy-shield/›.

35 ‹https://www.handelsblatt.com/politik/deutschland/digitalgipfel-wie-die-europaeische-cloud-gaia-x-aussehen-soll/25167374.html›.

36 N.S.A. Bill's Reforms could create more privacy concerns, Nathan A. Sales, New York Times, 28.5.2014, ‹https://www.nytimes.com/roomfordebate/2014/05/26/reining-in-the-nsa/nsa-bills-reforms-could-create-more-privacy-concerns›; NSA triples collection of data from US Phone Companies, Charlie Savage, New York Times, 4.5.2018,‹https://www.nytimes.com/2018/05/04/us/politics/nsa-surveillance-2017-annual-report.html›; 4 things that keep the NSA up at night, Charlie Warzel, New York Times, 10.9.2019, ‹https://www.nytimes.com/2019/09/10/opinion/nsa-privacy-gerstell.html›; ‹https://www.nytimes.com/interactive/2019/opinion/internet-privacy-project.html?searchResultPosition=29›.

37 ‹https://www.nytimes.com/2000/04/17/business/compressed-data-survey-shows-few-trust-promises-on-online-privacy.html?searchResultPosition=1›.

38   Americans and Privacy: Concerned, Confused and Feeling Lack of Control Over Their
     Personal Information, Pew Research, 5.11.2019, Brooke Auxier, Lee Rainie, Monica
     Anderson, Andrew Perrin, Madhu Kumar and Erica Turner,
     ‹https://www.pewresearch.org/internet/2019/11/15/americans-and-privacy-
     concerned-confused-and-feeling-lack-of-control-over-their-personal-
     information/›; ‹https://www.technologyreview.com/f/614720/privacy-pew-
     research-data-collection-big-tech-facebook-google-apple/›.
39   ‹https://www.wsj.com/articles/how-facebooks-embed-in-the-trump-campaign-
     helped-the-president-win-11574521712›.
40   ‹https://www.wsj.com/articles/facebook-ad-prices-surge-due-to-barrage-by-
     democratic-hopefuls-11566984601?mod=article_inline›.
41   Justus Bender, Facebook kämpft wie noch nie gegen Falschmeldungen, FAZ,
     22.3.2020, https://www.faz.net/aktuell/politik/corona-krise-facebook-bekaempft-
     fake-news-wie-noch-nie-16690141.html›.
42   ‹https://www.vrt.be/vrtnws/de/2019/05/17/wahlkampf-massive-ausgaben-fuer-
     online-kampagnen/›.
43   ‹https://www.wsj.com/articles/facebook-ends-commissions-for-political-ad-sales-
     11558603803›.
44   ‹https://www.campaignsandelections.com/campaign-insider/where-the-
     patchwork-of-digital-regulation-could-lead› und ‹https://hewlett.org/how-states-
     are-experimenting-with-digital-political-advertising-regulation-interview-
     with-campaign-legal-centers-erin-chlopak/›. Siehe auch Tools für Journalisten:
     ‹https://www.journalisten-tools.de/recherchieren/anzeigen-archive-von-facebook-
     und-twitter-als-daten-quelle/›; ‹https://netzpolitik.org/wp-upload/136204668-
     Facebook-Fuer-Politiker-Download.pdf›.
     So nutzt man Facebook im Wahlkampf – Politik und Kommunikation,
     ‹https://www.politik-kommunikation.de/ressorts/artikel/so-nutzt-man-facebook-
     fuer-politische-kommunikation-503365169›;
     ‹https://www.politico.com/story/2017/10/26/facebook-google-twitter-trump-244191›;
     ‹https://campaignforaccountability.org/work/partisan-programming-how-facebook-
     and-googles-campaign-embeds-benefit-their-bottom-lines/›;
     ‹https://www.bloomberg.com/news/articles/2018-09-20/facebook-to-give-less-
     direct-support-to-trump-in-2020-campaign›.
45   ‹https://www.iilj.org/courses/iilj-colloquium/iilj-colloquium-2017/›.
46   ‹https://www.internetjurisdiction.net/›.
47   ‹https://globalnetworkinitiative.org/›.
48   ‹https://www.igf2019.berlin/IGF/Navigation/EN/Home/home.html›.
49   S. Levitisky and D. Ziblatt, How Democracies Die (New York, Crown, 2018); Y. Mounk,
     The People vs Democracy: Why Our Freedom Is in Danger and How to Save It (Boston,
     2018); J Goldberg, Suicide of the West: How the Rebirth of Tribalism, Populism, Na-
     tionalism, and Identity Politics is Destroying American Democracy (New York,
     2018); Y. Mounk and RS Foa, ›The End of the Democratic Century, Autocracy's Global
     Ascendance‹ (Mai/June 2018), Foreign Affairs,
     ‹https://www.foreignaffairs.com/articles/2018-04-16/end-democratic-century›.
50   Google and Facebook are quietly fighting California Privacy Rights Initiative, Lee
     Fang, TheIntercept.com, 26.6.2018, ‹https://theintercept.com/2018/06/26/google-
     and-facebook-are-quietly-fighting-californias-privacy-rights-initiative-emails-
     reveal/›; Big Tech worried as California Law Signals US Privacy Push, Ben Brody,
     Bloomberg, 29.6.2018, ‹https://www.bloomberg.com/news/articles/2018-06-28/big-
     tech-worried-as-california-law-brings-privacy-push-to-u-s›.

51 Facebook Pledges $130 Million to Fund ›Supreme Court‹ for Content, Jeff Horwitz, 12.12.2019, Wall Street Journal, ‹https://www.wsj.com/articles/facebook-pledges-130-million-to-fund-supreme-court-for-content-11576166992›.

52 ‹https://www.bundeshaushalt.de/fileadmin/de.bundeshaushalt/content_de/dokumente/2019/soll/epl19.pdf›.

53 Quirin Weinzierl, Difficult Times Ahead for the Facebook »Supreme Court«, Verfassungsblog, 21.9.2019, ‹https://verfassungsblog.de/difficulttimes-ahead-for-the-facebook-supreme-court/›; siehe auch mit richtiger Kritik, aber falschen Vorschlägen zur Kompetenzerweiterung des Facebook Oversight Board: Facebook's oversight Board is not enough, Dipazan Ghosh, Harvard Business Review, 16.10.2019, ‹https://hbr.org/2019/10/facebooks-oversight-board-is-not-enough›.

54 Peter Thiel, Blake Masters, Zero to One: Wie Innovation unsere Gesellschaft rettet, 2014; Neoliberalism turned our world into a business. And there are two big winners, Ben Tarnoff, Guardian, 13.12.2016, ‹https://www.theguardian.com/us-news/2016/dec/13/donald-trump-silicon-valley-leaders-neoliberalism-administration›.

55 Inside Facebook's fight against European Regulation, Laura Kayali, Politico, 23.1.2019, ‹https://www.politico.eu/article/inside-story-facebook-fight-against-european-regulation/›.

56 Mark Zuckerberg: The Internet needs new rules. Let's start in these four areas, Washington Post, 30. März 2019, ‹https://www.washingtonpost.com/opinions/mark-zuckerberg-the-internet-needs-new-rules-lets-start-in-these-four-areas/2019/03/29/9e6f0504-521a-11e9-a3f7-78b7525a8d5f_story.html›.

57 Brad Smith, Tools and Weapons: The Promise and the Peril of the Digital Age, 2019.

58 Kent Walker, SVP Global Affairs, Google, Technology and Politics 2019 Digital Summit – Dublin – , 20.9.2019 Morning Keynote, ‹https://storage.googleapis.com/gweb-uniblog-publish-prod/documents/kent_walker_2019digital_summit_keynote.pdf›.

59 Wenn Big Tech in Bern nach Regulierung ruft, Adrienne Fichter, 6.8.2019, Republik, ‹https://www.republik.ch/2019/08/06/wenn-big-tech-in-bern-nach-regulierung-ruft›.

60 ‹https://www.nytimes.com/2019/10/28/technology/facebook-mark-zuckerberg-political-ads.html›.

61 ‹https://twitter.com/jack/status/1189634360472829952›.

62 ‹https://ec.europa.eu/newsroom/just/item-detail.cfm?item_id=31811›.

63 ‹https://www.horizont.net/medien/nachrichten/Justiz-Staatssekretaer-Gerd-Billen-Gegenueber-Facebook-hilft-nur-Druck-144199›.

64 ‹https://www.lto.de/recht/kanzleien-unternehmen/k/freshfields-bruckhaus-deringer-1/›.

65 ‹https://de.statista.com/statistik/daten/studie/172574/umfrage/anwaltskanzleien-in-deutschland-nach-umsatz/›.

66 ‹https://www.politik-kommunikation.de/gesetz-des-monats/grosser-loescheinsatz-im-internet-geplant-388585723›.

67 ‹https://www.juve.de/nachrichten/verfahren/2019/07/erstes-bussgeld-zum-netzdg-freshfields-vertritt-facebook-gegenueber-den-justizbehoerden›.

68 ‹https://www.theguardian.com/technology/2018/oct/19/facebook-hires-nick-clegg-as-head-of-global-affairs›; und sein Parteikollege Nick Clegg ist der weltweite Cheflobbyist.

69 Richard Allan, Wir arbeiten hart daran, Hassrede zu bekämpfen und haben bereits große Fortschritte erzielt, 19.6.2017, ‹ in an Online Global Community?, 27.6.2017,

‹https://www.facebook.com/notes/facebook-politik-und-gesellschaft/wir-arbeiten-hart-daran-hassrede-zu-bekämpfen-und-haben-bereits-große-fortschrit/ 1361657510554965/›; Richard Allan, Hard Questions: Who Should Decide What Is Hate Speech ‹https://newsroom.fb.com/news/2017/06/hard-questions-hate-speech/›.

70 ‹https://www.handelsblatt.com/technik/it-internet/digitalunternehmen-facebook-wehrt-sich-gegen-netzdg-bussgeld/24680016.html?ticket=ST-4687558-00u5lZq3dfxe7XBeSUxz-ap2›; ‹https://netzpolitik.org/2018/facebook-loescht-vor-allem-nach-eigenen-regeln-statt-nach-dem-netzdg/›; siehe auch ‹https://www.heise.de/tp/features/Verstoesst-Facebook-fortgesetzt-gegen-das-NetzDG-Hohes-Bussgeld-beantragt-4132803.html›.

71 ‹https://www.welt.de/wirtschaft/article189808507/Internet-Facebook-Google-und-Apple-werden-in-Europa-reguliert.html›.

72 ‹https://www.handelsblatt.com/politik/deutschland/hetze-im-netz-union-will-mit-neuen-bussgeldern-druck-auf-konzerne-wie-facebook-erhoehen/ 25191042.html?ticket=ST-93554406-Q3BbPX7oqZb7jqSVg6QKap5›.

73 ‹https://www.deutschlandfunk.de/bundesjustizministerin-lambrecht-spd-zu-hass-im-netz-es.868.de.html?dram:article_id=462210› und ‹https://www.bundesregierung.de/breg-de/suche/gegen-extremismus-und-hass-1686442›.

74 Commissioner Vera Jourova dazu auf Twitter: (...) all IT companies fully meet the target (...), 4.2.2019, ‹https://twitter.com/VeraJourova/status/1092382162735775750›..., mit Verweis auf ‹https://ec.europa.eu/info/files/factsheet-4th-monitoring-round-code-conduct_en›; siehe auch ‹https://www.spiegel.de/netzwelt/netzpolitik/vera-jourova-und-das-netzdgeu-justizkommissarin-zweifelt-am-deutschen-gesetz-a-1188703.html›.

75 We Can't Wait: Obama Administration Unveils Blueprint for a »Privacy Bill of Rights« to Protect Consumers Online, White House, 23.2.2012, ‹https://obamawhitehouse.archives.gov/the-press-office/2012/02/23/we-can-t-wait-obama-administration-unveils-blueprint-privacy-bill-rights›.

76 Does Obama privacy push have oomph? Katy Bachman, 12.1.2015, Politico, ‹https://www.politico.com/story/2015/01/obama-cybersecurity-privacy-initiatives-114184›; Why a Push for Online Privacy Is Bogged Down in Washington, Natasha Singer, 28.2.2016, New York Times, ‹https://www.nytimes.com/2016/02/29/technology/obamas-effort-on-consumer-privacy-falls-short-critics-say.html›.

77 Ex White House Official Joins Group Fighting »Excessive« Online Privacy Laws, Dana Liebelson, 29.3.2013, Mother Jones, ‹https://www.motherjones.com/politics/2013/03/daniel-weitzner-internet-privacy-coalition/›.

78 First SOPA, Now Your Privacy: Facebook, Google Flex Lobbying Muscle in Europe, Dana Liebelson, 1.3.2013, Mother Jones, ‹https://www.motherjones.com/politics/2013/03/google-facebook-sopa-privacy/›.

79 Revealed: Facebook's global lobbying against data privacy laws, Carole Cadwalladr und Duncan Cambell, The Guardian, 2.3.2019, ‹https://www.theguardian.com/technology/2019/mar/02/facebook-global-lobbying-campaign-against-data-privacy-laws-investment›.

80 The Economic Importance of Getting Data Protection Right: Protecting Privacy, Transmitting Data, Moving Commerce, ECIPE, 2013, ‹https://www.uschamber.com/sites/default/files/documents/files/020508_EconomicImportance_Final_Revised_lr.pdf›.

81 Siehe ‹https://edri.org/› und die Mitgliedsverbände dieser Vereinigung der digitalen Zivilgesellschaft in Europa und ihre Mitarbeiter.

82 Privacy Groups call on US Government to stop lobbying against EU data law changes, Zack Whitacker, ZDnet, 4.2.2013, ‹ https://www.zdnet.com/article/privacy-groups-call-on-us-government-to-stop-lobbying-against-eu-data-law-changes/›.

83 ‹http://www.europeanprivacyassociation.eu/›.

84 Brussels: Astroturfing takes root, The EU has been swamped by aggressive lobbyists funded by large US tech companies, James Fontanella-Khan, Financial Times, 26.6.2013, ‹https://www.ft.com/content/74271926-dd9f-11e2-a756-00144feab7de›; siehe auch ‹https://en.wikipedia.org/wiki/European_Privacy_Association›.

85 EU Privacy regulations subject to »unprecedented lobbying", Matt Warman, Telegraph, 8.2.2012, ‹https://www.telegraph.co.uk/technology/news/9070019/EU-Privacy-regulations-subject-to-unprecedented-lobbying.html›; siehe auch US tech groups criticised for EU lobbying, April Dembosky und James Fontanella-Khan, 4.2.2013, ‹https://www.ft.com/content/e29a717e-6df0-11e2-983d-00144feab49a›. Der beste Dokumentarfilm über Politikprozesse der EU in Brüssel ist der Film »Democracy« von David Bernet, der die Entstehung der DSGVO begleitete, 2017, ‹https://www.bpb.de/gesellschaft/digitales/democracy/254255/der-film›.

86 Viviane Reding, Protecting Europe's Privacy, New York Times, 17.6.2013, ‹https://www.nytimes.com/2013/06/18/opinion/global/viviane-reding-protecting-europes-privacy.html›.

87 ‹https://lobbyplag.eu/lp› und
‹https://www.gutjahr.biz/2015/03/lobbyplag-dataleaks-2/›.

88 Einzelheiten dazu in Ehmann/Selmayr, Datenschutzgrundverordnung, 2. Auflage, 2018, Einführung Rz 45 ff., S. 116 ff.; Uwe Ebbinghaus, Stefan Schulz und Thomas Thiel, Europäische Datenschutzreform, Machtprobe mit Silicon Valley, FAZ, 11.3.2014; Stefan Schulz, Die Informationsfreiheit und das Prinzip Big Data, FAZ, 25.5. 2014, ‹https://www.faz.net/aktuell/feuilleton/debatten/die-digital-debatte/europas-it-projekt/digitale-agenda-machtprobe-mit-silicon-valley-12842407.html›. Stefan Schulz, Die Informationsfreiheit und das Prinzip Big Data, FAZ, 25.5.2014, ‹https://www.faz.net/aktuell/feuilleton/medien/ueberfluessig-ist-die-datenschutzreform-noch-nicht-12955004.html›.

89 ‹https://www.blog.google/perspectives/kent-walker/principles-evolving-technology-policy-2019/›.

90 ‹https://www.blog.google/perspectives/kent-walker/principles-evolving-technology-policy-2019/›.

91 How Apple lobbied EU to delay common smartphone charger, Alexander Fanta, 29.4.2019, EU Observer, ‹https://euobserver.com/science/144538›; MEPs slam Commission over common charger delay, Alexander Fanta, 8.11.2019, EU Observer, ‹https://euobserver.com/science/146557›.

92 Tim Bradshaw, Google Chief Sundar Pichai warns against rushing into AI regulation, Financial Times, 20.9.2019, ‹https://www.ft.com/content/b16e6ee8-dbb2-11e9-8f9b-77216ebe1f17›. Nuancierter Sundar Pichai, Why Google thinks we need to regulate AI, Financial Times, 20.1.2020, ‹https://www.ft.com/content/3467659a-386d-11ea-ac3c-f68c10993b04›.

93 Anschaulich zu DNA Daten der Vortrag von Prof. Alondra Wilson zum »Social life of DNA« auf der Jahrestagung der American Association for the Advancement of Sience AAAS 2020, ‹https://youtu.be/giiXWtBdVFc›, ab Minute 14.

94 ‹https://edpb.europa.eu/sites/edpb/files/consultation/edpb_guidelines_201903_videosurveillance.pdf›.

95 Richtlinie 95/46/EG des Europäischen Parlaments und des Rates vom 24.10.1995
    zum Schutz natürlicher Personen bei der Verarbeitung personenbezogener Daten
    und zum freien Datenverkehr, Abl. L 281, 23.11.1995, S. 31–50,
    ‹http://data.europa.eu/eli/dir/1995/46/oj›.
96 Scott Rosenberg, How Google Book Search got lost, Wired *Backchannel*, 11.4.2017,
    ‹https://backchannel.com/how-google-book-search-got-lost-c2d2cf77121d›.
97 Siehe dazu: Eric Biber, Sarah E. Licht, J. B. Ruhl und James E. Salzman, Regulierung von
    Unternehmensinnovationen als Politikbruch: Vom Modell T bis Airbnb (12.4.2017). Van-
    derbilt Law Review, Vol.70:5:nnn; Vanderbilt Law Research Paper No. 17–24; UCLA School
    of Law, Public Law Research Paper No. 17–18, SSRN: ‹https://ssrn.com/abstract=2951919›;
    Narayan Toolan, Weltwirtschaftsforum, 13.4.2018: 3 Wege, wie die Vierte Indus-
    trielle Revolution das Gesetz bricht, ‹https://www.weforum.org/agenda/2018/04/
    three-ways-the-fourth-industrial-revolution-is-disrupting-law/›.
98 Staatliche Beihilfen: Irland gewährte Apple illegale Steuervorteile in Höhe von bis zu
    13 Milliarden Euro, Pressemitteilung der Europäischen Kommission, 30.8.2016,
    ‹http://europa.eu/rapid/press-release_IP-16-2923_en.htm›, vollständiger Text der
    Entscheidung: ‹https://ec.europa.eu/competition/state_aid/cases/253200/253200_
    1851004_674_2.pdf›.
99 Fusionen: Kommission verhängt Geldbußen in Höhe von 110 Millionen Euro gegen
    Facebook wegen irreführender Informationen über die Übernahme von WhatsApp,
    Pressemitteilung der Europäischen Kommission, 18.5.2017, abrufbar unter
    ‹http://europa.eu/rapid/press-release_IP-17-1369_en.htm›;
    Vollständiger Text der Entscheidung:
    ‹http://ec.europa.eu/competition/mergers/cases/decisions/m8228_493_3.pdf›.
100 Kommission verhängt Geldbuße in Höhe von 2,42 Mrd. EUR gegen Google wegen
    Missbrauchs seiner marktbeherrschenden Stellung als Suchmaschine durch unzu-
    lässige Vorzugsbehandlung des eigenen Preisvergleichsdienst, 27.6.2017,
    ‹https://europa.eu/rapid/press-release_IP-17-1784_de.htm›; Kommission verhängt
    Geldbuße von 4,34 Milliarden Euro gegen Google wegen illegaler Praktiken bei And-
    roid-Mobilgeräten zur Stärkung der beherrschenden Stellung der Google-Suchma-
    schine, 18.7.2018, ‹https://europa.eu/rapid/press-release_IP-18-4581_de.htm›; Kom-
    mission verhängt Geldbuße in Höhe von 1,49 Mrd. EUR gegen Google wegen Miss-
    brauchs einer beherrschenden Stellung auf dem Markt für Online-Werbung,
    20.3.2019, ‹https://europa.eu/rapid/press-release_IP-19-1770_de.htm›.
101 Rechtssache C-131/12 Google Spanien SL v Mario Costeja González[2014] ECLI:EU:
    C:2014:317, para 47,
    ‹https://eur-lex.europa.eu/legal-content/EN/ALL/?uri=CELEX%3A62012CJ0131›.
102 Ebd., Paragraph 22.
103 ‹http://curia.europa.eu/juris/document/document.jsf?text=&docid=152065&page
    Index=0&doclang=DE&mode=req&dir=&occ=first&part=1&cid=252617›.
104 Jürgen Kühling, Rückkehr des Rechts: Verpflichtung von »Google & Co.« zu Daten-
    schutz, Europäische Zeitschrift für Wirtschaftsrecht, 2014, S. 527.
105 Sylvie Kaufmann, Goodfortheworld.com, New York Times, 20.12.2014.
    ‹https://www.nytimes.com/2014/12/20/opinion/sylvie-kauffmann-google-
    europes-favorite-villain.html›; die Videos der Anhörungen und Niederschriften
    sind zu finden unter ‹https://archive.google.com/advisorycouncil/›.

E Öffentlichkeit und Demokratie

1 Jürgen Habermas, Strukturwandel der Öffentlichkeit, S. 107.

2 Ebd. S. 194.
3 Ebd. S. 230.
4 Ebd. S. 204.
5 Ebd. S. 247.
6 Ebd. S. 221.
7 Enthusiastisch hatte Bertold Brecht die technische Weiterentwicklung des Radios in Richtung auf ein Zweiwegemedium gefordert, um dessen volles emanzipatorisches und aufklärerisches Potential zu entfalten. Bertolt Brecht: Der Rundfunk als Kommunikationsapparat. Rede über die Funktion des Rundfunks; Vorschläge für den Intendanten des Rundfunks; Radio - eine vorsintflutliche Erfindung? in: Werke, Bd. 21, Schriften I, Berlin u.a. 1989.
8 Habermas, Strukturwandel der Öffentlichkeit, S. 205.
9 Den Begriff prägten Oskar Negt und Alexander Kluge: Öffentlichkeit und Erfahrung, 1972.
10 Siehe dazu Habermas/Luhmann, Theorie der Gesellschaft oder Sozialtechnologie?, 1971.
11 Siehe dazu Habermas, Theorie des kommunikativen Handelns, Bd. 2, S. 297 ff.
12 Habermas, Strukturwandel der Öffentlichkeit, S. 70.
13 Ebd. S. 72.
14 Ebd. S. 141.
15 Ebd. S. 128.
16 Ebd. S. 96.
17 Zitiert nach Habermas, a. a. O., S. 131.
18 In den Philosophischen Untersuchungen hatte Ludwig Wittgenstein gezeigt, dass es keine Privatsprache geben kann, in der jeder Sprecher nur für sich die Bedeutung der Worte kennt:»Die Wörter dieser Sprache sollen sich auf das beziehen, wovon nur der Sprechende wissen kann; auf seine unmittelbaren, privaten Empfindungen.« (PU 243) Doch diese Vorstellung verkennt, dass Bedeutung immer nur im intersubjektiven Gebrauch der Sprache entsteht, in den sogenannten Sprachspielen. Dort können Empfindungen mitgeteilt werden, aber nur in einer Sprache, die von gemeinsamen Bedeutungen ausgeht. Die Versuche, individuelle Bedeutung in einer Privatsprache zu vermitteln, gehen für Wittgenstein ins Leere, wie er in seinem Käfer Gleichnis zeigt:»Angenommen, es hätte jeder eine Schachtel, darin wäre etwas, was wir ›Käfer‹ nennen. Niemand kann je in die Schachtel des Anderen schauen, und jeder sagt, er wisse nur vom Anblick seines Käfers, was ein Käfer ist. [...] Das Ding in der Schachtel gehört überhaupt nicht zum Sprachspiel, auch nicht einmal als ein Etwas, denn die Schachtel könnte auch leer sein« (PU 293). Wittgensteins späte Sprachphilosophie, in der er sich vom logischen Atomismus des Tractatus logicophilosophicus abwandte, zeigt, dass sprachliche Bedeutung auf der Basis einer gemeinsam geteilten intersubjektiven Lebenspraxis entsteht. Heute sehen wir, dass umgekehrt auch die vermeintliche Individualisierung von Bedeutungen durch eine konsequent personalisierte öffentliche Kommunikation die intersubjektive Lebenspraxis und damit die soziale Gemeinschaft zerstört.
19 Siehe dazu Horkheimer/Adorno, Dialektik der Aufklärung, Kapitel: Kulturindustrie, Aufklärung als Massenbetrug, S. 141 ff.
20 So eine Zeile des Songs»Something Special« der Band DePhazz.
21 Habermas, a. a. O. S. 80.
22 Ebd. S. 79.
23 ‹https://openjur.de/u/175999.html›.
24 Habermas, Strukturwandel der Öffentlichkeit, Neuauflage 1992, Vorwort.

25 Jürgen Habermas, Ach Europa, S. 138 ff.
26 Ebd. S. 161.
27 Ebd. S. 162.
28 ‹https://www.wiwo.de/unternehmen/dienstleister/werbesprech-alles-werbegeld-an-google-und-facebook/20574300-2.html›.
29 S. Weischenberg u. a., Die Souffleure der Mediengesellschaft, Report über die Journalisten in Deutschland, 2006, S. 18.
30 ‹https://www.tagesspiegel.de/politik/nur-noch-22-interviews-im-jahr-merkel-zieht-sich-zurueck-von-den-medien/25175818.html›.
31 Az.: Vg 6 K 406.19, siehe dazu: Unzulässige Beeinflussung? Social Media Angebot der Bundesregierung kommt vor Gericht, von Jost Müller-Neuhof, Tagesspiegel, 17.12. 2019 ‹https://www.tagesspiegel.de/politik/unzulaessige-beeinflussung-social-media-angebot-der-bundesregierung-kommt-vor-gericht/25340486.html›.
32 Der Text des Urteils: ‹http://www.servat.unibe.ch/dfr/bv020162.html›.
33 Martin Fuchs, Josef Holnburger :#ep2019 – Die digitalen Parteistrategien zur Europawahl 2019 ‹https://www.fes.de/index.php?eID=dumpFile&t=f&f=41827&token=6e1bf3bcf42bf4162ba5cc452ba460d703945e30›.
34 Maik Fielitz, Holger Marcks, Digital Fascism: Challenges for the Open Society in Times of Social Media: ‹https://escholarship.org/content/qt87w5c5gp/qt87w5c5gp.pdf?t=puq7xb›.
35 Siehe dazu Interview von Bernd Graff mit den Autoren der Studie in: Im digitalen Faschismusstrudel, Süddeutsche Zeitung 7./8.9.2019 S. 17, ‹https://www.sueddeutsche.de/kultur/soziale-netzwerke-faschismus-studie-maik-fielitz-holger-marcks-1.4590356›.
36 Tristan Harris: Center for humane technology, An Introduction to our work, Video, abgerufen am 20.12.2019 unter: ‹https://humanetech.com/›.
37 Eva Manesse, Für Pessimismus ist es zu spät, ‹https://www.kiwi-verlag.de/magazin/gastspiel/fuer-pessimismus-ist-es-zu-spaet-dankesrede-von-eva-menasse-anlaesslich-der›.
38 Michael Scharkow, Frank Mangold, Sebastian Stier, Johannes Breuer, How social network sites and other online intermediaries increase exposure to news, ‹https://www.pnas.org/content/117/6/2761.short›.
39 Habermas, Ach, Europa, S. 131 ff.
40 Ebd. S. 156.
41 Ebd. S. 186.
42 Es gibt z. T. durch Facebook finanzierte Studien, (siehe etwa: ‹https://www.zeit.de/2017/34/algorithmen-filterblase-meinungen-selbstbetrug›), die die Bildung der Filter-Bubbles wiederlegen sollen. Auch wenn man zugesteht, dass durch Internetkommunikation eine Erweiterung der Perspektiven und damit eine Zunahme an Vielfalt bewirkt werden kann: Unsere These ist, dass auf Dauer die Filtereffekte der Personalisierung von Informationen überwiegen und für die öffentliche Kommunikation die genannten Nachteile haben.
43 Zitiert nach ‹http://www.agpolitischetheorie.de/wordpress/ueber-die-herrschaft-der-technologischen-rationalitaet-lesekreis-zu-herbert-marcuses-einige-gesellschaftliche-folgen-der-modernen-technologie/›.
44 Der Stanford-Soziologe A. Aneesh prägte den Begriff der »Algokratie«, eine Herrschaftsform, bei der Programmcodes eine politische Steuerung implementieren, so Adrian Lobe in: Vorgekautes Denken, Süddeutsche Zeitung, 7.1.2018: ‹https://www.sueddeutsche.de/kultur/digitales-geistesleben-vorgekautes-denken-1.3815873›.

45 So bemängelt die Deutsche Forschungsgemeinschaft den Impact Factor, der kein hinreichendes Kriterium für wissenschaftliche Relevanz sei: »Die Zitierhäufigkeit (hängt) offenkundig nicht nur vom Ansehen einer Zeitschrift oder einer Arbeitsgruppe ab, sondern vor allem von der Größe der Gruppe von Wissenschaftlern, die sich für das Thema interessiert. Spezialisierte Zeitschriften haben geringere ›impact factors‹ als solche mit breiter Leserschaft; in einem kleinen Fach gelten andere quantitative Maßstäbe als in einem großen.« PDF-Dokument Sicherung guter wissenschaftlicher Praxis (Deutsche Forschungsgemeinschaft, am 3.7.2013 verabschiedete Denkschrift).
‹https://www.dfg.de/download/pdf/dfg_im_profil/reden_stellungnahmen/download/empfehlung_wiss_praxis_1310.pdf›.

46 Dies ist auch eine These des Strukturalismus im 20. Jahrhundert. So glaubte bspw. Claude Lévi-Strauss, dass der Fehler der Geistes- und Gesellschaftswissenschaften bisher darin gelegen habe, dass sie sich zu wenig mit den Beziehungen der Elemente der jeweiligen Systeme befasst hätten: »Der Irrtum der traditionellen Soziologie wie auch der traditionellen Sprachwissenschaft liegt darin, die Glieder und nicht die Beziehungen zwischen den Gliedern betrachtet zu haben.« Lévi-Strauss, Das wilde Denken, Frankfurt 1968, S. 310/Katalog S. 100.

47 John McDulling, Google is now a more trusty newssite, than the websides it aggregates, Quartz.com, 20.1.2015,
‹https://qz.com/329211/google-is-now-a-more-trusted-source-of-news-than-the-websites-it-aggregates/›.

48 »Time spanned is not a goal for itself, We want the time spend on facebook to encourage meaningful social interactions«, Marc Zuckerberg,
‹https://blog.hootsuite.com/de/facebook-algorithmus-organische-reichweite/›.

49 Laut Reuters Institut, Digital News Report 2019 S. 42/43 nutzen 42 Prozent der Bevölkerung in USA und Europa Internet und Social Media als Quelle für ihre politische Information, siehe: ‹https://reutersinstitute.politics.ox.ac.uk/sites/default/files/inline-files/DNR_2019_FINAL.pdf›.

50 Siehe Kapitel C und Zuboff, a. a. O., S. 30.

51 Bertelsmann Studie: Die Hälfte der Europäer weiß nicht, was ein Algorithmus ist:
‹https://www.bertelsmann-stiftung.de/de/themen/aktuelle-meldungen/2019/februar/europaeer-wissen-wenig-ueber-algorithmen/›.

52 Zitiert nach Fry, Hello World, S. 18.

53 Zitiert nach ebd. S. 19.

54 Sarah Fischer, Thomas Petersen, Was Deutschland über Algorithmen weiß und denkt, 2018, Bertelsmann Stiftung, ‹https://algorithmenethik.de/wp-content/uploads/sites/10/2018/09/Was-die-Deutschen-%C3%BCber-Algorithmen-denken_ohneCover.pdf›; Confusion about what's news and what's opinion is a big problem, but jounalists can help solve it, Kevin Loker, 19.9.2018, American Press Institute,
‹https://www.americanpressinstitute.org/publications/confusion-about-whats-news-and-whats-opinion-is-a-big-problem-but-journalists-can-help-solve-it/›.

55 Adrian Lobe, Vorgekautes Denken, in Süddeutsche Zeitung, 7.1.2018:
‹https://www.sueddeutsche.de/kultur/digitales-geistesleben-vorgekautes-denken-1.3815873›.

56 Quelle: ‹https://allfacebook.de/toll/state-of-facebook›.

57 Zitiert nach ‹https://www.businessinsider.de/tech/us-professor-mark-zuckerberg-ist-der-gefaehrlichste-mensch-der-welt-2018-5/›.

58 Hannah Arendt sprach von der Banalität des Bösen im Falle des Bürokraten Adolf Eichmann, der die Vernichtung der Juden in seinen Aussagen vor Gericht damit

rechtfertigte, dass er als willenloses Werkzeug des Führerwillens gehandelt habe, Eichmann in Jerusalem, Ein Bericht von der Banalität des Bösen, Frankfurt 2011.

59 Horkheimer/Adorno, Dialektik der Aufklärung.

60 ‹https://de.wikipedia.org/wiki/Idiot#cite_note-Parker-2›; siehe auch Walter C. Parker, Teaching Against Idiocy, 2005.

61 ‹https://www.pewresearch.org/fact-tank/2019/07/09/u-s-newsroom-employment-has-dropped-by-a-quarter-since-2008/›.

62 ‹https://onlinemarketing.de/unternehmensnews/us-werbemarkt-amazon-waechst-facebook-google-verlieren-marktanteile›.

63 ‹https://www.emarketer.com/content/global-digital-ad-spending-2019›.

64 Lutz Frühbrodt/Annette Floren, Unboxing YouTube, Im Netzwerk der Profis und Profiteure, S. 12 f.
‹https://www.otto-brenner-stiftung.de/fileadmin/user_data/stiftung/02_Wissenschaftsportal/03_Publikationen/AH98_YouTube.pdf›.

65 Lutz Frühbrodt, Annette Floren, Unboxing YouTube. Im Netzwerk der Profis und Profiteure, ‹https://www.otto-brenner-stiftung.de/fileadmin/user_data/stiftung/02_Wissenschaftsportal/03_Publikationen/AH98_YouTube.pdf›.

66 Ebd. S. 6.

67 Ebd. S. 6.

68 Ebd. S.1.

69 ‹https://www.niemanlab.org/2018/03/google-announces-a-300m-google-news-initiative-though-this-isnt-about-giving-out-grants-directly-to-newsrooms-like-it-does-in-europe/›.

70 ‹https://www.heise.de/newsticker/meldung/Facebook-investiert-300-Millionen-Dollar-in-Journalismus-4277285.html›.

71 ‹https://facebookjournalismproject.com›, abgerufen am 8.9.2019.

72 ‹https://trends.builtwith.com/analytics/Google-Analytics›.

73 ‹https://digitalcontentnext.org/wp-content/uploads/2018/08/DCN-Google-Data-Collection-Paper.pdf›.

74 Die Financial Times berichtete im Juni 2019 darüber; hier die E-Mail im Volltext: ‹https://netzpolitik.org/2018/citizen-google-wie-ein-konzern-den-journalismus-dominiert/›.

75 Ebd.

76 Alexander Fanta, Citizen Google. Wie ein Konzern Journalismus dominiert, 26.9.2018 ‹https://netzpolitik.org/2018/citizen-google-wie-ein-konzern-den-journalismus-dominiert/›.

77 ‹https://reutersinstitute.politics.ox.ac.uk/risj-review/google-and-university-oxford-agree-extension-support-digital-news-project-august-2020›; siehe auch ‹https://promarket.org/if-journalists-want-to-save-journalism-they-should-stop-asking-google-for-money/›.

78 ‹https://cdn.netzpolitik.org/wp-upload/2018/09/google-dni-email-on-copyright.pdf›.

79 Ebd.

80 ‹https://newsinitiative.withgoogle.com/hownewsworks/approach/›.

81 ‹https://qz.com/329211/google-is-now-a-more-trusted-source-of-news-than-the-websites-it-aggregates/›.

82 ‹https://www.edelman.com/sites/g/files/aatuss191/files/2019-02/2019_Edelman_Trust_Barometer_Executive_Summary.pdf›.

83 ‹https://www.hurraki.de/wiki/Ungooglebar›.

84 ‹https://www.spiegel.de/netzwelt/netzpolitik/ogooglebar-ungooglebar-google-aergert-schwedischen-sprachrat-a-891120.html›.

85 ‹https://www.diepresse.com/1380874/schweden-streicht-ungooglebar-aus-worterbuch›.

86 ‹https://meedia.de/2019/08/20/news-tab-fuer-seinen-neuen-medien-bereich-will-facebook-sogar-echte-journalisten-einstellen/›.

87 ‹https://www.funkemedien.de/de/karriere/termine/FUNKE-Digital-startet-eigenen-Hackathon-Lasst-die-Maschinen-sprechen›.

88 ‹https://funkemedien.wordpress.com/2018/09/27/stephan-turm-ki-wird-bei-funke-in-nischenthemen-eingesetzt/›; ‹https://www.ndr.de/nachrichten/netzwelt/Kuenstliche-Intelligenz-im-Journalismus-,kuenstlicheintelligenz128.html›.

89 ‹https://www.derstandard.at/story/2000088145864/funke-digitalchef-thurm-robotertexte-sind-einheitsbrei›.

90 ‹https://www.sueddeutsche.de/medien/ki-journalismus-fehler-1.4539688›.

91 Siehe dazu: ‹www.retresco.de›.

92 ‹https://www.welt.de/kmpkt/article183541038/Kuenstliche-Intelligenz-In-China-verkuenden-nun-die-ersten-Roboter-die-Nachrichten.html›.

93 ‹https://www.heise.de/tr/artikel/Kuenstliche-Intelligenz-Fortsetzung-folgt-4403643.html›, abgerufen am 4.9.2019.

94 ‹https://www.heise.de/tr/artikel/Kuenstliche-Intelligenz-Fortsetzung-folgt-4403643.html›, abgerufen am 4.9.2019.

95 Ebd., zitiert nach heise.de.

96 ‹https://www.foreignaffairs.com/articles/2019-08-02/not-your-fathers-bots›.

97 Auf dieser Seite kann man das Verfahren testen: ‹https://talktotransformer.com›.

98 Zitiert nach: ‹https://www.heise.de/tr/artikel/Fake-News-zu-50-Prozent-perfekt-4512589.html›.

99 Ebd. »Die gestaffelte Veröffentlichung von GPT-2 war ein nützliches Experiment«, sagt etwa Peter Eckersley, Forschungsleiter bei der Partnership on AI, zu der auch OpenAI als Mitglied gehört.

100 Siehe ebd. S. 79 f.

101 Siehe dazu: ‹https://www.trendingtopics.at/diese-app-produziert-realistische-deepfake-videos-in-sekunden-und-ist-in-china-ein-viraler-hit/›.

102 Simon Hutz, Fox News und Photoshop sind gefährlicher als Deep Fake, Süddeutsche Zeitung, 30.7.2019: ‹https://www.sueddeutsche.de/digital/deep-fake-video-faelschung-1.4541336›.

103 Siehe dazu das Interview mit Matt Turek, dem Leiter des Darpa-Medifor Programmes in: Sehen Sie genau hin, Süddeutsche Zeitung 10.1.2019, ‹https://www.sueddeutsche.de/digital/video-foto-deepfake-photoshop-faelschen-1.4280713›.

104 Siehe z.B. das Video, das zeigte, wie die LA Police den farbigen Rodney King miss-handelte, was die LA Riots 1991 auslöste.

105 ‹http://www.research.ibm.com/artificial-intelligence/project-debater/›.

106 Siehe u. a. den Bericht bei Heise.de: ‹https://www.heise.de/newsticker/meldung/US-Justiz-Algorithmen-benachteiligen-systematisch-Schwarze-3216770.html›.

107 Zum Begriff des Bullshit siehe Harry Frankfurt, On Bullshit, 2005.

108 Wir nehmen hier und im Folgenden Bezug auf Romy Jaster, David Lanius, Die Wahr-heit schafft sich ab. Wie Fake News Politik machen, 2019, die in ihrem Titel ironisch auf Thilos Sarrazins Bestseller »Deutschland schafft sich ab« Bezug nehmen.

109 Jaster, Lanius, a. a. O. S. 20.

110 ‹http://i2.cdn.turner.com/cnn/2010/images/08/04/rel10k1a.pdf›.

111 So der Stand am 13.12.2019 laut Glenn Kessler. ‹https://www.washingtonpost.com/politics/2019/12/13/biggest-pinocchios/›.

112 Zitiert nach Jaster, Lanius, a. a. O. S.15.
113 Zitiert nach ‹https://www.cicero.de/kultur/politik-und-wahrheit-willkommen-in-der-postfaktischen-welt›.
114 Siehe dazu Maren Urner: Schluss mit dem täglichen Weltuntergang: Wie wir uns gegen die digitale Vermüllung unserer Gehirne wehren, 2019.
115 Quelle: ‹https://www.faz.net/aktuell/wirtschaft/diginomics/sean-parker-ueber-facebooks-nutzer-manipulation-15286051.html›, sowie ‹https://www.sueddeutsche.de/digital/silicon-valley-liebe-menschheit-es-tut-uns-leid-1.3866283-4›.
116 ‹https://www.sciencedirect.com/science/article/pii/S0166432817305090›.
117 ‹https://humanetech.com›.
118 So Harris in: Simon Hurtz, Liebe Menschheit, es tut uns leid, ‹https://www.sueddeutsche.de/digital/silicon-valley-liebe-menschheit-es-tut-uns-leid-1.3866283-3›.
119 S. C. Matza, M. Kosinskib,, G. Navec , D. J. Stillwelld, Psychological targeting as an effective approach to digital mass persuasion, ‹https://www.pnas.org/content/pnas/114/48/12714.full.pdf›.
Siehe zur Geschichte dieser Forschung: ‹https://www.tagesanzeiger.ch/ausland/europa/diese-firma-weiss-was-sie-denken/story/17474918›.
120 So die Forschungsergebnisse von Michael Kosinski, Wu Youyou, David Stillwell, ‹https://www.gsb.stanford.edu/insights/michal-kosinski-computers-are-better-judges-your-personality-friends›; siehe dazu auch Kapitel E 3.
121 Zitiert nach Patrick Beuth, Die Luftpumpen von Cambridge Analytica, Die Zeit, 7.3.2017 ‹https://www.zeit.de/digital/internet/2017-03/us-wahl-cambridge-analytica-donald-trump-widerspruch›.
122 Siehe dazu Interview von Savannah Guthrie on NBC Today mit Christopher Wylie, Cambridge Analytica whistleblower says company worked with Corey Lewandowski, Steve Banon, 19.3.2018, ‹https://www.today.com/video/cambridge-analytica-whistleblower-says-the-company-worked-with-trump-campaign-strategist-and-steve-bannon-1189326915651›; und Barbara Ortutay und Anick Jesdanun, How Facebook likes could profile voters for manipulation, AP, 20.3.2018, ‹https://apnews.com/d9f09ec7b1864edd8c04bb7535c14643/Facebook-data-whistleblower:-'fake-news-to-the-next-level'›.
123 Ebd.
124 Der Bericht lässt sich online abrufen: ‹https://publications.parliament.uk/pa/cm201719/cmselect/cmcumeds/1791/1791.pdf›.
125 ‹https://www.deutschlandfunk.de/untersuchungsbericht-zu-facebook-massive-rechtsverstoesse.2907.de.html?dram:article_id=441494›.
126 Ebd. Anm 410.
127 Fresh Cambridge Analytica leak shows global manipulation is out of control, The Guardian, 6.1.2020, ‹https://www.theguardian.com/uk-news/2020/jan/04/cambridge-analytica-data-leak-global-election-manipulation›.
128 So Moore im ZDF, Heute in Europa, 10.12.2019.
129 ‹https://www.deutschlandfunk.de/politik-4-0-online-manipulation-der-waehler.684.de.html?dram:article_id=373640›.
130 Ebd.
131 ‹https://www.deutschlandfunk.de/politik-4-0-online-manipulation-der-waehler.684.de.html?dram:article_id=373640›.

132 Roger McNamee, ein früher Facebook-Investor, hat den Zusammenhang von Werbe-modell, der Bedrohung von Gesundheit und Demokratie deutlich beschrieben: ‹https://www.theguardian.com/commentisfree/2017/nov/11/facebook-google-public-health-democracy›.

133 Georg Franck, Ökonomie der Aufmerksamkeit. Zur Aufmerksamkeitsökonomie im Digitalen, siehe auch ‹https://web.archive.org/web/20110429190002/http://www.heise.de/tp/artikel/6/6195/1.html›.

134 Niklas Luhmann, Vertrauen: Ein Mechanismus der Reduktion sozialer Komplexität, 2000.

135 Siehe auch Andreas Dörner, Politische Kultur und Medienunterhaltung. Zur Insze-nierung politischer Identitäten in der amerikanischen Film- und Fernsehwelt, 2000.

136 Die Gefahr, die für eine sachliche, authentische und sorgfältig recherchierte Infor-mation der Öffentlichkeit durch die ökonomische Zwänge des Internets entstehen, hat auch das BVerfG erkannt, wenn es für öffentlich-rechtliche Angebote eine »an-dere Entscheidungsrationalität als die Masse an Klicks« fordert siehe: BVerfG, Urteil des Ersten Senats vom 18.7.2018 - 1 BvR 1675/16, 1 BvR 981/17, 1 BvR 836/17, 1 BvR 745/17 - Rn. (1 - 157), ‹http://www.bverfg.de/e/rs20180718_1bvr167516.html›.

137 Siehe Tristan Harris, Time well spent, Center for humane technology, An Introduc-tion to our work, Video, abgerufen am 20.12.2019 unter: ‹https://humanetech.com/›.

138 ‹https://www.youtube.com/watch?v=eFQT0Gceb4E›.

139 Siehe dazu Mireille Hildebrandt: Law for computer Scientists; ‹https://lawforcomputerscientists.pubpub.org›, sowie Janina Loh, Roboterethik. Eine Einführung, 2019.

140 Siehe dazu Ernst Bloch, Naturrecht und menschliche Würde, Frankfurt 1961.

141 Siehe dazu Janina Loh, Roboterethik. Eine Einführung, Berlin 2019.

F Gegenentwurf und Selbstvergewisserung

1 WIRED Interview ‹https://www.wired.com/story/will-artificial-intelligence-enhance-hack-humanity/›.

2 Zitiert nach Sandkühler, Natur und Geschichtlicher Prozess, Studien zu Schelling, 1984.

3 C. P. Snow, Die zwei Kulturen, 1959. In: Helmut Kreuzer (Hrsg.): Die zwei Kulturen. Literarische und naturwissenschaftliche Intelligenz. C. P. Snows These in der Dis-kussion, 1987.

4 »Ich bin also der Meinung, die Probleme im wesentlichen endgültig gelöst zu haben. Und wenn ich mich hierin nicht irre, so besteht nun der Wert dieser Arbeit zweitens darin, dass sie zeigt, wie wenig damit getan ist, dass die Probleme gelöst sind.« Witt-genstein, Tractaus logico-philosophicus, Vorwort, S. 8.

5 M. Gabriel, Der nächste Fortschritt, Süddeutsche Zeitung, 25.10.2019, S. 11.

6 Siehe hierzu und im Folgenden Jean-Pierre Vernant, Die Entstehung des griechischen Denkens, 1982.

7 Ebd. S.9.

8 Ebd. S. 42.

9 Ebd. S. 43.

10 Ebd. S. 47.

11 Damit und auch mit der ähnlichen Metapher des »Gerichtshofes der Vernunft« setzt Kant sich vom biblischen Bild des »Richterstuhls Gottes« oder des »Richterstuhls Christi« ab. Vernunft soll an die Stelle der Offenbarung treten, so das Programm der Aufklärung in Antike und Neuzeit.

12 Hannah Arendt, Vita Activa, S. 35.
13 Ebd.
14 Ebd. S. 73.
15 Zitiert nach Arendt, a. a. O. S. 36.
16 Aristoteles, Politik, 1253a1-11.
17 Jean-Pierre Vernant, Die Entstehung des griechischen Denkens, S. 48.
18 Siehe den Anfang der Illias: »Göttin, besinge die tödliche Wut des Peliden Achilleus, die den Achaiern tausendfältige Leiden bescherte.« Homer, a. a. O. Iliias, S. 3.
19 Vernant, a. a. O. S. 64.
20 Ebd. S. 105.
21 Ebd. S. 125.
22 Habermas/Ratzinger, Dialektik der Säkularisierung, S. 15 ff., siehe auch Jürgen Habermas, Auch eine Geschichte der Philosophie, 2019.
23 Ebd. S. 29.
24 Ebd. S. 32.
25 Siehe dazu Habermas, Ach Europa, S.140.
26 Kant, Werkausgabe, Bd. VIII, S. 131 ff.
27 Habermas, Auch eine Geschichte der Philosophie, Bd. 1 S. 32.
28 Kant, Werkausgabe Bd. V, S. 280.
29 Kant, Werkausgabe Bd. V, S. 282 f.
30 Herbert Schnädelbach, Philosophie, Ein Grundkurs, Bd. 1, S. 92.
31 Kant, Idee zu einer allgemeinen Geschichte in weltbürgerlicher Absicht, Sechster Satz , Werkausgabe Bd. XI, S. 41.
32 Kant, Was heißt, sich im Denken orientieren? Theorie Werkausgabe, Hrsg. W. Weischedel, Bd. V, S. 281.
33 Kant, Was heißt: Sich im Denken orientieren? Werkausgabe, Bd. V, S. 281.
34 Kant, Die Metaphysik der Sitten. Zweiter Teil: Metaphysische Anfangsgründe der Tugendlehre, Werkausgabe Bd. VIII, S. 600.
35 Kant, Kritik der reinen Vernunft, Werkausgabe Bd. II, Kapitel 37 § 16, S. 136.
36 Siehe Interview Kurzweil/Minsky : Kurzweil Interviews Minsky: Is Singularity Near? 14.7.2014
    ‹https://www.youtube.com/watch?v=RZ3ahBm3dCk›.
37 Kant, Anthropologie in pragmatischer Absicht, Von der Originalität des Erkenntnisvermögens, Werkausgabe Bd. XII, S. 544.
38 Das Origilal Zitat bei Goethe lautet:
    »Verachte nur Vernunft und Wissenschaft,
    Des Menschen allerhöchste Kraft,
    Laß nur in Blend- und Zauberwerken
    Dich von dem Lügengeist bestärken,
    So hab ich dich schon unbedingt«
    Die Botschaft des Teufels in Richtung auf Faust, der bereit ist, seine Seele gegen die Lust des Augenblicks zu tauschen: Der Verzicht auf die Vernunft wird dich mir ganz sicher in die Hände treiben.
39 Hannah Arendt, Sokrates, Apologie der Pluralität, 2016.
40 Platon, Gorgias 482c.
41 Arendt, Sokrates, S. 59.
42 Ebd. S. 53.
43 Arendt, Vita Activa, S. 341.
44 Ebd. S.113.
45 Habermas, Theorie des Kommunikativen Handelns, Bd. 1, S.7.

46 Schnädelbach, Rationalität, S. 12.

47 Siehe dazu: Joichi Ito: Resisting reduction, A Manifesto, 2017
    ‹https://jods.mitpress.mit.edu/pub/resisting-reduction›.

48 Siehe dazu: Thomas Meyer, Die Geschichte der Philosophie, Essay und Diskurs, DLF
    1.3.2020 ‹https://www.deutschlandfunk.de/die-geschichte-der-philosophie-
    juergen-habermas-und-die.1184.de.html?dram:article_id=468954›.

49 Pico della Mirandola, Über die Würde des Menschen, 1997.

50 Blaise Pascal, Gedanken, VI, 347.

51 Habermas, Strukturwandel, S. 194.

52 »Demokratie ist die schlechteste aller Regierungsformen – abgesehen von all den
    anderen Formen, die von Zeit zu Zeit ausprobiert worden sind.« - Zitiert von Hans
    Vorländer bei ‹bpb.de›.

53 Johannes Hoff, Transhumanismus als Symptom symbolischer Verelendung. Zur
    anthropologischen Herausforderung der Digitalen Revolution, in: Herzberg, Ste-
    phan, Watzka, Heinrich (Ed.): Schöne neue Welt, oder was kommt nach dem Men-
    schen?, 2020.

54 Julian Nida-Rümelin, Humanismus, 2016, S. 223.

55 Ebd.

56 Siehe dazu: Nida-Rümelin, Universalität und Partikularität,
    ‹https://www.philosophie.uni-muenchen.de/lehreinheiten/philosophie_4/
    dokumente/univers_und_part.pdf›.

57 Im Folgenden Bezug auf Dieter Birnbacher, Technik, in: Philosophie, hrsg. von Schä-
    delbach u. a., Bd. 2, S. 608 ff.

58 Ebd. S. 610.

59 Ebd. S. 636.

60 Der Brief ist u. a. hier nachzulesen:
    ‹http://www.ag-friedensforschung.de/themen/Atomwaffen/einstein.html›.

61 Prophet, Vater und Gegner der Atombombe, Markus C. Schulze von Drach, Süddeut-
    sche Zeitung, 6.8.2010, ‹https://www.sueddeutsche.de/wissen/serie-albtraum-atom-
    3-prophet-vater-und-gegner-der-bombe-1.983487-0#seite-5›.

62 Hans Jonas, Das Prinzip Verantwortung, 1979, S. 96.

63 Michael Baumüller, Stefan Baum: Gefahren der Digitalisierung, SZ-Gespräch mit Ar-
    min Grunwald, 57, der das Büro für Technikfolgen-Abschätzung beim Deutschen
    Bundestag (TAB) leitet, in: Süddeutsche Zeitung 29.1.2019,
    ‹https://www.sueddeutsche.de/wirtschaft/gefahren-der-digitalisierung-die-leute-
    merken-nicht-mehr-wie-fragil-das-system-ist-1.3842973-0#seite-4›.

64 Siehe dazu auch: Wissenschaftlicher Beirat der Bundesregierung (WBGU) Hauptgut-
    achten »Unsere gemeinsame digitale Zukunft«, 2019,
    ‹https://www.wbgu.de/de/publikationen/publikation/unsere-gemeinsame-
    digitale-zukunft›.

65 Jonas, a. a. O. S. 7.

66 Ebd. S. 31-32.

67 Ebd. S. 329.

68 Ebd. S. 36.

69 Ebd. S. 37.

70 Ebd. S. 31. Die Formulierung vom dienenden Teil erinnert an das berühmte Kapitel
    über Herrschaft und Knechtschaft in Hegels Phänomenologie des Geistes. Bei Hegel
    erkennt der Herr seine Abhängigkeit vom Knecht, während der Knecht erkennt, dass
    der Herr von ihm abhängt. Am Ende erkennen beide, dass sie nur in der Anerken-
    nung des jeweils anderen zu ihrer Identität und Bestimmung finden können.

71 Ebd. S. 216.

72 Ebd.

73 Ebd. S. 217.

74 Ein erster Schritt, aber nicht ausreichend, ist der Warnruf von Wissenschaftlern 2015 – Stephen Hawkings, Elon Musk, Max Tegmark, Stuart Russell und anderer, ‹https://futureoflife.org/ai-open-letter›, mit Anhang zu Forschungsprioritäten ‹https://futureoflife.org/data/documents/research_priorities.pdf?x69354›.

75 Siehe Art. 35 (3) a) DSGVO.

76 Praktische Beispiele für Elemente einer unternehmensinternen Technologiefolgenabschätzung für KI sind die Ethik Leitlinien der EU-Expertengruppe für eine vertrauenswürdige Künstlichen Intelligenz vom April 2019, ‹https://ec.europa.eu/futurium/en/ai-alliance-consultation/guidelines#Top›., die gegenwärtig einem Praxistest unterzogen werden;und der vom Omidyar-Netzwerk und dem Institute of the Future entwickelte Leitfaden, der unter folgendem Link verfügbar ist: ‹https://ethicalos.org/wp-content/uploads/2018/08/Ethical-OS-Toolkit-2.pdf›.

77 Iyad Rahwan u. a., Machine Behaviour, in: ‹https://www.nature.com/articles/s41586-019-1138-y.pdf›.

78 Andrian Kreye, Moral für Maschinen, in Süddeutsche Zeitung, 25.4.2019, ‹https://www.sueddeutsche.de/kultur/wissenschaftlicher-aufruf-moral-fuer-maschinen-1.4419702›.

79 Ausgangspunkt des Behaviorismus in den 1950er-Jahren war die Vorstellung, dass das menschliche Denken als Black Box betrachtet und daher nur das Verhalten des Menschen wissenschaftlich untersucht werden kann.»Behaviorismus ist die Theorie der Wissenschaft des menschlichen und tierischen Verhaltens. Das Gehirn wird dabei als»Black Box« angesehen, deren innere Prozesse nicht von Interesse sind. Verhalten wird als Ergebnis von verstärkenden und abschwächenden Faktoren aufgefasst.« ‹http://www.lernpsychologie.net/lerntheorien/behaviorismus›.

80 Siehe zum Projekt Machine behavior: ‹https://www.nature.com/articles/s41586-019-1138-y.pdf›, S. 479.

81 So Jonas in einem Radiointerview mit Wolf Scheller 1989, Quelle: ‹https://www.deutschlandfunkkultur.de/philosophie-aus-den-archiven-hans-jonas-ueber-die-tuecke.2162.de.html?dram:article_id=436666›.

82 ‹https://www.spiegel.de/spiegel/print/d-13680535.html›.

83 Jonas, a. a. O. S. 51.

84 So der Grünen-Vorsitzende Robert Habeck auf dem Parteitag im Dezember 2019.

85 So Ortwin Renn, Mit Sicherheit ins Ungewisse:»Aus diesem Grunde ist auch der wohlgemeinte Imperativ des Philosophen Hans Jonas wenig hilfreich. Jonas forderte die Gesellschaft auf, auf jede Technik zu verzichten, deren Folgen zu katastrophalen negativen Folgen führen könnten«, in: Aus Politik und Zeitgeschichte, 6-7/2014, S. 8. Abrufbar: ‹https://www.bpb.de/apuz/177759/mit-sicherheit-ins-ungewisse›.

86 H. Jonas, Das Prinzip Leben. Ansätze zu einer philosophischen Biologie (1966) 1997, S. 149.

87 Habermas, Theorie und Praxis, S. 357.

88 J. Rawls, Eine Theorie der Gerechtigkeit, 1975, S. 19.

89 Ottfried Höffe, Sittlichkeit als Rationalität des Handelns?, in: Schnädelbach, Rationalität, S. 144 und S. 147.

90 Zitiert nach ebd. S. 144.

91 Ebd. S. 145.

92 Ebd. S. 145.

93 Ebd. S. 162.

94 Sarah Spiekermann, Digitale Ethik, 2019, S. 30 ff.
95 Siehe dazu Michael J. Sandel, Plädoyer gegen die Perfektion. Ethik im Zeitalter der genetischen Technik, 2008.
96 A. Wulff: Alexander von Humboldt, 2016, S. 59.
97 Ebd. S. 84.
98 Ebd. S. 87.
99 René Descartes, Über die Methode, VI, 2.
100 A. Wulff, a. a. O. S. 92.
101 Ebd. S. 102.
102 Ebd. S. 121.
103 Zitiert nach ebd. S. 123.
104 Ebd. S. 309.
105 Wilhelm von Humboldt, Von der Natur der Sprache und ihrer Beziehungen auf den Menschen im Allgemeinen, Werke, Bd. 3, S. 191.
106 Wulff, a. a. O. S. 253.
107 Herbert Schnädelbach unterscheidet entsprechend das ontologische, mentalistische und linguistische Paradigma der Philosophie, siehe E. Martens, H. Schnädelbach, Philosophie, Bd. 1, S. 46 ff.
108 Vortrag Hans-Peter Dürr, Warum es ums Ganze geht, Neues Denken für eine Welt im Umbruch, 2011: ‹https://www.youtube.com/watch?v=RKma6xCTIBE›.
109 »Uns als Nichtpolitikern wird man die Berechtigung dazu abstreiten wollen; unsere Tätigkeit, die der reinen Wissenschaft und ihrer Anwendung gilt und bei der wir viele junge Menschen unserem Gebiet zuführen, belädt uns aber mit einer Verantwortung für die möglichen Folgen dieser Tätigkeit. Deshalb können wir nicht zu allen politischen Fragen schweigen.« Der komplette Text des »Göttinger Manifests der Göttinger 18« kann hier nachgelesen werden: ‹https://www.uni-goettingen.de/de/text+des+g%c3%b6ttinger+manifests/54320.html›.
110 Anton Zeilinger, Einsteins Spuk, Teleportation und weitere Mysterien der Quantenphysik, 2007, S. 337.
111 Ebd.
112 Ebd. S. 336.
113 Ebd. S. 339.
114 Abwandlung der ersten Sätze des kommunistischen Manifestes von Marx/Engels: »Ein Gespenst geht um in Europa - das Gespenst des Kommunismus ... Der Kommunismus wird bereits von allen europäischen Mächten als eine Macht anerkannt ... Es ist hohe Zeit, dass die Kommunisten ihre Anschauungsweise, ihre Zwecke, ihre Tendenzen vor der ganzen Welt offen darlegen.«
115 Theodor W. Adorno, Erziehung zur Mündigkeit. Zur Aktualität der Kritischen Theorie, 1971; siehe auch Nina Rismal, Ends of Utopian Thinking, Dissertation, 2017.
116 Siehe u. a. Stuart Jeffries, Grand Hotel Abgrund, Die Frankfurter Schule und ihre Zeit, 2019.
117 So der US-amerikanische Musikkritiker Alex Ross am 5.12.2016 im New Yorker ‹https://www.newyorker.com/culture/cultural-comment/the-frankfurt-school-knew-trump-was-coming›.
118 So der amerikanische Originaltitel von Max Horkheimer, Zur Kritik der instrumentellen Vernunft, 1947.
119 James Bridle, New dark Age, Der Sieg der Technologie und das Ende der Zukunft, 2019.
120 Horkheimer, Adorno, Dialektik der Aufklärung, S. 19.

121 »Adorno liebte das Bild der Flaschenpost. Leo Löwenthal erzählte mir, daß Adorno einst mit Hanns Eisler und anderen Freunden der Emigration am Pazifik stand und seufzte: ›Ach, was ich jetzt möchte, ist: die Quintessenz meines Denkens auf einen Zettel schreiben, in eine Flasche stecken und in den Ozean werfen. Dann wird eines fernen Tages auf einer fernen Insel irgend jemand die Flasche finden und öffnen und lesen...‹ - ›Na was schon, Teddy? –: Mir ist so mies!‹ konterte Eisler.« Erzählt von Karl Markus Michel, zit nach Kerstin Stolt, Teddys Flaschenpost, Berlin 1995.

122 Horkheimer, Adorno, Dialektik, S. 188.

123 Ebd. S. 189.

124 Ebd. S. 181.

125 Ebd. S. 169.

126 Ebd. S.179.

127 Ebd. S. 179.

128 Ebd., Vorwort zur Neuauflage 1969, S. 9.

G   Was tun?

1 Lawrence Lessig, Republic lost, 2011 ⟨https://republic.lessig.org/⟩.

2 Heike Buchter, Black Rock, Eine heimliche Weltmacht greift nach unserem Geld, 2015.

3 Siehe u. a. Donald Trump is as bad as Vladimir Putin and Xi Jingping when it comes to Human Rights and Hate, Rights Group says, Christina Maza, 22.2.2018, Newsweek, ⟨https://www.newsweek.com/donald-trump-bad-vladimir-putin-and-xi-jinping-when-it-comes-human-rights-and-816073⟩.

4 ⟨https://www.ftc.gov/news-events/press-releases/2019/07/ftc-imposes-5-billion-penalty-sweeping-new-privacy-restrictions⟩.

5 FTC Chief Says He's Willing to Break Up Big Tech Companies, David McLaughlin, Bloomberg, 13.8.2019, ⟨https://www.bloomberg.com/news/articles/2019-08-13/ftc-chief-says-willing-to-break-up-companies-amid-big-tech-probe?⟩.

6 Here is how we can break up Big Tech, Elizabeth Warren, Medium, 8.3.2019, ⟨https://medium.com/@teamwarren/heres-how-we-can-break-up-big-tech-9ad9e0da324c⟩.

7 Momentum grows to break up big tech, as Amazon, Facebook, Google and Apple face scrutiny, Ben Fox Rubin, Marguerite Readon, CNET, 14.6.2019, ⟨https://www.cnet.com/news/momentum-grows-to-break-up-big-tech-as-amazon-facebook-google-and-apple-face-scrutiny/⟩;
It's time to break up Facebook, Chris Hughes, New York Times, 9.5.2019, ⟨https://www.nytimes.com/2019/05/09/opinion/sunday/chris-hughes-facebook-zuckerberg.html⟩;
Casey Newton, 14.5.2019, More Democrats are considering a breakup of Facebook, Joe Biden and Kamala Harris are the latest to say they are thinking about it, ⟨https://www.theverge.com/interface/2019/5/14/18622442/facebook-breakup-joe-biden-kamala-harris-democrats-chris-hughes⟩;
Tim Wu: Warum Facebook zerschlagen werden sollte, Maximilian Henning, Netzpolitik.org, 11.6.2019, ⟨https://netzpolitik.org/2019/tim-wu-warum-facebook-zerschlagen-werden-sollte/⟩.

8 Siehe aber zu den Gegenstimmen: Don't break up Facebook and Google based on these three myths, Bhaskar Chakravorti, Fastcompany, 20.7.2019, ⟨https://www.fastcompany.com/90379246/dont-break-up-big-tech-based-on-these-three-myths⟩; Break Up Big Tech? Some Say Not So Fast, Louise Matsakis,

Wired, 6.7.2019, ‹https://www.wired.com/story/break-up-big-tech-antitrust-laws/›.

9   Poll: Two-thirds of Americans want to break up companies like Amazon and Google,
    Emily Stewart, Vox, 18.9.2019, ‹https://www.vox.com/policy-and-politics/2019/9/
    18/20870938/break-up-big-tech-google-facebook-amazon-poll›; siehe aber auch Poll:
    Most Americans not interested in new regulations for big tech companies, Matthew
    Sheffield, 19.3.2019, The Hill,‹https://thehill.com/hilltv/what-americas-thinking/
    433482-poll-americans-not-interested-in-extra-regulations-for-big-tech›.

10 ‹https://theharrispoll.com/axios-harrispoll-100/›.

11 This Man May Be Big Tech's Biggest Threat, Steve Lohr, New York Times, 8.12.2019,
    ‹https://www.nytimes.com/2019/12/08/technology/David-Cicilline-antitrust-tech.html›.

12 23.7.2018, Potential Policy Proposals for Regulation of Social Media and Technology
    Platforms, ‹https://www.warner.senate.gov/public/_cache/files/d/3/d32c2f17-cc76-
    4e11-8aa9-897eb3c90d16/65A7C5D983F899DAAE5AA21F57BAD944.social-media-
    regulation-proposals.pdf›.

13 ‹https://www.fastcompany.com/90378278/this-senator-was-big-techs-friend-but-
    is-now-its-greatest-threat›.

14 Smith, Tools and Weapons, S. 252.

15 Siehe etwa ‹https://www.nytimes.com/series/new-york-times-privacy-project›;
    sehr früh schon ‹https://www.wsj.com/news/types/what-they-know›.

16 America's Top Foundations Bankroll Attack on Big Tech, David McCabe, 10.12.2019,
    New York Times ‹https://www.nytimes.com/2019/12/10/technology/americas-top-
    foundations-bankroll-attack-on-big-tech.html›.

17 ‹https://www.oecd.org/going-digital/ai/principles/› und ‹https://www.mofa.go.jp/
    files/000486596.pdf›, Annex I mit der Erklärung der G-20 Wirtschaftsminister; dazu
    auch: How Governments are beginnng to regulate AI, Madhumita Murgia, Siddarth
    Shrikanth, Financial Times, 30.5.2019, ‹https://www.ft.com/content/025315e8-
    7e4d-11e9-81d2-f785092ab560›.

18 White House launches tool to report censorship on Facebook, YouTube, Instagram,
    and Twitter, Makena Kelly, the Verge, 15.5.2019
    ‹https://www.theverge.com/2019/5/15/18626785/white-house-trump-censorsip-
    tool-twitter-instagram-facebook-conservative-bias-social-media›;
    ‹https://whitehouse.typeform.com/to/Jti9QH›.

19 ‹http://codev2.cc/›.

20 ‹https://law.stanford.edu/press/google-inc-pledges-2m-to-stanford-law-school-
    center-for-internet-and-society/›.
    David Lowery, Poker the Bear: The Sad Unraveling of Lawrence Lessig, The Trichordist,
    20.5.2018, ‹https://thetrichordist.com/2018/05/20/poker-the-bear-the-sad-unraveling-
    of-lawrence-lessig/›.

21 Interview mit Eric Guevara-Frey, RTS, 11.5.2019,
    ‹https://www.rts.ch/play/radio/tout-un-monde/audio/internet-et-la-democratie-
    interview-de-lawrence-lessig?id=10403960›.

22 Mark Zuckerberg, The internet needs new rules. Let's start in these four areas,
    30.3.2019, Washington Post, ‹https://www.washingtonpost.com/opinions/mark-
    zuckerberg-the-internet-needs-new-rules-lets-start-in-these-four-areas/2019/03/
    29/9e6f0504-521a-11e9-a3f7-78b7525a8d5f_story.html›.

23 Michael Hanfeld, Klingt das nicht gut? FAZ, 1.4.2019,
    ‹https://www.faz.net/aktuell/feuilleton/medien/zuckerbergs-aufruf-zur-regulierung-
    des-internets-16117634.html›; ders. Was erlauben Facebook? FAZ 26.6.2019,
    ‹https://www.faz.net/aktuell/feuilleton/debatten/warum-facebook-wirklich-nach-
    regulierung-ruft-16253951.html›.

24 Adrienne Fichter, 6.8.2019, Republik, Wenn Big Tech in Bern nach Regulierung ruft, ‹https://www.republik.ch/2019/08/06/wenn-big-tech-in-bern-nach-regulierung-ruft›.

25 At CES, Apple, Facebook and Amazon are preaching privacy. Don't believe the hype, Geoffrey Fowler, Washington Post, 8.1.2020, ‹https://www.washingtonpost.com/technology/2020/01/08/ces-apple-facebook-amazon-are-preaching-privacy-dont-believe-hype/›.

26 Brad Smith, Tools and Weapons, The promise and peril of the digital age, 2019.

27 Video-Gespräch »Brad Smith and Jonathan Zittrain on Privacy, Surveillance, and Rebuilding Trust in Tech, 14.11. 2014, The Berkman Klein Center for Internet & Society, ‹https://www.youtube.com/watch?v=WY7fuR3eG_0› ab 46. Minute.

28 Smith, Tools and Weapons, S. 295.

29 Europas fatale Abhängigkeit von Microsoft, Harald Schumann, Elisa Simantke, Tagesspiegel, 13.5.2017, ‹https://www.tagesspiegel.de/gesellschaft/cyber-attacken-auf-staatliche-it-europas-fatale-abhaengigkeit-von-microsoft/19628246.html›; Das Microsoft Dilemma – Europa als Softwarekolonie, ARD, Harald Schuman, Arpad Bondy, 19.2.2018, ‹https://www.youtube.com/watch?v=_ZaDuinGf2o›.

30 August 2019, Strategy+, PwC, ‹https://www.cio.bund.de/SharedDocs/Publikationen/DE/Aktuelles/20190919_strategische_marktanalyse.pdf?__blob=publicationFile› und die Erklärung des Innenministers dazu ‹https://www.bmi.bund.de/SharedDocs/pressemitteilungen/DE/2019/09/digitale-souveraenitaet-oeff-verwltg.html›; ‹https://www.sueddeutsche.de/politik/eu-und-usa-zugriff-auf-daten-1.4478757›.

31 Software as a Service bedeutet, dass das Programm selbst nicht mehr an Kunden verkauft wird, damit sie es auf ihren Computern nutzen können, sondern nur noch als Service von Cloud Servern unter der Kontrolle von Microsoft dem Kunden zur Nutzung zur Verfügung steht.

32 Diese Probleme gibt es, wenn Deutsche demnächst den Microsoft-Clouddienst nutzen, Larissa Holzki, Handelsblatt, 28.8.2019, ‹https://www.handelsblatt.com/technik/it-internet/it-branche-diese-probleme-gibt-es-wenn-deutsche-demnaechst-den-microsoft-clouddienst-nutzen/24949694.html›.

33 Smith, a. a. O. S. 52.

34 Ebd. S. 109 ff.

35 Das Verhandlungsmandat der EU Kommission in folgenden Dokumenten des EU Ministerrates: ‹https://data.consilium.europa.eu/doc/document/ST-9114-2019-INIT/en/pdf› und ‹https://data.consilium.europa.eu/doc/document/ST-9666-2019-INIT/en/pdf›.

36 The Filed Fix to NSL Gag Orders: How the Majority of National Security Letter Recipients Remain Gagged After USA FREEDOM, Andrew Crocker, Aaron Mackey, 13.12.2019, EFF, ‹https://www.eff.org/de/node/102065›.

37 ‹https://github.com/›; Github-Übernahme, Ein super Deal für Microsoft und den Rest, Sebastian Grüner, 5.6.2018, Golem.de, ‹https://www.golem.de/news/github-uebernahme-ein-super-deal-fuer-microsoft-und-den-rest-1806-134769.html›.

38 ‹https://www.redhat.com/de›; IBM kauft Redhat, Die riesige riskante Wette auf die Cloud, Sebastian Grüner, 30.10.2018, Golem.de, ‹https://www.golem.de/news/ibm-kauft-red-hat-die-riesige-verzweifelte-wette-auf-die-cloud-1810-137384.html›.

39 ‹https://edps.europa.eu/press-publications/press-news/press-releases/2019/edps-investigates-contractual-agreements›.

40 Das war ein sehr bedeutsamer Fall, Christian Ude im Gespräch mit Katrin Heise, 3.3.2018, DLF, ‹https://www.deutschlandfunkkultur.de/christian-ude-ueber-it-sicherheit-und-den-einfluss-von.1008.de.html?dram:article_id=412109›; Europas

fatale Abhängigkeit von Microsoft, Harald Schumann, Elisa Simantke, Tagesspiegel, 13.5.2017, ‹https://www.tagesspiegel.de/gesellschaft/cyber-attacken-auf-staatliche-it-europas-fatale-abhaengigkeit-von-microsoft/19628246.html›

41 Das Microsoft Dilemma: Europa als Software Kolonie, Harald Schumann, Arpad Bondy, ARD-Reportage, 19.2.2018, ‹https://www.youtube.com/watch?v=_ZaDuinGf2o›.

42 A better Internet is Waiting for us, Annalee Newitz, 30.11.2019, New York Times, ‹https://www.nytimes.com/interactive/2019/11/30/opinion/social-media-future.html›.

43 ‹https://www.csail.mit.edu/person/tim-berners-lee›.

44 ‹https://contractfortheweb.org/groups/›; ‹https://contractfortheweb.org/endorse-the-contract/endorse-as-an-individual/›.

45 Siehe dazu Eric Ries, The Lean Startup, 2011.

46 A cautionary tale for founders looking to launch a Startup with an MVP, Rand Fishkin, Quartz at Work, 16.5.2018, ‹https://qz.com/work/1277369/the-lean-startup-methodology-will-kill-your-reputation-if-youre-not-careful/›.

47 Smith, a. a. O. S. 296.

48 Castells, Manuel, Das Informationszeitalter, Bd. 1, Der Aufstieg der Netzwerkgesellschaft 2017

49 Siehe z.B. Berichte in Netzpolitik.org wie:»Unbeobachtet Mails lesen: So schützt Ihr Euch gegen Tracking-Pixel in Newslettern und Co.«, Lennart Mühlenmeier, Ingo Dachwitz, 14.7.2019, ‹https://netzpolitik.org/2019/unbeobachtet-mails-lesen-so-schuetzt-ihr-euch-gegen-tracking-pixel-in-newslettern-und-co/› und ‹https://www.eff.org/de/pages/tools›.

50 A turning point for Tech, Global Survey on digital regulation, Hogan Lovells, 2019, ‹https://www.hoganlovells.com/~/media/hogan-lovells/pdf/2019/2019_10_30_tmt-final_05319-tmt-study-09-tw-digital.pdf›.

51 Wichtige Anregungen und Ermutigung entnahmen die Autoren den Arbeiten von Professor Wolfgang Hoffmann-Riem, Re:claim autonomy, Die Macht digitaler Konzerne, 1.10.2017, ‹https://www.law-school.de/fileadmin/content/law-school.de/de/units/unit_affil_riem/pdf/418_Die_Macht_digitaler_Konzerne.pdf› und Hoffmann-Riem (Hrsg.), Big Data, Regulative Herausforderungen, 2018, ‹https://www.law-school.de/fileadmin/content/law-school.de/de/units/unit_affil_riem/pdf/61_Big_Data_2018.pdf›.

52 Zur weiter sinkenden Lohnsumme und steigenden Kapitaleinkünften in der digitalen Wirtschaft vergleiche Michael Seemann, Fünf beunruhigende Fragen an den digitalen Kapitalismus (Directors Cut), 10.6.2019, Blog Ctrl+Verlust; ‹http://www.ctrl-verlust.net/fuenf-beunruhigende-fragen-an-den-digitalen-kapitalismus-directors-cut/›.

53 ‹https://weizenbaum-institut.de/›.

54 ‹https://newsinitiative.withgoogle.com/›.
Die Google Webseite ‹https://www.newsgeist.org/› ist verschwunden. Berichte über Google Newsgeist finden sich hier: Erza Eeman, NewsGeist 2019 - what we talk about when we talk about news, Medium, 12.06.2019, ‹https://medium.com/shapes-ideas/newsgeist-2019-what-we-talk-about-when-we-talk-about-news-4ee22497b6ec›.
und ‹https://magna-events.gr/portfolio/newsgeist-2019/›.

55 ‹https://www.facebook.com/journalismproject›.

56 News Initiative: Wohin Googles Millionen für die Medien in Deutschland fließen, Ingo Dachwitz, Netzpolitik.org, 26.9.2018

‹https://netzpolitik.org/2018/news-initiative-wohin-googles-millionen-fuer-die-medien-in-deutschland-fliessen/›.

57 Richtlinie (EU) 2019/790 des Europäischen Parlaments und des Rates vom 17.4.2019 über das Urheberrecht und die verwandten Schutzrechte im digitalen Binnenmarkt und zur Änderung der Richtlinien 96/9/EG und 2001/29/EG, Abl L 130, 17.5.2019, S. 92–125, ‹http://data.europa.eu/eli/dir/2019/790/oj›.

58 EU-Leistungsschutzrecht droht schon vor dem Start zu scheitern, Alexander Fanta, 26.9.2019, ‹https://netzpolitik.org/2019/eu-leistungsschutzrecht-droht-schon-vor-dem-start-zu-scheitern/›; Europa unter Google – Schutzlos, Michael Hanfeld, FAZ, 28.9.2018, ‹https://www.faz.net/aktuell/feuilleton/medien/europa-unter-google-leistungsschutzlos-16406524.html›; »Raubrittertum«: Verlage beklagen sich erneut über Google, Timo Niemeier, DWDL, 24.102019, ‹https://www.dwdl.de/nachrichten/74653/raubrittertum_verlage_beklagen_sich_erneut_ueber_google/?utm_source=&utm_medium=&utm_campaign=&utm_term=›.

59 Vgl. Art. 9 DSGVO.

60 The death knell for local newspapers? It's perilously close, Margaret Sullivan, Washington Post, 22.11.2019, ‹https://www.washingtonpost.com/lifestyle/style/the-death-knell-for-local-newspapers-its-perilously-close/2019/11/21/e82bafbc-ff12-11e9-9518-1e76abc088b6_story.html›; Zeitungssterben – Das Jahr 2019 wird bitter, Markus Brauck, Spiegel online, 26.2.2019, ‹https://www.spiegel.de/kultur/gesellschaft/dumont-vom-zeitungssterben-und-einem-wankenden-geschaeftsmodell-kommentar-a-1255220.html›; siehe auch die Sammlung zum #Zeitungssterben bei der TAZ, ‹https://taz.de/Zeitungssterben/!t5028783/›.

61 ‹https://dafne-online.eu/news/conference-report/journalism-funding-in-europe/›; ‹https://medium.com/we-are-the-european-journalism-centre/six-ways-to-boost-media-philanthropy-in-europe-e3ffce78a0c6›; ‹https://www.alliancemagazine.org/feature/media-philanthropy-space-2017/›.

62 What Can Be Done? Digital Media Policy Options for Strengthening European Democracy, Rasmus Kleis Nielsen, Robert Gorwa, and Madeleine de Cock Buning, Reuters Institute, November 2019, ‹https://reutersinstitute.politics.ox.ac.uk/sites/default/files/2019-11/What_Can_Be_Done_FINAL.pdf›; siehe auch Paul Nemitz, Zangengriff von künstlicher Intelligenz und Populismus? – Demokratie und vierte Gewalt in Europa, in: Presse und Medienfreiheit in Europa – ein bedrohtes Grundrecht?, Center for Applied European Studies (CAES), 16.1.2019, ‹https://www.frankfurt-university.de/fileadmin/standard/Forschung/CAES/Dokumente/FRA-UAS_CAES_Presse-_und_Medienfreiheit_in_der_EU_ebook_01.pdf›.

63 ‹https://themarkup.org/›.

64 ‹https://www.rlp.de/de/regierung/staatskanzlei/medienpolitik/medienstaatsvertrag/› und dazu: Neue Spielregeln für Streamer, Google und Falschmeldungen, Daniel Laufer, Netzpolitik.org, 6.12.2019, ‹https://netzpolitik.org/2019/neue-spielregeln-fuer-streamer-google-und-falschmeldungen/› und: Gilt fürs Fernsehen, was fürs Netz gilt? Benedikt Frank, Süddeutsche Zeitung, 4.12.2019, ‹https://www.sueddeutsche.de/medien/medienstaatsvertrag-youtube-instagram-fernsehen-1.4708118›.

65 Das Deutsche Komitee für Elektrotechnik DKE - VDE arbeitet im Übrigen an einer Normierungsroadmap für Ethik in der Künstlichen Intelligenz ‹https://www.dke.de/de/arbeitsfelder/core-safety/ethik-und-kuenstliche-intelligenz›, die im April 2020 vorliegen soll, und entsprechenden Anwendungsregeln ‹https://www.dke.de/de/news/2019/referenzmodell-vertrauenswuerdige-ki-vde-anwendungsregel›; der VDE Entwickelt mit Partnern Anwendungsszenarien.

66 Facebook and Google: This is What an Effective Ad Archive API Looks Like, 27.3.2019, ‹https://blog.mozilla.org/blog/2019/03/27/facebook-and-google-this-is-what-an-effective-ad-archive-api-looks-like/›; siehe auch Laura Edelson u. a., An Analysis of United States Online Political Advertising Transparency, 12.2.2019, ‹https://arxiv.org/pdf/1902.04385.pdf›;
Siehe auch Alexander Fanta, Facebook macht ‹https://netzpolitik.org/2018/facebook-macht-seine-werbung-transparenter-aber-nur-ein-bisschen/›.

67 How a Facebook Employee Helped Trump Win—But Switched Sides for 2020, Deepa Setharaman, 23.11.2019, Wall Street Journal, ‹https://www.wsj.com/articles/how-facebooks-embed-in-the-trump-campaign-helped-the-president-win-11574521712›.

68 ‹https://www.lobbycontrol.de/2018/05/parteispenden-verdeckte-geldfluesse-in-millionenhoehe/›.

69 Europäische Cloud noch ohne technische Basis, Peter Welchering, Deutschlandfunk, 2.11.2019, ‹https://www.deutschlandfunk.de/projekt-gaia-x-europaeische-cloud-noch-ohne-technische-basis.684.de.html?dram:article_id=462421›.

70 ‹https://www.gartner.com/smarterwithgartner/gartner-top-10-strategic-technology-trends-for-2020/›.

71 Apple kauft für 200 Million Dollar ein Startup und investiert damit in einen Milliardenmarkt, Martin Coulter, Business Insider, 3.2.2020, ‹https://www.businessinsider.de/wirtschaft/apple-uebernimmt-ein-startup-das-als-milliardenbranche-bewertet-wird/›.

72 Why Apple and Microsoft are moving AI to the edge, Mohanbir Sawhney, Forbes, 27.1.2020, ‹https://www.forbes.com/sites/mohanbirsawhney/2020/01/27/why-apple-and-microsoft-are-moving-ai-to-the-edge/#73226a092570›.

73 Diesen Gedanken äußerte Michael Veale, ein britischer Rechtswissenschaftler im Bereich Recht und Digitalisierung, gegenüber Paul Nemitz auf einer Konferenz in Budapest 2019.

74 ‹https://go.forrester.com/blogs/predictions-2020-edge-computing/?›; ‹https://www.zdnet.com/article/predictions-2020-edge-computing-makes-the-leap/›; ‹https://www.forrester.com/report/Predictions+2020+Edge+Computing/-/E-RES157595›.

75 La revolucion 5 G, Manuel Castells, La Vanguardia, 30.3.2019, ‹https://www.lavanguardia.com/opinion/20190330/461329107516/la-revolucion-5g.html›.

76 ‹https://www.uni-potsdam.de/de/digitalisierung-prof-pousttchi/aktuelles/aktuelle-artikel/augsburger-allgemeine-interview-mit-prof-pousttchi.html›.

77 S. 133 ff. des Berichts der Datenethikkommission, 2019, ‹https://www.bmi.bund.de/SharedDocs/downloads/DE/publikationen/themen/it-digitalpolitik/gutachten-datenethikkommission.pdf?__blob=publicationFile&v=3›.

78 Sylvia Delcroix, Neil Lawrence, Bottom-up data Trusts: Disturbing the »one size fits all‹ approach to data governance, International Data Privacy Law, 1.10.2019, ‹https://doi.org/10.1093/idpl/ipz014›; ‹https://www.polypoly.eu/›; ‹https://theodi.org/article/what-is-a-data-trust/› und ‹https://www.slideshare.net/peterkwells/launch-of-odi-2019-data-trust-pilots-work›; ‹https://mydata.org/›; ‹https://hello.elementai.com/rs/024-OAQ-547/images/Data_Trusts_EN_201914.pdf›; ‹https://digitalpublic.io/› und ‹https://www.cigionline.org/articles/what-data-trust›; ‹https://radicalxchange.org/blog/posts/2019-10-24-uh78r5/›; ‹https://pacscenter.stanford.edu/research/digital-civil-society-lab/trusted-data-intermediaries/›; ‹https://www.midata.coop/en/home/›.

79 Dyland Walsh, How credit unions could help people make the most of personal data, 8.7.2019, MIT Sloane, Ideas made to matter, ‹https://mitsloan.mit.edu/ideas-made-to-matter/how-credit-unions-could-help-people-make-most-personal-data›.

80 Why Europe Needs Public Funding for Platform Development, Paul Nemitz, Arndt Kwiatkowsky, Delphi, 2.9.2019, ‹https://doi.org/10.21552/delphi/2019/2/9›.

81 Marc Andreessen, Why Software is eating the world, 20.8.2011, Wall Street Journal, ‹https://a16z.com/2011/08/20/why-software-is-eating-the-world/›.

82 ‹https://www.bundesregierung.de/breg-de/themen/digital-made-in-de/digitalen-staat-und-moderne-verwaltung-in-bund-und-laendern-ausbauen-1--1546670›.

83 Siehe ‹https://www.finanzen.bremen.de/digitalisierung/elfe_einfach_leistungen_fuer_eltern-60128› und Moritz Koch, Dietmar Neuerer, Das Ende der Papier-Ära: Wie die Bundesregierung den digitalen Aufbruch schaffen will, 9.10.2019, Handelsblatt, ‹https://www.handelsblatt.com/politik/deutschland/digitalstrategie-das-ende-der-papier-aera-wie-die-bundesregierung-den-digitalen-aufbruch-schaffen-will/25094234.html?ticket=ST-346561-13Wlr0q1XaTA6haw0J7D-ap1›.

84 Google's smart city: dystopian nightmare or model for the future?, Gilian Tett, Financial Times, 13.11.2019, ‹https://www.ft.com/content/9fbd70da-05a7-11ea-9afa-d9e2401fa7ca›; Siehe dazu ‹https://decodeproject.eu/› und ‹https://media.nesta.org.uk/documents/DECODE-2018_report-smart-cities.pdf›;‹https://ec.europa.eu/info/eu-regional-and-urban-development/topics/cities-and-urban-development/city-initiatives/smart-cities_en›; Ben Green, The smart enough city, Boston, 2019, ‹https://mitpress.mit.edu/books/smart-enough-city›; ‹https://colab-digital.de/koki/›, allerdings mit Finanzierung von Microsoft; Barcelona's Robin Hood of data: Francesca Bria, von Amy Lewin, 16.11.2018, Sifted.eu, ‹https://sifted.eu/articles/barcelonas-robin-hood-of-data-francesca-bria/›; Francesca Bria: Europa cannot rely on Silicon Valley, von Alicia Prager, Euractiv, 8.5.2019, ‹https://www.euractiv.com/section/digital/interview/sam-francesca-bria-europe-cannot-rely-on-silicon-valley/›.

85 Facebook in EU antitrust crosshairs over data collection, Foo Yun Chee, Reuters Technology News, 2.12.2019, ‹https://uk.reuters.com/article/us-eu-facebook-antitrust/facebook-in-eu-antitrust-crosshairs-over-data-collection-idUKKBN1Y625J›.

86 ‹https://en.wikipedia.org/wiki/List_of_mergers_and_acquisitions_by_Microsoft›; ‹https://en.wikipedia.org/wiki/List_of_mergers_and_acquisitions_by_Alphabet›; ‹https://en.wikipedia.org/wiki/List_of_mergers_and_acquisitions_by_Apple›; ‹https://en.wikipedia.org/wiki/List_of_mergers_and_acquisitions_by_Amazon›; ‹https://en.wikipedia.org/wiki/List_of_mergers_and_acquisitions_by_Facebook›.

87 Jacques Crémer, Yves-Alexandre de Montjoye, Heike Schweitzer, Competition Policy for the digital era, Europäische Kommission, 2019, ‹https://ec.europa.eu/competition/publications/reports/kd0419345enn.pdf›.

88 Referentenentwurf des Bundesministeriums für Wirtschaft und Energie vom 7.10.2019: Entwurf eines Zehnten Gesetzes zur Änderung des Gesetzes gegen Wettbewerbsbeschränkungen für ein fokussiertes, proaktives und digitales Wettbewerbsrecht 4.0 (GWB-Digitalisierungsgesetz), ‹https://www.d-kart.de/wp-content/uploads/2019/10/GWB-Digitalisierungsgesetz-Fassung-Ressortabstimmung.pdf›.

89 Neue Wettbewerbsregeln für die Plattformökonomie, Dominik Piétron und Marita Wiggerthale, Netzpolitik.org, 6.12.2019, ‹https://netzpolitik.org/2019/neue-wettbewerbsregeln-fuer-die-plattformoekonomie/›.

90 So die internationale Anwaltskanzlei Hogan Lovells in ihrem Kartellrechts-Radar vom Herbst 2019, ‹https://www.hoganlovells.com/~/media/germany_folder-for-german-team/newsletter/kartellrechts_radar_herbst_2019.pdf›.

91 ‹https://ec.europa.eu/digital-single-market/en/%20european-cloud-initiative›.

92 Altmaiers europäische Cloud soll Gaia-X heißen, Hendrik Wieduwilt, Julia Löhr, FAZ, 23.8.2019, ‹https://edition.faz.net/faz-edition/wirtschaft/2019-08-23/8148e6 69b76450868ca9d753ed4fecba/?GEPC=s5›.

93 Heinrich Popitz, Phänomene der Macht, 1992, S. 181.

94 4. Rundfunkentscheidung des ersten Senats, 4.11.1986. 1 BvF 1/84, BVerfGE 73, 118, ‹https://openjur.de/u/175210.html›.

95 Facebook is hiring journalists to curate its news tab, Annie Palmer, CNBC, 20.8.2019, ‹https://www.cnbc.com/2019/08/20/facebook-is-hiring-journalists-to-curate-its-news-tab.html›.

96 Siehe ausführlich dazu Frank Lobigs, Christoph Neuberger: Meinungsmacht im Internet und die Digitalstrategien von Medienunternehmen, Gutachten für die Kommission zur Ermittlung der Konzentration im Medienbereich (KEK), 2018, ‹https://www.kek-online.de/fileadmin/user_upload/KEK/Publikationen/Gutachten/ Meinungsmacht_im_Internet_ALM51_web_neu.pdf›, S. 69 ff.

97 How Facebook shot themselves in the foot in their Elizabeth Warren spat, Ellen Goodman, Karen Kornbluh, Guardian, 15.10.2019, ‹https://www.theguardian.com/commentisfree/2019/oct/15/facebook-elizabeth-warren-regulation›.

98 Das Medienkonzentrationsrecht ist nicht mehr zeitgemäß, Interview mit dem Vorsitzenden der Kommission zur Ermittlung der Konzentration im Medienbereich (KEK), Prof. Georgios Gounalakis, medienpolitik.net, 26.8.2018, ‹https://www.medienpolitik.net/2018/08/medienpolitikdas-medienkonzentrationsrecht-ist-nicht-mehr-zeitgemaess/›.
   Zur Tätigkeit der KEK siehe ‹https://www.kek-online.de/›.

99 Siehe dazu im bisherigen RSTV § 30 f. ‹https://www.die-medienanstalten.de/ fileadmin/user_upload/Rechtsgrundlagen/Gesetze_Staatsvertraege/ Rundfunkstaatsvertrag_RStV.pdf›.

100 Facebook backtracks after removing Warren ads calling for Facebook breakup, Christiano Lima, 11.3.2019 ‹https://www.politico.com/story/2019/03/11/facebook-removes-elizabeth-warren-ads-1216757›.

101 Siehe Keep Big Tech Out Of Finance Act-Entwurf: ‹https://www.congress.gov/bill/116th-congress/house-bill/4813?s=1&r=42›; ‹https://fortune.com/2019/11/19/big-tech-financial-regulations-banking/›; ‹https://www.marketsmedia.com/quick-take-will-keep-big-tech-out-of-finance-act-happen/›.

102 ‹https://datasociety.net/wp-content/uploads/2017/02/InBloom_feb_2017.pdf›.

103 Inge Graef, Data as essential facility, 2016, S. 154, ‹https://core.ac.uk/download/pdf/34662689.pdf›.

104 Weiter Ansätze zur Verpflichtung zu Interkonnektivität und der Ermöglichung dynamischer Datenportabilität: ‹https://antitrustdigest.net/stigler-center-university-of-chicago-report-on-digital-platforms/›; ‹https://som.yale.edu/news/2019/05/prof-fiona-scott-morton-leads-call-for-greater-competition-among-digital-platforms›; ‹https://assets.publishing.service.gov.uk/government/uploads/system/uploads/ attachment_data/file/785547/unlocking_digital_competition_furman_review_ web.pdf›; ‹https://ec.europa.eu/competition/publications/reports/kd0419345enn.pdf›;

‹https://www.wettbewerbsrecht-40.de/KW40/Redaktion/DE/Artikel/kommission-wettbewerbsrecht-4-0.html›.

105 Detailliert dazu und zu bereits bestehenden Open-Source-Systemen der Vernetzung zwischen Netzwerken: Dominik Piétron, Digitale Souveränität durch Interoperabilität, FES WISO Direkt 24/2019, ‹http://library.fes.de/pdf-files/wiso/15852.pdf›.

106 Joanna Bryson, jetzt Professorin an der Hertie School of Governance in Berlin, erinnerte daran in ihrem Vortrag »We all have a role to play: Games and AI Ethics, IEEE Conference on computational intelligence in games (CIG)«, New York University, 25-27.8.2017, ‹http://www.cs.bath.ac.uk/~jjb/ftp/Bryson%20CogX%20Ethics%20Keynote%20London%20June%202018%20Ethics.pdf›, zur allgemeinen Einführung siehe auch The Artificial Intelligence of the Ethics of Artificial Intelligence: An Introductory Overview for Law and Regulation Joanna J. Bryson July 28, 2019, in: M. Dubber, F. Pasquale, S. Das (Eds.), The Oxford Handbook of Ethics of Artificial Intelligence, erscheint 2020, ‹http://www.cs.bath.ac.uk/~jjb/ftp/Bryson19AIforLawofAI.pdf›.

107 Eine Zusammenfassung von Robotik und KI-Ethik: Teil 1 Grundsätze, 23.12.2017, ‹http://alanwinfield.blogspot.com/2017/12/a-round-up-of-robotics-and-ai-ethics.html›.

108 ‹http://ec.europa.eu/research/ege/pdf/ege_ai_statement_2018.pdf›.

109 Ethik, Leitlinien für eine vertrauenswürdige KI, Hochrangige Expertengruppe für künstliche Intelligenz, 8.4.2019, ‹https://ec.europa.eu/digital-single-market/en/news/ethics-guidelines-trustworthy-ai›.

110 Gutachten der Datenethikkommission, 23.10.2019, ‹https://www.bmjv.de/SharedDocs/Downloads/DE/Themen/Fokusthemen/Gutachten_DEK_DE.pdf?_blob=publicationFile&v=5› und zum Hintergrund ‹https://www.bmjv.de/DE/Themen/FokusThemen/Datenethikkommission/Datenethikkommission_node.html›.

111 ‹https://www.ieee.org/›.

112 IEEE, Ethically Aligned Design, First Edition, 2019, ‹https://standards.ieee.org/content/dam/ieee-standards/standards/web/documents/other/ead1e.pdf?utm_medium=undefined&utm_source=undefined&utm_campaign=undefined&utm_content=undefined&utm_term=undefined›; zum Hintergrund ‹https://ethicsinaction.ieee.org/› und weiterführend ‹https://ethicsstandards.org/p7000/›.

113 Zur Einführung Josef Drexl, Wirtschaft, Gesellschaft und Recht im digitalen Wandel, 7.12.2019, ‹https://www.badw.de/fileadmin/user_upload/Files/BADW/0Jahrfeier/Festvortrag_2019_Josef_Drexl.pdf› und mit detaillierten Vorschlägen Mario Martini, Blackbox Algorithmus – Grundfragen einer Regulierung Künstlicher Intelligenz, 2019; und Mireille Hildebrandt, Law for Computer Scientists, 2019, ‹https://lawforcomputerscientists.pubpub.org/user/mireille-hildebrandt›.

114 Jo Eric Khushal Murkens betrachtete das Urteil des britischen High Court zu Entscheidungen über Brexit, die nicht allein in den Händen der Regierung liegen, sondern Westminster ein Mitspracherecht bei der Anwendung des Grundsatzes der Wesentlichkeit einräumen, siehe Brexit-Entscheidung des High Court: Eine Lektion im Verfassungsrecht für die britische Regierung, in: Verfassungsblog - Zu verfassungsrechtlichen Fragen, 3.11.2016, abrufbar unter ‹https://verfassungsblog.de/the-high-courts-brexit-decision-a-lesson-in-constitutional-law-for-the-uk-government/›; zum Prinzip der Wesentlichkeit im deutschen, US-amerikanischen und EU-Recht siehe Johannes Saurer, EU-Agenturen 2.0: die neue Verfassung der supranationalen Verwaltung außerhalb der EU-Kommission, in: Vergleichendes Verwaltungsrecht: Zweite Ausgabe 2017, hrsg. von Susan Rose-Ackerman, Peter L. Lindseth, Blake Emer-

son, S. 619-628; weitere aktuelle Beispiele in der Rechtsprechung des EuGH sind die Urteile in den Rechtssachen C-355/10, ECLI:EU:C:2012:516, European Parliament v. Rat, Abs. 64 ff., mit weiterem Präzedenzfall, verfügbar unter ‹https://eur-lex.europa.eu/legal-content/EN/TXT/?qid=1534186617433&uri=CELEX:62010CJ0355›, und C-293/12 und 594/12/, ECLI:EU:C:2014:238, Digital Rights Ireland, Abs. 54 ff., verfügbar unter ‹http://curia.europa.eu/juris/documents.jsf?num=C-293/12›.

115 Microsoft Says AI Advances Will Require New Laws, Regulations, Dina Bass, Bloomberg, 18.1.2018, ‹https://www.bloomberg.com/news/articles/2018-01-18/microsoft-says-ai-advances-will-require-new-laws-regulations›.

116 Von Mattias Kumm geprägter Begriff, »The Cosmopolitan Turn in Constitutionalism«: An Integrated Conception of Public Law'[2013] 20 Indiana J Glob-al Legal Studies 605; vgl. zur Rolle dieser Formel im und für das Völkerrecht Mattias Kumm, »Constituent Power, Cosmopolitan Constitutionalism, and Post-Positivist Law« [2016] 14 Int J Constitutional L 697.

117 Russell, a. a. O. S. 172 ff.

118 Datenethikkommission, a. a. O. S. 163 -182.

119 Siehe Details unter ‹http://ec.europa.eu/newsroom/just/item-detail.cfm?item_id=615947›.

120 Datenethikkommission, a. a. O. S. 219 ff.

121 Timothy Snyder, Der Weg in die Unfreiheit, Russland, Europa, Amerika, 2018, S. 239 ff.

122 Statt vieler: ‹https://digitalcourage.de/ueberwachungsgesamtrechnung/sammlung›; ‹https://epicenter.works/thema/ueberwachungsgesamtrechnung›.

123 National Security Commission on AI, Interim Report, November 2019, ‹https://drive.google.com/file/d/153OrxnuGEjsUvlxWsFYauslwNeCEkvUb/view› und ‹https://www.nscai.gov/›.

124 Referentenentwurf des Bundesministeriums für Wirtschaft und Energie vom 7.10.2019: Entwurf eines Zehnten Gesetzes zur Änderung des Gesetzes gegen Wettbewerbsbeschränkungen für ein fokussiertes, proaktives und digitales Wettbewerbsrecht 4.0 (GWB-Digitalisierungsgesetz), ‹https://www.d-kart.de/wp-content/uploads/2019/10/GWB-Digitalisierungsgesetz-Fassung-Ressortabstimmung.pdf›.

125 ‹https://www.monopolkommission.de/de/›.

126 Datenethikkommission, a. a. O. S. 163- 197.

127 Siehe Details unter ‹http://densepose.org/›.

128 In einer Gesellschaft, die zunehmend von Märkten und Technologien des Privatsektors beherrscht wird, ist es unerlässlich, den Anteil der öffentlichen Mittel für die Wissenschaft zu erhöhen, um ihre Ausrichtung an Wahrheit und öffentlichen Interessen und ihre Unabhängigkeit zu wahren und zu vermeiden, dass sie von privaten Interessen beherrscht wird.

129 ‹https://news.microsoft.com/de-de/microsoft-datenschutzrechte-dsgvo/›.

130 China's artificial intelligence ambitions hit hurdles, Louise Lucas, Financial Times, 15.11.2018, ‹https://www.ft.com/content/8620933a-e0c5-11e8-a6e5-792428919cee›.

131 Why China's AI companies are struggling to evolve beyond surveillance, Yifan YU, Nikkei / Financial Times ‹https://www.ft.com/content/9c494a24-acab-4e0e-948d-331d85f63400›.

132 ‹https://bipartisanpolicy.org/report/congress-needs-the-office-of-technology-assessment-to-keep-up-with-science-and-technology/›.

133 ‹http://www.eptanetwork.org/›; zur Unterscheidung vom Technology Assessment dient das Legislative Impact Assessment, das die Auswirkungen von Gesetzentwürfen bewertet, ursprünglich in Bezug auf Kosten für Unternehmen, heute auch für gesellschaftliche Auswirkungen; siehe Details ‹https://ec.europa.eu/info/better-regulation-toolbox_en›.

134 Artikel 35 (3) DSGVO.

135 Praktische Beispiele für Elemente einer möglichen unternehmensinternen Technologiefolgenabschätzung für KI sind der von der EU High Level Group zu KI entwickelte
Fragenkatalog, siehe Ethik -Leitlinien für eine vertrauenswürdige KI vom 8.4.2017,
S. 32 ff., ‹https://ec.europa.eu/futurium/en/ai-alliance-consultation/guidelines#Top›;
und der vom Omidyar-Netzwerk und dem Institute of the Future entwickelte Leitfaden, der unter ‹https://ethicalos.org/wp-content/uploads/2018/08/Ethical-OS-Toolkit-
2.pdf› verfügbar ist.

136 Siehe Artikel 35-36 DSGVO und Erwägungsgründe 74-77,89-92,94-95; siehe auch die
Leitlinien für die Datenschutzfolgenabschätzung durch die Arbeitsgruppe nach Artikel 29 vom 4.10.2017, EN/17 WP 248 rev. 01, verfügbar unter
‹https://edpb.europa.eu/node/70›.

137 Siehe insbesondere die Abschnitte »Ethische Grundsätze« (Abs. 10ff) und »Eine Europäische Agentur« (Abs. 15 ff.) und den Anhang zur Entschließung mit Empfehlungen zum Inhalt des an die Europäische Kommission gerichteten Legislativvor-
schlags, Entschließung des Europäischen Parlaments vom 16.2.2017 mit Empfehlungen an die Kommission für zivilrechtliche Vorschriften zur Robotik (2015/
2103(INL)), ‹http://www.europarl.europa.eu/sides/getDoc.do?type=TA&reference=P8-
TA-2017-0051&language=EN&ring=A8-2017-0005›.

138 Artikel 13-15 in Verbindung mit Art. 22 DSGVO.

139 Siehe einen Überblick über die Literatur in »Interpretability in AI and its relation to
fairness, transparency, reliability and trust«, Marius Miron, Joint Research Center
der Europäischen Kommission, 9.4.2018, unter ‹https://ec.europa.eu/jrc/communities/
community/humaint/article/interpretability-ai-and-its-relation-fairness-transparency-
reliability-and›; siehe auch die Programme und Literatur unter »Awesome machine
learning interpretability«, von Patrick Hall, ‹https://github.com/jphall663/awesome-
machine-learning-interpretability/blob/master/README.md›.

140 Für die US-Debatte siehe Pasquale, Frank A., Toward a Fourth Law of Robotics: Pre-
serving Attribution, Responsibility, and Explainability in an Algorithmic Society
(14.7.2017). Ohio State Law Journal, Vol. 78, 2017, U of Maryland Legal Studies Research Paper No. 2017-21. Verfügbar unter SSRN:
‹https://ssrn.com/abstract=3002546›.

141 Der vorangehende Text und Teile der Kapitel G 3 und G 4 sind Weiterentwicklungen
auf der Grundlage von Paul Nemitz, Constitutional democracy and technology in the
age of artificial intelligence, 376 Philosophical Transactions of the Royal Society A:
Mathematical, Physical and Engineering Sciences, 2018,
‹http://doi.org/10.1098/rsta.2018.0089›.

142 Der Text dieses Kapitels erschien bereits in leicht abgewandelter Form im Tagesspiegel Background vom 8. 11.2019, ‹https://background.tagesspiegel.de/digitalisierung/
regulierung-des-digitalen-europa-vor-der-bewaehrungsprobe›.

143 Georg Diez, Ende der Netzneutralität, Die Abschaffung der Demokratie, Der Spiegel,
17.12.2017, ‹https://www.spiegel.de/kultur/gesellschaft/wie-das-ende-der-
netzneutralitaet-die-demokratie-gefaehrdet-a-1183772.html›.

144 ‹https://americanlibrariesmagazine.org/2019/01/02/state-net-neutrality-roundup/›.

145 11 new state privacy and security laws explained: Is your business ready? Cynthia
Brumfield, CSO, 8.8.2019, ‹https://www.csoonline.com/article/3429608/11-new-
state-privacy-and-security-laws-explained-is-your-business-ready.html›.

146 Verordnung (EU) 2015/2120 des Europäischen Parlaments und des Rates vom
25.11.2015 über Maßnahmen zum Zugang zum offenen Internet und zu Endkun-
denentgelten für regulierte intra-EU-Kommunikation sowie zur Änderung der

Richtlinie 2002/22/EG und der Verordnung (EU) Nr. 531/2012, konsolidierte Fassung: ‹http://data.europa.eu/eli/reg/2015/2120/2018-12-20›.

147 ‹https://edri.org/net-neutrality-vs-5g-what-to-expect-from-the-upcoming-eu-review/›.

148 ‹https://ec.europa.eu/digital-single-market/en/news/commission-report-open-internet›.

149 ‹https://edri.org/net-neutrality-vs-5g-what-to-expect-from-the-upcoming-eu-review/›.

150 The Silicon six and their 100 Billion $ global Tax Gap, Fair Tax Mark, December 2019, ‹https://fairtaxmark.net/wp-content/uploads/2019/12/Silicon-Six-Report-5-12-19.pdf›; und: Silicon Valley giants accused of avoiding over $100 billion in taxes over the last decade, Chloe Taylor, CNBC, 2.12.2019, ‹https://www.cnbc.com/2019/12/02/silicon-valley-giants-accused-of-avoiding-100-billion-in-taxes.html›.

151 Google-Konzern will Steuern zahlen, Süddeutsche Zeitung/Reuters, 2.1.2020, ‹https://www.sueddeutsche.de/wirtschaft/google-konzern-will-steuern-zahlen-1.4741449›.

152 How lobbyists rewrote Washington state's privacy law, Mark Scott, Politico.eu, 26.4. 2019, ‹https://www.politico.eu/article/how-lobbyists-rewrote-washington-state-privacy-law-microsoft-amazon-regulation/›.

153 We have a huge problem: European regulators despairs over lack of enforcement, Nicholas Vinocur, Politico.eu, 27.12.2019, ‹https://www.politico.eu/article/we-have-a-huge-problem-european-regulator-despairs-over-lack-of-enforcement/›; These new rules were meant to protect our privacy. They don't work, Stephanie Hare, Guardian, 10.11.2019, ‹https://www.theguardian.com/commentisfree/2019/nov/10/these-new-rules-were-meant-to-protect-our-privacy-they-dont-work›.

154 Datenethikkommission, a. a. O., Punkt 3.2.4, S. 103.

155 Empfehlungen 1,2, 4 der Datenethikkommission der Bundesregierung vom 23.10.2019 , S. 17 des Berichts; ausführlich Punkt 3.2.4. des Berichts, S. 103, ‹https://www.bmjv.de/SharedDocs/Downloads/DE/Themen/Fokusthemen/Gutachten_DEK_DE.pdf?__blob=publicationFile&v=5›.

156 Artikel 61 (8) und 66 DSGVO.

157 ‹https://ec.europa.eu/info/law/better-regulation/initiatives/com-2018-218_en›.

158 Richtlinie (EU) 2019/1937 des Europäischen Parlaments und des Rates vom 23.10.2019 zum Schutz von Personen, die Verstöße gegen das Unionsrecht melden, ABl. L 305 vom 26.11.2019, S. 17-56, ‹http://data.europa.eu/eli/dir/2019/1937/oj›.

159 Die fünfte Macht, Lothar Gorris, Rene Pfister, Marcel Rosenbach, Christoph Scherman, Der Spiegel Nr. 47, 16. 11.2019, ‹https://magazin.spiegel.de/SP/2019/47/166982304/index.html?utm_source=spon&utm_campaign=centerpage›.

160 ‹https://www.whistleblowers.org/know-your-rights/whistleblower-rewards-an-international-framework-for-detecting-corruption-and-fraud/›; ‹http://www.europarl.europa.eu/cmsdata/157293/7%20-%2002%20Kohn-Testimony-Europe-FINAL.pdf›.

161 Eine ganz gewöhnliche Firma, Ann-Kathrin Netzik, Die Zeit, 6.11.2019, ‹https://www.zeit.de/2019/46/google-mitarbeiter-proteste-vertrauen-mitbestimmung-drohnen›; Meredith Whittaker: ›The tech industry at large has a culture of retaliation‹, Colm Gorey, Siliconrepublic, 29.9.2019, ‹https://www.siliconrepublic.com/machines/meredith-whittaker-google-retaliation-ai-now-institute›.

162 Ex-Manager erhebt schwere Vorwürfe gegen Google, Zeitonline, 3.1.2020, ‹https://www.zeit.de/wirtschaft/unternehmen/2020-01/google-manager-schutz-menschenrechte-kritik-profite-china›.

163 Tristan Harris: Tech Is ›Downgrading Humans.‹ It's Time to Fight Back, Nicholas Thompson, Wired Backchannel, 23.4.2019, ‹https://www.wired.com/story/tristan-harris-tech-is-downgrading-humans-time-to-fight-back/› und The leader of the Time Well Spent movement has a new crusade, Casey Newton, The Verge, 24.4.2019, ‹https://www.theverge.com/interface/2019/4/24/18513450/tristan-harris-down-grading-center-humane-tech›.

164 Optimistisch allerdings »Why unionization in tech could actually gain traction in 2020", Christopher Budd, Geekwire, 4.1.2020, ‹https://www.geekwire.com/2020/analysis-unionization-tech-actually-gain-traction-2020/›.

165 ‹https://futurezone.at/netzpolitik/ministerium-wird-nach-kritik-an-amazon-arbeitsbedingungen-aktiv/400524313›.

166 ‹https://background.tagesspiegel.de/digitalisierung/e-health-startprobleme-im-zertifizierungsprozess?utm_source=bg+share&utm_medium=email&utm_campaign=share&utm_content=di›.

167 Rahwan, I., Cebrian, M., Obradovich, N. et al. Machine behaviour. Nature 568, 477–486 (2019) doi:10.1038/s41586-019-1138-y, ‹https://www.researchgate.net/publication/332636704_Machine_behaviour› und: ‹https://www.nature.com/articles/s41586-019-1138-y?proof=true›.

168 MEPs outraged over Zuckerberg's EU Parliament show, Catherine Stupp, Euractiv, 23.5.2018, ‹https://www.euractiv.com/section/data-protection/news/meps-outraged-over-zuckerbergs-eu-parliament-show/›; ‹http://www.europarl.europa.eu/resources/library/media/20180524RES04208/20180524RES04208.pdf› und ‹https://mashable.com/2018/05/22/zuckerberg-facebook-eu-hearing-highlights/?europe=true›.

169 Facebook Gives Lawmakers Follow-Up Answers, but Not Much Is New, Sheera Frankel, 11.6.2018, New York Times ‹https://www.nytimes.com/2018/06/11/technology/facebook-lawmakers-follow-up-answers.html›.

170 Art. 58 (1) i.V.m. Art. 83 (2) und (5) DSGVO.

171 Environmental, Social, Governance.

172 Sustainalytics, Managing data privacy risk: comparing the FAANG+ stocks, Moin Syed, Matthew Barg. Martin Vezer, Doug Morrow, 7.6.2018, DOI: 10.13140/RG.2.2.17387.39206, ‹https://www.researchgate.net/publication/326065806_Managing_data_privacy_risk_comparing_the_FAANG_stocks›.

173 Siehe zum Beispiel ‹https://www.refinitiv.com/content/dam/marketing/en_us/documents/methodology/esg-scores-methodology.pdf›, S. 16; ‹https://www.esade.edu/itemsweb/biblioteca/bbdd/inbbdd/archivos/Thomson_Reuters_ESG_Scores.pdf›, S. 10 und 11.

174 Stop investing in China's Brutality, Danielle Pletka, Derek Scissors, New York Times, 7.12.2019, ‹https://www.nytimes.com/2019/12/05/opinion/stop-investing-in-china.html?searchResultPosition=1›.

175 Kriterien für Grüne Fonds, Björn Finke, Süddeutsche Zeitung, 6.12.2019, ‹https://www.sueddeutsche.de/wirtschaft/nachhaltigkeit-am-finanzmarkt-kriterien-fuer-gruene-fonds-1.4713070›.

176 ‹https://rankingdigitalrights.org/index2019/categories/privacy/›.

177 ‹https://www.weforum.org/agenda/2018/12/four-ways-investors-influence-more-secure-responsible-innovation/›.

178 ‹https://www.ftc.gov/news-events/press-releases/2019/07/ftc-imposes-5-billion-penalty-sweeping-new-privacy-restrictions›.

179 Artikel 83 DSGVO.

180 How years of privacy controversies finally caught up with Facebook, Craig Timberg, Elisabeth Dwoskin, Washington Post, 27.7.2018, ‹https://www.washingtonpost.com/technology/2018/07/26/how-years-privacy-controversies-finally-caught-up-with-facebook/›; ‹https://investorplace.com/2019/03/one-year-after-cambridge-analytica-where-is-facebook-stock-now/›.

181 Cold water hits Chinas AI Industry, Louise Lucas, Financial Times, 9.7.2019, ‹https://www.ft.com/content/973bfc08-a15f-11e9-a282-2df48f366f7d›; Next 10 Years: Predictions From 10 Experts On China's Artificial Intelligence Future, China Money Network, 2.7.2019, ‹https://www.chinamoneynetwork.com/next-10-years-predictions-from-10-experts-on-chinas-artificial-intelligence-future›.

182 ‹https://news.microsoft.com/de-de/microsoft-datenschutzrechte-dsgvo/›.

183 Human Intelligence and Autonomy in the Era of ›Extended Intelligence‹, Konstantinos Karachalios und Joichi Ito, The Council on Extended Intelligence, 2019, ‹https://globalcxi.org/wp-content/uploads/CXI_Essay.pdf›.

184 Joichi Ito, Resisting Reduction: A Manifesto, Designing our Complex Future with Machines, 13.10.2017, Journal of Design and Science, DOI 10.21428/8f7503e4, ‹https://jods.mitpress.mit.edu/pub/resisting-reduction›.

185 Machine Behaviour, Iyad Rahwan u.a. in Nature, 25.4.2019, VOL 568, S. 477 ‹https://doi.org/10.1038/s41586-019-1138-y›.

186 ‹https://www.mpib-berlin.mpg.de/de/presse/2019/04/neuer-direktor-iyad-rahwan-erforscht-die-gesellschaftlichen-herausforderungen-der-digitalisierung›.

187 Joichi Ito, Resisting Reduction: A Manifesto, Designing our Complex Future with Machines, 13.10.2017, Journal of Design and Science, DOI 10.21428/8f7503e4, ‹https://jods.mitpress.mit.edu/pub/resisting-reduction›.

188 Das Beispiel nannte er noch einmal in einem Interview im Spiegel 1988, ‹https://www.spiegel.de/spiegel/print/d-13529892.html›; siehe auch Norbert Elias, Über den Prozess der Zivilisation: Soziogenetische und psychogenetische Untersuchungen, 1976, und ‹https://www.spiegel.de/spiegel/print/d-13529881.html›.

189 Habermas, Auch eine Geschichte der Philosophie, Bd. 1, S. 13.

190 Eugen Kogon, Die Stunde der Ingenieure, 1976, S.362.

191 Membership of the 115th Congress: A profile, Congressional Research Service, Update, 20.12.2018, ‹https://fas.org/sgp/crs/misc/R44762.pdf›.

192 Deutscher Bundestag, DHB, Kapitel 3.11 Berufsstruktur, 20.11.2018, Seite 10, ‹https://www.bundestag.de/resource/blob/273350/e521f1d217d7cd471e8ec50217d1502a/Kapitel_03_11_Berufsstruktur-pdf-data.pdf›.

193 Grunwald, A.; Orwat, C., Technology Assessment of Information and Communication Technologies. In: Khosrow-Pour, M. (Hrsg.): Encyclopedia of Information Science and Technology, fourth edition. Hershey: IGI Global 2017, S. 4267-4276 und Technik, Folgen, Abschätzung, APuZ 6-7/2014, ‹http://www.bpb.de/apuz/177757/technik-folgen-abschaetzung›.

194 Vergleiche die ethischen Leitlinien der Gesellschaft für Informatik, 2018, ‹https://gi.de/fileadmin/GI/Allgemein/PDF/GI_Ethische_Leitlinien_2018.pdf›; VDI, Ethische Grundsätze des Ingenieursberufs, 2002, ‹https://www.vdi.de/fileadmin/pages/mein_vdi/redakteure/publikationen/VDI_Ethische_Grundsaetze.pdf›; Armin Grunwald (Hrsg.), Handbuch Technikethik, 2013.

195 Zivilrechtliche Regelungen im Bereich Robotik, Entschließung des Europäischen Parlaments vom 16.1.2017 mit Empfehlungen an die Kommission zu zivilrechtlichen Regelungen im Bereich Robotik P8_TA(2017)0051 (2015/2103(INL), ‹http://www.europarl.europa.eu/doceo/document/TA-8-2017-0051_DE.pdf›.

196 The Ethics and Governance of Artificial Intelligence, Professor Joi Ito, Director of the MIT Media Lab, co-taught with Professor Jonathan Zittrain, Harvard Law, MIT, Spring 2018, ‹https://dam-prod.media.mit.edu/x/2018/07/30/Syllabus%20Ethics%20and%20Governance%20of%20AI%20.pdf›.

197 In diesem Sinne auch Jacob Turner, Robot Rules: Regulating Artificial Intelligence, 2018.

198 An optimistic Eurosceptic, The Economist, 21.1.2016, ‹https://www.economist.com/britain/2016/01/21/an-optimistic-eurosceptic›.

199 Der amerikanische Politologe Henry Farell prägte in einem Gespräch mit Paul Nemitz den Begriff des Democracy Technician, worunter er nicht Techniker versteht, die die Demokratie nach technischen Regeln gestalten, sondern umgekehrt, Technik an demokratischen Werten ausrichten.

200 New York Journal, 1895-1901. 2.6.1897.

Literatur

Agrawal, Ajay / Gans, Joshua / Goldfarb, Avi, (Hrsg.): The Economics of Artificial Intelligence, An Agenda, National Bureau of Economic Research, Chicago 2019

Adorno, Theodor W.: Erziehung zur Mündigkeit, Frankfurt 1971

Anter, Andreas: Theorien der Macht, Hamburg 2012

Anders, Günther: Die Antiquiertheit des Menschen, Band I: Über die Seele im Zeitalter der zweiten industriellen Revolution, München 1956, Band II: Über die Zerstörung des Lebens im Zeitalter der dritten industriellen Revolution, München 1980

Andrews, Lori: I know who you are and I saw what you did, New York 2011

Arendt, Hannah: Die Freiheit frei zu sein, München 2018

dies.: Sokrates, Berlin 2016

dies.: Vita Activa oder vom tätigen Leben, München 2002

dies.: Macht und Gewalt, München 1970

Augstein, Jakob (Hrsg.): Reclaim Autonomy, Selbstermächtigung in der digitalen Weltordnung, Berlin 2017

Bauer, Thomas: Die Vereindeutigung der Welt, Ditzingen, 2018

Baumgärtel, Tilman: Texte zur Theorie des Internets, Ditzingen 2017

Barbrook, Richard / Cameron, Andy: The Californian Ideology, in: Baumgärtel,T. a.a.O. und http://www.imaginaryfutures.net/2007/04/17/the-californian-ideology-2/

Beckedahl, Markus / Lüke, Falk: Die digitale Gesellschaft, München 2012

Berners-Lee, Tim: Der Web-Report, München 1999

Bertram, Georg W.: Hegels Phänomenologie des Geistes, Ein systematischer Kommentar, Stuttgart 2017

Birnbacher, Dieter: Technik, in: Philosophie, hrsg. v. H. Schnädelbach a.a.O. Bd. 2

Bloch, Ernst: Naturrecht und menschliche Würde, Frankfurt 1961

ders.: Prinzip Hoffnung, Frankfurt 1985

Bohrer, Karl Heinz (Hrsg.): Mythos und Moderne, Frankfurt 1983

Bostrom, Nick: Superintelligenz, Szenarien einer kommenden Revolution, Berlin 2016

Brecht, Bertolt: Der Rundfunk als Kommunikationsapparat. Rede über die Funktion des Rundfunks, Vorschläge für den Intendanten des Rundfunks, Radio - eine vorsintflutliche Erfindung?, in: Werke, Bd. 21, Schriften I, Berlin u.a. 1989

Bridle, James: New Dark Age, Der Sieg der Technologie und das Ende der Zukunft, München 2019

Brockman, John (Hrsg.): Possible Minds, 25 Ways of Looking at AI, New York 2019

ders. (Hrsg): Was sollen wir von Künstlicher Intelligenz halten? Die führenden Wissenschaftler unserer Zeit über intelligente Maschinen, Frankfurt 2017

Brodnig, Ingrid: Übermacht im Netz: Warum wir für ein gerechtes Internet kämpfen müssen, Wien, 2019

Buchanan, Mark: Small Worlds, Frankfurt, New York, 2003

Carreyrou, John: Bad Blood: Die wahre Geschichte des größten Betrugs im Silicon Valley, 2019

Castells, Manuel: Das Informationszeitalter, Band 1: Der Aufstieg der Netzwerkgesellschaft, Wiesbaden 2017

Christel, Wolfie / Spiekermann, Sarah: Networks of control, Wien 2016

Davies, Simon: Privacy, A personal Chronicle, Washington 2018

Diederichsen, Diederich / Franke, Anselm (Hrsg.): The Whole Earth, Kalifornien und das Verschwinden des Außen, Katalog zur Ausstellung, Haus der Kulturen der Welt, Berlin 2013

Dijk, Jose van / Poell, Thomas / de Waal, Martijn: The Platform Society, Oxford 2018

Dörner, Andreas: Politische Kultur und Medienunterhaltung. Zur Inszenierung politischer Identitäten in der amerikanischen Film- und Fernsehwelt, Konstanz 2000

Dräger, Jörg / Müller-Eiselt, Ralph: Wir und die intelligenten Maschinen, München 2019

Dürr, Hans-Peter: Warum es um das Ganze geht, Frankfurt 2011

ders. (Hrsg): Physik & Transzendenz, München 1986

Engell, Lorenz / Vogl, Joseph: Kursbuch Medienkultur, Die maßgeblichen Theorien von Brecht bis Baudrillard, Stuttgart 1999

Fielitz, Maik / Marcks, Holger: Digital Fascism: Challenges for the Open Society in Times of Social Media, https://escholarship.org/content/qt87w5c5gp/qt87w5c5gp.pdf?t=pu q7xb

Foer, Franklin: Welt ohne Geist, Wie das Silicon Valley freies Denken und Selbstbestimmung bedroht, München 2018

Ford, Martin: Aufstieg der Roboter, Kulmbach 2016

Foucault, Michel: Die Ordnung der Dinge, Frankfurt 1974

ders.: Die Ordnung des Diskurses, München 1974

Franck, Georg: Ökonomie der Aufmerksamkeit, Ein Entwurf, München 1998

Frankfurt, Harry: Bullshit, Frankfurt 2006, Original: On Bullshit, Princeton 2005

Freedberg, Sidney J. Jr.: How Ai could change the art of war, 25.4.2019, Networks and Cyber, https://breakingdefense.com/2019/04/how-ai-could-change-the-art-of-war/

Freud, Sigmund: Das Unbehagen in der Kultur, in: ders.: Kulturtheoretische Schriften, Frankfurt 1974

Frühbrodt, Lutz / Annette Floren: Unboxing YouTube, Im Netzwerk der Profis und Profiteure, Frankfurt 2019, https://www.otto-brenner-stiftung.de/fileadmin/user_data/ stiftung/ 02_Wissenschaftsportal/03_Publikationen/AH98_YouTube.pdf

Fry, Hannah: Hello World, Was Algorithmen können und wie sie unser Leben verändern, München 2019

Fuchs, Thomas u.a.: Das überforderte Subjekt, Zeitdiagnosen einer beschleunigten Gesellschaft, Berlin 2018

Fuchs, Martin / Holnburger, Josef: #ep2019 – Die digitalen Parteistrategien zur Europawahl 2019, https://www.fes.de/index.php?eID=dumpFile&t=f&f=41827&token=6e1b f3bcf42bf4162ba5cc452ba460d703945e30

Gehlen, Arnold: Anthropologische und sozialpsychologische Untersuchungen, Reinbek 1986

ders.: Die Seele im technischen Zeitalter, Reinbek 1964

Glucksmann, Raphael: Die Politik sind wir!, München 2019

Greene, Brian: Der Stoff, aus dem der Kosmos ist, Raum, Zeit und die Beschaffenheit der Wirklichkeit, München 2008

Greenwald, Glenn: Die globale Überwachung, Der Fall Snowden, die amerikanischen Geheimdienste und die Folgen, München 2014

Grunwald, Armin: Der unterlegene Mensch, München 2019

Habermas, Jürgen: Strukturwandel der Öffentlichkeit, Darmstadt 1962

ders.: Theorie und Praxis, Frankfurt 1971

ders.: Moralbewusstsein und kommunikatives Handeln, Frankfurt 1983

ders.: Theorie des kommunikativen Handelns, 2 Bände, Frankfurt 1981

ders.: Politik, Kunst, Religion, Stuttgart 1978

ders.: Ach, Europa, Frankfurt 2008

ders. / Ratzinger, Joseph: Dialektik der Säkularisierung, Über Vernunft und Religion, Freiburg 2005

ders.: Auch eine Geschichte der Philosophie, 2 Bände, Berlin 2019

ders.: Die Postnationale Konstellation, Frankfurt 1998

Haagerup, Ulrik: Constructive News, Why Negativity destroys the media and democracy, Copenhagen 2014

Hachmeister, Lutz: Heideggers Testament: Der Philosoph, der Spiegel und die SS, Berlin 2014

Han, Byung-Chul: Müdigkeitsgesellschaft, Berlin 2016

ders.: Transparenzgesellschaft, Berlin 2012

ders: Philosophie des Zen-Buddhismus, Ditzingen 2002

Harari, Yuval Noah: Eine kurze Geschichte der Menschheit, München 2015

ders.: Homo Deus, München 2017

ders.: 21 Lessons for the 21st Century, London 2018

Hegel, Georg Wilhelm Friedrich: Phänomenologie des Geistes, Gesamtausgabe, Band 3, hrsg. v. Eva Moldenhauer und Karl Markus Michel, Frankfurt 1970

ders.: Wissenschaft der Logik, Werke in 20 Bänden, Band 5

ders.: Grundlinien der Philosophie des Rechts, Werke in 20 Bänden Band 7

Heisenberg, Werner: Sprache und Wirklichkeit in der modernen Physik, München 1960

ders.: Quantentheorie und Philosophie, Ditzingen 1979

Heinz, Marion / Kellerer, Sidonie: Martin Heideggers »Schwarze Hefte«, Berlin 2016

Hildebrandt, Mireille: Law for computer Scientists, 2019, https://lawforcomputerscientists.pubpub.org

Hind, Dan: The Return of the Public, London 2010

Hölderlin, Friedrich: Hyperion oder der Eremit in Griechenland, Werke und Briefe, hrsg. v. Friedrich Beißner und Jochen Schmidt, Frankfurt 1969

Hoffmann-Riem, Wolfgang: Die Macht digitaler Konzerne, in: Augstein, Jakob, (Hrsg.): Reclaim Autonomy, Berlin 2017

ders. (Hrsg.): Big Data, Regulative Herausforderungen, 2018, https://www.law-school.de/fileadmin/content/law-school.de/de/units/unit_affil_riem/pdf/61_Big_Data_2018.pdf

Hofstetter, Yvonne: Sie wissen alles, Wie Big Data in unser Leben eindringt und warum wir um unsere Freiheit kämpfen müssen, München 2014

dies.: Das Ende der Demokratie, Wie die künstliche Intelligenz die Politik übernimmt und uns entmündigt, München 2018

Hoff, Johannes: The public sphere in the age of online Culture Wars, Rom, 2018

ders.: Die Rückkehr zur Realität: Freundschaft, Politik und Spiritualität in einem postfaktischen Zeitalter, in: Internationale Katholische Zeitschrift Communio 46/3 (2017)

ders.: Transhumanismus als Symptom symbolischer Verelendung, in: Herzberg, Stephan, Watzka, Heinrich (Hrsg.): Schöne neue Welt, oder was kommt nach dem Menschen?, Berlin / New York 2020

Homer: Werke in zwei Bänden, Erster Band, Berlin und Weimar 1983

Horkheimer, Max: Zur Kritik der instrumentellen Vernunft, Frankfurt 1985

Horkheimer, Max / Adorno, Theodor W.: Dialektik der Aufklärung, Frankfurt 1981

Höffe, Otfried: Wirtschaftsbürger, Staatsbürger, Weltbürger, München 2004

ders.: Sittlichkeit als Rationalität des Handelns?, in: H. Schnädelbach (Hrsg.): Rationalität, Frankfurt 1984

ders.: Demokratie im Zeitalter der Globalisierung, München 2002 *ders.*: (Hrsg.) Lexikon der Ethik, München, 2002

Humboldt, Wilhelm von: Werke in fünf Bänden, Darmstadt, 1963

ders.: Über die Sprache, München 1985

Husserl, Edmund: Die Krise der europäischen Wissenschaften und die transzendentale Phänomenologie, Hamburg 2012, Originalausgabe 1936

Inset, Anders: Quantenwirtschaft, Was kommt nach der Digitalisierung? Berlin 2019

Isaacson, Walter: Steve Jobs, Die autorisierte Biografie des Apple-Gründers. München 2012

Ito, Joichi: Resisting Reduction, A Manifesto, 2017, https://jods.mitpress.mit.edu/pub/resisting-reduction

Jonas, Hans: Das Prinzip Verantwortung, Versuch einer Ethik für die technische Zivilisation, Frankfurt 1979

Jonas, Hans: Das Prinzip Leben, Ansätze zu einer philosophischen Biologie, Frankfurt 1994

Kant, Immanuel: Was heißt, sich im Denken orientieren? Theorie Werkausgabe, hrsg. v. W. Weischedel, Band V, Frankfurt 1977, S. 267 ff

ders.: Grundlegung zu einer Metaphysik der Sitten, Werkausgabe Band VII, Frankfurt 1977, S. 11 ff

ders.: Die Metaphysik der Sitten, Werkausgabe, Band VIII, S. 309 ff.

ders.: Kritik der reinen Vernunft, Werkausgabe Band II

Kaplan, Jerry: Artificial Intelligence, Oxford 2016

Kirkpatrick, David: Der Facebook-Effekt, hinter den Kulissen des Internetgiganten, München 2010

Kogon, Eugen: Die Stunde der Ingenieure, Düsseldorf 1976

Krüger, Gerhard: Die Herkunft des philosophischen Selbstbewusstseins, Darmstadt 1962

Kuhlmann, Wolfgang: Moralität und Sittlichkeit, Das Problem Hegels und die Diskursethik, Frankfurt 1986

Kurzweil, Ray: Menschheit 2.0, Die Singularität naht, Berlin 2013

Kühn, Manfred: Kant, Eine Biographie, München 2003

Lanier, Jaron: Wem gehört die Zukunft?, Hamburg 2013

ders.: Anbruch einer neuen Zeit, Wie Virtual Reality unser Leben und unsere Gesellschaft verändert, Hamburg 2018

Lenzen, Manuela: Künstliche Intelligenz, Was sie kann und was uns erwartet, München 2018

Levy, Steven: Google Inside, Wie Google denkt, arbeitet und unser Leben verändert, Hamburg 2012

Lévi-Strauss, Claude: Strukturale Anthropologie, Frankfurt 1977

ders.: Das wilde Denken, Frankfurt 1968

Lobe, Adrian: Speichern und Strafen: Die Gesellschaft im Daten Gefängnis, München, 2019

Loh, Janina: Trans- und Posthumanismus, Hamburg 2018

dies.: Roboterethik, Berlin 2019

Lovelock, James: Novacene, The Coming Age of Hyperintelligence, London 2019

Lukács, Georg: Die Theorie des Romans. Ein geschichtsphilosophischer Versuch über die Formen der Epik. Berlin 1920

Luhmann, Niklas: Soziale Systeme, Frankfurt 1984

ders.: Vertrauen, Ein Mechanismus der Reduktion sozialer Komplexität, Dezember 2000

Lyotard, Jean-Francois: Das Postmoderne Wissen, Wien 1986

Manesse, Eva: Für Pessimismus ist es zu spät, Dankesrede anlässlich der Verleihung des Ludwig-Börne-Preises, https://www.kiwi-verlag.de/magazin/gastspiel/fuer-pessimismus-ist-es-zu-spaet-dankesrede-von-eva-menasse-anlaesslich-der

Marchand, Philip: Marshall McLuhan, Stuttgart 1999

Margetts, Helen u.a.: Political Turbulence, How Social Media Shape Collective Action, Princeton 2016

Martens, E. / Schnädelbach, H.: Philosophie, Ein Grundkurs, 2 Bände, Reinbek, 1991

Martini, Mario: Blackbox Algorithmus – Grundfragen einer Regulierung Künstlicher Intelligenz, Berlin, 2019

Master, Romy / Lantus, David: Die Wahrheit schafft sich ab, Wie Fake News Politik machen, Ditzingen 2019

Mau, Steffen: Das metrische Wir, Über die Quantifizierung des Sozialen, Bonn 2018

Machiavelli, Niccoló: Der Fürst, Berlin 2017

McEwan, Ian: Maschinen wie ich, Zürich 2019

McLuhan, Malcolm: Das Medium ist die Massage, Ein Inventar medialer Effekte, Stuttgart 2011
Original: The Medium is the Massage: An Inventory of Effects with Quentin Fiore, produced by Jerome Agel, 1st Ed.: Random House, reissued by Gingko Press, 1967

Meckel, Miriam: Mein Kopf gehört mir, Eine Reise durch die schöne neue Welt des Brainhacking, München 2018

Mirandola, Pico della: Über die Würde des Menschen, Ditzingen 1997

Moglen, Eben: Snowden and the future, 2013, http://snowdenandthefuture.info/snowdenandthefuture-westward.pdf,

Moore, Martin / Tambini, Damian (Hrsg.): Digital Dominance, The Power of Google, Amazon, Facebook, and Apple, Oxford 2018

Nagel, Thomas: What is it like to be a Bat? Kitzingen 2018

Negt, Oskar / Kluge, Alexander: Öffentlichkeit und Erfahrung, Frankfurt 1972

Nida-Rümelin, Julian: Humanistische Reflexionen, Berlin 2016
ders. mit Weidenfeld, Natalie: Digitaler Humanismus, München 2018
ders.: Die Optimierungsfalle, München 2015

Nietzsche, Friedrich: Also sprach Zarathustra, in: *ders.:* Werke in zwei Bänden, Band 2, Frankfurt 1979

Nilsson, Nils J.: The Quest for Artificial Intelligence. A History of Ideas and Achievements, New York 2009.

Pariser, Eli: Filter Bubble, Wie wir im Internet entmündigt werden, München 2011.

Parker, Walter C.: Teaching Against Idiocy, Bloomington: Phi Delta Kappan 2005.

Pascal, Blaise: Gedanken, Ditzingen 1997

Pasquale, Frank: The Black Box Society, The secret algorithms that control money and information, Harvard University Press 2016

Pfeiffer, Werner: Allgemeine Theorie der technischen Entwicklung, Books on Demand, 2019

Philosophie Magazin (Hrsg.): Und woran zweifelst du? Leitfaden für das postfaktische Zeitalter, Kitzingen 2019

Pinker, Steven: Aufklärung Jetzt! Frankfurt, 2018

Platon: Der Staat, in: *ders.:* Sämtliche Dialoge, Band V, Koblenz 2013

Popper, Karl R.: Die offene Gesellschaft und ihre Feinde, Der Zauber Platons. Tübingen 2003

Quarch, Christoph. Platon und die Folgen, Stuttgart 2018
ders.: Theorie des Dadaismus und Konzept des Homo Deus, https://player.fm/series/series-2306332/theorie-des-dataismus-konzept-des-homo-deus-erklart-von-christophquarch-erklart und https://christophquarch.de/

Ramge, Thomas: Mensch und Maschine, Kitzingen 2018

Rapp, Friedrich (Hrsg.): Naturverständnis und Naturbeherrschung, München 1981

Reckwitz, Andreas: Das Ende der Illusionen, Berlin, 2019

Rid, Thomas: Maschinendämmerung, Eine kurze Geschichte der Kybernetik, Berlin 2016

Rismal, Nina: Ends of Utopian Thinking, Dissertation, Cambridge, 2017

Ritter, Joachim: Metaphysik und Politik, Frankfurt 1977

Ropohl, Günter: Allgemeine Technologie, Eine Systemtheorie der Technik, Karlsruhe 2008

Rotenberg, Marc: The AI Policy Sourcebook 2019, Electronic Privacy Information Center, Washington 2019

Russell, Bertrand: Philosophie des Abendlandes, Zürich 1950

Russell, Stuart: Artificial Intelligence, A modern approach, New York 2016

ders.: Human Compatible, Artificial Intelligence and the Problem of Control, New York 2019

Sandel, Michael J.: Plädoyer gegen die Perfektion, Ethik im Zeitalter der genetischen Technik, Frankfurt 2008

Sandkühler, Hans Jörg: Natur und geschichtlicher Prozeß, Studien zur Naturphilosophie F.W.J. Schellings, Frankfurt 1984

Sarcinelli, Ulrich: Öffentliche Meinung, in: Andersen, Uwe / Woyke, Wichard (Hrsg.): Handwörterbuch des politischen Systems der Bundesrepublik Deutschland, 7., aktualisierte Auflage, Bonn 2013, Bundeszentrale für politische Bildung

Schadewaldt, Wolfgang: Die Anfänge der Philosophie bei den Griechen, Tübinger Vorlesungen, Frankfurt 1978

Schirrmacher, Frank: Ego, Das Spiel des Lebens, München 2013

Schnädelbach, Herbert: Reflexion und Diskurs, Fragen einer Logik der Philosophie, Frankfurt 1977

ders.: Philosophie in Deutschland 1831-1933, Frankfurt 1983

ders.: Geschichtsphilosophie nach Hegel, Freiburg/München 1974

ders.: (Hrsg): Rationalität, Philosophische Beiträge, Frankfurt 1984

ders.: Vernunft und Geschichte, Frankfurt 1987

ders.: Über Rationalität und Begründung, in: Philosophie und Begründung, hrsg. v. Forum für Philosophie, Frankfurt 1987

Schulz, Ekkehard D.: 55 Gründe Ingenieur zu werden, München 2012

Schulz, Thomas: Was Google wirklich will, Hamburg 2011

Settle, Jaime E.: Frenemies, How social media polarizes America, 2018

Sennett, Richard: Autorität, Frankfurt 1985

Smith, Brad: Tools and Weapons, The Promise and the Peril of the digital Age, New York 2019

Snow, C.P.: Die zwei Kulturen. Literarische und naturwissenschaftliche Intelligenz, Stuttgart 1967.

Snyder, Timothy: Der Weg in die Unfreiheit, Russland, Europa, Amerika, München 2018

Spiekermann, Sarah: Ethical IT Innovation: A Value-Based System Design Approach, New York 2015

dies.: Digitale Ethik, Ein Wertesystem für das 21. Jahrhundert, München 2019

Staab, Philipp: Digitaler Kapitalismus: Markt und Herrschaft in der Ökonomie der Unknappheit, Berlin 2019

Steinvorth, Ulrich: Stationen der politischen Theorie, Stuttgart 1981

Stüwe, Klaus / Weber, Gregor (Hrsg.): Antike und moderne Demokratie, Stuttgart 2004

Tegmark, Max: Leben 3.0, Mensch sein im Zeitalter Künstlicher Intelligenz, Berlin 2017

Thompson, Nicolas: Will Artificial Intelligence Enhance or Hack Humanity?, in: WIRED, 28.4.2019

Tuck, Jay: Evolution ohne uns, Kulmbach 2016

Tugendhat, Ernst: Selbstbewusstsein und Selbstbestimmung, Frankfurt 1981

ders.: Probleme der Ethik, Stuttgart 1984

Turing, Alan: On Computable Numbers, with an Application to the »Entscheidungsproblem«, London, 1936

Turner, Fred: From Counterculture to Cyberculture: Stewart Brand, the Whole Earth Network and the rise of Digital Utopianism, Chicago 2006,

ders.: Die Trügerische Verheißung, Von der Geburt des Internets zum neuen Autoritarismus, Blätter für Deutsche und Internationale Politik, März 2019,
https://www.blaetter.de/ausgabe/2019/maerz/die-truegerische-verheissung

Turner, Frederick J.; The Frontier in American History, New York 1921,
http://www.gutenberg.org/files/22994/22994-h/22994-h.htm

Türcke, Christoph: Digitale Gefolgschaft, Auf dem Weg in eine Stammesgesellschaft, München 2019

Urner, Maren: Schluss mit dem täglichen Weltuntergang, Wie wir uns gegen die digitale Vermüllung unserer Gehirne wehren, München 2019

Vamvacas, Constantin J.: Die Geburt der Philosophie, Der vorsokratische Geist als Begründer von Philosophie und Naturwissenschaften, Düsseldorf 2006

Vernant, Jean-Pierre: Die Entstehung des griechischen Denkens, Frankfurt 1982

Walsh, Toby: 2062, Das Jahr, in dem die künstliche Intelligenz uns ebenbürtig sein wird, München 2019

Weber, Max: Die protestantische Ethik und der Geist des Kapitalismus, in: *ders.:* Religion und Gesellschaft, Neu-Isenburg, 2006

ders.: Wirtschaft und Gesellschaft, hrsg. v. Johannes Winckelmann, 5. Aufl. 1985

Weischenberg, Siegfried u.a.: Die Souffleure der Mediengesellschaft, Report über die Journalisten in Deutschland, 2006

Weizenbaum, Joseph: Die Macht der Computer und die Ohnmacht der Vernunft, Frankfurt 1978

Wellmer, Albrecht: Ethik und Dialog, Elemente des moralischen Urteils bei Kant und in der Diskursethik, Frankfurt 1986

Wiener, Norbert: Cybernetics or Control and Communication in the Animal and the Machine. MIT Press, deutsche Ausgabe: Kybernetik. Regelung und Nachrichtenübertragung im Lebewesen und in der Maschine, Rowohlt 1968

ders.: The Human Use of Human Beings, New York 1954

Wissenschaftlicher Beirat der Bundesregierung Globale Umeltveränderung (WBGU): Unsere gemeinsame digitale Zukunft, Berlin 2019,
https://www.wbgu.de/fileadmin/user_upload/wbgu/publikationen/hauptgutachten/hg2019/pdf/

Wittgenstein, Ludwig: Tractatus logico-philosophicus, Frankfurt 1963

ders.: Philosophische Untersuchungen, Frankfurt 1971

Wulf, Andrea: Alexander von Humboldt und die Erfindung der Natur, München 2016

Zeilinger, Anton: Einsteins Spuk, Teleportation und weitere Mysterien der Quantenphysik, München 2007

Zick, Andreas / Klein, Anna: Fragile Mitte, feindselige Zustände, Rechtsextreme Einstellungen in Deutschland 2014, Bonn 2014

Žižek, Slavoj: Das Kommunistische Manifest, Frankfurt 2018

ders.: Wie ein Dieb bei Tageslicht, Frankfurt, 2019

Zuboff, Shoshana: Das Zeitalter des Überwachungskapitalismus, Frankfurt–New York 2019

Zum Weiterlesen

Bibliografie der Bibliothek des Deutschen Bundestages für die Enquete Kommission »Künstliche Intelligenz – Gesellschaftliche Verantwortung und wirtschaftliche, soziale und ökologische Potenziale«
Bibliografie Nr. 18 - Literaturauswahl - Stand: Oktober 2018,
https://www.bundestag.de/resource/blob/574748/7c0ecbc8a847bb8019f2045401c1c1d919/Kuenstliche_Intelligenz_1-data.pdf
Bibliografie-Nachtrag Nr. 18a - Literaturauswahl - Stand: September 2019,
https://www.bundestag.de/resource/blob/656982/6dbfa13fb9fa1db671614af298e0ea06/Kuenstliche_Intelligenz_2-Nachtrag-data.pdf
Bibliographie des EU Forschungsprojekts Cohubicol,
https://www.cohubicol.com/about/bibliography/

Register

Über die Autoren

Paul Nemitz

geb. 1962, Hauptberater in der EU-Kommission, Generaldirektion Justiz und Verbraucherschutz. Als Direktor für Grundrechte in der EU-Kommission war er verantwortlich für die Arbeiten zur Einführung der EU-Datenschutzgrundverordnung, die NSA-»Snowden«-Ermittlung und die Verhandlung des EU-US Privacy Shield. Mitglied der Datenethikkommission der Bundesregierung und des Global Council on Extended Intelligence des MIT und der US-Ingenieursvereinigung IEEE. Nemitz lebt in Brüssel.

Matthias Pfeffer

geb. 1961, freier TV-Journalist und Produzent. Er hat Philosophie bei Herbert Schnädelbach studiert und war 20 Jahre lang Geschäftsführer und Chefredakteur von FOCUS TV. Er hat zahllose TV-Formate entwickelt und produziert und verantwortet, darunter mit *Future Trend* für RTL das erste Wissenschaftsformat im Privatfernsehen (1997–2013) sowie mit *Eins gegen Eins* für Sat.1 (2011–2013) ein neuartiges Talkformat. Er hat mit FOCUS GESUNDHEIT (2005–2010) den ersten 24-Stunden-Gesundheitssender in Deutschland gegründet und war als Produzent maßgeblich an der Entwicklung des konstruktiven ZDF-Formates *Plan B* beteiligt. Er lebt in Berlin und in München.